“十三五”国家重点出版物出版规划项目
普通高等教育“十一五”国家级规划教材
21世纪工业工程专业系列教材

现代物流设施与规划

第3版

主　编　方庆琯　王　转
主　审　齐二石

机 械 工 业 出 版 社

本书为普通高等教育“十一五”国家级规划教材和国家级精品课程“物流工程”的配套教材，并被列入“十三五”国家重点出版物出版规划项目。本书以网络化为主线，提出了物流互联网的概念，介绍了现代物流设施及设施规划与物流分析的方法。全书共 14 章，第 1 章为概述，第 2、3、7、8、9、10、11 章介绍了物流设备、设施及信息技术；第 4、5、6 章介绍了传统的物流分析、设施选址、布局设计；第 12、14 章介绍了设施规划与物流分析的计算机仿真和布局设计的现代算法；第 13 章编入了多个规划设计分析实例。本书还配有相应的教学课件和视频案例，读者只要扫描各章节相关的二维码即可查阅。

本书可作为高等院校工业工程专业和物流类专业“设施规划与物流分析”“物流设备与技术”“物流工程”等课程的教材和相关专业工程技术人员的技术参考书，也可作为物流互联网和物联网工程的技术参考书。

图书在版编目（CIP）数据

现代物流设施与规划/方庆琯，王转主编．—3 版．—北京：机械工业出版社，2018.2（2024.12 重印）

普通高等教育“十一五”国家级规划教材　“十三五”国家重点出版物出版规划项目　21 世纪工业工程专业系列教材

ISBN 978-7-111-59698-1

Ⅰ.①现…　Ⅱ.①方…②王…　Ⅲ.①物流-设备管理-高等学校-教材　Ⅳ.①F252

中国版本图书馆 CIP 数据核字（2018）第 077046 号

机械工业出版社（北京市百万庄大街 22 号　邮政编码 100037）
策划编辑：裴　泱　责任编辑：裴　泱　刘　静　武　晋　商红云
责任校对：郑　婕　封面设计：张　静
责任印制：单爱军
北京虎彩文化传播有限公司印刷
2024 年 12 月第 3 版第 9 次印刷
184mm×260mm · 25.25 印张 · 1 插页 · 634 千字
标准书号：ISBN 978-7-111-59698-1
定价：69.80 元

电话服务	网络服务
客服电话：010-88361066	机　工　官　网：www.cmpbook.com
010-88379833	机　工　官　博：weibo.com/cmp1952
010-68326294	金　　书　　网：www.golden-book.com
封底无防伪标均为盗版	机工教育服务网：www.cmpedu.com

序

每一个国家的经济发展都有自己特有的规律，而每一个国家的高等教育也都有自己独特的发展轨迹。

自从工业工程（Industrial Engineering，IE）学科于20世纪初在美国诞生以来，在世界各国得到了较快的发展。工业化强国在第一、二次世界大战中都受益于工业工程。特别是在第二次世界大战后的经济恢复期，日本、德国等国均在工业企业中大力推广工业工程的应用，培养工业工程人才，并获得了良好的效果。美国著名企业家、美国福特汽车公司和克莱斯勒汽车公司前总裁李·艾柯卡先生就是毕业于美国里海大学工业工程专业。日本丰田生产方式从20世纪80年代创建以来，至今仍风靡世界各国，其创始人大野耐一的接班人——原日本丰田汽车公司生产调查部部长中山清孝说：“所谓丰田生产方式就是美国的工业工程在日本企业的应用。”工业工程高水平人才的培养，对国内外经济发展和社会进步起到了重要的推动作用。

1990年6月，中国机械工程学会工业工程研究会（现已更名为工业工程分会）正式成立并举办了首届全国工业工程学术会议，这标志着我国工业工程学科步入了一个崭新的发展阶段。人们逐渐认识到工业工程对中国管理现代化和经济现代化的重要性，并在全国范围内掀起了学习、研究和推广工业工程的热潮。更重要的是，1992年国家教育委员会批准天津大学、西安交通大学试办工业工程专业，随后重庆大学也获批试办该专业，1993年，这三所高校一起招收了首批本科生，由此开创了我国工业工程学科的先河。而后上海交通大学等一批高校也先后开设了工业工程专业。时至今日，全国开设工业工程专业的院校增至257所。我在2000年9月应邀赴美讲学，2003年应韩国工业工程学会邀请赴韩讲学，其题目均为“中国工业工程与高等教育发展概况”。他们均对中国的工业工程学科发展给予了高度评价，并表达了与我们保持长期交流与往来的意愿。

虽然我国工业工程专业教育自1993年就已开始，但教材建设却发展缓慢。最初，相关院校都使用由北京机械工程师进修学院组织编写的“自学考试”系列教材。1998年，中国机械工程学会工业工程分会与中国科学技术出版社合作出版了一套工业工程专业教材，并请西安交通大学汪应洛教授任编审委员会主任。这套教材的出版有效地缓解了当时工业工程专业教材短缺的压力，对我国工业工程专业高等教育的发展起到了重要的推动作用。2004年，中国机械工程学会工业工程分会与机械工业出版社合作，组织国内工业工程专家、学者编写出版了“21世纪工业工程专业系列教材”。这套教材由国内工业工程领域的一线专家领衔主编，联合多所院校共同编写而成，既保持了较高的学术水平，又具有广泛的适应性，全面、系统、准确地阐述了工业工程学科的基本理论、基础知识、基本方法和学术体系。这套教材的出版，从根本上解决了工业工程专业教材短缺、系统性不强、水平参差不齐的问题，满足了普通高等院校工业工程专业的教学需求。这套教材出版后，被国内开设工业工程专业的高校广泛采用，也被富士康、一汽等企业作为培训教材，有多本教材先后被教育部评为“普通高等教育‘十一五’国家级规划教材”“‘十二五’普通高等教育本科国家级规划教材”，入选国家新闻出版广电总局‘十三五’国家重点出版物出版规划项目”，得到了教育管理部门、高校、企业的一致认可，对推动工业工程学科发展、人才培养和实践应用发挥了积极的作用。

随着中国特色社会主义进入新时代，我国高等教育也进入了新的历史发展阶段，对高等教育人才培养也提出了新的要求。同时，近年来我国工业工程学科发展十分迅猛，开设工业工程专业的高校数量直线上升，教育部也不断出台新的政策，对工业工程的学科建设、办学思想、办学水平等进行规范和评估。为了适应新时代对人才培养和教学改革的要求，满足全国普通高等院校工业工程专业教学的需要，中国机械工程学会工业工程分会和机械工业出版社组织专家对“21 世纪工业工程专业系列教材”进行了修订。新版系列教材力求反映经济社会和科技发展对工业工程人才培养提出的最新要求，反映工业工程学科的最新发展，反映工业工程学科教学和科研的最新进展。除此之外，新版教材还在以下几方面进行了探索和尝试：

1）探索将课程思政与专业教材建设有机融合，坚持马克思主义指导地位，践行社会主义核心价值观。

2）努力把“双一流”建设和“金课”建设的成果融入教材中，体现高阶性、创新性和挑战度，注重培养学生解决复杂问题的综合能力和高级思维。

3）遵循教育教学规律和人才培养规律，注重创新创业能力的培养和素质的提高，努力做到将价值塑造、知识传授和能力培养三者融为一体。

4）探索现代信息技术与教育教学深度融合，创新教材呈现方式，将纸质教材升级为“互联网 + 教材”的形式，以现代信息技术提升学生的学习效果和阅读体验。

尽管各位专家付出了极大的努力，但由于工业工程学科在不断发展变化，加上我们的学术水平和知识有限，教材中难免存在各种不足，恳请国内外同仁多加批评指正。

中国机械工程学会工业工程分会 主任委员

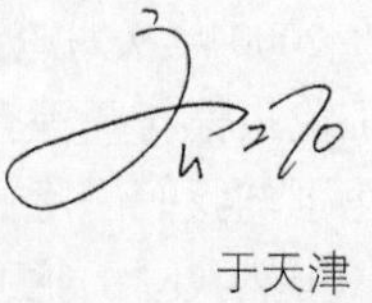

于天津

前　言

随着全球化和信息化的不断深入，物流已经成为连接生产、分配、消费等各个经济环节的重要纽带。互联网技术的飞速发展，尤其是物联网、大数据、人工智能、云计算等新兴技术的应用，极大地推动了物流行业的创新和变革。这些技术不仅提高了物流效率，降低了成本，还增强了供应链的透明度和可追溯性，使得物流服务更加智能化、个性化。同时，国家对于课程思政的要求也在不断加强，课程思政建设要围绕坚定学生的理想信念，以爱党、爱国、爱社会主义、爱人民、爱集体为主线，培养学生的政治认同、家国情怀、文化素养、宪法法治意识和道德修养。

教材建设需要紧跟国家发展战略，反映国家对物流行业人才培养的期望和需求，为学生提供符合时代发展和国家战略的知识和技能。为使教材紧跟时代前进步伐及学科发展趋势，全面落实国家在科技、教育、人才等方面的中长期规划，在机械工业出版社的支持下，编者对《现代物流设施与规划》进行了第三版修订。主要修订内容如下：

（1）进一步强化了教材在新时代中国特色社会主义思想教育方面的作用。首先，教材中大量采用本土案例，这些案例宣传了中国特色社会主义建设的伟大成就，弘扬了中华民族的爱国情怀。其次，教材注意贯彻绿色发展观。在工厂布局设计和物流设施规划相关章节中，突出了环保、节能理念，在教授专业知识的同时，有机融入了绿色、协调、开放、共享、创新的发展理念。第三，教材积极践行制造强国等国家战略，以北斗卫星导航系统等案例为抓手，重点阐述了我国工业企业取得的巨大成就，以增强学生的民族自豪感和使命担当。

（2）以网络化为主线，对与网络化无关的经典物流设施的介绍进行了整合与删减。同时新撰写了物流互联网和物联网的内容，并将条形码及标签识别的内容更新后合并，编成新的第10章——互联网物流设施。在新的第10章中，提出了物流互联网的概念，论述了物流互联网和物联网的组成及应用。

（3）除了教材内容之外，编者对教材的形态也进行了更新。本书除了纸质文稿和图片外，还配有案例视频，读者扫描二维码即可查看书稿内容对应的案例视频。

本次修订由安徽工业大学方庆琯和北京科技大学王转任主编，安徽工业大学郜振华、张洪亮任副主编，参与修订工作的还有安徽工业大学钟玥、刘林、李艳等。具体编写分工为：方庆琯编写了第10章，修订了第1章、第3章和第6章；王转修订了第4章；郜振华、张洪亮、钟玥、刘林、李艳等参与了其他章节的修订和视频案例的制作。

本书可以作为高等院校工业工程专业和物流类专业"设施规划与物流分析""物流设备与技术""物流工程"等课程的教材和相关专业工程技术人员的技术参考书。

本书在编写和修订过程中，参考了大量相关领域的文献，在此，编者向这些参考文献的作者致以诚挚的谢意。

由于编者水平有限，教材中难免存在不足之处，恳请广大读者批评指正。

编　者

目 录

第1章 概 述

物料的运动与变换过程从字面上可以被称为“物料流动（Flow of Materials 或 Material Flow）”，由此而来的“物流”只关注流动的物料，是狭义的。现在所谓的物流不仅仅是流动的物料，还涉及物料流动的环境（地理、社会）、设施（含网络）、管理运作及信息；更关注的是物料流动的系统。这也是本书所说的物流（Logistics）。

在生产制造业迅速发展的初期，人们并没有足够重视物流。结果是，生产制造过程越自动化、越柔性化，生产规模越大，物流落后的矛盾就越突出，生产制造系统的高效率与物流系统的低效率越来越不适应。研究指出，在产品生产的整个过程中，仅仅5%的时间用于加工和制造，剩余95%的时间都用于储存、装卸、等待加工和运输。在美国，直接劳动成本所占比例不足工厂总成本的10%，并且这一比例还在下降。而储存、运输所支付的费用却占生产成本的40%。人们深切地感到，生产过程中的“油水”几乎已被榨干，要想从中取得明显的效益提高已经相当困难了。而物料运输、储存过程中存在着极大的潜力，有待挖掘。有人把物流比作利润的第三源泉，即在降低生产成本、销售成本的同时，也要着眼于降低物流成本。目前，在世界各地，已普遍将改造物流结构、降低物流成本作为企业在竞争中取胜的重要措施。物流正向着现代化的方向发展。

1.1 现代物流的发展方向

美国学者怀特（J. A. White）将自动化技术在物流中的发展分为五个阶段，即人工物流、机械化物流、自动化物流、集成自动化物流和智能自动化物流阶段。在互联网迅猛发展的今天，还要增加一个互联网物流阶段。

在自动化物流阶段，自动化技术对仓储的发展起了重要的促进作用。20世纪50年代末和60年代，相继研制和采用了自动导引车（AGV）、自动货架、自动存储机器人、电子扫描和条码自动识别与自动分拣系统。20世纪70年代和80年代，旋转式货架、移动式货架、巷道式堆垛起重机和其他搬运设备都加入了自动控制的行列，同时，自动化物流也普遍采用机器人堆垛物料、包装和监视物流过程及执行某些过程。但这时只是各个设备的局部自动化并各自独立应用。自动化输送机系统提供了物料和工具的搬运，加快了运输的速度。随着计算机技术的发展，工作重点转向物资的控制和管理，要求适时、协调和一体化。这样一来，信息自动化逐渐成为仓储自动化的核心。计算机之间、数据采集点之间、机器设备的控制器之间以及它们与计算机之间的通信可以及时地汇总信息；仓库计算机及时地记录订货和到货时间，显示库存量；计划人员可以方便做出供货决策，他们知道正在生产什么、订什么货、什么时间发什么货；管理人员随时掌握货源及需求。信息技术的应用已成为仓储技术的重要支柱。

至于集成自动化物流阶段，它强调在中央控制系统下各个自动化物流设备的协调性。控制由主计算机来实现。这种物流系统是在自动化物流的基础上进一步将物流系统集成起来，使得从物料计划、物料调度直到将物料运送到生产线的各个过程的信息，通过计算机网络互相沟通。这种系统不仅使物流系统各单元间达到协调，而且使生产与物流之间达到协调。

人工智能技术的发展推动了自动化技术向更高级的阶段——智能自动化方向发展。在智能自动化物流阶段，生产计划做出后，自动生成物料和人力需求；查看存货单和购货单，规划并完成物流。如果物料不够，无法满足生产要求，就推荐修改计划以生产出等值产品。这种系统是将人工智能集成到物流系统中。目前，这种物流系统的基本原理已在一些物流系统中逐步得到了实现。可以预见，21世纪智能自动化仓储技术将具有广阔的应用前景。

互联网物流阶段的标志是利用Internet来完成物流全过程的协调、控制和管理，实现从网络前端到最终客户端的所有中间过程和物流运作。这里有两个关键词，即“物流全过程”和“所有”。在集成自动化物流和智能自动化物流阶段，互联网只起辅助作用，是“配角”，而在互联网物流阶段，互联网起主导作用，是“主角”。

1.2　现代生产物流的特点

生产物流担负着运输、储存、装卸物料等任务。物流系统是生产制造各环节组成有机整体的纽带，是生产过程延续的基础。随着生产制造规模的不断扩大、生产柔性化水平和自动化水平的日益提高，要求生产物流也要相应地发展，使之与现代生产制造系统相适应。

现代生产物流的特点主要体现在以下几个方面：

1. 现代化的物流设备

生产物流现代化的基础，首先是采用快速、高效、自动化的物流设备。最具典型的现代化物流设备有以下几种：

(1) 自动化立体仓库。改平面堆放为立体堆放，这样既有利于物料的周转，又有利于自动化管理，同时节约了库房面积。

(2) 自动导引车（AGV）。可以快速、准确地运输，运输路径柔性化，便于计算机管理与调度。

(3) 自动上下料机器。包括装卸料机器人、积放链、传送带等。

2. 计算机管理

与现代生产制造相适应的物流系统，一般都具有结构复杂、物流节奏快、物流线路复杂、信息量大、适时性要求高等特点。传统的凭主观经验管理物流的方法已无法适应。采用计算机可以对物流系统进行动态管理与优化。同时，通过计算机与其他系统适时联机，发送和接收信息，使物流系统与生产制造、销售等系统有机地联系，可以提高物流系统的效益。

3. 系统化和集成化

生产物流系统的结构特点是：点多、线长、面宽、规模大。传统的生产物流是分散的、割裂的和相互独立的，缺乏集成化和系统化。如果说传统生产物流设备落后、搬运效率低下是影响生产整体效益提高的主要原因之一的话，那么传统生产物流的分散化和个体化则是牵制生产发展的另一主要原因。现代生产物流是把物流系统有机地联系起来，看成一个整体，从系统化、集成化的概念出发去设计、分析、研究和改进生产物流系统，不追求系统内个别设备的高效和优化，而是力求整体系统的高效和优化。现代化生产物流的另一个特点是，把物流系统与生产制造系统融为一体，使之形成完整的生产系统，以提高生产的整体效益。

4. 网络化

物流领域网络化有两层含义：①物流配送系统的计算机网络，包括物流配送中心与供应商或制造商的联系要通过计算机网络，另外，与下游顾客之间的联系也要通过计算机网络通信。例如，物流配送中心向供应商提出订单这个过程，就可以使用计算机通信方式，借助于电子订货系统（EOS）和电子数据交换（EDI）技术来自动实现。②组织的网络化，即所谓的企业内部网（Intranet）。例如，台湾地区的计算机业创造出了“全球运筹式产销模式”，这种模式是按照客户订单组织生产，生产采取分散形式，即将全世界的计算机资源都利用起来，采用外包的形式将一台计算机的所有零部件、元器件、芯片外包给世界各地的制造商去生产，然后通过全球的物流网络将这些零部件、元器件和芯片发往同一个物流配送中心进行组装，由该物流配送中心将组装的计算机迅速发给客户。

这就是利用 Internet 来完成物流全过程的协调、控制和管理，实现从网络前端到最终客户端所有中间过程的物流运作。互联网物流系统包括两个网络：物流实体网络和物流信息网络。物流实体网络是指物流企业、物流设施、交通工具、交通枢纽等在地理位置上的合理布局而形成的网络；物流信息网络是指物流企业、制造企业、商业企业通过现代互联网技术将上述物流实体整合而成的共享信息的交互网络。

1.3 “设施规划设计”的发展

“设施规划与设计”是工业工程的一门核心技术。设施规划与设计起源于早期制造业的工厂设计（Plant Design）。第二次世界大战前，从泰勒的科学管理开始，人们开始注重“人”的工作测定、动作研究分析等操作法工程（Methods Engineering）；同时也开始注意涉及“机”和“物”规划的工厂布置（Plant Layout），如厂内物料搬运路线的优化设计，原料、半成品、制成品的物流活动控制，机器设备、运输通道和场地的合理配置等。操作法工程和工厂布置这两项活动被统称为“工厂设计”。其中工厂布置方面的内容主要采用定性分析方法和经验设计。当然，这种方法缺乏科学性。但是经过大量实践的数据在一定程度上也反映了客观情况，且根据经验设计的工厂在较短时间内比较符合实际情况。

第二次世界大战后，工业工程学科有了很大发展，在方法上逐渐由定性向定量转变，在工作领域上也由重点在制造业扩大到其他工业和服务业，设计对象向非工业设施扩大。由此“工厂布置设计”发展为“设施规划设计”。20 世纪 60 年代以后由理查德·缪瑟（Richard Muther）倡导的系统布置设计（SLP）方法，由于采用理性化的推理方法和系统化的规划设计方法，使设施规划设计向前迈进了一大步。但是这一方法的推理还比较粗略，系统化工作内容也比较烦琐。

随着计算机及其技术的飞速发展，20 世纪 80 年代以来许多学者研究了各种设施布置的模型以及算法，推理更加细致合理，加上计算机辅助设计（CAD）技术使绘图工作也可自动完成，出现了各种商品化的设施布置软件包，又使设施规划设计跃上了一个新的台阶。

二次分配问题（QAP，Quadratic Assignment Problem）模型的建立，即把n个设施分配到s个位置上，引起了人们对布置设计问题的研究兴趣，出现了大量新建型和改进型计算机布置设计程序，如著名的CRAFT和CORELAP。CRAFT即计算机设施相对定位技术（Computerized Relative Allocation Of Facilities Technique），是以运输费用最小为目标函数，用位置变换方式探索最小费用时各单元的位置的设计程序，此方法从一现有初始平面布置方案出发，通过交换两两单元之间的相互位置，搜寻最小运输费用布置方案，因此称为“改进布置型”算法。CORELAP即计算机关系平面布置（Computerized Relationship Layout Planning）法，是按单元之间关系密切程度，计算各单元的总接近度构成平面布置图的方法。20世纪70年代中后期，研究发现，布置问题属于非确定性多项式问题（Non-deterministic Polynomial，NP）问题，当问题规模较大时，即使是当今运行速度最快的计算机也需要人类无法接受的时间才能找到最优布置方案。据有关资料介绍，当单元数目为20个时，计算机将需要数万年才能求得。因此，人们称这类问题为难解问题。正因为如此，研究人员在继续探索数学直接解法的同时，开始从多个角度寻找最优或近优的布置方案启发式解法。随着人工智能理论的应用，人们又开发出许多设施布置专家系统，如“设施布置专家系统”（FADES）、“人工智能设施布置分析规划系统”（IFLAPS）、“计算机辅助设施布置选择程序”（CAFLAS）及将最优化与知识基相结合的“机床布置专家系统”（KBML）。

综观设施规划设计发展的三个阶段，每一阶段有其优点也有不足。从我国当前实际工作情况来看，系统化设计和计算机辅助设施设计（Computer Aided Facility Design，CAFD）软件应用尚不普遍，经验加指标设计法在设施规划的设计中还占多数。

设施规划与设计从“工厂设计”发展而来，重点探讨各类工业设施、服务设施的规划与设计概念、理论及方法，是工业工程学科的重要研究领域。设施规划是在企业经营策略的指导下，针对企业个体中的生产或服务系统的生产和转换活动，在从投入到产出的全部过程中，将人员、物料及所需的相关设备设施等，做最有效的组合与规划，并与其他相关的设施协调，以期获得安全、效率与经济的操作，满足企业经营需求，同时能更进一步对企业长期的组织功能和发展产生更积极的影响。

设施规划所涉及的范围非常广泛，和许多专业相关，与多种学科相互交叉。各种设施规划，广泛关联到土建、机械、电器、通信等各种工程专业。从物流工程的角度，设施规划与设计的范围可以界定为厂址选择（设施选址）和设施布置两个组成部分。

随着工业工程应用领域的进一步扩大，“设施规划与设计”的原则和方法逐步扩大到了非工业设施，如机场、医院、超级市场等各类社会服务设施。

1.4 精益生产和准时制对物流设施与规划的影响

20世纪60年代以后，世界市场由“卖方市场”步入“买方市场”，各类产品由“供不应求”转变为“供过于求”。产品模块和多样化、成组技术、多品种中小批量生产、柔性制造系统的提出，都是在对单一品种大量生产提出了异议后的新思想、新方法，也都影响了生产管理和生产工场的设备布置。80年代日本在汽车制造业中创造的丰田生产方式，从经营、组织、管理、产品、供销等都形成了与传统大量生产方式不同的一整套思想和做法。美国麻省理工学院（MIT）对之进行了研究和分析后称之为“精益生产”（Lean Production），随后美国和世界各国竞相仿效。“精益生产”以简化为手段，以人为中心，以尽善尽美和精益求精为最终目标。所以，精益生产方式对工厂布置提出了更高的要求。在精益生产中，无论企业内外，组织良好的物流有很重要的作用。它将生产中的各种物流，如设备外围的、各生产线之间的、仓库内的、生产和装配之间的、生产和进料之间的、装配和发货之间的各种物流，有条不紊地组织起来。将物流及其信息系统组织协调完善后，生产中一个环节和另一个环节完全衔接紧凑地进行，不会产生到处寻找物料的现象。任何管理人员都能随时知道，何种物料或在制品位于何处，对库存的物料了如指掌。它可以将生产中物料的浪费和丢失降到最低。

日本丰田生产方式的主要创新之一就是准时制（Just In Time，JIT）。JIT也是精益生产的主要部分。JIT生产系统虽起源于日本，但经过世界各国应用后又有了许多改进。美国生产与库存控制学会（APICS）将其定义为："在追求有计划地消除一切浪费和坚持不断改进质量和生产率的基础上，达到卓越制造的哲理。"根据APICS的建议，JIT的主要内容如下：①减少在制品、等待、制造与采购的周期时间、批量、转送时间、车间（工场）面积。②全员生产维护。③供应商开发与认证项目。④经常送货到厂。⑤重点工艺过程。⑥成组技术。⑦单元制造。⑧全员参与。⑨工作地储存。⑩高水平作业计划。⑪零缺陷。⑫从源头保证质量。⑬柔性制造。⑭零件料单最小化。⑮加强内部管理。⑯生产线平衡。⑰百分之百按作业计划完成。

JIT可用于广泛范围内的任何制造，并将对人的高度尊重视为消除浪费的基础。JIT重视和追求一切生产活动的可视化、简化、柔性化、组织化和标准化。消除浪费是精益生产和JIT的首要任务。在一个组织内最普通的浪费是设备、库存、空间、时间、劳力、搬运、运输和文字工作的无效占用。JIT概念对工厂布置、建筑物设计、物料搬运系统都产生了影响和冲击。

第 2 章 物流通用设备

物流设备主要包含仓储设备和物料搬运设备。物料搬运设备又可以主要分为以下三类，即集装单元化设备、搬运装卸机具以及输送机（Conveyors）。仓储设备的相关内容本教材将在第 7 章中介绍；输送机（除了带式输送机外）大都用于生产线物料输送，本教材将在第 3 章中介绍。本章只介绍通常被称为物流通用设备的集装单元化设备和搬运装卸机具。

2.1 集装单元化设备

集装单元化设备是指组成单元载荷的设备和容器（Container Or Unit Load Formation Equipment)，主要有集装箱、托盘、集装袋、散装罐等。这些工具的主要作用是将零杂货物组合成单元货物，并以这些工具为承托物，以单元货物为整体进行物流作业。

2.1.1 托盘

托盘不仅是货物集装单元化的重要设备，而且也是仓储系统的辅助设备。

托盘是一个不可或缺的“活动的货台”；是集装单元化物流中，承上启下、承前启后的关键要素和单元化物流的重要载体；是衔接运输、仓储、包装、装卸搬运等几大物流环节的接口；是实现物流全过程效率最大化、成本最小化的必备器具。

托盘的种类繁多，就目前国内外常见的托盘种类来说，大致可以划分为四大类：平托盘、柱式托盘、箱式托盘、轮式托盘。

1. 平托盘

一般所称之托盘，主要是指平托盘。平托盘是托盘中使用量最大的一种，可以说是托盘中之通用型托盘。平托盘又进一步按三个条件分类：

(1) 按承托货物台面分类。分成单面使用型、双面使用型、翼型四种。

(2) 按叉车叉入方式分类。分为单向叉入型、双向叉入型、四向叉入型三种。四向叉入型的平托盘叉车可从四个方向进叉，因而叉车操作较为灵活。单向叉入型的平托盘只能从一个方向叉入，因而在叉车操作时较为困难。图 2-1 所示为托盘的各种形状和结构。

(3) 按材料分类。

1）木制平托盘。木制平托盘制造方便，便于维修，本体也较轻，是使用广泛的平托盘。

2）钢制平托盘。这是指用角钢等异型钢材焊接制成的平托盘。钢制平托盘的最大特点是强度高，不易损坏和变形，维修工作量较小，但自身较重，人力搬运较困难。钢制平托盘可

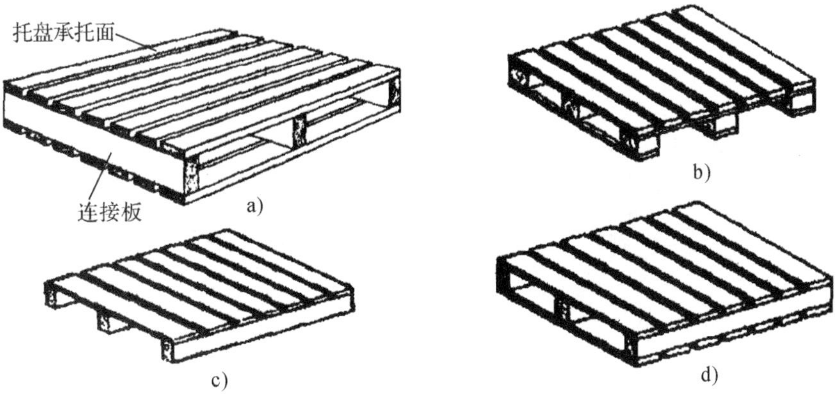

图 2-1　托盘的形状和结构

a）托盘的形状和结构　b）四向叉入型托盘　c）单面使用型托盘　d）双向叉入双面使用型托盘

制成翼型平托盘，这种托盘不但可使用叉车装卸，也可利用两翼套吊器具进行吊装作业。

3）塑料制平托盘。塑料制平托盘最主要的特点是本体重量轻，耐腐蚀性强，便于通过各种颜色进行分类区别。托盘为整体结构，不存在透钉刺破货物的问题，但塑料托盘的承载能力不如钢、木制托盘。

4）胶板制平托盘。这是指用胶合板钉制台面的平板型台面托盘，这种托盘重量轻，但承重力及耐久性较差。

2. 柱式托盘

柱式托盘的基本结构是托盘的四个角有固定式或可卸式的柱子。这种托盘的进一步发展是在对角的柱子上端用横梁连接，使柱子成门框型。柱式托盘的柱子部分可用钢材制成，按柱子固定与否分为固定柱式托盘和可卸柱式托盘两种。

柱式托盘的主要作用有二：一是防止托盘上所置货物在运输、装卸等过程中发生塌垛；二是利用柱子支承重量，可以将托盘上部货物悬空载堆，而不用担心压坏下部托盘上的货物。

3. 箱式托盘

箱式托盘的基本结构是沿托盘四个边有板式、栅式、网式等拦板，和下部平面组成箱体，有些箱体有顶板，有些箱体上没有顶板。箱板有固定式、折叠式和可卸式三种。

4. 轮式托盘

轮式托盘的基本结构是在柱式、箱式托盘下部装有小型轮子。这种托盘不但具有一般柱式托盘、箱式托盘的优点，而且可利用轮子作小距离运动，可不需搬运机械实现搬运。此外，轮式托盘在生产物流系统中，还可以兼作作业车辆。

常见托盘的形式如图 2-2 所示。

5. 托盘标准化

由于世界各国使用托盘的历史不同，各国的托盘尺寸均有不同。为了达到国际联运的目的，托盘的尺寸规格应有国际统一标准。

（1）ISO 世界托盘标准。ISO 已经制定四种托盘的标准尺寸，这是当前世界托盘标准的主流。根据 ISO 6780《联运通用平托盘　主要尺寸及公差》规定，现有托盘有 3 个系列 4 种规格。

1）1200 系列（1 200mm × 800mm 和 1 200mm × 1 000mm）。

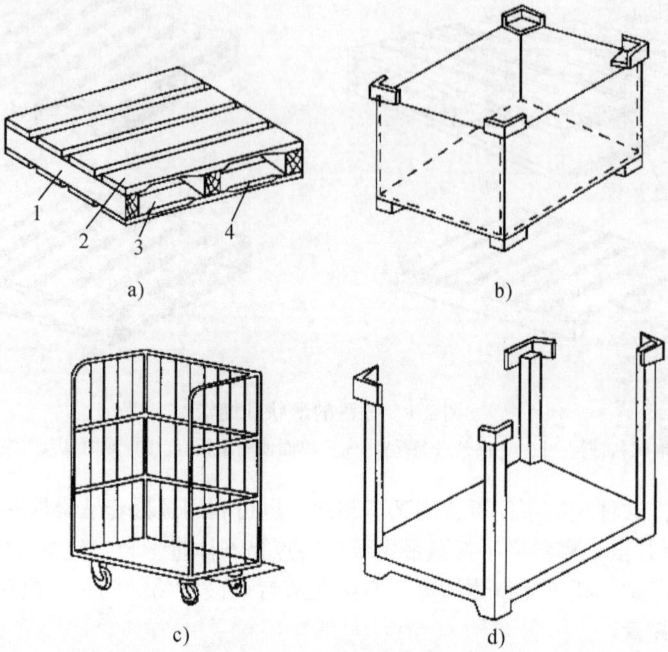

图2-2 常见托盘的形式

a）平托盘 b）箱式托盘 c）轮式托盘 d）柱式托盘

1—梁 2—上盘面 3—货叉口 4—下盘面

2）1140系列（1 140mm×1 140mm）。1140系列正在亚洲普及，是日本、韩国和我国台湾地区的标准托盘。

3）1219系列（1 219mm×1 016mm）（48in×40in）。它是考虑北美国家习惯以英寸为单位制定的系列。

2003年，ISO又增加了1 100mm×1 100mm和1 067mm×1 067mm两种托盘标准，说明在亚洲正处于发展势头的1 100mm×1 100mm标准的托盘拥有潜在的市场。

（2）中华人民共和国托盘国家标准。我国于1982年就制定了联运平托盘外形尺寸系列的国家标准。我国新发布的《联运通用平托盘主要尺寸及公差》国家标准（GB/T 2934—2007）确定将我国原有的六种标准缩减为1 200mm×1 000mm和1 100mm×1 100mm两种，其中1 200mm×1 000mm为优先推荐使用标准。这两种标准托盘近年已在日本、韩国、菲律宾、泰国、马来西亚等地出现了明显的增长态势，在我国也呈现出快速上升势头。确定这两种托盘为新的标准规格，既符合国际要求，又顺应了国内发展的需要。

托盘尺寸标准一经制定，就可以决定包装尺寸和容器尺寸的标准，并且还影响运输工具的尺寸选择，也影响仓库建筑、货架和储存空间的尺寸。可见托盘尺寸的选定，往往是确定其他物流参数的依据。大量实践表明，以托盘为基准推进包装模数、叉车结构尺寸、汽车厢体尺寸、集装箱规格、货架和仓库货格尺寸的标准匹配将十分科学合理；以托盘物流为基础，组合贯通与匹配物流各环节（如运输、仓储、装卸搬运、包装、流通加工、配送等），可避免物流过程中的浪费，大幅度节约物流成本；从托盘物流的角度审视物流是否科学合理，能明显提高物流系统的整体效率。

2.1.2　集装袋

散状货物集装“单元化”就是将物料加以组装，但是需要额外的材料把该货物包装成为一个单元。散状货物集装“单元化”最普通的方法是使用集装袋。集装袋是一种柔性的集装容器。集装袋单元货载可依其尺寸和质量分别以搬运车、输送带或起重机来搬运。集装袋又称柔性货运集装箱，适于作为散状货物，如水泥、化肥、粮食、饲料、砂糖、盐、纯碱等的包装。配以叉车或起重机及其他运输工具，就可实现集装单元化运输。集装袋的分类一般可按使用的形式、形状、材料与制袋方法等进行区分，常见的几种集装袋如图 2-3 所示。

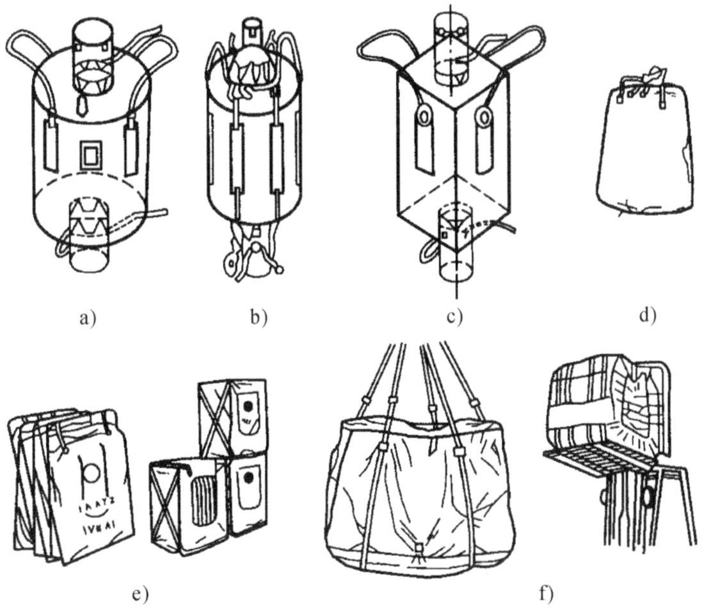

图 2-3　集装袋

2.1.3　集装箱

“单元化”的最普通的方法是“货柜化”。“货柜化”是将品种货物组装于大型盒子或箱子（主要是集装箱）内。集装箱是进行周转用的具有一定规格和强度的大型货箱。它适合于铁路、水路、公路、航空等多种运输方式的现代化装卸和运输，是仓库外部物流理想的集装化运输用具。

1. 集装箱的结构特点

集装箱不同于公路和铁路货车的车厢，也不同于反复使用的大型包装箱。它的主要特点是有 8 个角件，依靠这 8 个结构尺寸和定位尺寸都很精确而又十分简单的角件，可以完成集装箱的装卸、栓固、堆码、支承等作业。图 2-4 所示为通用集装箱的结构简图。

2. 集装箱的分类

按用途和货物的特点，集装箱一般可分为普通货物集装箱和特种货物集装箱。

（1）普通货物集装箱（包括通用集装箱和专用集装箱）。普通货物集装箱的结构有内柱式、外柱式、折叠式（见图 2-5a、b、c），以及薄壳式等。

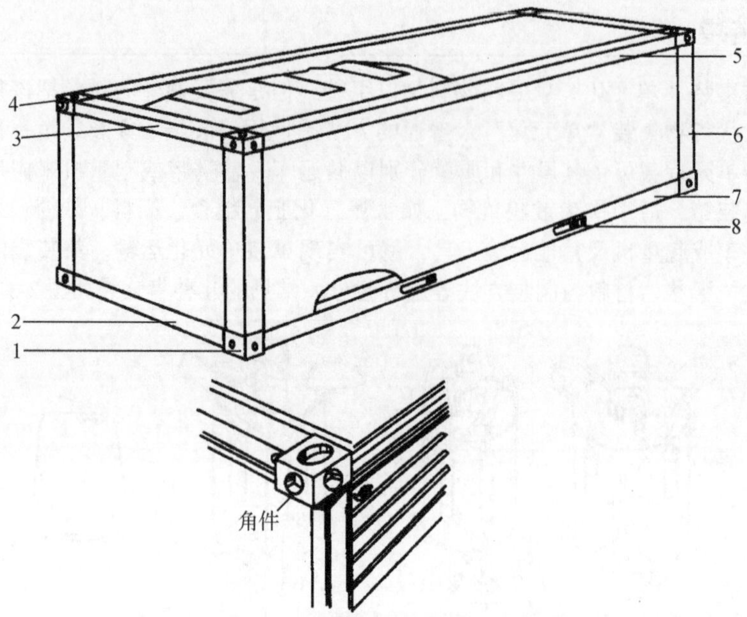

图 2-4　通用集装箱的结构简图

1—角件　2—下端梁　3—上端梁　4—顶梁　5—上侧梁　6—角柱　7—下侧梁　8—叉槽

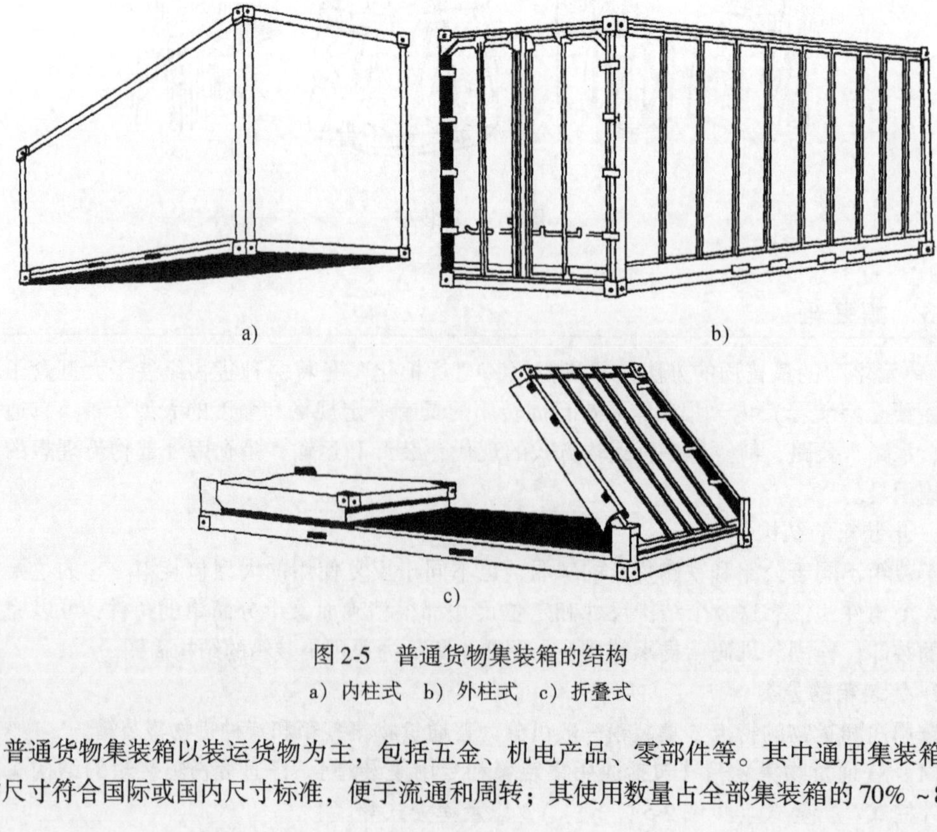

图 2-5　普通货物集装箱的结构

a）内柱式　b）外柱式　c）折叠式

普通货物集装箱以装运货物为主，包括五金、机电产品、零部件等。其中通用集装箱要求结构尺寸符合国际或国内尺寸标准，便于流通和周转；其使用数量占全部集装箱的 70% ~80%。

为防止货物在箱内摇动，在箱内设有确保货物稳定的附属设备。这类集装箱大部分为端开门式，端门闭锁后即成密闭状态。根据货物的装卸要求，这类集装箱还可分为侧开门式、侧壁全开式和开顶式。而专用集装箱主要是作为专门用途或单一品种规格的普通货物流通之用，对结构尺寸标准要求不严格。

（2）特种货物集装箱

1）通风集装箱（见图 2-6）。适于装载需要一定程度通风的蔬菜、食品及杂货。通风集装箱在侧壁或端壁设有 4 ~ 6 个通风窗口，能有效地保证新鲜货物在运输途中不腐烂损坏。通风集装箱内装载潮湿货物时，为防止其渗出物对箱内污染和便于洗涤，在箱的内壁涂一层玻璃纤维加强塑料。为了排除集装箱内部的渗水，箱底必须设有放排水旋塞。

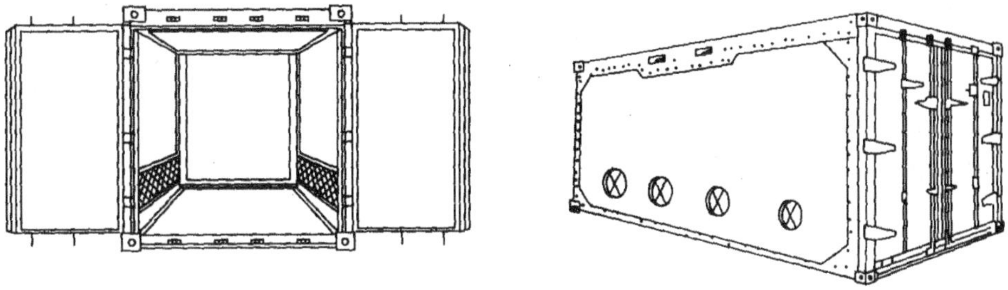

图 2-6　通风集装箱

2）保温类集装箱。它可分为冷藏集装箱和保温集装箱两种。冷藏集装箱是专门为运输那些要求一定低温的新鲜水果、鱼、肉、水产品等食品的。目前国际上采用的冷藏集装箱有内藏式和外置式两种结构。内藏式集装箱的箱内装备有冷冻机。外置式集装箱的箱内没有冷冻机，而只有隔热结构。两种冷藏集装箱各有优缺点。集装箱运输时间较长时，采用外置式结构较为合适；反之，集装箱运输期较短时，则采用内藏式结构较好。

3）框架类集装箱。这类集装箱包括板架集装箱、汽车集装箱（见图 2-7）和牲畜集装箱。

板架集装箱用以装载长大件、超重件，如重型机械、钢管、钢锭、裸装机械和设备等。它没有箱顶和侧壁，箱端壁也可以卸掉，只靠箱底和四个角柱来承受载荷，故又可称为平台或平板集装箱。

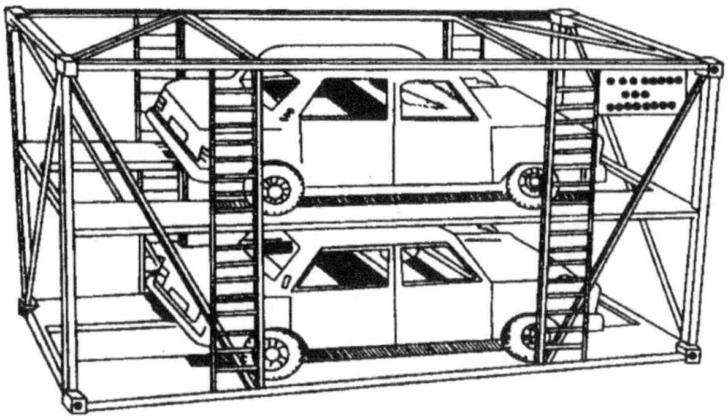

图 2-7　汽车集装箱

3. 集装箱的标准化

为了便于集装箱在国际上的流通，国际标准化组织 ISO 公布了集装箱的标准规格系列：第一系列（1A ~ 1F 共六种）、第二系列（2A ~ 2C 共三种）和第三系列（3A ~ 3C 共三种）集装箱。后来第一系列又增加了 1AA、1BB 和 1CC 三种型号的集装箱。第一系列集装箱的宽度都是 2 438mm，第二系列集装箱的宽度都是 2 300mm，第三系列集装箱的宽度都是 2 100mm。

由于每个系列集装箱的宽度相同，为充分利用各种运输工具的底面积，因此有必要了解各种规格集装箱的长度及其之间的关系。1A 型 40ft[⊖] 集装箱的长度为 12 192mm；1B 型 30ft 集装箱的长度为 9 125mm；1C 型 20ft 集装箱的长度为6 058mm；1D 型 10ft 集装箱的长度为 2 991mm。设集装箱间的标准间距 I 为 76mm（3in[⊖]），则

$$1A = 1B + I + 1D = 9\ 125\text{mm} + 76\text{mm} + 2\ 991\text{mm} = 12\ 192\text{mm}$$

$$1B = 1D + I + 1D + I + 1D = 3 \times 2\ 991\text{mm} + 2 \times 76\text{mm} = 9\ 125\text{mm}$$

$$1C = 1D + I + 1D = 2 \times 2\ 991\text{mm} + 76\text{mm} = 6\ 058\text{mm}$$

其长度关系如图 2-8 所示，图中有剖面线的区域为标准间距。

为便于统计集装箱的运量，常将 20ft 的标准集装箱作为国际标准集装箱的标准换算单位，称为换算箱或标准箱（Twenty-foot Equivalent Unit，TEU）。一个 20ft 的国际标准集装箱换算为一个 TEU；一个 40ft 的集装箱（Forty-foot Equivalent Unit，FEU），1FEU = 2TEU。目前，国际上集装箱尺寸已发展到 45ft、48ft，在质量上发展到 35t 以上。

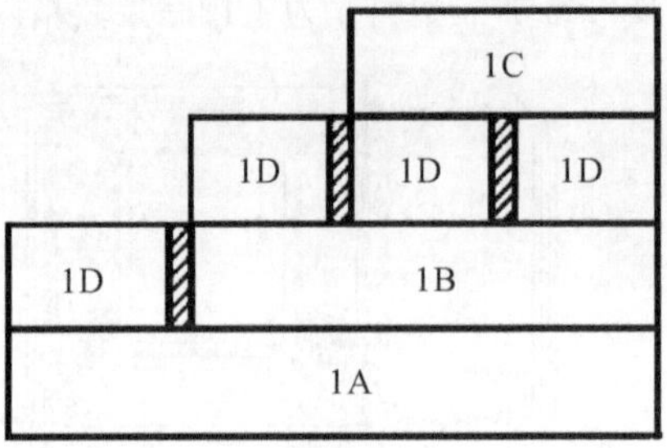

图 2-8　国际标准集装箱的长度关系

一般规划者可依据特定的物料情况选择适当的单元负载形态。例如，使用栈板最适合于堆叠具有一致外形的类似品种；而外形和尺寸不同的品种则可以以群组类型置于货柜内。

2.2　搬运装卸机具

2.2.1　装卸设备

1. 卸车设备

目前用得较多的卸车设备是螺旋卸车机、链斗式卸车机及翻车机。

（1）螺旋卸车机。螺旋卸车机的结构形式有桥式、门式和单臂式三种。这三种形式的螺旋卸车机工作原理都相同，只是支承卸车螺旋的结构钢架的形式不同。桥式螺旋卸车机如图 2-9 所示，卸车作业时将左右水平螺旋放在物料中，由水平螺旋旋转，把物料推向两侧卸车。螺旋卸车机把物料从车厢上卸到卸车线两侧的坑道后，再通过坑道底下的带式输送机运至堆场上。螺旋卸车机是一种较好的卸车机械，它具有结构简单、效率

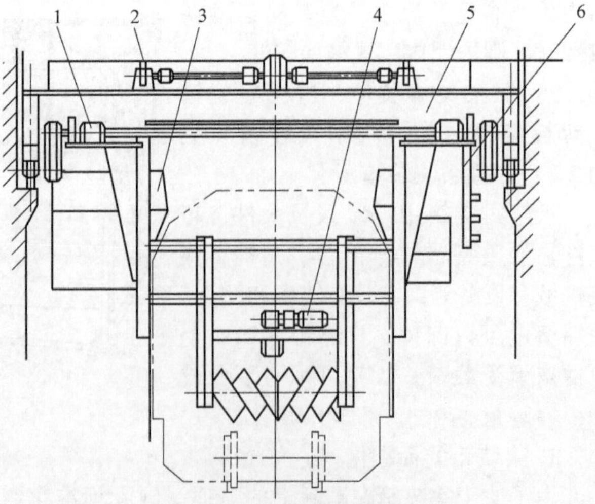

图 2-9　桥式螺旋卸车机

1—大车驱动　2—螺旋起升机构　3—操纵室

4—螺旋驱动　5—桥架　6—导电架

⊖ ft 为非法定计量单位，法定计量单位为 m，1ft = 0.304 8m。本书后面对此不再进行说明。

⊖ in 为非法定计量单位，法定计量单位为 m，1in = 0.025 4m。本书后面对此不再进行说明。

高、重量轻、造价低和易于维修等优点。用户可以制造多个备用的水平螺旋头，在螺旋头损坏时，很快换上，继续进行生产。螺旋卸车机的卸料阻力较大，对物料的破损较大。在卸大块散货时，机身振动也较大。所以，它适于卸不太坚硬的尺寸在 150mm 以下的中等块度的物料。其最大的缺点是环境污染严重，卸车时粉尘四起，曾有人考虑应用水雾或在车内注水减少粉尘，但效果都不理想。

螺旋卸车机系统的布置分为受料带在铁路线底下及在铁路线两侧两种类型。

（2）链斗式卸车机。在铁路线上卸车的链斗式卸车机（见图 2-10）跨在铁路线上，以链斗挖取敞车内的物料，通过带式机，向铁路两侧堆料。其堆料带机有平移外伸悬臂式、俯外伸悬臂式和跨内横移式三种，一般生产率可达 200 ~ 300t/h。链斗式卸车机的结构如图 2-11 所示，其缺点是构造复杂，磨损件多，维修工作量大。

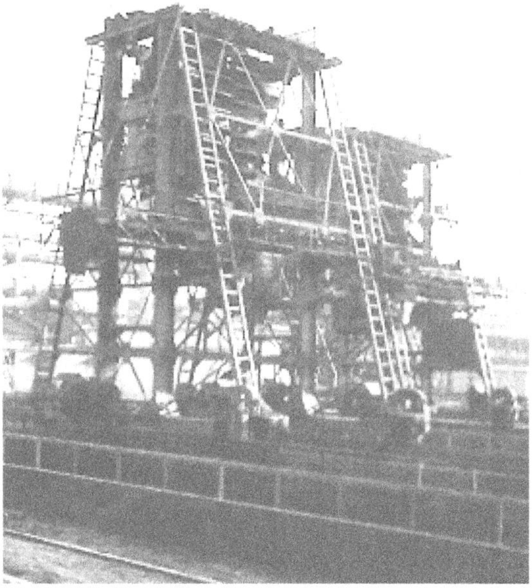

图 2-10　在铁路线上卸车的链斗式卸车机

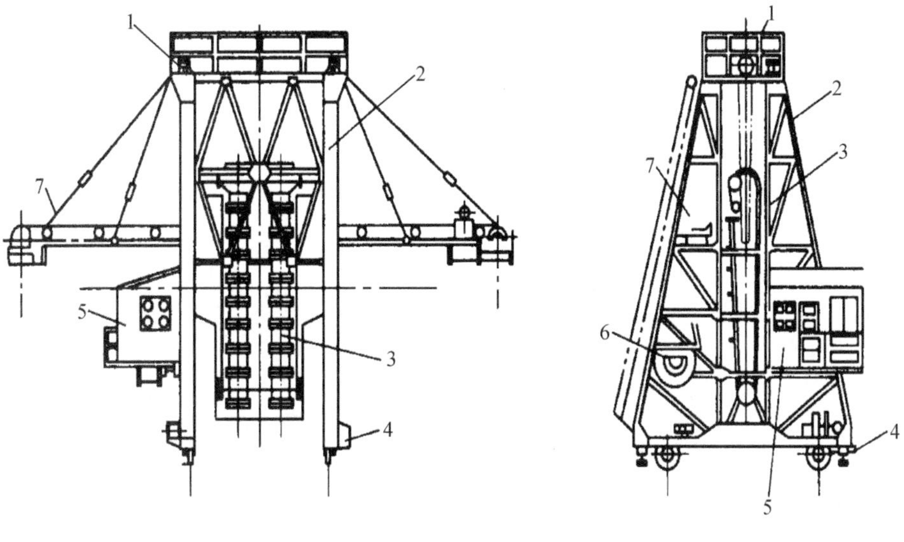

图 2-11　链斗式卸车机

1—卷扬机　2—钢结构　3—链斗提升机　4—运行机构　5—司机室　6—电缆卷绕装置　7—胶带输送机

（3）翻车机。翻车机的形式很多，按翻卸方式可分为转子式翻车机及侧倾式翻车机。此外还有少量的端倾式翻车机及复合式翻车机。

转子式翻车机的翻转轴线靠近旋转系统的重心，翻转角度可达 360°，如图 2-12 所示。其压车装置结构有四连杆滚轮式，也有钢丝绳钩式。车厢接近就地旋转，重心提升高度低，所以耗电量少。但地下建筑物的深度一般达15m左右，土建工程量大。压车装置作用力大，易损坏车厢。

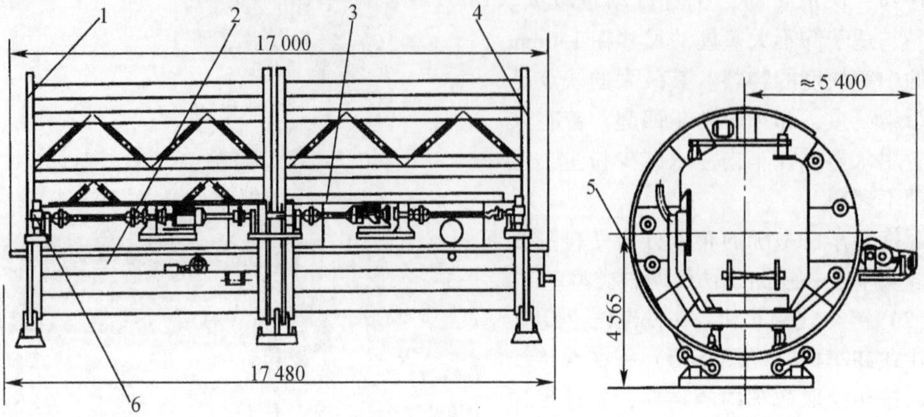

图2-12　转子式翻车机

1—转子　2—平台及压车装置　3—传动装置　4—转子　5—托辊装置　6—电器

侧倾式翻车机如图2-13所示。它的翻转轴线位于敞车的侧上方。载物的敞车，由铁牛（一种顶推车厢用的设备）或机车顶入翻车机后，由压紧装置将敞车压住。压紧装置的压紧方式有机械压紧式及液压锁紧式两种。翻车机转动约180°，从铁轨侧面将物料倒出。其主要特点是地下建筑物基础浅，一般仅为7~11m，土建投资省，但车箱重心提升高度大，耗电多。

图2-13　侧倾式翻车机

翻车机卸车线的布置随地形而异，有两种基本方式，即贯通式（见图2-14）和折返式（见图2-15、图2-16）。

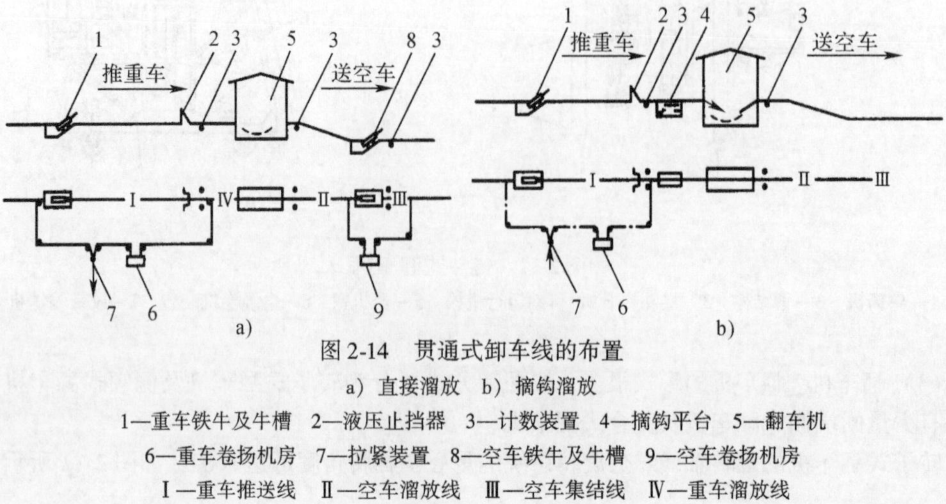

图2-14　贯通式卸车线的布置

a）直接溜放　b）摘钩溜放

1—重车铁牛及牛槽　2—液压止挡器　3—计数装置　4—摘钩平台　5—翻车机

6—重车卷扬机房　7—拉紧装置　8—空车铁牛及牛槽　9—空车卷扬机房

Ⅰ—重车推送线　Ⅱ—空车溜放线　Ⅲ—空车集结线　Ⅳ—重车溜放线

图2-15　迁车台横移折返

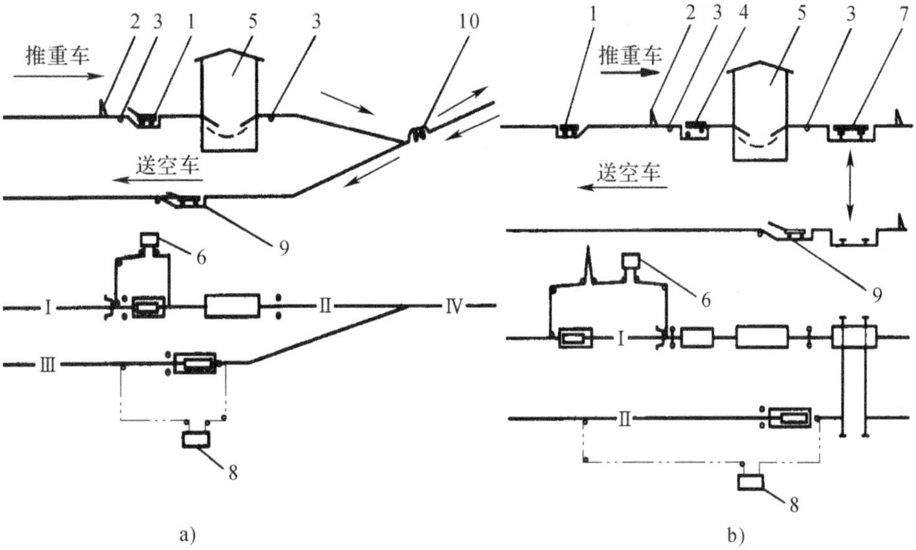

图2-16　折返式卸车线的布置

a）驼峰溜放　b）迁车台槽移

1—重车铁牛及牛槽　2—液压止挡器　3—计数装置　4—摘钩平台　5—翻车机

6—重车卷扬机房　7—迁车台　8—空车卷扬机房　9—空车铁牛及牛槽　10—弹簧道岔

Ⅰ—重车推送线　Ⅱ—空车溜放线　Ⅲ—空车集结线　Ⅳ—驼峰溜放线

贯通式布置是通过重车铁牛1，将重车推到重车溜放线上。然后，重车溜入翻车机，翻车机旋转卸车。翻卸后的空车由推车器推送出来。有的靠余坡直接溜放到空车停放线的集结位置上，有的则由空车铁牛将空车厢顶送到停车线的集结位置上。这种布置的特点是需要的设备少，减少事故发生率，但调车线路长，占地多。

折返式布置时，重车铁牛将重车推入翻车机卸空后，由翻车机上的推车器将空车推出，沿8‰的坡道溜行，经反驼峰，过弹簧道岔，然后由空车铁牛推到空车停放线的集结位置上。也可采用迁车台横移方式，将卸空车横移到回送线路上，如图2-15所示。这种布置占地面积小，但动作环节多，操作复杂。

现在我国大连重型机器厂已经与日本、英国合作，生产两翻及三翻的翻车机，可以同时翻两个车厢或三个车厢，提高了生产能力。

2. 堆场机械

堆场是港口、冶金、煤炭及矿区物流系统的重要环节。在堆场设计时首先要解决的问题是堆场的大小，其次是堆场的运输系统及堆取料机械。常用的堆取料机械有堆料机、斗轮取料机及斗轮堆取料机。

（1）悬臂堆料机。图 2-17 所示的单臂堆料机与地面固定带式输送机连接在一起，将带式输送机运来的散状物料堆在堆场内。堆料机在轨道上移动，以便把散料推在所需要的堆放地点。其结构形式有双悬臂及单悬臂可旋转式两种。双悬臂式堆料机的悬臂只能上下俯仰，不能旋转，悬臂长度比较短，所以料堆是尖顶条形，多用于配合坑道带输送机场合。单臂可旋转式的堆料机臂长可达 50 ~ 60m。

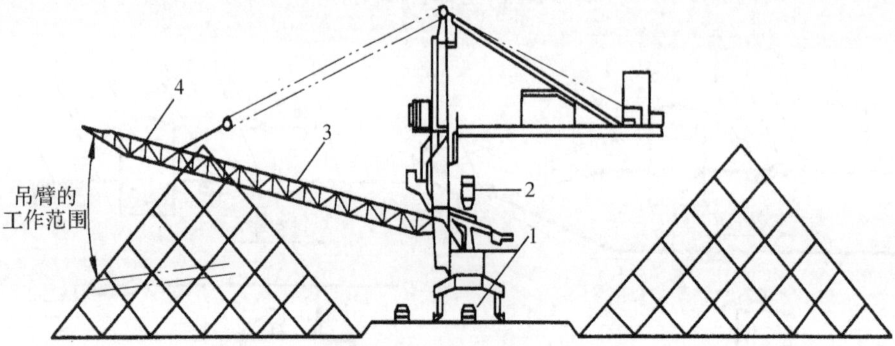

图 2-17　单臂堆料机

1—带式输送机　2—卸料器　3—吊臂　4—堆料带式输送装置

（2）斗轮堆取料机。目前使用的斗轮堆取料机有门式及悬臂式两种结构形式。有的设备只有取料一种功能，称为斗轮取料机。目前我国生产的斗轮取料机最大可达 6 000t/h，臂架幅度达 45m。图 2-18 所示为悬臂式斗轮堆取料机。

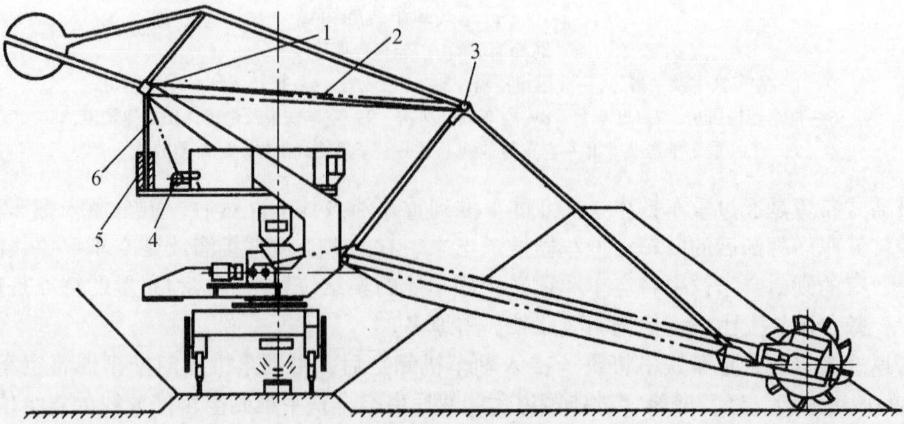

图 2-18　悬臂式斗轮堆取料机

1—滑轮组　2—俯仰钢丝绳　3—滑轮组　4—臂架俯仰驱动卷筒　5—浮动配重　6—导轨拉杆

1）悬臂式斗轮取料机。在臂架顶端有一个挖取物料的斗轮，臂架上有一个带式输送机，把物料运到取料机下的漏斗，落到带式输送机上输送出去。斗轮取料机装在堆场侧边，跨在地面带机两侧的轨道上运行。

2）门式斗轮堆取料机。在龙门架内有一个可以上下升降的活动梁，在活动梁内有带式输送机。斗轮套在活动梁上，沿活动梁移动，将挖取出的物料，卸在活动梁内带式输送机上，然后转载给地面固定带式输送机。门式取料机横跨在堆场上，如果门架上另有一套带式输送机的堆料系统，则是门式堆取料机。

悬臂式斗轮堆取料机兼有堆料及取料的双重作用，如图2-19所示。臂架上的带可以正反转。在堆料时，斗轮不转，臂架上胶带把物料从臂架端部抛出，而取料时胶带改变运动方向，把斗轮挖取出的物料送给地面带式输送机。

图2-19 悬臂式斗轮堆取料机

堆料机、取料机的臂长与料场宽度间的关系，是堆场设计必须妥善解决的问题。堆取料机的生产率是根据装船、装车的生产率而定的，而其悬臂长度根据料场的宽度而定。

2.2.2 集装箱装卸工艺方式

集装箱装卸视频，请扫二维码观看“2.2 洋山深水港集装箱”。

2.2 洋山深水港集装箱

集装箱装卸已形成特定的工艺方式。集装箱专业码头的装卸工艺方式常见的有五种：底盘车方式、跨运车方式、叉车方式、轮胎式龙门起重机方式和轨道门式起重机方式。前三种方式统称为跨车系统；后两种方式统称为门式起重机系统。

1. 跨车系统

集装箱码头装卸跨车系统的主要工艺过程如图2-20所示。它是指由岸边集装箱装卸桥将集装箱由船上卸到码头前沿，然后用跨车把集装箱搬运到货场堆放的系统。20世纪70年代初，国际上很多集装箱专业码头都采用这种装卸系统。其优点是：跨车既可以进行水平运输，又可以完成4~5层的堆垛作业，当工作量增加而机械装备不足时，可以随时调入调出跨车，重新调整。它的优点是投资小、装卸速度快、堆场利用率高。缺点是跨车的结构比较复杂，维修工作量大，因而装卸成本高。

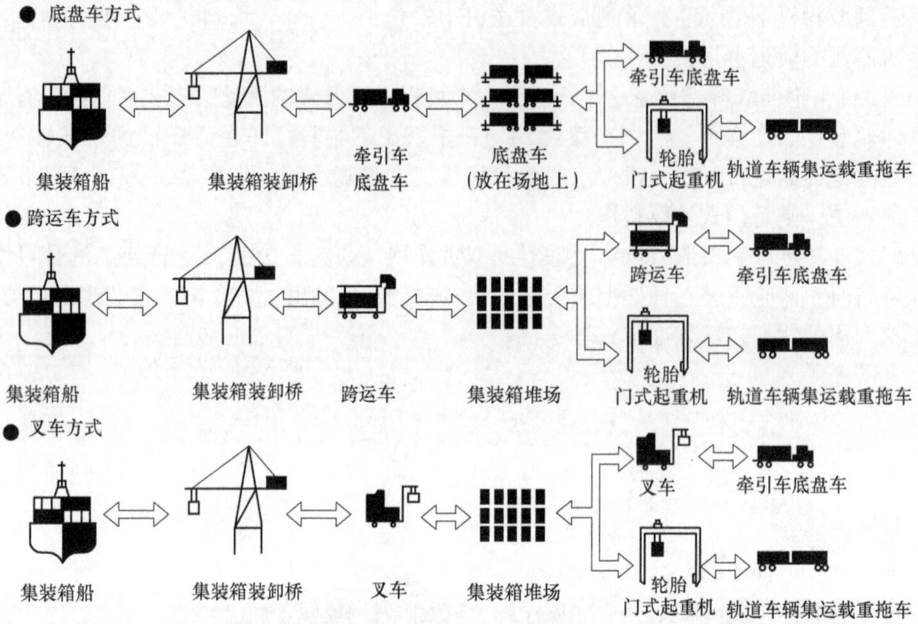

图 2-20 集装箱码头装卸跨车系统的主要工艺过程

2. 门式起重机系统

集装箱装卸门式起重机系统的主要工艺过程如图 2-21 所示。它是指由岸边集装箱装卸桥将集装箱从船上卸到拖车上，然后拖到货场，由轮胎式龙门起重机堆存和进行装卸货车作业的系统；装船过程与之相反。其优点是轮胎式龙门起重机跨距大、堆层高、堆场面积利用率高，轮胎龙门起重机可以从一个轨道线转到另一个轨道线工作，机动性强；其缺点是需要水平运输拖车作业。

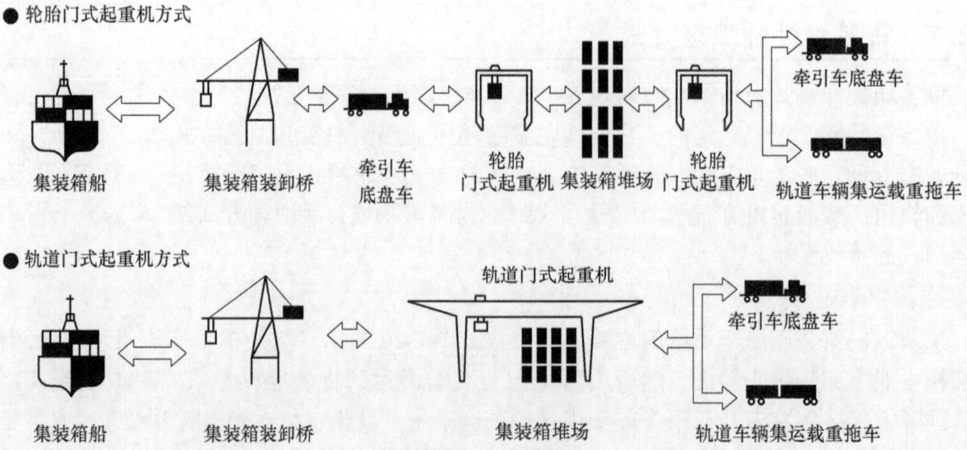

图 2-21 集装箱装卸门式起重机系统的主要工艺过程

采用轨道门式起重机方式时，在堆场与船之间可以不用转运车。轨道门式起重机的悬臂伸到岸边集装箱装卸桥的伸出臂下，直接进行集装箱转运。

2.2.3　叉车

叉车是车站、码头、仓库和货场广泛用来承担装卸、搬运、堆码作业的一种搬运车辆。它具有适用性强、机动灵活、效率高等优点。它不仅可以将货物叉起进行水平运输，而且还可以叉取货物进行垂直堆码。图 2-22 所示为叉车在自动化立体仓库中的应用。

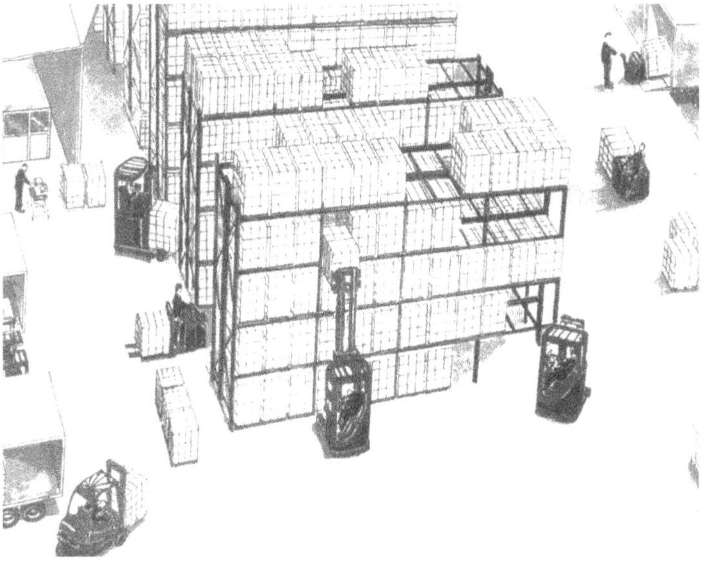

图 2-22　叉车在自动化仓库中的应用

叉车有以内燃机为动力的，称为内燃叉车；也有以蓄电池为动力的，称为蓄电池叉车。

叉车本身既可作为装卸堆垛的工具，又可用作短途运输，一般在机械工厂的车间之间，常选用蓄电池叉车作为运输工具。但是它的主要作用还是装卸堆垛。

叉车种类很多，可以从不同角度分类。如果按构造的不同，可以分为正面式叉车、侧面式叉车和转叉式叉车；如果按所用动力的不同，则可以分为内燃式叉车、蓄电池式叉车和无动力叉车。

新的伸展型自动叉车（见图 2-23）不仅尺寸小，而且还装备有可靠的陀螺型导向系统。因为旋转半径较小，因此其适合在小型工厂或货仓内使用。其升降与运行机构可确保在处理货物及进行运输工作时能够加速，而这无疑可缩短运作周期。

图 2-23　自动叉车

思考与练习题

1. 集装箱、集装袋、托盘的作用与各自的特点是什么？
2. 托盘划分为几类？平托盘分为几类？
3. 柱式托盘分为几类？它的作用是什么？
4. ISO托盘标准尺寸有几个系列？我国使用的托盘尺寸标准是什么？
5. 集装箱有哪些结构特点？集装箱分为几类？
6. 国际标准化组织ISO公布了几类集装箱的标准规格系列？具体指什么？
7. 目前用得较多的卸车设备是什么？
8. 螺旋卸车机有几种结构形式？螺旋卸车机系统有几种布置形式？
9. 翻车机分为几类？翻车机卸车线有几种布置形式？
10. 常用的堆取料机械有哪几种？
11. 常用的集装箱装卸工艺有哪几种？
12. 叉车的种类有哪些？

第 3 章 生产线物流设备

生产线物料输送多采用各种输送机配以机械手和输送车组成的、有一定柔性的物料输送系统。其中的输送机包括辊子输送机、链式输送机、电动单轨车及各种配套的升降输送机。输送机的特点是工作时可以连续沿同一方向输送散料或重量较轻的单件物品，装卸时也不用停机，所以有较高的生产率，常用于流水作业生产线上。对输送机，带类型的常简称为传送带输送机，其他类型的则称为连续输送机（Conveyor）。

3.1　现代输送设备集锦

输送机视频，请扫二维码观看“3. 1 现代输送设备集锦”。

3.1　辊子输送机

3.1.1　概述

辊子输送机由辊子、驱动装置、机架等部件组成。

辊子输送机可以沿水平或较小的倾斜角输送具有平直底部的成件物品，如板、棒、管、型材、托盘、箱类容器以及具有平底或直棱的各种工件。辊子输送机布置灵活，容易分段和连接。它可以根据需要，由直线、圆弧、水平、倾斜、分支、合流等区段以及辅助装置组成开式、闭式、平面、立体等各种形式的输送线路。

由于辊子输送机在输送成件物品时具有明显的优点，它不仅可以连接生产工艺过程，而且可以直接参与生产工艺过程，因此在冶金、机械、电子、化工、轻工、家电、食品、纺织、邮电等行业和部门的物流输送中，尤其是在各种加工、装配、包装、储运、分配等流水生产线中得到了广泛的应用。

图 3-1 所示为某涤纶厂涤纶纤维包装生产线中辊子输送机应用的实例。

3.1.2　分类及特点

1. 结构形式

表 3-1 列出了比较常用的辊子输送机的结构形式、特点及应用。

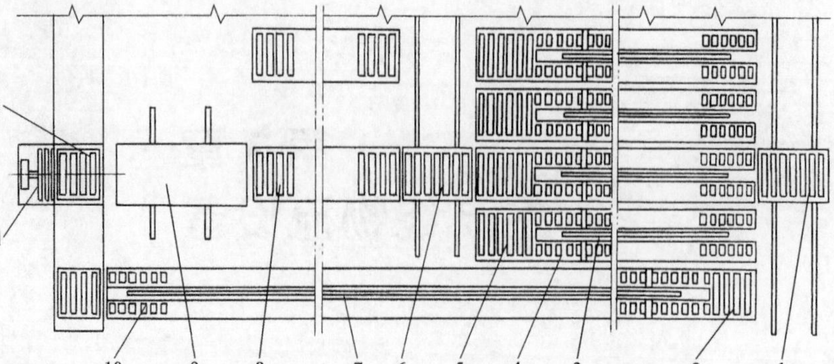

图 3-1　涤纶纤维包装生产线中辊子输送机应用实例

1、6—机动转运小车　2、8—动力式长辊输送机　3、7—爪链式牵引装置　4、10—非动力式长辊输送机　5—超越式长辊输送机　9—工艺主机　11—推动装置　12—链式输送装置

表 3-1　辊子输送机的结构形式、特点及应用

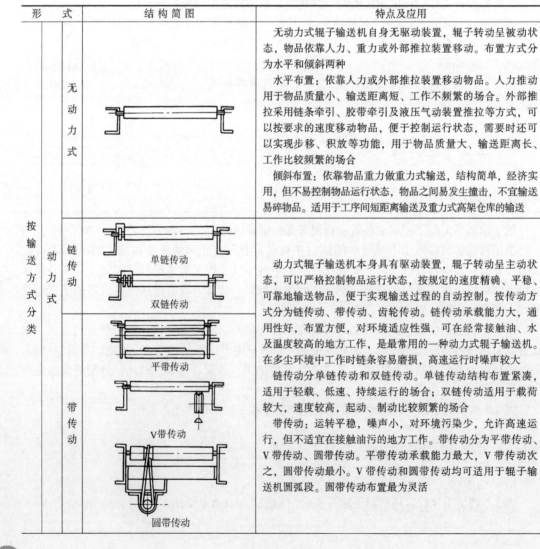

<table>
<tr><th colspan="3">形　式</th><th>结 构 简 图</th><th>特点及应用</th></tr>
<tr><td rowspan="3">按输送方式分类</td><td colspan="2">无动力式</td><td></td><td>无动力式辊子输送机自身无驱动装置，辊子转动呈被动状态，物品依靠人力、重力或外部推拉装置移动。布置方式分为水平和倾斜两种
水平布置：依靠人力或外部推拉装置移动物品。人力推动用于物品质量小、输送距离短、工作不频繁的场合。外部推拉采用链条牵引、胶带牵引及液压气动装置推拉等方式，可以按要求的速度移动物品，便于控制运行状态，需要时还可以实现步移、积放等功能，用于物品质量大、输送距离长、工作比较频繁的场合
倾斜布置：依靠物品重力做重力式输送，结构简单，经济实用，但不易控制物品运行状态，物品之间易发生撞击，不宜输送易碎物品。适用于工序间短距离输送及重力式高架仓库的输送</td></tr>
<tr><td rowspan="2">动力式</td><td>链传动</td><td>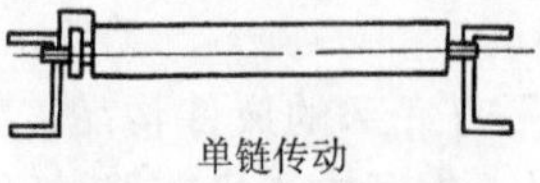
单链传动
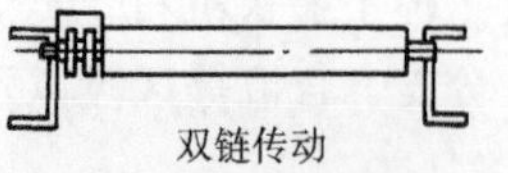
双链传动</td><td rowspan="2">动力式辊子输送机本身具有驱动装置，辊子转动呈主动状态，可以严格控制物品运行状态，按规定的速度精确、平稳、可靠地输送物品，便于实现输送过程的自动控制。按传动方式分为链传动、带传动、齿轮传动。链传动承载能力大，通用性好，布置方便，对环境适应性强，可在经常接触油、水及温度较高的地方工作，是最常用的一种动力式辊子输送机。在多尘环境中工作时链条容易磨损，高速运行时噪声较大
链传动分单链传动和双链传动。单链传动结构布置紧凑，适用于轻载、低速、持续运行的场合；双链传动适用于载荷较大，速度较高，起动、制动比较频繁的场合
带传动：运转平稳，噪声小，对环境污染少，允许高速运行，但不适宜在接触油污的地方工作。带传动分为平带传动、V 带传动、圆带传动。平带传动承载能力最大，V 带传动次之，圆带传动最小。V 带传动和圆带传动均可适用于辊子输送机圆弧段。圆带传动布置最为灵活</td></tr>
<tr><td>带传动</td><td>
平带传动
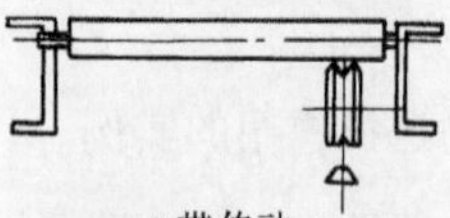
V带传动
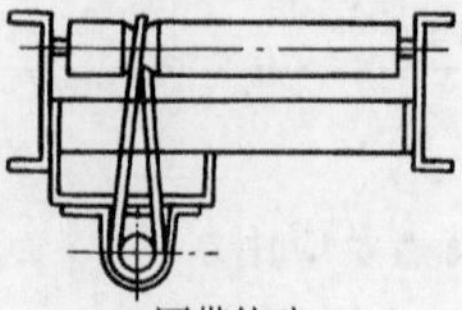
圆带传动</td></tr>
</table>

（续）

形式			结构简图	特点及应用
按输送方式分类	积放式	限力式	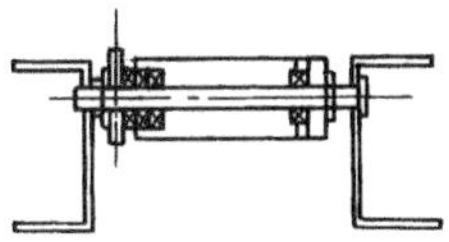	积放式辊子输送机除具有一般动力式辊子输送机的输送性能外，还允许在驱动装置正常运行的情况下，物品在辊子输送机上停止和积存，而运行阻力无明显增加。适用于辊子输送机线路中需要物品暂时停留和积存的区段。常用的积放式辊子输送机有限力式和触点控制式两种类型 限力式辊子输送机：辊子内部具有轴向摩擦片或径向摩擦环，一般输送情况下起传递力矩作用，物品受阻停止和积存情况下，因运行阻力矩超过限定的辊子工作力矩，结果使摩擦片（环）打滑，辊子与驱动装置间处于柔性连接状态。辊子的限止力矩略高于正常输送时的运行阻力矩 触点控制式辊子输送机：一般为带传动，当需要物品停止和积存时，停止器动作，通过物品对触点的作用，控制机械或气动系统，使辊子和传动系统脱离。积存状态下物品间挤压力很小，需要时还可使物品保持一定间距。适于输送和积存易碎、怕压物品。结构比较复杂
		触点控制式		
按辊子形状分类	圆柱形			圆柱形辊子输送机通用性好，可以输送具有平直底部的各类物品，如板、棒、管、托盘、箱类容器及具有平底或直棱的工件。允许物品的宽度在较大范围内变动。一般用作辊子输送机线路的直线段。也可用作圆弧段，但物品在圆柱形辊子输送机圆弧段上运行时存在滑动和错位现象。为改善这种情况，多以双列布置
	圆锥形		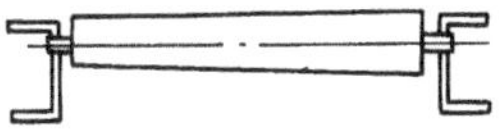	圆锥形辊子输送机用于辊子输送机线路圆弧段，多与圆柱形辊子输送机直线段配套使用。可以避免物品在圆弧段运行时发生滑动和错位现象，保持正常方位。制作成本高于圆柱形辊子输送机
	轮形		 边辊 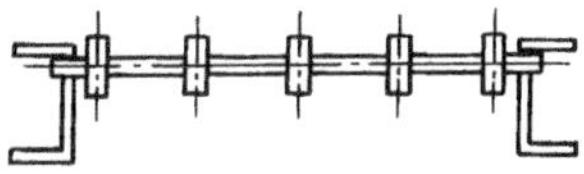 多辊	轮形辊子输送机辊子自重轻，运行阻力小。分边辊输送机和多辊输送机两类 边辊输送机：辊子沿机架两侧布置，输送机中间部位可以布置其他设备。适于输送底部刚度大的物品。辊子无轮缘的边辊输送机要求物件宽度大于轮间宽度，必要时设置水平导向装置。有轮缘的边辊输送机具有导向作用，但对物品宽度尺寸有严格限制，多用于专用生产线中，输送宽度尺寸为一定规格的箱、托盘及工件 多辊输送机：结构简单，可以作为辊子输送机直线段和圆弧段。适用于输送板、箱、托盘等平底物品
按辊子支承形式分类	定轴式			定轴式辊子输送机辊子绕定轴旋转，辊子转动部分自重轻，运行阻力小，辊子与机架整体组装性好。这种支承是通用的辊子支承形式
	转轴式		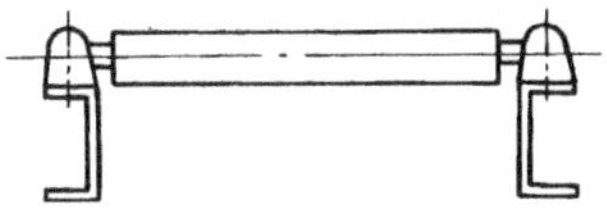	转轴式辊子输送机辊子连轴旋转，转轴支承在两端固定的轴承座内。转轴式辊子便于安装、调整、拆卸。多用于重载和运转精度要求高的场合。造价比定轴式辊子输送机高

（续）

形式		结构简图	特点及应用
按布置方向分类	直线段		用作辊子输送机直线段的一般为圆柱形辊子输送机、轮形辊子输送机。通常以单列布置，物件宽度特别大时可以双列布置
	弧线段	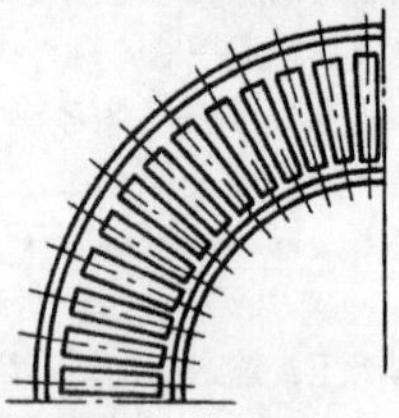	圆柱形、圆锥形、轮形辊子输送机均可用作辊子输送机圆弧段。以圆锥形辊子输送机和轮形多辊输送机效果最佳，可以避免物品在圆弧段上运行时产生滑动和错位，保持正常的运行方位。采用圆柱形辊子输送机作为圆弧段则比较经济。为改善物品错位和滑动，可采用双列布置

2. 转运及辅助装置

在比较复杂的辊子输送机线路系统中，当相邻区段辊子输送机呈垂直、平行、上下、交汇等布置形式时，物品一般需要通过辅助装置进行转运。下面就各种典型的转运中常用的辅助装置及其特点和应用进行有关介绍。

（1）垂直转运

1）万向球台（见图3-2）。万向球台台面设有可以各向转动的滚球。物品依靠人力推动，可在台面上做任意方向的移动和转动。适用于转运重量轻、输送量少的平底物品。

2）转台（见图3-3）。转台台面设有圆柱形长辊，物品进入转台后，随转台做90°旋转后输出，转运前后的座向一致，宽度不变。转台有机动和手动两种形式，分别与动力式辊子输送机和无动力式辊子输送机配套使用。

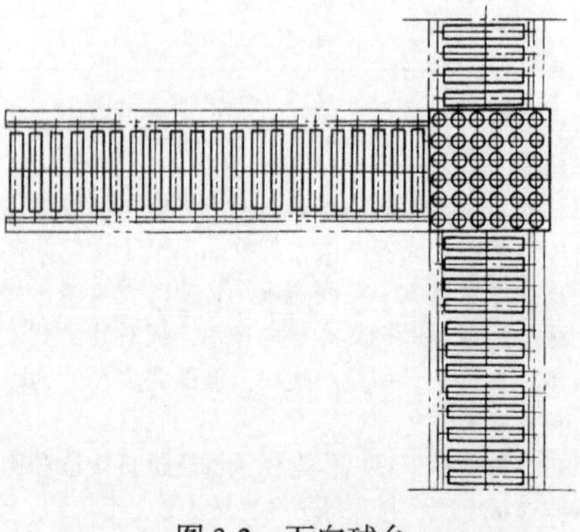

图3-2　万向球台

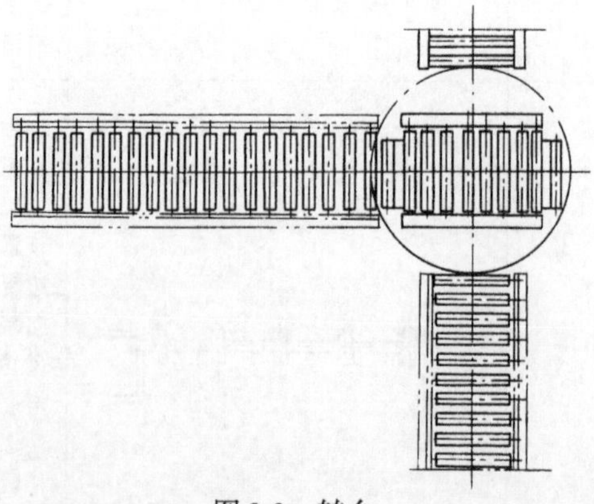

图3-3　转台

（2）平行转运。图3-4所示的转运小车可实现平行转运。转运车轨道与辊子输送机成直角布置，转运车沿轨道运行，可以在多台平行布置的辊子输送机之间转运物品。按台面辊子和行走机构的驱动方式，转运车分手动和机动两种形式，分别与无动力式辊子输送机和动力式辊子输送机配套使用，其台面辊子形式与所配套的辊子输送机相一致。

（3）上下转运

1）升降输送机（见图3-5）。升降输送机具有输入、提升和输出机构，适用于布置在不同楼层的辊子输送机之间的转运。

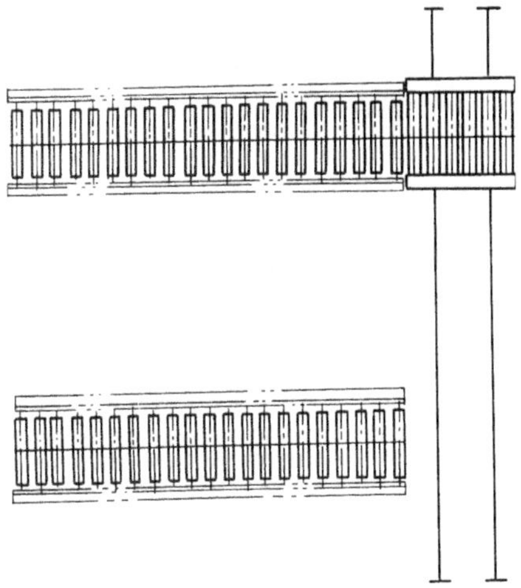

图3-4　转运小车

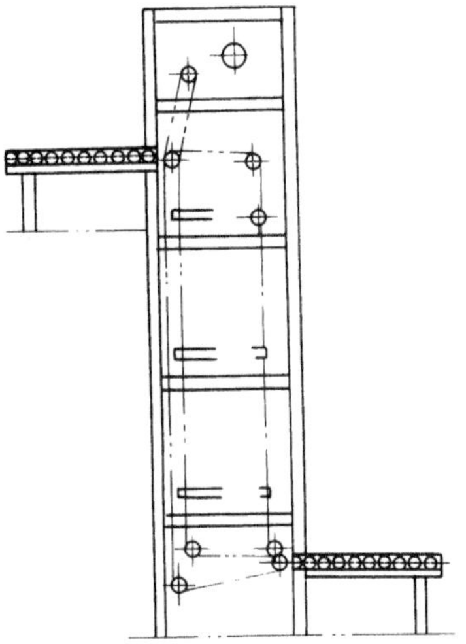

图3-5　升降输送机

2）升降段（见图3-6）。升降段是辊子输送机线路中可以升降的区段，用于高差较小的两层辊子输送机之间的转运。

图3-6　升降段

（4）岔道转运。岔道转运装置布置于辊子输送机线路的分支交汇处，分固定式和活动式两种形式。

1）固定式岔道。固定式岔道结构简单，布置紧凑，可以连续地通过物品，但物品通过岔道时存在滑动和错位，因而较适用于轻载。固定式岔道按其作用方式分手动和机动两种形式，分别与无动力式辊子输送机和动力式辊子输送机配套使用。在机动式岔道中，经常采用转向器帮助物品转向，采用通行控制器控制岔道合流处物品的流向。

2）活动式岔道（见图3-7）。活动式岔道可以改善物品通过岔道时发生的滑动和错位现象，但结构比较复杂，多用于重载。

图3-7　活动式岔道

（5）垂直升降机。垂直升降机（见图3-8）是在多层仓库内用作件货和托盘货物垂直运输的起重设备，其特点是占地面积小。它是将若干根板条组成的载货台安装在四根无端链条上，由板条组成的载货台具有足够的柔性，在链条运行过程中，可绕过链轮转向。提升过程中，载货台保持水平；回程时载货台由水平位置变成垂直位置，回程结束时又恢复到水平位置，从而减少升降机的占地面积。垂直升降机根据进货口和出货口安排的不同分为S形和C形。S形垂直升降机的进货口与出货口在不同方向，而C形垂直升降机进货口与出货口在同一方向。C形垂直升降机的出货口和载货台的回程交叉，容易发生事故，而S形垂直升降机的出货口的作业不受载货台回程的影响。

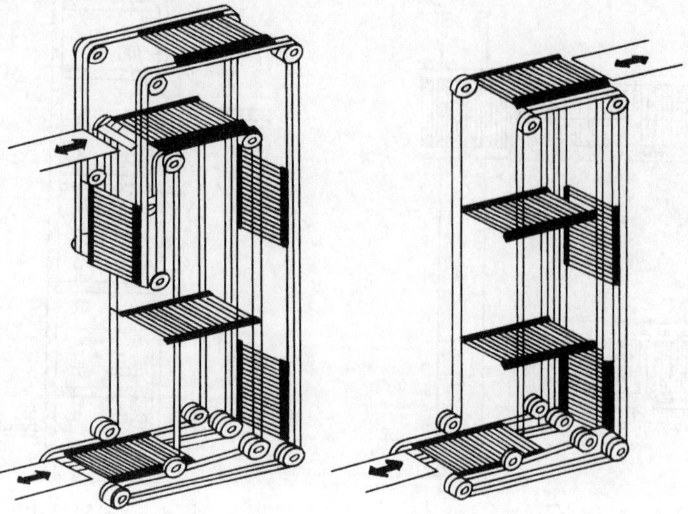

图 3-8 C 形垂直升降机和 S 形垂直升降机

a）C 形垂直升降机 b）S 形垂直升降机

垂直升降机工作时，每一个载货台载运一件货物。为了保证将货物准确送到载货台上的规定位置，不发生跌落危险，一般在升降机的入口处的前端装有光敏管和限位开关进行自动控制。

垂直升降机的工作能力除与提升速度有关外，还取决于载货台的长度和提升货物的高度。升降机的提升速度大多在 1m/s 之内，每小时能运送 3 000 件货物。

除了上面介绍的几种机型外，还有如图 3-9 所示的秋千式垂直升降机和如图 3-10 所示的念珠式垂直升降机。用秋千式垂直升降机，不仅可解决垂直运输问题，还可同时解决水平运输问题；采用念珠式垂直升降机则可解决圆桶状货物的垂直提升问题。

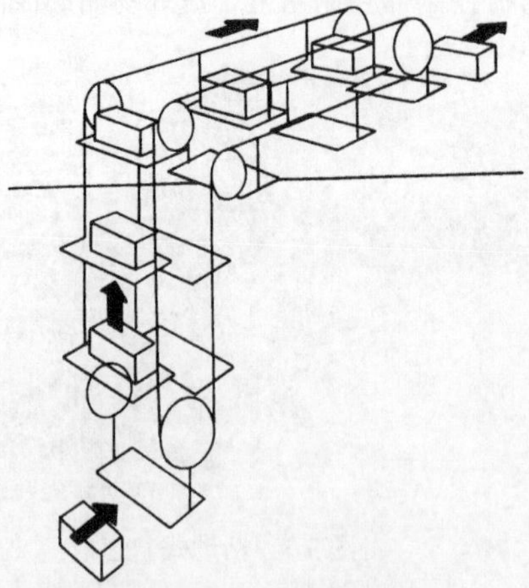

图 3-9 秋千式垂直升降机

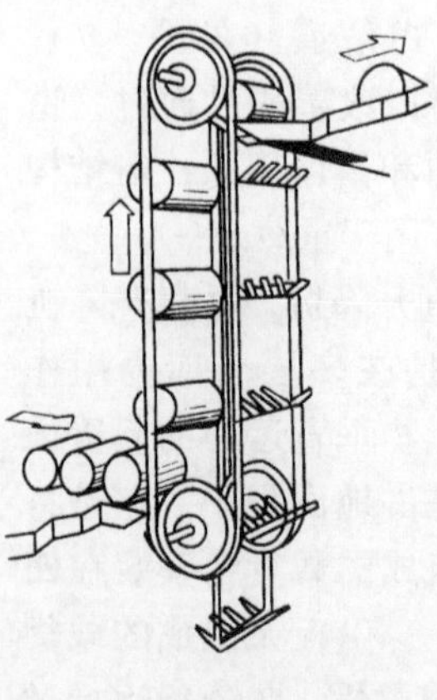

图 3-10 念珠式垂直升降机

3. 分流与合流装置

为了满足货物储存、整理归类、包装和分拣的需要，辊子输送机系统需配备分流与合流装置。

（1）90°分流装置（见图 3-11）。90°分流有多种方式，最简单的方法是采用图 3-11a 所示的长短辊子配合的形式。图 3-11b 所示的链条传动分流装置是辊子输送机与链条输送机结合方式。分流时，通过电控方式、气动方式控制，使链条输送机的传送链部分或全部浮出辊子平面，由链条输送机将货物从滚道 A 转向滚道 B 或由滚道 B 转向滚道 A，随后链条输送机下降，滚道 A 恢复正常。这种转向装置工作时，是按货物一件一件操作的。为保证货物转向工作准确，在滚道 A 上设有止挡器，防止在一件货物正在转向，而没有完全离开滚道 A 时，后续货物仍能停留在滚道 A 上。

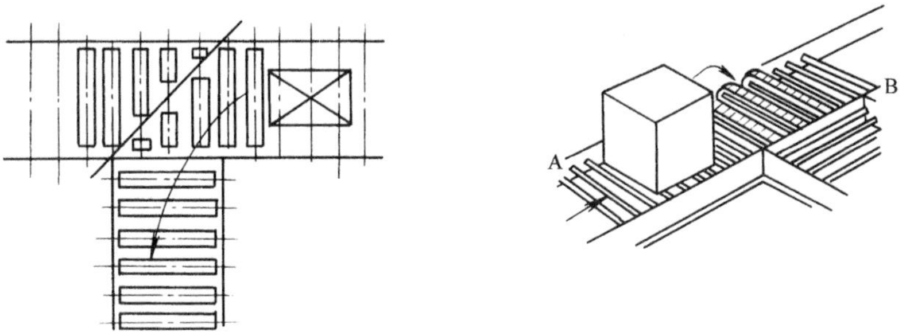

a)　　b)

图 3-11　90°分流装置

a）简单的分流装置　b）链条传动分流装置

（2）30°与 45°分流装置。简单的 30°与 45°分流装置是采用图 3-12a 所示的长短辊子配合的形式。采用图 3-12b 所示的同步带分流装置，其通过率一般可达到 3 500 件/h。转向装置是辊子输送机与同步带机的结合。采用同步带是为了提高转向所需要的摩擦力。该带机可通过气动元件上升或下降，使货物由主道转到岔道。

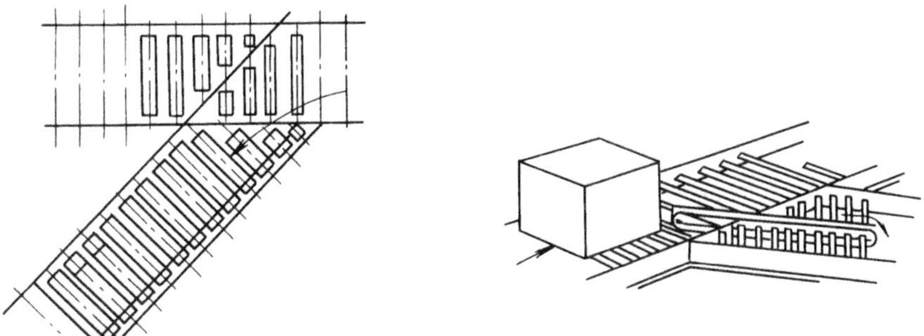

a)　　b)

图 3-12　30°与 45°分流装置

a）简单的分流装置　b）同步带分流装置

（3）旋转分配中心与轨道小车。通过旋转分配中心（见图 3-13）可实现多条输送线输送的货物之间的交换。很显然，旋转分配中心的直径越大，分配中心所能连接的输送线也就越多。对于不需要经常性连接的平面布置的平行辊道，它们之间货物的交换可采用轨道小车（见图 3-14）。对于空间内上下布置的平行辊道，可采用液压顶升的活动辊道（见图 3-15）。由于该装置属间歇性工作装置，对于规模较大的仓库，很容易形成运力瓶颈，影响仓库系统的运行。

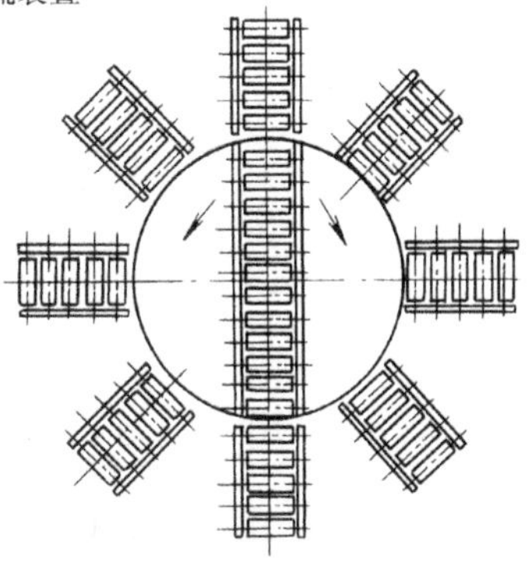

图 3-13　旋转分配中心

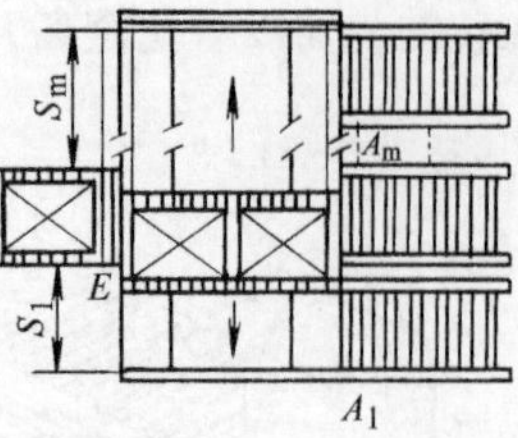

图3-14　轨道小车

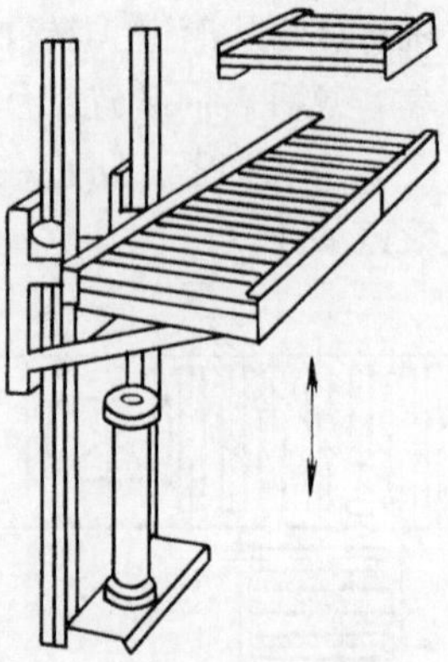

图3-15　液压顶升的活动辊道

（4）合流装置。相对于分流装置，合流装置的设计要简单一些，需要注意的地方就是主道速度与岔道速度匹配的问题，如图3-16和图3-17所示。

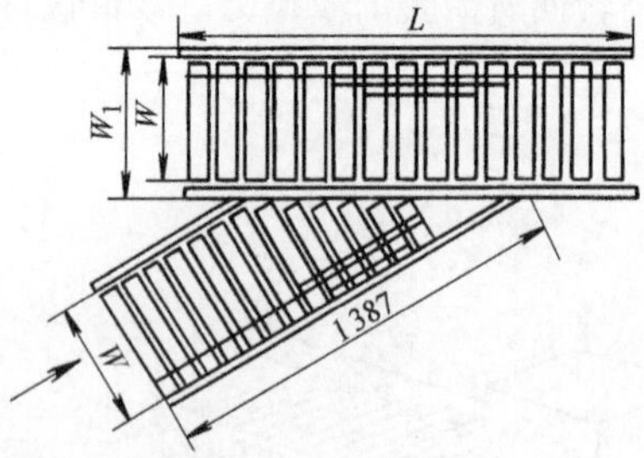

图3-16　45°合流装置

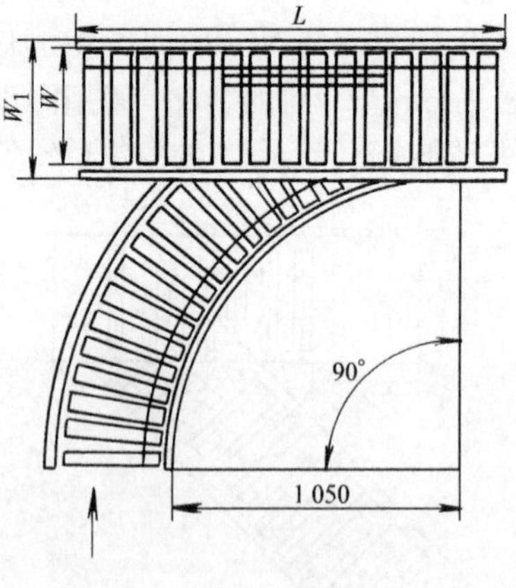

图3-17　90°合流装置

（5）分流叉路的极限速度。当物品的速度为 v 时，为使物体转向，所需向心力为$\frac{mv^2}{R}$，而转向所需要的向心力是由货物与辊子间的摩擦力提供的，假设货物的质量有一半落在分流道上，货物与辊子间的摩擦因数为 μ，就有$\frac{G\mu}{2}=\frac{mv^2}{R}$，所以分流叉路的极限速度 $v_{max}=\sqrt{\frac{G\mu R}{2m}}=\sqrt{\frac{g\mu R}{2}}$。如果令 $R=0.3$m，$\mu=0.5$，则$v_{max}=0.85$m/s。

3.1.3　传动方式

辊子输送机的传动方式有许多种，常见的有带传动、链传动和电动滚筒传动等。为保证货物在辊子上移动时的平稳性，应保证至少有3～4个辊子同时支承一件货物，即辊子的间距应小于货物支承面长的 1/4～1/3。

（1）带传动辊子输送机是用辊子床作为承载面，传动带作为驱动构件的输送机。在辊子底部布置一条传动带，传动带下面设有托辊，传动带可在驱动机构的带动下前后运动。当托辊顶起传动带时，传动带与辊子接触，并靠摩擦力带动辊子转动。当把托辊放下时，传动带脱开辊子，辊子就失去了驱动力。因此通过有选择地控制托辊的顶起和放下，即可使一部分辊子转动，而另一部分辊子不转，从而实现货物在辊道上的积存，起到缓冲的作用。

（2）链传动辊子输送机是用辊子床作为承载面，成件货物直接放在辊道表面上，辊子由链条和链轮驱动的输送机，它适宜在环境恶劣的场合下工作，尤其适合输送重型或大件的货物。常用的链传动辊子输送机有两种传动方式（辊子对辊子型和连续链型）。

1）辊子对辊子型链传动辊子输送机每个辊子轴上装有两个链轮，单条链环交错地沿输送机方向连接一对辊子。首先由电动机、减速器和链条传动装置驱动第一个辊子，然后再由第一个辊子通过单环链驱动第二个辊子，这样依次传递，使全部辊子成为驱动辊子（见图 3-18）。

2）连续链型链传动辊子输送机是由一条连续的环链驱动的链传动辊子输送机，如图 3-19 所示。每个辊子轴上装有一个链轮，用一根链条通过张紧轮或压紧轮驱动所有的辊子。这种结构形式适合输送中等质量的载荷。

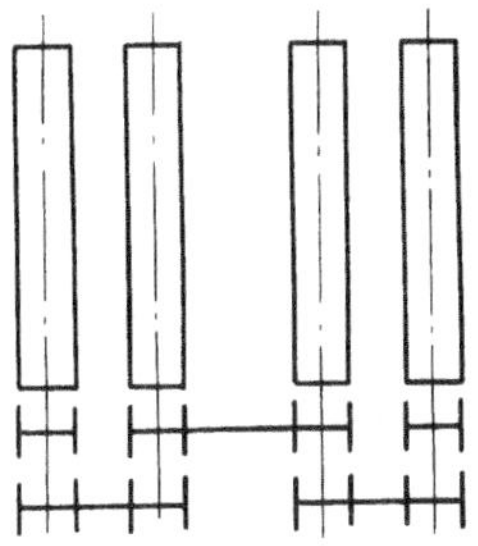

图 3-18　辊子对辊子型链传动辊子输送机

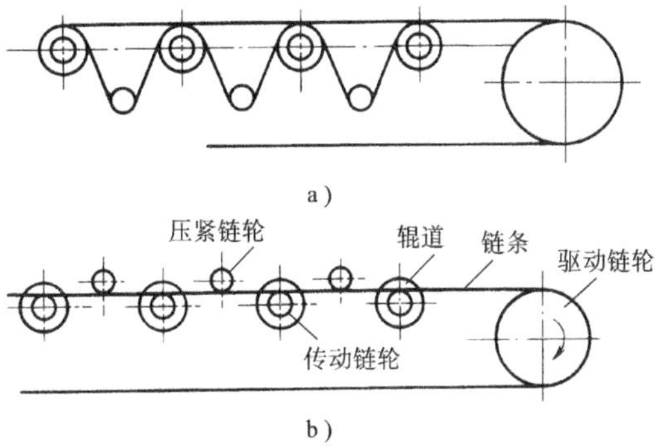

图 3-19　连续链型链传动辊子输送机
a）张紧轮式　b）压紧轮式

（3）电动滚筒式辊子输送机。电动滚筒式辊子输送机的每一个辊子就是一个电动滚筒，每个电动滚筒内都配备有一套驱动系统，各自单独驱动。由于价格较贵，实际使用时，一般每隔几个无动力的辊子，才安装一个电动滚筒。该种输送机简捷、安全，更换维修方便，且容易实现货物的积存，一般用于频繁起动和制动的场合。

3.2　链式输送机

链式输送机在大规模生产的领域中正在扮演着越来越重要的角色，无论是支柱产业——汽车生产的发展，还是钢铁、轻工、家电、粮食等产业，都将会对链式输送机，特别是高性能的链式输送机有更大的需求。

3.2.1　链式输送机的种类

链式输送机类型很多，表 3-2 并没有列全链式输送机的全部类型，其中如悬挂输送机、平顶输送机等提供的只是大的分类。尽管如此，从中仍可了解链式输送机的品种和类型等。

表 3-2　链式输送机的几种机型

种　类 输送机名称	适用货物状态				适用工况			输送速度/(m/min)
	粉　状	粒　状	块　状	件　装	水　平	垂　直	倾　斜	
摺板链式输送机	○	○	○		○		20°	10 ~ 30
刮板链式输送机	○	○	○		○		30°	10 ~ 30
拉受链式输送机		○			○		30°	5 ~ 15
V 形斗链式输送机	○	○	△		○	○		10 ~ 30
枢轴链式输送机	○	○	○		○	○		10 ~ 30
板条链式输送机				○	○		20°	10 ~ 30
悬挂链式输送机				○	○		45°	5 ~ 10
平顶链式输送机				×	○			5 ~ 10
链斗式提升机	○	○				○	60°以上	10 ~ 40
链托盘式提升机				○		○		20
链托架式提升机				○		○	70°以上	20

注：○——适用，△——可用，×——只用于瓶、罐灌装。

四类主要的链式输送机是：

1. 悬挂链式输送机

整个机组是架设在空中的，输送的物品借吊具与滑架在空间立体范围内运行（3.3 节将详细介绍）。

2. 承托链式输送机

整个机组架设在地面上，输送物品放置在输送链条上（大都提高附件链节与工装板），以操作者适应的高度运行，可以沿线体做多工位操作。

3. 刮板链式输送机

被输送的块状、粒状或粉末状物料放置在料槽内，通过输送链条刮送，有较高的自动化程度。

4. 链斗式提升机

在输送链条上配置众多的料斗、托盘或托架，主要用来在垂直方向提升物料。

3.2.2　链式输送机的发展与演变

自动化生产的需要推动了链式输送机的发展。

1. 直线输送与环状输送

通常承托式链式输送机，其输送构件为滚子链，链条是在立面（垂直平面）内构成封闭回流，从而构成了链条的承载边与空程边。对于链条的利用来讲，只有承载边链条起承载输送作用，空载边链条不输送物料，仅仅起到使链条连续循环的作用。承托式链式输送机的输送方式为直线输送式。悬挂式输送机的输送构件为模锻链。在由链条构成的封闭环路中，链条在环路全程中都可承载，无疑，悬挂式输送机充分利用了链条的承载输送能力。悬挂式输送机的输送方式为环状输送。对比这两种输送机所用的链条，滚子链相邻链节只能在一个平面内相互回转，模锻链则可以在相互垂直的两个平面内相互回转，说明直线输送与环状输送对链条的结构有不同的要求。

2. 悬挂输送与地面输送

悬挂输送由于具有充分利用作业空间的优越性而得到广泛的应用。但地面台车式链式输送机，亦已为众多机械制造业用来输送重型物件。地面台车式链式输送机实际上是悬挂输送机原理的深化与发展，它将原来架空的牵引部分转入地下，将悬挂机构倒转成为地面轨道支承，将悬挂器具改为地面台车。地面台车式链式输送机同样可以设计成积放式输送机。

3. 简单输送与柔性（节拍）输送

简单输送是指按一定速度沿一定方向进行的连续的直线输送。柔性输送则是简单输送的提高与发展，它包括下列几种方式：

（1）积放式输送。积放式输送是指物料在输送过程中能在输送机上做短暂停留的输送，因而能控制物料在输送线路上积聚或释放。积放式输送有单一线路上的积放式输送与由主输送线和分支输送线组成的复杂线路的积放式输送两种。

（2）节拍式输送。在由链式输送机组成的生产自动线上，均会设置一定数量的工位，自动生产线上的物品（机器、零件、容器等），均要按相应的工艺流程做间隙式的移动，这就要求链式输送机进行节拍式输送。

（3）精确定位式输送。一些装配线和有相互协调动作的自动生产线，被输送的机件大都放在工装板上，为保证工装板精确地到达预定的位置，要求链式输送机进行精确定位式输送。

3.3　悬挂输送机

悬挂输送机是一种三维空间闭环连续输送系统，适用于车间内部和车间之间成件物品的自动化输送。在现代工业中，如机械制造、汽车制造、轧钢、炼铝、轻工、家电、化工、橡胶、建材、邮电、核辐射和肉类加工等行业中，悬挂输送机已得到了相当广泛的应用。

3.3.1　悬挂输送机的分类

目前世界上生产的悬挂输送机多达上百种，我国生产的悬挂输送机也有几十种。根据输送物件的方法，悬挂输送机可分为牵引式悬挂输送机和推式悬挂输送机两大类。

1. 牵引式悬挂输送机

牵引式悬挂输送机为单层轨道，牵引构件直接与承载吊具相连并牵引其运行。最为常见的牵引式悬挂输送机有以下两种形式：

（1）通用悬挂输送机。通用悬挂输送机（或称普通悬挂输送机）采用工字钢轨道，其牵引构件由冲压易拆链或模锻易拆链和滑架组成，承载吊具与牵引链上的滑架直接相连。该输送机结构如图 3-20 所示。

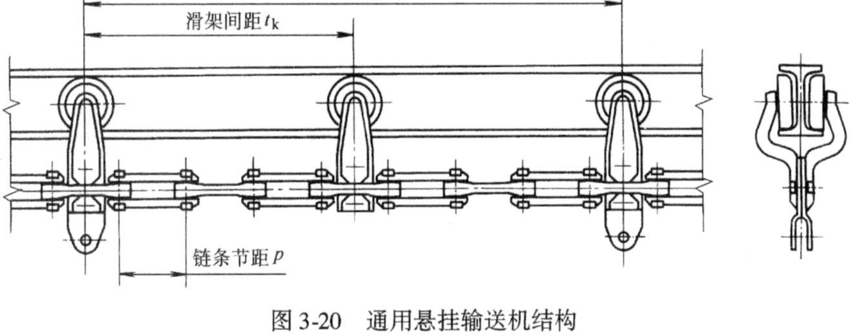

图 3-20　通用悬挂输送机结构

（2）轻型悬挂输送机。轻型悬挂输送机（或称封闭轨悬挂输送机）采用封闭轨轨道，其牵引构件为双向均带有滚轮的双铰接链，承载吊具通过各种形式的吊杆与多铰接链连接。该输送机结构如图 3-21 所示。除以上两种牵引式悬挂输送机外，钢丝绳悬挂输送机（见图 3-22）由于结构简单、造价低廉，目前尚有厂家生产。

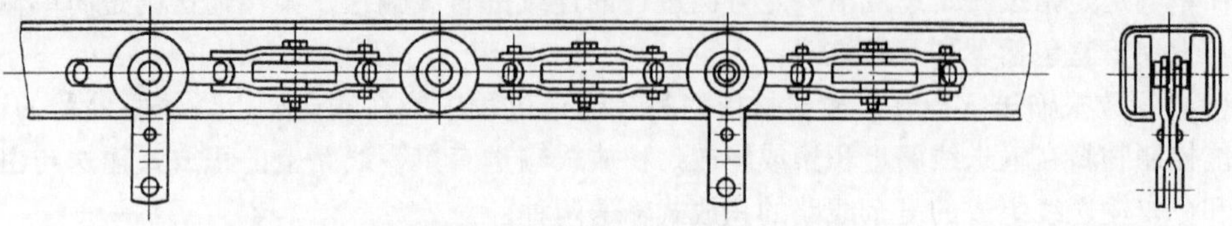

图 3-21　轻型悬挂输送机结构

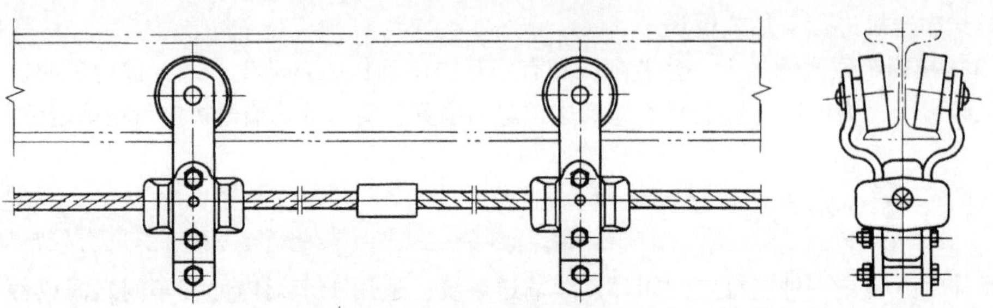

图 3-22　钢丝绳悬挂输送机结构

2. 推式悬挂输送机

推式悬挂输送机为双层轨道，上层牵引轨道上的牵引构件并不与下层承载轨道上携带承载吊具的承载小车相连，而是由牵引构件上的推杆或四轮推钩推动承载小车运行。

具有积放功能的推式悬挂输送机称为积放式悬挂输送机。积放式悬挂输送机采用工字钢和双槽钢轨道，其牵引构件由模锻易拆链、滑架和推杆组成，承载吊具与具有积放功能的承载小车铰接。该输送机结构如图 3-23 所示。

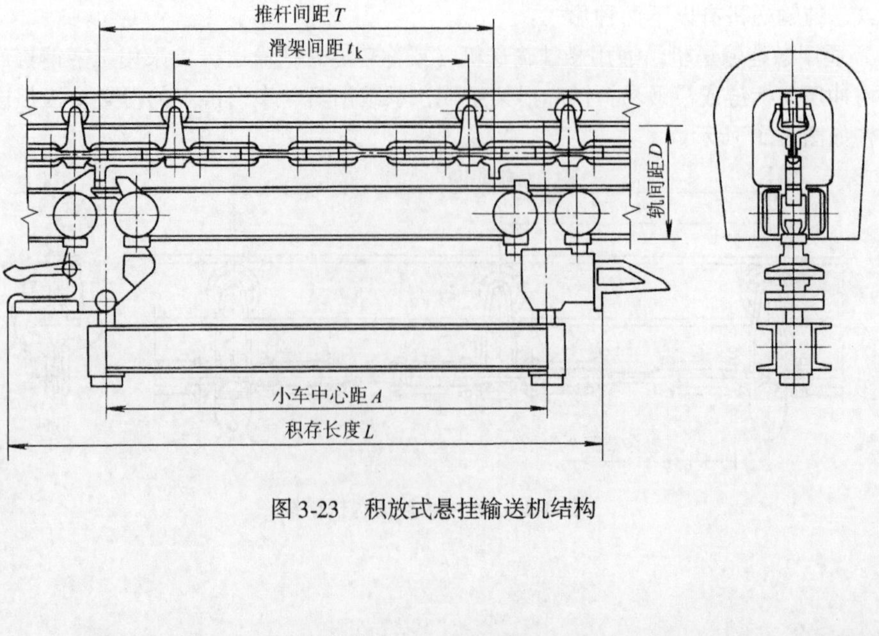

图 3-23　积放式悬挂输送机结构

积放式悬挂输送机具备以下显著优点：

（1）承载小车可以在线路上的任何位置根据需要随时自动停止，并能按指令随时起动和投入运行，即承载小车可以随机地进行“积存”和“释放”。

（2）当线路上有一辆小车停止时，后续来的小车将会依次自动停止，并逐一积存其后。

（3）承载小车积存时为密集型停靠，大大缩短了输送线路的积存距离，提高了线路的有效利用率。

（4）生产工位前均可设置小车储存段，使输送机系统生产具有弹性缓冲作用，并可预测生产中的问题，发现薄弱环节，自动地进行补偿和调整。

（5）道岔传递采用科学的抬压轨方式或侧推方式，有效地避免了小车换轨时可能出现的侧向干涉和前后干涉。

（6）承载小车运行速度快（0.3～18m/min），系统中运行的小车数量少，牵引力小，输送机动力消耗小。

（7）采用先进的系统设计理论，没有主副线和主副推杆之分，可以很方便地实现区域性布线和快慢链传递。

（8）电气控制采用抗工业干扰性强的可编程序控制器（PLC），容量大、编程方便、控制可靠、寿命长、易扩展。

（9）寄送系统采用磁编码或条形码，自动化程度高、带址数量大。

（10）输送机系统不但可以连续输送，而且具有自动认址、自动寄送、转线、停止、定位、分拣、统计、积存、升降、装卸、推进、旋转等功能。

3.3.2 悬挂输送机的主要部件

1. 牵引链

牵引链是传递动力的重要构件。它要求组装后的节距误差小、易装拆和耐磨；具有良好的双向挠性，便于水平和垂直转向；应有多种技术规格供选择，以适应不同牵引力和不同使用场合的要求。

常用牵引链分为可拆链和双铰接链。前者用于通用悬挂输送机，后者用于封闭轨悬挂输送机。可拆链分模锻链和冲压链两种。由于模锻可拆链的制造精度和抗弯性能优于冲压链，故在复杂线路中常采用模锻链；反之，由于冲压链价格较便宜，故在复杂线路中常采用模锻链。双铰接链除了传递动力外，还能吊挂工件，并能在封闭轨内依赖走轮和导轮自动导向。

2. 小车

小车不仅要承受物件、吊具及牵引链条的重力，而且在垂直弯曲段处还要承受链条张力，并要保证链条按轨道的线路运行。

小车按承载能力及用途分为链支承小车、链负载小车及链重载小车三种（见图3-24）。国内生产的小车均为无轮缘可分式结构，链支承小车不能吊挂物件。当两个链负载（或重载）小车之间的距离太大时，要在中间增设一个链支承小车，以改善物件在水平回转时的通过性。小车间距 T_c 一般不大于6～10个链片节距。链负载小车用于直接吊挂物件，小车的间距由被输送的物件大小及在线路上的通过性来决定。当吊挂物件超过链负载小车单车允许的荷载时，应选用链重载小车。链重载小车通常是两个或四个合用，以承受物件的重力。但在两个重载小车之间要增加均衡梁。

在小车布置时，除考虑满足输送量外，还要考虑整个线路上荷载的均匀性，应把各类小车间隔开，轻、重物件间隔布置。

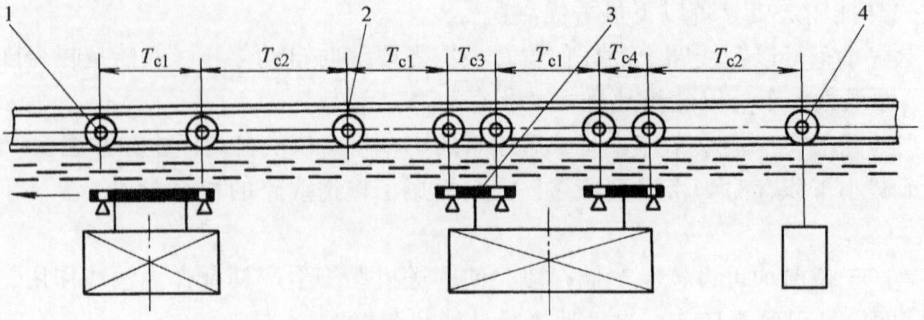

图 3-24 小车应用示例

1—链重载小车 2—链支承小车 3—均衡梁 4—链负载小车

小车的间距 T_c 必须是链条节距 p 的偶数倍，即

$$T_c = ip$$

式中 i——自然偶数（2，4，6…）；

p——链条节距（mm）。

3. 驱动装置

根据牵引链运动速度的特征，一般驱动装置分恒速、无级变速和有级变速三种。无级变速常采用电磁调速电动机、直径可调的带轮或普通电动机加变频器来实现；有级变速一般采用更换带轮的大小或多速电动机来实现。

按驱动装置的结构形式，分为角驱动（或称为链轮驱动）及直线驱动（或称为履带驱动）两种（见图 3-25a ~ e）。角驱动装置通常设置在水平 90°转向处（见图 3-25a）；个别情况

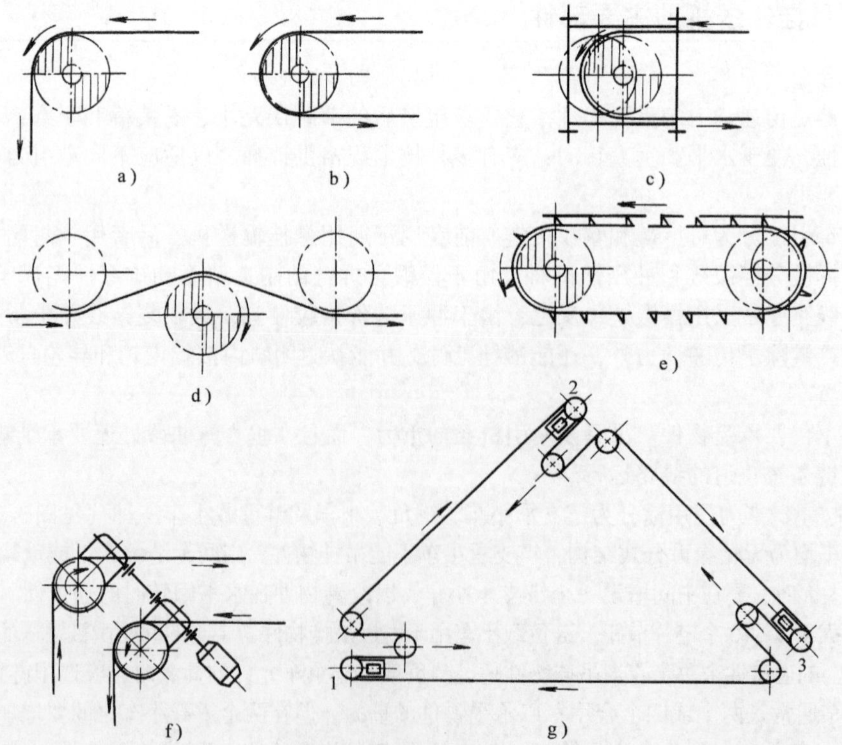

图 3-25 驱动装置分类

a) ~d) 角驱动 e) 直线驱动 f)、g) 多机驱动

下，也可设置在水平 180°转向处（见图 3-25b、c）。直线驱动装置则设置在水平直线段处（见图 3-25e）。对一条输送机，按其驱动装置的数量又可分为单机驱动（见图 3-25a ~ e）和多机驱动（见图 3-25f、g）。

直线驱动与角驱动相比有下列优点：驱动链轮的直径小（因此时的链轮大小不取决于被输送物件的通过性），因此在同等的牵引力和速度时，其转矩值、传动比及各机构的尺寸都可减小，并且能安装在输送机的任一水平直线段上，提高了寿命，便于维修。其缺点是：结构比较复杂，由于要用辅助链轮和驱动链条而使造价稍高。

输送机链条的牵引力和张力的大小以及输送机工作的可靠性都取决于驱动装置在线路中布置的位置。若要得到最佳的牵引力和张力值，驱动装置一般应布置在线路上重载水平段的末端、重载段标高的最高段（即张力最大处）。逐点进行张力计算时，不得出现负张力点，这对可拆链尤为重要。

4. 张紧装置

张紧装置的作用是保证链条有一定的张紧度，补偿链条因磨损、温度变化而引起的伸缩。对于线路长、线荷载大且升降频繁的输送机，在进行张力计算时，为了消除线路中的负张力，在特定点也可采用张紧装置。

张紧装置应设置在张力较小的线路上，一般设置在驱动装置绕出点的前方或在重载下坡段最低点 180°水平转向处。一般情况在线路设计中，张紧装置与驱动装置配对使用，但在复杂线路中也有张紧装置数量多于驱动装置数量的情况，其中要有一个张紧装置用来消除线路中出现的负张力。

张紧装置按其张紧机构可分为螺杆式、弹簧—螺杆式、重锤式（杠杆或滑轮组）及气动—液压式。张紧行程一般为 250 ~ 750mm，行程值的选择一般根据输送机工作的环境、温度等情况决定，工作环境温度变化大的场合应选大值。

5. 回转装置

在通用悬挂输送机中，回转装置是使输送链做水平转向的部件，分光轮回转装置和滚子组回转装置两种（见图 3-26）。光轮回转装置结构简单，对链条的磨损小、阻力小，广泛使用在 90° ~ 180°转向的场合。但由于回转轮的直径有限，因此在需要大回转半径的场合则必须采用滚子组回转装置。另外，在小角度回转时，采用滚子组回转装置比较经济、紧凑。选择回转装置的大小时，应复核吊具和工件的通过性，且全线的回转装置规格应尽可能统一。

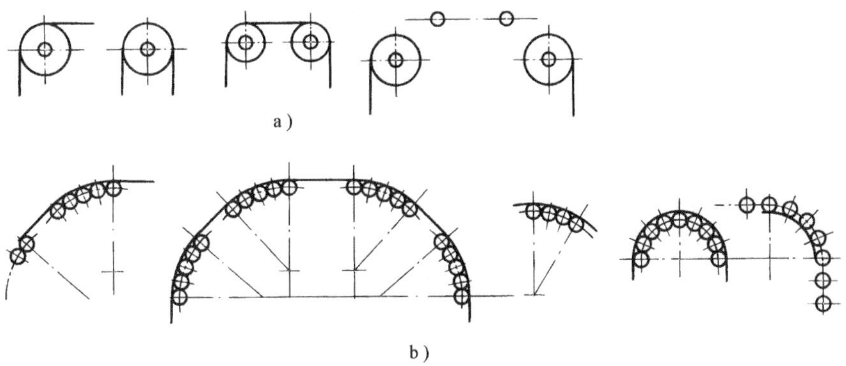

图 3-26　回转装置示例

a）光轮回转装置　b）滚子组回转装置

6. 轨道

轨道是牵引链的导向构件，也是工件的承载构件，它是一个封闭的空间回路。通用型输送机常采用工字钢轨道，封闭轨型输送机则采用异形封闭型钢轨道，材料为16Mn或普通碳素钢。

轨道由直轨、水平转向轨、上拱和下挠弯轨、伸缩接头等部分组成。

7. 安全装置

在上下坡段，为了防止因链条突然断裂而产生严重事故，应装设捕捉器，将速滑的小车挡住，并通过行程开关将电源切断。捕捉器的结构形式很多，其原理基本相同。上坡捕捉器一般为只允许单向运行的卡式结构；下坡捕捉器均采用惯性触发结构，只有在断链时，小车下滑的惯性力才大到足够使触发机构动作，在抓住下滑小车的同时切断电源。

当输送机架空通过人行道或生产区上方时，必须设置安全网。

8. 升降段

升降段用于承载小车在输送机线路上固定位置的垂直上升和下降。

（1）升降段的分类。根据升降段的用途可以将其分为三大类（见图3-27）。

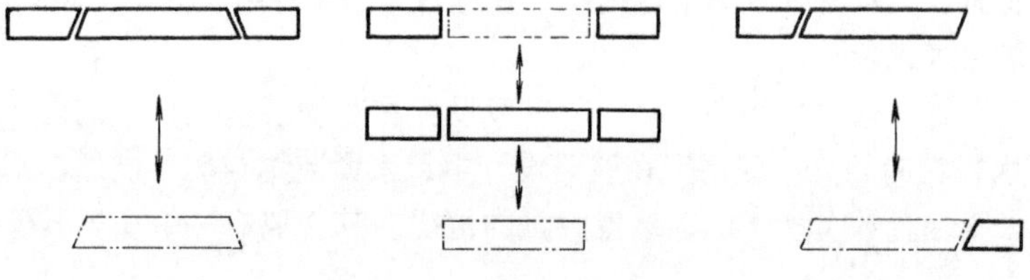

图3-27　升降段的种类

a）单层升降段　b）双层升降段　c）移载升降段

1）单层升降段用于装卸工位或只有单向升降要求的操作工位。单层升降段应用最为广泛，通常所说的“升降段”主要是指单层升降段。

2）双层升降段用于装卸工位或同时具备双向升降要求的特殊操作工位。双层升降段通常又称为“三位升降段”。

3）移载升降段用于不同标高线路之间输送物件的垂直转移。

（2）升降段的结构形式

1）机械传动升降段。图3-28所示为一种常用的双柱式机械传动单层升降段，主要由立柱、升降支架、升降轨、提升链、驱动装置、传动轴、配重及限位装置等组成。升降行程 S 一般不超过15m，升降支架悬臂长度 A 一般不超过2.5m，双柱中心距 B 一般不超过4m。当输送物件尺寸较大时，应采用三柱式机械传动升降段；当输送物件较重时，可采用四柱开式机械传动升降段。

图3-29所示为一种新型的双柱式机械传动单层升降段，驱动装置由上置式改为下置式，增加了升降段整体结构的稳定性。

2）气动升降段。气动升降段的最大可提升载荷为1 500kg，气源压力为0.4～0.6MPa，气路通径为10～15mm，最大升降行程为2 500mm。常用的空中悬吊式气动升降段主要由固定架、移动架、升降轨、提升气缸和气路控制单元等组成。

各种升降段均为非标准部件，其结构参数在线路设计时确定。升降段现场安装时均应与厂房屋架相连接，以保证足够的刚度及稳定性。

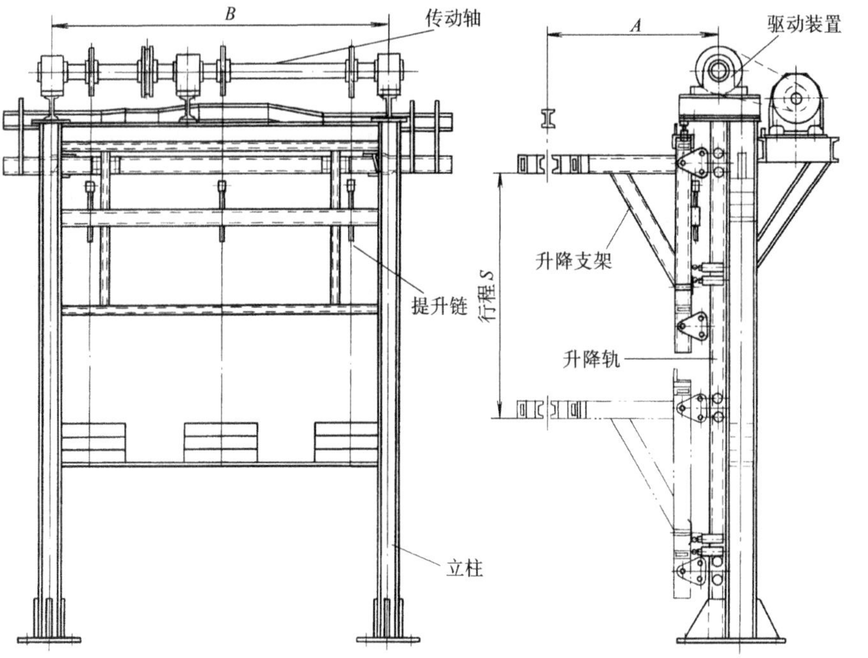

图3-28　机械传动升降段（一）

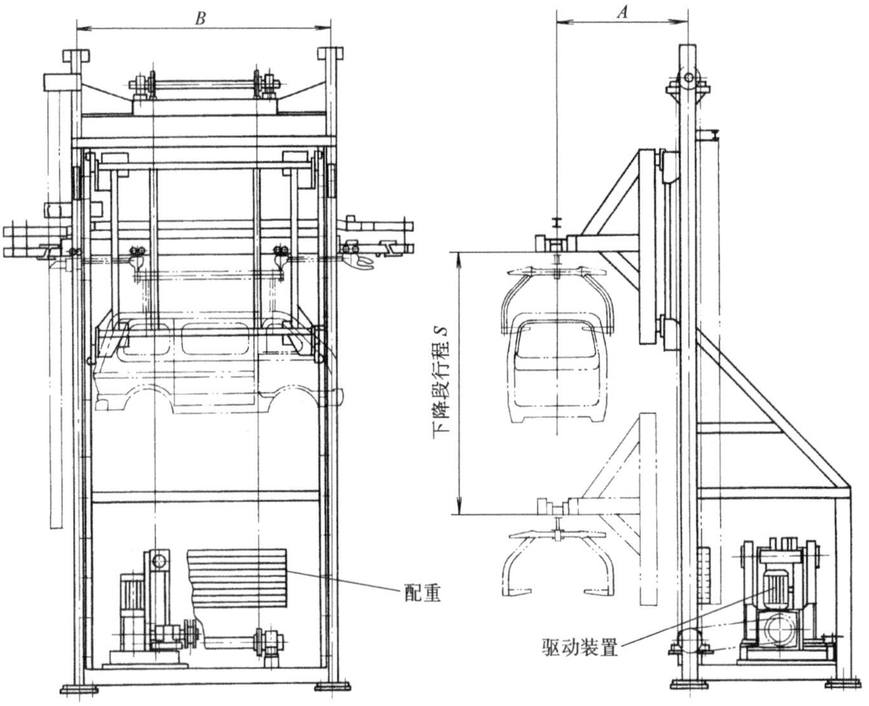

图3-29　机械传动升降段（二）

3.3.3　积放式悬挂输送机的积放功能

1. 承载小车的积存

通用积放式悬挂输送机牵引链运行时，牵引链推杆与前小车的升降爪啮合，推动承载小车沿承载轨道运行。

当某一辆承载小车运行到停止器处时，常闭式停止器的停止板将升降爪压下，使承载小车脱离与牵引链推杆的啮合而停止。当后面的第二辆承载小车到来时，其前小车上的前铲沿着前面承载小车的尾板斜面被逐渐抬起，并借助杠杆的作用迫使第二辆承载小车的升降爪落下，第二辆承载小车脱离与牵引链推杆的啮合而随之停止。就这样，后续来的承载小车便一辆接一辆地积存起来(见图 3-30)。

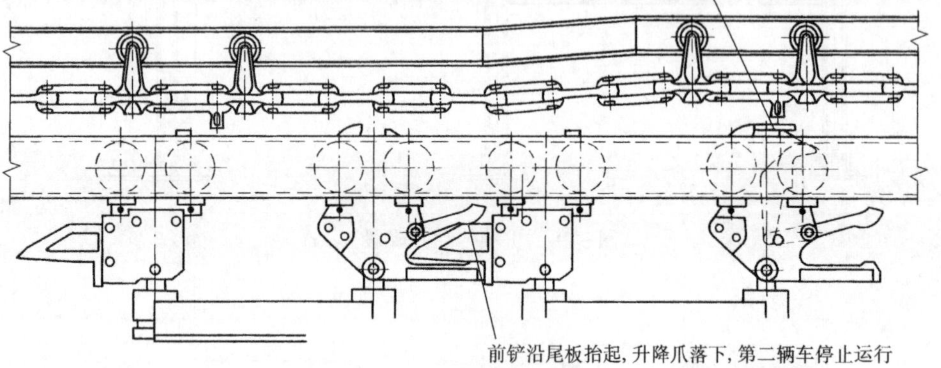
升降爪被停止器压下，第一辆车停止运行
前铲沿尾板抬起，升降爪落下，第二辆车停止运行

图 3-30　承载小车的积存

2. 承载小车的释放

当停止器按指令打开时，停止板缩回，前小车上的升降爪由于前铲的重力杠杆作用而抬起，牵引链推杆与升降爪啮合，将第一辆承载小车带走。由于前面的承载小车尾板离去，后面第二辆承载小车的前铲落下，升降爪抬起并与牵引链推杆啮合，第二辆承载小车随之被带走。就这样，处于积存状态的承载小车便一辆接一辆地被释放而重新进入运行状态（见图 3-31）。

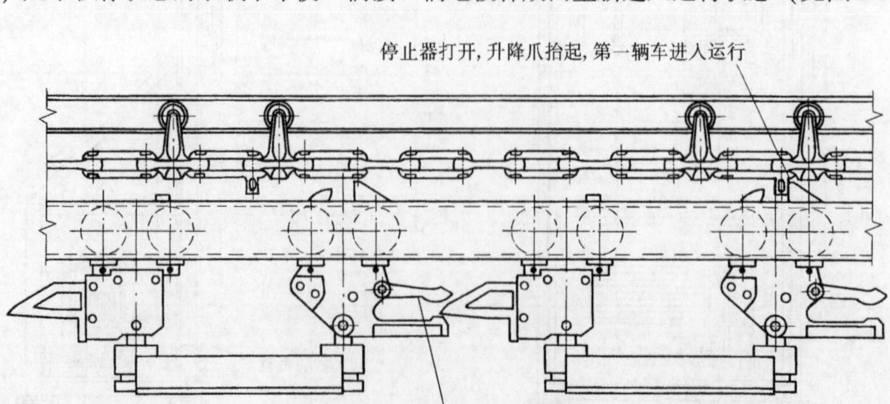
停止器打开，升降爪抬起，第一辆车进入运行
前铲落下，升降爪抬起，第二辆车即将运行

图 3-31　承载小车的释放

3. 承载小车的传递

通用积放式悬挂输送机牵引链之间承载小车的传递方法有以下三种形式：

(1) 后推压轨传递（见图 3-32）。在传递区内送车段的牵引轨道比正常牵引轨道相应降低了一个距离，称之为“压轨段”；接车段的牵引轨道比正常的牵引轨道相应抬高了一个距离，称之为“抬轨段”。

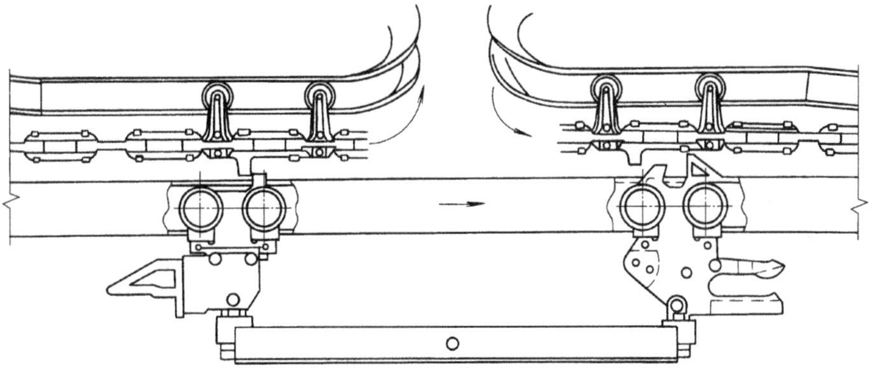

图 3-32　后推压轨传递

当送车段牵引链推杆在牵引链绕出处与前小车上的升降爪脱离啮合时，后小车上的后推爪已经处在压轨段的啮合区内，牵引链上后续而来的第二个推杆与后推爪啮合，推动后小车继续前进，使前小车越过两条牵引链之间的空档。

当送车段牵引链的第二个推杆与后小车上的后推爪再次脱离啮合时，前小车的升降爪已经处在接车段的啮合区内，这样接车段运行而来的牵引链推杆将会立即把承载小车带走，完成传递过程。

(2) 转辙器传递（见图 3-33）。转辙器由一个链轮和若干个桨臂组成，链轮布置在牵引链的绕出处，被送车段的牵引链所带动。随着链轮的转动，桨臂把承载小车推过两条牵引链之间的空档，完成传递过程。

采用转辙器传递时，传递区内无压轨段和抬轨段，因此承载小车可以在传递区内积存。

(3) 推车机传递（见图 3-34）。推车机有机械传动式推车机和气动推车机两种结构形式，二者功能相当（前者用于大行程），都是利用移动架上的推爪推动承载小车越过两牵引链之间的空档，完成传递过程。

转辙器传递和推车机传递用于有特殊工艺要求的场合。

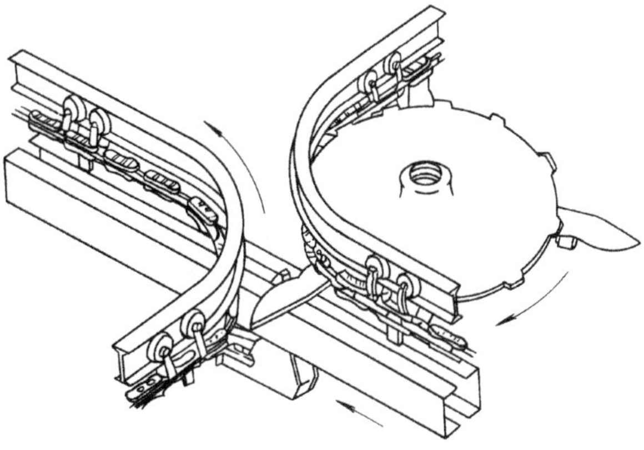

图 3-33　转辙器传递

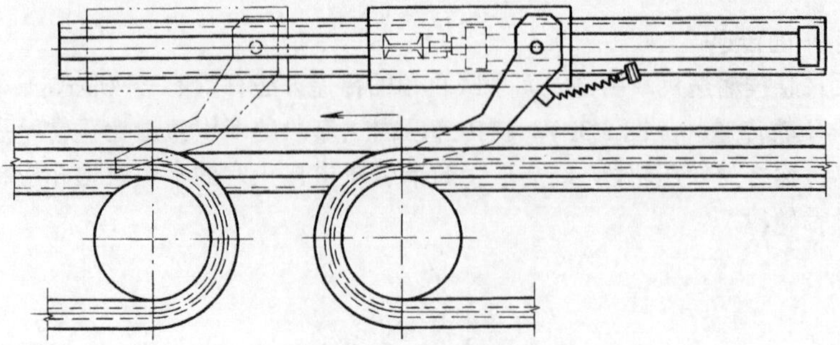

图 3-34　推车机传递

3.4　积放式悬挂输送机物流流量及生产率计算

3.4.1　帕克原理

停止器在输送机系统中像一个节流器，调节着线路中的车流，在总体上起着稳定物流的作用。也正是由于停止器的这种调节作用，在较长的储存区段，线路中移动着的承载小车就一组接一组地像波浪一样向前运行，形成积放小车一疏一密、一段走一段停的现象。积放式悬挂输送机线路中车流的这种现象称为“帕克现象”，运用这种观点来分析研究承载小车在输送机系统中运行规律的理论称为“帕克原理”。

为了清楚地说明帕克现象，我们来观察某一较长的积存区段停止器发车时车流的移动情况（见图 3-35）。

当图示停止器打开时，牵引链推杆推动第一辆承载小车进入运行，此后牵引链条每走过一个拾车距离（$nT-L$）就推动一辆承载小车进入运行。当第一辆承载小车走完一个小车积放长度 L 时，第二辆承载小车刚好运行到停止器处并停止下来。此时共有 N 辆小车处于运行状态，且有

$$N=\frac{L}{nT-L}$$

式中　（$nT-L$）——拾车距离，即两台相邻车之间净空（mm）；

n——使 nT 大于 L 的最小自然数；

T——推杆间距（mm）；

L——小车积放长度（mm）；

nT——两台相邻车的中心距（或首首距）；

N——一个积放波中处于运行状态的小车数。

就这样，一辆小车离去，后续来的承载小车一辆接一辆地进入运行状态，就像波浪一样迅速地向后传播；由于停止器打开后立即关闭，后续来的承载小车又一辆接一辆地停止下来，而运行着的承载小车数量 N 始终保持不变。

当停止器按生产节拍再次打开时，将会又有一个“波浪”向后传播，就这样，移动着的承载小车便一组接一组地按生产节拍向后传播着。宏观看来，承载小车的运行是一疏一密、一组走一组停，这就是所谓“帕克现象”。当积存线路较长时，承载小车的这种“蠕波”现象十分明显。

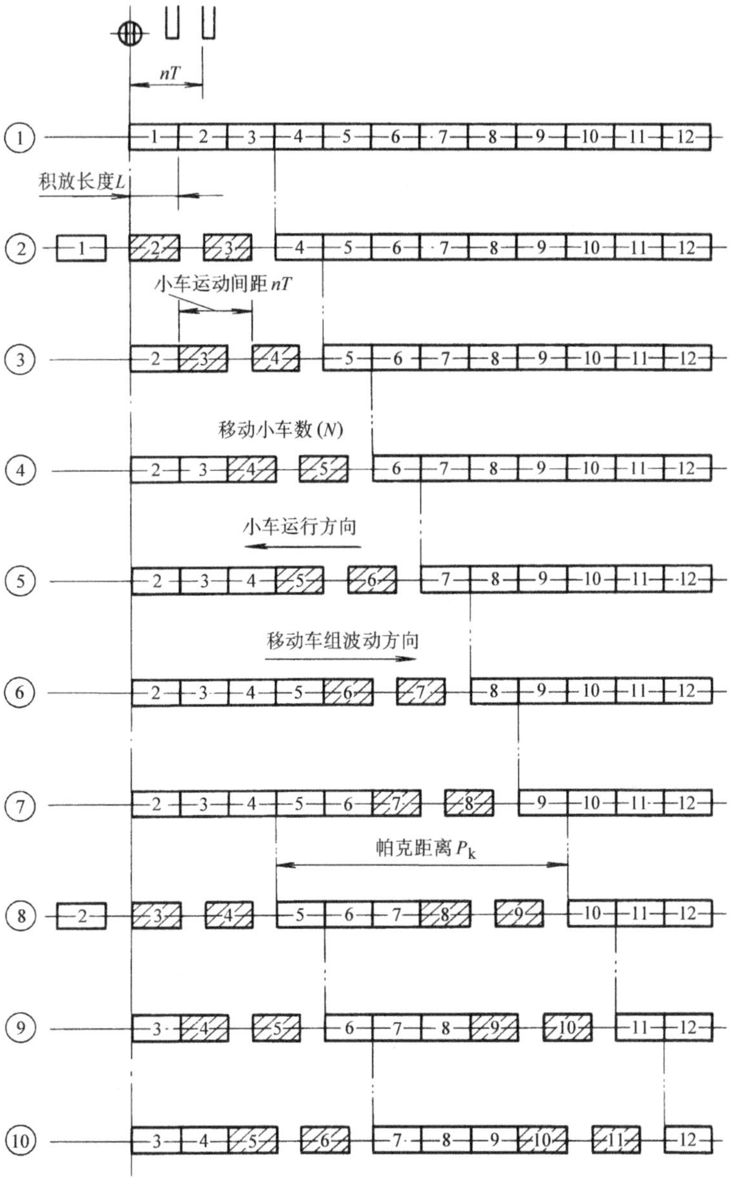

图3-35 帕克原理

在一个生产节拍内，移动小车组向后传播的距离（蠕波的波长）称为“帕克距离”，并用字母 P_k 表示。如上所述，每当牵引链条走过一个拾车距离 $nT-L$ 时就有一辆小车投入运行，移动小车组向后传播的距离是一个小车积放长度 L；当牵引链条走过一个生产节拍的距离 vM 时，移动小车组向后传播的距离为帕克距离 P_k。因为牵引链条走过 P_k 距离的时间为 P_k/v，M 相当于每台小车在一个生产节拍内的运行时间，所以 P_k/vM 为帕克距离内每组的移动小车数。根据比例关系则有

$$\frac{nT-L}{L}=\frac{vM}{P_k}$$

所以，积放式悬挂输送机系统中移动小车组之间的帕克距离为

$$P_k = \frac{L}{nT - L}vM = NvM$$

$$N = \frac{L}{nT - L}$$

式中　N——帕克距离内每组的移动小车数；

vM——一个生产节拍内承载小车的折算平均运行距离，或简称为“平均车距”。

综上所述，帕克原理可以归纳为以下几点：

(1) 积放式悬挂输送机系统中承载小车是成组运行的。

(2) 每组运行中的承载小车数为一定值，且等于承载小车积放长度与拾车距离之比。

(3) 各个移动小车组之间的距离为一定值，且等于移动小车组中的承载小车数与平均车距的乘积。

帕克原理是分析计算积放式悬挂输送机系统中承载小车动态积存的基本理论。

3.4.2　动态积存

由于停止器的调节作用，承载小车在积存区段内呈蠕动波浪式运行状态，所以积放式悬挂输送机系统中承载小车的积存为动态积存。

可以导出如下两条结论：

(1) 在线路积存段长度给定的条件下，动态积存的小车数要比静态积存的小车数在每一帕克距离内少一辆承载小车。即

$$\Delta K = K_1 - K_2 = \frac{P_k}{L} - \frac{P_k}{G_d L} = 1$$

式中　K_1——每一个帕克距离内静态积存的小车数；

K_2——每一个帕克距离内动态积存的小车数；

ΔK——每一个帕克距离内静态和动态存车数之差。

(2) 在积存小车数给定的条件下，动态积存所需要的线路积存段长度要比静态积存所需要的积存段长度在每一个帕克距离内多一个小车积放长度 L。即

$$\Delta L = (L_d - L)K_2 = (G_d L - L)\frac{P_k}{G_d L} = L$$

式中　L——每一辆小车的静态积存长度，即小车积放长度；

L_d——每一辆小车的动态积存长度；

K_2——每一个帕克距离内动态积存小车数；

ΔL——每一个帕克距离内动态积存和静态积存时线路积存段的长度差。

3.4.3　快慢链传递

1. 快慢链传递的作用

输送机系统各个不同的区域有着不同的工艺要求，有些区域需要承载小车快速运行（$v_1 = 15 \sim 18\text{m/min}$），有些区域需要承载小车慢速运行（$v_2 = 0.8 \sim 2.5\text{m/min}$）。在这种需要承载小车快慢速运行的输送机系统中，不同运行速度的牵引链分区域布置，各条牵引链之间必然存在着快慢链传递问题。

较常见的快慢链传递系统中慢速链为强制性生产节拍，慢速链上的承载小车采用连续运

行方式。慢速链运行区域不设停止器，牵引链推杆远距离等间距布置，每一个牵引链推杆带动一辆承载小车。换言之，慢速链上承载小车的运动间距等于牵引链的推杆间距，带车的牵引链之间不设空余的推杆。

快慢链传递系统的快速链为柔性生产节拍，快速链区域设置停止器。快速链推杆以较小间距布置，承载小车根据 PLC 的指令以间歇方式运行。

2. 快慢链传递的过程

当承载小车按一定的生产节拍由快速链向慢速链传递时，由于快速链上带车的推杆之间设置有空余的推杆，快速链的送车段采用压轨后推传递方式，即可使承载小车顺利地跨越快慢链之间的传递空档。

快速链上停止器的发车节拍可以根据慢速链上的信号控制（检测推杆），也可根据慢速链的运行速度进行时间控制。

快速链向慢速链的传递过程如图 3-36 所示。

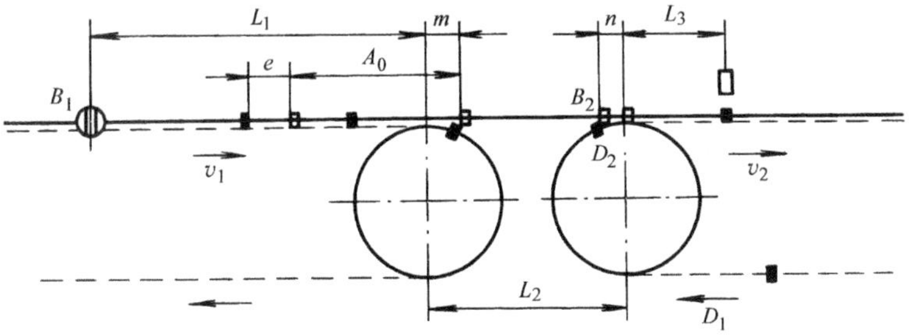

图 3-36 快慢链传递过程

当光电开关或电子接近开关检测到慢速链上带车的推杆通过时，发信号给 PLC 电控系统，根据 PLC 的指令，快速链上的停止器打开，承载小车的升降爪抬起，随机通过的牵引链推杆将承载小车带走（此时有可能损失一个推杆间距 T_1），进入快慢链传递区域。当牵引链推杆绕出快速链的水平回转段切点后，承载小车将停放在水平回转段的切点附近，但此时承载小车组的后小车已进入到快速链的压轨区，后续来的牵引链推杆将推着后小车的后推爪继续运行（此时损失一个后续推杆到后推爪的距离 e），顺利跨越快慢链之间的传递空档。当后续推杆绕出快速链的水平回转段的切点时，承载小车组的前小车已进入到慢速链的接车抬轨区内，停止并等待慢速链推杆的到来。当慢速链推杆带着承载小车组的前小车运行并通过光电开关检测点时，即进入第二个传递循环过程。

3. 快慢链传递过程的工作研究

采用工业工程的工作研究方法，对快慢链传递过程进行作业和动作分析（按双机联合作业），可得：

（1）快速链

1）发出指令，停止器打开。

2）前推等待推杆（最大距离 T）。

3）前推快速运行（距离：$L_1 + m$）。

4）后推等待推杆，等待距离为 e（$e = nT - A$）。

5）后推快速运行至小车脱离快速链（距离为 $L_2 - m - n$）。

（2）慢速链

1）传递接车等待慢速链推杆，等待距离为 T_2-L_3-n。

2）慢速运行开始，快慢链传递完成。

4. 时间分析

快慢链传递过程时间 = 单机各动作时间之和 + 宽放时间。联合作业时，需考虑时间匹配。

快速链各动作时间之和：$t_1=(T+L_1+m+e+L_2-m-n+\Delta)/v_1$（式中 Δ 为宽放距离）。

慢速链各动作时间之和：$t_2=(T_2-L_3-n)/v_2$。

为了保证快慢链之间的可靠传递，必须保证快速链上的停止器打开后，前小车自图示 B_1 点到 B_2 点的运行时间小于慢速链推杆自图示 D_1 点到 D_2 点的运行时间。停止器的设置应满足如下条件

$$L_1 \leqslant \frac{v_1}{v_2}(T_2-L_3-n)-(T_1+L_2+e-n)-\Delta$$

式中　L_1——停止器的位置尺寸（mm）；

v_1——快速链的运行速度（m/min）；

v_2——慢速链的运行速度（m/min）；

T_1——快速链推杆间距（mm）；

T_2——慢速链推杆间距（mm）；

L_2——快慢链传递中心距（mm）；

L_3——光电检测点位置尺寸（mm）；

n——慢速链推杆进入啮合的距离（mm）；

e——快速链推杆到小车后推爪的距离（mm）；

Δ——快慢链传递余量（mm），$\Delta=300\sim500$mm。

当承载小车由慢速链向快速链传递时，由于慢速链上是一个推杆带动一个承载小车，带车的推杆之间没有空余的推杆，所以，当慢速链的牵引链推杆绕出水平回转段的切点后，承载小车将停放在水平回转段切点附近，后续来的带车的牵引链推杆也无法将前一辆承载小车送过传递空档，此时必须借助于推车机或转辙器（转辙器只用于快慢链传递系统中推车机不宜布置的场合）。

3.4.4　输送机系统生产率计算

积放式悬挂输送机系统中，承载小车的流动在某一局部区域内或在某一段时间间隔内可能是不规则的，但就总体而言，它是按照固定的输送频率有规律地流动着的。任一输送机系统的输送能力都有一定的限度，如果给定的生产率在输送机的输送能力限度（输送频率）内，输送机系统就能满足生产率的要求。输送机系统生产率的计算是指整个输送机线路中输送频率受限制的那些点或区段输送能力的计算。

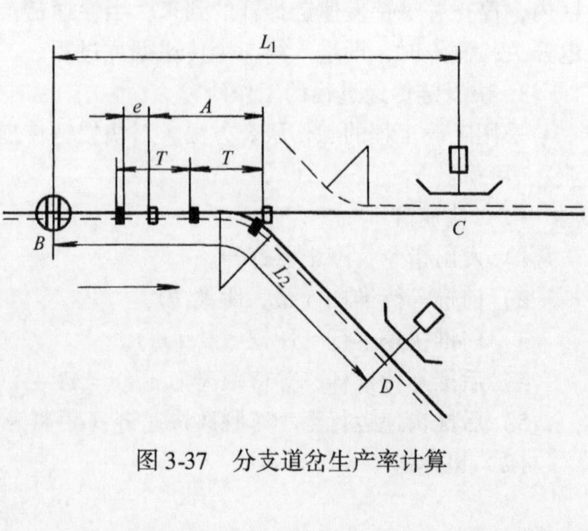

图 3-37　分支道岔生产率计算

1. 分支道岔生产率计算

如图 3-37 所示的分支道岔的 B 点设置一个停止器，C 点和 D 点各设置一个

清除开关。为保证道岔传递的可靠性，道岔上只允许一辆承载小车运行，从 B 点停止器发出的承载小车只有在通过 C 点或 D 点时，B 点停止器才可以再次发车。

（1）承载小车从 B 点到 C 点时，牵引链有可能走过的最大距离应包括以下内容：

1）B 点停止器打开时，牵引链推杆可能刚好过去，需要再等待一个推杆才能带走承载小车，即牵引链的运行可能损失一个推杆间距 T。

2）承载小车从 B 点到 C 点，送车段牵引链有一次后推传递过程，更换推杆时牵引链的运行距离为 $e = nT - A$（见图 3-37，n 为使 nT 大于 A 的最小自然数，A 为小车中心距）。

3）传递后接车段牵引链又有可能损失一个推杆间距 T。

4）从 B 点到 C 点，承载小车走过的路程为 $L_1 + A$（通常发号杆设置在后小车上）。

所以，承载小车从 B 点到 C 点时牵引链有可能走过的最大距离为

$$L_{1,\max} = T + (nT - A) + T + (L_1 + A) = L_1 + (n+2)T$$

（2）承载小车从 B 点到 D 点时牵引链有可能走过的最大距离应包括以下内容：

1）B 点停止器打开时，牵引链可能损失一个推杆间距 T。

2）从 B 点到 D 点承载小车走过的路程为 $L_2 + A$。

所以，承载小车从 B 点到 D 点时牵引链有可能走过的最大距离为

$$L_{2,\max} = L_2 + T + A$$

（3）承载小车从 B 点到 C 点和从 B 点到 D 点的时间分别为

$$t_1 = \frac{L_{1,\max}}{v}$$

$$t_2 = \frac{L_{2,\max}}{v}$$

式中　v——牵引链的运行速度（m/min）。

（4）分支道岔满足生产率要求的关系式为

$$t_1 \frac{J_1}{J} + t_2 \frac{J_2}{J} \leqslant M$$

式中　J——B 点的输送频率（件/min）；

J_1——C 点的输送频率（件/min）；

J_2——D 点的输送频率（件/min）；

M——B 点的生产节拍（min），$M = \dfrac{1}{J}$。

将 $M = \dfrac{1}{J}$ 和 t_1、t_2 值代入上式，可得分支道岔系统生产率校核公式

$$L_{1,\min} J_1 + L_{2,\max} J_2 \leqslant v$$

2. 合流道岔生产率计算

如图 3-38 所示的合流道岔的 B 点和 C 点各设一个停止器，D 点设置一个清除开关。从 B 点停止器发出的承载小车只有在通过 D 点的清除开关时，C 点或 B 点的停止器才可以再次发车；同理，从 C 点停止器发出的承载小车也必须通过 D 点后，B 点或 C 点的停止器才可以再次发车。

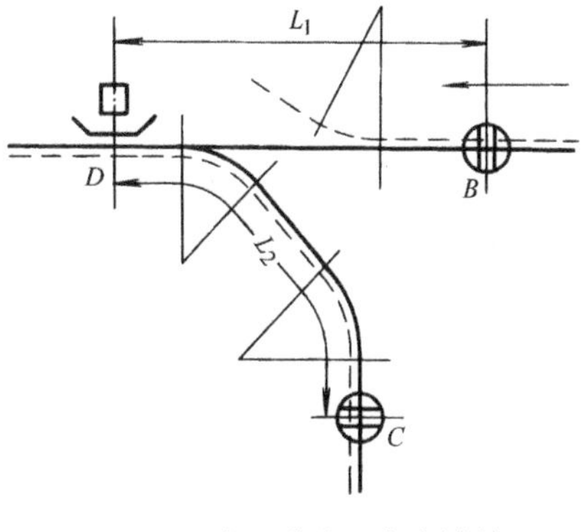

图 3-38　合流道岔生产率计算

不难导得：

（1）承载小车从 B 点到 D 点时牵引链有可能运行的最大距离为

$$L_{1,\max} = L_1 + (n+2)T$$

（2）承载小车从 C 点到 D 点时牵引链有可能运行的最大距离为

$$L_{2,\max} = L_2 + T + A$$

（3）合流道岔系统生产率校核公式为

$$L_{1,\min}J_1 + L_{2,\max}J_2 \leqslant v$$

3. 升降段生产率计算

图3-39所示为一个装载工位升降段，从升降段前面 B 点停止器发出的承载小车经过一次牵引链的后推传递到达 C 点停止器，延时后升降轨下降，下降到位，进行装载，装载完毕，升降轨上升，上升到位，C 点停止器打开，承载小车离开升降段。当承载小车运行到 D 点的清除开关时，B 点停止器才能再次打开，允许第二辆承载小车进入升降段。

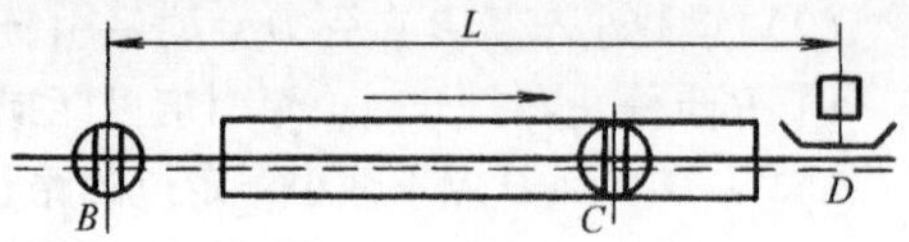

图3-39 装载工位升降段

承载小车从 B 点到 D 点时，牵引链有可能走过的最大距离应包括以下内容：

（1）B 点停止器打开时，送车的牵引链有可能损失一个推杆间距 T。

（2）承载小车从 B 点到 C 点牵引链有一次后推传递过程，更换推杆时牵引链的损失距离为 $nT-A$（n 为使 $nT>A$ 的最小自然数，A 为小车中心距）。

（3）传递后接车的牵引链又可能损失一个推杆间距 T。

（4）C 点停止器打开时，又可能损失一个推杆间距 T。

（5）从 B 点到 D 点时承载小车走过的路程为 $L+A$。

所以，承载小车从 B 点到 D 点时牵引链可能走过的最大距离为

$$L_{\max} = T + (nT - A) + 2T + (L + A) = L + (n+3)T$$

满足生产率的条件为

$$L_{\max}/v + \Delta t + \sum t \leqslant M$$

或

$$L_{\max} + v(\Delta t + \sum t) \leqslant v/J$$

式中 v——牵引链的运行速度（m/min）；

M——生产节拍（min），$M=\dfrac{1}{J}$；

J——线路生产率［件/(min)］；

Δt——升降轨下降前的延时时间（min）；

$\sum t$——升降轨升降及工位操作时间（min）。

积放式悬挂输送机系统中还有很多限制输送频率的地方，但生产率计算的方法大致相同。当达不到系统生产率要求时，可以通过提高牵引链运行速度、合理安排停止器的位置和采用密集型推杆等方法来提高线路的输送频率。

3.4.5 输送机系统承载小车数量

输送机系统的承载小车数只要在满足生产率条件下的最少小车数和最多小车数之间，就

能正常工作。但是满足这一条件的承载小车数范围很大，特别是在较低生产率的条件下，由于选取的承载小车数量不同，输送机系统的工作性能及生产调节能力将会存在着很大的差异。同时，不同的承载小车数对整个输送机系统的工程造价也有显著的影响。

积放式悬挂输送机系统中除了前述小车积存段外，还有很多不同的工艺操作段，如喷涂、烘干、冷却、装配等。在这些工艺操作区段内，运载物是按照一定的间距运行的，其承载小车数量等于工艺段长度与运载物的运动间距之比，而且工艺操作段内的承载小车数是固定的。

在选取输送机系统承载小车数量时，必须认真、详尽地研究用户提供的信息资料，根据生产率要求、弹性储备系数、系统存储量、生产调节系数以及实际生产中空车和重车的比例变化等进行综合对比分析，以确定输送机系统最佳的承载小车数。

3.5　电动单轨车

3.5.1　概述

电动单轨车视频，请扫二维码观看“3.5 空中单轨车”。

3.5　空中单轨车

1. 国内外发展情况

电轨小车是一种外形相似于电动葫芦和积放式悬挂输送机、在功能上介于两者之间的一种新型的全自动物料储运系统。

20 世纪 90 年代初，我国汽车行业开始引进国外先进技术，在汽车发动机输送、涂装线上都广泛应用了电轨小车，因其具有机动性、可靠性、安装简便性、技术先进性等特点，因此在国内得到了较快的发展。

电轨小车系统由电动自行小车、轨道和滑线构成，较复杂的系统还可以有道岔或升降机。电动自行小车在外形上类似于电动葫芦，但是它的运行和升降都是通过集电装置和安装在轨道上的滑线，完全由预先设定的自动控制系统操纵。轨道的形式多种多样，既有类似于电动葫芦轨道的特制工字钢，也有类似于积放式悬挂输送机轨道的双槽钢。近年来，国内也研制出专用的压制铝合金成形轨道，使结构更趋于轻巧。在生产线上方行驶的电轨小车如图 3-40 和图 3-41 所示。

图 3-40　在生产线上方行驶的电轨小车

图 3-41　生产线上的电轨小车

2. 功能特点

（1）分散驱动。动力由集中驱动变为每个输送单元（小车）的分别驱动。

(2) 动作控制。控制系统可以对每个物料输送单元进行适时控制。运料小车可以根据需要在工位进行升降、行走、摇摆等各种动作。

(3) 立体输送。可以实现全空间位移、水平位移，也可以实现在不同高度的位移输送。

(4) 立体网络。物料线路由轨道、平移道岔、转盘、升降机组合，可以形成一个物料输送的立体交叉网络。

(5) 也可地面安装，作为地面生产线的电动自行小车使用。

(6) 积木式组装。自行小车的轨道、道岔等功能系统是成熟部件，控制方法也是成熟方法，可以任意组合，减少了设计、加工、安装工作量，并且投产周期短。

(7) 多种控制方式。可采用集中控制、分散控制或集散控制方式，载物车按设定程序工作，设定工位地址停车、定点工作、固定寻址。适用于涂装线、装配线、电镀线。

(8) 随机物料供应系统工位要车随机提出申请，小车随机编写要车工位特征地址，直达要车工位，供货后返回。载物车具有随机认址、随机写址功能，工位要车可以手动申请或总控室自动监控各工位物料库存情况，自动申请要车，并可与管理计算机联网。适用于烟草、内燃机部件、产品仓储输送线。

(9) 分拣系统载物车根据承载货物的不同种类携带特征地址码，地面设立读址站，确定小车的运送方向和地点。适用于邮电分拣线、内燃机检测线、质量检测线、纺织系统的输送线。

3.5.2 XDJ 电动小车

系统由轨道、前小车、后小车、荷载梁、驱动装置、小车电控箱、集电装置及滑触线等组成，XDJ Ⅰ型电动小车如图3-42所示。这种结构形式的电动小车的主要特点是利用了标准的积放输送机的部件，小车的支承轨道与4in和6in积放式悬挂输送机通用。该系统既具有积放机的自动控制特性，又具有电轨小车自行的优点，可实现集中控制，使系统具有岔道转换、积存和释放小车的功能，其主要性能参数如表3-3所示。

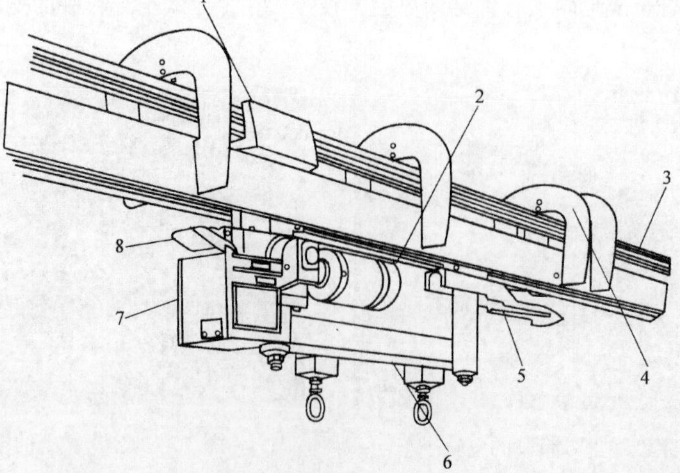

图3-42 XDJ Ⅰ型电动小车

1—集电装置 2—驱动装置 3—滑触线 4—轨道 5—后小车 6—荷载梁 7—小车电控箱 8—前小车

表3-3 XDJ Ⅰ型电动小车的主要性能参数

型号			XDJ Ⅰ型				
轨道	截面形状		[ ] 槽钢				
	直轨标准长度/mm		6 000				
	弯轨	半径 R/mm	600、600、1 200、1 500、2 000				
		角度/(°)	30、45、60、90、135、150、180				
	道岔	半径 R/mm	600				
		角度/(°)	45				
运行速度/(m/min)	常用 v		10 ~ 30				
	最大 v_{max}		60				
使用电源			380V 三相交流电或低压电动机、直流电动机、干电池等				
行走电动机功率/kW			0.2	0.3	0.37	0.4	0.5
环链葫芦	起升质量/kg		125	250	500	1 000	2 000
	起升功率/kW		0.3	0.5	1.0	1.5	2.2
	起升速度/(m/min)		2、4、8	2、4、8	2、4、8	2、4、8	2、4
	起升高度/m		3、4、6	3、4、6、8	3、4、6、8	3、4、6、8	3、4

1. 行走小车

行走小车由前小车、后小车、驱动装置和荷载梁组成。前小车和驱动装置连接。动力通过离合器和链条传给行走轮。驱动装置的电动机功率为0.2 ~ 0.5kW。电动机和减速器可以多样配置，具有两种速度及制动功能，容易实现低速、高速运行及准确的定位。前小车和后小车是支承荷载的部件，它们之间用荷载梁连接，根据系统需要可以有各种不同的结构形式和尺寸。前小车上装有前铲，与后小车上的尾板碰撞，可使小车积存。前小车在槽钢轨道的上下翼缘处均设有导向轮，因此小车运行平稳，转弯时稳定性好。在驱动装置的减速器输出轴与前小车的连接处装有离合器，在调试时或当出故障时可摘除离合器，电动机减速，减速器输出轴和前小车脱离，整个自行小车可用人力推走，不至于中途停滞。

2. 轨道

轨道形式类似于积放式悬挂输送机的三轨结构，承载轨由双槽钢组成，线路上可布置道岔。

3. 动力滑触线

动力滑触线安装在承载轨上方，相当于积放式悬挂输送机牵引链轨的位置。起、停工位的滑触线采用7芯线，如图3-43所示。其中3芯用于小车运行电动机供电，另外3芯则为环链升降葫芦电动机的电源，另1芯为控制电源线。起、停工位的滑触线与运行段滑触线之间断开。滑触线使用380V三相交流电。

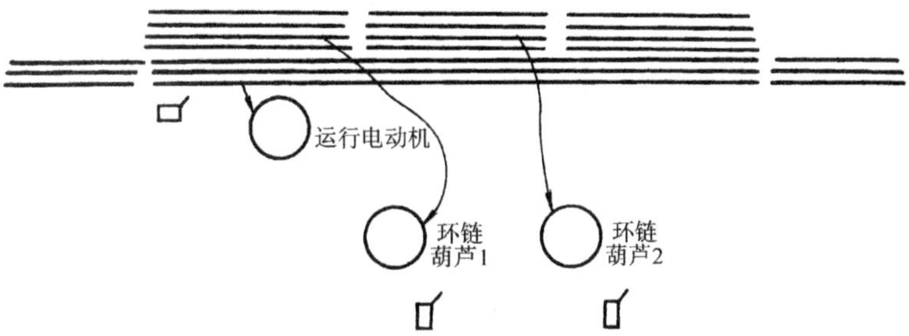

图3-43 起、停工位的7芯滑触线

4. 集电装置

该装置安装于前小车上方，为浮动连接，由前小车带动它在滑触线上平稳运行。通过集电装置，从滑触线获得电控箱的动力电源和控制电源。

5. 小车电控箱

小车电控箱安装于小车荷载梁前方，箱内装有控制小车移动及环链葫芦升降的电控元件。根据系统的控制要求，电控箱可专门设计。

3.5.3　系统设计

1. 应用范围和选型

（1）应用范围。电轨小车同时具有电动葫芦和积放式悬挂输送机的一些特点，然而，由于其独有的特点，应用范围与两者有所不同，一般适合于下述情况：

1）电轨小车与电动葫芦的共同点是适合于点到点之间的运送；不同点是电轨小车能实现自动控制和集中控制，因而适合于高生产率的输送。

2）电轨小车与积放式悬挂输送机的相同之处是：它们都是机电一体化的现代技术物流输送系统，集仓储、运输、装卸、工艺操作四大物流环节于一体的柔性生产系统；但电轨小车更适合于有频繁升降要求的工艺操作区域，并且有准确的停止和定位功能。积放式悬挂输送机只适于在水平轨道上运行，当要求在有高差的轨道上运行时，通常用升降机连接。

（2）选型

1）根据载质量选择。载质量包括物料（或工件）和吊具的质量之和。①载质量范围在100～1 500kg之间，适于选择压制铝合金成形轨道。②载质量大于2 000kg时，适于选择特制的工字钢轨道。

2）根据使用要求选择。①当系统线路简单，小车数量少时，可选择不带升降机的系统。但如果线路长或复杂，小车数量较多时，则可选择带有升降机的系统。②当线路复杂，对道岔、线路积存和发送有较高要求时，或考虑与已有的积放式悬挂输送机具有相同的维修部件时，可考虑选择与积放式悬挂输送机相同的双槽钢轨道。

2. 线路布置

根据工艺流程、工作点位置、输送频率要求（或生产节拍要求）及各工位的动作要求和动作时间确定输送线路。线路一般有下列几种形式。

（1）单程式线路（见图3-44）。适用于生产率不高的两点式输送。这种形式的线路上只允许同时有一台电轨小车往返工作。

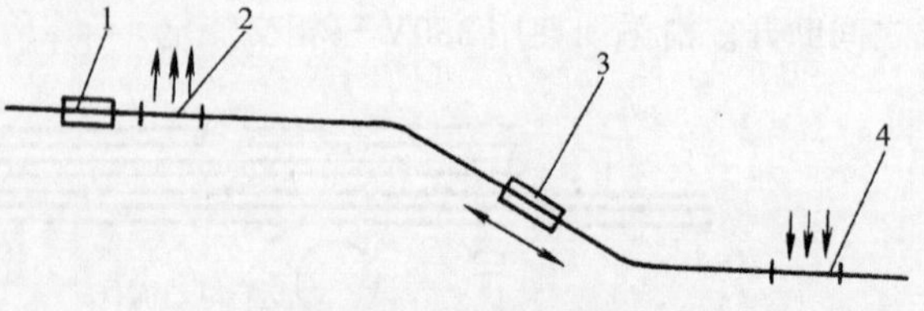

图3-44　单程式线路

1—备用或检修工位　2—卸料工位　3—电轨小车　4—装料工位

（2）循环式线路（见图3-45）。适用于生产率较高的两点式输送，在线路上可布置两台以上的电轨小车同时循环运行工作。

（3）带有道岔的线路（见图3-46）。适用于需将工件分类进行作业或储存的线路，以及通过道岔进入检修段。

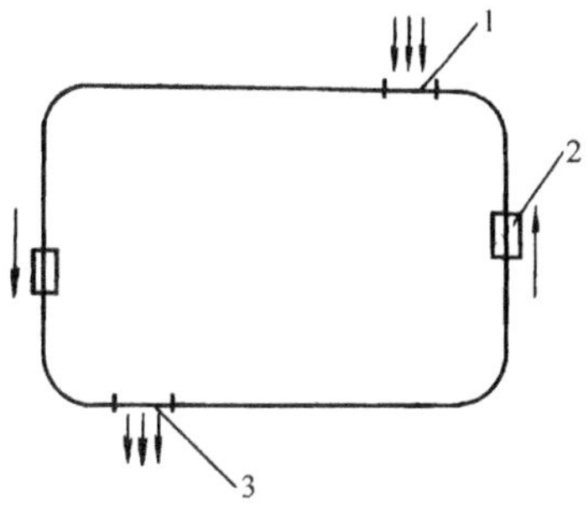

图 3-45　循环式线路

1—装料工位　2—电轨小车　3—卸料工位

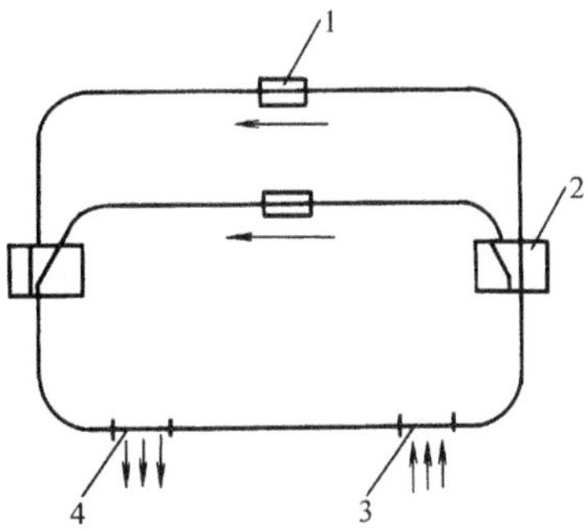

图 3-46　带有道岔的线路

1—电轨小车　2—道岔　3—装料工位　4—卸料工位

（4）带有升降机的线路（见图 3-47）。当两个不同标高层的输送线路连成一个系统时，则可通过升降机连接。

3. 车组及其运行速度的确定

（1）车组的确定。车组由一台主车和若干台副车组合而成。主车上带有前进驱动源和集电器，副车为从动小车，用于提高载物车的运载能力和构成积放长度。一般一个最简单的载物车组必须有一台主车和一台副车构成，主、副车通过均衡梁连接。

根据运载物的纵向长度要求，车组可由一台主车和若干台副车组成，其组合方式均为拖曳式。

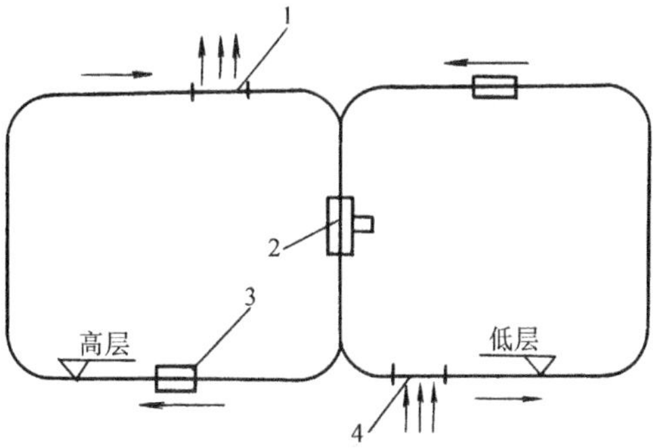

图 3-47　带有升降机的线路

1—卸料工位　2—升降机

3—电轨小车　4—装料工位

（2）载物车运行速度的确定。国产载物车运行速度为 10 ~ 30m/min，有特殊要求时，最高可达 60m/min，最低为 5m/min。速度的选择通常根据生产节拍、输送行程长短、工位多少、空程路径和工作时间确定，其原则如下：

1）无过高节拍要求、行程少、工位较多时，采用单速，为常规速度。

2）有较高节拍要求、空程（指无工位路径）长时，可采用双速或高速。

3）要求较高重复定位精度时，可采用双速或低速。

4）悬吊物运行惯性较大，且吊具设计无防摆措施时，不宜采用高速。

车速可按下式计算

$$v = \frac{l_1 + l_2}{M - \sum_{i=1}^{n} T_i}$$

式中　l_1——载物车工作运行长度（m）；

l_2——空程返回路径长度（m）；

M——生产节拍（min）；

$\sum_{i=1}^{n} T_i$——各工位工作时间和途经道岔工作时间的总和（min）。

所选择车速应符合上述原则并大于计算值。确定的车速如不能满足计算值时，则应采取多台小车运送。

(3) 在线小车数量的计算。

在线小车数量可按下式计算

$$k = \frac{\sum_{i=1}^{n} T_i + l/v}{M} + (1 \sim 2)$$

式中 l——路径全长 (m);

v——车速 (m/min);

M——生产节拍 (min);

$\sum_{i=1}^{n} T_i$——工作时间总和 (min)。

4. 电控系统设计

电控系统可以是简单的，也可以是复杂的；可以用小车随行电控箱，也可以用中央控制室或者上述两者的结合；可以用继电器、可编程序控制器、微型计算机或者主计算机，也可以在同一控制系统中采用上述结构的联合体。各种控制都各有其特点。

(1) 继电器控制。其特点是维护简单，操作方便，造价低。

(2) 可编程序控制器控制。其特点是维护较简单，结构紧凑，可实现全自动控制，安全可靠。

(3) 微型计算机（单板机）控制。其特点是使用维护较复杂，可实现全自动控制。

根据生产率的高低和用户的要求，电控系统可进行专门设计。总的原则是：如果系统中电动小车的数量少，则尽可能使用小车随行电控箱控制；如果系统中有许多小车，则应把小车随行电控箱的控制信息减到最小程度，并且尽量把系统集中到中央控制室中进行集中控制。

电控设计主要包括以下几部分：

(1) 驱动电动机部分。驱动电动机部分主要是指小车运行电动机和升降用提升电动机。

1) 小车运行电动机。小车运行电动机通常使用双速、双绕组、三相380V笼型电动机。采用三相是一种获得多速和反转的简单办法，380V电压可省去笨重的变压器，电动机通过集电装置从闭式滑触线上获得电源。根据需要也可使用低压（安全电压42V）三相电动机，这样可使用开式滑触线的集电装置。如果需要无级变速，还可以使用直流电动机，采用蓄电池供电。

2) 升降用提升电动机。当系统中的电轨小车数量很少时，荷载的升降可在所有的小车上加一个电动环链葫芦来实现；反之，如果系统中小车数量较多而要求升降点少时，在每个电轨小车上加一个环链葫芦是不经济的，此时在系统中应设置升降机，因为升降机仅需要一台电动机。

电动环链葫芦和升降机的驱动电动机均采用380V三相供电，因为它只是在局部使用，对安全影响较小，故无须做降压处理。

(2) 控制系统。控制系统主要用于电轨小车的停止、积存和荷载物的升降以及道岔的通过。

1) 小车的排列成行与积存。①行车开关控制：类似于积放式悬挂输送机系统中的行列控制。在小车后部安装一个尾板，前部安装一个前铲，包括一个电动开关执行元件。当小车和前一个已经停止的小车接触时，前铲被尾板抬起，使开关断开，小车停止运动。小车的停止状态一直保持到前小车移动，使前铲落回到原来的位置。这种方法通常用在小车中速（速度小于45m/min）行驶时。②区域中断技术：利用一个“运行—停止”轨道来连接分段轨道，以阻止小车之间的任何接触，输电轨道被分段以使小车在自动控制下被停止运行。分段轨道可作为工作站用来自动停车，或用来控制小车在分流和合流道岔处的运行。这种区域中断技术用于高速运行线路。

2）小车的定点停止和定位。①机械方式控制：通过停止器操纵前小车积存杠杆断开电动开关而使小车停止。②自动电控定位：当需要在设定地点准确停止时，通过电控系统使小车被分段慢速运行或反向运转，以达到准确停止。小车的逆转性能是电轨小车的特性之一。③通过道岔时的控制方法，与积放式悬挂输送机的控制原理相同，可通过信号，也可采用区域中断技术控制分流点和合流点穿过道岔。④荷载物在工作点升降的控制，可以在小车到位自动停止时与其联锁，实现自动升降，也可以由地面人工控制。

3.5.4 小车的非接触供电

电动小车采用动力滑触线和集电装置供电方式易产生电刷磨损等故障。近来，非接触供电方式开始运用于电动轨道小车。

非接触供电系统是一种通过非机械接触的方式进行电力和信号输送的技术，主要应用于电动单轨系统（Electric Monorail System，EMS）、自动引导车（Automated Guided Vehicle，AGV）和起重机中。非接触供电（Contactless Power Supply，CPS）系统支持在不接触的情况下给移动设备供电。从一根固定的（初级）导线通过电磁感应，把电源输送到移动设备中。CPS系统有个独特的特点是：数据也能通过这根初级线圈进行传输。非接触供电系统包括电能发送单元和电能接收单元两部分。电动轨道小车的非接触供电系统由终端、非接触供电线、电磁感应受电器、连接件、吊夹、固定电压电源等组成，如图3-48所示。

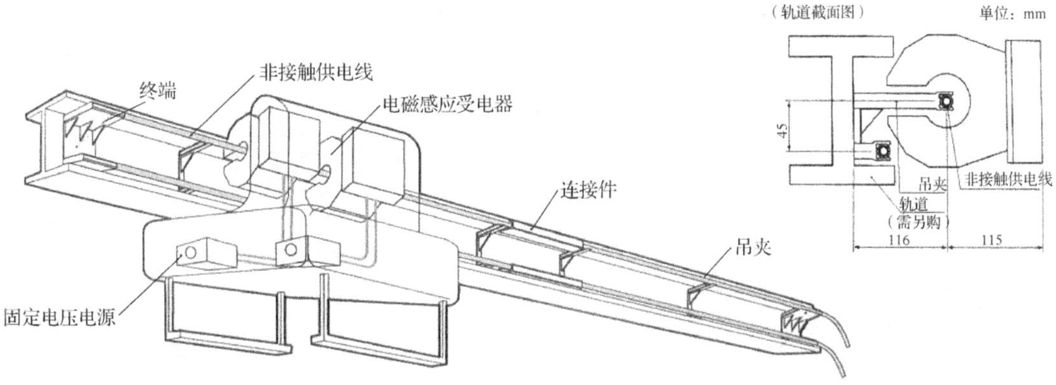

图3-48 电动轨道小车的非接触供电系统组成

3.6 物流工位器具

工位器具是在生产线工位上使用的各种辅助物流器具的总称，本节只介绍用于物流功能的几类常用工位器具。

3.6.1 物流工位器具的作用

物流工位器具用于帮助操作人员实现生产线工位上或各工位间物料、在制品的暂存、转运和移送，在优质、高效、便利地实现暂存、分拣、移送等物流功能的同时，还可对物料和在制品起到部分防护与计数作用。物流工位器具和物流集装单元化设备、物料周转容器（尺寸和容器种类）、线旁货架等的功能作用有相似之处，但是后者属于物流通用设备，只有物流活动的功能；而物流工位器具是为某生产线或为某工位，甚至为某种零部件特定制备的。物流工位器具除了有物流活动的功能外，还具备对特定生产工艺起辅助服务的作用。

物流工位器具在JIT生产、看板管理和供应链物流中具有重要作用。物流工位器具可以提高空间有效利用率；保护零部件在物流作业过程中的品质；满足零库存和一个流的物流作业原则；满足物流管理定制定位的要求；满足物流信息的识别及传递功能。物流工位器具使生产线的物流管理从对成千上万种物料的管理转为对符合一定规范的、种类有限的物流单元的管理。物流工位器具除了具备"容器"的功能（盛放、包装、保管搬运物料、保护物料品质、计量）外，还必须具有物流信息载体的功能，以提高物流作业效率和正确率。

3.6.2　工位货架

工位货架是流水线中必不可少的设备，在生产物流中承担某个工位的半成品保管、配件物料或工具刀具的存放，有时也能起到将半成品转送到下一个工位的作用。因工位货架主要用来临时存放物件且受生产现场的限制，一般容积较小。下面分别按物料类货架和工具刀具类货架进行介绍。

1. 物料类货架

按照不同的使用要求，对物料类工位货架进行以下分类：

（1）按工位货架的适用性可分为通用货架和专用货架。通用工位货架包括一般的料笼、层式货架及周转胶箱等，分别如图3-49～图3-51所示。通用工位货架按可移动性又可分为固定式工位货架（见图3-51）和移动式工位货架（见图3-49、图3-50）。专用工位货架适合某些对物件存放有特定要求的场合，如图3-52所示的是汽车生产线上使用的一种专用工位货架。

图3-49　料笼

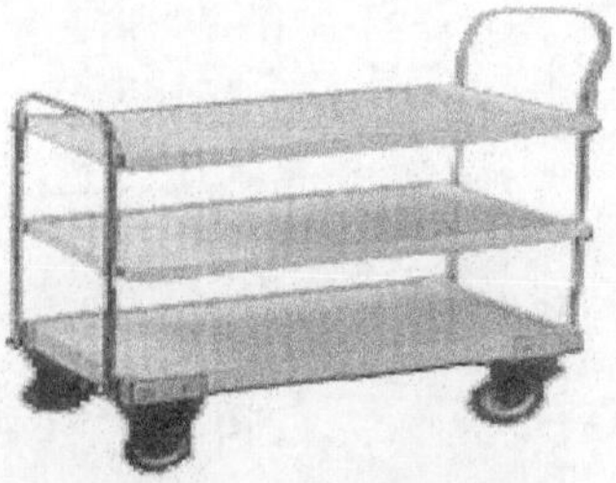

图3-50　层式货架

图3-51　周转胶箱

图3-52　专用工位货架

（2）按工位货架的结构可分为整体式工位货架和组合式工位货架。整体式工位货架如图3-53所示。组合式工位货架又称装配式工位货架，可根据实际需要进行组装和拆卸，以适合所存放的物件和占用的空间，如图3-54所示。

图3-53 整体式货架

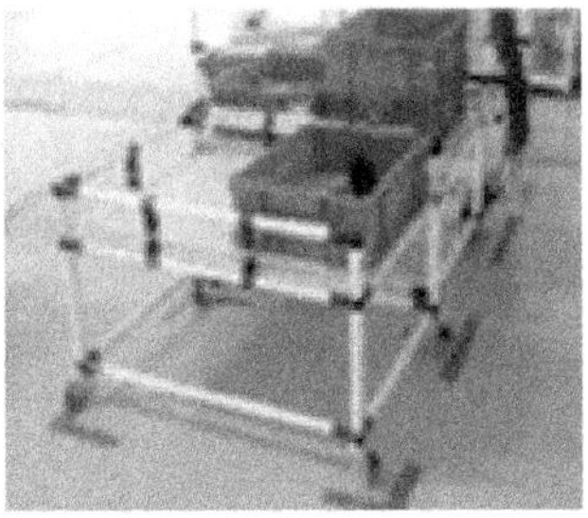

图3-54 组合式货架

（3）物料整理架可用于生产现场的工具、零配件以及各种物品物料的分类存放和合理搬运，以达到充分利用空间和实现高效的物流管理水平的目的。图3-55所示为两种常用的物料整理架。

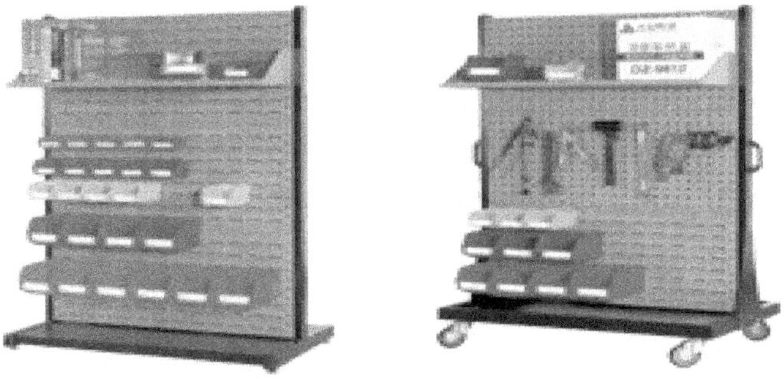

图3-55 物料整理架

（4）工作台。图3-56所示为一种普通的工作台。在普通的工作台上加装工具架后可以使操作更为方便，如图3-57所示。

图3-56 普通的工作台

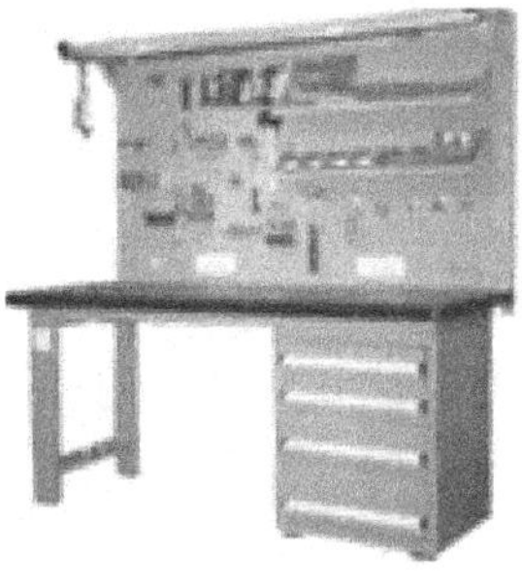

图3-57 加装工具架后的工作台

2. 工具刀具类货架

工具刀具类货架包括在工位上常用到的工具柜、刀具储运设备。

（1）工具柜适用于工具、零部件在生产现场中的定置管理，使物品存取工作真正做到准时、准确、高效、低耗，如图3-58所示。

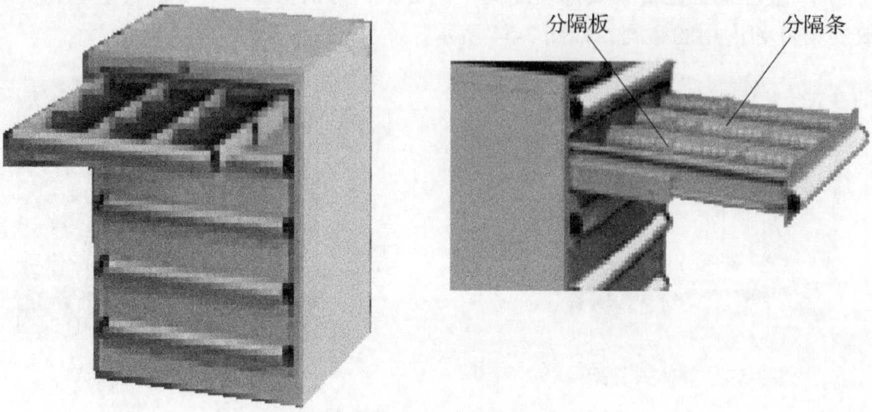

图3-58　工具柜

（2）刀具储运设备是为了方便各种刀具的存放和运送。它又可细分为刀具座（见图3-59）、刀具车（见图3-60）、刀具架（见图3-61）和刀具柜（见图3-62）。

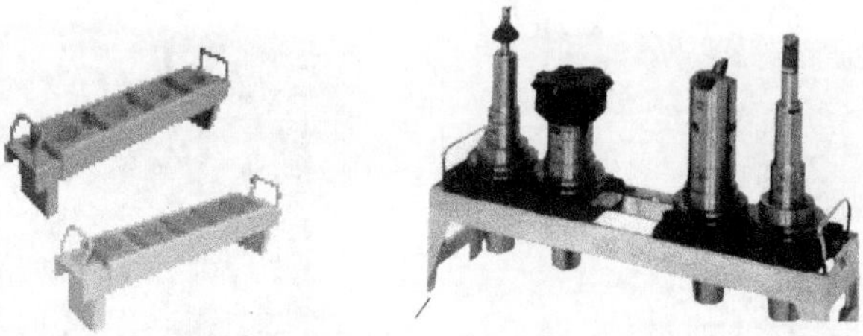

图3-59　刀具座

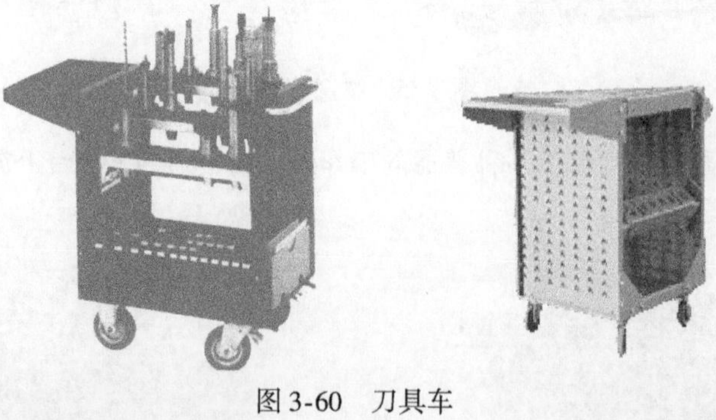

图3-60　刀具车

图3-61　刀具架

图3-62　刀具柜

3.6.3 工位升降台和工位旋转台

工位升降台、旋转台主要是用于生产时将物件调整到适当的高度或旋转到适当的位置以便于操作人员进行相应的操作，降低操作的劳动强度。图 3-66 很好地说明了工位升降台在生产中的功能。工位升降台、旋转台因用在生产线上，其具体的安装和使用因要求不同而不同，其扬程均在较小的范围内。按不同的方法可以有不同的分类。

1. 工位升降台

（1）按可移动性分为固定式工位升降台（见图 3-63）和移动式工位升降台（见图 3-64）。

图 3-63 固定式工位升降台

图 3-64 移动式工位升降台

（2）按升程的可控性可分为固定升程式升降平台（见图 3-65）和自调式升降平台（见图 3-66）。

图 3-65 固定升程式升降平台

图 3-66 自调式升降平台

2. 工位旋转台

图 3-67 所示为两种工位旋转台。其上面的圆形台面可以在一定的角度范围内自由旋转。

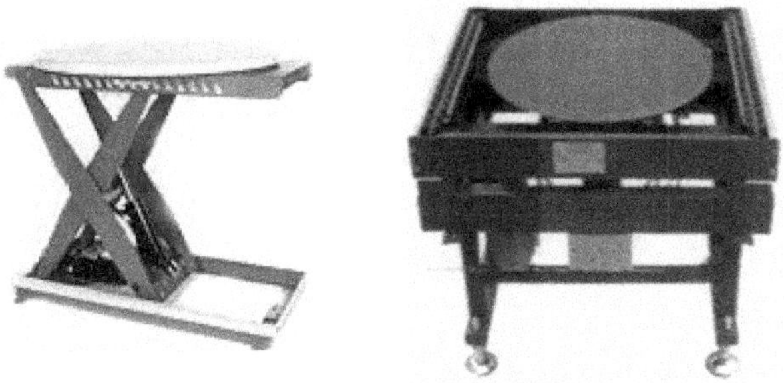

图 3-67 工位旋转台

在工位操作时，旋转台先将上个工位输送来的物件升降到一定的高度，然后再旋转到合适的方向以方便工人操作。

3.6.4　工位装夹具

物件在生产线上流动时，需要根据不同的条件进行装夹。图3-68所示为流水线上承载着物件的托板。图3-69所示为一种汽车厂焊装线的分总成夹具，采用气动夹紧锥销定位。

图3-68　流水线上的托板

图3-69　汽车厂焊装线的分总成夹具

思考与练习题

1. 辊子输送机的特点有哪些？
2. 辊子输送机有哪几种常用的传动方式？
3. 简述链式输送机的主要组成部分。
4. 简述悬挂输送机的分类及其特点。
5. 简述“帕克原理”。
6. 输送机系统的生产率计算原则有哪些？
7. 输送机系统最多和最少的小车数的计算原则有哪些？
8. 电轨小车的功能特点有哪些？
9. 电轨小车系统的线路有几种布置形式？
10. 在电轨小车系统设计时怎样确定车组及其运行速度？怎样计算在线小车的数量？
11. 假设在图3-37（积放式悬挂输送机的分支道岔系统）中，推杆间距$T=400$mm，小车中心距为900mm，链速均为200mm/s，BC间长度为6m，BD间长度为5.9m。求：

1）从停止器打开到小车通过C点，所需的最大时间和最小时间各为多少？

2）从停止器打开到小车通过D点，所需的最大时间和最小时间各为多少？

3）若BD线路的小车输送数量是BC线路的小车输送数量的2倍，求停止器B处输送生产节拍的时间范围。

第4章 工厂物流分析

工厂物流分析包括的内容有：物流量分析、物流关系分析、物流路径分析、搬运方法分析等。前两项分析是基本条件，是后两项分析的基础。后两项分析是物流分析的具体应用，既与前两项分析有关，又与设施规划或工厂布局设计相关。通常，先粗略制定一个工厂布局的初步方案，然后做工厂物流分析，根据物流分析的结果，再进行工厂布局的正式设计。期间，往往需要反复进行多次才能得出较佳的布局和搬运方案。

4.1 工厂物流分析的基本概念

一般情况下，物流状况的优劣是布置方案优劣最重要的评定指标。为此，系统布置设计首先从物流分析入手进行布置。特别是选择不同的物流系统、不同的道路布置方案，会产生不同的平面布置方案。各种不同的布置方案各有其优缺点，显然人们希望得到一个物流最合理的生产系统。

4.1.1 当量物流量

1. 当量物流量的意义

物流量是指一定时间内通过两物流点间的物料数量。在一个给定的物流系统中，物料从几何形状到物化状态都有很大差别，其可运性或搬运的难易程度相差很大，简单地用质量作为物流量计算单位并不合理。因此，在系统分析、规划、设计过程中，必须找出一个标准，把系统中所有的物料通过修正、折算为一个统一量，即当量物流量，才能进行比较、分析和运算。

当量物流量是指物流运动过程中一定时间内按规定标准修正、折算的搬运和运输量。例如，一台载重量为10t的汽车，当其运输10t锻件时，10t锻件的当量质量为10t；而其运输2t组合件时，则2t组合件的当量质量为10t。在实际系统中，所提及的物流量均指当量物流量。当量物流量的计算公式为

$$f = qn \tag{4-1}$$

式中 f——当量物流量，当量吨/年、当量吨/月、当量千克/h……；

q——一个搬运单元的当量质量，当量吨、当量千克……；

n——单位时间内流经某一区域或路径的单元数，单元数/年（月……）。

目前，当量物流量的计算尚无统一标准，一般根据现场情况和经验确定。例如，一个火

车车皮的载重量为60t，装载12个汽车驾驶室总成，则每个驾驶室的当量物流量为5当量吨。再如，企业中一个标准料箱载重量是2t，装载了100个中间轴，则每个中间轴的当量物流量为20当量千克。

2. 玛格数（Magnitude）

玛格数起源于美国，是一种不十分成熟的当量物流量计算方法，是为度量各种不同物料可运性而设计的一种当量物流量的度量单位，可以衡量物料搬运难易的特征。

玛格数的概念有其局限性。玛格数对各种不同的物理、化学状态的物料和搬运方法不能十分准确地描述和度量，因而是一种近似描述物流量的标准值。在一些特性相差不大的物料搬运中，玛格数比较适用。物流系统越大、越复杂，玛格数的使用精度越低。

（1）玛格数的定义。一个玛格的物料具有如下特征：

1）可以方便地拿在一只手中。

2）相当密实。

3）结构紧凑，具有可堆垛性。

4）不易受损。

5）相当清洁、坚固和稳定。

通俗地讲，一块经过粗加工的$10in^3$（或稍大于2in×2in×2in）⊖大小的木块，约有两包香烟大小，叫作一个玛格。应用玛格数时，需将系统中的所有物料换算成为相应的玛格数。

（2）玛格数的计算方法。首先，按照物料几何尺寸的大小计算出基本值：

1）计算物料的体积。度量体积时，采用外部轮廓尺寸，不要减去内部空穴或不规则的轮廓。

2）查阅图4-1，得到玛格数基本值A。如图4-1反映了部分体积与玛格数基本值的对应关系。曲线反映了体积大小与基本值的关系。物料体积越大，运输单位体积越容易，玛格曲线变化越缓。

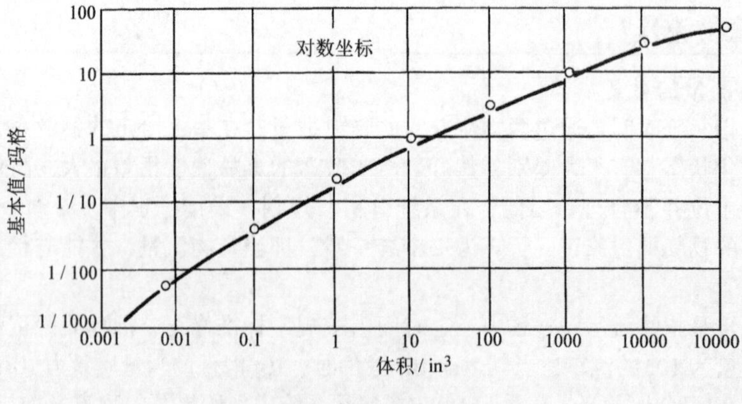

图4-1　玛格曲线

3）根据表4-1，确定修正参数。

⊖ 1in=2.54cm。

表 4-1　修正因素和修正数值

数值	修正因素			
	松密程度或密度（B）	形　状（C）	损伤危险性（D）	状　态（E）
3		十分扁平并且可以叠置或可以套叠（平板纸或金属板材）		
2	非常轻或空的大体积物品	易于叠置或套叠的（纸、簿、汤碗）	不易受任何损坏（废铁屑）	
1	较轻和较大的	较易叠置或略可套叠（书、茶杯）	实际上不易受损坏或受损极小（坚实的铸件）	
0	比较密实的（干燥的木块）	基本上是方形，并具有一些可叠置性质（木块）	略易受损坏（加工成一定尺寸的木材料）	清洁、牢固、稳定的（木块）
1	相当重和密实的（空心铸件）	长的、圆的或有些不规则形状的	易受挤压、破裂、擦伤等损坏	有油的、脆弱的、不稳定的或难于搬运的
2	比较重及密实的（实心铸件、锻件）	很长、球状或形状不规则的（桌上的电话机）	很容易受一些损坏或容易受许多损坏（电视）	表面有油脂、热的、很脆弱或滑溜的、很难于搬运的
3	非常重和密实的（模块、实心铅）	特别长的、弯曲的或形状为高度不规则的（长钢梁）	极易受到一些损坏或易受非常多的损坏（水晶玻璃、高脚器皿）	（发黏的胶面）
4		特别长及弯曲的或形状格外不规则的（弯管、木块、手杖）	极易受到非常多的损坏（瓶装酸类、炸药）	（熔化的钢）

4）计算玛格数。根据下式计算，得到玛格数 M

$$M = A + A(B + C + D + E + F) \tag{4-2}$$

式中　A——基本值；

B——密度；

C——形状；

D——损伤危险程度；

E——状态（化学状态、物理状态）；

F——价值因素，如不考虑则 $F=0$。

4.1.2　物料搬运活性系数

物料活性系数是一种度量物料搬运难易程度的指标，是物流分析的又一重要参数。

物料平时存放的状态各式各样，可以散放在地上，也可以装箱放在地上，或放在托盘上等。由于存放的状态不同，物料的搬运难易程度也不一样。人们把物料的存放状态对搬运作业的方便（难易）程度称为搬运活性。装卸次数少、工时少的货物搬运活性高。从经济上看，搬运活性高的搬运方法是一种好方法。

搬运活性系数用于表示各种状态下物品的搬运活性。搬运活性系数的组成如下：最基本的活性是水平最低的散放状态的活性，规定其系数为零。对此状态每增加一次必要的操作，其物品的搬运活性系数加上 1。活性水平最高的状态活性系数为 4。散放在地的物品要运走，需要经过集中、搬起、升起、运走四次作业，需要进行的作业次数最多最不方便，即活性水平最低；而集装在箱中的物品，只要进行后三次作业就可以运走，物料搬运作业较为方便，活性水平高一等级；装载于正在运行的车上的物品，因为它已经在运送的过程中，不需要再进行其他作业就可以运走，活性水平最高，活性指数定为4。活性指数确定的原则如表4-2所示。

表4-2　活性指数确定的原则

物品状态	作业说明	作业种类				还需要的作业数目	已不需要的作业数目	搬运活性指数
		集中	搬起	升起	运走			
散放在地上	集中、搬起、升起、运走	要	要	要	要	4	0	0
集装箱中	搬起、升起、运走（已集中）	否	要	要	要	3	1	1
托盘上	升起、运走（已搬起）	否	否	要	要	2	2	2
车中	运走（不用升起）	否	否	否	要	1	3	3
运动着的输送机	不要（保持运动）	否	否	否	否	0	4	4
运动着的物品	不要（保持运动）	否	否	否	否	0	4	4

4.1.3　物料搬运的单元化与标准化

实现单元化和标准化对物料搬运的意义非常重大。一方面，物料实行单元化后，改变了物料散放状态，提高了搬运活性指数，易于搬运；同时也改变了堆放条件，能更好地利用仓库面积和空间。另一方面，实现标准化，能合理、充分地利用搬运设备、设施，提高生产率和经济效益。

1. 单元化

单元化是将不同状态和大小的物品，集装成一个搬运单元，便于搬运作业，故也叫作集装单元化。集装单元可以是托盘、箱、袋、筒等，其中以托盘应用最为广泛。物品的搬运单元化，可以缩短搬运时间、保持搬运的灵活性和作业的连贯性，也是搬运机械化的前提。具有一定规格尺寸的货物单元，便于搬运机械的操作，减轻人力装卸，从而提高生产作业率。另外，集装单元可以防止物品散失，易于清点和增加货物堆码层数，更好地利用仓库空间。

2. 标准化

标准化是指物品包装与集装单元的尺寸（如托盘的尺寸、包箱的尺寸等），要符合一定的标准模数，仓库货架、运输车辆、搬运机械也要根据标准模数决定其主要性能参数。这有利于物流系统中各个环节的协调配合，在易地中转等作业时不用换装，提高通用性，减少搬运作业时间，减轻物品的散失、损坏，从而节约费用。

（1）物流基础模数。物流基础模数尺寸是标准化的基础，它的作用和建筑模数尺寸的作用大体相同，其考虑的基点主要是简单化。基础模数尺寸一旦确定，设备的制造，设施的建设，物流系统中各个环节的配合协调，物流系统与其他系统的配合，就有了依据。目前国际标准化组织（ISO）中央秘书处及欧洲各国已基本认定600mm×400mm为基础模数尺寸，我国目前尚在研究。

由于物流标准化比其他标准化系统建立较晚，因此，确定基础模数尺寸主要考虑对物流系统影响最大而又最难改变的输送设备，采用“逆推法”，即由输送设备的尺寸来推算最佳的基础模数。同时也考虑到现在已通行的包装模数和已使用的集装设备，以及人体可能操作的最大尺寸等因素而定。

(2) 物流模数。物流模数即集装单元基础模数尺寸(即最小的集装尺寸)。

集装单元基础模数尺寸，可以从 600mm × 400mm 按倍数系列推导出来，也可以在满足 600mm × 400mm 的基础模数的前提下，从货车或大型集装箱的分割系列推导出来。物流模数尺寸以 1 200mm × 1 000mm为主，也允许 1 200mm × 800mm 及 1 100mm × 1 100mm 等规格。

物流基础模数尺寸与集装单元基础模数尺寸的配合关系（以集装单元基础模数尺寸 1 200mm × 1 000mm 为例）如图 4-2 所示。

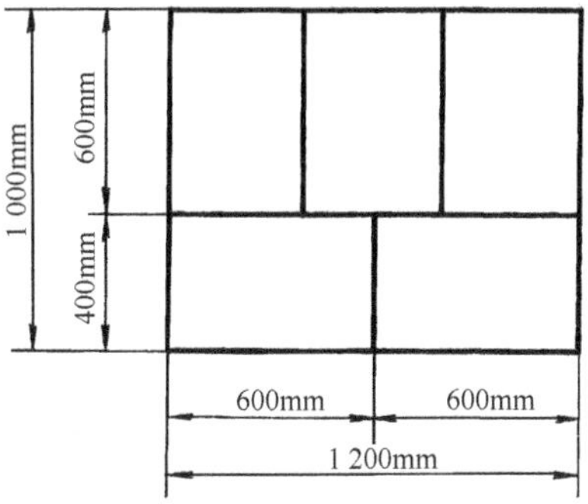

图 4-2　物流基础模数尺寸与集装单元基础模数尺寸的配合关系

4.2　工厂物流分析的技术工具

工厂物流分析的技术工具有物流路径图、物流流程图、操作表、从一至表等。物流分析中使用的图表许多与工厂布局分析中相同，但却用于不同的目的。

4.2.1　物流图

1. 物流路径图

我们用圆圈来表示设备装置，而圆圈间的连线则用来表示流程（见图 4-3 和图 4-4），相邻圆圈间的连线是从一个圆圈的中心指向另一个圆圈的中心的，如果我们要跳过某一个环节，就将线画在圆圈的上方，如果流程是回运的，就叫作“回流”（向 R 方向流），流程线则在圆圈下方。

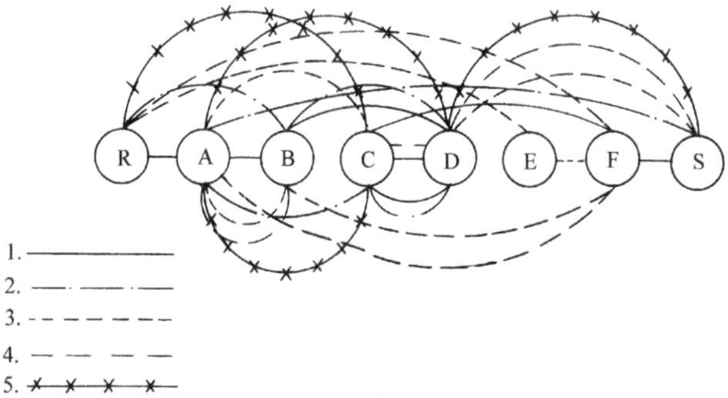

图 4-3　物流路径图（一）

物流路径图指出由某些因素引起的问题，如交叉交通、回运和途经距离。

(1) 交叉交通。交叉交通是指物流路径是交叉的。交叉交通是不符合需要的，并且一个更好的布局应该尽可能没有交叉路径。出于对堵塞和安全因素考虑，在任何地方交叉交通都是个问题。对设备、服务区和各部门的合理布置能

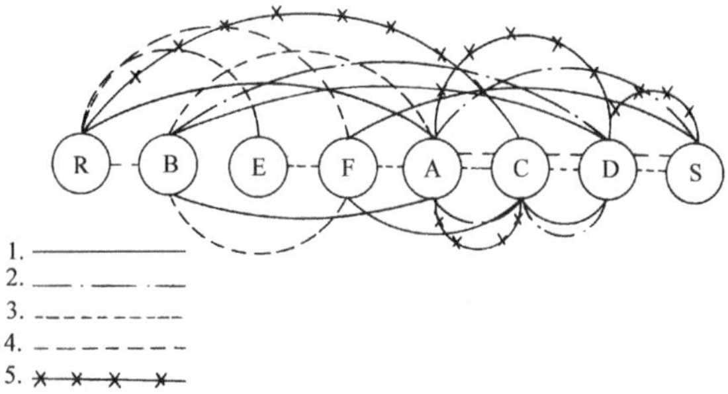

图 4-4　物流路径图（二）

消除大多数的交叉交通。

(2) 回运。回运是指物料回运到工厂。物料通常应由进口运往工厂尽头的出口。如果物料运向进口方向，这种情况即是回运。与正确的物流流程相比，回运耗费三倍的时间。例如，有 5 个部门的流程如图 4-5 所示。

把物料从部门 4 运到部门 3 即是回运。如果重新布置这个工厂并且改变环绕的部门 3 和部门 4，得到直线的流程如图 4-6 所示。

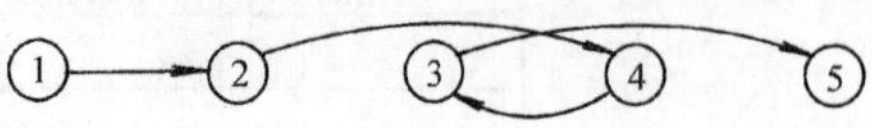

图 4-5　5 个部门包含回运的流程

图 4-6　5 个部门不包含回运的流程

这样的安排没有回运，效率极高，将途经较少的距离。在这个例子中，重新布置前要途经 6 个块（1 个块指的是相邻两个部门之间的一个步骤）。在直线流程中，仅途经 4 个块——生产效率得到 33% 的增加。

(3) 途经距离。距离消耗运输成本。途经距离越短，消耗成本越少。物流路径图印制在布局图上，而且布局图能很容易地标定比例，这样，途经距离就能被计算出来。通过重新布置机器和部门，可以尽可能地减少途经距离。

由于物流路径图是在工厂布局图上制作的，因此不用什么标准的形式，几乎没有什么规矩约束设计者。目的是显示通过每一部分所有的途经距离，并找出减少总体距离的方法。

物流路径图是从货运安排信息表、装配线平衡和蓝图上发展而来。货运安排信息表详细指定产品每个部件的生产顺序。这些步骤的顺序安排既要使每部分符合实际，又要有一定的灵活性。一个步骤可能要在另一步骤之前或之后，这要视情况而定。各步骤的顺序应修改到符合布局图，这仅需做出书面的修改。但如果操作顺序无法修改，并且物流路径图有回运，这就需要移动设备。我们的目的是“尽可能以最经济、最高效的方式生产优质的产品”。

2. 物流流程图

某车间物流流程图（见图 4-7）显示从收货、储藏、各部件生产、预装配、总装、打包到仓库及运输每个环节所经的路线。这些路线可画在工厂的布局图上。

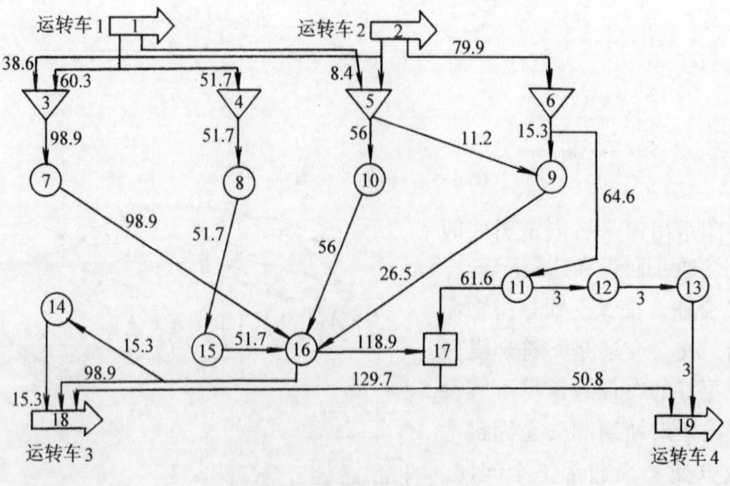

图 4-7　某车间物流流程图

制作步骤如下：

步骤一：物流流程图可从已制好或计划中有标度的平面布局图开始。平面布局图上各设施、设备、储存地、固定运输设备等要用工业工程（IE）标准符号（国际通用标准）标明，并且进行阿拉伯数字编码。常用的 IE 符号如表 4-3 所示。

表 4-3　常用 IE 符号

工艺过程图表符号及作用	说明作业单位区域的扩充符号	颜色区别	黑白图纹
操作/加工　○	成形或处理加工区　○	绿	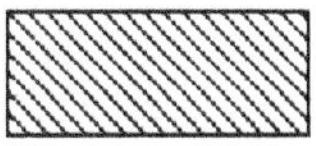
	装配、部件装配拆卸　○	红	
运输/搬运　⇨	与运输有关的作业单位/区域　⇨	橘黄	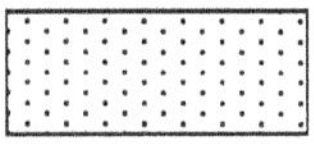
储存　▽	储存作业单位/区域　▽	橘黄	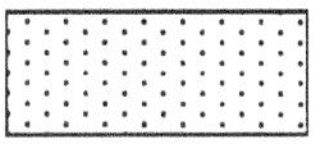
停滞/等待　D	停放或暂存或区域　D	橘黄	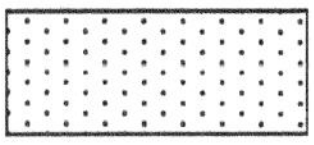
检验/检查　□	检验、测试、检查区域　□	蓝	
	服务及辅助作业单位/区域　∩	蓝	
	办公室或规划面积、建筑特区　⇧	棕（灰）	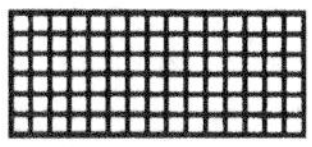

系统内每一与物流作业有关的活动都用上述符号表达，经过标定并编码成平面图。

步骤二：得到经过 IE 符号表达并编码的平面布局图后，根据物料分类和当量物流量，任意一条物流路径均可用编码表示其物流流程路线。如果将表 4-3 中的各条物流流程绘制在一张图上，则该图即为所研究系统的物流流程图，如图 4-7 所示。该图的画法不受平面图限制，任意物流的起点和终点间的物流量大小取决于两点间的权数，即通过两点间所有物流量（当量物流量）之和。根据货运表，生产每个部件的每一步都被规划并且和生产线联系，用颜色代码或其他方法来分辨各部分。

步骤三：物流流程图的画法也可不受平面布局图限制，没有工厂布局图时某拖拉机厂物流流程图的画法如图 4-8 所示。

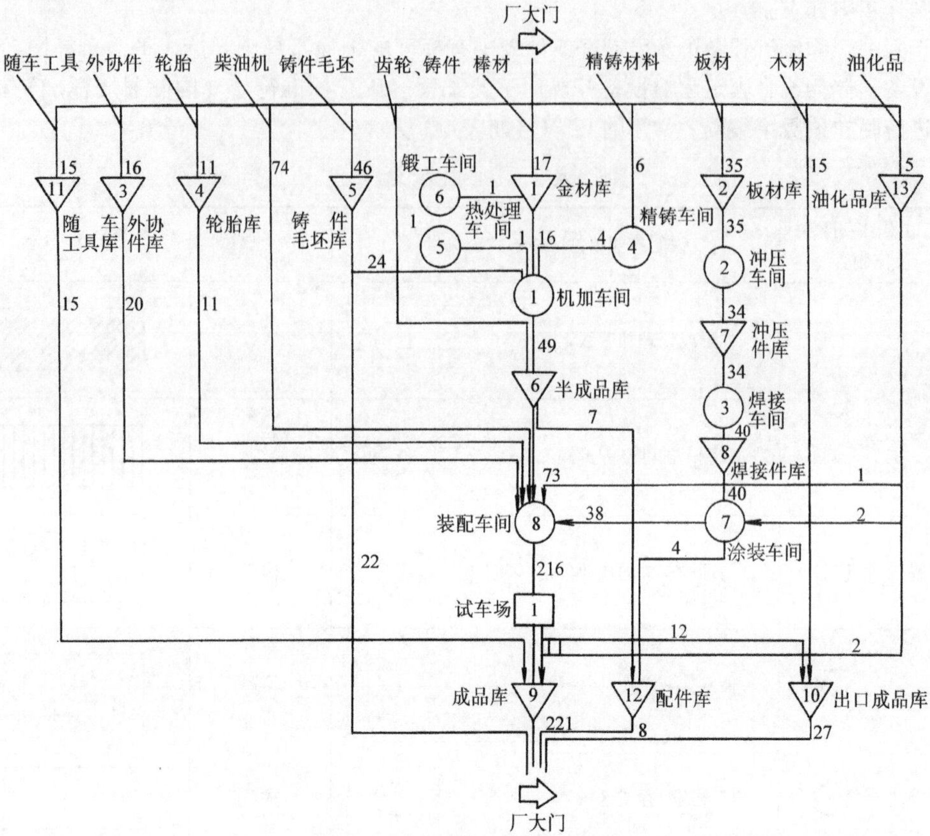

图 4-8　某拖拉机厂物流流程图

流动线上的数字为物流量（100 当量吨/单位）

在装配线上，所有的物流线路汇合在一起，以一个整体传向打包、仓库、装运点。对于工厂布局图来说，一个思考成熟、考虑周全的物流流程图就是最好的技术资料。而一个周全的工厂布局图又是物流流程图开发的蓝图。

3. 操作表

（1）操作表的内容。操作表（见图 4-9 和图 4-10）上每个圆圈表示生产、部件装配、总装和打包，直到结束生产的每个必需的操作。在这张表上，每个生产操作、每个工种和每个部分都包括在内。

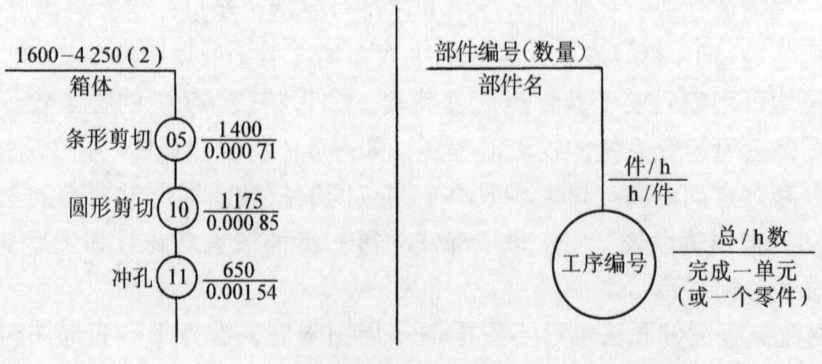

图 4-9　操作表

操作表的顶部在一条水平线上（见图 4-9）。部件的数目将决定操作表的大小和复杂程度。

在原材料线下面，用一条垂直线来连接这些圆圈（从原材料生产到部件完成的步骤）。图 4-9 显示出这些点。当生产每个部件的步骤规划好以后，这些部件在装配线集合到一起。通常，开始装配的第一个部件在该图的最右侧显示出来，在其左边显示第二个部件，因此，装配流程的先后顺序是自右向左的（见图 4-10）。有些部件不需要生产步骤，这些部件称为外购件。外购件在它们被用到的操作步骤上方被介绍（见图 4-10 下方——包装用纸箱）。在包装操作中，我们把六件产品放入一个纸箱中，并用绑带扎好。

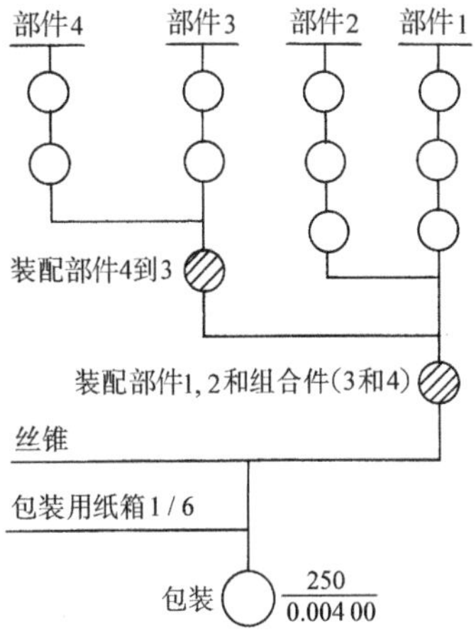

图 4-10　操作表实例

操作表在一页纸上显示了很多信息。原材料、外购件、生产顺序、装配顺序、设备需求、时间标准，甚至还有工厂布局图的一角、劳动力成本和工厂一览表，都能从操作表上得到。

（2）操作表的制作步骤。

步骤一：确认需要制造和采购的部件。

步骤二：确定生产每个部件所必需的操作以及它们的顺序。

步骤三：确定外购件和需加工部件的装配顺序。

步骤四：找出基本部件。这是装配过程开始的第一步。把这部分放在操作表右远端的横线上。在横线右端延伸下来的竖线上，为每一步操作设置一个圆圈。以第一个操作开始，列出所有操作直到最后一步。

步骤五：在第一个部件的左边放置第二个部件，在第二个部件左边放置第三个部件，直到所有需制造的部件以相反的装配顺序在操作表顶部列出。所有的生产步骤都列在这些部件的下面，每个圆圈代表一步操作。

步骤六：在相关部件的最后一步操作之间画一条横线，这条线正好在最后一步生产操作之下、第一步装配操作之上，表示把多少个部件集中在一起。

步骤七：在装配操作圆圈的横线上介绍所有的外购件。

步骤八：把时间标准、操作数目和操作说明相邻地填入圆圈内（如前所述）。

步骤九：总计所有单元的小时数，并把这些小时数填入位于底部的最终装配或包装过程的下方。

4.2.2　从—至表

当研究的产品、零件或物料品种数量非常多时，用从—至表研究物流状态就非常方便了。

从—至表是一张方格图，从—至表的左边为“从”（From）边，用作业单位表示，从上到下按生产顺序排列；上边为“至”（To）边，也用作业单位表示，从左到右按生产顺序排列。行、列相交的方格中记录从起始作业单位到终止作业单位各种物料搬运量的总和，有时也可同时注明物料种类代号。当物料沿着作业单位排列顺序正向移动时，即没有倒流物流现象，从—至表中只有上三角方阵有数据，这是一种理想状态。当存在物流倒流现象时，倒流物流量出现在从—至表中的下三角方阵中，如图 4-11 所示。

从＼至	Z	B	C	D	E	F	G	X	和
Z		1	18	7.5		1	30		57.5
B			1	1+30	7.5			18	57.5
C		1			1+18				20
D		18+7.5			30+1		1		57.5
E				18+1				30+1 +7.5	57.5
F							1		1
G		30	1					1	32
X									
								总计	283

图 4-11 从—至表

4.2.3 多种产品工艺过程表

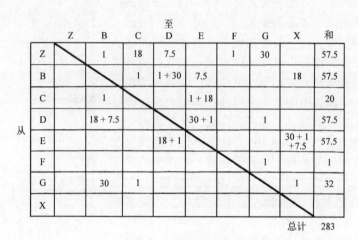

为了表示所有产品的生产过程，就需要为每一种产品绘制一份工艺过程图，但是当产品较多时，各自独立的工艺过程图难以用来研究各种产品生产过程之间的相关部分，这时就需要把工艺过程图汇总成多种产品工艺过程表，如表 4-4 所示。

表 4-4 多种产品工艺过程表

工序号	工 序	轴	凸 轮	法 兰 盘	弹 簧 套
1	锯床	①	①	①	①②
2	钻床	②		③	
3	车床	③	②	②	③
4	卧铣			④	④
5	立铣	④	③		
6	热处理	⑤	④		
7	外圆磨		⑥		⑤
8	内圆磨	⑥	⑤		⑥
9	检验		⑦	⑤	⑦

4.2.4 相关图

相关图又称相关分析图、相关表、相互关系表（见图4-12）。它将系统中所有物流部门与非物流部门均绘制在一张表达相互关系的图上，以便分析与设计。相关图中的英文字母表示两部门间的密切关系，称之为密切度，密切度一般分为 5 个等级。最重要的密切度为 A（Apparently Important），从高到低依次为 E（Especially Important）、I（Important）、O（Ordinary Important）、U（Unimportant）。有时会多加 1 个等级 X，表示不希望两部门相互靠近。

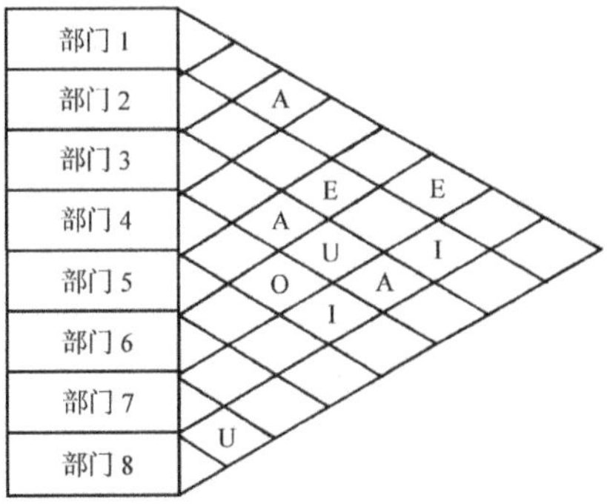

图 4-12　相关分析图

4.3　物料搬运系统分析

物料搬运包括物料、产品、元件或物品的移动、运输或重新安放。通常需要设备、容器和一个包括人员组成的搬运系统。所以物料搬运的基本要素是物料、移动及方法。物料搬运系统分析（System Handling Analysis，SHA）也是一个系统化、条理化、合乎逻辑顺序、对任何物料搬运项目都适用的方法。这是和系统布置设计（SLP）相似的系统分析和设计方法。

4.3.1　物料搬运系统的分析过程

SHA 方法分析过程可参考图 4-13。分析过程分为四个阶段，即外部衔接，确定位置；总

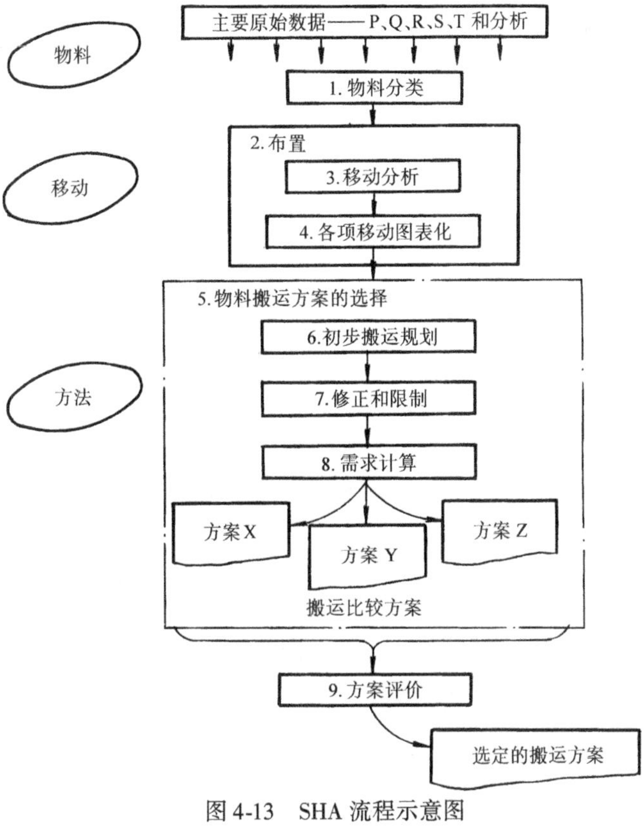

图 4-13　SHA 流程示意图

体搬运方案与总体区划设计；详细搬运方案与详细布置设计；实施、施工安装和生产运行。每个阶段的工作内容如下：

第一阶段：外部衔接，确定位置。搞清对象系统（工厂）物料的输入、输出方式及频率等，使内外衔接能够互相协调，以利于确定设施的具体布置地点。这里设施可以是设备作业单位、活动区域等。

第二阶段：总体搬运方案与总体区划设计。制定布置区域的基本物流模式、作业单位、部门或区域的相互关系及外形，制定区域间物料搬运方案，确定移动系统、设备型号、运输单元或容器。

第三阶段：详细搬运方案与详细布置设计。确定每台机器、设备、通道、仓库或服务设计的位置；确定各工作地点之间的移动系统、设备和容器，以及对每项移动的分析，完成详细的物料搬运系统设计。

第四阶段：实施、施工安装和生产运行。

第一和第四阶段不属于物料搬运分析设计人员的任务，所以SHA主要完成第二、第三两个阶段的工作。SHA的原始数据仍是P、Q、R、S、T。P（Products）是指产品；Q（Quantity）是指产量；R（Routing）是指工艺过程，包括工艺路线、生产流程、各工件的加工路线以及形成的物流路线；S（Service）是指辅助服务部门；T（Timing）是指时间安排等。整个分析设计工作从物料分类开始（图中框1），包括物料的物理特性、数量、时间安排及特殊管理要求等。此后开始移动分析和移动图表制作（框3、框4），确定各种物料在移动路线上从起点到终点的移动强度及性质，在分析的基础上做出距离—物流量图。以后再选择物料搬运方法，就是将移动系统、搬运设备、运输单元或容器进行综合、汇总形成初步搬运规划（框6）。由于不同的设计人员对物料搬运方法理解会有所不同，因此要经过讨论对全部有关的修正因素和限制条件进行调整，修改初步搬运规划（框7），通过计算（框8）得出需要的搬运设备及数量，就可得出几个合理可行的初步方案，经过评审（框9），得到最终选定的物料搬运方案。

4.3.2　物料和移动分析

1. 外部衔接分析

外部衔接是指对已确定系统边界的物料系统，研究物料输入与输出系统的情况。包括物料输入输出工厂系统的方式（运输车辆、装载容器、路线入口等）、频率以及输入输出系统的条件（如时间、道路以及工厂周围环境）等的统计资料，必要时应以统计图表表达。

2. 输入搬运系统设计要素P、Q、R、S、T

此步骤是系统调研、资料与数据搜集工作。各要素的说明如表4-5所示。

表4-5　物料搬运系统设计五要素

设计要素	影响特征
P产品（物料、零件、物品）	产品和物料的可运性取决于物品的特性和所用容器的特性。而且每个工厂都有其经常搬运的某些物品
Q数量（产量，用量）	数量有两种意义：①单位时间的数量（物流量）；②单独一次的数量（最大负荷量）。不管按哪种意义，只要搬运的数量越大，搬运所需的单位费用就越低
R路线（起点至终点）	每次搬运都包括一项固定的终端（即取、放点）费用和一项可变的行程费用。注意路线的具体条件，并注意条件变化（室内或室外搬运）及方向变化所引起的费用变化

（续）

设计要素	影响特征
S 辅助服务（周围环境）	传送过程、维修人员、发货、文书等均属服务性质；搬运系统和搬运设备都有赖于这些服务。工厂布置、建筑物特性以及储存设施，都属于周围环境；搬运系统及设备都必须在此环境中运行
T 时间（时间性、规律性、紧迫性、持续性）	一项重要的时间因素（即时间性）是：物料搬运必须按其执行的规律；另一重要因素是时间的持续长度——这项工作需要持续多长时间，紧迫性和规律性也会影响搬运费用

3. 当量物流量计算及物料分类

对于搜集到的资料、数据，必须进行适当的分析与处理才能使用。系统中的物料很多，并且千差万别，需要根据其重要性（价值和数量）进行分类，一般采用 A、B、C 分类。

分类步骤如下：①物料的当量物流量计算。②绘制 P—Q 图。其中 P 代表物料种类，Q 代表物流量（当量物流量）。根据每一种物料 P_i（i=1，2，…，n）及其对应点 Q_i，即可画出由直方图表示的 P—Q 图（见图 4-14）。

4. 物流流程分析

物流流程分析包括对物流路径图、物流流程图、相关分析图的分析。

5. 搬运活动一览表

为了把所收集的资料进行汇总，达到全面了解情况的目的，编制搬运活动一览表是一种实用的方法。搬运活动一览表如表 4-6 所示。

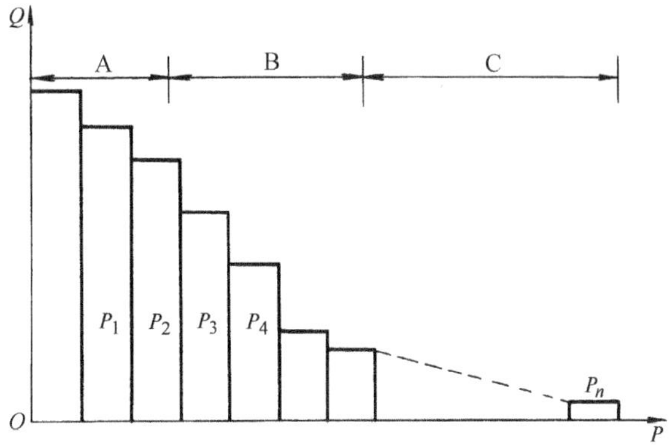

图 4-14　P—Q 图

表 4-6　搬运活动一览表

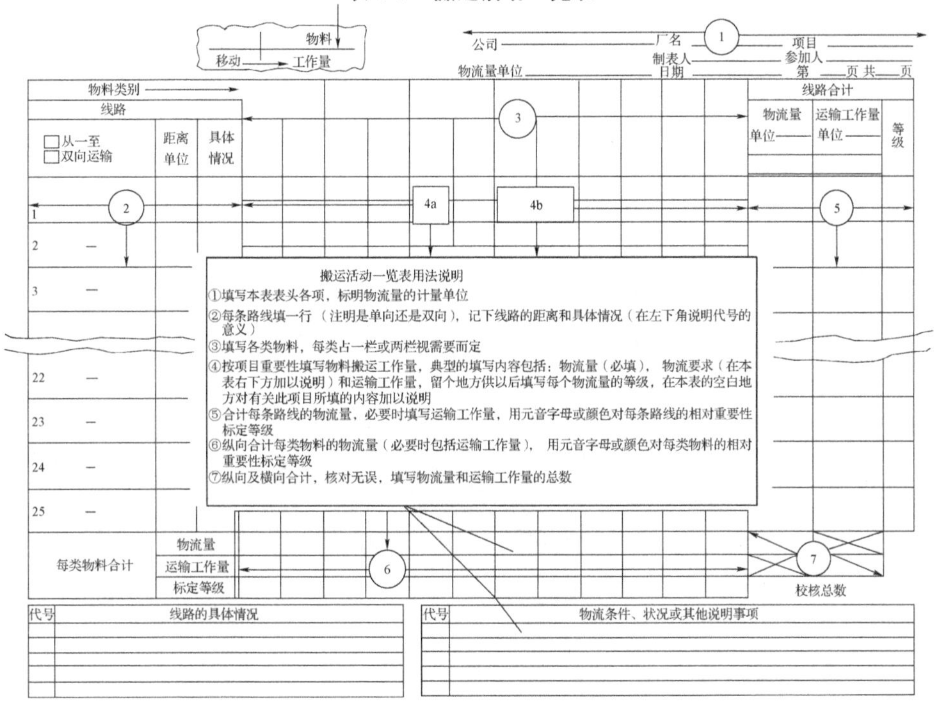

在表4-6中，需要对每条路线、每类物料和每项移动的相对重要性进行标定。一般是用五个英文元音字母来划分等级，即A、E、I、O、U。

搬运活动一览表是SHA方法中的一项主要文件，因为它把各项搬运活动的所有主要情况都记录在一张表上。简要地说，搬运活动一览表包含下列资料：

（1）列出所有路线，并排出每条路线的方向、距离和具体情况。

（2）列出所有的物料类别。

（3）列出各项移动（每类物料在每条路线上的移动），包括：物流量（每小时若干吨、每周若干件等）；运输工作量（每周若干吨·英里、每天若干磅、每天若干英尺等）；搬运活动的具体状况（编号说明）；各项搬运活动相对重要性等级（用元音字母或颜色标定，或两者都用）。

（4）列出每条路线，包括：总的物流量及每类物料的物流量；总的运输工作量及每类物料的运输工作量；每条路线的相对重要性等级（用元音字母或颜色标定，或两者都用）。

（5）列出每类物料，包括：总的物流量及每条路线上的物流量；总的运输工作量及每条路线上的运输工作量；各类物料相对重要性的等级（用颜色或元音字母标定，或两者都用）。

（6）在整个搬运分析中，总的物流量和总的运输工作量填在右下角。

（7）其他资料，如每项搬运中的具体件数。

4.3.3　距离与物流指示图

做了各项移动的分析，并取得了具体的区域布置图后，就要把这两部分综合起来，用图表来表示实际作业的情况。一张清晰的图表比各种各样的文字说明更容易表达清楚。物流图表化有几种不同的方法。

1. 在布置图上绘制的物流图

在布置图上绘制的物流图是画在实际的布置图上的，图上标出了准确的位置，所以能够表明每条路线的距离、物流量和物流方向。它可作为选择搬运方法的依据，如图4-15所示。

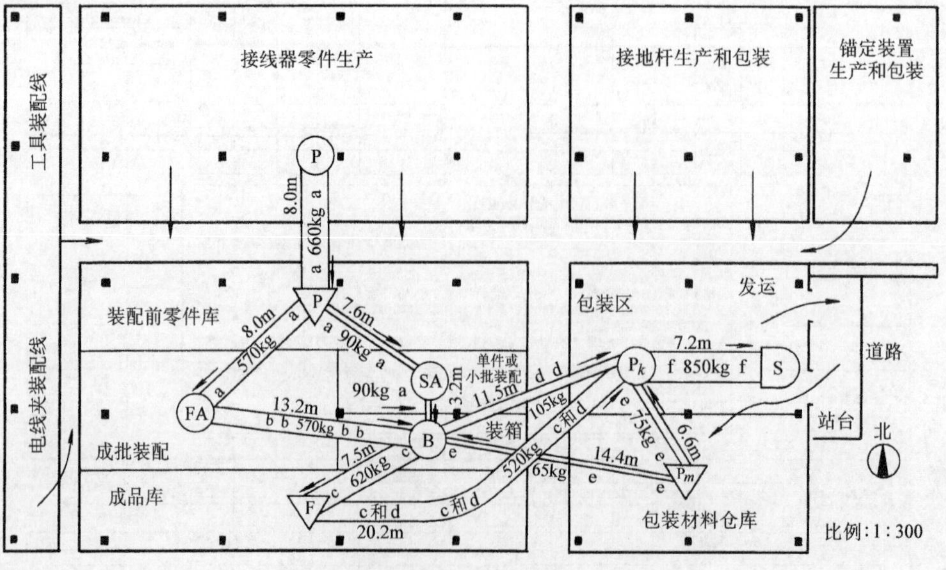

图4-15　在布置图上绘制的物流图

虽然流向线可按物料移动的实际路线来画，但一般仍画成直线。除非有特别的说明，距离总是按水平上的直线距离计算。当采用直角距离、垂直距离（如楼层之间）或合成的当量距离时，分析人员应该有文字说明。

2. 坐标指示图

坐标指示图就是距离与物流量指示图。图上的横坐标表示距离，纵坐标表示物流量。每一项搬运活动按其距离和物流量用一个具体的点标明在坐标图上。

制图时，可以绘制单独的搬运活动（即每条路线上的每类物料），也可绘制每条路线上所有各类物料总的搬运活动，或者把这两者画在同一张图表上。图 4-16 为坐标指示图。

在布置图上绘制的物流图和距离与物流量指示图往往要同时使用。但是对于比较简单的问题，采用物流图就够了。当设计项目的面积较大、各种问题的费用较高时，就需要使用距离与物流量指示图，因为在这种情况下，物流图上的数据会显得太零乱，不易看清楚。

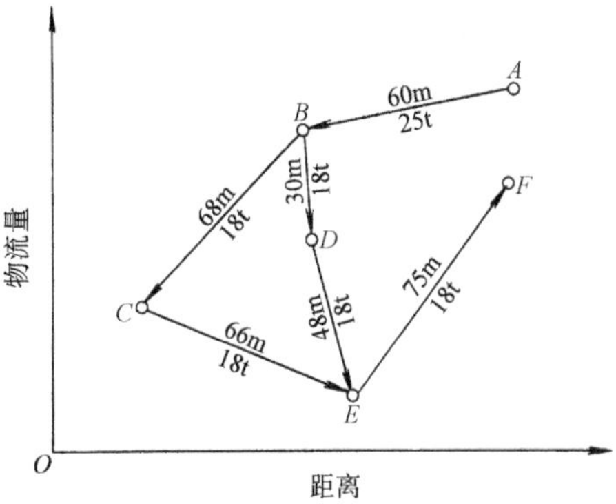

图 4-16　坐标指示图

3. 物流—距离表

在布置方案图上确定各作业单位之间的物料搬运路线，同时测出各条路线的距离，编制成物流—距离表，如表 4-7 所示。表中每一框格中同时注出物料搬运发送作业单位（从）至物料搬运接收作业单位（至）的物料搬运量（物流强度）f_{ij}及物料搬运路线长度（距离）d_{ij}，其中 i 表示从作业单位序号，j 表示至作业单位序号。空格表示两作业单位之间无明显物流。

表 4-7　物流—距离表

作业单位至 j / 作业单位从 i	1	2	…	n
1	f_{11}/d_{11}	f_{12}/d_{12}	…	f_{1n}/d_{1n}
2	f_{21}/d_{21}	f_{22}/d_{22}	…	f_{2n}/d_{2n}
⋮	⋮	⋮		⋮
n	f_{n1}/d_{n1}	f_{n2}/d_{n2}	…	f_{nn}/d_{nn}

4. F—D 图（即物流—距离图）

当忽略不同物料、不同路线上的物料搬运成本的差异时，各条路线上物料搬运费用与$f_{ij}d_{ij}$成正比，则可以将总的物料搬运费用 C 记为

$$C = \sum_{i=1}^{n}\sum_{j=1}^{n} f_{ij}d_{ij} \tag{4-3}$$

假设不同作业单位之间的物料搬运量相互独立。为了使总的搬运费用 C 最小，则当f_{ij}大时，d_{ij}应尽可能小，当f_{ij}小时，d_{ij}可以大一些，即f_{ij}与 d_{ij}应遵循反比规律。这就是说，f_{ij}大的作业单位之间应该靠近布置，且道路短捷；f_{ij}小的作业单位之间可以远离，道路可以长一些。这显然符合 SLP 的基本思想，从而有

$$f \propto \frac{1}{d} \tag{4-4}$$

写成等式形式

$$f = \frac{D}{d^n} \tag{4-5}$$

其中，D、n 为常数，且应有 $n>0$。

式（4-5）说明，一个良好的布置方案的各作业单位之间的物料搬运量与搬运路程成双曲形曲线函数关系，如图 4-17 所示。为了评价布置方案的优劣，可以应用曲线回归理论求出式（4-5）中的常数 D 和 n。

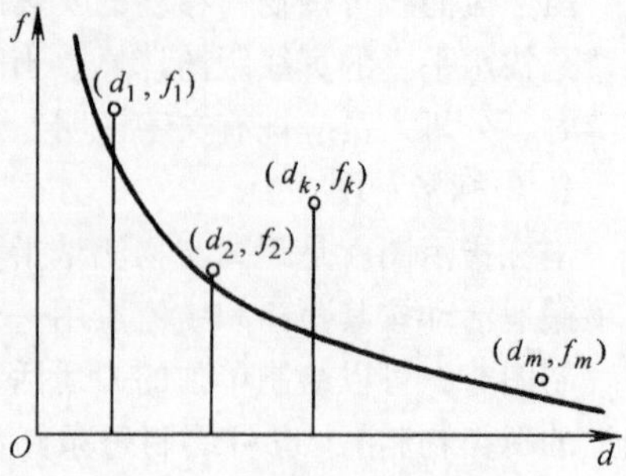

图 4-17　*F—D* 的双曲形曲线

由于图 4-17 反映了布置方案的物料搬运路程与搬运量之间的总体趋势，因此，称式（4-5）为布置方案的物流—距离基准曲线。

根据分析的需要，按照确定的物流量和距离，可将物流—距离图划分为若干部分，如在图 4-18 中划分为Ⅰ、Ⅱ、Ⅲ、Ⅳ四个部分。划分的目的是发现不合理的物流。从图 4-18 中可以看出，Ⅱ部分的物流不合理，因为物流量大且距离远。

F—D 图可作为平面布置调整的根据。经过调整，当第Ⅱ部分无物流量时，该方案才为可行方案。无法调整的情况例外。

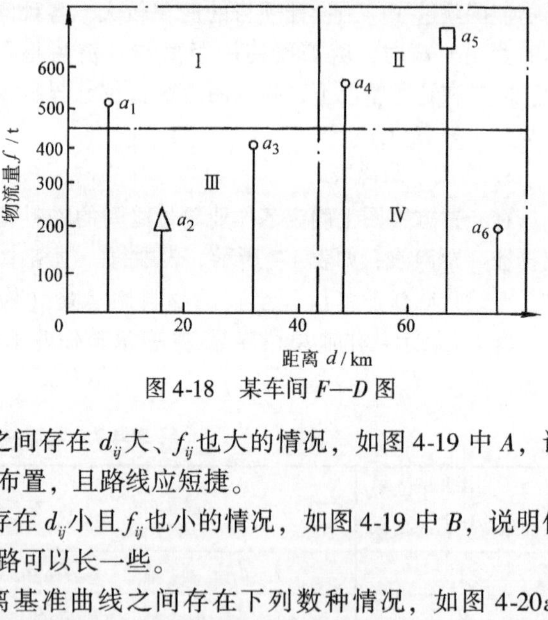

图 4-18　某车间 *F—D* 图

讨论：

（1）同一布置方案中，如果作业单位之间存在 d_{ij} 大、f_{ij} 也大的情况，如图 4-19 中 A，说明作业单位 i 与 j 布置位置不恰当，应靠近布置，且路线应短捷。

（2）同一方案中，如果作业单位之间存在 d_{ij} 小且 f_{ij} 也小的情况，如图 4-19 中 B，说明作业单位 i 与 j 之间的相对位置可以远离，道路可以长一些。

（3）不同布置方案之间的物流—距离基准曲线之间存在下列数种情况，如图 4-20a、图 4-20b 所示。图 4-20a 中方案 1 的基准曲线 I_1 在方案 2 的基准曲线 I_2 之下，说明方案 1 的物流状况更好；图 4-20b 中 I_1 与 I_2 相交，对于 I_1 来说，d 大时 f 也较大，一般来说方案 2 更好一些。

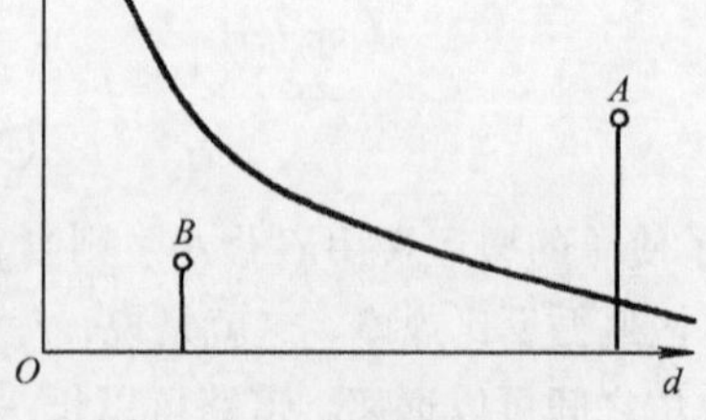

图 4-19　物流—距离关系（一）

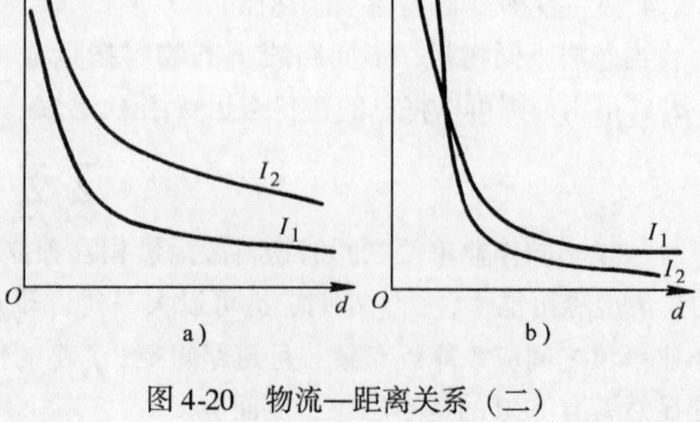

图 4-20　物流—距离关系（二）

根据上述分析，清楚地反映出布置方案物流状况的优劣，并为进一步修正布置方案提供了依据。

4.3.4　物料搬运方法的选择

从 SHA 模式可以看出，到搬运方法选择这一步骤之前，我们已搜集分析了所需要的资料，为了表达清楚，还进行了图表化。

1. 搬运路线系统

从地理和物理两方面观点来看，所谓物料搬运系统，就是把各项物料移动结合在一起的总的方式。物料搬运路线系统一般分为以下几种类别：

（1）直接型路线系统。各种物料能从起点移动到终点的称为直接型路线系统。

（2）间接型路线系统。把几个搬运活动组合在一起，在相同的路线上用同样的设备，把物料从一个区域移到其他区域。又可分为渠道型和中心型两种方式。

要根据各种搬运路线系统的特点，来选择物料搬运路线系统。

对于直接型物料搬运路线系统来说，各种物料从起点到终点经过的路线最短。当物流量大、距离短或距离中等时，一般采用这种形式是最经济的。尤其当物料有一定的特殊性而时间又较紧迫时更为有利。

所谓渠道型物料搬运路线系统，是指一些物料在预定路线上移动，同来自不同地点的其他物料一起运到同一个终点。当物流量为中等或少量，而距离为中等或较长时，采用这种形式是经济的。尤其当布置是不规则的分散时更为有利。

所谓中心型物料搬运路线系统，是指各种物料从起点移动到一个中心分拣处或分发地区，然后再运往终点。物流量小而距离中等或较远时，这种形式是非常经济的。尤其当厂区外形基本上是方整的且管理水平较高时更为有利。

一般可根据距离与物流量指示图来选择其路线形式：①直接型用于距离短而物流量大的情况；②间接型用于距离长而物流量小的情况。

根据物料搬运的观点，若物流量大而距离又长，则说明这样的布置不合理。如果有许多点标在这样的区域里，那么主要问题是改善布置而不是搬运问题。当然，工序和搬动是有联系的。如物料需要接近空气（铸件冷却）时，那么，冷却作业和搬动是结合在一起的，这时若出现一个长距离移动的大流量物料也是合理的。

2. 物料搬运设备

SHA 对物料搬运设备的分类采用了一个与众不同的方法，就是根据费用进行分类。具体来说，就是把物料搬运设备分成四类：①简单的搬运设备：用于距离短、物流量小的场合。②简单的运输设备：用于距离长、物流量小的场合。③复杂的物流设备：用于距离短、物流量大的场合。④复杂的运输设备：用于距离长、物流量大的场合。可根据距离与物流量指示图，选择不同类型的搬运设备。

3. 运输单元

运输单元这个词是指物料搬运时的状态，就是搬运物料的单位。一般说来，散装搬运是最简单和最便宜的移动物料的方法。当然，物料在散装搬运中必须不被破坏，不受损失，或不对周围环境产生任何危险。散装搬运通常要求物料数量很大。

除了散装和单件搬运外，大部分的搬运活动要使用容器或托架。单件物品可以合并、聚集或分批地用桶、纸盒、箱子、板条箱等组成运输单元。用托盘和托架、袋、包裹、箱子或板条箱叠装以及将物品绑扎都是单元化搬运的形式。

标准化的集装单元，其尺寸、外形和设计都彼此一致，这就能节省在每个搬运终端（即起点和终点）的费用。而且标准化还能简化物料分类，从而减少搬运设备的数量及种类。

4. 搬运方法

所谓搬运方法，实际上就是以一定形式的搬运设备，与一定形式的运输单元相结合，进行一定模式的搬运活动，以形成一定搬运路线的系统。

一个工厂或仓库的每项搬运活动都可以采用各种方法进行。综合各种作业所制定的各种搬运方法的组合，就形成物料搬运方案。

4.3.5　初步的搬运方案

在对物料进行了分类、对布置方案中的各项搬运活动进行了分析和图表化，并对 SHA 中所用的各种搬运方法熟悉之后，就可以初步确定具体的搬运方案。然后，对这些初步方案进行修改并计算各项需求量，把各项初步确定的搬运方法编成几个搬运方案，并设这些搬运方案为“方案 X”“方案 Y”“方案 Z”等。

前面已经讲过，我们把一定的搬运系统、搬运设备和运输单元叫作“方法”。任何一个方法都是使某种物料在某一路线上移动。几条路线或几种物料可以采用同一种搬运方法，也可以采用不同的方法。不管是哪种情况，一个搬运方案都是几种搬运方法的组合。

在 SHA 中，把制定物料搬运方法叫作“系统方案汇总”，即确定系统（指搬运的路线系统）、确定设备（装卸或运输设备）及确定运输单元（单件、单元运输件、容器、托架以及附件等）。

1. SHA 方法用的图例符号

在 SHA 中，除了各个区域、物料和物流量用的符号外，还有一些字母符号用于搬运路线系统、搬运设备和运输单元。

路线系统的代号包括直接系统和间接系统：D——直接型路线系统；K——渠道型路线系统；G——中心型路线系统。

用图 4-21 所示的符号或图例来表示设备和运输单元。值得注意的是，这些图例都要求形象化，能不言自明，并且很像实际设备。图例中的通用部件（如动力部分、吊钩、车轮等）也是标准化了的。图例只表示设备的总的类型，必要时还可以加注其他字母或号码来说明。

利用这些设备和运输单元的符号，连同代表路线形式的三个字母，就可以用简明的“符号语言”来表达每种搬运方法。

2. 在普通工作表格上表示搬运方法

编制搬运方案的方法之一是填写工作表格，列出每条路线上每种（或每类）物料的路线系统、搬运设备和运输单元。如果物料品种是单一的或只有很少几种，而且在各条路线上是顺次流通而无折返的，那么这种表格就很实用。

另一种方法是直接在以前编制的流程图上记载建议采用的搬运方法。

第三种方法是把每项建议的方法标注在以前编制的物流图（或其复制件）上，一般说来，这种做法看起来更易使人理解。

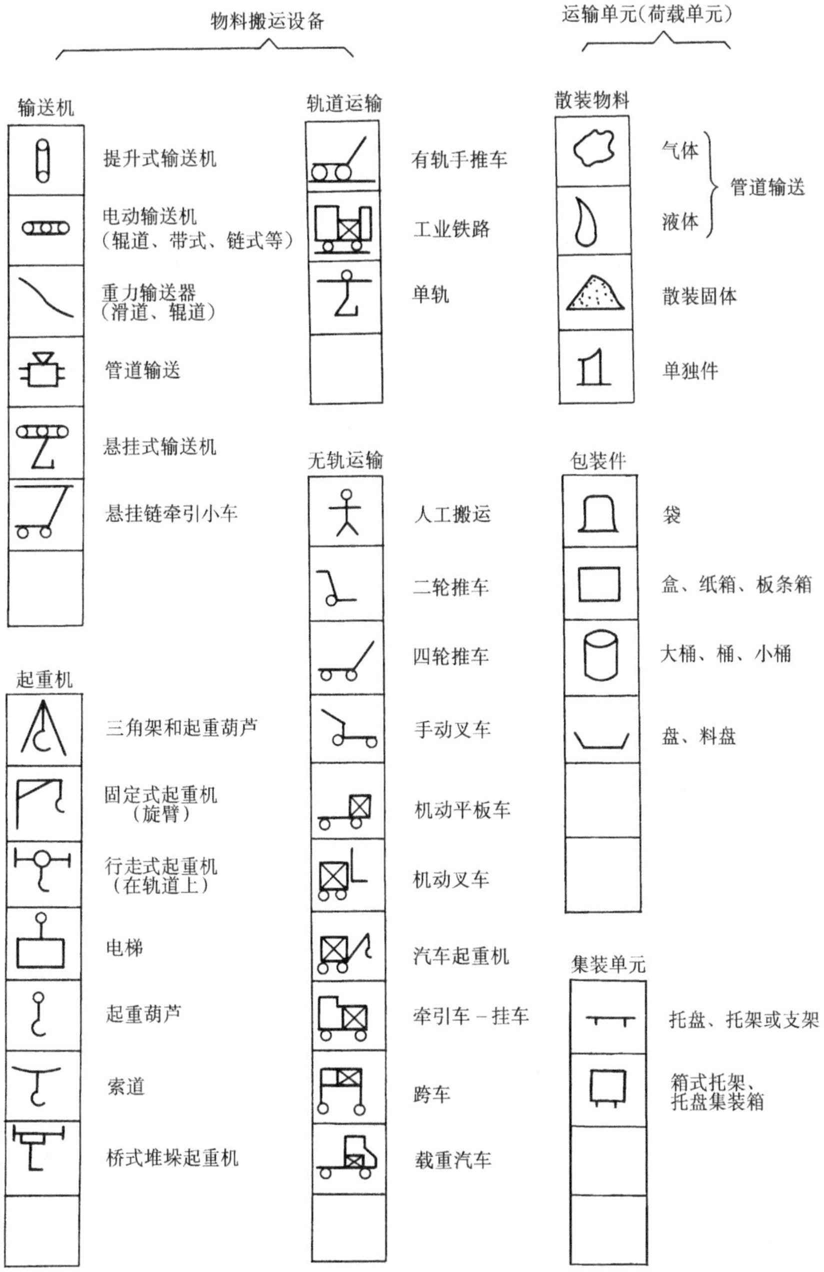

图 4-21　物料搬运符号

3. 在汇总表上表示搬运方法

编制汇总表同编制搬运活动一览表一样，就是每条路线填一横行，每类物料占一竖栏。在搬运活动一览表上记载的是每类物料在每条路线上移动的“工作量”。而填汇总表只是用“搬运方法”来取代“工作量”，适用于项目的路线和物料类别较多的场合。表 4-8 表明了这种汇总表的用法。

表4-8　搬运系统方案汇总表

物料 / 移动 → 方案　　公司＿＿＿＿＿＿　厂名＿＿＿＿　项目＿＿＿＿
方案号＿＿＿＿＿＿　制表人＿＿＿＿　参加人＿＿＿＿
日期＿＿＿＿　第＿＿页 共＿＿页

物料类别	类别号 ——			类别号 ——			类别号 ——			类别号 ——			类别号 ——			类别号 ——		
路线	说明 ——			说明 ——			说明 ——			说明 ——			说明 ——			说明 ——		
□从一至 □双向	代用S	E	T	代用S	E	T	代用S	E	T	代用S	E	T	代用S	E	T	代用S	E	T
1 —	□			□			□			□			□			□		
2 —	□			□			□			□			□			□		
3 —	□			□									□			□		
4 —	□			□									□			□		
5 —	□			□									□			□		
6 —	□			□									□			□		
7																		
25 —	□			□									□			□		
搬运方法的代用方案或第二方案	a			c			e			g			i			k		
	b			d			f			h			j			l		

备注＿＿＿＿＿＿＿＿＿＿

系统方案汇总表用法说明

本表用于填写一个或多个物料搬运规划

①填写本表表头各项

②填写物料或产品类别号并加以说明，每类填写一大栏

③列出现在（或将来）物料移动的各条路线（单向或双向），每条填一行，填明起讫点

④填写每条路线上每类物料的搬运方法，在相应小栏内填明路线系统的形式（S栏）、搬运设备（E栏）和运输单元（T栏），如有代用的第二方案，则在小方格内标明字母。在“代用”和“S”上面的横格内填写物流量、运输工作量等级或计算数据（究竟填什么，在表头内注明）

⑤填写搬运方法的代用方案或第二方案

⑥记载其他有关资料以进一步解释表内资料数据

采用前面规定的代号和符号，把每项移动（一种物料在一条路线上的移动）建议的路线系统、设备和运输单元填写在汇总表中相应的格内。汇总表上还有一些其他的空格，供填写其他资料数据之用，如其他搬运方案、时间计算和设备利用情况等。

从一张汇总表上，可以全面了解所有物料搬运的情况，还可以汇总各种搬运方法，可以整合各条路线和各类物料的同类路线的设备及运输单元。这样，就能把全部搬运规划记在一张表上（或粘在一起的几页表上），并把它连同修改布置的建议，提交审批。

4.3.6　修改和各项需求的计算

1. 考虑实际的限制条件进行修改

当有了几个初步方案后按照严谨的物料搬运观点来判断这些方案是否切实可行时，必须考虑实际的限制条件并进行一些修改。

物料搬运也就是物料位置的移动，从广义上讲是一项必要的工作，但在成形、加工、装配或拆卸、储存、检验和包装等整个生产过程中它只是其中的一部分，甚至是属于第二位的。具体的搬运活动仅仅是整个工商企业设施规划和大的经营问题中的一个部分。但是，为了有效地进行生产和分配，必须有物料搬运，有许多因素会影响正确地选择搬运方法。各物料搬运方案中经常涉及的一些修改和限制的内容有：

（1）在前面各阶段中已确定的同外部衔接的搬运方法。

（2）既满足目前生产需要，又能适应远期的发展和（或）变化。

（3）与生产流程或流程设备保持一致。

（4）可以利用现有公用设施和辅助设施保证搬运计划的实现。

（5）布置或建议的初步布置方案，以及它们的面积、空间的限制条件（数量、种类和外廓形状）。

（6）建筑物及其结构的特征。

（7）库存制度以及存放物料的方法和设备。

（8）投资的限制。

（9）设计进度和允许的期限。

（10）原有搬运设备和容器的数量、适用程度及其价值。

（11）影响工人安全的搬运方法。

2. 各项需求的计算

对几个初步搬运方案进行修改以后，就开始逐一说明和计算那些被认为是最有现实意义的方案。一般要提出2～5个方案进行比较。对每一个方案需做如下说明：

（1）说明每条路线上每种物料的搬运方法。

（2）说明搬运方法以外的其他必要的变动，如更改布置、作业计划、生产流程、建筑物、公用设施、道路等。

（3）计算搬运设备和人员的需要量。

（4）计算投资数和预期的经营费用。

4.3.7　方案的评价

方案的分析评价常采用以下几种方法：①费用或财务比较法；②优缺点比较法；③因素加权分析法。

1. 费用比较或财务比较

费用是经营管理决策的主要依据。因此，每个搬运方案必须从费用的观点来评价。即对每个方案，都要明确其投资和经营费用。

（1）需要的投资。投资是指方案中用于购置和安装的全部费用。这包括基本建设费用（物料搬运设备、辅助设备及改造建筑物的费用等）、其他费用（运输费、生产准备费及试车费等）以及流动资金的增加部分（原料储备、产品储存、在制品储存等）。

（2）经营费用

1）固定费用。包括：①资金费用（投资的利息、折旧费）；②其他固定费用（管理费、保险费、场地租用费等）。

2）可变费用。包括：①设备方面的可变费用（电力、维修、配件等）；②工资（直接工资、附加工资等）。

通常需要分别计算出各个方案的投资和经营费用，然后进行分析和比较，从中确定一个最优的方案。

2. 优缺点比较法

优缺点比较法是直接把各个方案的优点和缺点列在一张表上，对各方案的优缺点进行分析和比较，从而得到最后方案。

优缺点分析时所要考虑的因素除了可计算的费用因素外，还包括以下内容：

（1）与生产流程的关系及为其服务的能力。

（2）产品、产量和交货时间每天都不一样时，搬运方法的通用性和适应性。

（3）灵活性（已确定的搬运方法是否易于变动或重新安排）。

（4）搬运方法是否便于今后发展。

（5）布置和建筑物扩充的灵活性是否受搬运方法的限制。

（6）面积和空间的利用。

（7）安全和建筑物管理。

（8）工人是否对工作条件感到满意。

（9）是否便于管理和控制。

（10）可能发生故障的频繁性及其严重性。

（11）是否便于维护并能很快地修复。

（12）施工期间对生产造成的中断、破坏和混乱程度。

（13）对产品质量和物料有无损伤可能。

（14）能否适应生产节拍的要求。

（15）对生产流程时间的影响。

（16）人事问题——可否招聘到熟练工人、能否培训、多余人员的安排、工种的变动、工龄合同或工作习惯。

（17）能否得到所需要的设备。

（18）同搬运计划、库存管理和文书报表工作是否联系密切。

（19）自然条件的影响——土地、气候、日照、气温。

（20）与物料搬运管理部门的一致性。

（21）由于生产中的同步要求或高峰负荷可能造成的停顿。

（22）对辅助部门的要求。

（23）仓库设施是否协调。

（24）同外部运输是否适应。

（25）施工、培训和调试所需的时间。

（26）资金或投资是否落实。

（27）对社会的价值或促进作用。

3. 因素加权分析法

多方案比较时，一般说因素加权分析法是评价各种无形因素的最好方法。其程序主要有以下几个步骤：

（1）列出搬运方案需要考虑或包含的因素（或目的）。

（2）把最重要一个因素的加权值定为10，再按相对重要性规定其余各因素的加权值。

（3）标出各比较方案的名称，每一方案占一栏。

（4）对所有方案的每个因素进行打分。

（5）计算各方案加权值，并比较各方案的总分。

总之，正确选定搬运方案可以根据费用对比和对无形因素的评价而定，建议应同时考虑这两方面的问题。

4.3.8　详细搬运方案的设计

总体搬运方案设计确定了整个工厂的总的搬运路线系统、搬运设备、运输单元，搬运方案详细设计是在此基础上制定一个车间内部从工作地到工作地，或从具体取货点到具体卸货点之间的搬运方法。详细搬运方案必须与总体搬运方案协调一致。

实际上，SHA 在方案初步设计阶段和方案详细设计阶段用的是同样的模式，只是在实际运用中，两个阶段的设计区域范围不同，详细程度不同。详细设计阶段需要大量的资料、更具体的指标和更多的实际条件。

1. 物料的分类

在方案详细设计中，首先要核对每个区域是否还有遗漏的物料类别。某些物料只是在某个区域才有，或是进入某个区域以后它的分类才有所变化。而且经常要把已分好的物料类别再分成若干小类，甚至还要增加一些新的物料类别。

2. 布置

在这一阶段，要在布置上标出每一台机器和设备、工作通道和主要通道以及车间或部门的特征等。

3. 移动分析

由于这个阶段遇到的问题通常只是少数几种物料和比较具体的移动，因此可用物料流程图和从—至表表示。

其余部分的方法也都与方案初步设计阶段相同，只是更具体、更详细，这里不再单独叙述。

4.4　物料搬运（方案）系统评估的量化分析方法

4.4.1　量化分析与 5W1H 方法

物料搬运系统的规划评价是一项比较复杂的工作。规划评价时，应回答如下五个问题：

（1）为什么要被运输或储存（Why）?

（2）是什么货物？有多少要被运输或储存（What kind，How much）?

（3）从何处运来？运到何处（From，To）?

（4）用什么设备运输？怎样运输（With，How）?

（5）什么时候被运输或被储存？运输或储存的时间有多长（When，How long）?

规划的评价有很多方法。在此，仅介绍量化分析方法。这种方法是对规划初期提出的几种方案进行量化评分，然后再进行评价。以下通过一个仓储机械化物料搬运系统实例来说明该方法的分析过程。

4.4.2　量化评价实例

该实例是要在图 4-22 所示的仓库设计的四个设备配置方案（见表 4-9）中选出最优，系统配置方案中有关设备的经济技术参数如表 4-10 所示。该方案是要解决从仓储区到出库月台和从出库月台回到托盘堆存区的货物运输问题。

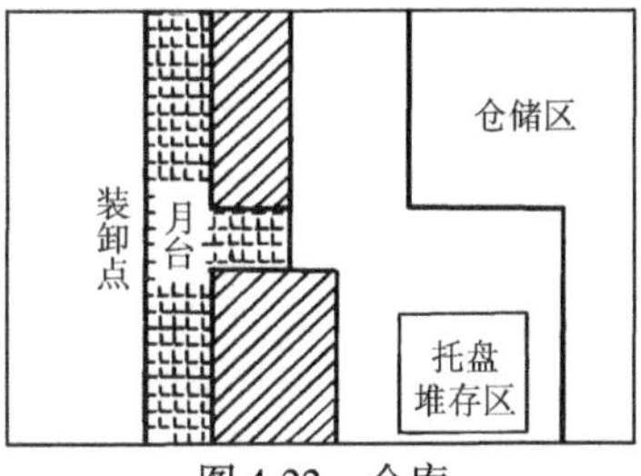

图 4-22　仓库

表 4-9　设备配置方案

方　案	运 输 工 具	备　　注
A_1	平衡重叉车	见表 4-10
A_2	牵引车（长度为两个托盘）	见表 4-10
A_3	自动导引车	见表 4-10
A_4	自行式悬挂式输送机	见表 4-10

表4-10　系统配置方案中有关设备的经济技术参数

分类序号	子项序号	量化项目	单位	方案号			
				A_1	A_2	A_3	A_4
Ⅰ	1	设备长度	mm	3 260	9 760	3 120	1 750
	2	设备宽度	mm	1 700	1 050	1 050	1 075
	3	设备高度	mm	2 575	1 400	1 200	2 150
	4	设备质量	kg	4 100	10 700	2 500	1 700
Ⅱ	5	输送货物单元类型		托盘货和包装货			所有
	6	起升高度	mm	3 400			
	7	堆垛能力	mm	2 300	1 100	1 100	1 100
	8	爬坡能力	(%)	31	6	5	15
	9	转弯半径	mm	2 800	2 500	2 500	1 500
Ⅲ	10	设备数量	台	20	13+2	60	80+2
Ⅳ	11	小时运行总费用	元	1 800	1 545	3 600	780
	12	人员数量	人	2	2	0	1
	13	带载运行时间/总运行时间	(%)	0.65	0.55	0.7	0.83
	14	不要其他工具辅助		不可能			可能

该仓库从仓储区到月台的过道为一斜坡，坡度为3%。分析前要列出系统的运输距离矩阵和运量矩阵。在以上四个方案中，方案2和方案4有必要配备一台叉车进行空托盘的堆码工作。

1. 权重系数

首先对方案按设备尺寸、工作参数、数量、投资四大项定义出相应的权重系数 G_j，再确定大项中各个子项的权重因子 G_k，计算各子项的权重系数 $G_i=G_jG_k$，得到表4-11。

表4-11　权重系数表

分类号	子项序号	量化项目	G_j	G_k	$G_i=G_j G_k$
Ⅰ		运输工具的尺寸	0.2		
	1	长度		0.3	0.06
	2	宽度		0.4	0.08
	3	高度		0.1	0.02
	4	设备质量		0.2	0.04
Ⅱ		设备性能参数	0.3		
	5	对货物类型的适应能力		0.3	0.09
	6	起升高度		0.1	0.03
	7	堆垛能力		0.3	0.09
	8	爬坡能力		0.1	0.03
	9	转弯半径		0.2	0.06
Ⅲ		必要的运输工具	0.1		
	10	运输工具数量		1	
Ⅳ		投资	0.4		
	11	小时运行总费用		0.3	0.12
	12	所需人员数		0.2	0.08
	13	带载运行时间/总运行时间		0.3	0.12
	14	不要其他工具辅助		0.2	0.08

2. 量化

根据图 4-23、图 4-24 所给出的经验曲线对表 4-10 中四个方案的 14 个子项进行量化，得到表 4-12。

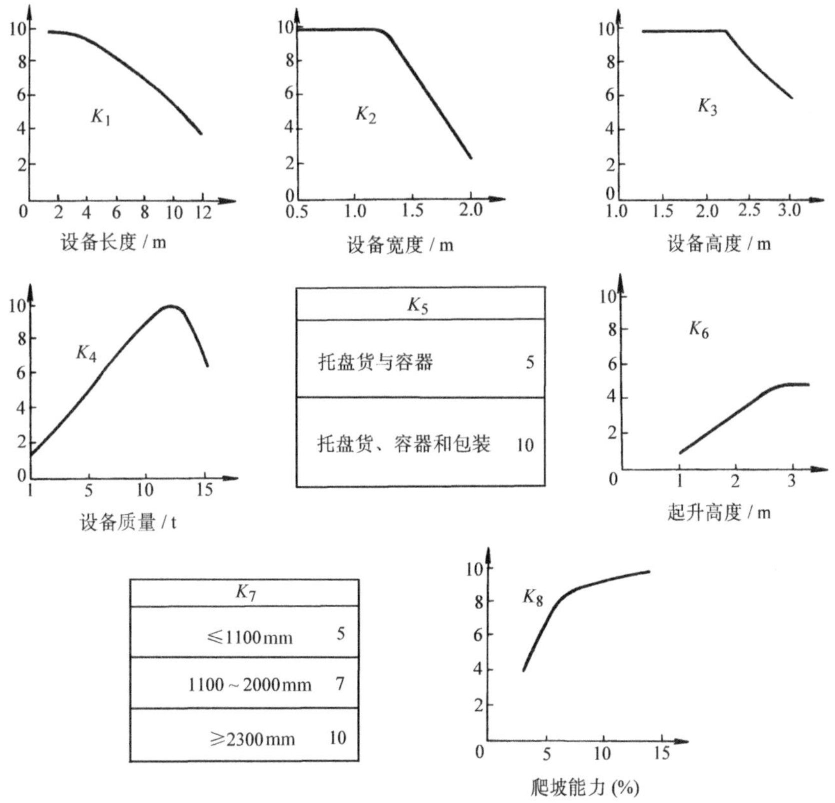

图 4-23 设备性能评分经验曲线（一）

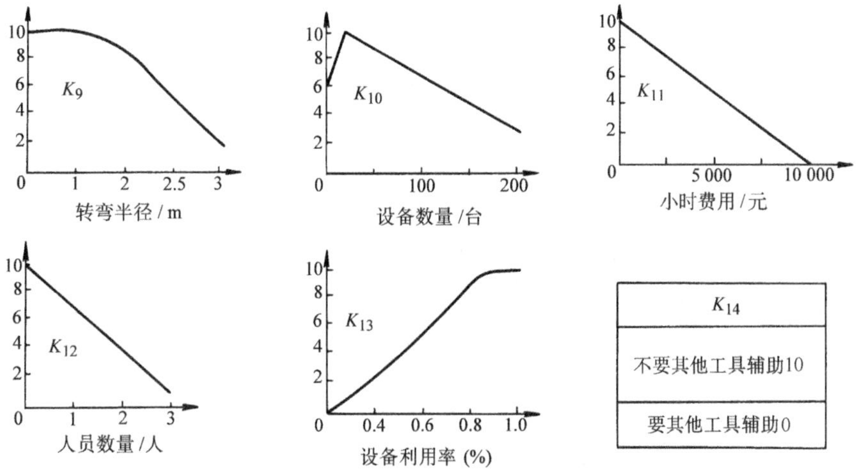

图 4-24 设备性能评分经验曲线（二）

表 4-12 方案子项量化

量化项目				方案			
序号及目录		单位	适应范围	A_1	A_2	A_3	A_4
1	设备长度	mm	12 000	9.6	6	9.8	9.9
2	设备宽度	mm	1 800	6	10	10	10
3	设备高度	mm	3 000	8	10	10	10
4	设备质量	kg	15 000	4.2	10	3.9	1.7
5	输送货物单元类型			10	10	5	5
6	起升高度	mm	3 500	5	0	0	0
7	堆垛能力	mm		10	5	5	5
8	爬坡能力	(%)		10	8	4	10
9	转弯半径	mm	3 000	3.4	5.5	8	9
10	设备数量	台		10	10	8	7
11	小时运行总费用	元		8	9	6	10
12	人员数量	人		4	4	10	7
13	带载运行时间/总运行时间	(%)	50~100	6.4	4.8	6.9	9.6
14	不要其他辅助工具			0	0	0	10

3. 加权量化评分

按方案，分别对各子项加权评分，得加权评分综合表4-13。

表 4-13 加权评分综合表

项目	K_1	K_2	K_3	K_4	K_5	K_6	K_7	K_8	K_9	K_{10}	K_{11}	K_{12}	K_{13}	K_{14}	$\sum K_i$
A_1	0.58	0.48	0.16	0.17	0.9	0.15	0.9	0.3	0.2	1.0	0.96	0.32	0.77	0.0	6.89
A_2	0.36	0.8	0.2	0.4	0.9	0.0	0.45	0.24	0.33	1.0	1.08	0.32	0.58	0.0	6.66
A_3	0.58	0.8	0.2	0.16	0.45	0.0	0.45	0.12	0.48	0.8	0.72	0.8	0.83	0.0	6.39
A_4	0.59	0.8	0.2	0.07	0.45	0.0	0.45	0.3	0.54	0.7	1.2	0.56	1.15	0.8	7.81

由表4-13可见，方案4所得（自行式悬挂式输送机方案）的综合加权评分（$\sum K$）最高，所以应选用此方案。

4.5 惊天液压锤公司生产物料搬运系统规划分析

4.5.1 惊天液压锤生产概况

惊天液压锤公司年产液压锤1 200台，每天的产能为4台。本规划即按4台液压锤的日产量来计算物流量，单位是kg/天。一台液压锤主要由一个氮气室、四根螺栓、一只缸体、一个钎杆座、一个钎杆以及两块侧板所组成，这些零部件的相关参数如表4-14所示。

表 4-14 零部件的相关参数

产品名称	尺寸/cm			质量/kg	形状
	长	宽	高		
氮气室	25	25	20	50	长方体
螺栓				1	圆柱体
缸体	25	25	50	250	长方体
钎杆座	25	25	75	200	圆柱体
钎杆	1 200	直径：135		100	圆柱体
侧板				150	板形

4.5.2　物流分析与布局改善

本例采用从—至表和 *F—D* 图来做物流分析，并以物流分析的结果来做布局改善。液压锤公司厂区现时的整体布局如图 4-25 所示。金加工车间是综合车间的一部分，其现时的整体布局如图 4-26 所示。

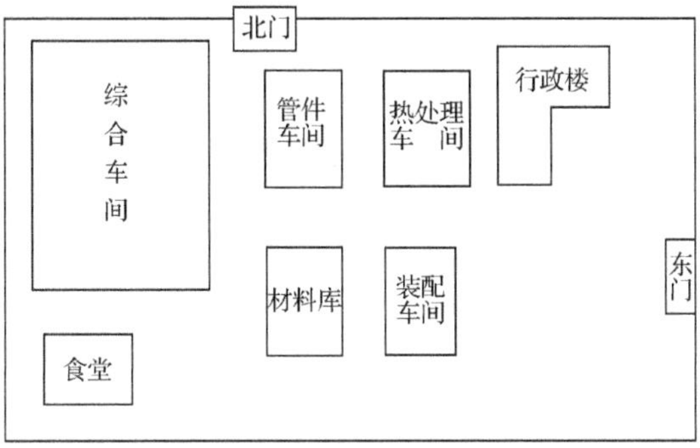

图 4-25　厂区现时的整体布局

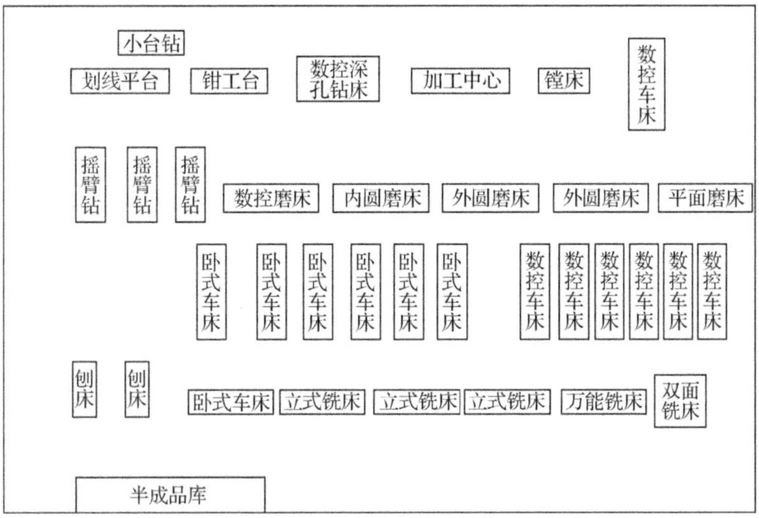

图 4-26　金加工车间现时的整体布局

将金加工车间按设备功能划分作业单位，其中立式铣床加工和数控车床加工按加工工艺的不同各自又被分为两组。金加工车间共被分为 17 个作业单位，按机床或功能命名如下（简称是为了与表 4-21 的相关项对应）：材料库（简称“材”）、划线平台（简称“划”）、立式铣床（2）（简称“铣 2”）、车床（1）（简称“车 1”）、钻床（简称“钻”）、钻床(1)（简称“钻 1”）、热处理车间（简称“热”）、磨床（简称“磨”）、双面铣床（简称“双铣”）、数控车床（1）（简称“数 1”）、加工中心（简称“加”）、数控深孔钻床（简称“数钻”）、数控车床（2）（简称“数 2”）、立式铣床（1）（简称“铣 1”）、半成品库（简称“半”）、刨床（简称“刨”）、镗床（简称“镗”）。依据液压锤生产现场的数据，经过分析和计算后得到液压锤生产系统的物流从—至表如表 4-15 所示。

表 4-15 物流从—至表

从 \ 至	1. 材料库	2. 划线平台	3. 立式铣床（2）	4. 车床（1）	5. 钻床	6. 热处理车间	7. 磨床	8. 双面铣床	9. 数控车床（1）	10. 加工中心	11. 数控深孔钻床	12. 数控车床（2）	13. 立式铣床（1）	14. 半成品库	15. 刨床	16. 镗床
1. 材料库		320/70m				1 720/55m		1 200/76m								
2. 划线平台			2 060/48m		2 040/12m						1 000/12m					
3. 立式铣床（2）		1 120/48m		1 520/12m												620/70m
4. 车床（1）		1 400/36m					1 000/12m									
5. 钻床		620/12m		880/24m												
6. 热处理车间			1 200/140m	220/136m			1 800/124m					520/130m				
7. 磨床	2 416/52m					800/116m										
8. 双面铣床									1 200/32m							
9. 数控车床（1）										1 120/24m						
10. 加工中心		1 120/20m														
11. 数控深孔钻床						1 000/112m										
12. 数控车床（2）													420/16m			
13. 立式铣床（1）							420/28m									
14. 半成品库												32/55m			800/20m	
15. 刨床		640/30m														
16. 镗床	600/64m															

由表 4-15 很容易做出 *F—D* 图，如图 4-27 所示。

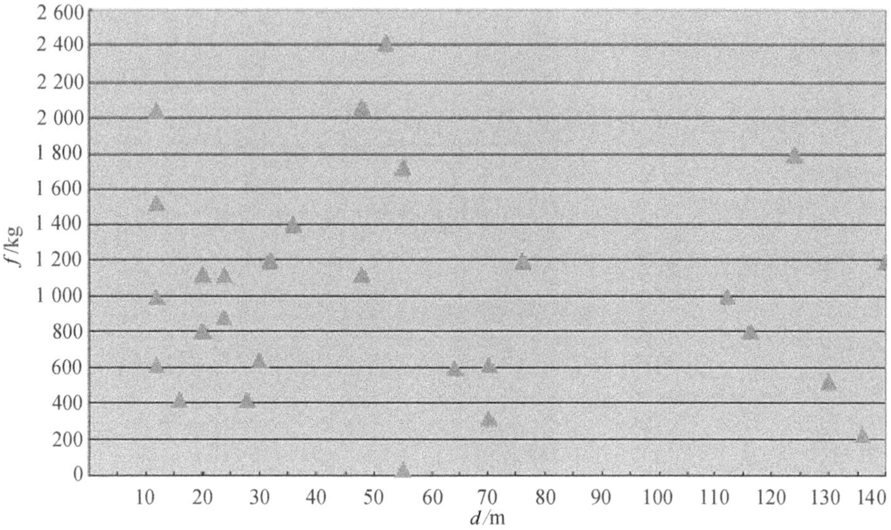

图 4-27　现时的物流 *F—D* 图

可以把 *F—D* 图分成四个区域，物流量大距离小的为第一区域，物流量大而且距离也大的为第二区域，物流量小距离也小的为第三区域，物流量小距离大的为第四区域。从图 4-27 中可以看出有 2 对（或 3 对）作业单位之间存在距离大物流量也大的情况，这些情况属于第二区域，属于不合理部分，这就需要对金加工车间的物流进行改善，将它们调整到其他区域。在这里，每对作业单位之间的物流量是不变的，所以只有改变加工机器的布置。在满足工艺要求的前提下，根据物流量大小合理地调整机器的布局，就可以得到新的金加工车间的布局，使这 2 对（或 3 对）作业单位之间的物料搬运距离缩小。改善后的金加工车间的布局图则如图 4-28 所示。

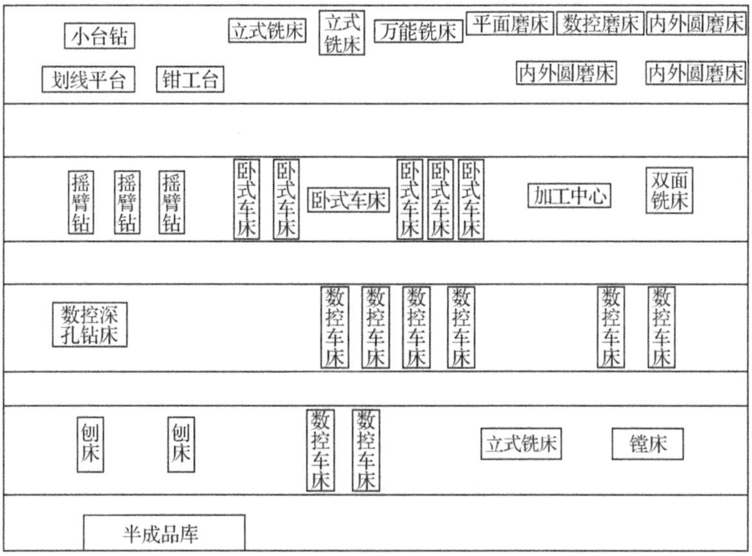

图 4-28　改善后的金加工车间布局

物料在金加工车间加工过程中还需要经过热处理，然而原布置中的热处理车间距综合车间较远，这样就增加了搬运的成本。因此，要改动热处理车间的位置，把管件车间与热处理车间的位置对调，改善工厂的布局。

4.5.3　惊天液压锤公司物料搬运系统方案设计

1. 移动分析

（1）编制主要零件加工流程图表。根据工艺要求，编制氮气室、钎杆座和缸体加工流程图表，如表 4-16、表 4-17 和表 4-18 所示。

表 4-16　氮气室加工流程图表

每次作业的类别及数量	作业符号	作业说明	荷载的质量/kg	距离/m	备注
1. 外协半成品	▽1	叠放在地面上			
2. 外协半成品/4	⇨1	运至划线平台	320	70	
3. 外协半成品/1	○1	按尺寸划线			
4. 外协半成品/4	⇨2	运至铣床	320	6	
5. 在制品/1	○2	铣基准面			
6. 在制品/1	⇨3	运至车床	320	12	
7. 在制品/1	○3	半精车加工			
8. 在制品/1	⇨4	运至划线平台	280	16	
9. 在制品/1	○4	划线			
10. 在制品/1	⇨5	运至钻床	280	12	
11. 在制品/1	○5	按尺寸进行钻加工			
12. 在制品/1	⇨6	运至热处理车间	220	70	

（续）

每次作业的类别及数量	作业符号	作 业 说 明	荷载的质量/kg	距离/m	备注
13. 在制品/4	○6	热处理加工			
14. 在制品/1	⇨7	运至车床	220	86	
15. 在制品/1	○7	精车加工			
16. 在制品/1	⇨8	运至磨床	200	20	
17. 在制品/1	○8	磨加工			
18. 成品/4	⇨9	运至材料库	200	40	
19. 成品/4	▽2	放至指定区域			

表 4-17　钎杆座加工流程图表

每次作业的类别及数量	作业符号	作 业 说 明	荷载的质量/kg	距离/m	备注
1. 锻件	▽1	叠放在地面上			
2. 锻件/2	⇨1	运至热处理车间	1 200	40	
3. 在制品/1	○1	热处理加工			
4. 在制品/2	⇨2	运至铣床	1 200	75	
5. 在制品/1	○2	铣基准面			
6. 在制品/1	⇨3	运至车床	1 200	12	
7. 在制品/1	○3	粗车加工			
8. 在制品/1	⇨4	运至划线平台	1 120	16	
9. 在制品/1	○4	划线			
10. 在制品/1	⇨5	运至铣床	1 120	6	
11. 在制品/1	○5	按尺寸进行铣加工			

（续）

每次作业的类别及数量	作业符号	作业说明	荷载的质量/kg	距离/m	备注
12. 在制品/1	⇨6	运至划线平台	1 120	6	
13. 在制品/1	○6	划线			
14. 在制品/1	⇨7	运至钻床	880	10	
15. 在制品/1	○7	钻加工			
16. 在制品/1	⇨8	运至车床	880	20	
17. 在制品/1	○8	半精车加工			
18. 在制品/1	⇨9	运至磨床	800	20	
19. 在制品/1	○9	磨加工			
20. 在制品/2	⇨10	运至热处理车间	800	60	
21. 在制品/4	○10	热处理加工			
22. 在制品/2	⇨11	运至磨床	800	60	
23. 在制品/1	○11	磨加工			
24. 成品/2	⇨12	运至材料库	800	40	
25. 成品/2	▽2	放至指定区域			

表4-18 缸体加工流程图表

每次作业的类别及数量	作业符号	作业说明	荷载的质量/kg	距离/m	备注
1. 毛坯	▽1	叠放在地面上			
2. 毛坯/2	⇨1	运至双面铣床	1 200	52	

（续）

每次作业的类别及数量	作业符号	作 业 说 明	荷载的质量/kg	距离/m	备注
3. 毛坯/1	①	铣基准面			
4. 在制品/1	⇨2	运至数控车床	1 200	10	
5. 在制品/1	②	数控车床加工			
6. 在制品/1	⇨3	运至加工中心	1 120	6	
7. 在制品/1	③	加工			
8. 在制品/1	⇨4	运至划线平台	1 120	24	
9. 在制品/1	④	划线			
10. 在制品/1	⇨5	运至钻床	1 000	24	
11. 在制品/1	⑤	深钻孔加工			
12. 在制品/1	⇨6	运至热处理车间	1 000	82	
13. 在制品/4	⑥	热处理加工			
14. 在制品/2	⇨7	运至磨床	1 000	60	
15. 在制品/1	⑦	磨加工			
16. 成品/2	⇨8	运至材料库	1 000	40	
17. 成品/2	▽2	放至指定区域			

（2）编制搬运活动一览表。为了把收集的资料进行汇总，达到全面了解情况的目的，需要编制搬运活动一览表。在搬运活动一览表中，需要对每条路线、每类物料和每项移动的相对重要性进行标定。一般是用五个英文字母来划分等级，即 A、E、I、O、U。搬运活动一览表是 SHA 方法中的一项主要文件，因为它把各项搬运活动的所有主要情况都记录在一张表上。依据零件加工流程图表和新的布置方案图，确定各作业单位之间的物料搬运路线，同时，测出各条路线的距离，编制成搬运活动一览表，如表 4-19 所示。

2. 布局改善后的物流分析

（1）布局改善后的物流从—至表。根据搬运活动一览表可以画出布局改善后的物流从—至表，如表 4-20 所示。

表 4-19 搬运活动一览表

搬运活动一览表			公司	惊天液压锤公司														
			物流量单位	kg/天														
路线	距离/m	具体情况	氮气室		缸体		钎杆座		钎杆		侧板		螺栓		物流量排序	路线合计		
			物流量物流条件	等级工作量	物流量物流条件	等级工作量	物流量物流条件	等级工作量	物流量物流条件	等级工作量	物流量物流条件	等级工作量	物流量物流条件	等级工作量		物流量/(kg/天)	运输工作量/[(kg·m)/天]	等级
材料库到划线平台	70	3	320	22 400											27	320	22 400	O
划线平台到立式铣床（2）	6	1	320	1 920			1 120	6 720			620	3 720			2	2 060	12 360	A
立式铣床（2）到车床（1）	12	1	320	3 840			1 200	14 400							6	1 520	18 240	E
车床（1）到划线平台	16	1	280	4 480			1 120	17 920							7	1 400	22 400	E
划线平台到钻床（1）	12	1	280	3 360			1 120	13 440			640	7 680			3	2 040	24 480	A
钻床（1）到热处理车间	70	3	220	15 400											28	220	15 400	O
热处理车间到车床（1）	86	3	220	18 920											29	220	18 920	O
车床（1）到磨床	20	1	200	4 000			800	16 000							14	1 000	20 000	I
磨床到材料库	40	3	200	8 000	1 000	40 000	800	32 000	400	16 000			16	640	1	2 416	96 640	A
材料库到双面铣床	52	3			1 200	62 400									8	1 200	62 400	I
双面铣床到数控车床（1）	10	1			1 200	12 000									8	1 200	12 000	I

数控车床（1）到加工中心	6	1			1 120										11	1 120	6 720	I
						6 720												
加工中心到划线平台	24	1			1 120										11	1 120	26 880	I
						26 880												
划线平台到数控深孔钻床	24	1			1 000										14	1 000	24 000	I
						24 000												
数控深孔钻床到热处理车间	82	3			1 000										14	1 000	82 000	I
						82 000												
热处理车间到磨床	60	3			1 000		800								4	1 800	108 000	E
						60 000		48 000										
材料库到热处理车间	40	3					1 200		520						5	1 720	68 800	E
								48 000		20 800								
热处理车间到立式铣床（2）	75	3					1 200								8	1 200	90 000	I
								90 000										
立式铣床（2）到划线平台	6	1					1 120								11	1 120	6 720	I
								6 720										
钻床（1）到车床（1）	10	1					880								17	880	8 800	O
								8 800										
磨床到热处理车间	70	3					800								18	800	56 000	O
								5 6000										
热处理车间到数控车床（2）	106	3							520						24	520	55 120	O
										55 120								

（续）

搬运活动一览表			公司	惊天液压锤公司															
			物流量单位	kg/天															
路线	距离/m	具体情况	氮气室		缸体		钎杆座		钎杆		侧板		螺栓		物流量排序	路线合计			
			物流量物流条件	等级工作量	物流量物流条件	等级工作量	物流量物流条件	等级工作量	物流量物流条件	等级工作量	物流量物流条件	等级工作量	物流量物流条件	等级工作量		物流量/(kg/天)	运输工作量/[(kg·m)/天]	等级
数控车床（2）到立式铣床（1）	15	1							400	6 000			20	300	25	420	6 300	O
立式铣床（1）到磨床	34	1							400	13 600			20	680	25	420	14 280	O
半成品库到刨床	20	1									800	16 000			18	800	16 000	I
刨床到划线平台	30	1									640	19 200			20	640	19 200	O
钻床（1）到划线平台	12	1									620	7 440			21	620	7 440	O
立式铣床（2）到镗床	60	1									620	37 200			21	620	37 200	O
镗床到材料库	80	3									600	48 000			23	600	48 000	O
半成品库到数控车床（2）	45	1											32	1 440	30	32	1 440	O
每类物料合计	物流量		2 360		8 640		12 160		2 240		4 540		88					
	运输工作量			82 320		361 200		366 000		111 520		10 934		3 060				
	标定等级		I		E		A		I		E		O					

代号	线路的具体情况
1	室内较宽通道，两边可堆放
2	室内较窄通道，不可堆放
3	室外道路良好，交通不拥挤
4	室外道路交通拥挤

表 4-20　物流从—至表（改善后）

从＼至	1. 材料库	2. 划线平台	3. 立式铣床（2）	4. 车床（1）	5. 钻床	6. 热处理车间	7. 磨床	8. 双面铣床	9. 数控车床（1）	10. 加工中心	11. 数控深孔钻床	12. 数控车床（2）	13. 立式铣床（1）	14. 半成品库	15. 刨床	16. 镗床
1. 材料库		320/70m				1 720/40m		1 200/52m								
2. 划线平台			2 060/6m		2 040/12m						1 000/24m					
3. 立式铣床（2）		1 120/6m		1 520/12m												620/60m
4. 车床（1）		1 400/16m					1 000/20m									
5. 钻床		620/12m		880/10m												
6. 热处理车间			1 200/75m	220/86m			1 800/60m					520/106m				
7. 磨床	2 416/40m					800/70m										
8. 双面铣床									1 200/10m							
9. 数控车床（1）										1 120/6m						
10. 加工中心		1 120/24m														
11. 数控深孔钻床						1 000/82m										
12. 数控车床（2）													420/15m			
13. 立式铣床（1）							420/34m									
14. 半成品库												32/45m			800/20m	
15. 刨床		640/30m														
16. 镗床	600/80m															

（2）*F—D* 图。改进布局后的 *F—D* 图如图 4-29 所示。

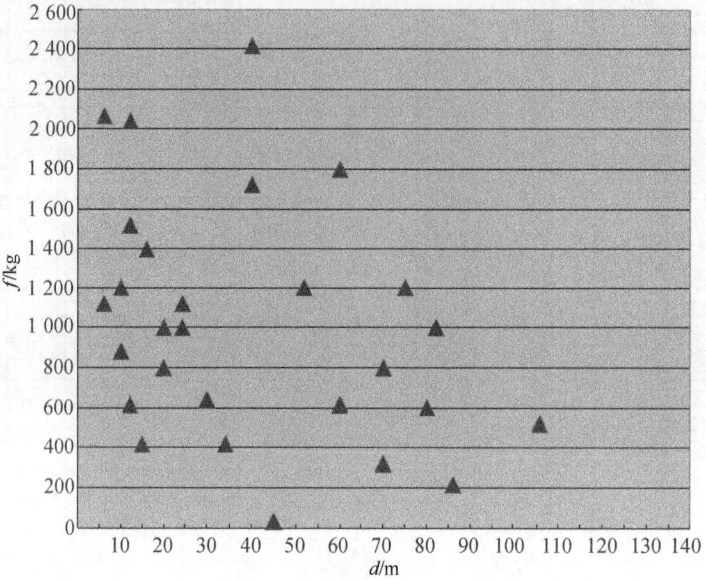

图 4-29 改进布局后的 *F—D* 图

从图 4-29 可以看出没有出现物流量大且距离大的物流路线，这就说明工厂的布局改善是可行的。此后，就可以确定初步的搬运方案。

3. 搬运系统方案设计

（1）搬运系统方案汇总表。从 SHA 模式可以看出，在 SHA 中，把制定物料搬运方法叫作“系统方案汇总”，即确定系统（指搬运的路线系统）、确定设备（装卸或运输设备）及确定运输单元（单件、单元运输件、容器、托架以及附件等）。到搬运方法选择这一步骤之前，我们已搜集分析了所需要的资料并进行了图表化。下面就根据上面的搬运活动一览表，结合物流设施的应用来确定搬运路线，确定设备及确定运输单元，并将“系统方案汇总”的这些路线、设备、单元用规定的符号填入搬运系统方案汇总表。在实际工作中，可以同时制定出几种不同的方案，以便评价比较。本例的设计中，制定了三种不同的方案，由于篇幅有限，下面只列出 A 方案的搬运系统方案汇总表，如表 4-21 所示。作为练习，读者可自行列出其他方案的搬运系统方案汇总表。

表 4-21 搬运系统 A 方案汇总表

系统方案汇总表	公司	惊天液压锤公司																
路线	说明	氮气室		说明	缸体		说明	钎杆座		说明	钎杆		说明	侧板		说明	螺栓	
	代用S	E	T	代用S	E	T	代用S	E	T	代用S	E	T	代用S	E	T	代用S	E	T
材—划	a K																	
划—铣2	D						D						D					
铣2—车1	b D						b D											
车1—划	D						D											
划—钻1	D						D						D					

（续）

系统方案汇总表	公司	惊天液压锤公司																
路线	说明	氮气室		说明	缸体		说明	钎杆座		说明	钎杆		说明	侧板		说明	螺栓	
	代用S	E	T	代用S	E	T	代用S	E	T	代用S	E	T	代用S	E	T	代用S	E	T
钻1—热	a K																	
热—车1	a K																	
车1—磨	D						D											
磨—材	c D			c D			c D			c D						c D		
材—双铣				c D														
双铣—数1				D														
数1—加				D														
加—划				D														
划—数钻				D														
数钻—热				c D														
热—磨				c D			c D											
材—热							D			D								
热—铣2							D											
铣2—划							D											
钻1—车1							D											
磨—热							a K											
热—数2										a K								
数2—铣1										D								
铣1—磨										a K								
半—刨													D					
刨—划													K					
钻1—划													D					
铣2—镗													K					
镗—材													a K					
半—数2																K		
搬运方法的代用方案或第二方案	a K			c D														
	b D																	

（2）各项需求的计算。对三个初步搬运方案进行修改后，就要说明和计算每一个方案的各项需求。对各项需求，应分方案填写搬运系统方案需求一览表。表 4-22 是搬运系统方案 A 的需求一览表。

表 4-22 搬运系统方案 A 的需求一览表

方案名称：(A) 手动叉车、机动叉车、机动平板车、二轮推车							
搬运方法	搬运物件	设备和搬运器具			人员		h. 总经费/(元/年)
a. 按每种方法分别列出	b. 路线和物料类别	c. 设备需求量	d. 投资/元	e. 经营费/元	f. 需求数	g. 费用/(元/年)	
渠道型系统	材——划 氮气室	机动平板车 1	10 000	8 000	1	15 000	
	钻1——热 氮气室	机动平板车 共用					
	热——车1 氮气室	机动平板车 共用					
	磨——热 钎杆座	机动平板车 共用					
机动平板车	热——数2 钎杆	机动平板车 1	10 000	8 000	1	15 000	60 000
	铣——磨 钎杆	机动平板车 共用					
	镗——材 侧板	机动平板车 共用					
	半——数2 螺栓	机动平板车 共用					
直接型系统		机动叉车 2	40 000	18 000	2	40 000	
机动叉车和手动叉车	所有其他在材料库、金加工车间、热处理车间的搬运活动	手动叉车 3	6 000	900			130 000
		二轮推车 2	1 200	600		20 000	
其他		手动叉车 1	2 000	600			5 000

4. 方案的评价

按照程序模式，得出了三个可供比较的搬运方案。根据 SHA 可知，从几个合理可行的方案中选出最佳方案，即对方案进行评价，是程序模式中的一个决定性的步骤。

现选择因素加权分析法来对上述三个方案及现有方案进行评价，做出的评价表如表 4-23 所示。

表 4-23 方案评价表

方案评价表						
各方案简要说明	A. 方案一		B. 方案二			意见
	C. 方案三		D. 现有方案			
考虑的因素	加权值	评价等级和加权等级				
		A	B	C	D	
1. 对生产流程的服务能力	10	A/40	E/30	I/20	I/20	
2. 投资及运行费用	6	A/24	A/24	I/12	A/24	
3. 设备可靠性	5	E/15	I/10	A/20	E/15	
4. 对物料损伤的可能性	3	E/9	E/9	A/12	A/12	
5. 是否便于今后扩展	2	E/6	E/6	E/6	A/8	
6. 气候条件影响（下雪、下雨）	3	I/6	I/6	I/6	I/6	
7. 维修和管理问题	4	I/8	O/4	I/8	I/8	
总分		108	89	84	93	

由表 4-23 可以看出，方案 A 的总分值大于方案 D，而方案 D 的大于方案 B 的，方案 B 的大于方案 C 的，因此方案 A 为较好方案。

思考与练习题

1. 列出本章第 4.5 节搬运系统方案 B 的需求一览表。
2. 搬运系统设计要素 P、Q、R、S、T 各自的含义是什么？
3. 搬运系统方案设计中如何体现单元荷载原则？
4. 工厂物流分析的技术工具有哪些？
5. 工艺过程图和多种产品工艺过程表在功能上有哪些异同？各有何特点？
6. 当量物流量的意义是什么？
7. 物流搬运系统的分析过程分哪些阶段？
8. 根据图 4-7 的某车间物流流程图，试画出对应的从—至表。
9. 布置方案 I_1 和方案 I_2 物流—距离曲线如图 4-30 所示，试分析布置方案的优劣。

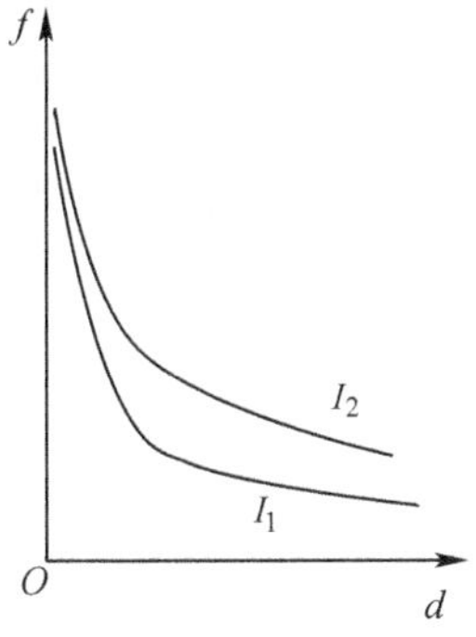

图 4-30　思考与练习题 9 图

第 5 章 设施选址及其评价

5.1 设施选址的意义及步骤

5.1.1 概述

设施选址是设施规划的重要内容之一。一个工厂设施或服务设施建在何处，将关系到该设施在今后长期生产运行中的合理性、可靠性和经济性。一座设施场址选得好，不但可以缩短建设工期，降低造价，同时还会对当地的政治、经济、文化、环保等领域产生深远的影响。

设施选址问题大体上可分为两种类型，即单一设施的场址选择与复合设施的场址选择。单一设施的场址选择就是根据企业的生产纲领或服务目标为一个独立的设施选择最佳位置。复合设施的选址就是为一个企业的若干个下属的部门（如分厂、连锁店等）确定最佳的位置。通过对设施数目、规模和位置的优化，可达到提高企业效益的目的。

场址选择可以分为地区选择和地点选择两个过程。首先要根据设施的特点选择建设的地区，然后在选择的地区内进一步确定建设的具体地点。

场址选择不是由设施规划人员单独完成的，它通过地区规划、地质勘探、气象、环保等部门及设施规划人员的共同合作，最后由决策部门做出决定。

5.1.2 场址选择的步骤和主要内容

在我国对大型工业设施（如钢铁厂、火电厂）的场址选择分为三个阶段，即确定选址目标阶段、地区选择阶段和地点选择阶段。确定选址目标即对选址目标进行明确的定义，并确定评价指标。评价指标包括企业的生产纲领和人力、物力等资源条件，以及相关的经济技术指标。地区选择阶段要根据业主的意见，广泛开展调查研究，并参考相关章程规范，征求当地主管部门的意见，对可供选择的地区进行多方面评估，包括社会、经济、地质、水源、环境等方面，提出选择意见。在地点选择阶段，对选定地区内的可选地点进行深入细致的调研，并取得地震、水文、气象、环保等部门的资料以及给水管网、交通运输、电力、采暖等技术资料，收集当地政策、人文及税收等相关信息，通过对技术经济指标的计算，提出候选场址，向主管部门提出场址选择报告。

5.2　影响场址选择的主要因素

5.2.1　地区选址应考虑的因素

地区选址要从宏观的角度考虑地理位置与设施特点的关系。一般情况下，地区选址应考虑以下基本因素：

（1）市场条件。要充分考虑该地区的市场条件，如企业的产品和服务的需求情况、消费水平及与同类企业的竞争能力等。要分析在相当长的时期内，企业是否有稳定的市场需求及未来市场的变化情况。

（2）资源条件。要充分考虑该地区是否可使企业得到足够的资源，如原材料、水、电、燃料等。例如，发电厂、化工厂等需要大量的水；制药厂、电子厂需要高度纯净的水；电解铝厂需要大量的电，最好接近电厂选址。

（3）运输条件。大型工业企业往往具有运量大、原燃料基地多、进出厂货物品种复杂等特点。选择场址时，应考虑该地区的交通运输条件、能够提供的运输途径以及运力、运费等条件。铁路运输效率高，但建设费用高；水路运输费用低，但速度较慢。在选择地区时还要考虑是否可以利用现有的运输线路。

（4）社会环境。要考虑当地的法律规定、税收政策等情况是否有利于投资。如当前国内很多地区大力开展招商引资活动，对投资的企业有若干年的免税政策。

5.2.2　对地点选择的要求

在完成了地区选址后，就要在选定的地区内确定具体的建厂地点。地点选择应考虑的主要因素有：

（1）地形地貌条件。场址要有适宜建厂的地形和必要的场地面积，要充分合理地利用地形，尽量减少土石方工程。场址地形横向坡度应考虑工厂的规模、基础埋设深度、土方工程量等因素。

（2）地质条件。选择场址时，应对场址及其周围区域的地质情况进行调查和勘探，分析获得资料，查明场址区域的不良地质条件，对拟选场址的区域稳定性和工程地质条件做出评价。

（3）占地原则。场址选择时，应注意节约用地，尽量利用荒地和劣地。位于城市或工业区的厂区、施工区、生活区、交通运输线路、供水及工业管沟、水源地应与城市或工业区的规划相协调，场址不应设在有开采价值的矿藏上，应避开重点保护的文化遗址。

（4）施工条件。在选址时，要注意调查当地可能提供的建筑材料，如砖、瓦、钢材等条件。同时，场址附近应有足够的施工场地。

（5）供排水条件。供水水源要满足工厂既定规模用水量的要求，并满足水温、水质要求。在选择场址时，要考虑工业废水和场地雨水的排除方案。

以上列出的是场址选择时需要考虑的一些重要因素。此外，设施规划人员还应根据设施的具体特点，具体问题具体分析，因地制宜，不能生搬硬套。

5.2.3 影响设施选址的经济因素和非经济因素

影响设施选址的因素很多，有些因素可以进行定量分析，并用货币的形式加以反映，称为经济因素，也称为成本因素；有些因素只能是定性的非经济因素，也称为非成本因素。在进行场址选择时，可根据其重要程度，采用适当的算法，将经济因素和非经济因素结合起来加以比较。表5-1列出了一些主要的经济因素和非经济因素，可作为场址选择的评价指标。

表5-1 设施选址时的经济因素和非经济因素

经济因素	非经济因素	经济因素	非经济因素
1. 运输费用	1. 当地政策法规	4. 燃料价格	4. 人文环境
2. 土地成本和建设费用	2. 经济发展水平	5. 水、电等资源成本	5. 气候条件
3. 原材料供应价格	3. 环境保护标准	6. 劳动力价格	

5.3 选址的评价方法

在我国场址选择长期以来一直采用定性的经验分析方法，这些方法很大程度上依赖于设计者个人的经验与直觉，使得在决策时，有些重要因素被忽视，给企业造成难以弥补的损失。经过多年来的发展，目前国内外形成了基于成本因素和综合因素评价的两类方法。

5.3.1 成本因素评价法

在场址选择的各种因素中，有些因素可以用货币的形式体现出来，可以采用比较不同地点经济成本的方法确定最佳场址。此处将介绍最常用的几种方法，使读者对设施选址的定量方法有一个基本的认识。

1. 盈亏点平衡法

该方法属于经济学范畴，其着眼点在于通过确定产量的临界点来寻求成本最低的设施选址方案，下面举例说明。

例5-1 某外资企业拟在国内新建一条生产线，确定了三个备选场址。由于各场址土地费用、建设费用、原材料成本不尽相同，从而生产成本也不相同。三个场址的生产成本如表5-2所示，试确定最佳场址。

表5-2 不同场址的生产成本

场址 生产成本	A	B	C
固定费用/元	800 000	1 500 000	4 000 000
可变费用/(元/件)	60	36	18

解 先求A、B两场址方案的临界产量。设 G_F 表示固定费用，B_F 表示单件可变费用，Q 为产量，则总费用为 $G_F + QB_F$。

1）设 Q_{c1} 表示A、B点的临界产量。则有下列方程

$$800\,000 + 60Q_{c1} \leqslant 1\,500\,000 + 36Q_{c1}$$

$$Q_{c1} \leqslant \frac{1\,500\,000 - 800\,000}{60 - 36}\text{件}$$

$$Q_{c1} \leqslant 2.9\text{万件}$$

2）设 Q_{c2} 表示 B、C 两点的临界产量，同理有

$$Q_{c2} \leqslant \frac{4\,000\,000 - 1\,500\,000}{36 - 18}\text{件}$$

$$Q_{c2} \leqslant 13.9\text{万件}$$

结论：以生产成本最低为标准，当产量 Q 小于 2.9 万件时选 A 场址为佳，产量 Q 介于 2.9 万 ~ 13.9 万件之间时选 B 方案成本最低，当 Q 大于 13.9 万件时，则需选择 C 场址。所以要根据不同的建厂规模确定相应的场址。

2. 重心法

当产品成本中运输费用所占比重较大，企业的原材料由多个原材料供应地提供或其产品运往多个销售点，可以考虑用重心法选择运输费用最少的场址。

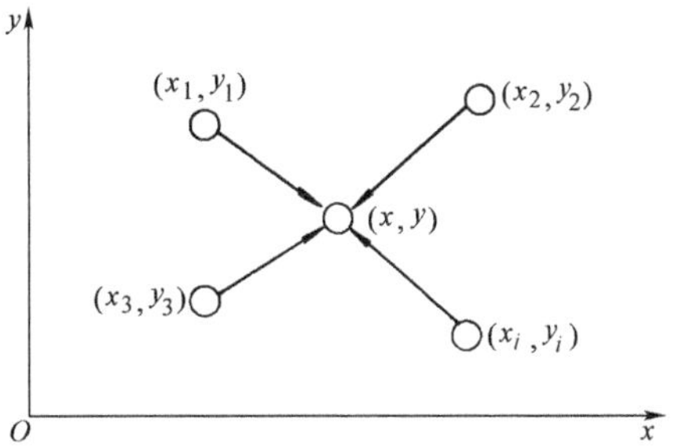

图 5-1　场址坐标关系图

如图 5-1 所示，拟建工厂坐标为 (x, y)，其原材料供应地坐标为 (x_i, y_i)，其中 $i = 1, 2, \cdots, n$，设 Z_i 为从 i 地 (x_i, y_i) 运至工厂所在地 (x, y) 的运输费用，设 r_i 为单位原材料单位距离的运输费用，设 q_i 为原材料运输量，则

$$Z_i = r_i q_i d_i \tag{5-1}$$

其中 d_i 为从 i 地至工厂的直线距离，且

$$d_i = \sqrt{(x - x_i)^2 + (y - y_i)^2} \tag{5-2}$$

总费用 Z 为

$$Z = \sum_{i=1}^{n} Z_i = \sum_{i=1}^{n} r_i q_i d_i \tag{5-3}$$

由于 d_i 是 x、y 的函数，则总费用 Z 是 x、y 的函数。

$$Z = f(x, y) = \sum_{i=1}^{n} r_i q_i \sqrt{(x - x_i)^2 + (y - y_i)^2} \tag{5-4}$$

为使总费用最小，上述问题转变为求特定解 (x^*, y^*)，使 Z 为极小值，根据高等数学多元函数求极值的方法，将式（5-4）分别对 x 和 y 求偏导，令偏导数为 0，则

$$\begin{aligned} \frac{\partial Z}{\partial x} &= \sum_{i=1}^{n} \left[\frac{r_i q_i (x^* - x_i)}{\sqrt{(x^* - x_i)^2 + (y^* - y_i)^2}} \right] = 0 \\ \frac{\partial Z}{\partial y} &= \sum_{i=1}^{n} \left[\frac{r_i q_i (y^* - y_i)}{\sqrt{(x^* - x_i)^2 + (y^* - y_i)^2}} \right] = 0 \end{aligned} \tag{5-5}$$

由式（5-5）可得

$$x^* = \frac{\sum_{i=1}^{n}(r_i q_i x_i / d_i)}{\sum_{i=1}^{n}(r_i q_i / d_i)}$$

$$y^* = \frac{\sum_{i=1}^{n}(r_i q_i y_i / d_i)}{\sum_{i=1}^{n}(r_i q_i / d_i)} \tag{5-6}$$

式（5-6）尽管给出了 x^*、y^* 的表达式，但由于 d_i 是 x、y 的函数，所以仍然不能求出 x^*、y^* 的数值，此处要用迭代法求 x^*、y^* 的数值。相关理论请读者参阅计算方法和数值分析等课程。写成迭代式有第 k 次表达式为

$$x^*(k) = \frac{\sum_{i=1}^{n}(r_i q_i x_i / d_{i(k-1)})}{\sum_{i=1}^{n}(r_i q_i / d_{i(k-1)})}$$

$$y^*(k) = \frac{\sum_{i=1}^{n}(r_i q_i y_i / d_{i(k-1)})}{\sum_{i=1}^{n}(r_i q_i / d_{i(k-1)})} \tag{5-7}$$

其中

$$d_{i(k-1)} = \sqrt{(x^*_{(k-1)} - x_i)^2 + (y^*_{(k-1)} - y_i)^2} \tag{5-8}$$

根据式（5-7）可求出最佳场址坐标（x^*，y^*）。具体步骤如下：

1）给出式（5-7）的初始条件，即假设的场址初始位置（$x^*_{(0)}$，$y^*_{(0)}$）。

2）令 $k=1$，利用式（5-8）求出 $d_{i(0)}$。

3）利用式（5-3）求出总运输费用 $Z_{(0)}$。

4）令 $k=k+1$，利用式（5-7）求出第 k 次迭代结果（$x^*_{(k)}$，$y^*_{(k)}$）。

5）代入式（5-8）求出 $d_{i(k)}$，利用式（5-3）求出总费用 $Z_{(k)}$。

6）若 $Z_{(k)} < Z_{(k-1)}$，说明总运费在减少，返回步骤4），继续迭代；否则说明（$x^*_{(k-1)}$，$y^*_{(k-1)}$）为最佳，停止迭代。

由上述求解过程可知，该问题适合用计算机编程求解。

通过研究发现，用下式作为最佳场址坐标与用计算机迭代求解结果相差不大。

$$x^* = \frac{\sum_{i=1}^{n}(r_i q_i x_i)}{\sum_{i=1}^{n}(r_i q_i)}$$

$$y^* = \frac{\sum_{i=1}^{n}(r_i q_i y_i)}{\sum_{i=1}^{n}(r_i q_i)} \tag{5-9}$$

所以，在实际选址过程中，为了简化计算，往往用式（5-9）的解作为最佳场址，上述方法称为重心法的简化方法。

例5-2 某公司拟在某城市建设一座化工厂，该厂每年要从A、B、C、D四个原料供应地运来不同的原料。各地与城市中心的距离和年运输量如表5-3所示。假定各种材料运输费率

相同，试用重心法确定该厂的合理位置。

表 5-3　场址坐标及年运输量表

原材料供应地	A		B		C		D	
供应地坐标/km	X_1	Y_1	X_2	Y_2	X_3	Y_3	X_4	Y_4
	40	50	70	70	15	18	68	32
年运输量/t	1 800		1 400		1 500		700	

解　根据式（5-9），有

$$x^* = \frac{40\times1\,800+70\times1\,400+15\times1\,500+68\times700}{1\,800+1\,400+1\,500+700}\text{km} = 44.5\text{km}$$

$$y^* = \frac{50\times1\,800+70\times1\,400+18\times1\,500+32\times700}{1\,800+1\,400+1\,500+700}\text{km} = 44.0\text{km}$$

说明：场址的选择涉及多方面的因素，不可能通过简单的数学计算就能确定，由重心法计算出的场址，不一定合理。例如，计算出的位置已有建筑物或有河流经过不能建厂等。另外，重心法确定的距离是采用直线距离，这在大多数情况下是不合理的。所以用重心法求出的解比较粗糙，它的实际意义在于能为选址人员提供一定的参考。如果不同选址方案其他方面差不多，则可以考虑选择那个与重心法计算结果较接近的方案。

3. 线形规则—运输问题

运输问题是运筹学的主要课题之一，也是设施规划课程的典型问题。运输问题的一般性描述如下：

设有 m 个工厂向 n 个销售点供货，工厂的总产量为 P_i，售货地 j 的需求量为 S_j，其中 $i=1, 2, \cdots, m$；$j=1, 2, \cdots, n$，且产销平衡。设 X_{ij} 为从工厂 i 到销售点 j 的运输量，C_{ij} 为单位产品运输成本，运输问题就是求适合的 X_{ij}，使总运输费用最低。

写成函数式为

$$\min(Z) = \sum_{i=1}^{m}\sum_{j=1}^{n} C_{ij}X_{ij} \tag{5-10}$$

约束条件为

$$\sum_{j=1}^{n} X_{ij} = P_i \qquad i = 1,2,\cdots,m$$

$$\sum_{i=1}^{m} X_{ij} = S_j \qquad j = 1,2,\cdots,n$$

$$X_{ij} \geqslant 0$$

且

$$\sum_{i=1}^{m} P_i = \sum_{j=1}^{n} S_j \tag{5-11}$$

该问题当然可采用运筹学的单纯型法求解，但由于其约束条件为等式，所以有更简便的方法。此法一般称为表上作业法，也称为最小元素法。

例 5-3　某公司由两家工厂向三个销售点配货，单位运价及产需量如表 5-4 所示，求最佳配货方案。

表 5-4　单位运价及产需量

单位运价 \ 需求量 / 产量		A			B			C		
		6			8			6		
工厂 1	13	③	31	(5)	①	28	(8)		50	(0)
工厂 2	7	④	39	(1)		45	(0)	②	29	(6)

最小元素法的基本思想是将产品优先分配给运输费用最少的销售点，如表5-4所示。

第①步，选择最小运价为28（工厂1至销售点B），将工厂1的13个产品分配8个到销售点B，还剩5个，B的需求量已得到满足，不需要工厂2提供，则同列对应于工厂2的位置补0。将销售点B划去，不需要再讨论了。

第②步，选择剩下的运价中最小的为29（工厂2至销售点C）。将工厂2的7个产品分配6个到销售点C，同列对应于工厂1的位置补0。工厂2还剩1个产品。将C列划去，不再讨论。

第③步，在剩下的运价中选最小的为31（工厂1至销售点A）。将工厂1剩下的5个产品分给销售点A，A需6个产品，还缺1个。

第④步，将工厂2剩下的一个产品分给销售点A，至此所有产品分配完毕。

则最小运费为 $Z=5\times31+8\times28+0\times50+1\times39+0\times45+6\times29=592$

对于分配过程，需要说明以下两点：

1）当产量 P_i 不等于需求量 S_j 时，按 P_i、S_j 中小者进行分配。若按 S_j 分配，与 S_j 同列其余位置补0；若按 P_i 分配，与 P_i 同行的其他位置补0。

2）当产量 P_i 等于需求量 S_j 时，则一次完成产销分配，或在行上补0，或在列上补0，但不能同时补0。

对于复合选址问题，即由多个工厂向多个销售点供货，有几个待选场址，要确定一个场址使生产运输费用最小可以转化成上面的问题进行求解。

例5-4　某企业通过两家工厂 F_1、F_2 向A、B、C、D四个售货点供货。现欲设另一工厂，可供选择场址的地点为 F_3、F_4，产品的生产成本与运输费用如表5-5所示，试确定最佳场址。

表5-5　生产成本与运输费用

售货点 / 工厂	运输费用 /万元				年产量/箱	生产成本/万元
	A	B	C	D		
F_1	0.48	0.29	0.41	0.33	6 000	7.7
F_2	0.39	0.44	0.39	0.19	6 500	7.2
F_3	0.22	0.65	0.25	0.62	10 500	7.4
F_4	0.56	0.37	0.80	0.77	10 500	7.5
年需求量/箱	3 000	7 000	8 000	5 000	—	—

该问题是要求生产成本和运输费用最小，所以要将生产成本加到运输费用上，得到总费用，如表5-6所示。

表5-6　总费用

售货点 / 工厂	生产成本与运输费用/万元				年产量/箱
	A	B	C	D	
F_1	8.18	7.99	8.11	8.03	6 000
F_2	7.59	7.64	7.59	7.39	6 500
F_3	7.62	8.05	7.65	8.02	10 500
F_4	8.06	7.87	8.30	8.27	10 500
年需求量/箱	3 000	7 000	8 000	5 000	—

将表5-6分成两个表，如表5-7、表5-8所示。

表 5-7 F_1、F_2、F_3 生产成本与运输费用

售货点 工厂	生产成本与运输费用/万元				年产量/箱
	A	B	C	D	
F_1	8.18	7.99	8.11	8.03	6 000
F_2	7.59	7.64	7.59	7.39	6 500
F_3	7.62	8.05	7.65	8.02	10 500
年需求量/箱	3 000	7 000	8 000	5 000	—

表 5-8 F_1、F_2、F_4生产成本与运输费用

售货点 工厂	生产成本与运输费用/万元				年产量/箱
	A	B	C	D	
F_1	8.18	7.99	8.11	8.03	6 000
F_2	7.59	7.64	7.59	7.39	6 500
F_4	8.06	7.87	8.30	8.27	10 500
年需求量/箱	3 000	7 000	8 000	5 000	—

将场址选择问题转化为两个运输问题，用例 5-3 的方法分别求出 F_1、F_2、F_3 和 F_1、F_2、F_4 的生产成本与运输费用，费用少者为佳。相关计算请读者自己完成。

4. 启发式方法

服务系统经常会面临在一个城市内建立几家销售点等类型的问题，比如在全市范围内建几家超市，该问题比较复杂，可以通过启发式方法求解。下面通过例题加以说明。

例 5-5 某公司拟在某市建立两家连锁超市，该市共有 4 个区，记为甲、乙、丙、丁。各区可能到超市购物的人口数权重已经给出，求该超市设置于哪两个区内，使居民到超市购物最方便即总距离成本最低。各区距离及人口数权重数据如表 5-9 所示。

表 5-9 各区距离及权重

各区名称	距离				各区人口数/千人	人口数权重
	甲	乙	丙	丁		
甲	0	21	15	22	15	1.4
乙	21	0	18	12	13	1.3
丙	15	18	0	20	28	1.0
丁	22	12	20	0	22	1.2

解 1）将社区人口数与人口数权重相乘再乘以各区之间的距离，得到总距离成本，并将各列相加，结果如表 5-10 所示。

表 5-10 总距离成本

场址	甲	乙	丙	丁
甲	0	441	315	462
乙	355	0	304	203
丙	420	504	0	560
丁	581	317	528	0
总计	1 356	1 262	1 147*	1 225

从表 5-10 可以看出，社区丙所在列总成本最低为 1 147，所以一处超市建于丙内。

2）甲、乙、丁各列数字与丙列对应数字相比较，若小于丙列同行数字，则将其保留；若

大于丙列数字，则将原数字改为丙列数字。例如甲与丙相比，0<315，取0；355>304，则取304；420>0，则取0；581>528，则取528。得新表5-11，并将同列数字相加。

表5-11 距离成本新表（一）

场址	甲	乙	丙	丁
甲	0	315	315	315
乙	304	0	304	203
丙	0	0	0	0
丁	528	317	528	0
总计	832	632	1 147	518*

如表5-11所示，丁区所在列总成本最低，则选丁为另一超市地点。

3）若要建三家超市，还需再选一场址，则将丙列数字去掉，将甲、乙所在列数字与丁所在列数字相比，方法同步骤2），得新表5-12。

表5-12 距离成本新表（二）

场址	甲	乙	丁
甲	0	315	315
乙	203	0	203
丙	0	0	0
丁	0	0	0
总计	203*	315	518

甲列所对应总成本为203最小，则甲区为第三个候选区。

5.3.2 综合因素评价法

设施选址受到诸多因素的影响，有经济因素和非经济因素，经济因素可以用货币的量来表示；而非经济因素要通过一定的方法进行量化，并按一定的规则和经济因素进行整合。这种方法称为综合因素评价法。

1. 加权因素法

对非经济因素进行量化时，一般采用加权因素法。

（1）对场址选择涉及的非经济因素赋以不同的权重，权重大小为1~10。

（2）对各因素就每个备选场址进行评级，共分为五级，用五个元音字母A、E、I、O、U表示。各个级别分别对应不同的分数，A为4分、E为3分、I为2分、O为1分、U为0分。

（3）将某因素的权重乘以其对应级别的分数，得到该因素所得分数，将各因素所得分数相加，分数最高者为最佳场址方案。表5-13是加权因素法的举例。

表5-13 加权因素法举例

考虑因素	权重	各方案等级及分数			
		A	B	C	D
场址位置	9	A/36	E/27	I/18	I/18
面积和外形	6	A/24	A/24	E/18	U/0

（续）

考虑因素	权　重	各方案等级及分数			
		A	B	C	D
地势和坡度	2	O/2	E/6	E/6	E/6
风向、日照	5	E/15	E/15	I/10	I/10
铁路接轨条件	7	I/14	E/21	I/14	A/28
施工条件	3	I/6	O/3	E/9	A/12
同城市规划的关系	10	A/40	E/30	E/30	I/20
合计	—	137*	126	105	94

从表中可以看出 A 方案分数最高，选 A 场址为佳。

该方法的关键是确定合理的权重和等级评定，可以采用由专家或决策者打分，然后求平均值的办法。

2. 因次分析法

因次分析法是将经济因素（成本因素）和非经济因素（非成本因素）按照相对重要程度统一起来。设经济因素和非经济因素重要程度之比为 $m:n$，经济因素的相对重要性为 M，则 $M=\frac{m}{m+n}$，相应非经济因素的相对重要性为 N，则$N=\frac{n}{m+n}$，且有 $M+N=1$。

（1）确定经济因素的重要性因子 T_{j}

$$T_{\mathrm{j}}=\frac{\frac{1}{c_i}}{\sum_{i=1}^{k}\frac{1}{c_i}} \tag{5-12}$$

设有 k 个备选场址，c_i 为每个备选场址的各种经济因素所反映的货币量之和，即该场址的经济性成本。此处取成本的倒数进行比较，是为了和非经济因素相统一，因为非经济因素越重要其指标应该越大；而经济因素成本越高，经济性越差。所以取倒数进行比较，计算结果大者经济性好。

（2）非经济因素的重要性因子 T_{f} 的计算分三个步骤

1）确定单一非经济因素对于不同候选场址的重要性。即就单一因素将被选场址两两比较，令较好的比重值为 1，较差的比重值为 0。将各方案的比重除以所有方案所得比重之和，得到单一因素相对于不同场址的重要性因子 T_{d}，用公式表示则为

$$T_{\mathrm{d}}=\frac{W_j}{\sum_{j=1}^{k}W_j} \tag{5-13}$$

式中　T_{d}——单一因素对于备选场址 j 的重要性因子；

W_j——单一因素所获得的比重值；

$\sum_{j=1}^{k}W_j$——单一因素对于各备选场址的总比重和。

2）确定各个因素的权重比率。对于不同的因素，确定其权重比率 G_i，G_i 的确定可以用上面两两相比的方法，也可以由专家根据经验确定。所有因素的权重比率之和为 1。

3）将单一因素的重要性因子乘以其权重，将各种因素的乘积相加，得到非经济因素对各

个候选场址的重要性因子 T_f。公式为

$$T_f = \sum_{i=1}^{k} G_i T_{di} \tag{5-14}$$

式中 T_{di}——非经济因素 i 对备选场址的重要程度；

G_i——非经济因素 i 的权重比率；

k——非经济因素的数目。

(3) 将经济因素的重要性因子和非经济因素的重要性因子按重要程度叠加，得到该场址的重要性指标 C_t。

$$C_t = MT_j + NT_f \tag{5-15}$$

式中 T_j——经济因素重要性因子；

T_f——非经济因素重要性因子；

M——经济因素的相对重要性；

N——非经济因素的相对重要性；

C_t——场址的重要性指标。

例 5-6 某公司拟建一爆竹加工厂，有三处待选场址 A、B、C，重要经济因素成本如表 5-14 所示，非经济因素主要考虑政策法规、气候因素和安全因素。就政策法规而言，A 地最宽松，B 地次之，C 地最次；就气候而言，A 地、B 地相平，C 地次之；就安全而言，C 地最好，A 地最差。据专家评估，三种非经济因素比重为 0.5、0.4 和 0.1。要求用因次分析法确定最佳场址。

表 5-14 不同经济因素的生产成本

经济因素 \ 生产成本/万元	A	B	C
原材料	300	260	285
劳动力	40	48	52
运输费	22	29	26
其他费用	8	17	12
总成本	370	354	375

解 (1) 首先确定经济性因素的重要性因子 T_j

$$\frac{1}{c_1} = \frac{1}{370} = 2.703 \times 10^{-3}$$

$$\frac{1}{c_2} = \frac{1}{354} = 2.833 \times 10^{-3}$$

$$\frac{1}{c_3} = \frac{1}{375} = 2.667 \times 10^{-3}$$

则

$$\sum_{i=1}^{3} \frac{1}{c_i} = 8.203 \times 10^{-3}$$

$$T_{jA} = \frac{1}{c_1} \Big/ \left(\sum_{i=1}^{3} \frac{1}{c_i} \right) = \frac{2.703}{8.203} = 0.330$$

同理
$$T_{jB} = \frac{2.833}{8.203} = 0.345$$

$$T_{jC} = \frac{2.667}{8.203} = 0.325$$

（2）确定非经济因素的重要性因子 T_f。

首先确定单一因素的重要性因子 T_d。

1）政策法规比较如表 5-15 所示。

表 5-15　政策法规比较表

场　址	两两相比			比　重　和	T_d
	A—B	A—C	B—C		
A	1	1		2	2/3
B	0		1	1	1/3
C		0	0	0	0

2）气候因素比较如表 5-16 所示。

表 5-16　气候因素比较表

场　址	两两相比			比　重　和	T_d
	A—B	A—C	B—C		
A	1	1		2	2/4
B	1		1	2	2/4
C		0	0	0	0

3）安全因素比较如表 5-17 所示。

表 5-17　安全因素比较表

场　址	两两相比			比　重　和	T_d
	A—B	A—C	B—C		
A	0	0		0	0
B	1		0	1	1/3
C		1	1	2	2/3

现将各因素汇总如表 5-18 所示。

表 5-18　各因素比较汇总表

因素 \ 场址	A	B	C	权　重
政策法规	2/3	1/3	0	0.5
气候因素	2/4	2/4	0	0.4
安全因素	0	1/3	2/3	0.1

（3）计算各场址非经济因素重要性因子 T_f

$$T_{fA} = \frac{2}{3} \times 0.5 + \frac{2}{4} \times 0.4 = 0.533$$

$$T_{fB} = \frac{1}{3} \times 0.5 + \frac{2}{4} \times 0.4 + \frac{1}{3} \times 0.1 = 0.4$$

$$T_{fC} = \frac{2}{3} \times 0.1 = 0.067$$

（4）计算总的重要性指标 C_t

$$C_t = MT_j + NT_f$$

假定经济因素和非经济因素同等重要。

则

$$M = N = 0.5$$

$$C_{tA} = 0.5 \times 0.330 + 0.5 \times 0.533 = 0.4315$$

$$C_{tB} = 0.5 \times 0.345 + 0.5 \times 0.4 = 0.3725$$

$$C_{tC} = 0.5 \times 0.325 + 0.5 \times 0.067 = 0.196$$

根据以上计算，A场址重要性指标最高，故选A作为建厂场址。

3. 层次分析法（AHP法）

层次分析法是一种将定性分析与定量分析相结合的系统分析方法，是分析多目标、多准则的复杂大系统的有力工具。它最适宜解决那些难以完全用定量方法进行分析的决策问题。将AHP法引入决策，是决策科学化的一大进步。用层次分析法分析问题一般要经过以下四个步骤：

（1）建立层次结构模型。在深入分析实际问题的基础上，将有关的各个因素按照不同属性自上而下地分解成若干层次，同一层的诸因素从属于上一层的因素或对上层因素有影响，同时又支配下一层的因素或受到下层因素的作用。最上层为目标层，通常只有1个因素，最下层通常为方案或对象层，中间可以有一个或几个层次，通常为准则或指标层。当准则过多时应进一步分解出子准则层。

（2）构造成对比较阵。从层次结构模型的第2层开始，对于从属于（或影响）上一层每个因素的同一层诸因素，用成对比较法和1—9比较尺度构建成对比较阵，直到最下层。其中，1—9比较尺度是指两两相比的比值取1、3、5、7、9或其倒数。

（3）计算权重向量并做一致性检验。对于每一个成对比较阵计算最大特征根及对应特征向量，利用一致性指标、随机一致性指标和一致性比率做一致性检验。若检验通过，特征向量（归一化后）即为权向量；若不通过，需重新构建成对比较阵。

（4）计算组合权重向量并做组合一致性检验。计算最下层对目标的组合权向量，并根据公式做组合一致性检验，若检验通过，则可按照组合权向量表示的结果进行决策；否则需要重新考虑模型或重新构造那些一致性比率较大的成对比较阵。

由于层次分析法是系统工程课程的重点，此处不进行深入理论讲解，只介绍层次分析法在场址选择中的应用。不熟悉该方法的读者请参阅相关系统工程教材。

例5-7　某市欲建立一家木材批发中心，经过多方调研，提出 P_1、P_2、P_3 三个待选场址，三个地点各有优缺点，现从交通便利程度、经济合理性、可持续发展性三个方面运用层次分析法进行评价选址。

1）建立层次结构模型，如图5-2所示。

2）构造成对比较阵，如表5-19所示。

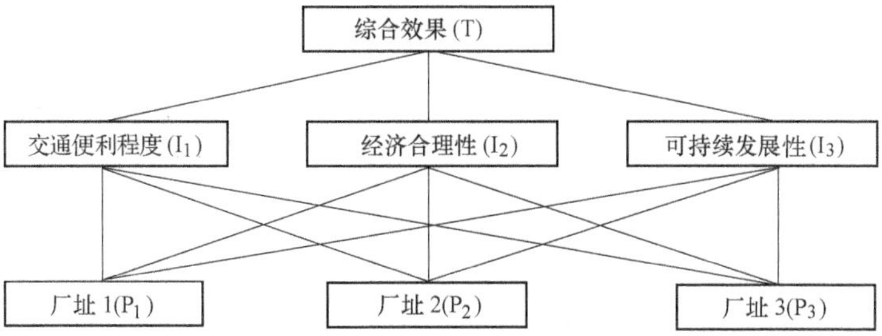

图 5-2　层次结构模型

表 5-19　权向量计算及一致性检验

T	I_1	I_2	I_3	W_i	W_i^0	λ_i	λ_{max}	C. R.
I_1	1	1/3	2	0.874	0.230	3.002	3.004	0.004 <0.1
I_2	3	1	5	2.466	0.648	3.004		
I_3	1/2	1/5	1	0.464	0.122	3.005		
I_1	P_1	P_2	P_3	W_i	W_i^0	λ_i	λ_{max}	C. R.
P_1	1	1/3	1/5	0.406	0.105	3.036	3.039	0.038 <0.1
P_2	3	1	1/3	1.000	0.258	3.040		
P_3	5	3	1	2.466	0.637	3.040		
I_2	P_1	P_2	P_3	W_i	W_i^0	λ_i	λ_{max}	C. R.
P_1	1	2	7	2.410	0.592	3.015	3.014	0.013 <0.1
P_2	1/2	1	5	1.357	0.333	3.016		
P_3	1/7	1/5	1	0.306	0.075	3.012		
I_3	P_1	P_2	P_3	W_i	W_i^0	λ_i	λ_{max}	C. R.
P_1	1	3	1/7	0.754	0.149	3.079	3.080	0.077 <0.1
P_2	1/3	1	1/9	0.333	0.066	3.082		
P_3	7	9	1	3.979	0.785	3.080		

3）计算权重向量并做一致性检验。将判断矩阵 $\boldsymbol{A}$ 的各个行向量进行几何平均，然后归一化，得到的列向量就是权重向量。其公式为

$$\omega_i = \frac{\left(\prod_{j=1}^{n} a_{ij}\right)^{\frac{1}{n}}}{\sum_{k=1}^{n}\left(\prod_{j=1}^{n} a_{kj}\right)^{\frac{1}{n}}} \qquad i = 1, 2, \cdots, n \tag{5-16}$$

第一步：将判定矩阵的元素按行相乘得一新向量。

第二步：将新向量的每个分量开 n 次方。

第三步：将所得向量归一化后即为权重向量。

为了讨论一致性，需要计算矩阵最大特征根 λ_{max}。其求解除常用的特征根方法外，还可使用公式：

$$\lambda_{max} = \sum_{i=1}^{n} \frac{(\boldsymbol{AW})_i}{n\omega_i} = \frac{1}{n}\sum_{i=1}^{n}\frac{\sum_{j=1}^{n} a_{ij}\omega_j}{\omega_i} \tag{5-17}$$

计算一致性指标 C. I. :

$$\text{C. I.} = \frac{\lambda_{\max} - n}{n-1} \tag{5-18}$$

计算一致性比例 C. R. :

$$\text{C. R.} = \frac{\text{C. I.}}{\text{R. I.}} \tag{5-19}$$

当 C. R. <0.1 时，认为判断矩阵的一致性是可以接受的；当 C. R. ≥0.1 时，应该对判断矩阵做适当修正。其中 R. I. 通过查表 5-20 可知为 0.52。

表 5-20　平均随机一致性指标 R. I.

矩阵阶数	1	2	3	4	5	6	7	8
R. I.	0	0	0.52	0.89	1.12	1.26	1.36	1.41
矩阵阶数	9	10	11	12	13	14	15	
R. I.	1.46	1.49	1.52	1.54	1.56	1.58	1.59	

4）计算组合权向量并做组合一致性检验，如表 5-21 所示。

表 5-21　组合权向量计算

项　目	I_1	I_2	I_3	P_j
	0.230	0.648	0.122	
P_1	0.105	0.592	0.149	0.426
P_2	0.258	0.333	0.066	0.283
P_3	0.637	0.075	0.785	0.291

组合一致性检验如下

$$\text{C. R.} = \frac{\sum_{j=1}^{m} I_j \times \text{C. I.}_j}{\sum_{j=1}^{m} I_j \times \text{R. I.}_j} \tag{5-20}$$

$$= \frac{0.230 \times 0.002 + 0.648 \times 0.02 + 0.122 \times 0.04}{0.230 \times 0.52 + 0.648 \times 0.52 + 0.122 \times 0.52} = 0.035 < 0.1$$

故组合权向量通过一致性检验。由计算可知，场址 P_1 为最佳方案。

思考与练习题

1. 场址选择可以分为________和________两个过程。
2. 场址选择可分为________、________和________三个阶段。
3. ________方法着眼于确定产量的临界点来寻求成本最低的设施选址方案。
4. 对非经济因素进行量化一般可采用________。
5. 因次分析法是将________和________按相对重要程度统一起来。
6. 某企业已在 S_1 和 S_2 设有两个工厂，生产的产品供应给 D_1、D_2、D_3、D_4 四个城市。由于需求量增大，该企业决定在 S_3 和 S_4 两地选一个地方建新厂，各厂单位产品的生产费用及各厂至四个城市的运输费用如表 5-22 所示。试用线性规划——运输法选择一个最佳厂址。

表 5-22　各厂单位产品的生产费用及各厂至四个城市的运输费用

至 从	运输费用/万元				年产量/台	生产成本/万元
	D_1	D_2	D_3	D_4		
S_1	0.35	0.5	0.65	0.15	5 500	7.0
S_2	0.20	0.30	0.5	0.30	7 000	7.5
S_3	0.80	0.50	0.38	0.75	12 500	6.7
S_4	0.18	0.05	0.15	0.65	12 500	7.0
年需求量/台	7 000	8 000	4 000	6 000	—	—

7. 某市要为废品处理总站选择一个最适用的地点。现有废品处理分站坐落在下列坐标（x，y）上：一分站（40，120），二分站（65，40），三分站（110，90），四分站（10，130）。每月从各分站运往总站的废品数量将为：一分站 300 车，二分站 200 车，三分站 350 车，四分站 400 车。试用重心法找出总站最好的坐落地点。如果该地点未被当地政府接受，而只限于两个被选地点，一个坐落在 A（25，30），另一个坐落在 B（70，150），试问总站设在哪个地点最好？

8. 评价指标数量化方法有几种？请分别叙述这些方法的特点和实施步骤。

9. 评价指标综合的方法有几种？如何运用这些方法排出方案的优劣顺序？

10. 某计划区域由两个资源厂（A_1、A_2）向四个需求用户（B_1、B_2、B_3、B_4）供应某种物资。拟定 D_1、D_2、D_3 为设置网点的备选地址，各网点资源量、需求量和相互之间的运价系数如表 5-23 所示。不考虑网点建设投资，试制定该区域的网点布局方案。

表 5-23　各网点资源量、需求量和相互之间的运价系数

费用系数 汇 源	D_1	D_2	D_3	B_1	B_2	B_3	B_4	资源量/t
A_1	1	2	3	4	5	4	3	4 000
A_2	6	4	3	7	6	3	5	6 000
D_1				5	3	1	3	
D_2				1	2	3	4	
D_3				8	7	6	5	
需求量/t	5 500	5 500	5 500	2 000	3 000	1 500	3 500	

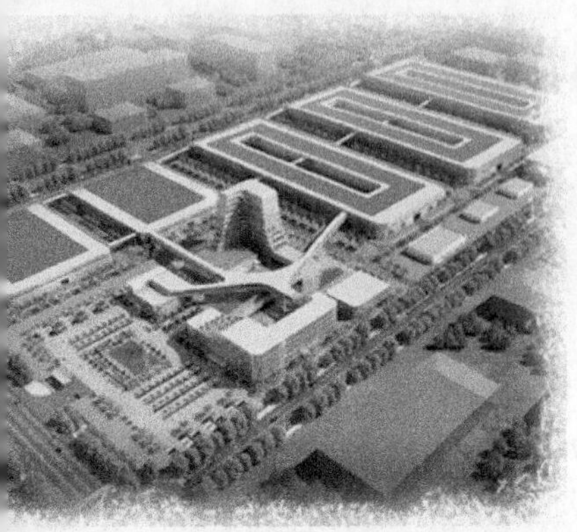

第 6 章 工厂布局设计

“设施（Facilities）”是指物理工厂、配送中心、服务中心及其相关装备。因此设施的规划和设计是设计生产系统和服务系统的一项重要内容。我国习惯于用“工厂设计”这一名词，工厂就是工业设施，但只是设施规划的一部分。随着工业工程学科的发展，不仅工业各部门，而且各种服务业也都包含在研究开发对象的范围内，也就是将工厂规划、设计的各种原则和方法扩大到非工业设施，包括各种服务设施，如医院、机场、连锁超级市场等。

6.1 设施规划概述

6.1.1 设施规划与设计的研究范围

设施规划与设计的研究范围非常广泛。例如在工业设施的规划与设计过程中，涉及土木建筑、机械、电气、化工等多种工程专业。从工业工程的角度考察，设施规划与设计由场址选择与设施设计两部分组成；设施设计又分为布置设计、物料搬运系统设计、建筑设计、公用工程设计及信息系统设计五个相互关联的部分，如图 6-1 所示。

（1）场址选择。任何一个生产或服务系统不能脱离环境而单独存在。外界环境对生产或服务系统输入原材料、劳动力、能源、科技和社会因素；同时，生产或服务系统又对外界环境输出其产品、服务、废弃物等。因此，生产系统或服务系统不断受外界环境影响而改变其活动；同时，生产或服务系统的活动结果又不断改变其周围环境。为此，生产或服务系统所在的地区和具体的位置对系统的运营是非常重要的。

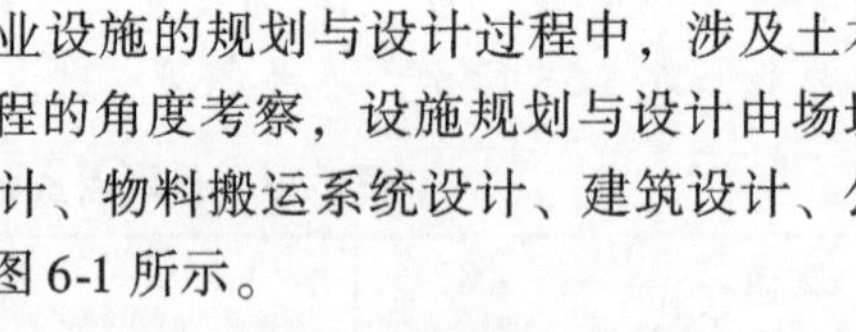

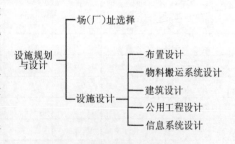

图 6-1　设施规划与设计组成

场址选择就是对可供选择的地区和具体位置的有关影响因素进行分析和评价，达到场址最优化。场址选择是一个通用的概念，适用于各种类型设施的规划与设计，对于工矿企业又常用厂址选择代替，有时对“场址”与“厂址”的细微差异不加区分。

（2）工厂布局设计。生产系统是由建筑物、机器设备、运输通道等组成的。服务系统也是由许多部门组成的，如饭店往往由餐厅、厨房、仓库等多个部门组成。各种系统内各组成部分相互之间的位置关系又直接决定了系统的运营效率，对系统的各组成部分进行位置布置是设施规划与设计中的中心内容。工厂布局设计就是通过对系统物流、人流、信息流进行分析，对建筑物、机器、设备、运输通道和场地做出有机的组合与合理配置，达到系统内部布置最优化。

工厂布局设计（Plant Design）是设施规划与设计的一个最为重要且最为成熟的研究领域，其主要研究范围包括：工厂平面布置、物料搬运、仓储、能源管理及办公室布置等。在制造业中，工厂布局设计主要是确定工厂的生产部门、辅助服务部门和管理部门的位置，合理和有效的工厂布局设计对提高企业的生产效益、降低成本起着重要的作用。

（3）物料搬运系统设计。根据资料统计分析，产品制造费用的 20% ~50% 是用于物料搬运的，因此，现代管理理论都非常注重物料搬运系统。物料搬运系统设计就是对物料搬运路线、运量、搬运方法和设备、储存场地等做出合理安排。在物料搬运系统设计中，SHA 是一种重要的设计分析方法，其分析方法、分析程序与系统布置设计（SLP）非常相似。

（4）建筑设计。设施规划与设计中，需根据建筑物和构筑物的功能和空间的需要，满足安全、经济、适用、美观的要求，进行建筑和结构设计。建筑设计需要土木建筑各项专业知识。

（5）公用工程设计。生产或服务系统中的附属系统包括热力、煤气、电力、照明、给水排水、采暖通风及空调等系统，通过对这类公用设施进行系统、协调的设计，可为整个系统的高效运营提供可靠的保障。

（6）信息网络设计。对于工矿企业来说，各生产环节生产状况的信息反馈直接影响生产调度、管理，反映出企业管理的现代化水平。随着计算机技术的应用，信息网络系统的复杂程度也大幅提高。信息网络系统设计也就成为设施设计中的一个组成部分。

设施规划一般都是面向制造工厂的。制造设施规划的研究范围可以有更具体的内容：对于各种设施（设备）与人员的数量寻求最佳组合，以达到最恰当的生产结构；决定各种设备（包括生产设备、物料搬运设备、存取设备、辅助设备等）、物料及人员的作业空间需求；分析各种制造工艺活动的关系，求得各工艺活动空间合理的相关位置；分析物料的接收、制造、存储、出货等整体过程，安排其流程、路径与时序，以期获得良好的物料搬运及人员流通效益。通过各项设施的妥善安排与规划，不仅可减少对环境的负面影响，且能对长期的环境与组织发展产生更积极的影响和效益。

6.1.2　设施规划的目标与原则

1. 设施规划的目标

一个设施是一个有机的整体，由相互关联的子系统组成，因此必须以设施系统自身的目标作为整个规划设计活动的中心。设施规划总的目标是使人力、财力、物力和人流、物流、信息流得到最合理、最经济、最有效的配置和安排，即要确保规划的企业能以最小的投入获取最大的效益。不论是新设施的规划还是旧设施的再规划，典型的目标是：

（1）简化加工过程，缩短生产周期，生产流程的均衡性好。

（2）有效地利用设备、空间、能源和人力资源。

（3）搬运的最佳化。

（4）对布置变更的应对能力强。

（5）力求投资最低，生产的经济性好。

（6）保护环境，为职工提供方便、舒适、安全和符合职业卫生的条件。

上述目标相互之间往往存在冲突，必须要用恰当的指标对每一个方案进行综合评价，达到总体目标的最优化。

2. 设施规划的原则

为了实现上述目标，现代设施规划与设计应遵循如下原则：

(1) 减少或消除不必要的作业，是提高企业生产率和降低消耗的最有效方法之一。只有在时间上缩短生产周期，空间上减少占地，物料上减少停留、搬运和库存，才能保证投入的资金最少、生产成本最低。

(2) 以流动的观点作为设施规划的出发点，并贯穿在规划设计的始终。因为生产系统的有效运行依赖于人流、物流、信息流的合理化。

(3) 运用系统的概念。用系统分析的方法求得系统的整体优化。

(4) 重视人的因素，运用人机工程理论进行综合设计，并要考虑环境的条件，包括空间大小、通道配置、色彩、照明、温度、湿度、噪声等因素对人的工作效率和身心健康的影响。

(5) 设施规划设计是从宏观到微观，又从微观到宏观的反复迭代、并行设计的过程。要先进行总体方案布置设计，再进行详细布置；而详细布置设计方案又要反馈到总体布置方案中，对总体方案进行修正。

总之，设施规划与设计就是要综合考虑各种相关因素，对生产系统或服务系统进行分析、规划、设计，使系统资源得到合理的配置。

如果设施规划布置不合理，生产系统常会出现的问题有：发生无效的搬运或移动，仓库和作业现场复杂，搬运距离较远，搬运成本比较高，作业场所和过道混乱，等待时间比较长，作业效率不高，生产流程的均衡性差等。

6.1.3 设施规划与设计的阶段结构

设施规划与设计工作贯穿工程项目发展周期中前期可行性研究与设计阶段，因此，设施规划与设计必然也存在与时间有关的阶段结构。正如缪瑟所指出的那样，设施规划与设计“有一个与时间有关的阶段结构”，并且各阶段是依次进行的；阶段与阶段之间应互相搭接；每个阶段应有详细进度；阶段中自然形成若干个审核点。图6-2体现了这种阶段结构。这种结构形成了从整体到局部、从全局到细节、从设想到实际的设计次序。即前一阶段工作在较高层次上进行，而后一阶段工作以前一阶段的工作成果为依据，在较低层次上进行；各阶段之间相互影响，交叉并行。因此，设施规划与设计必须按照“顺序交叉”方式进行工作。表6-1列出了设施规划与设计阶段结构的成果和工作。

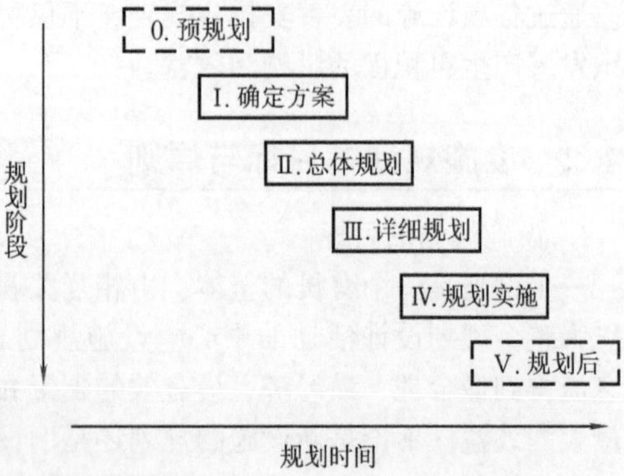

图6-2 设施规划与设计的阶段结构

表6-1 设施规划与设计的阶段结构

阶　段	0	Ⅰ	Ⅱ	Ⅲ	Ⅳ	Ⅴ
名　称	预规划	确定方案	总体规划	详细规划	规划实施	规划后
成　果	确定目标	分析并确定位置及其外部条件	总体规划	详细规划	设施实施计划	竣工试运转

（续）

阶段	0	Ⅰ	Ⅱ	Ⅲ	Ⅳ	Ⅴ
名称	预规划	确定方案	总体规划	详细规划	规划实施	规划后
主要工作内容	制定设施要求预测，估算生产能力及需求量	确定设施要求生产能力及需求量	按规划要求做总体规划及总布置图	按规划要求做详细规划及详细布置图	制定进度表或网络图	项目管理（施工、安装、试车及总结）
财务工作	财务平衡	财务再论证	财务总概算比较	财务详细概算	筹集资金	投资

6.1.4 设施规划（布局设计）设计方法

工厂布局（Plant Layout）是设施规划与设计的核心，必须首先进行。布局设计也是物流系统设计分析的重要一环，它既受到生产物流系统其他设计环节的影响，也对生产物流系统的其他设计环节产生影响。布局设计方法可分为：

（1）摆样法。这是最早的布局方法。它利用二维平面比例模拟方法，将按一定比例制成的样片在同一比例的平面图上表示设施系统的组成、设施、机器或活动，通过相关关系的分析，调整样片位置可得较好的布置方案。这种方法适用于较简单的布局设计，对复杂的系统该法就不能十分准确，而且花费时间较多。

（2）数学模型法。运用运筹学、系统工程中的模型优化技术（如线性规划、随机规划、多目标规划、运输问题、排队论等）研究最优布局方案，为工业工程师提供数学模型，以提高系统布置的精确性和效率。但是用数学模型解决布局问题存在两大困难。首先，当问题的条件过于复杂时，简化的数学模型很难得出符合实际要求的准确结果；其次，布局设计最终希望得到布局图，但用数学模型得不到。利用数学模型和计算机辅助设计（CAD）相结合起来的系统布局软件是解决布局问题的一种好方法。

（3）图解法。它产生于20世纪50年代，有螺线规划法、简化布置规划法及运输行程图等。其优点在于将摆样法与数学模型结合起来，但在实践中应用较少。

（4）系统布置设计（Systematic Layout Planning，SLP）法。缪瑟除了提出系统化工业设施规划（SPIF）外，还对于工厂布局等五个子系统提出了一套统一化、系统化的规划设计方法，即系统布局的SLP法。这是当前工厂布局设计的主流方法。

6.1.5 工厂布局的基本原始资料

工厂布局设计需要的主要原始资料是产品及其生产纲领和生产工艺过程。次要资料有两种，即支持生产的辅助服务部门和时间的安排。

（1）产品（P，Product）和产量（Q，Quantity）。产品及其产量是指工厂要生产的产品型号、系列、规格、产量和年生产量。这些因素影响到设施的组成及其相互关系、选用设备的类型、物料搬运的方式等。各类产品的产量由年度生产纲领提供，常用件数、质量或销售价值来表示。这一因素对设施规模、设备数量、运输量、建筑面积均产生重要影响。

（2）工艺过程（R，Route）。这包括由熟悉本行业先进生产工艺的工程技术人员或专业咨询公司提供的工艺过程表、工艺路线卡、装配工艺卡等工艺文件。工艺过程将对生产单位的物流系统组成、物料搬运路线、仓库位置等有重要影响。

(3) 辅助服务部门（S，Service）。这是指支持生产运行的工厂各辅助部门，如工具领取和维修部门、动力部门、各公用设施管理部门等。需要的辅助部门及其规模大小都要在工厂布局设计时确定。

(4) 时间安排（T，Time）。这是指产品的生产周期、投产的批量与批次、各种操作时间定额标准等。这些数据资料可以在设计过程中用于估算设备的数量、需要的面积和人员、各生产单位之间的平衡等。

有了以上P、Q、R、S、T等五方面的原始资料，就能着手布局设计。

不论采用何种方法，设施规划（布局设计）均要解决以下四个具体问题：企业应包括哪些生产活动单元（作业单位）；每个单元需要多大空间；每个单元空间的形状如何；每个单元在规划范围内的位置（相对/绝对）。其中，企业应包括哪些生产活动单元要从影响生产活动单元构成的因素来考虑。要考虑产品品种及产品的结构、工艺特点，考虑企业的生产专业化形式和生产集成度，还要考虑企业规模。不解决这四个具体问题，就不能算是布局设计或设施规划，只能算是数学模型求解而已。

6.1.6 系统布置设计（SLP）模式

在制造业中，工厂布局设计主要是确定工厂的生产部门、辅助服务部门和管理部门的位置。合理和有效的工厂布置对提高企业的生产效益、降低成本起着重要的作用。最具代表性的工厂布局设计方法是缪瑟提出的SLP法，该方法提出了作业单位相互关系密级表示法，使布置设计由定性阶段发展到定量阶段。在缪瑟提出的SLP中，是把P、Q、R、S及T作为给定的基本要素（原始资料），作为布置设计工作的基本出发点。SLP程序如图6-3所示。一般

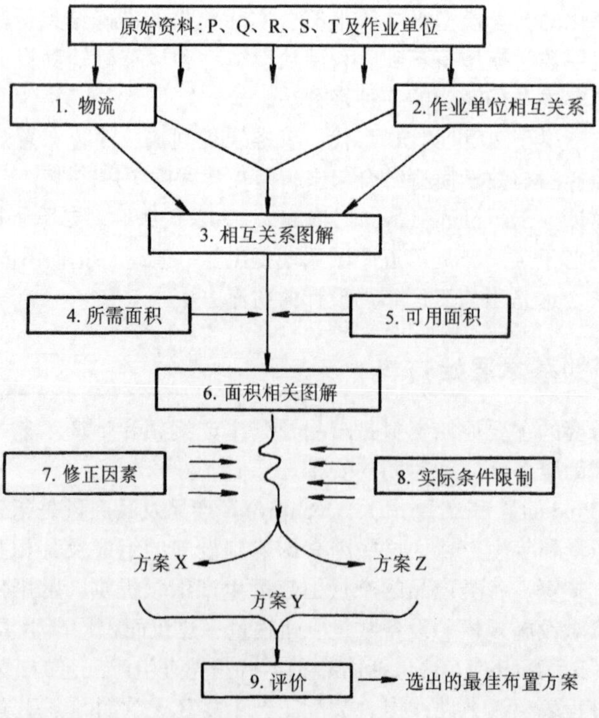

图6-3　SLP程序图

经过下列步骤：

（1）准备原始资料。在系统布置设计开始时，首先必须明确给出基本要素——P、Q、R、S 及 T 等这些原始资料，同时也需要对作业单位的划分情况进行分析，通过分解与合并，得到最佳的作业单位划分状况。所有这些均作为系统布置设计的原始资料。

（2）物流分析与作业单位相互关系分析。针对某些以生产流程为主的工厂，当物料移动是工艺过程的主要部分时（如一般的机械制造厂），物流分析是布置设计中最重要的方面；对某些辅助服务部门或某些物流量小的工厂来说，各作业单位之间的相互关系（非物流联系）对布置设计就显得更重要了。介于上述两者之间的情况，则需要综合考虑作业单位之间的物流与非物流相互关系。物流分析结果可以用物流强度等级及物流相关表来表示，非物流的作业单位间的相互关系可以用量化的关系密级及相互关系表来表示。在需要综合考虑作业单位间物流与非物流的相互关系时，可以采用简单加权的方法将物流相关表及作业单位相互关系表综合成综合相互关系表。

（3）绘制作业单位位置相关图。根据物流相关表与作业单位相互关系表，考虑每对作业单位间相互关系等级的高或低，决定两作业单位相对位置的远或近，得出各作业单位之间的相对位置关系，在有些资料中也称之为拓扑关系。这时并未考虑各作业单位具体的占地面积，从而得到的仅是作业单位相对位置，称为位置相关图。

（4）作业单位占地面积计算。各作业单位所需占地面积与设备、人员、通道及辅助装置等有关。计算出的面积应与可用面积相适应。

（5）绘制作业单位面积相关图。把各作业单位占地面积附加到作业单位位置相关图上，就形成了作业单位面积相关图。

（6）修正。作业单位面积相关图只是一个原始布置图，还需要根据其他因素进行调整与修正。此时需要考虑的修正因素包括物料搬运方式、操作方式、储存周期等，同时还需要考虑实际限制条件，如成本、安全等。考虑了各种修正因素与实际限制条件以后，对面积图进行调整，得出数个有价值的可行工厂布置方案。

（7）方案评价与择优。针对得到的数个方案，需要进行技术、费用及其他因素评价，通过对各方案比较评价，选出或修正设计方案，得到布置方案图。

依照上述说明可以看出，SLP 是一种采用严密的系统分析手段及规范的系统设计步骤的布置设计方法，具有很强的实践性。

6.1.7　工厂布局形式

1. 设施布置的常规布局形式

设施布置又可分为产品原则布置、工艺原则布置、固定式布置及成组原则布置四种形式。每一种设施布置形式各有特点，分别适用于不同的生产类型：

（1）产品原则布置（Product Layout）。产品原则布置也称为流水线布置或对象原则布置。当产品品种很少而生产数量又很大时，应按产品的加工工艺过程顺序配置设备，形成流水生产线，这是大量生产中典型的设备布置方式。产品原则布置是按产品的加工、装配工艺过程顺序配置各道工序所需设备、人员及物料的，因此能最大限度地满足固定品种的产品的生产过程对空间和时间的客观要求，生产效率非常高，单件产品生产成本低，但生产适应性即柔性差，适用于少品种大量生产。

（2）工艺原则布置（Process Layout）。工艺原则布置也称为机群式布置。这种布置形式的特点就是把同种类型的设备和人员集中布置在一个地方，如车床工段、铣床工段、刨床工段与磨床工段就是分别把车床、铣床、刨床和磨床各自集中布置在一个地方。这种布置方式便于调整设备和人员，容易适应产品的变化，生产系统的柔性大大增加，但是，当工件需要经过多种设备进行加工时，工件就不得不往返于各工序之间，增加了产品搬运次数与搬运距离，常常带来物料交叉搬运与逆向流动的问题。这种布置形式通常适用于单件生产及多品种小批量生产模式。

（3）固定式布置（Fixed Production Layout）。固定式布置应用于特大型装备的制造。制造过程中，先把装备的基座、机架或主机定位在固定的安装位（如船台）上，然后再将其他材料和零部件均向固定的安装位流动完成各制造工序，如图6-4所示。

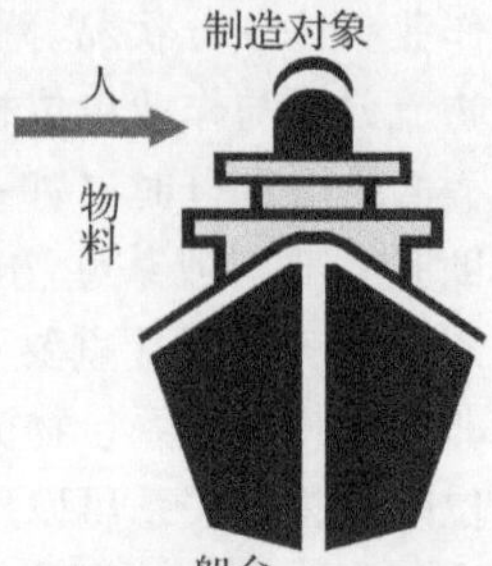

图6-4 固定式布置

产品原则布置、工艺原则布置和固定式布置的比较如表6-2所示。

表6-2 各种布置的比较

特 性	产品原则布置	工艺原则布置	固定式布置
生产形态	连续、大量生产	单件、成批生产	项目型生产
生产对象的流程	按产品连续流程	按订单多种流程	生产对象固定，设备移动
搬运费用	低	非常高	高
设施利用率	高	低	低
生产设备	专用设施	通用设施	通用设施
布置变更费用	高	比较低	低
布置的侧重点	生产线平衡	工作地（设备）	作业分配及日程控制

（4）成组原则布置（Group Layout）。精益生产的一个核心原则是非工艺流程型布局，与工艺流程型布局相比，它将相似的设备装置成组地环绕摆放。成组原则布置又称为混合原则布置。在产品品种较多、每种产品的产量又是中等程度的情况下，将工件按其外形与加工工艺的相似性进行编码分组，同组零件用相似的工艺过程进行加工，同时将设备成组布置，即把使用频率高的机器群按工艺过程顺序布置组合成成组制造单元，整个生产系统由数个成组制造单元构成。这种布置方式既有流水线的生产效率又有机群式布置的柔性，可以提高设备开工率、减少物流量及加工时间。成组原则布置适用于多品种、中小批量的生产类型。

成组原则布置包括单元生产布置和柔性布置两种。柔性布置又可细分为柔性制造单元（FMC）和柔性制造系统（FMS）两种形式。

2. 单元生产布置方式

企业面临多品种（不一定是小批量）的买方市场时，必须改变原有的经营思想，调整生产布置结构。索尼公司率先提出了适应性更强的单元生产方式（Cell Production）。单元生产方式具有建立容易、调整方便、品种切换时间快、大型设备投资少等无可比拟的特点，它以极少的产能调整费用，实现生产线随市场变化而同步同量增减产能，避免了订单高低起伏变化带来的产能不足与过剩。

单元生产布置方式本质上属于成组原则布置。单元生产布置方式具体表现形式是单元生产线，简称单元线。一条单元线要配备完成生产任务所必需的最少的相关设备、工位器具和操作员。所以，单元线是一种能独立完成某类生产，但产能较小的生产组织。工厂用于制造的资源可以被组合成为数目众多、产能较小的单元线。单元线是工序一体化、职能一体化的生产单元。

（1）单元生产布置方式的优势

1）时间流失最少化。

① 通过压缩单次切换时间，分流切换次数，避免无效切换，可大大减少切换带来的时间损失，使小批量从投产到产出所需时间大幅减少。

② 生产单元便于组合在空间上没有断点与隔离的各个工序，这样大大减少了多品种轮番上线生产时各工序节拍不统一所带来的等待、堆码、清点、寻找等时间损失。

③ 生产单元产能小，即人员少，也就是工序数目少，当然也就意味着每个工序所需完成的工作量大，生产节拍时间长。这样，各工序与最慢工序的时间差相对于较长生产节拍而言，其比例较小，即积累时间损失少。

④ 生产线可布置为工作量容易合并、工序容易转移的流水作业，工位可相互补偿，及时在线地调节工位时间，减少并消除等待时间。

⑤ 工序一体化的生产单元，信息流动十分顺畅，不会因为信息流动不畅而导致等待、生产过量的作业时间损失。

2）物流通畅。

① 生产单元工序一体化以及生产单元内生产流水线的布置，决定了半成品在各工序之间的转移实现了连续化的流动，使工序不存在半成品的堆积与滞留。

② 生产单元内流水布置、加工件单件连续流动的作业方法，使加工件从第一个工序投产，能够迅速流动到最后一个工序。

③ 材料及备件直接送到生产单元线，实现准时配送。

3）便于管理。

① 由于生产单元产能小，工序数目少，物流、信息流、人流简单，产生生产异常的机会变少。

② 因产品型号改变等原因而进行的生产线切换，被众多的生产单元所承受，每一个生产单元的切换次数较少。

③ 当市场订单量增加导致作业工时增加时，生产线随时能增插作业人员；当市场订单量减少导致作业工时减少时，生产线能及时抽减作业人员。

4）降低成本。

① 单个生产单元产能少，需要的设备少、场地少、人员少、投资少。

② 职能一体化的生产单元，可使隐藏冗员、闲杂人员的职能机构被撤销，精简了臃肿的职能机构，消减了许多间接作业人员（如管理人员、文员、秘书、物料控制员）。

5）技术积累。工程师深入生产一线，能够迅速解决生产技术问题。工位补偿能充分发挥员工智力资源，实现一员多能。

（2）单元生产方式实现的关键。要实现单元化生产，生产现场必须拥有下列三个关键能力：

1）较强的 IE 应用能力，能够迅速地修改标准操作程序，对作业进行重新调整与分配。

2）拥有一支训练有素、具有多种操作技能的员工队伍。

3）拥有对生产线进行抽减与增插所需要的作业人员，拥有使生产线高速正常运转的作业实施执行机构。

(3) 单元生产线生产方式的形态

1）单人方式。单元内以作业者为核心配备零件和加工工具，由一名作业者完成所有的加工配装工作，不再进行分工，这是单元制造方式的基本形态。单元内作业人员可以不受其他作业人员作业速度的影响，便于自主管理。

2）分工方式。单元内的工序由多人分工完成，即每人分担若干道工序。这种方式发生在完成一件产品所需工序较多时，或新工人对工序还不熟练、难以承担单元内所有工序的情况下的一种变通或过渡的形式。

3）巡回方式。巡回方式也称“追兔方式”，即单元内的若干名工人顺序排列，依次完成单元内全部工序，它可以在不增加车间作业面积、不增加作业人员数目的情况下达到迅速增加产量的目的；然而其作业的速度受限于单元内工作最慢的作业人员的速度。

图6-5所示为单元生产线生产方式的三种形态。

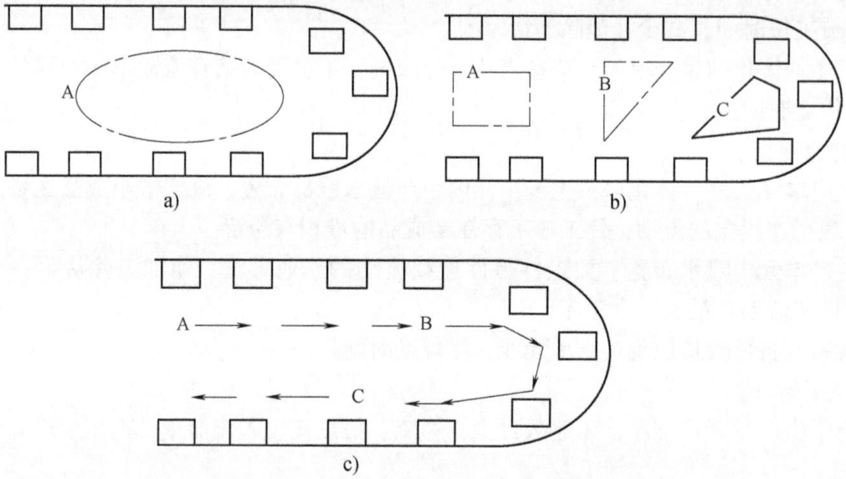

图6-5　单元生产线生产方式的三种形态

a）单人方式　b）分工方式　c）巡回方式

以上三种方式各有利弊，在实际操作中采取哪种方式，取决于作业者的熟练程度、在设备等方面的投资金额、产品的特性和尺寸大小等多项因素。

3. *PQ* 分析与布局形式

产品及其产量是指工厂要生产的产品型号、系列、规格、产量和年生产量，这些因素影响到设施的组成及其相互关系、选用设备的类型、物料搬运的方式等。各类产品的产量由年度生产纲领提供，常用件数、质量或体积来表示。这一因素对设施规模、设备数量、运输量、建筑面积均产生重要影响。对产品品种 *P*、产品产量 *Q* 做 *PQ* 分析，可画出如图6-6所示的产品 *PQ* 分析图。

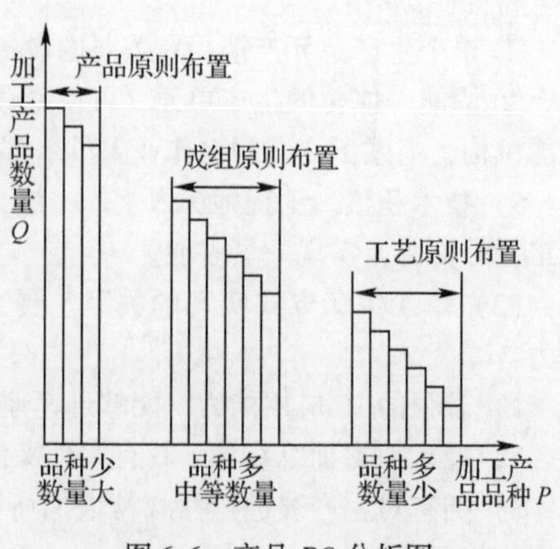

图6-6　产品 *PQ* 分析图

在产品 *PQ* 分析图中，*P*、*Q* 坐标位于左上部的产品，品种很少而生产数量又很大，应按产品原则即产品的加工工艺过程顺序布置设备；P、Q 坐标位于右下部的产品，生产品种多而数量小，应按工艺原则布置设备；P、Q 坐标位于中部的产品，产品品种较多而每种产品的产量又是中等，应按成组原则布置设备。

每种设施布置形式各有特点，分别适应不同的生产类型，如图 6-7 所示。

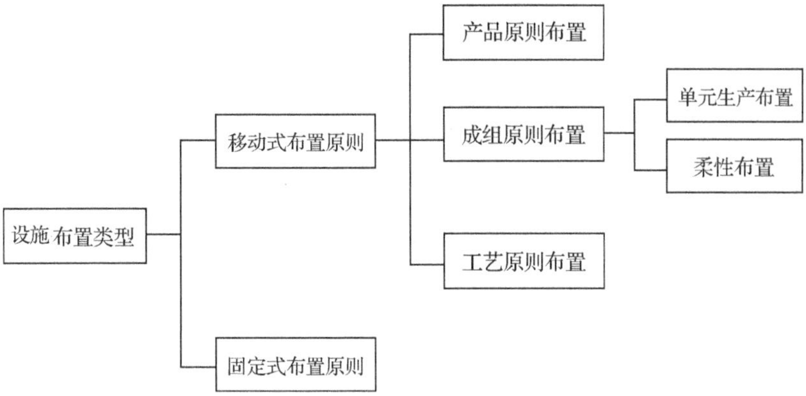

图 6-7　设施布置的基本形式

下面阐述一下产品型布局的特点：

(1) 在产品型流程布局中物料的流通更顺畅，但物料必须按照在路线上精确操作的次序移动。物料被运入生产流程的距离将更短。该用哪步程序，或何时何地该结束物料的传输都是很清楚的。

(2) 与产品型流程相关的是限制机器的生产能力，需要用生产单一零件的便宜的机器来代替可以生产各种不同的零件的，适应性强、快速但很昂贵的机器。

(3) 多步生产流程为适应特殊任务的单一、低成本装置提供了返还机会。产量平衡、看板、生产车间延伸、员工的参与及质量等通过产品型流程布局得到加强。

6.2　流程分析与空间需求分析

为了完成产品的加工，必须制定加工工艺流程，形成生产路线。流程和路线可以用工艺过程表、工艺路线卡、工艺过程图、装配工艺卡等表示。它影响着各作业单位之间的联系、物料搬运路线、仓库及堆放地的位置等方面。流程分析是工厂布局的前提。零件的流程是指此零件在整个工厂中的移动路径。流程分析不仅要考察每个零件在工厂中的路径，而且要使以下因素降到最低：①移动距离；②返回次数；③交叉运输；④生产费用。

6.2.1　流程分析的发展

流程分析是由基础工业工程的程序分析方法发展而来的。程序分析按照研究对象的不同，可以分为工艺程序分析、流程程序分析、布置与经路分析以及管理事务分析四种。工艺程序分析是以生产或工作的全过程为研究对象，从宏观上发现问题，为后面的流程程序分析、布置和经路分析做准备。工艺程序分析的工具是工艺程序图。工艺程序图是对生产全过程的概略描述，主要反映生产系统的概况以及各构成部分之间的相互关系。它将所描述对象的各组成部分，按照加工顺序或装配顺序从右至左依次画出，并注明各项材料和零件的进入点、规格、型号、加工时间和加工要求。流程程序分析以产品或零件的制造全过程为研究对象，把加工工艺划分为加工、检查、搬运、等待和储存五种状态加以记录，对产品和零件的整个制造过程进行详细分析，特别适用于对搬运、储存、等待等隐藏成本浪费的分析，以便让研究者进一步了解产品或零件制造全过程，为流程的进一步优化打下基础；为设施的优化布置提供必要的基础数据。流程程序分析的工具是流程程序图。布置和经路分析可以分为线路图和线图两种。线路图是在工厂简图或车间平面布置图上，以图示方式表明产品、物料或工人的实际流通线路。

用于基础工业工程流程分析的三种图（工艺程序图、流程程序图、线路图）都不能在反映工艺程序和流程程序关系的同时，全面反映对应的物流关系。为克服此缺陷，在SLP法中，采用了物流流程图来做流程分析。这种流程分析既可反映出工艺程序间的关系，又同时揭示了对应的物流关系。物流流程图有两种生成方式：一是直接在线路图上标示物流量，二是在工艺程序图上标示物流量。SLP法中通常采用在工艺程序图上标示物流量的物流流程图，这类物流流程图又称为工艺过程图。

6.2.2　工艺过程图

工艺过程图可以用来详细描述产品生产过程中各工序之间的关系，也可以用来描述全厂各部门之间的工艺流程，同时还描述了生产过程中各工序、各部门之间的物流关系。在描述全厂各部门之间产品工艺流程时，用操作符号表示加工与装配等生产车间，用储存符号表示仓储部门，用检验符号表示检验、试车部门。

下面以电瓶叉车总装厂为例，说明如何运用工艺过程图来进行物流分析的方法与步骤。叉车总的生产工艺过程可以分为零、部件加工阶段—总装阶段—试车阶段—成品储存阶段。由总厂负责完成重点零、部件的加工及总装工作，其他如转向桥、驱动桥、液压回路及平衡重由协作厂负责制造。为此，总厂设置了包括原材料库、机加工车间、总装车间等14个部门。依照工艺过程，各个部门分别负责不同阶段的工作。由于要完成的是电瓶叉车总装厂的总体布置设计，只需要了解部门与部门之间的联系，因此，在这里不必深入研究详细工艺过程的各道工序的工作细节，只需将工艺过程划分到部门级的工艺阶段。

（1）变速器的加工与组装。变速器由箱体、轴类零件、齿轮类零件及其他杂件和标准件等组成。变速器的制作工艺过程分为零件制作和组装两个阶段。轴类及齿轮类零件经过备料、退火、粗加工、热处理、精加工等工序，箱体毛坯由协作厂制作，经机加工车间加工送至变速器组装车间；杂件的制作经备料、机加工两个阶段。整个变速器成品质量为0.31t，其中标准件0.01t，箱体、齿轮、轴及杂件总质量为0.30t。加工过程中金属利用率为60%，即毛坯总质量为0.50t（0.30/0.60）；其中需经退火处理的毛坯质量为0.20t，机加工中需返回热处理车间再进行热处理的为0.10t，整个机加工过程中金属切除率为40%，则产生的铁屑等废料的质量约为0.20t（0.50×40%）。变速器加工工艺过程如图6-8所示。

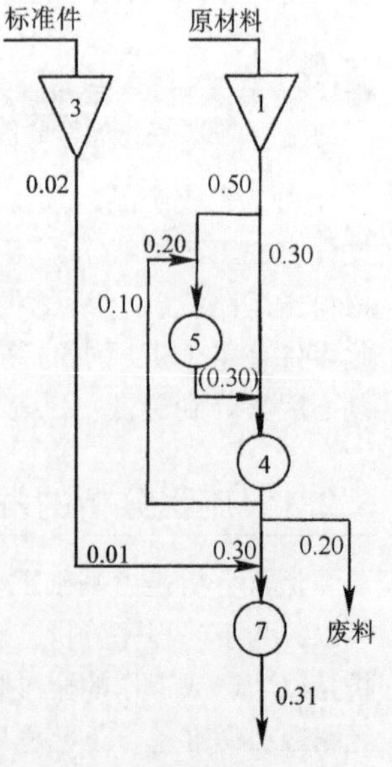

图6-8　变速器加工工艺过程（单位：t）

（2）随车工具箱的加工。随车工具箱质量为0.10t，其中一部分经备料、退火、粗加工、热处理、精加工等工艺流程完成加工，而另一部分只进行简单的冲压加工即可。随车工具箱加工工艺过程如图 6-9 所示。

(3) 车体加工。车体为焊接件，经备料、焊接、喷漆完成加工。车体加工工艺过程如图 6-10 所示。

(4) 液压缸加工。液压缸经备料、退火、粗加工、热处理、精加工等工序完成加工。液压缸加工工艺过程如图 6-11 所示。

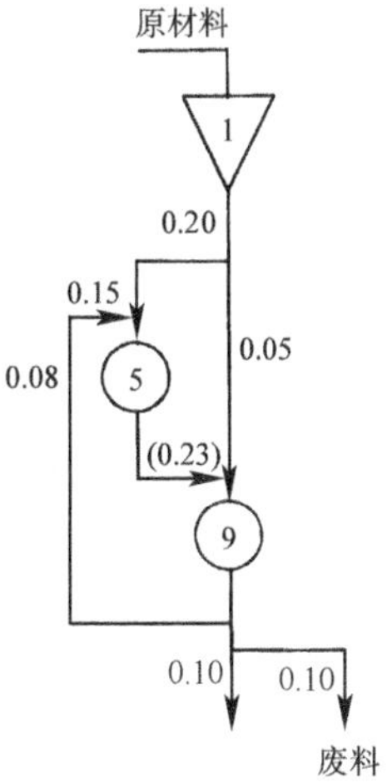

图 6-9　随车工具箱加工工艺过程（单位：t）

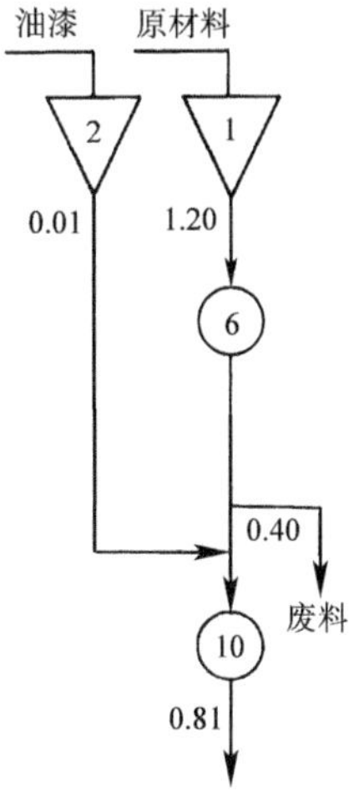

图 6-10　车体加工工艺过程（单位：t）

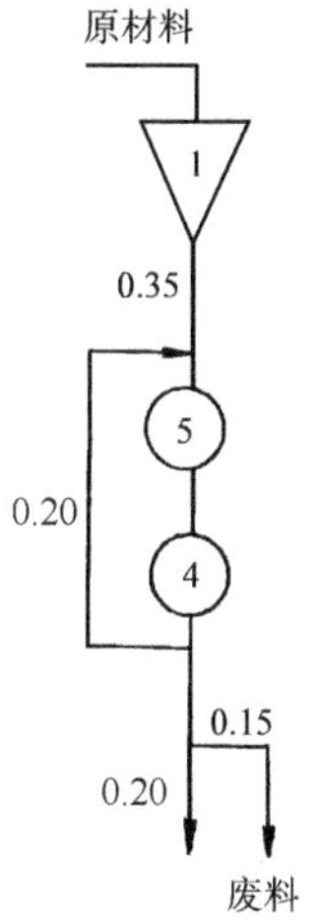

图 6-11　液压缸加工工艺过程（单位：t）

将上述机加工、总装、试车、成品储存阶段工艺流程绘制在一起，就得到了叉车生产工艺过程图，如图 6-12 所示。该图清楚地表现了叉车生产的全过程及各作业单位之间的物流情

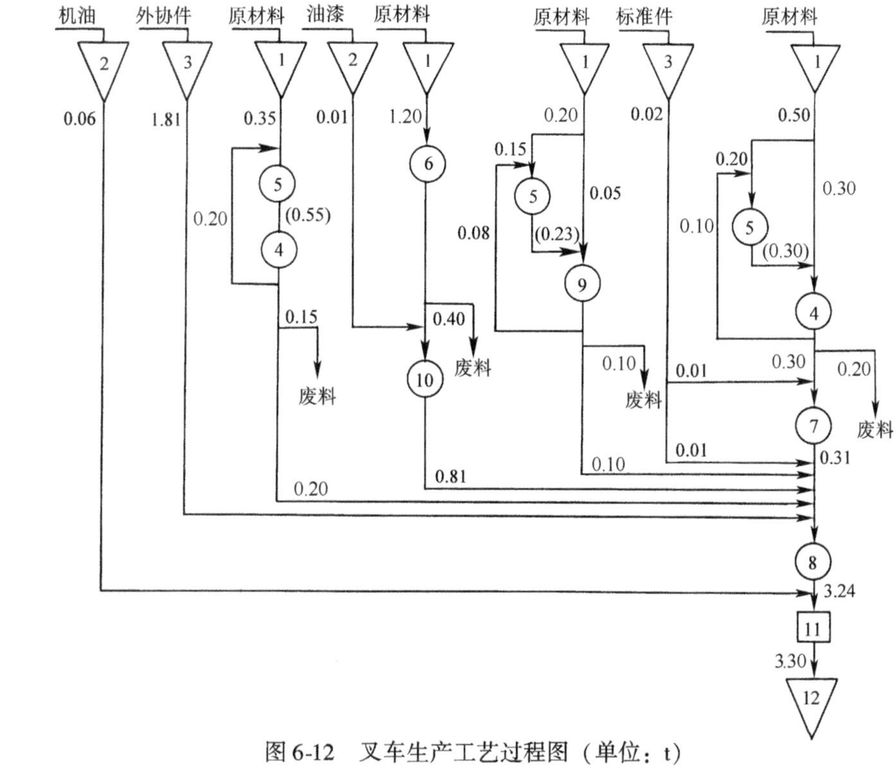

图 6-12　叉车生产工艺过程图（单位：t）

况，为进一步进行深入的物流分析奠定了基础。需要说明的是若要计算全年的物流量，图6-12中各数据还需乘上全年叉车总产量。

6.2.3 作业单位相互关系图

作业单位（Activity）一词在设施规划设计或工厂布局中是经常使用的一个词条。这是一个含义泛指的术语。英文原词的含义可以是一类活动、工作或业务，也可以是一个组织或机构。在设施规划中的专门含义是在工厂或服务中做布局设计时需要确定位置的一些事物。在不同的设计层次或不同的情况下，它包括部门、区域、职能部门、工作中心、建筑、机床或设备组、操作等。例如，对一个工厂总平面设计，即布局设计时，其作业单位为厂房、车间、仓库等；在做详细布置设计时，如对一个车间（或工场）做布置，则作业单位为机器、装配台、检查站等。

作业单位相互关系图（Activity Relationship Chart）就是在对作业单位关系密切程度进行评价的基础上所做出的图。这种图现在已经规范化和标准化了。图6-13即为作业单位相互关系图的基本原理。图6-13a为该图的基本格式，所有作业单位均记在左边1、2、3等行内，每个作业单位行做上下45°倾斜，在下斜的第1行与上斜的第4行相交之处，记下作业单位1和作业单位4之间所需要的关系。所相交的小菱形块又被虚线所分割，上半格用A、E、I、O、U、X6个字母表示相互关系的重要或密切程度，下半格表示重要程度的理由的编码。

图6-14即为一工厂布局中其作业单位相互关系的实例。对很多制造业的工厂来说，物流强度例如冶炼厂、钢铁厂，其原材料、辅料

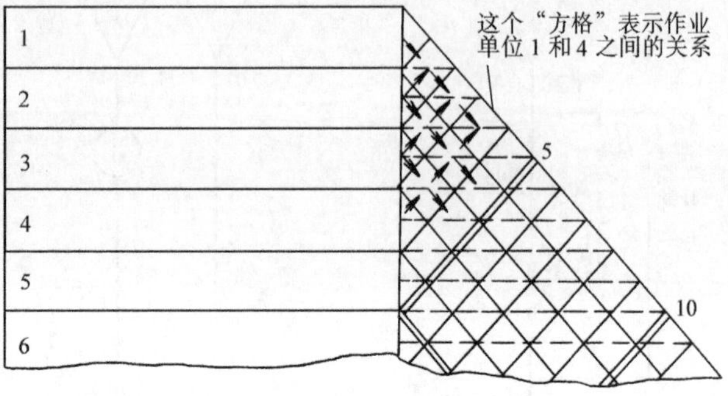

a）

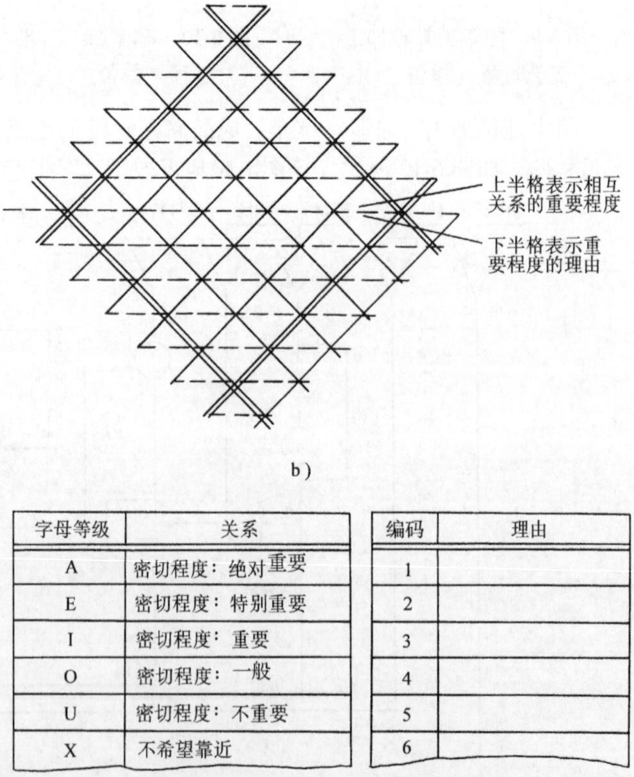

b）

字母等级	关系
A	密切程度：绝对重要
E	密切程度：特别重要
I	密切程度：重要
O	密切程度：一般
U	密切程度：不重要
X	不希望靠近

编码	理由
1	
2	
3	
4	
5	
6	

c）

图6-13　作业单位相互关系图的基本原理

a）图中的方格　b）上、下半格　c）相互关系等级

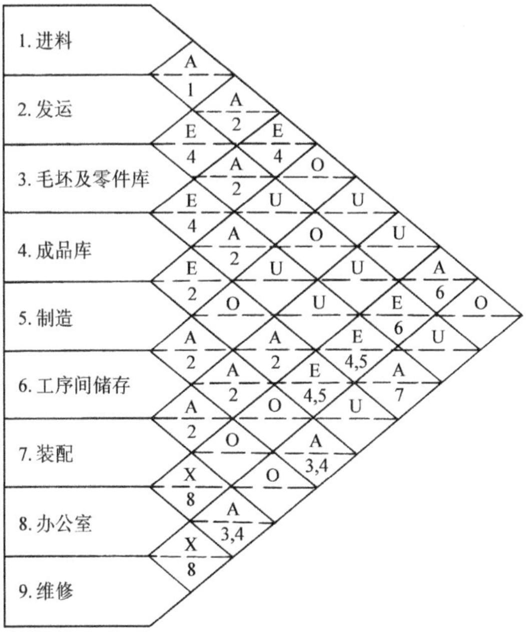

字母	密切程度
A	绝对必要
E	特别重要
I	重要
O	一般
U	不重要
X	不希望靠近

编码	理由
1	使用同一站台
2	物流
3	服务
4	方便
5	库存控制
6	联系
7	零件流动
8	清洁

图6-14　工厂布局作业单位相互关系图实例

和成品的物流量是巨大的。对一些电子厂或宝石加工厂来说，需要搬运的物料少，物流相对不重要，但是其他关系还是存在的。例如辅助部门和生产部门之间的关系或哪些辅助作业单位应该靠近生产作业单位等。所以各作业单位之间物流和非物流的相互关系均可用作业单位相互关系图进行评价和分析。有了作业单位相互关系图后，就可利用此图将各关系密切的作业尽量靠近，最终就演绎出工厂布局设计图的各种方案。方案经过评选确定后，再通过详细布置阶段决定各作业单位的具体布置，就可以决定各作业单位面积。有了各单位面积加上考虑各种修正因素和实际条件就可最终决定全厂布局的详细设计。与工业工程其他许多领域相比，设施规划与工厂布局分析仍在使用一些非量化的方法，即优缺点比较。但是SPIF和SLP的出现，则是设施规划和设计向科学化、精确化和量化方向迈出的一步。尽管它们还不尽如人意，但和计算机技术相结合后，还是把工作向前推进了。

6.2.4　设施的空间需求分析

在设施规划中，也许最难确定的是设施内的空间需求数量。设施规划的时间跨度一般是未来的3～10年，但是未来有很多不确定因素，如技术进步、产品品种类型的改变、需求水平和组织设计的变化等。面对未来的不确定因素，要预测真正的空间需求就很困难。

采用系统的方法，空间需求的确定要先从单个工作单元开始，然后集合而成部门需求。需求的空间应包含生产空间、管理空间、人员空间和存储空间。在确定仓储作业的空间需求时，要考虑库存水平、存储单位、存储方法和策略、设备需求、建筑物条件和人员需求。

1. 单个工作单元的空间需求

工作单元像所有设施一样，空间需求包括设备、物料和人员需求的空间。

（1）设备本身的空间需求。设备本身的空间需求可以从设备说明书中找到。对已使用的机器设备，设备说明可能保存在设备部门的历史档案中或会计部门的设备库档案中。对新设备，说明书应当随机器一起由供应商交付过来。如果找不到说明书，应当设法确定以下数据：①机器制造商及机器类型、机器型号及序列号；②机器安全停车位置；③地面负荷需求；④到最大行程点的静止高度、最大竖向行程；⑤到最大行程点的静止宽度；⑥最大左向行程、最大右向行程；⑦到最大行程点的静止深度；⑧接近操作者方向的最大行程、远离操作者方向的最大行程；⑨日常维护需求面积；⑩大修需求面积。

每台机器包括机器行程的面积需求可由总宽（静止宽度加上最大左和右行程）乘以总深（静止深度加上接近和远离操作者的最大行程）得到。在此基础之上，再加上维护和修理面积就得到一台机器所需的设备面积。工作单元内所有机器的设备面积之和就是该工作单元所需的设备面积。

（2）工作单元的物料区由以下空间构成：①来料的接收和存储；②在制品的接收和存储；③待发料的存储和发送；④废料和切屑的存储与发送；⑤工模夹具和维修保养用物料的存储。

要确定物料接收和存储的面积需求以及在制品和待发料的存储与发放的面积需求，就要知道集装单元的尺寸和物料在机器间的流动状况。对在机器旁存储的进出料集装单元要留有足够的空间。如果收发料部门没有库存区，那么在机器前面要分别留出两个集装单元的位置。此外，待加工料在机器上的取放过程可能需要一定的空间，如长条料会超出机器空间范围很多；而且也需要提供从机器中去除废物（切屑、边角料等）和废品的空间，以及这些废弃物在工作单元内暂存的空间。

采用JIT（看板管理）的企业需要的物料空间更少。依据物料搬运系统的不同，最小的空间需求可能是一个集装单元的待加工件（来件）、一个集装单元的完工件（待发件）。一般来说，工作单元旁只有一两个容器或托盘的物料，其他的物料（由看板数限定）都存储在附近的分散化存储区中。

最后剩下的物料空间需求是工模夹具和维修保养物料所需的空间。但是，工模夹具和保养物料的存储方式（是分散存储在各工作单元内还是集中存放）对这一面积需求有直接影响。

随着机器调整次数的增加，工作单元内工模夹具和保养物料所需的面积也在增加。当然，从安全、维护上看，集中存储的优越性更高。

（3）工作单元内的人员空间需求包括：操作者作业空间、物料搬运空间、操作者进出空间。

操作者和物料搬运的空间需求依赖于具体的工艺方法。对操作者的作业应当进行动作研究和人因研究以确定工艺方法。考虑这些因素应遵循以下通用原则：①工作单元的设计应当使得操作者取放物料时尽量不行走，尽量不进行长距离或不方便的伸臂动作；②工作单元的设计应当使得操作者的工作既有效果又有效率；③工作单元的设计应当尽量减少手工的物料搬运；④工作单元的设计应当使得操作者安全、舒适、生产率高；⑤工作单元的设计应当尽量减少身体损伤和疲劳，包括视力疲劳。

除了操作者和物料搬运的空间需求外，还要有操作者进出的空间。行走通过静止物体之间时最小需要0.8m宽的通道；如果是在静止物体和运转的机床间通过，至少需要1m宽的通道；而在两台运转的机床之间行走，至少需要1.2m宽的通道。

图6-15显示了一个工作单元的空间需求。应当为所有工作单元提供这样的图形，以使得

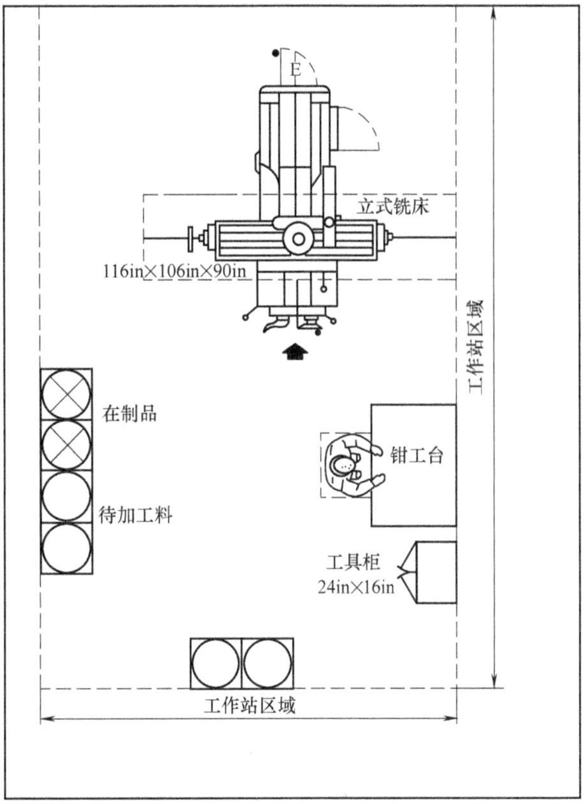

图6-15 工作单元的空间需求

操作者的活动空间形象化。

2. 部门空间需求

一旦确定了一个工作单元的空间需求，确定部门的空间需求就容易了。首先要明确部门的服务需求。部门的面积需求并不是其内各个工作单元面积的简单相加，因为像模具、设备维护、大修、保洁用品、存储区、操作者、零配件、看板、信息交流识别板、问题板等的空间很可能是共享的，这样能节省空间和资源。但是，这样的共享要保证各项操作不会相互干扰。

例如，某公司一个要规划的部门由13台车床组成，其中5台为转塔车床，6台为自动螺纹车床，2台为卡盘车床。原料是8ft[⊖]长的棒料。各机床的底部尺寸分别是转塔车床4ft×12ft，螺纹车床4ft×14ft，卡盘车床5ft×6ft。人员空间面积为4ft×5ft。物料存储需求为转塔车床20ft^2，螺纹车床40ft^2，卡盘车床50 ft^2。通道空间比例为13%，空间计算过程如表6-3所示。该部门总共需要1 447 ft^{2}的面积。如果此数据要提交给上级审查，就必须包括设备、物料、人员和通道。部门服务需求是其所属各工作单元服务需求的总和。这些需求和部门面积应当记录在部门服务和面积需求表上，如表6-3所示。在本例中，阿博西公司以工艺原则来布置该部门，设计中没有考虑工具、信息板、维修保养、快速转换、质量保证和团队会议的面积需求。而且它假设采用灵活的物料搬运设备，可用于原材料、在制品和产成品的搬运。

表6-3 部门服务和面积需求表

公司：阿博西公司　　制单：J. A.

产品：空气调节阀　　日期：

工作站	数量	服务需求			地面负载	天花板	面积/ft^2			
		电　力	压缩空气	其他		高度/ft	设备	物料	人员	合　计
转塔车床	5	440V交流	10CFM[①] 100psi[②]		150PSF[③]	4	240	100	100	440
螺纹车床	6	440V交流	10CFM 100psi		190PSF	4	280	240	120	640
卡盘车床	2	440V交流	10CFM 100psi		150PSF	5	60	100	40	200

① CFM（Cubic Foot per Minute）——ft^3/min。

② psi（pounds per square inch）——lb/in^2，1psi=6 894.76Pa。

③ PSF（Pounds per Square Foot）——lb/ft^2。

净面积需求　1 280ft^2

加13%通道面积　167ft^2

总面积需求　1 447ft^2

⊖ 1ft=0.304 8m。

每个部门内需要有内部物料搬运的空间。通道空间需求还不能正式确定下来，因为部门配置、工作单元的摆放方式和物料搬运系统还没有完全确定下来。但是，现在可以估算通道的空间需求，因为要搬运的物料尺寸和数量已经知道。表6-4提供了估计通道空间需求的经验值。

表6-4　通道空间估计值

最大货物尺寸	小于$6ft^2$	$6\sim12ft^2$之间	$12\sim18ft^2$之间	大于$18ft^2$
通道面积百分比(%)	5~10	10~20	20~30	30~40

3. 通道安排

通道在设施中的位置应当有利于流动。通道可以分为主通道和部门通道。部门通道在部门布置没有完成之前是难以确定的。

如果通道规划过窄，会导致设施拥挤，易造成损伤和安全问题；而通道过宽，又造成空间浪费和清扫工作量增大的问题。应当是在考虑了通道的流量和类型后才能确定它的宽度。流动类型由经过通道的人员和设备类型来确定。

表6-5给出了不同流动类型的推荐通道宽度值。如果预计的流量符合某一类型的要求，通道内以单向流动为主，且很少有反向的流动同时发生，那么主通道的宽度也可以按表6-5来确定。如果预计的情况是双向流动经常发生，那么通道的总宽度就应当是两个方向流动类型所确定宽度的总和。

表6-5　不同流动类型的推荐通道宽度值

流动类型	通道宽度/ft	流动类型	通道宽度/ft	流动类型	通道宽度/ft
拖车	12	1t叉车	9	单人行	3
3t叉车	11	窄通道叉车	6	人行单开门	6
2t叉车	10	手推车	5	人行双开门	8

在规划通道时，应当尽量避免曲线、急转弯和非直角相交。通道应当是直线的，并通向大门。应尽量避免沿墙布置通道，除非该通道是用于进出设施的。在规划通道空间时还要考虑柱间距，否则柱子可能会堵在通道中间。柱子通常应位于通道的边界，而不能挡在通道中间。

6.3　SLP法求解

6.3.1　SLP法的特点

SLP方法将物流分析与作业单位相互关系密切程度分析相结合，以求得合理布置，使工厂布置设计由定性阶段发展到定量阶段。

SLP方法主要解决单目标布局问题，使关联程度高的部门尽量靠近。SLP方法自出现以来就被广泛应用并受到学术界和企业界的肯定。直到今天，它仍是一种便于手工操作的流程化的方法，可以用以解决定性分析或者定量分析的问题。SLP方法从定量分析和定性分析两个角度，分别提供了从—至表和作业单位相互关系图两种工具。

SLP 方法是基于工艺布局的一种车间布局方法。工艺布局具有以下特点：①设备或者部门按产品加工工艺顺序摆放；②上下工序间相互的依赖性较弱；③设备维修费用较低。

当然，工艺布局本身也存在一定的缺点。例如：在制品库存（WIP）高，设备利用率较低，加工有多样性要求时设备调整较多；工作流会出现间歇，物料传输慢，效率低，单位运输成本较高。

因此，要解决工艺布局本身存在的问题，重点应放在如何安排好部门间的相对位置，减少运输成本，减少工作流的间歇，减少在制品上。在运用 SLP 方法中，对作业单位相互关系的分析和依据相互关系确定部门的相对位置的过程就成为解决问题的关键。

6.3.2　物流分析与物流相关表

当产品品种少但产量大时，应采用工艺过程图进行物流分析；随着产品品种的增加，可以利用多种产品工艺过程表或从—至表来统计具体物流量大小。采用 SLP 法进行工厂布置时，通过划分等级的方法，来研究物流状况；在此基础上，引入物流相关表，以简洁明了的形式表示工厂总体物流状况。

（1）物流强度等级。由于直接分析大量物流数据比较困难且没有必要，SLP 中将物流强度转化成五个等级，分别用符号 A、E、I、O、U 来表示，其物流强度逐渐减小。它分别对应着超高物流强度、特高物流强度、较大物流强度、一般物流强度和可忽略搬运五种物流强度。作业单位对（或称为物流路线）的物流强度等级应按物流路线比例或承担的物流量比例来确定，可参考表 6-6 来划分。

表 6-6　物流强度等级比例划分表

物流强度等级	符号	物流路线比例（%）	承担的物流量比例（%）	物流强度等级	符号	物流路线比例（%）	承担的物流量比例（%）
超高物流强度	A	10	40	一般物流强度	O	40	10
特高物流强度	E	20	30	可忽略搬运	U		
较大物流强度	I	30	20				

针对前述电瓶叉车总装厂的实例，我们来讨论物流强度等级划分的具体步骤。首先根据工艺过程图图 6-12 来统计存在物料搬运的各作业单位对之间的物流总量（即正反两向物流量之和），应注意必须采用统一的计量单位来统计物流强度。然后将各作业单位对按物流强度大小排序，根据表 6-6 中给出的数据划分出物流强度等级，绘制成表 6-7。表 6-7 中未出现的作业单位对不存在固定的物流，因此物流强度等级为 U 级。

表 6-7　叉车总装厂物流强度汇总表

序　号	作业单位对（物流路线）	物流强度	物流强度等级
1	1—4	0.30	I
2	1—5	0.70	E
3	1—6	1.20	E
4	1—9	0.05	O
5	2—10	0.01	O
6	2—11	0.06	O
7	3—7	0.01	O
8	3—8	1.82	E
9	4—5	1.15	E

（续）

序 号	作业单位对（物流路线）	物流强度	物流强度等级
10	4—7	0.30	I
11	4—8	0.20	O
12	5—9	0.31	I
13	6—10	0.80	E
14	7—8	0.31	I
15	8—9	0.10	O
16	8—10	0.81	E
17	8—11	3.24	A
18	11—12	3.30	A

（2）物流相关表。为了能够简单明了地表示所有作业单位之间的物流相互关系，仿照从—至表结构构造一种作业单位之间的物流相互关系表，在行与列的相交方格中填入行作业单位与列作业单位间的物流强度等级。因为行作业单位与列作业单位排列顺序相同，所以得到的是右上三角矩阵表格与左下三角矩阵表格对称的方阵表格，除掉多余的左下三角矩阵表格，将右上三角矩阵变形，就得到了SLP中著名的物流相关表，如表6-8所示。进行工厂布置时，从物流系统优化的角度讲，物流相关表中物流强度等级高的作业单位之间的距离应尽量缩小，即彼此相互接近；而物流强度等级低的作业单位之间的距离可以适当加大。

表6-8 电瓶叉车总装厂作业单位物流相关表

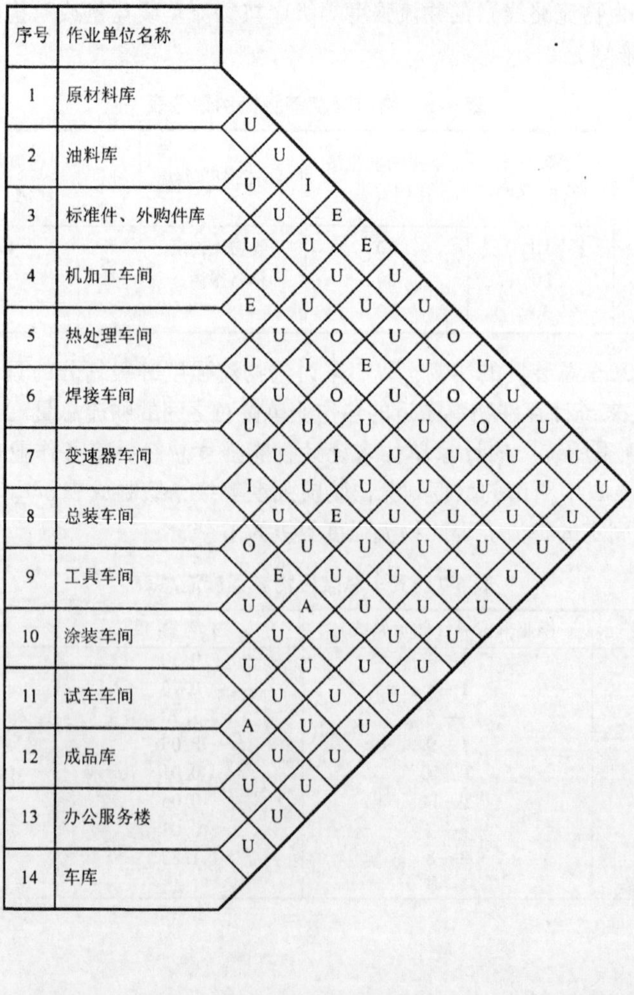

6.3.3　作业单位相互关系分析

当物流状况对企业的生产有重大影响时，物流分析就是工厂布置的重要依据；但是也不能忽视非物流因素的影响，尤其是当物流对生产影响不大或没有固定的物流时，工厂布置就不能依赖于物流分析，而应当考虑其他因素对各作业单位间相互关系的影响。

1. 作业单位相互关系的决定因素及相互关系等级的划分

在 SLP 中，P、Q、R、S 及 T 是影响工厂布置的基本要素，P、Q 和 R 是物流分析的基础，P、Q 和 S 则是作业单位相互关系分析的基础，同时 T 对物流分析与作业单位相互关系分析都有影响。

作业单位相互关系的影响因素与企业的性质有很大关系。不同的企业，作业单位的设置是不一样的，作业单位相互关系的影响因素也是不一样的。作业单位间相互关系密切程度的典型影响因素一般可以考虑以下几个方面：①物流；②工艺流程；③作业性质相似；④使用相同的设备；⑤使用同一场所；⑥使用相同的文件档案；⑦使用相同的公用设施；⑧使用同一组人员；⑨工作联系频繁程度；⑩监督和管理方便；⑪噪声、振动、烟尘、危险品的影响；⑫服务的频繁和紧急程度。

据缪瑟在 SLP 中的建议，每个项目中重点考虑的因素不应超过 8 ~ 10 个。

确定了作业单位相互关系密切程度的影响因素以后，就可以给出各作业单位间的关系密切程度等级。在 SLP 中作业单位相互关系密切程度等级划分为 A、E、I、O、U、X，其含义及比例如表 6-9 所示。

表 6-9　作业单位相互关系密切程度等级

符　号	含　义	说　明	比例（%）
A	绝对重要		2 ~ 5
E	特别重要		3 ~ 10
I	重　要		5 ~ 15
O	一般		10 ~ 25
U	不重要		45 ~ 80
X	负的密切程度	不希望接近、酌情而定	

2. 作业单位综合相互关系表

（1）作业单位非物流相互关系表。在评价作业单位非物流相互关系时，首先应制定出一套“基准相互关系”，作业单位之间的相互关系通过对照“基准相互关系”来确定。表 6-10 给出的基准相互关系可供实际工作中参考。

表 6-10　基准相互关系

字　母	一对作业单位	关系密切程度的理由
A	钢材库和剪切区域	搬运物料的数量 类似的搬运问题
	最后检查和包装	损坏没有包装的物品 包装完毕以前检查单不明确
	清理和涂装	使用相同的人员、公用设施、管理方式和相同形式的建筑物

（续）

字　母	一对作业单位	关系密切程度的理由
E	接待和参观者停车处 金属精加工和焊接 维修和部件装配	方便、安全 搬运物料的数量和形状 服务的频繁和紧急程度
I	剪切区和冲压机 部件装配和总装配 保管室和财会部门	搬运物料的数量 搬运物料的体积、共用相同的人员 报表运送、安全、方便
O	维修和接收 废品回收和工具室 收发室和厂办公室	产品的运送 共用相同的设备 联系频繁程度
U	维修和自助食堂 焊接和外购件仓库 技术部门和发运	辅助服务不重要 接触不多 不常联系
X	焊接和涂装 焚化炉和主要办公室 冲压车间和工具车间	灰尘、火灾 烟尘、臭味、灰尘 外观、振动

确定了各作业单位非物流相互关系密切程度以后，利用与物流相关表相同的表格形式建立作业单位相互关系表。表中的每一个菱形框格填入相应的两个作业单位之间的相互关系密切程度等级，上半部用密切程度等级符号表示密切程度，下半部用数字表示确定密切程度等级的理由。

在此基础上建立如表6-11所示的非物流的作业单位相互关系表。

（2）作业单位综合相互关系。在大多数工厂中，各作业单位之间既有物流联系也有非物流的联系，两作业单位之间的相互关系应包括物流关系与非物流关系。因此在SLP中，要将作业单位间物流的相互关系与非物流的相互关系进行合并，求出合成的相互关系——综合相互关系，然后从各作业单位间综合相互关系出发，实现各作业单位的合理布置。

（3）作业单位综合相互关系表的建立步骤。一般按照下列步骤求得作业单位综合相互关系表：

1）进行物流分析，求得作业单位物流相关表。

2）确定作业单位间非物流相互关系影响因素及等级，求得作业单位相互关系表。

3）确定物流与非物流相互关系的相对重要性。一般说来，物流与非物流的相互关系的相对重要性的比值 $m:n$ 应在1/3～3之间。当小于1：3时，说明物流对生产的影响非常小，工厂布置时只需考虑非物流的相互关系；当比值大于3时，说明物流关系占主导地位，工厂布置时只需考虑物流相互关系的影响。实际工作中，根据物流与非物流相互关系的相对重要性取 $m:n=3:1$，$2:1$，$1:1$，$1:2$，$1:3$，我们把 $m:n$ 称为加权值。

4）量化物流强度等级和非物流的密切程度等级。对于表6-8及表6-11，一般取A＝4，E＝3，I＝2，O＝1，U＝0，X＝－1，得出量化以后的物流相关表及非物流相互关系表。

表 6-11　叉车总装厂作业单位非物流相互关系表

序号	作业单位名称	2	3	4	5	6	7	8	9	10	11	12	13	14
1	原材料库	E/4	E/4	I/3	I/3	E/3	U	U	I/1	U	U	U	U	I/2
2	油料库		E/4	U	X/5	X/5	U	U	U	E/1	U	U	X/5	I/2
3	标准件、外购件库			U	U	U	I/2	I/2	U	U	U	U	U	I/2
4	机加工车间				A/1	O/2	A/1	I/2	E/6	U	O/2	U	I/4	U
5	热处理车间					U	U	U	E/1	X/5	U	U	X/5	U
6	焊接车间						U	U	U	X/5	U	U	X/5	O/2
7	变速器车间							E/1	U	U	I/2	U	I/4	O/2
8	总装车间								I/1	I/1	E/1	U	E/4	I/3
9	工具车间									U	U	U	O/4	U
10	涂装车间										U	U	X/5	U
11	试车车间											A/1	O/4	U
12	成品库												O/4	E/3
13	办公服务楼													I/8
14	车库													

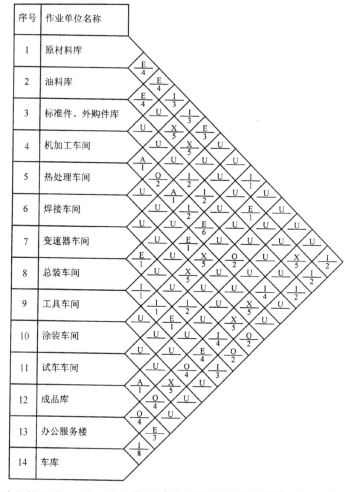

5）当作业单位数目为 N 时，总的作业单位对数可用下式计算：$P=N(N-1)/2$。

6）计算量化的所有作业单位之间的综合相互关系。具体方法如下：

设任意两个作业单位分别为 A_i 和 A_j（$i\neq j$），其量化的物流相互关系等级为 MR_{ij}，量化的非物流的相互关系密切程度等级为 NR_{ij}，则作业单位 A_i 与 A_j 之间综合相互关系密切程度数量值 $TR_{ij}=m\cdot MR_{ij}+n\cdot NR_{ij}$。

7）综合相互关系等级划分。TR_{ij}是一个量值，需要经过等级划分，才能建立出与物流相关表相似的符号化的作业单位综合相互关系表。综合相互关系的等级划分为 A、E、I、O、U、X，各级别 TR_{ij}值逐渐递减，且各级别对应的作业单位对数应符合一定的比例。表 6-12 给出了综合相互关系等级及划分比例。

表 6-12　综合相互关系等级与划分比例

关系等级	符号	作业单位对比例（%）	关系等级	符号	作业单位对比例（%）
绝对必要靠近	A	1～3	一般	O	5～15
特别重要靠近	E	2～5	不重要	U	20～85
重要	I	3～8	不希望靠近	X	0～10

需要说明的是，将物流与非物流相互关系进行合并时，应该注意X级关系密级的处理，任何一级物流相互关系等级与X级非物流相互关系等级合并时都不应超过O级。对于某些极不希望靠近的作业单位之间的相互关系可以定为XX级，即绝对不能相互接近。

8）经过调整，建立综合相互关系表。

（4）建立叉车总装厂作业单位综合相互关系表。表6-13为电瓶叉车总装厂作业单位综合相互关系计算表。

由表6-8和表6-11给出的叉车总装厂作业单位物流相关表与作业单位非物流相互关系表显示出两表并不一致，为了确定各作业单位之间综合相互关系密切程度，需要将两表进行合并。

1）加权值选取。加权值大小反映了工厂布置时考虑方面的侧重点，对于电瓶叉车总装厂来说，物流影响并不明显大于其他因素的影响，因此取加权值$m:n=1:1$。

2）综合相互关系计算。根据各作业单位对之间物流与非物流关系等级高低进行量化及加权求和，求出综合相互关系分值。表6-13a列出了序号1~30的作业单位对综合相互关系的计算过程和计算结果；表6-13b中只列出了序号31~91的作业单位对综合相互关系的计算结果，计算过程与表6-13a中序号1~30的作业单位对综合相互关系的计算过程相同。对于本例来说，$N=14$，则$P=91$，因此表6-13a和表6-13b中共有91个作业单位对即91个相互关系。

表6-13a　电瓶叉车总装厂作业单位综合相互关系计算表

序号	作业单位对	关系密切程度				综合关系	
		物流关系（加权值：1）		非物流关系（加权值：1）			
		等　级	分　值	等　级	分　值	分　值	等　级
1	1—2	U	0	E	3	3	I
2	1—3	U	0	E	3	3	I
3	1—4	I	2	I	2	4	E
4	1—5	E	3	I	2	5	E
5	1—6	E	3	E	3	6	E
6	1—7	U	0	U	0	0	U
7	1—8	U	0	U	0	0	U
8	1—9	O	1	I	2	3	I
9	1—10	U	0	U	0	0	U
10	1—11	U	0	U	0	0	U
11	1—12	U	0	U	0	0	U
12	1—13	U	0	U	0	0	U
13	1—14	U	0	I	2	2	I
14	2—3	U	0	E	3	3	I
15	2—4	U	0	U	0	0	U
16	2—5	U	0	X	−1	−1	X
17	2—6	U	0	X	−1	−1	X
18	2—7	U	0	X	0	0	U
19	2—8	U	0	U	0	0	U
20	2—9	U	0	U	0	0	U

（续）

序号	作业单位对	关系密切程度				综合关系	
		物流关系（加权值：1）		非物流关系（加权值：1）			
		等 级	分 值	等 级	分 值	分 值	等 级
21	2—10	O	1	E	3	4	E
22	2—11	O	1	U	0	1	O
23	2—12	U	0	U	0	0	U
24	2—13	U	0	X	-1	-1	X
25	2—14	U	0	I	2	2	I
26	3—4	U	0	U	0	0	U
27	3—5	U	0	U	0	0	U
28	3—6	U	0	U	0	0	U
29	3—7	O	1	I	2	3	I
30	3—8	E	3	I	2	5	E

表 6-13b 电瓶叉车总装厂作业单位综合相互关系计算结果表

序号	作业单位对	综合关系		序号	作业单位对	综合关系		序号	作业单位对	综合关系	
		分值	等级			分值	等级			分值	等级
31	3—9	0	U	52	5—11	0	U	73	8—11	7	A
32	3—10	0	U	53	5—12	0	U	74	8—12	0	U
33	3—11	0	U	54	5—13	-1	X	75	8—13	3	I
34	3—12	0	U	55	5—14	0	U	76	8—14	2	I
35	3—13	0	U	56	6—7	0	U	77	9—10	0	U
36	3—14	2	I	57	6—8	0	U	78	9—11	0	U
37	4—5	7	A	58	6—9	0	U	79	9—12	0	U
38	4—6	1	O	59	6—10	2	U*	80	9—13	1	O
39	4—7	6	E	60	6—11	0	U	81	9—14	0	U
40	4—8	3	I	61	6—12	0	U	82	10—11	0	U
41	4—9	3	I	62	6—13	-1	X	83	10—12	0	U
42	4—10	0	U	63	6—14	1	O	84	10—13	-1	X
43	4—11	1	O	64	7—8	5	E	85	10—14	0	U
44	4—12	0	U	65	7—9	0	U	86	11—12	8	A
45	4—13	2	I	66	7—10	0	U	87	11—13	1	O
46	4—14	0	U	67	7—11	2	I	88	11—14	0	U
47	5—6	0	U	68	7—12	0	U	89	12—13	1	O
48	5—7	0	U	69	7—13	2	I	90	12—14	3	I
49	5—8	0	U	70	7—14	1	O	91	13—14	2	I
50	5—9	5	E	71	8—9	3	I				
51	5—10	-1	X	72	8—10	5	E				

3）划分综合相互关系等级。根据表6-12统计出各段分值段作业单位对的比例，划分综合相互关系等级如表6-14所示。当分值为7～8时，综合相互关系定为A级；分值为4～6时，综合相互关系定为E级；分值为2～3时，综合相互关系定为I级；分值为1时，综合相互关系定为O级；分值为0时，综合相互关系定为U级；分值为-1时，综合相互关系定为X级。

表 6-14　电瓶叉车总装厂综合相互关系等级划分比例

总　分	关系等级	作业单位对数	百分比（%）
7～8	A	3	3.3
4～6	E	9	9.9
2～3	I	18	19.8
1	O	8	8.8
0	U	46	50.5
-1	X	7	7.7
合计		91	100

应该注意，综合相互关系应该是合理的，应该是作业单位之间物流的相互关系与非物流的相互关系的综合体现，不应该与前两种相互关系相矛盾。如表6-13中所注＊作业单位6与10之间物流关系为E级，而非物流关系为X级，计算结果为I级（重要的关系密级），与X级的非物流相互关系相矛盾，这显然是不合理的，表中最后调整为U级。

4）建立作业单位综合相互关系表。将表6-13中的综合相互关系总分和表6-14的划分比例转化为各作业单位对的关系密级等级，绘制成作业单位综合相互关系表，如表6-15所示。

表 6-15　作业单位综合相互关系表

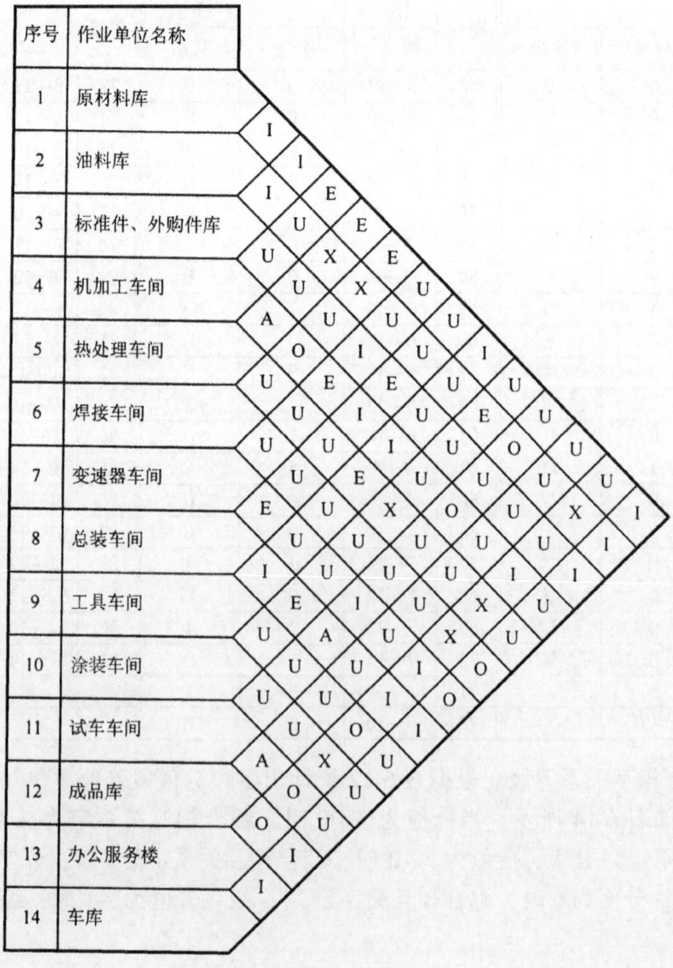

6.3.4　作业单位位置相关图

在 SLP 中，工厂总平面布置并不直接去考虑各作业单位的建筑物占地面积及其外形几何形状，而是从各作业单位间相互关系密切程度出发，安排各作业单位之间的相对位置，关系密级高的作业单位之间距离近，关系密级低的作业单位之间距离远，由此形成作业单位位置相关图。

当作业单位数量较多时，作业单位之间相互关系数目就非常多，为作业单位数量的平方量级，因此即使只考虑 A 级关系，也有可能同时出现很多个。这就给如何入手绘制作业单位位置相关图带来了困难。

为了解决这个问题，我们引入综合接近程度的概念。某一作业单位综合接近程度等于该作业单位与其他所有作业单位之间量化后的关系密级的总和。这个值的高低，反映了该作业单位在布置图上是应该处于中心位置还是应该处于边缘位置。也就是说，综合接近程度高的作业单位与其他作业单位相互关系总体上是比较密切的，即与大多数作业单位都比较接近，当然，这个作业单位就应该处于布置图的中央位置；反之，这个作业单位就应该处于布置图的边缘。为了计算各作业单位的综合接近程度，我们把作业单位综合相互关系表，变换成右上三角矩阵与左下三角矩阵表格对称的方阵表格，然后量化关系密级，并按行或列累加关系密级分值，其结果就是某一作业单位的综合接近程度。表 6-16 就是叉车总装厂作业单位综合接近程度计算结果。

表 6-16　电瓶叉车总装厂作业单位综合接近程度排序表

作业单位代号	1	2	3	4	5	6	7	8	9	10	11	12	13	14
1		I/2	I/2	E/3	E/3	E/3	U/0	U/0	I/2	U/0	U/0	U/0	U/0	I/2
2	I/2		I/2	U/0	X/−1	X/−1	U/0	U/0	U/0	E/3	O/1	U/0	X/−1	I/2
3	I/2	I/2		U/0	U/0	U/0	I/2	E/3	U/0	U/0	U/0	U/0	U/0	I/2
4	E/3	U/0	U/0		A/4	O/1	E/3	I/2	I/2	U/0	O/1	U/0	I/2	U/0
5	E/3	X/−1	U/0	A/4		U/0	U/0	U/0	E/3	X/−1	U/0	U/0	X/−1	U/0
6	E/3	X/−1	U/0	O/1	U/0		U/0	U/0	U/0	U/0	U/0	U/0	X/−1	O/1
7	U/0	U/0	I/2	E/3	U/0	U/0		E/3	U/0	U/0	I/2	U/0	I/2	O/1
8	U/0	U/0	E/3	I/2	U/0	U/0	E/3		I/2	E/3	A/4	U/0	I/2	I/2
9	I/2	U/0	U/0	I/2	E/3	U/0	U/0	I/2		U/0	U/0	U/0	O/1	U/0
10	U/0	E/3	U/0	U/0	X/−1	U/0	U/0	E/3	U/0		U/0	U/0	X/−1	U/0
11	U/0	O/1	U/0	O/1	U/0	U/0	I/2	A/4	U/0	U/0		A/4	O/1	U/0
12	U/0	U/0	U/0	U/0	U/0	U/0	U/0	U/0	U/0	U/0	A/4		O/1	I/2
13	U/0	X/−1	U/0	I/2	X/−1	X/−1	I/2	I/2	O/1	X/−1	O/1	O/1		I/2
14	I/2	I/2	I/2	U/0	U/0	O/1	O/1	I/2	U/0	U/0	U/0	I/2	I/2	
综合接近程度	17	7	11	18	7	3	13	21	10	4	13	7	7	14
排序	3	12	7	2	11	14	5	1	8	13	6	10	9	4

综合接近程度分值越高，说明该作业单位越应该靠近布置图的中心位置，分值越低说明该作业单位越应该处于布置图的边缘位置。处于中央区域的作业单位应该优先布置；也就是说，依据SLP思想，首先根据综合相互关系级别高低按A、E、I、O、U级别顺序先后确定不同级别作业单位位置，而同一级别的作业单位按综合接近程度分值高低顺序来进行布置。为此，要按综合接近程度分值高低顺序为作业单位排序，其结果如表6-16所示。

在作业单位位置相关图中，采用号码来表示作业单位，用工业工程标识符号来表示作业单位的工作性质与功能。可以利用推荐的颜色来绘制作业单位，来表示作业单位的工作性质，以使图形更直观。作业单位之间的相互关系用相互之间的连线类型来表示。实线连线表示作业单位相对位置应该彼此接近，线数越多彼此越接近；而波浪线可以形象化地理解成为弹簧，表示作业单位相对位置应该彼此推开。同样可以利用表中推荐的颜色来绘制连线，来表示作业单位之间的关系密级，以使图形更直观，如表6-17所示。有时，为了绘图简便，往往采用内标注号码来表示作业单位而不严格区分作业单位性质；当然，也可以用虚线来代替波浪线表示X级关系密级。

表6-17 作业单位关系等级表示方式

元音字母	系数值	线条数	密切程度	颜色规范	元音字母	系数值	线条数	密切程度	颜色规范
A	4		绝对必要	红	U	0		不重要	不着色
E	3		特别重要	橘黄	X	-1		不希望	棕
I	2		重要	绿	XX	-2，-3，-4	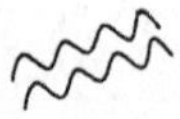	极不希望	黑
O	1		一般	蓝					

以电瓶叉车总装厂为例，绘制作业单位位置相关图步骤如下：

第一步，首先处理综合相互关系密级为A的作业单位对。

（1）从作业单位综合相互关系表中取出A级作业单位对，有8—11、4—5、11—12，共涉及5个作业单位，按综合接近程度分值排序为8、4、11、12、5，其中作业单位5与12的综合接近程度是一样的，其顺序可以任意确定。

（2）将综合接近程度分值最高的作业单位8布置在位置相关图的中心位置。

（3）处理作业单位对8—11。将作业单位11布置到图中，且与作业单位8之间的距离为一单位距离，如10mm，如图6-16a所示。

（4）布置综合接近程度分值次高的作业单位4的位置。由于作业单位4与图上已有的作业单位8和11均非A级关系，则应从综合相互关系表中取出4—8、4—11的关系密级，结果分别为I级和O级。即作业单位4与8的距离应为3个单位距离长度，而作业单位4与11的距离应为4个单位距离长度，可选择如图6-16b的位置布置作业单位4。

（5）处理与作业单位4有关的A级关系4—5，从综合相互关系表中取出图中已存在的作业单位8和11与作业单位5的关系，均为U级。关系密级U为不重要的关系，则只重点考虑

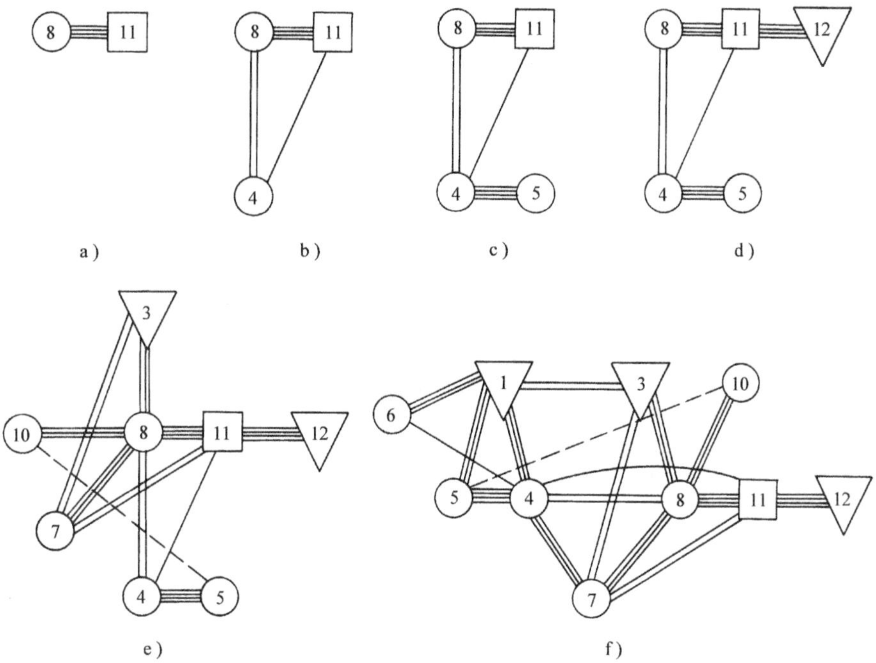

图 6-16　作业单位位置相关图绘制步骤

作业单位 4 和 5 的关系，将作业单位 5 布置到如图 6-16c所示的位置上。

（6）下一个要处理的作业单位为 11，已布置在图上，只需要直接处理与作业单位 11 关系为 A 级的作业单位 12 的位置。从综合相互关系表中取出作业单位 12 与 8、4、5 的关系密级，均为 U 级，综合考虑的结果是将作业单位 12 布置在如图 6-16d 所示的位置上。

至此，作业单位综合相互关系表中，具有 A 级关系的作业单位对之间的相对位置均已确定。

第二步，处理相互关系为 E 的作业单位对。

（1）从综合相互关系表中取出具有 E 级关系的作业单位对，有 1—4、1—5、1—6、2—10、3—8、4—7、5—9、7—8、8—10，涉及的作业单位按综合接近程度分值排序为 8、4、1、7、3、9、5、2、10、6。

（2）首先处理与作业单位 8 有关的作业单位 3、7 和 10，布置顺序 7、3 和 10。对于作业单位 7 与图中存在的作业单位 8、4、11、12 和 5 的关系密级分别为 E、E、I、U 和 U，重点考虑较高级的关系，将作业单位 7 布置到图中，而后依次布置作业单位 3 和 10。布置中要特别注意作业单位 10 与 5 之间的 X 级关系密级，应使作业单位 10 与 5 尽量远离。布置结果如图 6-16e 所示。

在上述处理过程中已经看到，随着布置出的作业单位数目的增加，需要考虑的作业单位之间的关系也随之增加。为了使进一步的布置工作更简捷，应该对综合相互关系表中已处理的相互关系加注标记，以后不再做重复处理。

（3）下一个要处理作业单位 4，与之相关的作业单位对有 1—4、4—7。作业单位 1 与图中已存在的作业单位 4 和 5 关系密级均为 E 级，与作业单位 3 关系密级为 I 级，由图 6-16e 可以看出，作业单位 1 难以按其要求布置到作业单位 4 和 5 距离大致相同的位置上，同时又与作业单位 3 比较接近。为此，必须修改原有布置方案，新的布置方案如图 6-16f 所示。

（4）处理剩余作业单位。

第三、四、五步分别处理位置相关图中仍未出现的I、O、U级作业单位对。最后重点调整X级作业单位对间的相对位置，得出最终作业单位位置相关图，部分如图6-17所示。

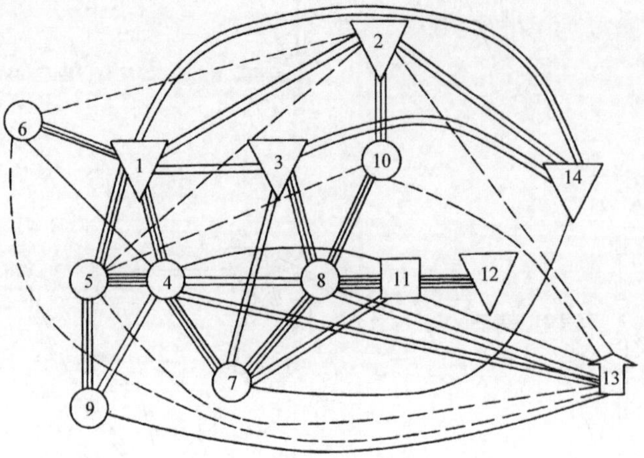

图6-17　作业单位位置相关图（部分）

6.3.5　作业单位面积相关图

将各作业单位的占地面积与其建筑物空间几何形状结合到作业单位位置相关图上，就得到了作业单位面积相关图。这个过程中，首先需要确定各作业单位建筑物的实际占地面积与外形（空间几何形状）。作业单位的基本占地面积由设备占地面积、物流模式及其通道、人员活动场地等因素决定。

1. 基本流动模式

对于生产、储运部门来说，物料一般沿通道流动，而设备一般也是沿通道两侧布置的，通道的形式决定了物料、人员的流动模式。选择车间内部流动模式的一个重要因素是车间入口和出口的位置。常常由于外部运输条件或原有布置的限制，需要按照给定的入、出口位置来规划流动模式。此外，流动模式还受生产工艺流程、生产线长度、场地、建筑物外形、物料搬运方式与设备、储存要求等方面的影响。基本流动模式有五种，如图6-18所示。

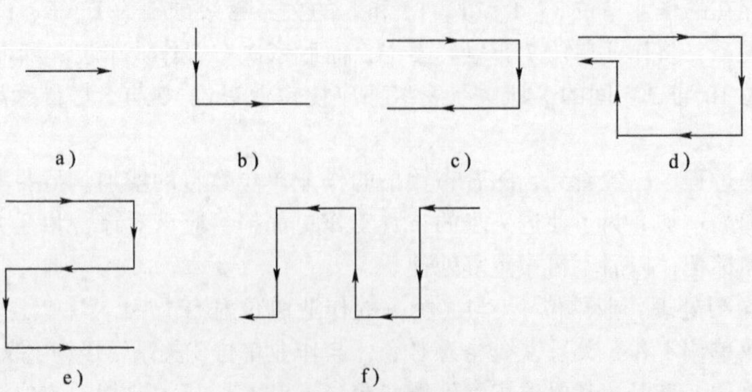

图6-18　基本流动模式

a) 直线形　b) L形　c) U形　d) 环形　e)、f) S形

(1) 直线形。直线形是最简单的一种流动模式，入口与出口位置相对，建筑物只有一跨，外形为长方形，设备沿通道两侧布置。

(2) L 形。适用于现有设施或建筑物不允许直线流动的情况，设备布置与直线形相似，入口与出口分别处于建筑物两相邻侧面。

(3) U 形。适用于入口与出口在建筑物同一侧面的情况，生产线长度基本上相当于建筑物长度的两倍；一般建筑物为两跨，外形近似于正方形。

(4) 环形。适用于要求物料返回到起点的情况。

(5) S 形。在一固定面积上，可以安排较长的生产线。

实际流动模式常常是由五种基本流动模式组合而成的。新建工厂时可以根据生产流程要求及各作业单位之间的物流关系选择流动模式，进而确定建筑物的外形及其尺寸。

2. 作业单位厂房平面设计

作业单位设施包括生产车间厂房、辅助车间、仓储设施、动力公用设施、运输设施及管理生活设施等。可以根据实际需求确定厂房平面形式。要根据生产的火灾危险性进行厂房的防火安全设计，增设防火隔墙及消防通道等。根据生产要求、生产者生理和心理要求，结合当地气候条件布置采光、通风口，选择天窗形式，防止过度日晒，避免厂房过热和眩光，使厂房具有良好的采光通风条件。还要合理利用厂房内、外剩余空间布置生活辅助用房。进一步要确定动力、电力、给水排水、采暖、通风、空调、“三废”治理等公用系统的各种设施、管线在厂房内的位置及所需的面积和标高。安排各种操作平台、联系走道和各种安全设施的空间位置。

环保问题也应受到重视。应该尽量消除生产过程中所产生的各种有害因素的危害，如振动、冲击、噪声、电磁辐射、有害射线、易燃易爆、高温、烟雾、粉尘、水及蒸汽、化学侵蚀介质、有毒液体或气体。当生产环境有特殊要求或生产过程对环境有污染，危害人体、影响设备生产和建筑物安全时，应采取有效的处理措施。厂区的绿化、美化是现代工厂的必然需求。根据厂区建筑群体、道路、绿化等方面统一的美学景观设计要求，对厂房体型、立面、色彩等应根据使用功能、结构形式、建筑材料做必要的建筑艺术处理，形成良好的工厂建筑环境。

根据各生产车间的生产性质和特点，将联系密切的生产厂房进行合并，建成联合厂房，可以节约建设用地、节省工程费用、方便生产管理；同时，可以使车间之间的外部物料搬运改为车间内部的物料搬运，大大减小物流强度。由于各生产车间彼此相邻，因此，设计联合厂房时，必须解决各车间之间相互干扰的问题以及厂房卫生条件和消防安全的问题。可以通过工艺布置和建筑结构处理来解决相互之间的干扰。应尽可能利用自然通风和天然采光；当不能满足卫生要求时，可以辅以机械通风。厂房内外均须按标准设置消防通道，厂房内还应分区设立消防设施。

多层厂房可以最大限度地减少占地面积。当工厂建设地点在市区、厂区基地受到限制或现有企业改扩建时，往往因可用占地面积过小而采用多层厂房。另外，当生产要求物料垂直运输，或者生产上要求在不同层高上进行操作，或者生产环境上有特殊要求的企业需要采用多层厂楼。多层厂楼适用于设备、产品均较轻且运输量不大的企业。

多层厂房占地面积较少，能节省占地面积，降低基础工程量，缩短厂区道路、管线及围墙等的长度。多层厂房的生产在不同标高的楼层进行。进行厂房布置设计时，除要考虑各层水平间的联系外，特别要解决好竖向间的生产联系。多层厂房不宜过大，尽可能采用两侧天然采光。多层厂房楼顶一般不设天窗，有利于保温和隔热处理。多层厂房一般为梁柱承重，柱网尺寸较小，生产工艺灵活性受到一定限制。多层厂房的结构与平面布置应根据生产工艺流程、工段组合、交通运输、采光通风以及生产上的各种技术要求，经过综合研究后进行设计，应保证工艺流程短捷，尽量避免不必要的往返，尤其是上下层间的往返。辅助工段应尽可能靠近服务对象。在生产工艺允许的情况下，应尽可能将运输量大、荷载重、用水量大的生产工段布置在底层。各工段之间，将生产性质、生产环境要求相同的工段做水平和垂直的集中分区布置。应根据通风采光要求，合理布置各生产工段的具体位置。要重点注意对环境有害或有危险的工段布置。结合生产物流、人流及管理要求，合理布置楼梯间、电梯间、生活间、门厅和辅助用房的位置。

根据系统布置设计方法，上述车间厂房设计工作属于详细布置阶段的工作，而在全厂总平面布置阶段，又需要车间厂房的基本平面形式与占地面积大小等参数，因此，整个布置设计过程是一个逐步细化、反复迭代的设计过程。也就是说，首先通过全厂各部门之间的物流关系与非物流相互关系分析，确定各部门之间的关系密切程度，在分析的基础上，确定各部门之间的相对位置关系。在初步确定车间厂房的外形及占地平面面积大小以后，返回全厂总平面布置设计阶段，进行总平面布置，得到全厂总平面布置图。针对车间厂房，应反复调整厂房占地面积，修正总平面布置设计，经过数次调整，得到最佳的总平面布置图。

3. 辅助服务部门布置设计

如前所述，工厂是由生产车间、职能管理部门、辅助生产部门、生活服务部门及仓储部门等组成的，除生产车间以外的其他部门都统称为辅助服务部门。这些部门构成工厂生产系统的支持系统部分，在某种意义上加强了生产系统的生产能力。由于辅助服务部门的占地面积常常接近甚至大于生产车间的占地面积，因此，在总平面布置设计中应给予足够的重视。关于辅助生产部门如工具、维修等，与生产车间相似，其平面布置应参照上节内容来进行。本节重点讨论工厂管理、服务部门设施的设计与布置方法。

随着社会的进步和经济的发展，工厂内部管理机制也发生了很大变化，使工厂管理、服务设施的内容和布局向综合化和社会化方向转化，因而打破了传统的厂前区的布置形式。

（1）工厂管理服务设施的一般组成。工厂管理服务设施一般包括：

1）工厂主出入口。包括工厂大门、门卫室、值班室、收发室等。

2）行政管理部门。包括工厂办公楼、综合服务楼等。

3）生活服务设施。包括食堂、医务室、托儿所等。

4）检测与技术服务部门。包括中央实验室、技术服务楼等。

5）交通服务设施。包括汽车库、停车场、自行车棚等。

6）社会服务设施。包括产品经营、展销、维修服务部等。

（2）工厂管理服务设施设计、布置的基本原则。由于工厂管理服务设施不像生产车间那样存在明显的物流，因而，对于这类设施的布置设计工作的基本出发点是人员联系、信息联系、生产管理方便，服务对象便利，人流合理，生产环境对人员影响小，社会联系方便等方面。具体设计原则包括：

1）工厂管理服务设施应面向城市干道布置，便于社会各方面的联系；同时尽可能位于厂区的上风侧，避免受到生产造成的环境污染。此外，还应靠近职工住宅区。

2）工厂管理服务部门的建筑的平面与空间组合应相对集中、灵活、合理布置，以便利各部门之间人员、信息的联系。它可以占据厂区一角或适中的位置。

3）工厂管理服务部门的建筑的形式、色调等应符合城市规划的要求，并与邻近建筑格调协调。

4）应妥善处理其周围道路、停车场、广场、绿化、美化设施的设计和规划，创造开敞、整洁、美观、舒适的工作环境。

5）面向社会的产品展销、维修服务部门应有直接对外的出入口和对厂内联系方便的内门。

工厂办公楼是工厂行政管理设施的主体。厂级办公建筑一般由行政部门办公室、技术部门办公室、政工部门办公室及辅助用房组成。厂级办公楼的建筑面积根据全厂职工总数计算。为了方便对厂内外的人员联系，工厂办公楼常设在厂区主出入口附近，常临街布置。

食堂可分为厨房与餐厅齐备的职工食堂、有备餐而不含加工的进餐食堂、供职工午间进餐兼休息用的简易食堂、职工进餐兼对社会服务的营业食堂以及食堂兼礼堂或俱乐部的多功能食堂等。食堂应集中或分区集中设置，其服务半径范围不应大于 500m，并应布置在污染源的上风侧。每个食堂的被服务人数不应超过 2 000 人。

工厂出入口分为主出入口、次出入口、货运出入口和铁路出入口等，具体的设置由企业的规模和生产性质决定。它是保卫生产安全、检查出入证件的门户。工厂出入口一般由厂门、值班室、收发室等部分组成。由于工厂出入口是工厂与社会的联系门户，反映了厂容厂貌，同时又影响了城市街景，设计时应综合考虑其功能与城市规划等方面的要求。

6）应做到人流、物流分开，分别设置人员、货运出入口。当工厂规模较大时，还应增设次出入口，其具体数量、位置、距离由工厂规模确定。出入口的布置形式不但要符合工厂人流及货运的需要，还要符合城市交通、环境保护、消防等方面的有关规定。工厂主出入口应与厂级办公楼相邻，以方便外来人员联系工作。工厂出入口前应设置人流集散和车辆暂停与回转的场地，并应做绿化和美化处理。工厂出入口的位置选取应便于实现厂内外运输的衔接，其宽度应由厂区内主干道宽度来确定。

4. 作业单位面积相关图绘制步骤

有了作业单位建筑物的占地面积与外形后，可以在坐标纸上绘制作业单位面积相关图。

（1）选择适当的绘图比例。一般比例为 1∶100、1∶500、1∶1 000、1∶2 000、1∶5 000，绘图单位为毫米（mm）或米（m）。

（2）将作业单位位置相关图放大到坐标纸上，各作业单位符号之间应留出尽可能大的空间，以便安排作业单位建筑物。为了图面简洁，只需绘出重要的关系如 A、E 及 X 级连线。

（3）按综合接近程度分值大小顺序，由大到小依次把各作业单位布置到图上。绘图时，以作业单位符号为中心，绘制作业单位建筑物外形。作业单位建筑物一般都是矩形的，可以通过外形旋转角度，获得不同的布置方案。当预留空间不足时，需要调整作业单位位置，但必须保证调整后的位置符合作业单位位置相关图要求。

（4）经过数次调整与重绘，得到作业单位面积相关图。图 6-19 所示为叉车总装厂作业单位面积相关图。

5. 作业单位面积相关图的调整

作业单位面积相关图是直接从位置相关图演化而来的，只能代表一个理论的、理想的布置方案，还必须通过调整修正才能得到可行的布置方案。这里必须从前述工厂总平面布置设计原则出发，考虑除 P、Q、R、S 和 T 五个基本要素以外的其他因素对布置方案的影响。按 SLP 法的观点，这些因素可以分为修正因素与实际条件限制因素两类。

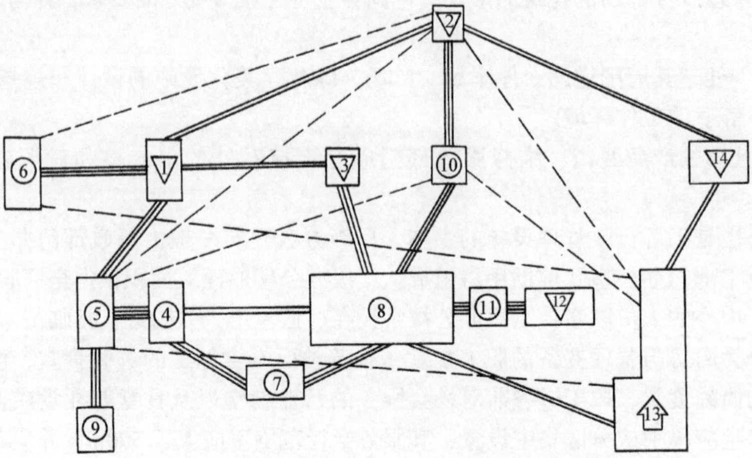

图 6-19　叉车总装厂作业单位面积相关图

（1）修正因素。

1）物料搬运方法。分析物料搬运方法对布置方案的影响主要应从搬运设备种类、搬运系统基本模式以及运输单元（箱、盘等）分类方面进行。

在面积相关图上，只反映了作业单位之间的直线距离，而由于道路位置、建筑物的规范形式的限制，实际搬运系统并不总能按直线距离进行布置。物料搬运系统有三种基本形式，即直线道路的直线型、按规定道路搬运的渠道型以及采用集中分配区的中心型系统，如图 6-20 所示。

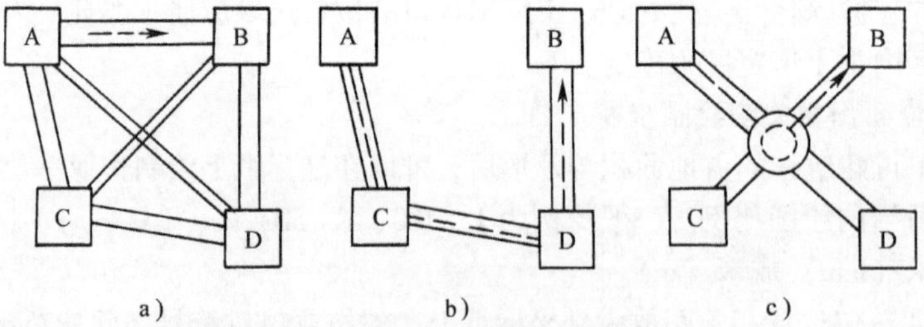

图 6-20　物料搬运系统的基本形式

a）直接型　b）间接型中的渠道型　c）间接型中的中心型

对于每一种搬运系统来说，都有与之相适应的搬运方法、设备及容器的形式。

2）建筑特征。作业单位的建筑物应保证道路的直线性与整齐性、建筑物的整齐规范以及公用管线的条理性。

3）道路。由于道路运输机动灵活，适用于绝大多数货物品种的运输，因此，道路运输是各类工厂的基本运输方式。另外，厂内道路除承担运输任务外，还起到划分厂区、绿化美化厂区、排除雨水、架设工程管道等作用，也具备消防、卫生、安全等环境保护功能。

厂内道路按其功能分为主干道、次干道、辅助道路、车间引道及人行道。各类道路可根据企业规模大小、厂区占地多少及交通运输量的大小酌情设置。厂内道路布置设计应满足如下基本要求：

① 满足物流、人流要求。在进行厂内道路布置时，必须对全厂各部门之间的物流、人流

状况进行分析，以明确物流、人流的流向和流量，这是进行厂内道路布置的主要依据。在系统布置设计过程中，经过物流分析、非物流相互关系（特别是人流）分析、位置相关图布置、面积相关图布置以后，基本了解了各部门之间的物流与人流状况，此时则可在面积相关图上进行厂内道路布置。当物流与人流均较多时要合理分散物流和人流，避免主要物流与主要人流的合流与交叉，确保货运与人员安全；当物流与人流不多时可兼顾物流与人流。总之，道路布置应能满足生产物流与人流运输的要求，并使物流通畅、运距短捷，人流方便、确保安全。

② 使厂区道路布置与工厂总平面布置协调一致。由于道路起着分隔各部门、划分工厂功能分区的作用，决定着大多数建筑物的朝向、工程管线的铺设及厂区绿化模式，因此，厂区主要道路布置应与工厂总平面布置协调一致。一般情况下，厂内主干道路应与大多数建筑物的长轴和主要出入口的位置相适应。

③ 厂内道路一般应为正交和环形布置。厂内道路应采用环状布置形式，以便于各部门之间的运输。道路交叉时应采用正交方式，同时，在道路交叉口或转弯处应满足运输视距的要求，在视野范围内不应布置有碍于 望的建（构）筑物及高大树木，以确保运输行车的安全。

④ 满足消防、卫生、安全等环境保护及排除雨水要求。道路布置应能使消防车直接通向厂内各主要车间。对于那些道路不能直接到达的车间、堆料场、仓库和其他设施，应设置消防通道并使消防通道能与厂区道路方便衔接，以使消防车能迅速到达所去地点，减少火灾损失。应通过道路布置，合理地分隔不同生产性质的各个部门，减少相互之间的干扰；同时，应避免由于道路布置不合理而使危险品、易燃品、易爆品的运输穿过与其无关的生产区及生活区。布置道路时，还应尽量缩短厂外运输在厂内的运输距离，以减少汽车运输的噪声、振动、尾气对厂区环境的污染，保护厂区环境。

⑤ 应尽量避免或减少与铁路线的交叉。对于大型冶金及矿山企业，常同时采用道路运输与铁路运输，应尽量减少运输繁忙的道路与运输繁忙的铁路的交叉，以避免道路、铁路运输之间的相互干扰。

⑥ 满足艺术和美化要求。厂内道路布置应与绿地、广场、行道树、自然环境综合考虑，以提高道路系统和整个厂区的艺术和美化效果。

根据工厂生产工艺流程、物料搬运特点，厂内道路布置形式有环状式、尽端式和混合式三种。

厂内道路应按《厂矿道路设计规范》（GBJ 22—1987）进行设计。不同道路宽度是不一样的，一般来说，主干道路宽为9m，次干道路宽为6m，车间之间、车间与围墙之间的消防通道一般为3～4.5m，车间引道为3m。另外，道路与建筑物之间应留有一定的距离，供排雨水沟渠、管线布置、绿化等占用。

4）公用管线布置。在工业生产过程中，各车间或工段所需要的水、气（汽）、燃油以及由水力或风力运输的物料，一般均采用管道输送。同时，生产过程中产生的污水、废液以及由水力或风力运输的废渣，再加上雨水也常用管道（或沟、渠）排出。各种机电设备、电器照明、通信信号所需要的电能，都用输电线路输送。所谓管线就是各种管道和输电线路的统称。工业企业内的管线很多，有水、气（汽）、燃油管道、输电线路以及运输物料及废渣的管渠等，同一种管线又有很多条。各种管线的性质、用途、技术要求各不相同，又往往交织在一起，互相联系又互相影响。它们当中任何一条发生故障，都有可能造成停水、停电、停气（汽）、断料，直接或间接影响生产的正常进行。因此，在布置上要遵循各种管线自身的技术条件要求，满足管线与管线之间、管线与建（构）筑物之间的各种防护间距要求，还应注意节约用地。要从全局出发，统筹兼顾，适当安排，合理地进行综合布置，确保各种管线的安全运行。管线综合布置就是根据要求确定各管线的平面位置，是工厂总平面布置的组成部分，需要协调各管线专业技术要求进行布置设计。

5）厂区绿化布置。在条件允许的情况下，厂内空地都应绿化。一般情况下，工厂主要出入口及厂级办公楼所在的厂前区、生产设施周围、交通运输线路一侧或双侧，都是厂区绿化的重点。因此，在进行工厂总平面布置时，应在上述区域留出绿化地带。

厂前区的绿化应与厂前区建筑相一致，可以设置花坛、绿地及建筑小品，形成优美的环境。在车间周围应种植一些乔木或灌木树种，可以减小车间生产产生的烟雾、粉尘及噪声对其他部门的影响。道路绿化是带状绿化，它形成全厂绿化骨架。道路绿化的主要作用是给路面遮阴、分隔车道、吸收交通灰尘、减少交通噪声、引导视线、美化路容和厂区环境。道路绿化一般采用高大乔木或矮小灌木树种。不同树种占用的空间是不一样的，因此，总平面布置时，应为绿化留有适当的平面面积；同时，还应确保树木与建（构）筑物之间留有一定的距离，以避免树木与建（构）筑物、铁路、道路和地下管线之间的相互影响。

6）场地条件与环境。厂区内外的社会环境、公共交通情况、环境污染等方面因素都会影响布置方案。为便于与外界联系，常常把所有职能管理部门甚至生活服务部门集中起来，布置在厂门周围，形成厂前区。而厂门应尽可能便于厂内外运输，便于实现厂内道路与厂外公路的衔接，要注重合理利用厂区周围的社会条件。

同时要充分考虑自然地理条件对工厂布局的影响。

① 充分利用地形、地质等自然条件。工厂总平面布置时，应充分利用地形、地貌条件，选择合理的竖向布置形式，确定各建筑物、构筑物的朝向及物料运输方式等。还应根据工程地质和水文地质情况布置建筑物和构筑物。

② 充分考虑气象、气候因素的影响。对于存在有害烟尘的生产企业，要充分考虑风向对总平面布置的影响。

（2）实际条件限制。前述修正因素是布置设计中应考虑的事项。此外还存在一些对布置设计方案有约束作用的其他因素，包括给定厂区的面积、建设成本费用、厂区内现有条件（建筑物）的利用、政策法规等方面的限制因素，这些因素统称为实际条件限制因素。确定布置设计方案时，同样需要考虑这些因素的影响，根据这些限制因素，进一步调整方案。

（3）工厂总平面布置图的绘制。通过考虑多种方面因素的影响与限制，形成了众多的布置方案，抛弃所有不切实际的想法后，保留 2～5 个可行布置方案供选择。采用规范的图例符号，将布置方案绘制成工厂总平面布置图。图 6-21、图 6-22、图 6-23 即为叉车总装厂三种布置方案图。

对于上述三种方案，需要进行全面的评价与选择。这里仅仅进行简单的比较，选择出最佳的方案。

方案（一）：该方案中涂装车间与试车车间及成品库的距离偏大。

方案（二）：这个方案的特点是试车车间与成品库安排在厂区北部，与其他的仓库接近，远离办公服务楼。由于各种仓库均布置在这个区域，通过工厂主干道路直接与社会公路相连，运输非常方便。但是，这个方案只设立了一个厂门，人流、物流都交汇在这里，所以该方案也不是最佳方案。

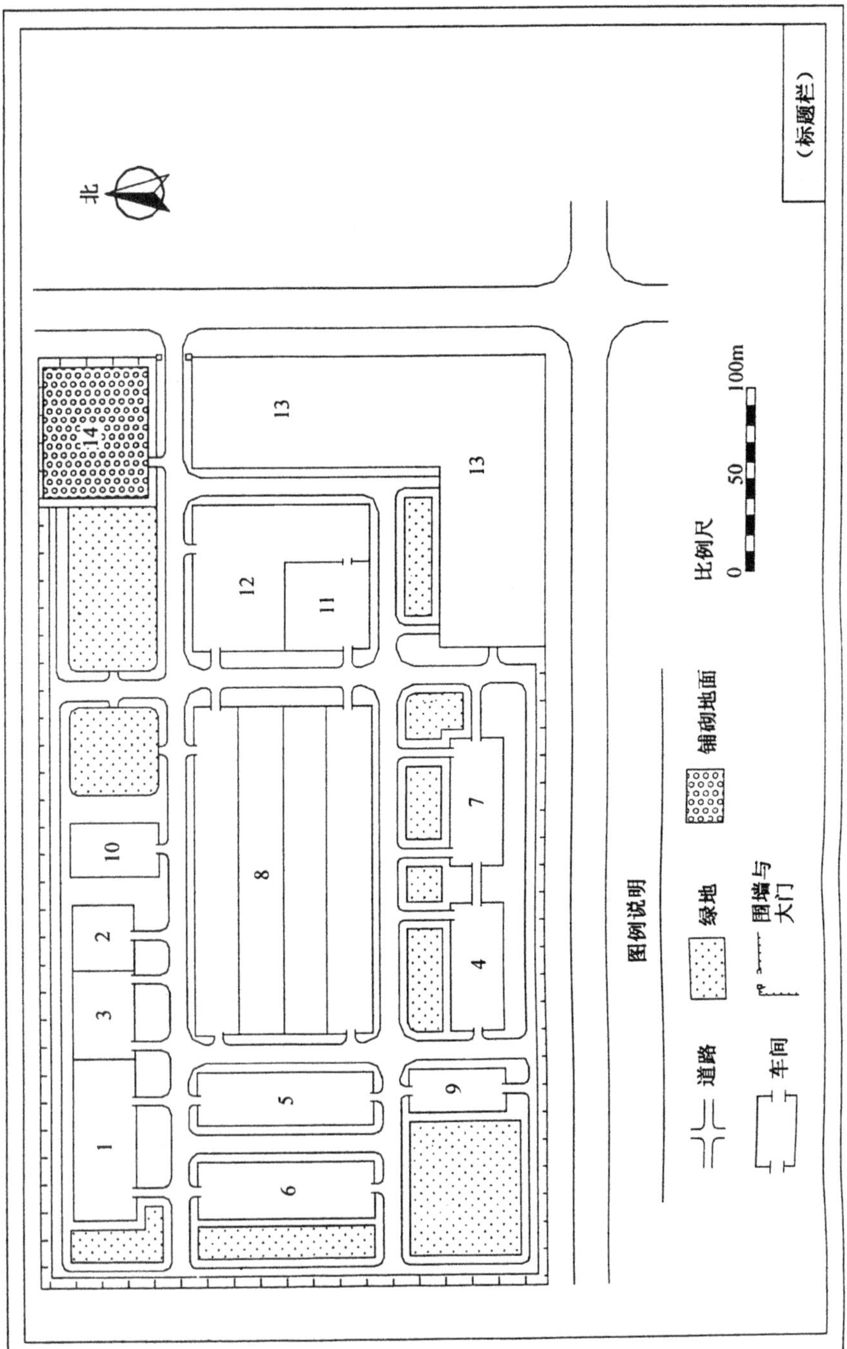

图 6-21　叉车总装厂总平面布置图（一）

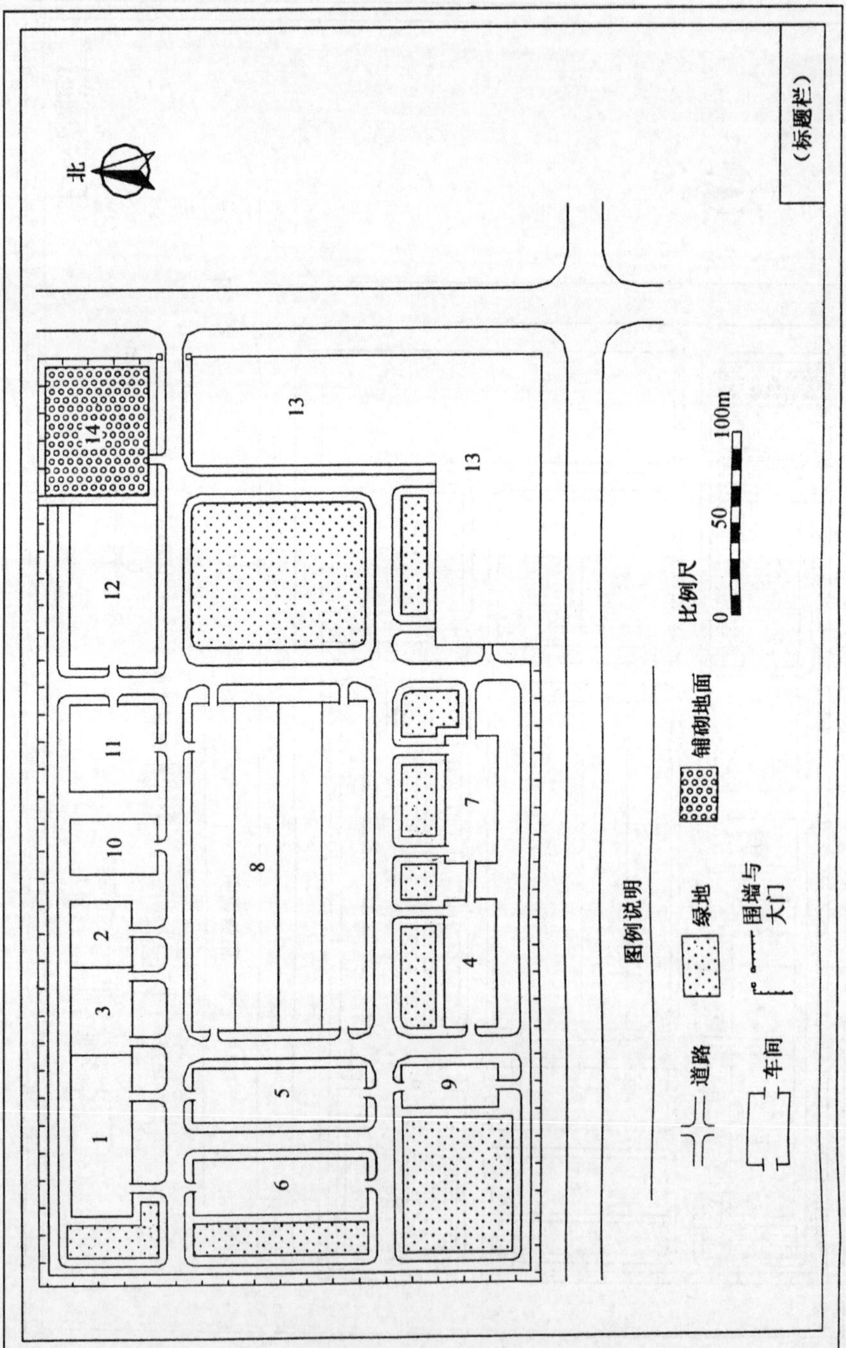

图6-22　叉车总装厂总平面布置图（二）

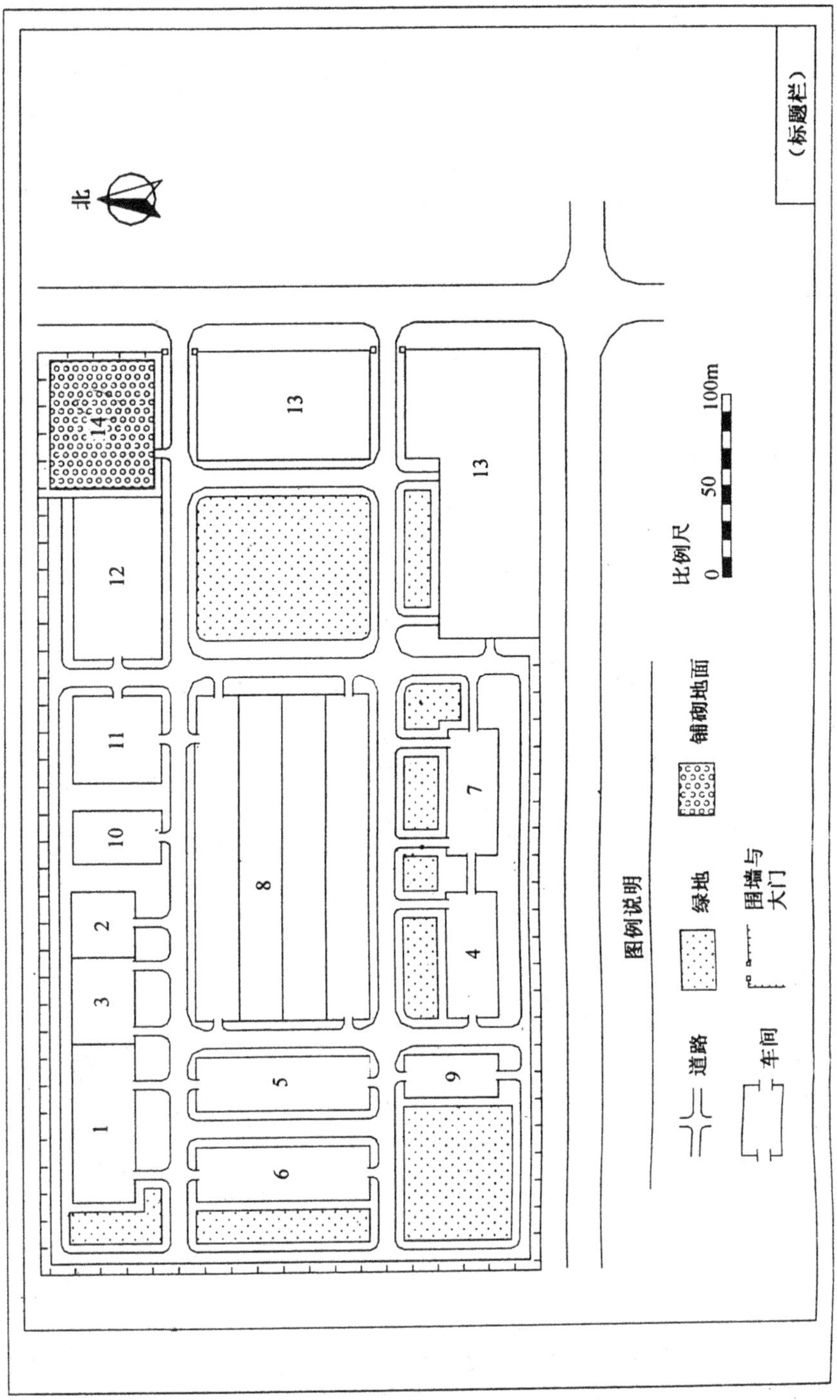

图 6-23　叉车总装厂总平面布置图（三）

方案（三）：这个方案是在方案（二）的基础上将办公服务楼分为两个部分，设立另外的主干道路及厂门，规定北部厂门承担主要物流任务，南部厂门承担人流任务。此外，在非人流高峰期，两个门都可以通行运输车辆，使厂内、外运输更加合理。所以该方案是最佳方案。

6.3.6　方案评价选择并绘制工厂总平面布置图

通过对作业单位面积相关图的调整，可以取得数个可行方案。通过考虑多种方面因素的影响与限制，形成了众多的布置方案，抛弃所有不切实际的想法后，保留 2 ~ 3 个可行布置方案供选择。采用规范的图例符号，将布置方案绘制成工厂总平面布置图，对于各种方案，需要进行全面的评价与比较，选择出最佳的方案，作为最终的工厂总平面布置方案，如图 6-23 所示。

方案评价是系统布置设计程序中的最后环节，也是非常重要的环节。只有做好方案评价，才能确保规划设计的成功，因此，必须重视评价阶段的工作。常用的布置方案的评价方法有技术指标评价法（如物流—距离图分析），以及综合评价法（如加权因素比较法和费用比较法）。

6.4　螺旋法求解

螺旋法是在 SLP 方法的基础上发展起来的，它适用于只考虑物流量大小的工厂布局。

（1）相互关系图。已知各部门间的相互关系如表 6-18 所示，则各部门间的相互关系图如图 6-24 所示。

表 6-18　各部门间的相互关系

关系重要程度	关　系　值	代　　码	原　　因
绝对必要	A	1	共用人员
很重要	E	2	共用设备
重要	I	3	共用场地
一般	O	4	共用信息
不重要	U	5	工艺流程连续
不可接近	X	6	做类似工作
		7	人员接触

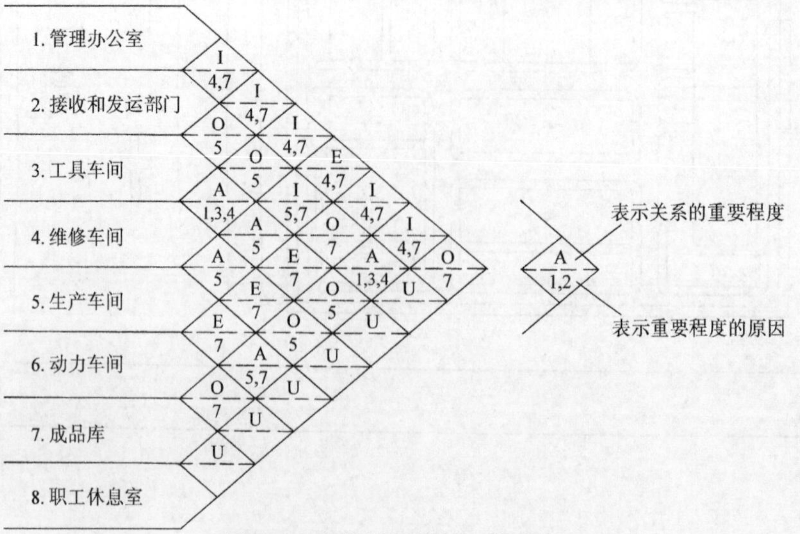

图 6-24　各部门间的相互关系图

（2）从—至表（表示各部门的物料流量的往来）。从—至表是物流分析技术中最为精确的一种，是用来提高效率的最重要的工具。从—至表中每个环节涉及的质量和数量将被记录下来，如表 6-19 所示。

表 6-19　从—至表

至 从	01 备料车间	02 机加工车间一	03 机加工车间二	04 冲压车间	05 涂装车间	06 装配车间	07 仓库
01 备料车间		12	6	9	1	4	
02 机加工车间一			3		7	2	
03 机加工车间二					3		
04 冲压车间					4	1	
05 涂装车间						3	
06 装配车间	1						7
07 仓库							

从—至表是一个矩阵，操作步骤的次序写在左侧，而且是纵贯整列，纵向次序就是对矩阵的“从”，横向次序是对矩阵的“至”。各部门的物料流量与每次移动所需的时间及零件的质量相关。

（3）流量相关线图。用流量相关线图图 6-25 表示各部门物料流量的往来。实线表示 2 个单位流量，虚线表示 1 个单位流量。

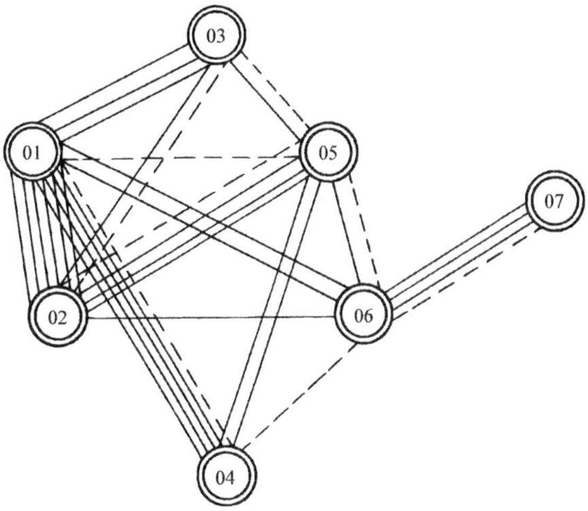

图 6-25　流量相关线图

厂区平面布置的目标：相邻两部门间的流量为最大。

（4）螺旋法求解。

步骤 1：对各部门按相互间的流量从大到小排列流量级别，分别为：01—02，01—04，02—05，06—07，01—03，01—06，04—05，03—05，05—06，02—06，01—05，04—06。

步骤 2：具体布置各个部门。首先按流量级别依次把各部门逐个布置到平面图 6-26 中去（见图 6-26e），然后考虑各部门的实际面积，把它们反映到布置示意图中去，即得到最终的完成图（见图 6-26f）。

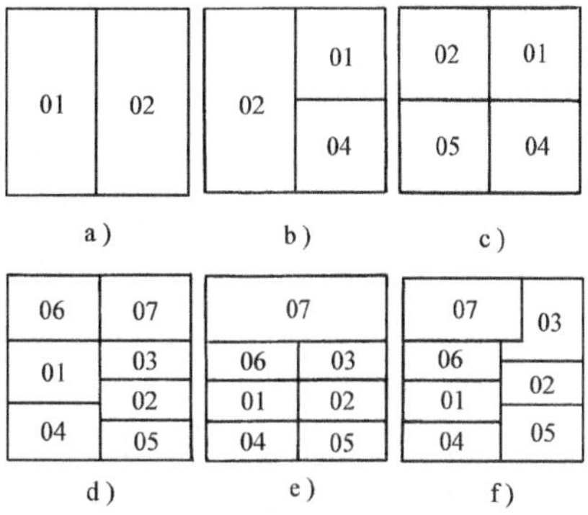

图 6-26　各部门平面布置图

（5）解的好坏评价。把各对不相邻的部门之间的流量总加起来，除以工厂内部的总流量。相互之间有流量而不相邻的部门是：03—05，05—06，04—06，总流量为7个单位，工厂内部的总流量为63个单位，方案的损失效率约为11%（7/63）。

6.5　方案评价与选择

本书前面各部分涉及的厂址选择方案、设施规划方案、物料搬运系统布置方案，都需要在各个规划阶段进行方案的评价与选择。总之，方案的综合评价是系统规划过程中寻求最佳技术、经济方案的决策手段。

物流系统规划与设施规划研究的问题都是多因素、多目标的问题，既要考虑问题自身所具有的各种因素，又要考虑各种与之相关的因素；既要达到主要技术经济指标要求，又要满足各种其他相关目标的要求。这就构成了评价与选择的综合性、系统性的特点。在规划与设计过程中进行方案评价与选择时，一般分两种情况：一是单项指标比较评价；二是综合指标比较评价。

当多个方案中的其他指标基本相同或不重要时，只有某项主要指标不同或重要时，则可根据该项主要指标的优劣情况来评价方案。如在工厂总平面布置中常用物流—距离图来评价设计方案的好坏。单项指标比较评价还包括经济比较评价、技术水平评价等。

由于企业物流是一个复杂系统，影响因素很多，而且极为复杂，所以，在决策中一般应进行多种因素、多个指标的综合评价比较。综合指标比较评价方法有非经济因素的优缺点比较法和加权因素比较法等。

6.5.1　单项指标比较评价

（1）概述。单项指标比较评价是指多个方案中的某些指标基本相同，只有某项主要指标不同时，则可通过比较该项主要指标的优劣而决定方案取舍。当方案的技术水平基本相同时，则可进行方案的经济比较，根据经济效益高低来评价方案的优劣；当经济效益基本相同，在技术先进性方面差别较大时，则应根据技术水平的高低评价方案的高低。在设施规划中，同一工厂的不同总平面布置方案的建设投资一般相差不大，因此，常用物流—距离图分析结果，即用物流状况这一单项技术指标来评价平面布置方案的优劣。在建设项目可行性研究期间，经济评价是决策的重要依据。我国现行的项目经济评价分为两个层次，即财务评价和国民经济评价。方案比较评价可按各个方案所含的全部因素（相同因素和不同因素），计算各方案的全部经济效益，进行全面的对比；也可仅就不同因素（不计算相同因素）计算相对经济效益，进行局部的对比。方案比较应注意保持各个方案的可比性。

（2）财务评价。财务评价就是对项目进行财务可行性分析，主要是对企业获利能力的分析，对各种方案进行经济效益分析、比较，以便从中选出成本低、收效大的最佳方案。所以技术方案能否为决策者采用，很大程度上取决于这种方案能否给企业带来经济效益。要提高经济效益则应力求节约人力、物力资源，即要求产出大于投入，从价值形态看，则要求收入大于支出。因而对企业的财务状况做出评价是十分重要的。

财务评价是根据国家现行财税制度和现行价格，分析预测项目的效益和费用，考察项目的获利能力、清偿能力及外汇效果等财务状况，以判别方案在财务上是否可行，为决策者提供依据。

财务是否可行，一般以财务内部收益率、投资回收期和固定资产投资借贷偿还期等作为主要评价指标。产品出口创汇及替代进口节汇的项目要计算财务外汇净现值、财务换汇和节汇成本等指标。根据项目的特点及实际需要，也可计算财务净现值、财务净现值率、投资利润率、投资利税率等辅助指标。

财务盈利性分析可分为动态分析和静态分析。进行评价时，应以动态分析为主，静态分析为辅。

动态分析法又叫现值法。它既考虑到项目的整个生命周期，也考虑了资金的时间价值。动态分析法采用复利计算方法，将不同时期内的资金流入和流出，换算成同一时点的价值，为不同方案和不同项目的经济比较提供了时间方面的可比性，并能反映出未来时期的发展变化情况，从而能比较正确地对项目的财务可行性做出评价。动态分析的主要指标有：财务内部收益率、净现值和净现值率，以及财务外汇净现值、财务换汇成本或节汇成本。

静态分析法又叫简单分析法。这种方法不考虑项目的生命周期及资金的时间价值，一般比较简单、直观，使用方便。采用静态分析法评价的主要指标有投资利润率、投资利税率、投资回收期、固定资产投资借贷偿还期。

(3) 国民经济评价。国民经济评价是项目经济评价的核心部分。通过对比项目对国民经济的贡献和需要国民经济付出的代价，来分析投资行为的合理性。国民经济评价主要内容包括国民经济盈利能力分析和外汇效果分析，主要评价指标是经济内部收益率、经济净现值和净现值率。

(4) 不确定性分析。拟建项目方案在分析计算时所采用的各项数据，大部分是采用预测、估算的办法而取得的，因而与未来的客观实际并不完全符合。这就给项目带来了潜在的风险。在项目的可行性研究中，不管采用哪种方法，都要分析不确定因素对经济评价指标的影响程度，以预测项目可能承担的风险，确定财务、经济上的可靠性。不确定性分析包括盈亏平衡分析、敏感性分析和概率分析。

总之，在系统规划过程中，经济评价同样是系统规划方案评价的重要手段。应在系统规划设计人员的协助下，由工程经济人员承担经济评价工作。具体工作内容与步骤详见“工程经济”专业书籍。

6.5.2　综合指标比较评价

1. 概述

对于企业物流系统建设项目，由于影响因素很多，而且极为复杂，所以，在进行项目决策时，一般应进行综合指标比较评价。综合指标比较评价应根据具体情况和项目的特点确定需要评价的指标体系。

综合评价的指标体系中，有的是定性指标，有的是定量指标，而且定量指标的计量单位又多不相同。因此，在综合指标比较评价时，对定性指标应划分满足程度等级，对定量指标也应划分数量级别，以便专家评审时，按规定标准，针对不同指标具体打分。同时，由于各种指标对方案的重要程度不完全相同，因此，还应对各指标规定其加权值，以便汇总得到最终结论。

在系统规划与设计中，综合指标比较评价的具体做法有优缺点比较法和加权因素比较法。

2. 优缺点比较法

在初步方案的评价与筛选过程中，由于设计布置方案并不具体，各种因素的影响不易准确确定，此时常采用优缺点比较法对布置方案进行初步评价，舍弃那些存在明显缺陷的布置方案。

使用优缺点比较法时，应首先确定出影响布置方案的各种因素，特别是有关人员所考虑和关心的主导因素，这一点对决策者尤其重要。一般做法是编制一个内容齐全的常用的系统规划评价因素点检表，供系统规划人员结合设施的具体情况逐项点检并筛选出需要的比较因素。表6-20为设施布置方案评价因素点检表。

表6-20　设施布置方案评价因素点检表

序号	因素	点检记号	重要性	序号	因素	点检记号	重要性
1	初次投资			16	安全性		
2	年经营费			17	潜在事故的危险性		
3	投资收益率			18	影响产品质量的程度		
4	投资回收期			19	设备的可得性		
5	对生产波动的适应性			20	外购件的可得性		
6	调整生产的柔性			21	与外部运输的配合		
7	发展的可能性			22	与外部公用设施的结合		
8	工艺过程的合理性			23	经营销售的有利性		
9	物料搬运的合理性			24	自然条件的适应性		
10	机械化自动化水平			25	环境保护条件		
11	控制检查的便利程度			26	职工劳动条件		
12	辅助服务的适应性			27	对施工安装投产进度的影响		
13	维修的方便程度			28	施工安装对现有生产的影响		
14	空间利用程度			29	熟练工人的可得性		
15	需要储存的物料、外购件数量			30	公共关系效果		

在确定了评价因素以后，应分别对各布置方案分类列举出优点和缺点，并加以比较，最终给出一个明确的结论——可行或不可行，供决策者参考。

3. 加权因素比较法

加权因素比较法的基本思想是把布置方案的各种影响因素，不论是定性的，还是定量的，都划分成等级，并赋予每个等级一个分值，使之定量化，用等级或分值来定量表示该因素对布置方案的满足程度；同时，根据不同因素对布置方案取舍的影响重要程度设立加权值。从而，能够统一不同因素对布置方案的影响程度，并能计算出布置方案的评分值，根据评分值的高低来评价方案的优劣。

（1）评价因素的确定。与优缺点比较法一样，加权因素比较法也需要确定评价因素。一般系统规划的要求与目标都应列为评价因素。最常见的评价因素通常包括：

1）适应性及通用性。如布置方案适应产品品种、产量、加工设备、加工方法、搬运方式变更的适应能力；适应未来生产发展的能力等。

2）物流效率。如各种物料、文件信息、人员按照流程的流动效率，有无必需的倒流、交叉流动、转运和长距离运输；最大的物流强度；相互关系密切程度高的作业单位之间的接近程度等。

3）物料运输效率。如物料运入、运出厂区所采用的搬运路线、方法和搬运设备及容器的简易程度，搬运设备的利用率、运输设备的维修性等。

4）储存效率。如物料库存（包括原材料库、半成品库、成品库等）的工作效率；库存管理的容易程度；存储物品的识别及防护；储存面积是否充足等。

5）场地利用率。通常包括建筑面积、通道面积及立体空间的利用程度。

6）辅助部门的综合效率。如布置方案对公用、辅助管线及中央分配或集中系统（如空压站、变电所、蒸汽锅炉及附属管路等）的适应能力；布置方案与现有生产管理系统和辅助生产系统（如生产计划、生产控制、物料分发、工作统计、工具管理、半成品及成品库存等）有效协调的程度等。

7）工作环境及员工满意程度。如布置方案的场地、空间、噪声、光照、粉尘、振动、上下班及人力分配等对职工生产和工作效率的影响程度。

8）安全管理。如布置方案是否符合有关安全规范；人员和设备的安全防范设施（如防火、隔离和急救等），安全通道和出口；废料清理和卫生条件等。

9）产品质量。如布置方案中的运输设备对物料的损伤；检验车间面积、检验设备、检验工作站的设置位置等对质量控制的影响等。

10）设备利用率。如生产设备、搬运设备、储存设备的利用率；是否过多地采用重复设备而忽略了在布置方案时设法对某一设备的共同利用。

11）与企业长远规划相协调的程度。布置方案与企业长远发展规划、长远厂址总体规划、总体系统规划的符合程度。

12）其他。如布置方案对建筑物和设备维修的方便程度；保安和保密；节省投资；布置方案外观特征及宣传效果等。

（2）确定加权值。依据某一因素与其他因素的相对重要性，来确定该因素的加权值。一般做法是，把最重要的因素确定下来，并定出该因素的加权值，加权值一般取 10。然后把每个因素的重要程度与该因素进行比较，确定出合适的加权值。

应该指出，加权值的确定应采取集体评定然后求平均值的方式，最终结果应得到大多数参与布置方案评价人员的认可。

（3）评价因素评价等级划分。对于每一个评价因素都应独立地评价出该因素对布置方案的满足程度，评价结果一般划分成评价等级。仿照系统布置设计方法，评价等级划分为 A、E、I、O、U 五个等级，每个等级的含义及评价分值如表 6-21 所示。

表 6-21　评价等级及分值

等　级	符　号	含　　义	评价分值	等　级	符　号	含　　义	评价分值
优	A	近于完美	4	尚可	O	效果一般	1
良	E	特别好	3	差	U	效果欠佳	0
中	I	达到主要效果	2				

（4）评价结果。针对待评价的数个方案（一般取 3 ~ 5 个），确定出评价因素及其加权值，制成如表 6-22 所示的评价表。将每个因素对各方案的评价等级及分值填入表中，最终求出各布置方案的各因素评价等级加权和，即

$$T_i = \sum_{j=1}^{n} \alpha_j w_{ij} \qquad i = 1,2,\cdots,m$$

式中　n——评价因素总数；

j——评价因素序号，且 $j=1，2，\cdots，n$；

α_j——j 号评价因素加权值；

m——方案数目；

i——方案序号；

w_{ij}——第 j 个因素对第 i 个方案的评价等级分值；

T_i——第 i 个方案的总分。

表 6-22　布置方案加权因素评价表

序号	评价因素	布置方案及其评价等级					备注
		Ⅰ	Ⅱ	Ⅲ	Ⅳ	Ⅴ	
1	因素 1 (f_1)	a_1w_{11}	a_1w_{21}	a_1w_{31}	a_1w_{41}	a_1w_{51}	
2	因素 2 (f_2)	a_2w_{12}	a_2w_{22}	a_2w_{32}	a_2w_{42}	a_2w_{52}	
⋮	⋮	⋮	⋮	⋮	⋮	⋮	
j	因素 j (f_j)	a_jw_{1j}	a_jw_{2j}	a_jw_{3j}	a_jw_{4j}	a_jw_{5j}	
⋮	⋮	⋮	⋮	⋮	⋮	⋮	
n	因素 n (f_n)	a_nw_{1n}	a_nw_{2n}	a_nw_{3n}	a_nw_{4n}	a_nw_{5n}	
总分		T_1	T_2	T_3	T_4	T_5	

（5）最佳方案的确定。一般认为某一方案得分高于其他方案 20%，则可确认为主选最佳方案。若比较方案得分比较相近，应对这些方案进行再评价，评价时增加一些因素，并对加权值和等级划分进行更细致的研究，还可以邀请更多的人员参加评价。

对于选中的最佳方案还应根据评价表中的数据进行修正。

6.6　SLP 法应用案例——液压泵装配车间布局设计

6.6.1　液压泵装配车间现状简介

某液压件公司主要生产汽车转向助力液压泵。汽车转向助力液压泵的装配采用的是单元线装配方式，工位不多，工艺过程中存在搬运线路迂回和物流路线过长的问题。本例将运用设施规划的 SLP 方法对装配车间的设备布局及作业区进行重新规划和设计，使车间的运输路线最短、降低生产成本。

装配车间有两条装配线，分别是轿车泵装配线和货车泵装配线，每条线有两个装配单元，分别装配不同型号的液压泵。轿车泵装配线上的液压泵日产量在 700 台左右，货车泵装配线上的液压泵日产量在 800 台左右，总的日产量约1 500台。装配车间的作业单位名称及功能如表 6-23 所示。

表 6-23　装配车间作业单位

序号	作业单位名称	备注
1	清洗组	清洗待装配的泵体等零部件
2	零件暂存区	存放从零件仓库运来待装配的外购件
3	零件仓库	外购件仓库
4	清洗泵暂存区	泵体等零部件清洗后暂时存放
5	货车泵装配单元线	装配货车液压泵
6	货车泵性能测试区	对装配的货车泵测试性能

（续）

序　　号	作业单位名称	备　　注
7	轿车泵装配单元线	装配轿车液压泵
8	轿车泵性能测试区	对装配的轿车泵测试性能
9	工位器具室	工位器具存放
10	货车泵待测噪声区	性能测试完后等待噪声测试
11	轿车泵待测噪声区	性能测试完后等待噪声测试
12	噪声测试区	测试噪声（隔绝其他杂音）
13	包装区	包装成箱
14	成品库	成品存放区

6.6.2　液压泵装配车间物流流程分析

改善前，作业区的布局如图 6-27 所示，图中箭头表示物料及待装泵流动方向。

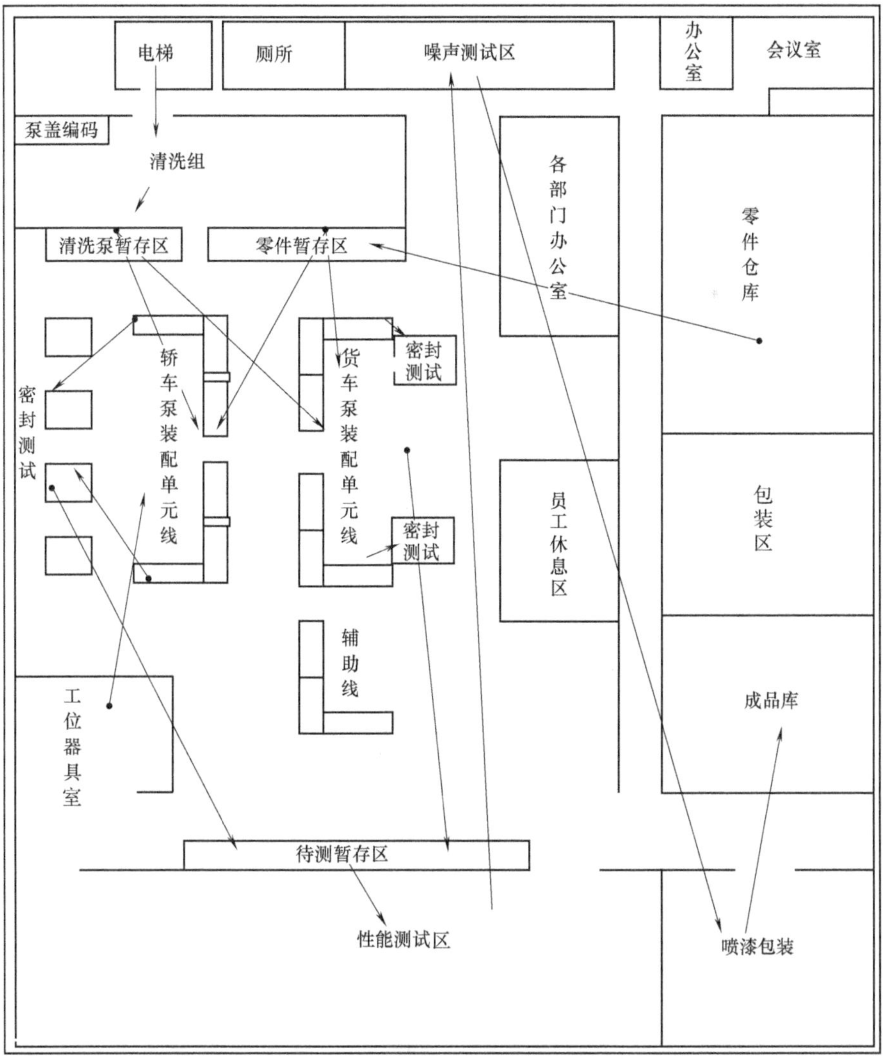

图 6-27　改善前作业区布局及物流路线

考虑到轿车泵和货车泵的产量基本相等，装配工艺路线及零部件种类、质量大体相同，为简化分析，我们取各种泵对应零部件的平均质量为各零部件的计算质量。由此可得主要物流路线（作业单位对）对应于单台泵的物流强度，再划分出物流强度等级。主要作业单位对及物流强度如表 6-24 所示。

表 6-24　主要作业单位对物流强度汇总

序　号	作业单位对（物流路线）	物流强度	物流强度等级	序　号	作业单位对（物流路线）	物流强度	物流强度等级
1	1—2	0. 831	O	10	6—10	4. 968	I
2	1—4	4. 133	I	11	8—11	4. 988	E
3	4—5	4. 133	I	12	9—5	4. 998	E
4	4—7	0. 830	O	13	9—7	1. 013	O
5	3—2	3. 040	O	14	10—12	5. 103	E
6	2—7	2. 016	O	15	11—12	1. 588	O
7	2—5	0. 830	O	16	12—13	6. 458	A
8	5—6	4. 963	I	17	13—14	6. 631	A
9	7—8	4. 963	I				

注：表中未列出作业单位对之间的物流强度均为 0，物流强度等级均为 U 级。

6. 6. 3　物流相关表

为了能够简单明了地表示所有作业单位之间的物流相互关系，下面绘制作业单位间的物流相关表（见表 6-25）。在进行车间布置时，物流相关表中物流强度等级高的作业单位之间的距离应尽量缩小，而物流强度等级低的作业单位之间的距离可以适当加大。

表 6-25　作业单位间的物流相关表

序号	作业单位名称及符号	
1	清洗组	①
2	零件暂存区	▽2
3	零件仓库	▽3
4	清洗泵暂存区	▽4
5	货车泵装配单元线	⑤
6	货车泵性能测试区	□6
7	轿车泵装配单元线	⑦
8	轿车泵性能测试区	□8
9	工位器具室	⇧9
10	货车泵待测噪声区	▽10
11	轿车泵待测噪声区	▽11
12	噪声测试区	□12
13	包装区	⑬
14	成品库	▽14

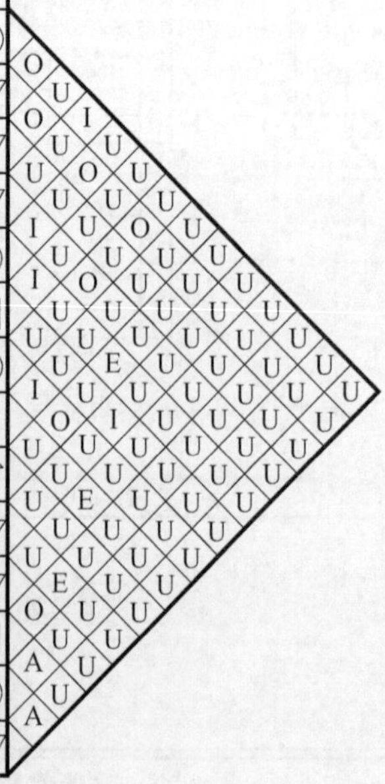

6.6.4　车间作业单位相互关系分析

因为所有零件都向泵体上装配，转向装配线上，装配质量主要取决于泵体，泵体的质量为物流强度的主要质量，所以物流强度等级为 A、E、I 的作业单位对之间的实际物流量值相差不明显。因此作业单位间的物流因素对整个车间布局的影响不是主要决定因素，而非物流因素的影响就比较重要了。

1. 作业单位相互关系的非物流因素及非物流相互关系等级划分

在 SLP 分析中，P、Q、R、S 及 T 是影响车间布置的基本要素。划分作业单位间相互关系密切程度的典型非物流影响理由有以下几类：①工艺衔接要求；②作业性质相似；③使用同种工位器具；④使用相同的加工设备；⑤使用同种公用设施和文件档案；⑥同一个人员操作；⑦振动、烟尘的影响，环保、消防及安保要求；⑧工作联系频繁程度；⑨便于监督和管理；⑩服务的频繁和紧急程度。

确定了作业单位相互关系密切程度的非物流影响理由以后，就可以划分各作业单位间的非物流关系密切程度等级，如表 6-26 所示。

表 6-26　各作业单位间的非物流关系密切程度等级汇总表

序号	作业单位对（物流路线）	非物流密切程度等级	理由代码	序号	作业单位对（物流路线）	非物流密切程度等级	理由代码
1	1—2	E	①④	14	9—5	E	④⑧
2	1—4	E	①④	15	9—7	E	④⑧
3	4—5	A	①②	16	10—12	O	④
4	4—7	A	①②	17	11—12	O	④
5	3—2	I	④	18	12—13	I	④
6	2—7	I	②	19	13—14	A	④⑧
7	2—5	I	②	20	8—13	O	
8	5—6	E	③④	21	1—12	O	
9	7—8	E	③④	22	8—12	O	⑥⑦
10	6—10	I	④	23	6—12	O	⑥⑦
11	6—9	O	②	24	1—9	O	②
12	8—9	O	②	25	1—12	X	⑤
13	8—11	I	④	26	8—13	X	⑤

注：1—12、8—13 因为不同的原因对应两个级别，最后，会确定一个最合理的级别。

表 6-26 中没有列出的作业单位对之间的非物流密切程度等级为 U 级，加权值为 0，这里就不一一列出了。利用与物流相关表相同的表格形式建立作业单位非物流相互关系表，如表 6-27 所示。表 6-27 中每一个菱形框格为相应的两个作业单位之间的相互关系密切程度等级，上半部为密切程度，下半部数字表示密切程度等级的理由。

表6-27　作业单位非物流相互关系表

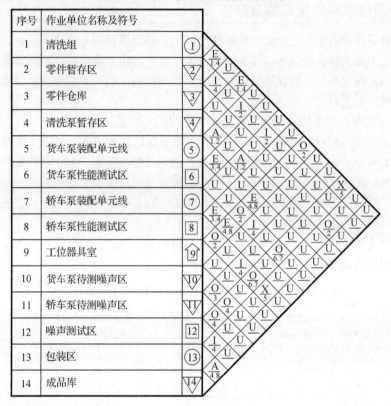

序号	作业单位名称及符号	
1	清洗组	1
2	零件暂存区	2
3	零件仓库	3
4	清洗泵暂存区	4
5	货车泵装配单元线	5
6	货车泵性能测试区	6
7	轿车泵装配单元线	7
8	轿车泵性能测试区	8
9	工位器具室	9
10	货车泵待测噪声区	10
11	轿车泵待测噪声区	11
12	噪声测试区	12
13	包装区	13
14	成品库	14

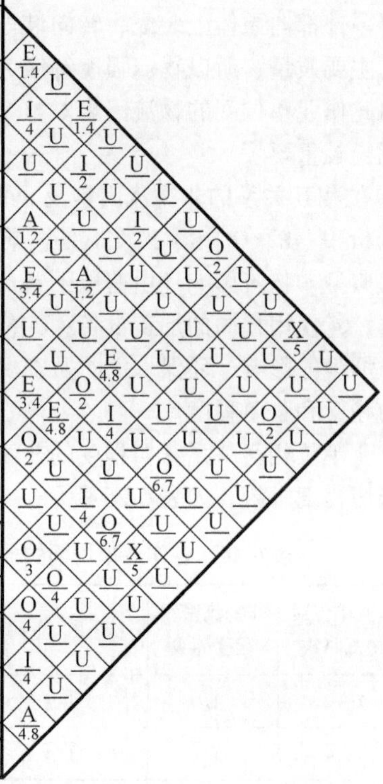

2. 作业单位综合相互关系

（1）确定作业单位对之间物流与非物流相互关系的相对重要性。作业单位对之间的密切程度的物流因素不明显，而非物流相互关系影响因素却很明显，所以，在物流与非物流相互关系的相对重要性比例取 $m:n=1:3$。

（2）量化物流强度等级和非物流的密切程度等级。对于表6-25及表6-27，取A=4、E=3、I=2、O=1、U=0、X=−1，得出各等级的量化分，计算量化以后的所有作业单位之间综合相互关系，如表6-28所示。

总的作业单位对数可用下式计算：$P=N(N-1)/2$。本例中 $P=14\times(14-1)/2=91$。

表6-28a　作业单位综合相互关系计算表

序　号	作业单位对	关系密切程度				综合关系	
		物流关系（加权值：1）		非物流关系（加权值：3）			
		等　级	分　值	等　级	分　值	分　值	等　级
1	1—2	O	1	E	3	10	E
2	1—3	U	0	U	0	0	U
3	1—4	I	2	E	3	11	E
4	1—5	U	0	U	0	0	U
5	1—6	U	0	U	0	0	U
6	1—7	U	0	U	0	0	U

（续）

序　号	作业单位对	关系密切程度				综合关系	
		物流关系（加权值：1）		非物流关系（加权值：3）			
		等　级	分　值	等　级	分　值	分　值	等　级
7	1—8	U	0	U	0	0	U
8	1—9	U	0	O	1	3	O
9	1—10	U	0	U	0	0	U
10	1—11	U	0	U	0	0	U
11	1—12	U	0	X	−1	−3	X
12	1—13	U	0	U	0	0	U
13	1—14	U	0	U	0	0	U
14	2—3	O	1	I	2	7	I
15	2—4	U	0	U	0	0	U
16	2—5	O	1	I	2	7	I
17	2—6	U	0	U	0	0	U
18	2—7	O	1	I	2	7	I
19	2—8	U	0	U	0	0	U
20	2—9	U	0	U	0	0	U
21	2—10	U	0	U	0	0	U
22	2—11	U	0	U	0	0	U
23	2—12	U	0	U	0	0	U
24	2—13	U	0	U	0	0	U
25	2—14	U	0	U	0	0	U
26	3—4	U	0	U	0	0	U
27	3—5	U	0	U	0	0	U
28	3—6	U	0	U	0	0	U
29	3—7	U	0	U	0	0	U
30	3—8	U	0	U	0	0	U
31	3—9	U	0	U	0	0	U
32	3—10	U	0	U	0	0	U
33	3—11	U	0	U	0	0	U
34	3—12	U	0	U	0	0	U
35	3—13	U	0	O	1	3	O
36	3—14	U	0	U	0	0	U
37	4—5	I	2	A	4	14	A
38	4—6	U	0	U	0	0	O①
39	4—7	O	1	A	4	13	A
40	4—8	U	0	U	0	0	U
41	4—9	U	0	U	0	0	U
42	4—10	U	0	U	0	0	U
43	4—11	U	0	U	0	0	U
44	4—12	U	0	U	0	0	U

（续）

序号	作业单位对	关系密切程度				综合关系	
		物流关系（加权值：1）		非物流关系（加权值：3）			
		等级	分值	等级	分值	分值	等级
45	4—13	U	0	U	0	0	U
46	4—14	U	0	U	0	0	U
47	5—6	I	2	E	3	11	E
48	5—7	U	0	U	0	0	U
49	5—8	U	0	U	0	0	U
50	5—9	E	3	E	3	12	E
51	5—10	U	0	U	0	0	U

①：分值为0，应为U级，但因还要考虑各等级的百分比，再做调整，最后调整为O级，后文中也有类似情况。

以下各作业单位对综合关系的计算，与上面相同。由于受篇幅限制，本处只列出综合关系的计算结果。

表6-28b 作业单位综合相互关系计算表

序号	作业单位对	综合关系		序号	作业单位对	综合关系	
		分值	等级			分值	等级
52	5—11	0	U	72	8—10	0	U
53	5—12	0	U	73	8—11	9	E
54	5—13	0	U	74	8—12	3	O
55	5—14	0	U	75	8—13	-3	X
56	6—7	0	U	76	8—14	0	U
57	6—8	0	U	77	9—10	0	U
58	6—9	3	O	78	9—11	0	U
59	6—10	8	I	79	9—12	0	U
60	6—11	0	U	80	9—13	0	U
61	6—12	3	O	81	9—14	0	U
62	6—13	0	U	82	10—11	3	O
63	6—14	0	U	83	10—12	6	I
64	7—8	11	E	84	10—13	0	U
65	7—9	9	E	85	10—14	0	U
66	7—10	0	U	86	11—12	4	O
67	7—11	0	U	87	11—13	0	U
68	7—12	0	U	88	11—14	0	U
69	7—13	0	U	89	12—13	10	E
70	7—14	0	U	90	12—14	0	U
71	8—9	3	O	91	13—14	16	A

（3）综合相互关系等级划分。需要说明的是，将物流与非物流相互关系进行合并时，应该注意 X 级关系密级的处理，任何一级物流相互关系等级与 X 级非物流相互关系等级合并时都不应超过 O 级。表 6-28 中：如非物流关系为 X 级，物流关系为 E 级，而综合关系计算结果为 O 级（一般的关系密集），则与 X 级的非物流相互关系相矛盾，这显然不合理，表中遇到这种情况将综合关系调整为 U 级。综合相互关系等级划分的结果与比例如表 6-29 所示。

表 6-29　综合相互关系等级划分

总　　分	关系等级	作业单位对数	百分比（%）
13～16	A	3	3.3
9～12	E	8	8.8
4～8	I	5	5.5
3	O	9	9.9
0	U	64	70.3
-3	X	2	2.2
合计		91	100

（4）经过调整，建立作业单位综合相互关系表，如表 6-30 所示。

表 6-30　作业单位综合相互关系表

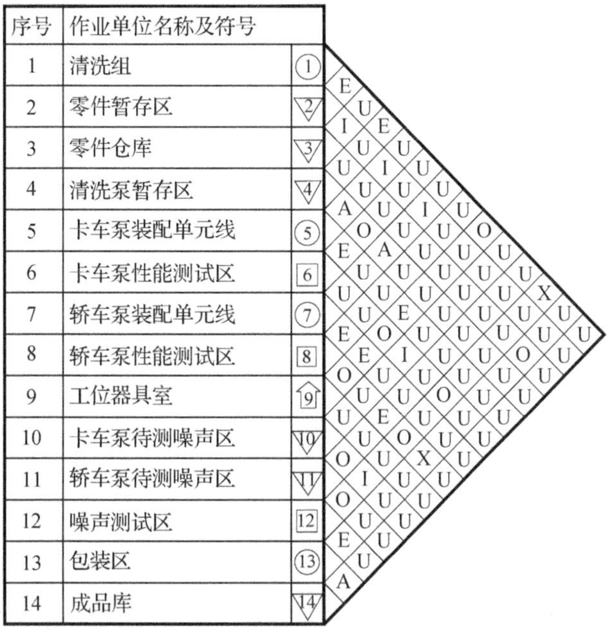

6.6.5　车间作业单位位置相关图

在 SLP 分析中，工厂总平面布置并不直接去考虑各作业单位的建筑物占地面积及其外部几何形状，而是从各作业单位间相互关系密切程度出发，安排各作业单位之间的相对位置。

综合接近程度分值越高，说明该作业单位越靠近布置图的中心位置；综合接近程度分值越低，说明该作业单位越应该处于布置图的边缘位置。处于中央区域的作业单位应该优先布置，也就是说，在 SLP 分析中，根据综合相互关系级别高低按 A、E、I、O、U 级别顺序先后确定不同级别的作业单位位置，而同一级别的作业单位按综合接近程度分值高低顺序来进行布置。为此，要按综合接近程度分值高低顺序为作业单位排序，其结果如表 6-31 所示。

表 6-31　综合接近程度排序表

作业单位代号	1	2	3	4	5	6	7	8	9	10	11	12	13	14
1		E/3	U/0	E/3	U/0	U/0	U/0	U/0	O/1	U/0	U/0	X/−1	U/0	U/0
2	E/3		I/2	U/0	I/2	U/0	I/2	U/0	U/0	U/0	U/0	U/0	U/0	U/0
3	U/0	I/2		U/0	U/0	U/0	U/0	U/0	U/0	U/0	U/0	U/0	O/1	U/0
4	E/3	U/0	U/0		A/4	O/0	A/4	U/0	U/0	U/0	U/0	U/0	U/0	U/0
5	U/0	I/2	U/0	A/4		E/3	U/0	U/0	E/3	U/0	U/0	U/0	U/0	U/0
6	U/0	U/0	U/0	O/1	E/3		U/0	U/0	O/1	I/2	U/0	O/1	U/0	U/0
7	U/0	I/2	U/0	A/4	U/0	U/0		E/3	E/3	U/0	U/0	U/0	U/0	U/0
8	U/0	U/0	U/0	U/0	U/0	U/0	E/3		O/1	U/0	E/3	O/1	X/−1	U/0
9	O/1	U/0	U/0	U/0	E/3	O/1	E/3	O/1		U/0	U/0	U/0	U/0	U/0
10	U/0	U/0	U/0	U/0	U/0	I/2	U/0	U/0	U/0		O/1	I/2	U/0	U/0
11	U/0	U/0	U/0	U/0	U/0	U/0	U/0	E/3	U/0	O/1		O/1	U/0	U/0
12	X/−1	U/0	U/0	U/0	U/0	O/1	U/0	O/1	U/0	I/2	O/1		E/3	U/0
13	U/0	U/0	O/1	U/0	U/0	U/0	U/0	X/−1	U/0	U/0	U/0	E/3		A/4
14	U/0	U/0	U/0	U/0	U/0	U/0	U/0	U/0	U/0	U/0	U/0	U/0	A/4	
综合接近程度	6	9	3	12	12	7	12	7	9	5	5	7	7	4
排序	10	4	14	1	3	9	2	6	5	11	12	7	8	13

根据综合接近程度排序表和作业单位位置相关图中的作业单位关系等级的表示方式，绘制作业单位位置相关图步骤如下：

第一步，首先处理综合相互关系密级为 A 的作业单位对。

（1）找出 A 级作业单位对有：4—5、4—7、13—14，共涉及 5 个作业单位对，接近程度排序为 4、7、5、13、14，其中没有作业单位的综合接近程度是一样的，其顺序可以按照接近程度高低来确定。

（2）将综合接近程度最高的作业单位 4 布置在位置相关图的中心位置。

（3）处理两个与作业单位 4 有关的 A 级作业单位对。

第二步，处理相互关系为 E 的作业单位对。

（1）找出 E 级关系的作业单位对，对涉及的作业单位按综合接近程度分值排序。

（2）首先处理与作业单位 4 有关的作业单位 1。

（3）下一个处理作业单位 7。

（4）处理剩余作业单位。

第三、四、五步分别处理位置相关图中仍未出现的 I、O、U 级作业单位对，布置过程如图 6-28 所示。最后重点调整 X 级作业单位对间的相对位置，得出最终作业单位位置相关图，如图 6-29 所示㊀。

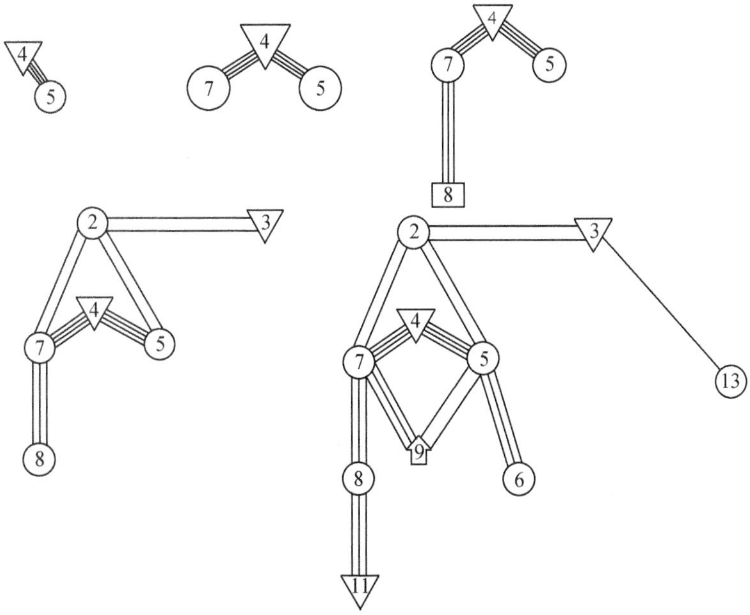

图 6-28　作业单位位置相关图绘制

从上述分析过程可知，由于总装好的助力液压泵要从电梯运回一楼，放在车间外等待发货，而环形布置适用于要求物料返回到起点的情况，所以，作业单位之间的布置采用的是环形布置。

㊀ 位置相关图的绘制以前文的综合相互关系表、综合接近程度排序表为基础，同时考虑各等级所占的百分比，根据实际情况再做调整，最后得出的图与前文的表会略不一致。后文也有类似情况，不再赘述。

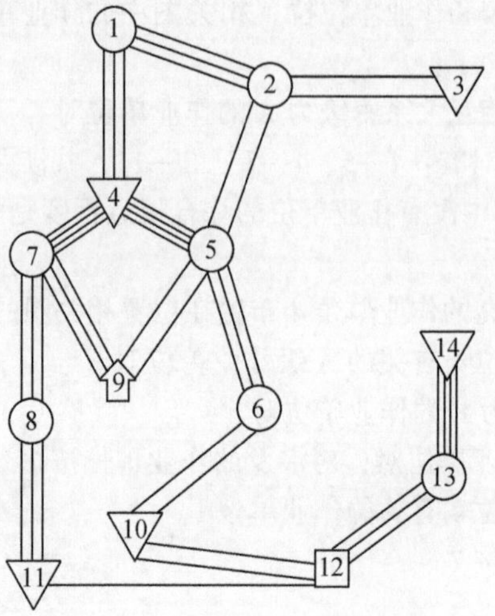

图6-29　作业单位位置相关图

6.6.6　车间作业单位面积相关图

下面绘制作业单位面积相关图。经过数次调整与重绘，得到作业单位面积相关图如图6-30所示。

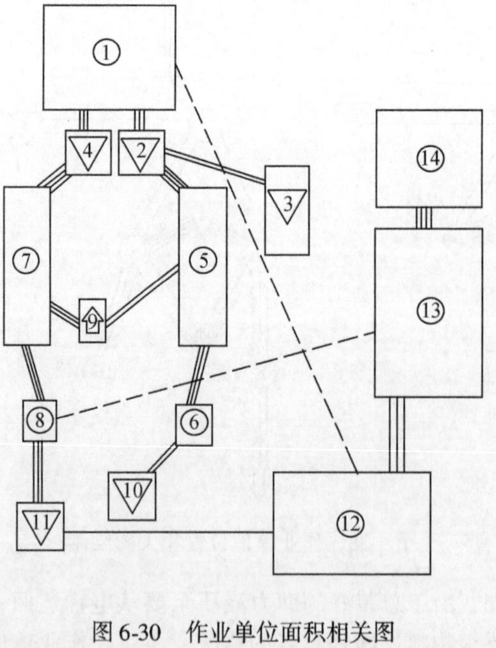

图6-30　作业单位面积相关图

根据现场的实际情况对车间的布局设计进行调整，得到图6-31所示的改进布局图。从整个装配工艺过程和物流来看，这样的改进可以使工艺过程更柔性，同时也减少了物流强度，从而提高了装配的工作效率。

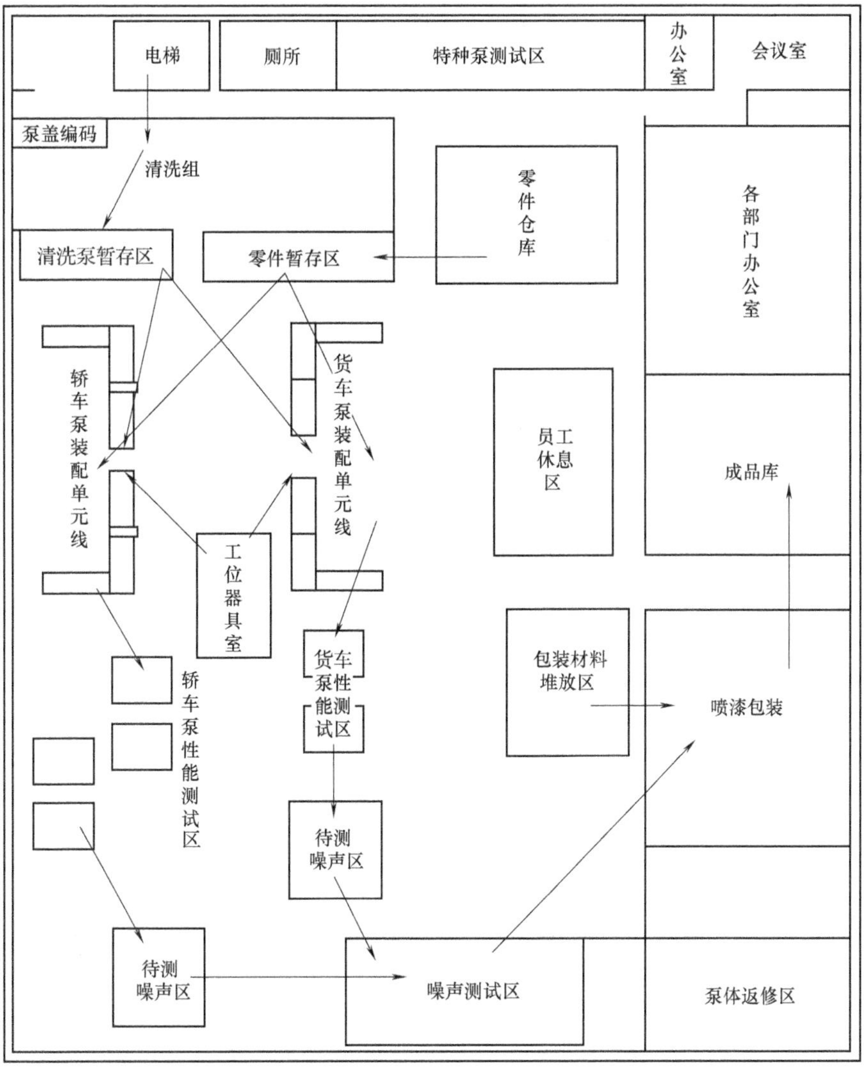

图 6-31 改进的布局图

思考与练习题

1. 根据图 6-32 所示的作业相关图，绘制作业单位位置相关图。

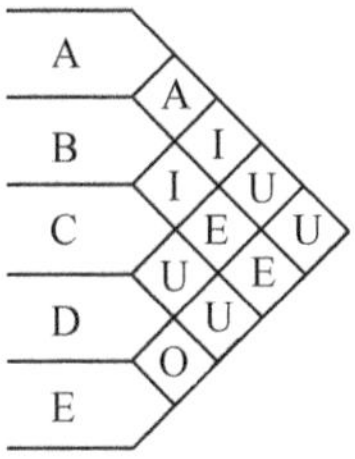

图 6-32 思考与练习题 1 图

2. 工厂设计的原则和方法，扩大到了__________________，因此，工厂设计一词被设施规划替代。

3. 在作业单位相关图上表示的密切程度等级的理由，最多不超过________条。

4. 当产品品种很少而生产数量又很大时，适合采用______________布局形式。

5. 为什么要引入综合接近程度的概念？

6. 作业单位数为 N，有多少对相互关系？它是否等于总的物流路线数？

7. 产品原则布置、工艺原则布置和固定式布置适合于何种工况？

8. 成组原则布置适合于何种工况？成组原则布置又分为几种？它们各有什么特点？

9. 将叉车生产工艺过程图（见图6-12）转化为从—至表。

10. 某厂有材料库、下料车间、成形车间、粗加工车间、精加工车间、装配车间、废料库等生产单位，其代号分别为：F_0、F_1、F_2、F_3、F_4、F_5、F_6。材料库提供螺栓、铸件、钢板等材料，废料库收集各生产单位的切削废料。各生产单位间的物流量如图6-33所示。

要求：

（1）编制各生产单位间的物流从—至表。

（2）编制物流强度汇总表。

（3）编制作业单位物流相互关系表。

（4）绘制只考虑作业单位物流相互关系时（忽略作业单位非物流相互关系）的作业单位位置相关图。

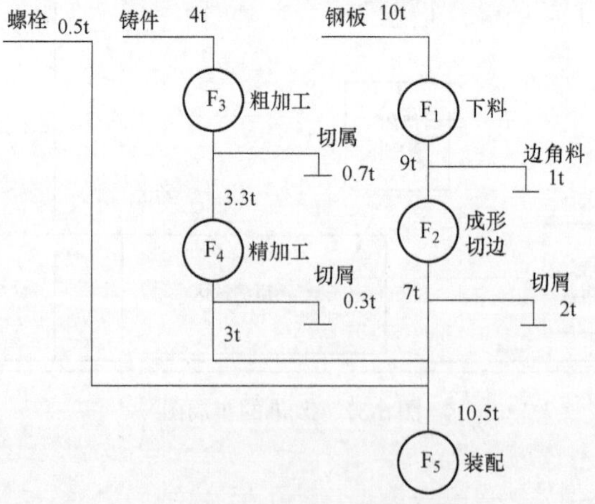

图6-33 思考与练习题10图

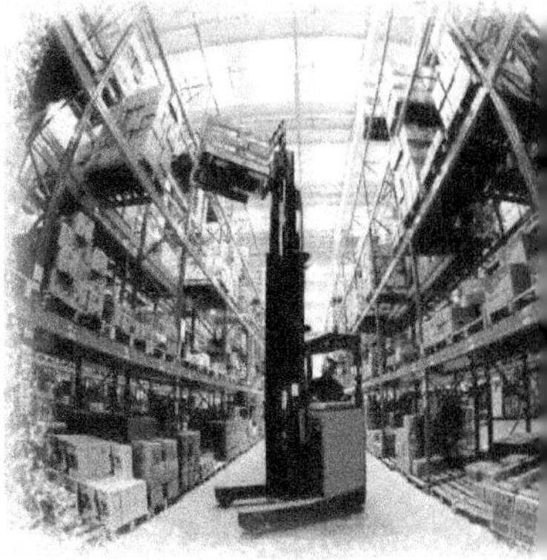

第 7 章 自动化仓储系统

7.1 概述

自动化仓储系统（AS/RS，Automated Storage and Retrieval System）是指不用人工直接处理，能自动存储和取出物料的系统。自动化仓库技术是现代物流技术的核心，它集高架仓库及规划、管理、机械、电气于一体，是一门学科交叉的综合性技术。一个计算机管理的自动化仓储系统（全自动化立体仓库实景），如图 7-1a 所示。该系统主要由货架、堆垛起重机、

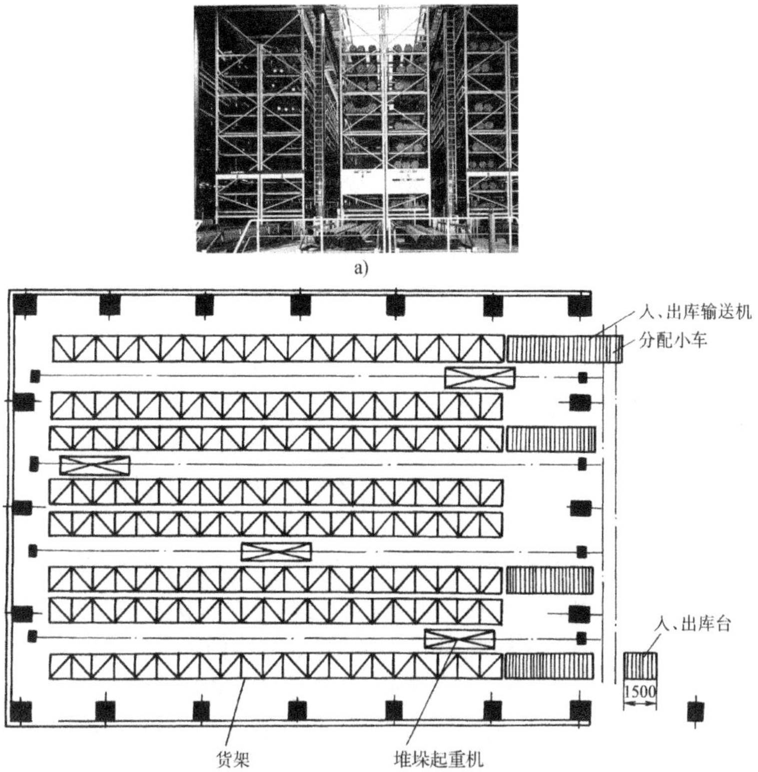

图 7-1　全自动化立体仓库

a）全自动化立体仓库实景　b）全自动化立体仓库平面布置

入出库输送机系统和计算机控制及管理系统等组成。系统布置见图7-1b。图示立体仓库共有4个巷道，4台堆垛起重机，1 344个货位，4条入、出库输送机，1台入、出库台，1台分配小车，1套计算机控制系统和1套计算机管理系统。

7.1.1　功能及发展

自动化仓库的功能一般包括收货、存货、取货和发货等。

(1) 收货。这是指仓库从原材料供应方或生产车间接收各种材料或半成品，供工厂生产或加工装配之用。收货时需要站台或场地供运输车辆停靠，需要升降平台作为站台和载货车辆之间的过桥，需要装卸机械完成装卸作业。卸货后需要检查货物的品名和数量以及货物的完好状态。确认货物完好后方能入库存放。

(2) 存货。这是将卸下的货物存放到自动化系统规定的位置，一般是存放到高层货架上。存货之前首先要确认存货的位置。某些情况下可以采取分区固定存放的原则，即按货物的种类、大小和包装形式等实行分区分位存放。随着移动货架和自动识别技术的发展，已经可以做到随意存放，这样既能提高仓库的利用率，又可以节约存取时间。存货作业一般通过各种装卸机械完成。系统对保存的货物还可以定期盘查，控制保管环境，减少货物受到的损伤。

(3) 取货。这是指根据需求情况从库房取出所需的货物。可以有不同的取货原则，通常采用的是先入先出方式，即在出库时，先存入的货物先被取出。对某些自动化仓库来说，必须能够随时存取任意货位的货物，这种存取方式要求搬运设备和地点能频繁更换。这就需要有一套科学和规范的作业方式。

(4) 发货。这是指将取出的货物按照严格的要求发往用户。根据服务对象不同，有的仓库只向单一用户发货，有的则需要向多个用户发货。发货时需要配货，即根据使用要求对货物进行配套供应。

因此，发货功能的发挥不仅要靠运输机械，还要靠包装机械的配合。当然，各种检验装置也是不可缺少的。

(5) 信息查询。这是指能随时查询仓库的有关信息。信息查询包括查询库存信息、作业信息以及其他相关信息。这种查询可以在仓库范围内进行，有的可以在其他部门或分厂进行。

自动化仓库的发展趋势包括以下几点：

1) 自动化程度不断提高。近年来，采用可编程序控制器（PLC）与微机控制搬运设备的仓库和采用计算机管理与PLC联网控制的全自动化仓库在全部高架仓库中的比重不断增加。日本1991年投产的1 628座自动化仓库中，64%是计算机管理和控制的全自动化仓库。在生产企业，自动化仓库作为全厂计算机集成制造系统（CIMS）的一部分与全厂计算机系统联网的应用也日渐增多，成为今后的趋势。

2) 与工艺流程结合更为紧密。AS/RS高架仓库与生产企业的工艺流程密切结合，成为生产物流的一个组成部分，例如，柔性加工系统中的自动化仓库就是一个典型例子。在配送中心，自动化仓库与物品的拣选、配送相结合，成为配送中心的一个组成部分。

3) 储存货物品种多样化。大到储存长6m以上、重4～10t的钢板与钢管等长大件，小到储存电子元器件的高架仓库，还有专门用作汽车储存的高架仓库等均已出现。

4) 提高仓库出入库周转率。除管理因素外，技术上主要是提高物料搬运设备的工作速度。巷道式堆垛起重机的起升速度已达90m/min、运行速度达240m/min、货叉伸缩速度达30m/min。在有的高度较大的高架仓库中，采用上下两层分别用巷道式堆垛起重机进行搬运作业的方法以提高出入库能力。

5）提高仓库运转的可靠性与安全性及降低噪声。在自动控制与信息传输中采用高可靠性的硬、软件，增强抗干扰能力；采用自动消防系统，货架涂刷耐火涂层；开发新的更可靠的检测与认址器件；采用低噪声车轮和传动元件等。

6）开发可供实用的拣选自动化设备和系统。在拣选作业自动化方面正加紧研究开发，但尚未真正达到能可靠地实用阶段。目前，提高拣选作业自动化程度的途径主要仍限于计算机指导拣选，包括优选作业路线、自动认址、提示拣选品种和数量等，而当前拣选动作大多仍由人工完成。

如何合理规划和设计自动化立体仓库，如何实现仓库与生产系统或配送系统的高效连接，已经成为 21 世纪工业工程的重要研究课题。

7.1.2　系统组成

（1）货架。货架一般由钢铁结构构成储存商品的单元格，一般单元格内存放托盘，用于装货物。一个货位的地址由其所在的货架的排数、列数及层数来唯一确定，自动出入库系统据此对所有货位进行管理。

（2）巷道机。在自动存取系统林立的二排高层货架之间一般留有 1～1.5m 宽的巷道，巷道机在巷道内来回运动，巷道机上的升降平台可上下运动，升降平台上的存取货装置可对巷道机和升降机确定的某一个货位进行货物存取作业。

（3）周边搬运系统。周边搬运系统所用的机械常为输送机，用于配合巷道机完成货物的输送、转移。在高架仓库内，当主要搬运系统因故障停止工作时周边搬运系统开始启用，使自动存取系统继续工作。

（4）控制系统。自动存取系统的计算机中心或中央控制室接收到出库或入库信息后，由管理人员通过计算机发出出库或入库指令，巷道机、自动分拣机及其他周边搬运设备按指令起动，共同完成出库或入库作业；管理人员对此过程进行全程监控和管理，保证存取作业按最优方案进行。

7.1.3　优点及作用

自动化仓储系统出现以后，获得了迅速的发展。这主要是因为这种仓库具有一系列突出的优点，它在整个企业的物流系统中具有重要的作用。

（1）能大幅度地增加仓库高度，减少占地面积。用人工存取货物的仓库，货架高 2m 左右。用叉车的仓库可达 3～4m，但所需通道要 3m 多宽。用这种仓库储存机电零件，单位面积储存量一般为 0.3～0.5t/m^2；而高层货架仓库目前最高的已经达到 40 多米，它的单位面积储存量比普通的仓库高得多。一座货架 15m 高的高架仓库，储存机电零件和外协件，其单位面积储存量可达 2～15t/m^2。对于一座拥有 6 000 个货位的仓库，如果托盘尺寸为 800mm×1 200mm，则普通的货架仓库高 5.5m，需占地 3 609m^2；而 30m 高的高架仓库，占地面积仅 399m^2。

（2）提高仓库出入库频率。自动化仓库采用机械化、自动化作业，出入库频率高并能方便地被纳入整个企业的物流系统，成为它的一环，使企业物流更为合理。

（3）提高仓库管理水平。借助计算机管理能有效地利用仓库储存能力，便于清点盘库，合理减少库存，节约流动资金。用于生产流程中的半成品仓库，还能对半成品进行跟踪，成为企业物流的一个组成部分。

(4) 由于采用了货架储存，并结合计算机管理，可以很容易地实现先入先出，防止货物自然老化、变质、生锈。高架仓库也便于防止货物的丢失，减少货损。

(5) 采用自动化技术后，能较好地适应黑暗、有毒、低温等特殊场合的需要。例如，胶片厂储存胶片卷轴的自动化仓库，在完全黑暗的条件下，通过计算机控制自动实现胶片卷轴的入库和出库。

总之，由于自动化仓储系统这一新技术的出现，使有关仓储的传统观念发生了根本性的改变。原来那种固定货位、人工搬运和码放、人工管理、以储存为主的仓储作业已改变为优化选择货位，按需要实现先入先出的机械化、自动化仓库作业。在这种仓库里，在储存的同时可以对货物进行跟踪以及必要的拣选和组配，并根据整个企业生产的需要，有计划地将库存货物按指定的数量和时间要求送到恰当地点，以满足均衡生产的需求。从整个企业物流的宏观角度看，货物在仓库中短时间的逗留只是物流中的一个环节，在完成拣选、组配以后，将继续流动。高架仓库本身是整个企业物流的一部分，是它的一个子系统。用形象化一些的比喻说法，可以说，它使“静态仓库”变成了“动态仓库”。

自动化仓储视频，请扫二维码观看“7.1 自动化仓储”。

7.1　自动化仓储

7.2　货架

7.2.1　组合式货架

(1) 托盘货架。托盘货架是存放装有货物托盘的货架。托盘货架多为钢材结构，也可用钢筋混凝土结构；可做单排型连接，也可做双排型连接（见图7-2）。其尺寸大小根据仓库的大小及托盘尺寸的大小而定。

图7-2　托盘货架

采用托盘货架，每一个托盘占一个货位。较高的托盘货架使用堆垛起重机存取货物，较低的托盘货架可用叉车存取货物。托盘货架可实现机械化装卸作业，便于单元化存取，库容利用率高，可提高劳动生产率，实现高效率的存取作业，便于实现计算机的管理和控制。

(2) 悬臂式长形货架。悬臂式长形货架又称悬臂架。它由3～4个塔形悬臂和纵梁相连而成，如图7-3所示。这种货架分单面和双面两种。悬臂架用金属材料制造，为防止材料碰伤或产生刻痕，可以在金属悬臂上垫上木质衬垫，也可用橡胶带保护。悬臂架的尺寸不定，一般根据所放长形材料的尺寸大小而定。悬臂架为边开式货架的一种，其特点是可在架子两边存放货物；但不太便于机械化作业，存取货物作业强度大，一般适于轻质的长条形材料存放，可用人力存取操作，重型悬臂架用于存放长条形金属。

(3) 驶入式货架。驶入式货架结构如图7-4所示。这种货架采用钢质结构，钢柱上一定位置有向外伸出的水平突出构件。当托盘送入时，突出的构件将托盘底部的两个边托住，使托盘本身起架子横梁作用。当架上没有放托盘货物时，货架正面便成了无横梁状态，这时就形成了若干通道，可方便叉车出入等车辆作业。

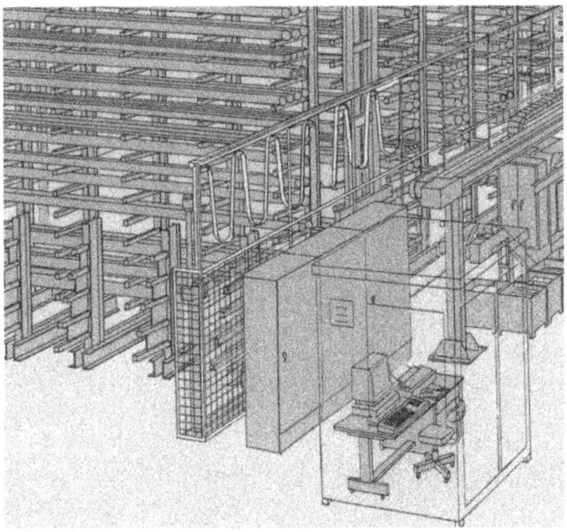

图7-3　悬臂式长形货架

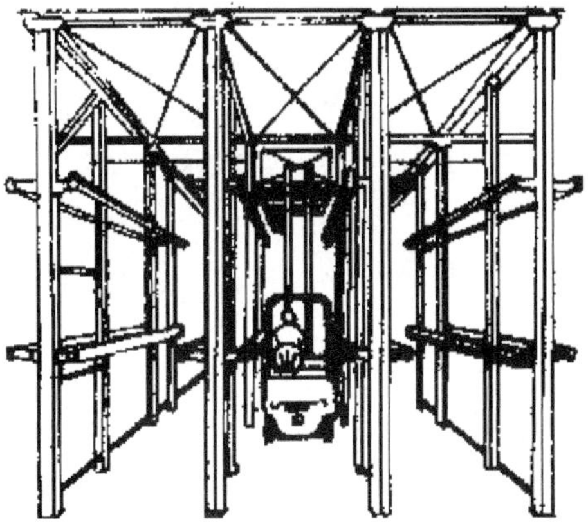

图7-4　驶入式货架

这种货架的特点是叉车直接驶入货架进行作业，叉车与架子的正面成垂直方向驶入，在最内部设有托盘的位置卸放托盘货载直至装满，取货时再从外向内顺序取货。一方面，驶入式货架能起到保管场所及叉车通道的双重作用，但叉车只能从架子的正面驶入，这样可提高库容利用率及空间利用率；但从另一方面看，很难实现先进先出。因此，每一巷道只宜保管同一品种货物，此种货架只适用于保管少品种、大批量以及不受保管时间限制的货物。驶入式货架是高密度存放货物的重要货架，库容利用率可达90%以上。

(4) 货架的刚度和精度。作为一种承重结构，货架必须具有足够的强度和稳定性，以保证在正常工作条件下和在特殊的非工作条件下，都不至于被破坏。同时，作为一种设备，高层货架还必须具有一定的精度和在最大工作载荷下的有限弹性变形，对于自动和半自动控制的立体仓库，货架精度更是仓库成败的决定因素之一。

自动和半自动控制的立体仓库对货架的精度要求是相当高的，包括货架片的垂直度、牛腿的位置精度和水平度等。为了达到设计的要求，有必要对所设计的货架进行力学计算。目前货架设计常采用刚度假设，即认为地基在货架和货物作用下不会产生弹性变形。此种处理使设计计算大为简化，但与实际结构的力学特性相差甚远。弹性基础梁的假设可用于货架设计：将钢筋混凝土层视为弹性梁或板，其下的土层视为等效弹簧，这样可同时考虑土层与混凝土的影响，能较好地反映实际情况。

7.2.2　重力式货架

重力式货架有两类：一类是储存整批纸箱包装商品；另一类是储存托盘商品。储存纸箱包装商品的重力式货架比较简单，由多层并列的辊道传送带所组成，商品上架及取出使用人力。储存托盘商品的重力式货架一般为2～4层，每格货架内设置重力滚道两条。滚道由左右两组辊轮、导轨和缓冲装置组成。其坡度一般为1.5%～3.5%；滚道长度一般可存放5～12

只托盘，每个托盘载重量为500～1 500kg。商品进库存放时，用叉车从货架后面将托盘送入货格，托盘依靠本身重力沿滚道向前滑行，也可采用电磁阀控制托盘定位。取货时，则用叉车从货架前面将托盘取出（见图7-5）。

图7-5　重力式货架

重力式货架的优点是：能保证货物的先进先出；它是一种高密集型的货架储存系统，空间利用率极高，比普通通道托盘货架的通道面积大大节省；进出货时叉车或巷道式堆垛起重机行程最短；能使货架的货位“空缺”减至最少。

7.2.3　旋转式货架

旋转式货架设有电力驱动装置（驱动部分可设于货架上部，也可设于货架底座内）。货架沿着由两个直线段和两个曲线段组成的环形轨道运行，由开关或用小型电子计算机操纵。存取货物时，货物所在货格编号由控制盘按钮输入，该货格则以最近的距离自动旋转至拣货点停止。拣货路线短，拣货效率则可以提高。

旋转式货架的货格样式很多，一般有提篮状、盆状、盘状等，可根据所存货物的种类、形态、大小、规格等不同要求选择。货格可以由硬纸板、塑料板制成，也可以是金属架子。透明塑料密封盒则适于储存电子元件等有防尘要求的货物。

旋转式货架适于小物品的存取，尤其对于多品种的货物更为方便，它储存密度大、货架间不设通道、易管理、投资少，由于操作人员位置固定，故可采用局部通风和照明来改善工作条件，并且节约了大量能源。

如果仓库的空间利用不作为主要问题，而从便于拣货和库存管理的目的出发，那么就显出旋转式货架的优越性了。

旋转式货架分为整体旋转式（整个货架是一个旋转整体）和分层旋转式（各层分设驱动装置，形成各自独立的旋转体系，如图7-6所示）。其中整体旋转式又分为水平旋转式（货架的旋转轨迹平行于地面，即旋转轴垂直于地面）和垂直旋转式（如图7-7所示，货架的旋转轨迹垂直于地面，即其旋转轴与地面平行），可根据具体要求进行选择。

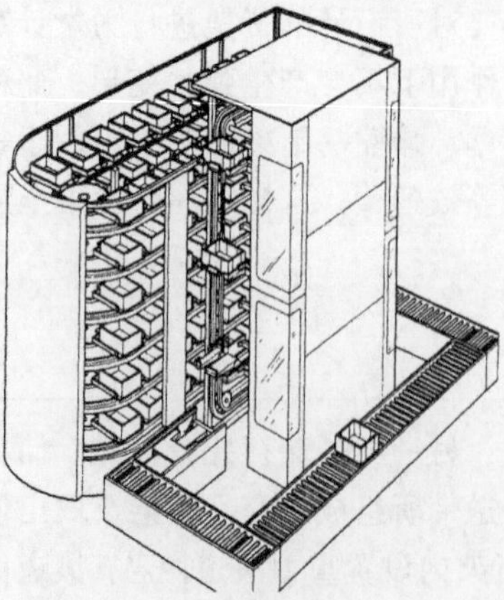

图7-6　分层旋转式货架

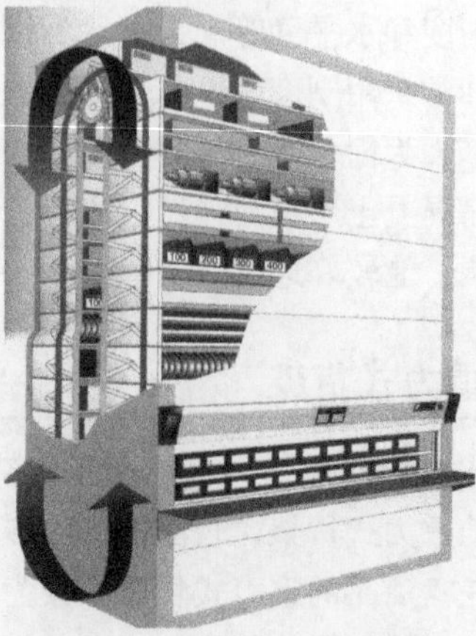

图7-7　垂直旋转式货架

7.2.4　托盘

我们把一个标准的货物或容器称作单元负载。货物的载体可以是托盘、托板、滑板、专用集装箱、专用堆放架、硬纸板箱等。

货箱或托盘，其基本功能是装物料，同时还应便于叉车和堆垛起重机的叉取和存放。托盘多为钢制、木制或塑料制成；托板一般由金属制成；滑板由波状纤维或塑料制成，是将单元货物拉到滑板上；专用堆放架由钢材或木料制成，可盛放专用件或特殊形状的物品；硬纸板箱盛放相对密度较小的物品（盛放洗衣机和电冰箱一类的物品可利用其自身的包装箱）。

从货箱与货架的几何关系中可知，货箱尺寸是货架设计的基础数据。货物（载荷）引起货箱的挠度应小于一定的尺度，否则会影响货叉叉取货物。各种托盘的示意图参见图7-8。

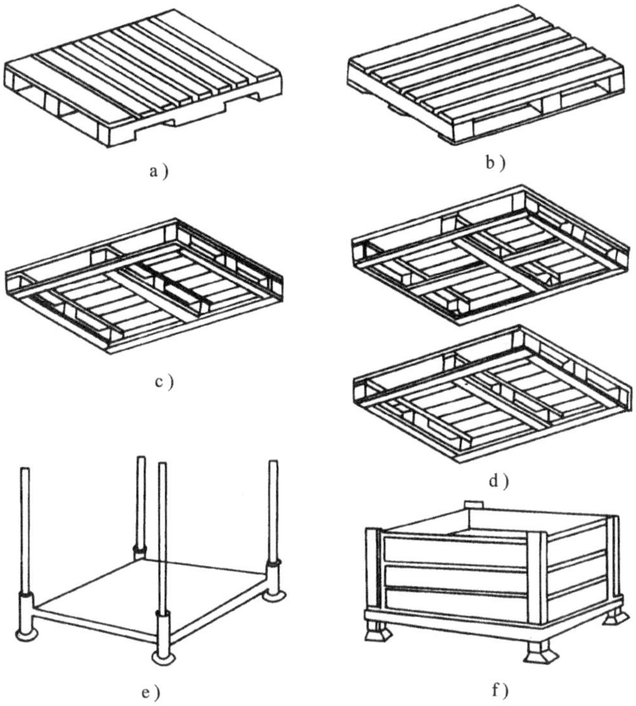

图7-8　托盘的结构形式

7.3　巷道式堆垛起重机

7.3.1　分类

巷道式堆垛起重机通常按其金属结构形式、起重机运行支承方式和取货作业方式进行分类，如表7-1所示。

表7-1　巷道式堆垛起重机分类与用途

分类		特点	用途
按金属结构形式分类	单立柱型	1. 金属结构由一根立柱和上、下横梁组成（或仅有下横梁） 2. 自重较轻，但刚性较差	一般用于起重量2t以下、起升高度不大于16m的仓库
	双立柱型	1. 金属结构由两根立柱和上、下横梁组成一个刚性框架 2. 刚性好，自重较单立柱大	1. 适用于各种起升高度的仓库 2. 起重量可达5t或更大 3. 适用于高速运行、快速起制动
按支承方式分类	地面支承型	1. 支承在地面轨道上，用下部车轮支承和驱动 2. 上部设水平导向轮 3. 运行机构布置在下部	1. 适用于各种起重量和起升高度的仓库 2. 用途最广
	悬挂型	1. 仓库屋架下装设轨道，起重机悬挂于轨道下翼缘上运行 2. 仓库货架下部设导轨，起重机下部设水平导向轮靠在导轨上，防止摆动过大 3. 运行机构设在上部	1. 适用于起重量较小、起升高度较低（不大于15m）的仓库 2. 便于转移巷道 3. 使用较少
	货架支承型	1. 巷道两侧货格顶部敷设轨道，起重机支承在两侧轨道上运行 2. 仓库货架下部设导轨，起重机下部设水平导向轮靠在导轨上，防止摆动过大 3. 运行机构设在起重机上部	1. 适用于起重量和起升高度均较小的仓库 2. 使用很少
按取货作业方式分类	单元型	1. 以整个货物单元出、入库 2. 起重机载货台须备有叉取货物的装置 3. 自动控制时，机上无驾驶员	1. 适用于整个货物单元出入库的作业，或者“货到人”的拣选作业 2. 使用最广泛
	拣选型	1. 堆垛起重机上设驾驶员室，由驾驶员从货物单元中拣选一部分货物出库 2. 载货台上可以不设叉取装置，直接由驾驶员手工操作取货 3. 全自动拣选式堆垛起重机用自动取货装置拣选	1. 适用于“人到货”的拣选作业 2. 大多为手动与半自动控制 3. 全自动拣选机使用极少

7.3.2　结构组成

单、双立柱型巷道式堆垛起重机如图7-9所示。

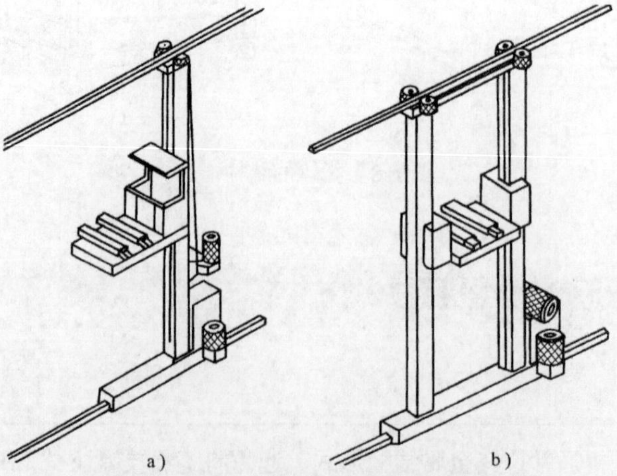

图7-9　单、双立柱型巷道式堆垛起重机

a）单立柱型巷道式堆垛起重机　b）双立柱型巷道式堆垛起重机

(1) 运行机构。在堆垛起重机的下横梁上装有运行驱动机构和在轨道地轨上运行的车轮。按运行机构所在的位置不同，可以分为地面驱动式、顶部驱动式和中部驱动式等几种。其中，地面驱动式使用最广泛。这种方式一般用两个或四个承重轮，沿敷设在地面上的轨道运行。在堆垛起重机顶部有两组水平轮沿天轨（在堆垛起重机上方辅助其运行的轨道）导向。如果堆垛起重机车轮与金属结构通过垂直小轴铰接，堆垛起重机就可以走弯道，从一个巷道转移到另一个巷道去工作。顶部驱动式堆垛起重机又可分为支承式和悬挂式两种，前者支承在天轨上运行，堆垛起重机底部有两组水平导向轮。悬挂式堆垛起重机则悬挂在位于巷道上方的支承梁上运行。

(2) 载货台及取货机构。载货台是货物单元承接装置，通过钢丝绳或链条与起升机构连接。载货台可沿立柱导轨上下升降。取货装置安装在载货台上。有司机室的堆垛起重机，其司机室也一般装在载货台上，随载货台一起升降。对只需要拣选一部分货物的拣选式堆垛起重机，载货台上不设取货装置，只有平台供放置盛货容器之用。

取货装置一般是货叉伸缩机构。货叉可以横向伸缩，以便向两侧货格送入（取出）货物。货叉结构常用三节伸缩式，由前叉、中间叉、固定叉以及导向滚轮等组成。货叉的传动方式主要有齿轮—齿条和齿轮—链条两种。货叉伸缩速度一般为15m/min以下，高的可达30m/min；在超过10m/min时需配备慢速档，在起动和制动时用。

(3) 提升机构。堆垛起重机的起升机构由电动机、制动器、减速机、卷筒或链轮以及柔性件组成。常用的柔性件有钢丝绳和起重链等。卷扬机通过钢丝绳牵引载荷台做升降运动。除了一般的齿轮减速机外，由于需要较大的减速比，因而也经常见到使用蜗轮蜗杆减速机和行星齿轮减速机。在堆垛起重机上，为了尽量使起升机构尺寸紧凑，常使用带制动器的电动机。

起升机构的工作速度一般在12.30m/min，最高可达48m/min。不管选用多大的工作速度，都备有低速档，主要用于平稳停车和取存货物时的“微升降”作业。

在堆垛起重机的起重、行走和伸叉（叉取货物）三种驱动中，起重的功率最大。

(4) 机架。机架由立柱和上、下横梁连接而成，是堆垛起重机的承载构件。机架有单立柱和双立柱两大类。单立柱结构质量比较轻，制造工时和消耗材料少；机器运行时，司机的视野比双立柱好得多，但刚度较差，一般适应于高度不到10m、轻载荷的堆垛起重机。双立柱的机架由两根立柱和上、下横梁组成一个长方形框架。这种结构强度和刚性都比较好，适用于起重量较大或起升高度较高的堆垛起重机。

(5) 电气设备。电气设备主要包括电力拖动、控制、检测和安全保护装置。在电力拖动方面，目前国内多用的是交流变频调速、交流变极调速和可控硅直流调速，涡流调速已很少应用。

对堆垛起重机的控制一般采用PLC、单片机、单板机和计算机等。堆垛起重机必须具有自动认址、货位虚实等检测以及其他检测。电力拖动系统要同时满足快速、平稳和准确三个方面的要求。

堆垛起重机的结构设计除需满足强度要求外，还需具有足够的刚性，并且要满足精度要求。

7.4　AS/RS的自动化技术

7.4.1　AS/RS的电气与电子设备

AS/RS的电气与电子设备主要包括以下几个方面：

(1) 检测装置。为了实现对AS/RS仓库中各种作业设备的控制，并保证系统安全可靠地运行，系统必须具有多种检测手段，能检测各种物理参数和相应的化学参数。

对货物的外观检测及称重、机械设备及货物运行位置和方向检测、对运行设备状态的检测、对系统参数的检测和对设备故障情况的检测都是极为重要的。通过对这些检测数据的判断、处理，为系统决策提供最佳依据，使系统处于理想的工作状态。目前所使用的检测器种类很多。

（2）信息识别装置。信息识别设备是AS/RS仓库中必不可少的，它完成对货物品名、类别、货号、数量、等级、目的地、生产厂乃至货位地址的识别。在自动化仓库中，为了完成物流信息的采集，通常采用条码、磁条、光学字符和射频等识别技术。条码识别技术在AS/RS仓库中应用最普遍。

（3）控制装置。控制系统是AS/RS仓库运行成功的关键。没有好的控制，系统运行的成本就会很高，而效率很低。为了实现自动运转，AS/RS仓库内所用的各种存取设备和输送设备本身必须配备各种控制装置。这些控制装置种类较多，从普通开关和继电器，到微处理器、单片机和PLC，根据各自的设定功能，它们都能完成一定的控制任务。例如，巷道式堆垛起重机的控制要求就包括了位置控制、速度控制、货叉控制以及方向控制等。这些控制都必须通过各种控制装置去实现。

（4）监控及调度系统。监控及调度系统是AS/RS仓库的信息枢纽，它在整个系统中起着举足轻重的作用，它负责协调系统中各个部分的运行。AS/RS仓库系统使用了很多运行设备，各设备的运行任务、运行路径、运行方向都需要由监控及调度系统来统一调度，按照指挥系统的命令进行货物搬运活动。通过监控及调度系统的监视画面可以直观地看到各设备的运行情况。

（5）计算机管理系统。计算机管理系统（主机系统）是AS/RS仓库的指挥中心，相当于人的大脑，它指挥着仓库中各设备的运行。它主要完成整个仓库的账目管理和作业管理，并且负担与上级系统的通信和企业信息管理系统的部分任务。一般的AS/RS仓库管理系统多采用微型计算机为主的系统，比较大的仓库管理系统也可采用小型计算机。随着计算机的高速发展，微型计算机的功能越来越强，运算速度越来越高，微型机在这一领域中将日益发挥重要的作用。

（6）数据通信系统。AS/RS仓库是一个复杂的自动化系统，它是由众多子系统组成的。在AS/RS仓库中，为了完成规定的任务，各系统之间、各设备之间要进行大量的信息交换。例如，AS/RS仓库中的主机与监控系统、监控系统与控制系统之间的通信以及仓库管理机通过厂级计算机网络与其他信息系统的通信。信息传递的媒介有电缆、滑触线、远红外光、光纤和电磁波等。

（7）大屏幕显示系统。AS/RS仓库中的各种显示设备是为了使人们操作方便、易于观察设备情况而设置的。在操作现场，操作人员可以通过显示设备的指示进行各种搬运、拣选；在中控室或机房，人们可以通过屏幕或模拟屏显示，观察现场的操作及设备情况。

（8）图像监视设备。工业电视监视系统是通过高分辨率、低照度变焦摄像装置对AS/RS仓库中人身及设备安全进行观察，对主要操作点进行集中监视的现代化装置，是提高企业管理水平、创造无人化作业环境的重要手段。

此外，还有一些特殊要求的AS/RS仓库。比如，储存冷冻食品的立体仓库，需要对仓库中的环境温度进行检测和控制；储存感光材料的立体仓库，需要使整个仓库内部完全黑暗，以免感光材料失效而造成产品报废；储存某些药品的立体仓库，对仓库的温度、气压等均有一定要求，因此需要特殊处理。

7.4.2 自动寻址技术

AS/RS仓库的自动寻址就是自动寻找存放/提取货物的位置。计算机控制的自动化仓库都具有自动寻址的功能。自动控制的堆垛起重机必须具有自动认址系统。自动认址系统可分为数字式和非数字式两大类，而数字式认址又可分为相对数字认址系统和绝对数字认址系统。堆垛起重机的停位控制可通过使用光电开关、磁电式接近开关或机械行程开关检测的位置信号来实现，也可通过在地址编码上附加停位码的方法来实现。

1. 自动寻址原理

在同一巷道内的货位地址由三个参数组成：第几排货架、第几层货格、左侧或右侧。当接收到上级管理机的存取指令和存取地址后，堆垛起重机即向指定的货位方向运行。运行中，安装在堆垛起重机上的传感器不断检测位置信息，计算判断是否到位。

认址装置由认址片和认址器组成。认址器即是某种传感器。目前常用的是红外传感器。发送与接收红外光在同侧时，用反射式的认址片，否则用透射式，如图 7-10 所示。传感器通过认址片时会接收到 0 或 1 的信息。0 表示未接收到红外光，1 表示接收到红外光。由 0、1 组成的代码可以用于地址的判断。

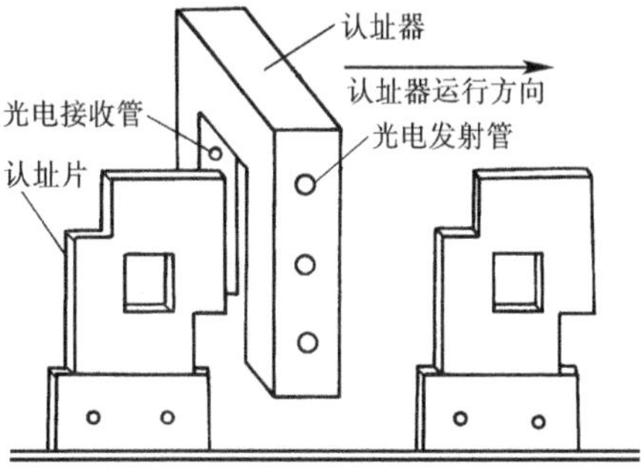

图 7-10　认址器原理

2. 相对数字认址系统

这种认址系统的实质是用计数的方法来表示堆垛起重机实际走过的路程。首先把货物沿巷道纵长方向按列编成数序，再把它们沿垂直方向按层编成数序。这样，每个货格有一个列号和一个层号。当操作人员输入货格地址时，计数器里就记下了目的地址的列数和层数；从中减去堆垛起重机在接受该作业命令时所处位置的列数和层数后，其差值就分别代表堆垛起重机从目前所处位置走到目的地址需沿巷道纵长方向经过的列数和沿垂直方向经过的层数。堆垛起重机沿巷道运行时，每经过 1 个货列就计 1 个数，计够了一定的数（离目的地的距离）就减速，到达了目的地就停止。在货台升降时，也用同样的方法认址。相对数字认址系统检测装置和地址运算程序都比较简单，所以得到了广泛的应用。其缺点是因检测元件失灵或外来干扰容易导致计数错误，走错地址。为了提高相对认址的可靠性，可以增加奇偶校验。

3. 绝对数字认址系统

绝对认址是为每一个货位制定一个绝对代码。在绝对数字认址系统中，每一个货位的列数和层数分别用编码表示。沿巷道纵长方向每一列货位前均有一块认址片，用二进制码标出列数；沿垂直方向在堆垛起重机立柱上对应于每一层货格的高度也均有一块认址片，用二进制码标出层数。堆垛起重机运行时就用相应的检测装置，对认址片进行读数，检测所在的实际地址，然后送入地址运算程序与目的地址比较。当其差值为一定数值时即进行减速；差值为零时，发出机构停止的信号。绝对数字认址系统可靠性高、不易出错；但设备复杂、比较昂贵，因此用得比较少。

4. 常用认址编码系统介绍

（1）双排条码认址编码系统。图 7-11 是双排条码编码系统示意图。这种编码系统将条码原理应用于自动化仓库地址识别中，具有编码简单、识读迅速、信息量大、可靠性高、成本低廉等优点。其编码方法是：上排条码

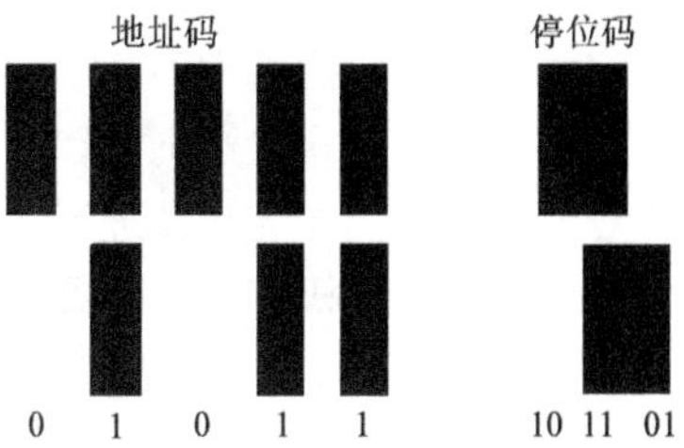

图 7-11　双排条码编码系统

固定不变，用于校验；下排条码是立体仓库的地址编码，且仅出现在上排有条码的地方。当条码读入计算机后，求取两排条码的逻辑积，作为货位编码。显然，这种编码方法使得信息检测过程与条码的宽窄无关，不必逐一对条码的宽度进行测量和比较，因而具有最大的非匀速运动条件下的阅读适应性，编码和译码过程也变得十分简单。

双排条码系统的编码是由两个传感器的逻辑积构成的，因此它可根据地址域扩大的需要，随意扩大信息容量，实现绝对编码。为了保证停位精度，在每组地址旁增加一个停位码。停位码是一组加宽且上下错位的条码（见图7-11）。错位形成的编码由两个传感器的状态组成，如10、11和01，11是准确停位点，10和01为前、后越位信息。增加停位码后，就可以准确控制堆垛起重机的停位精度。

使用该系统时，保证两个传感器阅读的同步性十分重要，要尽可能做到两个传感器同步垂直扫过条码。微小的倾斜造成的误读可在软件设计中加以纠正。采用循环编码的方法对提高可靠性十分有效。

（2）循环校验认址编码系统。循环校验是在整个地址域中周期性地重复使用有效地址编码来进行地址校验的，目的是以尽可能少的传感器来获得足够高的可靠性。

如果地址域总数为K，用于标识地址的有效地址编码数为m，则在整个地址域中重复使用的有效地址码数量为$T=K/m$。

认址过程是以累加计数寻址，以循环地址编码来校验的。对每一目的地址来说，由于干扰信号引起的1至$m-1$次连续或非连续的计数错误（漏计或多计）都可以被校验出来。只有当校验计数（漏计的数减多计的数）为m的整数倍时，才会发生校验错误。这里称m的整数倍Dm为校验盲点。显然，m越大，盲点越少。实际上，一次寻址过程中，出现多次计数错误的概率非常小。因此，m的选取不必刻意求大，以免造成系统的复杂化。分析计算证明，当$m=5$时，寻址可靠度已接近1。因此，认址检测系统既可靠又简单的方案是$N=3$，$m=5$；其中，N为传感器数量。

7.4.3 控制方式

在AS/RS仓库的运行过程中，一般使用几种控制方式，以便于操作和调试人员根据需要对仓库的各种情况进行灵活的处理。控制方式可分为手动控制、半自动控制、遥控和全自动控制。

手动控制是指货物的搬运和储存作业由人工完成或人工操作简单机械完成。这种方式多数在调试或事故处理状态下使用。

半自动控制是指货物的搬运和储存作业有一部分由人工完成。整个仓库作业活动可以通过PLC或微型计算机控制。

遥控是将仓库内的全部作业机械（如堆垛起重机和运输设备等）的控制全部集中到一个控制室内，控制室的操作人员通过电子计算机进行仓库作业活动的远距离控制。

全自动控制是指装运机械和存放作业都通过各种控制装置的控制自动进行操作，电子计算机对整个仓库的作业活动进行控制。这是正常运行方式下使用的控制方式。

近年来，计算机和微处理器技术飞速发展，功能不断增强，效率不断提高，容量不断增大，体积不断缩小，可靠性不断提高，价格不断降低，为自动化系统的实现开辟了越来越广阔的天地。

（1）集中控制方式。20世纪70年代末80年代初，随着单板机在工业应用中的兴起，自动化仓库多数使用单板机对自动化仓库的设备进行控制。可以选用一套容量大、I/O 接口多的单板机系统对自动化仓库的设备进行控制，上接个人计算机（见图 7-12）。

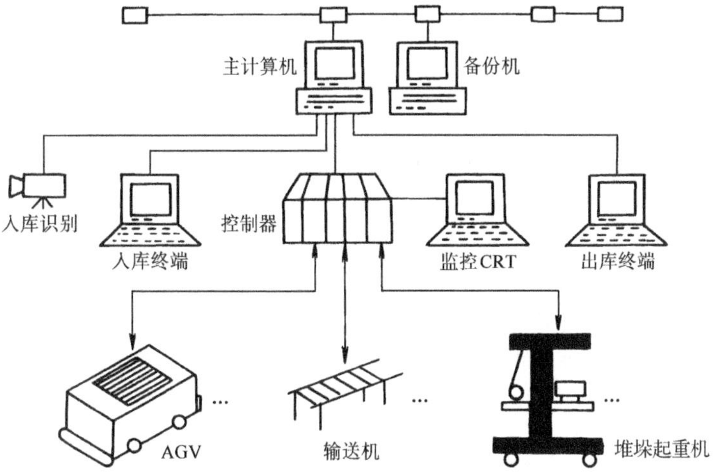

图 7-12　集中控制系统示意图

对于比较小的系统，由于其数据量少，功能要求低，实时控制易于实现，因此可采用集中控制方式。从所使用的硬件数量来看，这种方式使用的设备较少，物理上容易实现，但对设备的可靠性要求高，因为一旦设备发生故障，将影响整个系统的运行。

为了提高系统的可靠性，可以采取几种措施：一种是硬件冗余措施；另一种办法是采用功能强、可靠性高的中央处理器（CPU）；同时，在软件设计上也采取多种提高可靠性的措施。

（2）分层分布控制方式。分层分布控制系统（见图 7-13）的一大优点就是全部系统功能不集中在一台或几台设备上，因此，即使某台或某几台设备发生故障，对其他设备也不会产生影响或影响很小。而且控制方式也是分层次的，系统既可在高层次上运行，也可在低层次

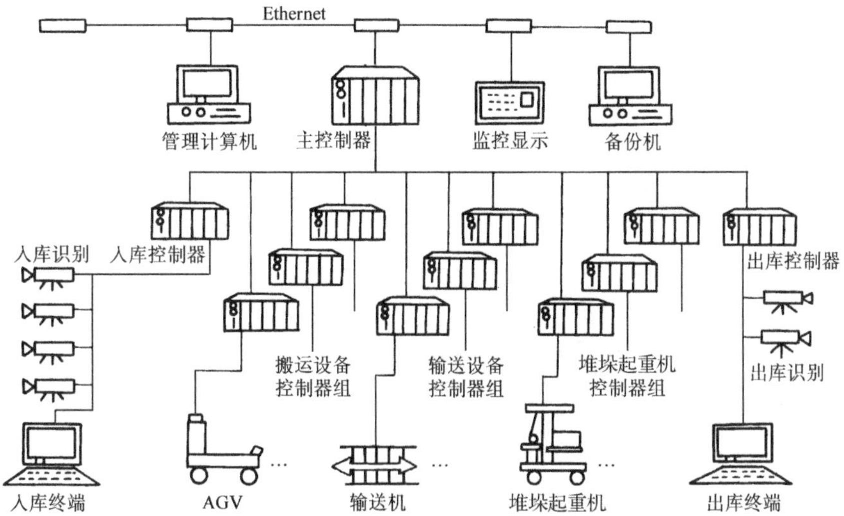

图 7-13　分层分布控制系统示意图

下运行。正因为如此，这种控制系统结构目前在国内外使用较多，它适用于大规模控制的场合。另外，对系统中的主要设备可采取多种备份措施，如热备份、及时备份和冷备份等。

(3) 基于现场总线的仓储控制系统结构。现场总线控制系统（FCS）是新一代分布式控制结构，它将分布式控制系统（DCS）中的“操作站—控制站—现场仪表”三层结构简化成“工作站—现场总线智能仪表”二层结构，降低了系统构成成本，提高了系统可靠性，并实现了真正的开放式互联系统结构。

目前，世界上出现了多种现场总线标准。比较流行的现场总线标准有Profibus、CAN、LonWorks、HART、FF及Interbus等，而在自动仓储控制领域则主要使用Profibus和Interbus等现场总线系统。

图7-14是一个基于现场总线的自动化仓储控制系统结构示意图。系统通过网络交换机、网桥或路由器与企业骨干网相连，企业管理层可通过网络监控仓储现场设备运行；中心计算机通过Profibus—FMS总线协议实现与仓储各子系统之间的信息交换；各子系统控制器通过Profibus-DP规范对各种具有Profibus接口的现场仓储设备进行数字通信和控制。这种系统结

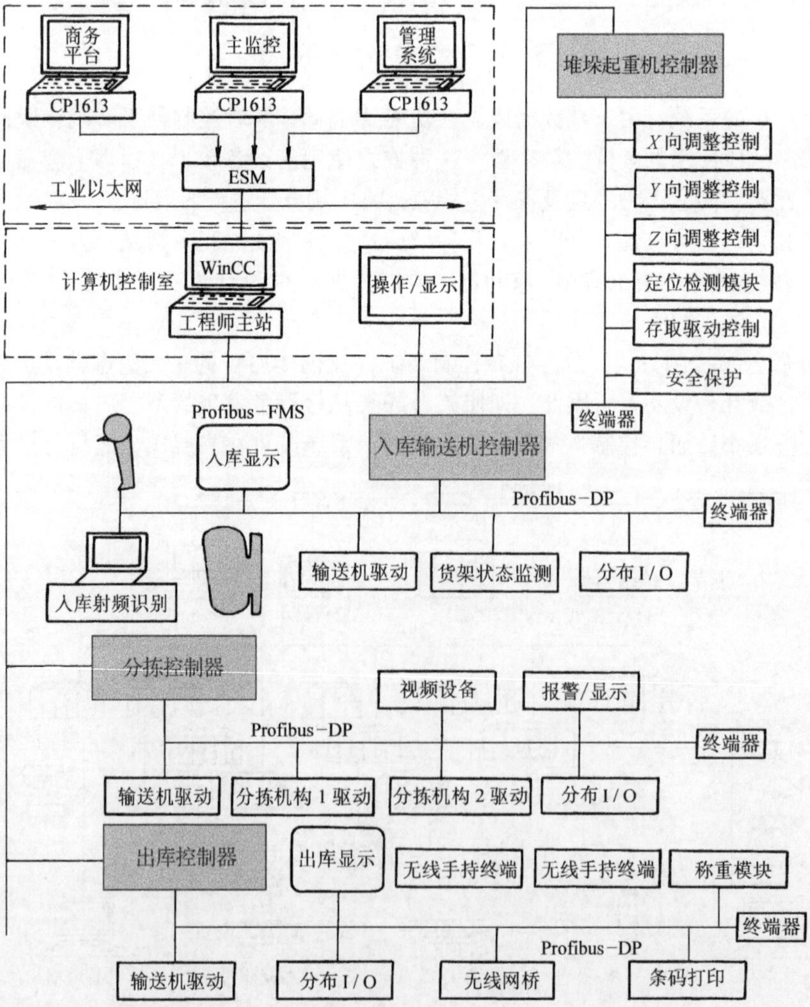

图7-14　基于现场总线的自动化仓储控制系统结构示意图

构简单、布线方便、可扩展性和可维护性非常好。另外，总线系统配置有完善的操作系统和组态软件，系统软件开发周期短，成本低。因此，这种结构已在各种新开发的大型自动化仓储系统中得到广泛应用。

（4）无线局域网络系统结构。从信息传输方式上看，前述结构主要采用有线传输方式，对于大型超市或物流配送中心，特别是在操作区域分散、管理货品繁杂的情况下，就不宜采用这些结构了。近年来，以射频（RF）技术为基础的无线局域网络得到了普遍应用。目前无线局域网采用的拓扑结构主要有网桥连接型、访问节点连接型、集线器（Hub）接入型和无中心型四种。

自动化仓储管理系统应用是以集中服务为核心，针对仓储管理的需求，移动节点之间无须通信，在物流中心内部，设计的无线RF网络拓扑结构为访问节点连接型。RF移动终端的操作区域遍及仓库的各个角落，要求移动终端在仓库内部的任何地点，都能和服务器主机保持实时的通信。因此，在系统网络架构中，必须保证安装的接入点（Access Point，接入点）能对整个仓库进行无线信号的全覆盖。如果仓库的面积较大，在进行无线网络设计时，可以充分利用无线RF技术的网络扩展能力和无缝漫游特性，对仓库的无线信号进行多个AP的组合，即通过设置多个AP，做到信号的全覆盖，而且相邻AP之间互相覆盖，提高无线网络的可靠性。同时考虑到大型仓储的办公区可能与储存地不在同一区域，而且不便使用有线网络连接，因此储存与办公区之间可以采用无线网桥连接，使之成为统一的网络体系，便于网络的扩展和拆除。以配送为主的通过型仓库可以参照这个模式进行设计。图7-15是无线局域网络系统结构示意图。

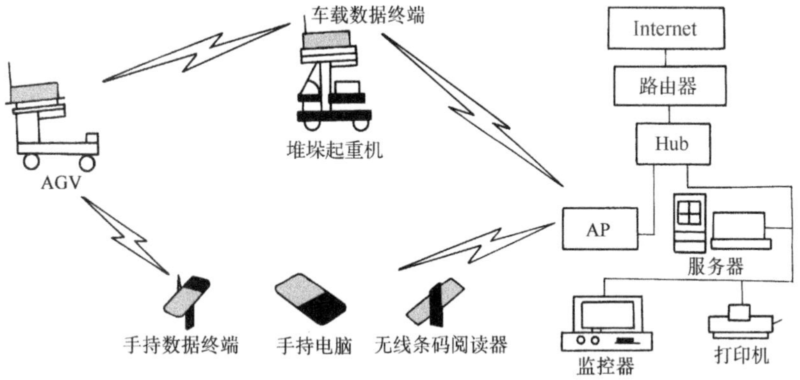

图7-15　无线局域网络系统结构示意图

7.5　AS/RS的设计规程

7.5.1　工况分析和方案选择

（1）需求分析。在需求分析阶段要提出问题，确定设计目标，并确定设计标准。通过调研搜集设计依据和数据，找出各种限制条件，并进行分析。另外，设计者还应认真研究工作的可行性、时间进度、组织措施以及影响设计过程的其他因素。

（2）确定货物单元形式及规格。根据调查和统计结果列出所有可能的货物单元形式和规格，并进行合理的选择。这一阶段不一定花费很多时间，但它的结果将对自动化仓库的成功起着至关重要的作用。

（3）作业方式及机械设备选择。在上述工作的基础上确定仓库形式，一般多采用单元货格式仓库。对于品种不多而批量较大的仓库，也可以采用重力式货架仓库或者其他形式的贯通式仓库。根据出入库的工艺要求（整单元或零散货出入库）决定是否需要拣选作业。如果需要拣选作业，则需确定拣选作业方式。

自动化仓库的起重设备有很多种，它们各有特点。在设计时，要根据仓库的规模、货物形式、单元载荷和吞吐量等选择合适的设备，并确定它们的参数。对于起重设备，根据货物单元的质量选定起重量，根据出入库频率确定各机构的工作速度。对于输送设备，则根据货物单元的尺寸选择输送机的宽度，并恰当地确定输送速度。

7.5.2　模型建立及总体布置

所谓建立模型，主要是指根据单元货物规格确定货架整体尺寸和仓库内部布置。

（1）确定货位尺寸和仓库总体尺寸。仓库的货架由标准的部件构成，在正确安装完成之后，它将满足所有负载、允许的偏差和其他工程要求。在仓库设计中，恰当地确定货位尺寸是一项极其重要的内容。它直接关系到仓库面积和空间利用率，也关系到仓库能否顺利地存取货物。货位尺寸取决于在货物单元四周需留出的净空尺寸和货架构件的有关尺寸。

对仓库来说，这些净空尺寸的确定应考虑货架、起重设备运行轨道以及仓库地坪的制造、安装和施工精度，还和起重搬运设备的停车精度有关。

（2）确定仓库的整体布置。货位数取决于有效空间和系统需要量。在香港启德机场，由德国制造的货架高度达到44.5m。但是，随着货架高度的增加，建设费用也将增加。因此，还要从技术上比较容易实现和经济上比较合理的角度确定货架高度。

一般情况下，每两排货架为一个巷道，根据场地条件可以确定巷道数。如果库存量为N个货物单元，巷道数为A，货架高度方向可设S层，若每排设有同样的列数，则每排货架在水平方向应具有的列数C为：$C=N/(2AS)$。

根据每排货架的列数C及货格横向尺寸可确定货架总长度L。

之后，根据作业频率的要求确定堆垛起重机的数量及工作形式。多数情况下每巷道配备一台堆垛起重机。还要确定高层货架区和作业区的衔接方式，可以选择采用叉车、运输小车或者输送机等运输设备。按照仓库作业的特点选择出入口的位置。

图7-16a和图7-16b是一个自动化立体仓库实景图和系统图。

一般情况下，AS/RS的总体布置形式如表7-2所示。

表7-2　AS/RS的总体布置形式

总体布置形式	说　明	总体布置形式	说　明
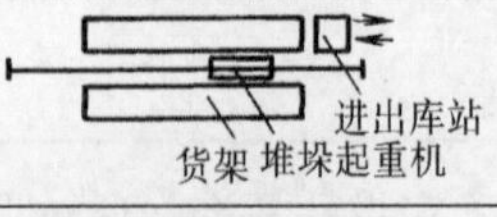	1. 一个进出库站 2. 适于进出库频率低的场合	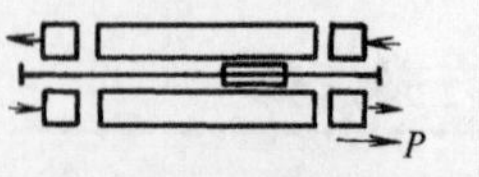	1. 四个进出库站 2. 适于进出库频率高、需批进批出的场合
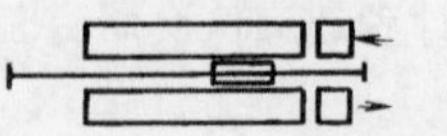	1. 两个进出库站 2. 适于进出库频率高的场合	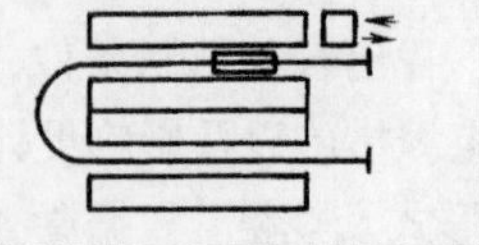	1. U形多道式 2. 适于储存量多、进出库频率低的场合

（续）

总体布置形式	说　　明	总体布置形式	说　　明
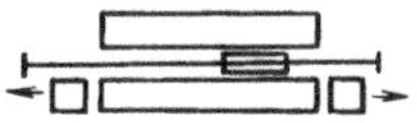	1. 两个进出库站 2. 分进库侧和出库侧	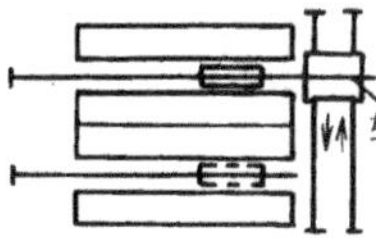	1. 转车台式 2. 适于用一台转车台和堆垛起重机在数列货架上存放的形式
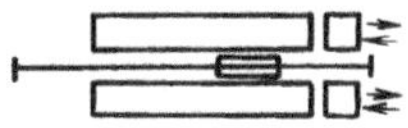	1. 两个进出库站 2. 进出库频率高	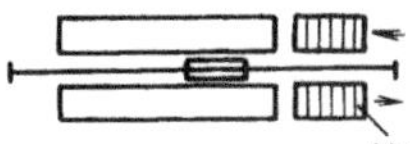	1. 进出站与外围装置连接 2. 适于进出库频率高且与外围设备联动的场合

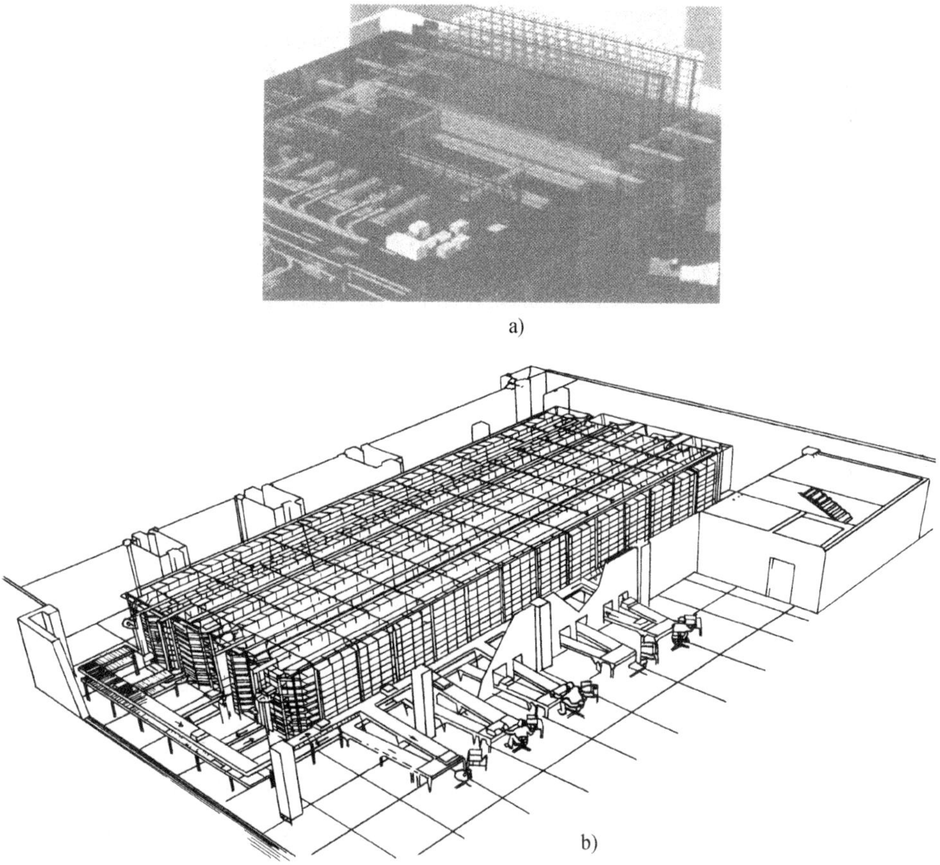

a)　b)

图 7-16　自动化立体仓库图示

a）自动化立体仓库实景图　b）自动化立体仓库系统图

7.5.3　出、入库流量验算与堆垛起重机的存取作业周期

仓库总体尺寸确定后，便可验算货物出、入库平均作业周期，以判断是否满足仓库要求。验算存取周期时，关键是如何假设出库和入库的货格地址。高架仓库中的货物存取周期，即

堆垛起重机完成一项作业后，再回到原地所需要的时间。货物的存取作业是仓储工作中很重要的一环，此时间的长短决定了仓库的出入库频率，是评价仓储作业效率和仓储系统的一项很重要的参数。存取作业周期的长短，不仅与堆垛起重机的行走、起升和货叉伸缩的时间有关，而且还与货种、货架的长度和高度、控制信号的获取与转换时间、库内的物流是否流畅等有关。

自动化仓库入库及出库作业视频，请扫二维码观看“7.5 自动化仓库入库操作”和“7.5 自动化仓库出库作业”。

7.5　自动化仓库入库操作　　7.5　自动化仓库出库作业

1. 高架仓库的作业方式

在单元式高架仓库中，货物的存取作业有两种基本方式，即单一作业方式和复合作业方式。单一作业方式即堆垛起重机从巷道口出入库台，取一个单元货物送到选定的货位，然后返回巷道口的出入库台（单入库）；或者从巷道口出发到某一给定货位取出一个单元货物送到出入库台（单出库）。复合作业方式即堆垛起重机从出入库台取一件单元货物送到选定的货位；然后直接转移到另一个给定货位，取出其中的货物单元，再回到出入库台出库。为了提高作业效率，应尽量采用复合作业方式。图 7-17 中的 O 点是出入库台，设货架的高为 H，巷道长为 L，堆垛起重机水平运行速度为 v_x，升降速度为 v_z。当堆垛起重机的行走机构和升降机构同时都以最大速度 v_x 和 v_z 运行，经过一段时间，载货台运行到货架上的某一货位（x，z），因两机构的运行时间相等，则存在下列关系

$$z = \frac{v_z}{v_x}x \tag{7-1}$$

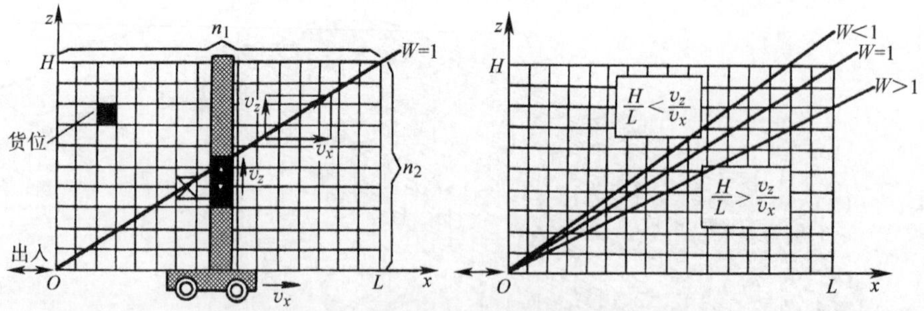

图 7-17　堆垛起重机作业周期计算参数

因为堆垛起重机作业周期的长短与堆垛起重机的速度和作业距离，即货架在水平方向的长度和货架在垂直方向的高度有关，为此，可用货架参数 W 定义有关因素

$$W = \frac{H/L}{v_z/v_x} = \frac{v_x}{v_z}\frac{H}{L} \tag{7-2}$$

根据堆垛起重机的速度，调整货架的长度与高度，可使得 $W=1$，如图 7-17 所示。

图 7-18 表示了堆垛起重机行走机构和升降机构复合动作完成单一作业和复合作业的情况。图 7-18a 中，堆垛起重机必须在第 1 点，在停止 x 方向运动的同时，继续沿 z 方向运动才能到达指定的货位；进货完成返程时，在第 3 点，停止 x 方向的运动，由升降机构动作回到出发点 O。由此，可算出堆垛起重机在 z 方向运行距离为 l_z 时，所需时间 t_z。由图 7-18b 可算出堆垛起重机在 x 方向运行距离为 l_x 时，所需的时间 t_x。

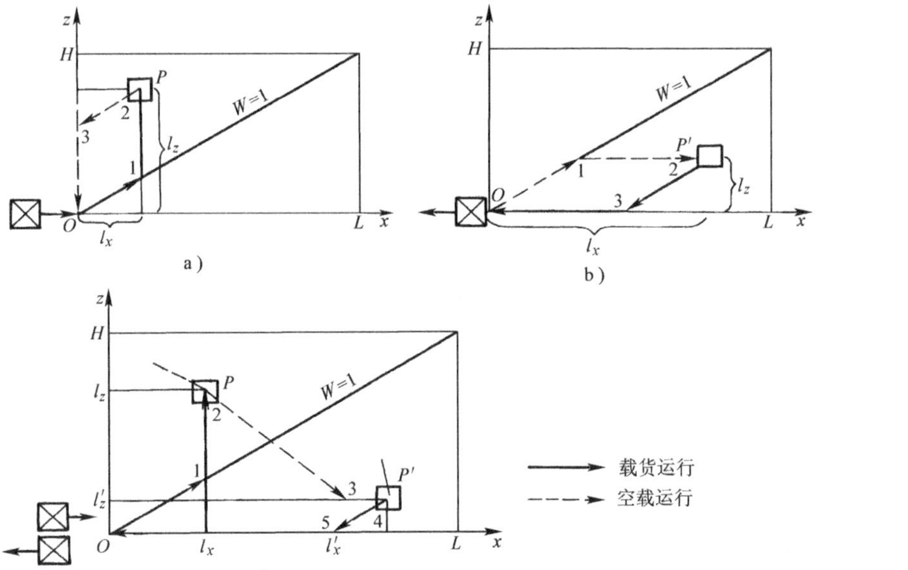

c)

图 7-18　堆垛起重机的复合运动

a) z 方向单入库　b) x 方向单出库　c) 复合作业

显然，时间 t_z 具有一般的意义，即只要在垂直方向行走的距离为 l_z，所需的时间均为 t_z，如图 7-19 中线段 AB 上的各个货位；对于 BC 线上各货位也是如此，作业的时间均是 t_x；在交点 B 处，$t_z = t_x$。所以，把线 $A—B—C$ 称为等时线，即在这两条线上的各货位作业时间相同。

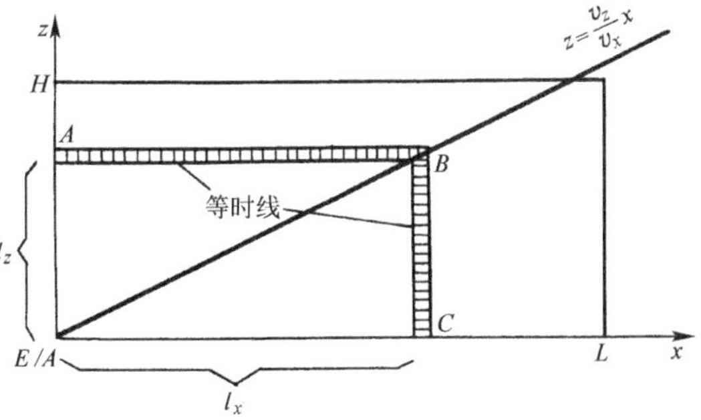

图 7-19　等时线

堆垛起重机作业周期的计算除了要考虑堆垛起重机行走和载货台的升降时间外，还应考虑货叉的升缩作业时间。货叉伸缩的作业时间包括货叉伸出时间和货叉缩回时间，还要考虑货叉与托盘对位所需要的微动时间。在单作业时，货叉伸、缩各一次；双作业时，货叉要伸、缩各两次。

2. 计算平均作业周期的方法

（1）总体平均法。

1）假设 80% 的作业是复合作业方式，20% 是单一作业方式。

2）摒弃运行距离特别近和特别远的两种极端情况，取货架长度和高度的 20% ~80% 之间的范围作为经常运行的范围。

3）取四个复合作业和一个单一作业为一组进行验算。它们的货格位置和运行路线如图 7-20 所示。

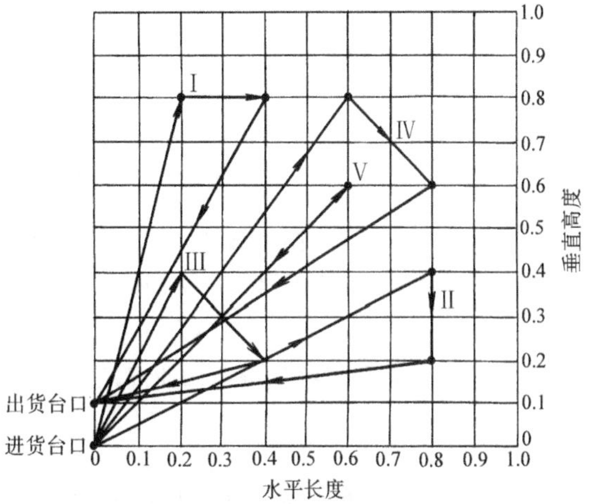

图 7-20　计算平均作业周期的路线图

4）分别计算各次作业周期 $T_{Ⅰ}$、$T_{Ⅱ}$、$T_{Ⅲ}$、$T_{Ⅳ}$、$T_{Ⅴ}$。

5）按下式计算一次入库和出库的平均作业周期

$$T_{平均} = \frac{1}{5}\left[\frac{1}{2}(T_{Ⅰ} + T_{Ⅱ} + T_{Ⅲ} + T_{Ⅳ}) + T_{Ⅴ}\right] \tag{7-3}$$

由此，可计算每小时平均入库或者出库货物单元数 n 为

$$n = \frac{3\,600}{T_{平均}} \tag{7-4}$$

式中　$T_{平均}$——以秒计的平均作业周期。

（2）分解平均法计算平均单一作业周期。单一作业周期是指堆垛起重机完成一次单入库或单出库作业所需要的时间 t_s，参见图7-21。

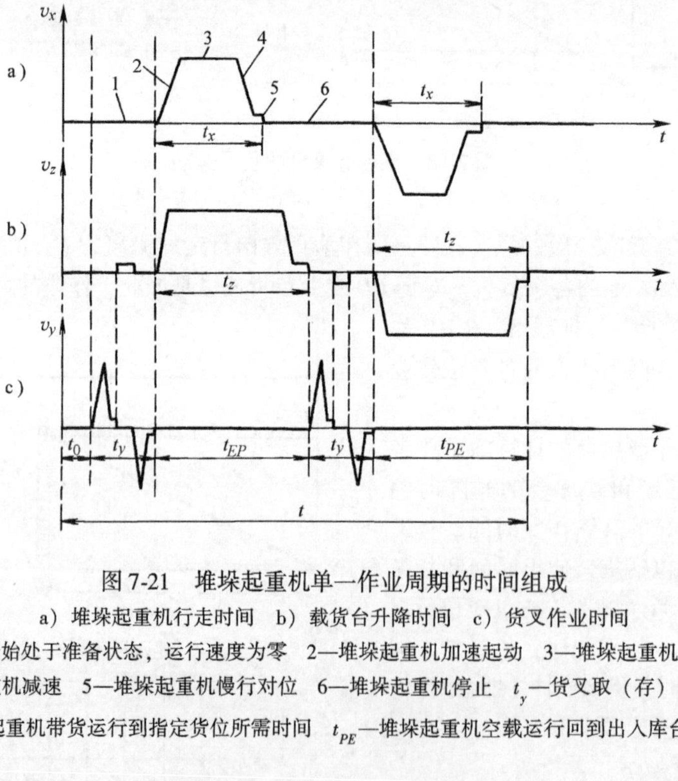

图7-21　堆垛起重机单一作业周期的时间组成

a）堆垛起重机行走时间　b）载货台升降时间　c）货叉作业时间

1—堆垛起重机开始处于准备状态，运行速度为零　2—堆垛起重机加速起动　3—堆垛起重机以预定速度运行　4—堆垛起重机减速　5—堆垛起重机慢行对位　6—堆垛起重机停止　t_y—货叉取（存）货所需时间　t_{EP}—堆垛起重机带货运行到指定货位所需时间　t_{PE}—堆垛起重机空载运行回到出入库台所需时间

$$t_s = t_0 + 2t_y + 2\max\{t_x, t_z\} \tag{7-5}$$

式中　t_0——固定时间，如控制信号的获取与转换时间等（常数）；

t_y——货叉作业的伸和缩时间（常数）；

$\max\{t_x, t_z\}$——堆垛起重机行走时间 t_x 和载货台升降时间 t_z 中的最大值。

由于对不同货物作业时，堆垛起重机行走时间 t_x 和载货台升降时间 t_z 均不一样，是随机数。而 t_0 和 t_y 为常数，平均单一作业周期取决于 $t_l = \max\{t_x, t_z\}$ 的数学期望值

$$E(t_l) = \sum_{i=1}^{m} t_{l,i} p_i \tag{7-6}$$

式中　p_i——堆垛起重机到任何一个货位拣取货物的概率。

由于堆垛起重机拣取货位上的货物是一个等概率事件，所以

$$p_i = \frac{1}{m} = 常数 \tag{7-7}$$

式中　m——货位总数，$m = \frac{F}{\Delta F}$。

其中，$F = LH$（货架面积）；$\Delta F = \Delta x\ \Delta z$（货位面积）。综合式（7-6）和式（7-7），可得

$$E(t_l) = \sum_{i=1}^{m} \frac{t_{l,i}}{m} \tag{7-8}$$

式中　$t_{l,i}$——比较堆垛起重机到第 i 个货位取货的时间 t_x 和 t_z 后，所取的最大值，是单一作业中堆垛起重机取货（或放货）运动所需时间的一半。

另外，由于行走机构和载货台起动、制动和正常运行三个阶段的速度不同，v_1、v_2 也是时间 t 的函数，如图 7-22 所示。

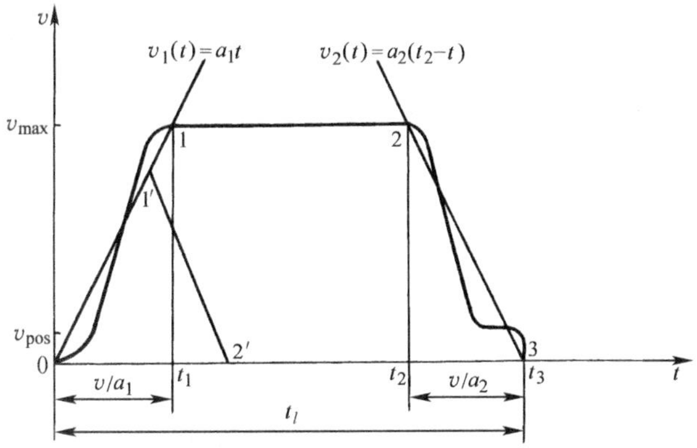

图 7-22　堆垛起重机行走、升降速度与时间的关系

为考虑问题简单，将起动阶段和制动阶段的速度线性化，令 $v_1 = a_1 t$，$v_2 = a_2\ (t_2 - t)$，并将起动加速度与制动时的加速度取同一值，即令图 7-22 中的

$$a_1 = a_2 = a = \frac{2\,|a_1 a_2|}{a_1 + |a_2|} \tag{7-9}$$

则在时间 t_l 阶段，堆垛起重机所走路程为

$$l = \int_0^{t_l} v(t)\,\mathrm{d}t = v\,t_l - \frac{v^2}{a} \tag{7-10}$$

由式（7-10）可得

$$t_l = \frac{l}{v} + \frac{v}{a} \quad （当\ l \geqslant \frac{v^2}{a}\ 时） \tag{7-11}$$

式中，$v = v_{\max} = 常数$，a 也为常数，则 $\frac{v}{a}$ 即为起制动阶段所需时间，是对 $\frac{l}{v}$ 做出的修正。当 $l \leqslant \frac{v^2}{a}$ 时，图 7-22 中的 0、1、2、3 组成一个以 0、1′、2′为顶点的三角形，在这种情况下，$l = at_l^2$，所需要的时间为

$$t_l = \sqrt{\frac{l}{a}} \tag{7-12}$$

由于式（7-11）所给出的 t_l 要比式（7-12）算出的 t_l 大，所以应该采用式(7-11)所给出的 t_l 计算平均单一作业周期的数学期望。

由式（7-8）和式（7-11）得

$$E(t_l)=\sum_{i=1}^{m}\frac{1}{m}\max\left\{\left(\frac{x}{v_x}+\frac{v_x}{a_x}\right),\left(\frac{z}{v_z}+\frac{v_z}{a_z}\right)\right\} \tag{7-13}$$

当 $m\to+\infty$ 时，$\Delta x\to \mathrm{d}x$，$\Delta z\to \mathrm{d}z$，则平均单一作业周期的数学期望为

$$E(t_l)=\frac{1}{LH}\int_{z=0}^{H}\int_{x=0}^{L}\max\left\{\left(\frac{x}{v_x}+\frac{v_x}{a_x}\right),\left(\frac{z}{v_z}+\frac{v_z}{a_z}\right)\right\}\mathrm{d}x\mathrm{d}z \tag{7-14}$$

当 $W\geqslant 1$ 时，

$$\begin{aligned}E(t_l)&=\frac{1}{LH}\int_{z=0}^{H}\int_{x=0}^{L}\max\left\{\left(\frac{x}{v_x}+\frac{v_x}{a_x}\right),\left(\frac{z}{v_z}+\frac{v_z}{a_z}\right)\right\}\mathrm{d}x\mathrm{d}z\\&=\frac{1}{LH}\left\{\int_{x=0}^{L}\int_{z=0}^{\frac{v_z}{v_x}x}\left(\frac{x}{v_x}+\frac{v_x}{a_x}\right)\mathrm{d}x\mathrm{d}z+\int_{x=0}^{L}\int_{\frac{v_z}{v_x}x}^{H}\left(\frac{z}{v_z}+\frac{v_z}{a_z}\right)\mathrm{d}x\mathrm{d}z\right\}\\&=\frac{Lv_z}{2Ha_x}+\frac{v_z}{a_z}-\frac{Lv_z^2}{2Hv_xa_z}+\frac{H}{2v_z}+\frac{L^2v_z}{6Hv_x^2}\end{aligned}$$

代入 $H=\dfrac{WLv_z}{v_x}$

可得

$$E(t_l)=\frac{1}{2W}\frac{v_x}{a_x}+\left(1-\frac{1}{2W}\right)\frac{v_z}{a_z}+\frac{L}{v_x}\left(\frac{W}{2}+\frac{1}{6W}\right) \tag{7-15}$$

当 $W\leqslant 1$ 时，

$$\begin{aligned}E(t_l)&=\frac{1}{LH}\int_{z=0}^{H}\int_{x=0}^{L}\max\left\{\left(\frac{x}{v_x}+\frac{v_x}{a_x}\right),\left(\frac{z}{v_z}+\frac{v_z}{a_z}\right)\right\}\mathrm{d}x\mathrm{d}z\\&=\frac{1}{LH}\left\{\int_{z=0}^{H}\int_{x=0}^{\frac{v_x}{v_z}z}\left(\frac{z}{v_z}+\frac{v_z}{a_z}\right)\mathrm{d}x\mathrm{d}z+\int_{z=0}^{H}\int_{\frac{v_x}{v_z}z}^{H}\left(\frac{x}{v_x}+\frac{v_x}{a_x}\right)\mathrm{d}x\mathrm{d}z\right\}\\&=\frac{v_xH}{2La_z}+\frac{L}{2v_x}+\frac{v_x}{a_x}+\frac{v_xH^2}{6Lv_z^2}-\frac{v_x^2H}{2La_xv_z}\end{aligned}$$

代入 $H=\dfrac{WLv_z}{v_x}$

可得

$$E(t_l)=\left(1-\frac{W}{2}\right)\frac{v_x}{a_x}+\frac{W}{2}\frac{v_z}{a_z}+\frac{L}{v_x}\left(\frac{1}{2}+\frac{1}{6}W^2\right) \tag{7-16}$$

特殊情况下，即当 $W=1$ 时，由式（7-15）或式（7-16）可得

$$E(t_l)=\frac{1}{2}\left(\frac{v_x}{a_x}+\frac{v_z}{a_z}\right)+\frac{2}{3}\frac{L}{v_x}\text{（堆垛起重机运行时间一半）} \tag{7-17}$$

当 $W=1$ 时，由式（7-2）可得

$$\frac{L}{v_x}=\frac{H}{v_z} \tag{7-18}$$

$\dfrac{1}{2}\left(\dfrac{v_x}{a_x}+\dfrac{v_z}{a_z}\right)$ 也是堆垛起重机作业循环中，起制动时间的一半。

将式（7-17）与式（7-11）做一比较，则有

$$\frac{2}{3}\frac{L}{v_x}=\frac{x}{v_x} \tag{7-19}$$

即

$$x=\frac{2}{3}L \tag{7-20}$$

由式（7-18）可得到

$$\frac{2}{3}\frac{L}{v_x} = \frac{2}{3}\frac{H}{v_z} = \frac{z}{v_z} \tag{7-21}$$

$$z = \frac{2H}{3} \tag{7-22}$$

式（7-20）和式（7-22）表明，当 $W=1$ 时，堆垛起重机作业的起点都在坐标原点时，货架上的所有货位平均折算后都可等效到图 7-23 所示的对角线上的位置，即 $x=\frac{2}{3}L$，$z=\frac{2}{3}H$。故平均单一作业周期为

$$E(t_s) = t_0 + 2t_y + 2E(t_1) \tag{7-23}$$

当 $W=1$ 时

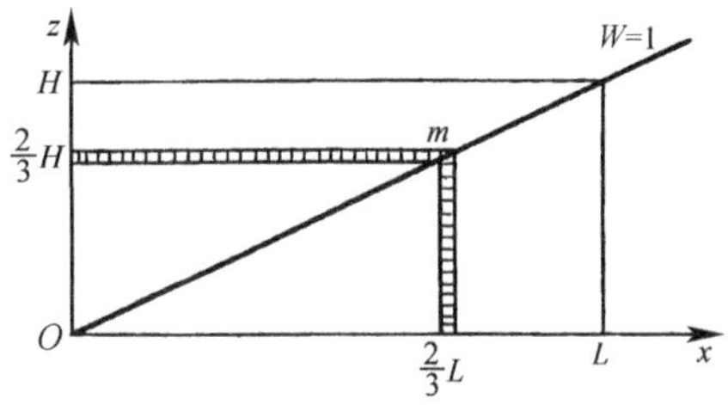

图 7-23 单一作业周期计算的等效货位

$$E(t_s) = t_0 + 2t_y + \left(\frac{v_x}{a_x} + \frac{v_z}{a_z}\right) + \frac{4}{3}\frac{L}{v_x} \tag{7-24}$$

（3）平均复合作业周期。复合作业周期是指堆垛起重机从出入库台取一件单元货物送到选定的货位，然后直接转移到另一个给定货位，取出其中的货物单元，再回到出入库台所需的时间；也即从图 7-18c 中所示的 P 点存放一件货物，再到 P' 点取出一件货物，最后回到出发点所需时间 t_s。

$$t_s = t_0 + 4t_y + t_{OP} + t_{PP'} + t_{P'O} \tag{7-25}$$

式中 t_0——固定时间，如控制信号的获取与转换时间等（常数）；

t_y——货叉作业的伸或缩时间（常数）；

t_{OP}——从 O 点到 P 点的最大时间；

$t_{PP'}$——从 P 点到 P'点的最大时间；

$t_{P'O}$——从 P'点到 O 点的最大时间。

堆垛起重机复合作业周期的时间组成如图 7-24 所示。

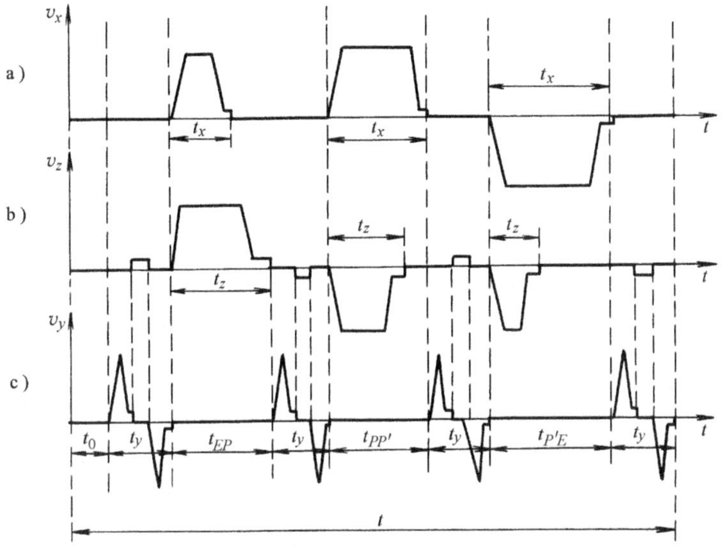

图 7-24 堆垛起重机复合作业周期的时间组成

平均复合作业周期即 t_s 的数学期望值为

$$E(t_s) = t_0 + 4t_y + E(t_{OP}) + E(t_{PP'}) + E(t_{P'O}) \tag{7-26}$$

因 P 点或 P' 点可以是货架上的任何一个货位，若货架上的货位总数为 m，则有

$$E(t_{OP}) = \sum_{i=1}^{m} \frac{t_{1,i}}{m} \tag{7-27}$$

$$E(t_{P'O}) = \sum_{j=1}^{m} \frac{t_{1,j}}{m} \tag{7-28}$$

其中，$t_{l,i}$ 和 $t_{l,j}$ 已由式（7-17）中求出。还必须求出堆垛起重机从 P 点到 P' 点所需时间的数学期望值 E（$t_{PP'}$）。根据等概率分布，从 P 点到 P' 点的概率 $p_{ij} = \frac{1}{m(m-1)}(i \neq j)$。由式（7-6）可得

$$E(t_{PP'}) = E(t_1)_{ij} = \sum_{i=1}^{m}\sum_{j=1}^{m} t'_{1ij}\, p_{ij} = \frac{1}{m(m-1)}\sum_{i=1}^{m}\sum_{j=1}^{m} \max\{t_{x,x'}, t_{z,z'}\} \tag{7-29}$$

由 P 点到 P' 点的时间，根据式（7-11）可推得

$$t_{x,x'} = \frac{|x - x'|}{v_x} + \frac{v_x}{a_x} \tag{7-30}$$

$$t_{z,z'} = \frac{|z - z'|}{v_z} + \frac{v_z}{a_z} \tag{7-31}$$

当 $m \to +\infty$，$\Delta x \to \mathrm{d}x$，$\Delta x' \to \mathrm{d}x'$，$\Delta z \to \mathrm{d}z$，$\Delta z' \to \mathrm{d}z'$ 时，

$$E(t_1)_{ij} = \frac{1}{(LH)^2}\int_0^H\int_0^H\int_0^L\int_0^L \max\left\{\left(\frac{|x - x'|}{v_x} + \frac{v_x}{a_x}\right), \left(\frac{|z - z'|}{v_z} + \frac{v_z}{a_z}\right)\right\}\mathrm{d}x\mathrm{d}x'\mathrm{d}z\mathrm{d}z' \tag{7-32}$$

当 $W = 1$ 时，

$$E(t_1)_{ij} = \frac{1}{2}\left(\frac{v_x}{a_x} + \frac{v_z}{a_z}\right) + \frac{7}{15}\frac{L}{v_x} \tag{7-33}$$

由式（7-17）、式（7-26）和式（7-33）可得

$$E(t_s) = t_0 + 4t_y + 3 \times \frac{1}{2}\left(\frac{v_x}{a_x} + \frac{v_z}{a_z}\right) + 2 \times \frac{2}{3}\frac{L}{v_x} + \frac{7}{15}\frac{L}{v_x} \tag{7-34}$$

和式（7-17）的几何分析过程一样，式（7-34）说明了复合作业的等效点与单一作业等效点的关系。即

$$|x - x'| = \frac{7}{15}L \tag{7-35}$$

$$|z - z'| = \frac{7}{15}H \tag{7-36}$$

复合作业的等效点与单一作业等效点之间的关系如图7-25所示，P 点和 P' 点的坐标分别为：$P\left(\frac{1}{5}L, \frac{2}{3}H\right)$，$P'\left(\frac{2}{3}L, \frac{1}{5}H\right)$。

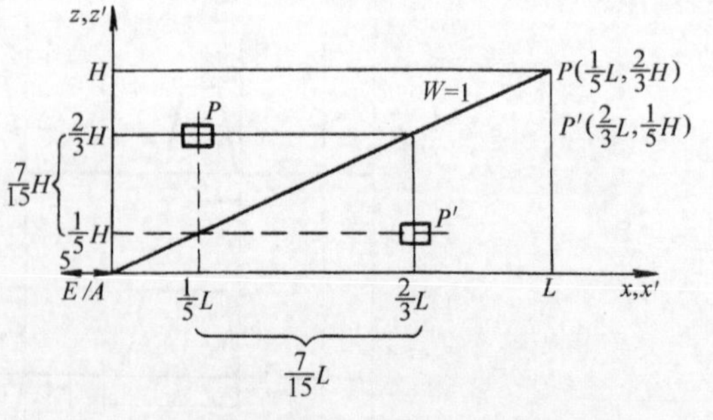

图7-25　复合作业的等效点与单一作业等效点的关系

（4）出发点不同时的平均复合作业周期。前面介绍的两种平均作业周期的算法都是基于堆垛起重机的出发点和终点均在货架的左下角。但有时情况也不尽如此。图7-26所示就是其中的一种。

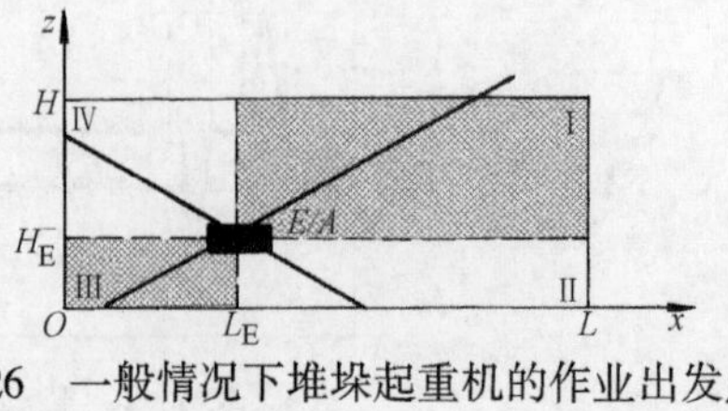

图7-26　一般情况下堆垛起重机的作业出发点

以图中的出发点 E/A 为顶点，可得四个象限Ⅰ、Ⅱ、Ⅲ、Ⅳ，堆垛起重机在这四个象限作业的平均作业周期，也可仿前面介绍的方法进行。对这些周期加权，可得出相应的平均作业周期。

为了提高出、入库效率，可以采用一次搬运两个货物单元的作业方式。仓库里用的堆垛起重机货台上有两副货叉。这两副货叉可以分别单独伸缩，也可以同时伸缩，以存、取两个货物单元，这样就提高了出、入库效率。另一种方案是把货架设计成两个货物单元的深度，堆垛起重机的货台也相应增宽一倍，货叉增长一倍。货叉伸出一半时可叉取一个货物单元，全部伸出后可同时叉取两个货物单元。采用这种方式还可以使货物堆存密度提高10% ~20%。

3. 计算机仿真

自动化仓库必须维持一定数量的存货以满足使用的要求，但库存物资过多会增加物流成本，积压资金；而存货量过少，不能满足使用需求，一方面失去销售机会，另一方面失去买主信誉而造成失去盈利的可能。像这样应该存哪些物资、存量多少、什么情况下应补充存量等一系列复杂问题，用计算机仿真会得到比较符合实际情况的结果。

自动化仓库的仿真是确定操作能力的好方法，它能提出设计建议和完成系统任务的设计参数。仿真的输入是系统设计和用户要求的货位和相应的任务，仿真模型计算以单一作业或复合作业完成这些任务所需的时间，输出单位时间（如 1h）完成的作业任务次数，并模拟作业情况。

仿真模型还能适应日产量的变化，依据历史的统计规律确定某些物资库存最低点和经济订货批量以满足客户需求。当需求变化时，计算机仿真方法可以随时进行再评估，以保证在一定阶段内物流成本最低，总效益最好。

思考与练习题

1. 什么是自动化仓储系统？
2. 自动化仓储系统由几部分构成？
3. 自动化仓储系统有哪些优点？
4. 货架划分为几种类型？
5. 巷道式堆垛起重机分为几类？每类的用途是什么？
6. 简述自动寻址原理。
7. 简述相对数字认址系统与绝对数字认址系统的概念。
8. 常用的认址编码系统有哪些？
9. 总体平均法计算平均作业周期的算法是什么？
10. 分解平均法计算平均单一作业周期的算法是什么？
11. 平均复合作业周期的算法是什么？
12. AS/RS 的一排货架共有 120 列和 19 层货位，每个货位的长、高均为 1m，巷道式堆垛起重机的水平速度为 60m/min，升降速度为 10m/min。忽略堆垛起重机加减速时间及货架钢梁的宽度，求堆垛起重机从第 1 列第 1 层出发到达以下货位的时间：

（1）第 105 列第 19 层货位。

（2）第 107 列第 19 层货位。

（3）第 108 列第 19 层货位。

（4）第90列第19层货位。

（5）第106列第11层货位。

（6）第106列第15层货位。

（7）第106列第19层货位。

（8）第120列第19层货位。

13. AS/RS的一排货架共有100列和20层货位，每个货位的长、高均为1m，巷道式堆垛起重机的水平速度为80m/min，升降速度为15m/min。忽略堆垛起重机加减速时间及货架钢梁的宽度，采用总体平均法，求平均作业周期。

14. AS/RS的一排货架共有100列和20层货位，每个货位的长、高均为1m，巷道式堆垛起重机的水平速度为100m/min，升降速度为20m/min，货叉每伸缩一次的时间为0.4min。忽略指令等待时间，采用分解平均法，求：

（1）单一作业平均作业周期。

（2）复合作业平均作业周期。

（3）1/5单一作业、4/5复合作业时的平均作业周期。

15. 某立体库有4条巷道，每条巷道配备一台堆垛起重机。若堆垛起重机的运行速度为100m/min，升降速度为20m/min，货叉存取货时间为25s，指令等待时间5s，货架总长$L=80$m，高$H=15$m，并假设各货位存取概率相同。试计算分别采用单一作业方式和复合作业方式时本库的出入库能力（即满负荷时每小时出入库托盘数）。

第 8 章 分拣系统

在配送作业的各环节中，分拣作业是非常重要的一环，它是整个配送作业系统的核心。随着全球经济一体化步伐的加快，货物的流通在经济活动中的作用日益凸现，供应链管理模式应运而生。电子商务及连锁经营的发展，竞争的日益激烈，使得一个高效运作的物流体系往往成为企业能否适时生存的关键。物流成本大约占商品成本的 30%，因而物流先驱们把降低物流成本作为获取超额利润的最后的手段。

分拣作业是物流中心业务流程中一个重要的环节。一般而言，分拣作业所需人力占物流中心人力资源的 50% 以上；分拣作业所需时间占物流中心作业时间的 40%；分拣作业的成本占物流中心总成本的 15% ~20%。

从上述的数字不难得出这样的结论：分拣作业是决定一个物流中心能否高效运作的关键因素。从各国的物流实践来看，大体积、大批量需求的货物多采用直达、直进的供应方式，因此配送的主要对象是中、小件的货物，即分拣多为多品种、小体积、小批量的物流作业。这就使得分拣作业的工艺特别复杂，特别是对于客户多、货物品种多、需求批量小、需求频率高、送达时间要求准的配送服务，分拣作业的速度和质量直接影响到整个配送中心的信誉和生存。

分拣作业由订单下达、储位识别、拣取货物、核对数量、汇总等一系列动作组成。分拣是指为进行输送、配送，把很多货物按不同品种、不同的地点和单位分配到所设置的场地的作业。一个高效的分拣作业系统应该实现：①所有环节之间能顺畅流转，减少闲置时间。②尽量减少货物的搬运次数及距离。③尽量减少分拣人员走动的距离。④减少分拣人员判断的时间和次数。⑤不要寻找，自动显示需分拣的储位。⑥不必书写，免除单据的流转，实现现场无纸化作业。⑦不依赖人力核对，利用条码由计算机代替人员检查。

8.1 分拣作业

8.1.1 分拣信息

物流过程中，物流信息附着在物流单元上，分拣作业是在分拣信息的引导下，通过查找储位、拣取和搬运货物，并按一定的方式将货物分类、集中的作业方式。分拣信息是分拣工作的命令。分拣信息是对用户的订单要求进行加工后产生的，它包括以下几点：

（1）基本部分。包括每种货物的品名、规格、数量，订单要求的货物总量，货物发送单元要求。

（2）主要部分。包括货物储位，拣货集中地，储备货物的补货量，储备货物的储存、补货登记。

（3）附加部分。包括货物的价格、代码和标签、货物的包装、货物发送单元的可靠性要求、发送货物单元的代码和标签。

分拣信息的载体有以下几种：

（1）传票。这是直接利用订单或公司的交货单来作为分拣指示。

（2）拣货单。拣货单是指把原始的用户订单输入计算机进行分拣信息处理后，打印出来的单据。这种方式的优点是避免传票在拣货过程中受污损，并能把产品储位编号显示在拣货单上。

（3）条码。条码经过扫描、计算机解码，把“线条符号”转变成“数字号码”。通过条码阅读器自动读取的方式，能准确快速地掌握货物的分拣信息，提高库存管理精度，是一种实现仓储管理现代化的有效方法。

上述信息载体可以是纸质的，也可以是电子媒体。

8.1.2　分拣作业过程

分拣作业过程包括四个环节：行走、拣取、搬运和分类。可采用“人到货”或“货到人”的分拣方法。

（1）“人到货”分拣方法。这是一种传统的分拣方法。这种方法是分拣货架不动，即货物不运动，通过人力拣取货物。在这种情况下，分拣货架是静止的，而分拣人员带着流动的集货货架或容器到分拣货架，即拣货区拣货，然后将货物送到静止的集货点，如图8-1所示。本节图示中的A均表示空托盘，B均表示储货货架，K均表示分拣人员。

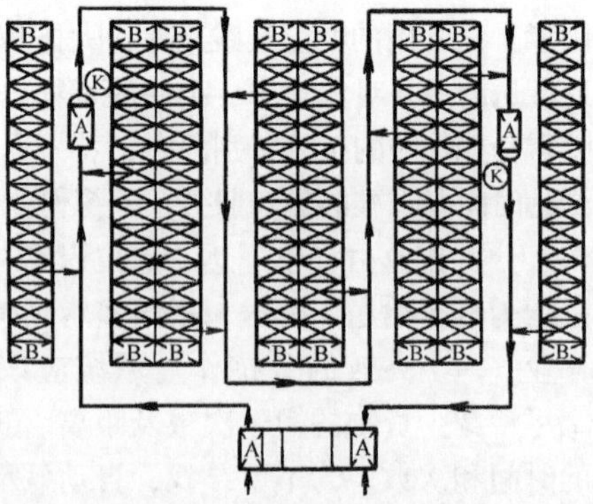

图8-1　“人到货”分拣方法

这种作业系统构成简单，柔性化程度高，可以不用机械设备和计算机支持。但所需的作业面积较大、补货困难、劳动强度大。对“人到货”的拣选方式，最短路径的确定可通过运筹学的方法得到解决。如果每个订单最短拣选路径的确定都要通过计算机运算，这对于实时系统来说是不切实际的，由此，产生了很多近似的方法。巷道式货架拣选路径如果订单大，所需货种很多，可采用封闭式的路径，找到所需的货位，避开不需拣选货位，如图8-2a所示。如果订单多、货种少，可采用图8-2b所示的并行路径。

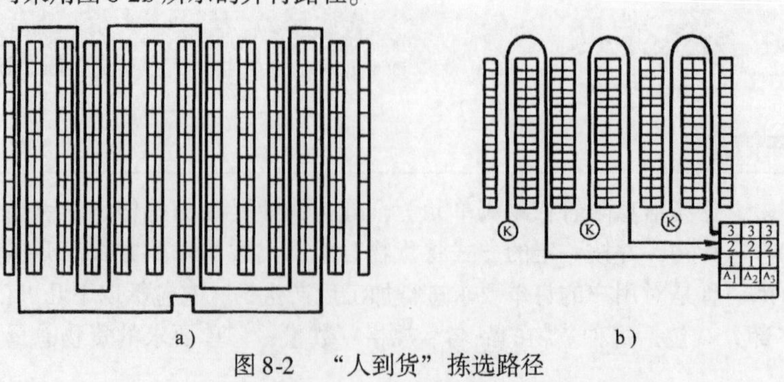

图8-2　“人到货”拣选路径

a）通道式货架拣选路径　b）通道式货架并行拣选路径

（2）“货到人”的分拣方法。这种作业方法是人不动，托盘（或分拣货架）带着货物来到分拣人员面前，再由不同的分拣人员拣选，拣出的货物集中在集货点的托盘上，然后由搬运车辆送走，如图8-3所示。

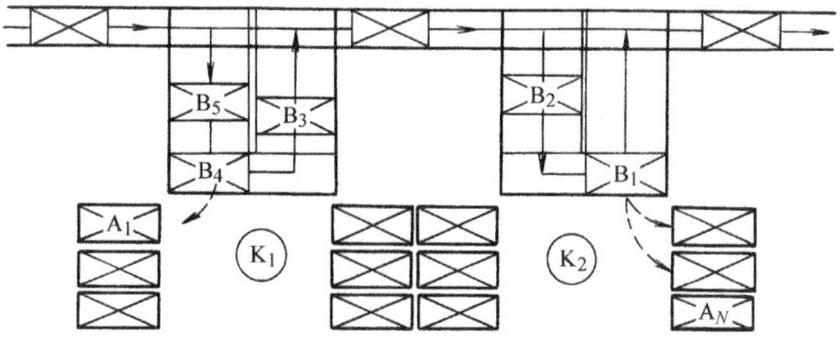

图8-3　“货到人”的分拣方法

采用这种方法，分拣人员不用行走，分拣效率高、工作面积紧凑、补货容易、空箱和空托盘的清理也容易进行，也可以优化分拣人员的工作条件与环境。其不足之处在于投资大，分拣周期长。这种分拣方法的应用系统称为小容量自动化仓储系统（Automatic Small Container Warehouse）。

分拣时，无论采用何种方法，分拣人员或机器必须接触并拣取货物。因此，形成了分拣过程中的人员行走或货物的运动。缩短人员或设备行走及货物的运动距离成为提高分拣作业效率的关键。

无论人员或机械拣取货物，都必须首先确认被拣货物的品名、规格、数量等内容是否与分拣信息传递的指示一致。在分拣信息被确认后，拣取过程由人工或自动化设备完成。在出货频率不是很高，且货物的体积小、批量少、搬运的质量在人力范围所及的情况下，可采用人工拣取方式或电子辅助分拣；对于出库频率很高的货物，应采用自动分拣系统。对于体积大、质量也大的货物，可以利用叉车等搬运机械辅助作业。按分拣的手段不同，分拣作业可分为人工分拣、机械分拣和自动分拣三大类。机械分拣也称电子辅助分拣。

8.2　计算机辅助拣选系统

8.2.1　系统概述

计算机辅助拣选系统（DPS）是一套安装在储位上的电子装置，主要由电子标签和显示屏组成。这些装置被计算机上安插的界面卡控制，借由灯号与数字显示作为辅助工具，引导分拣人员正确、快速、轻松地完成分拣工作。DPS具有弹性控制作业流程、即时现场监控、紧急订单处理的功能，能有效地降低分拣错误率、加快分拣速度，使物畅其流。

（1）电子标签简介。DPS使用的电子标签如图8-4所示。

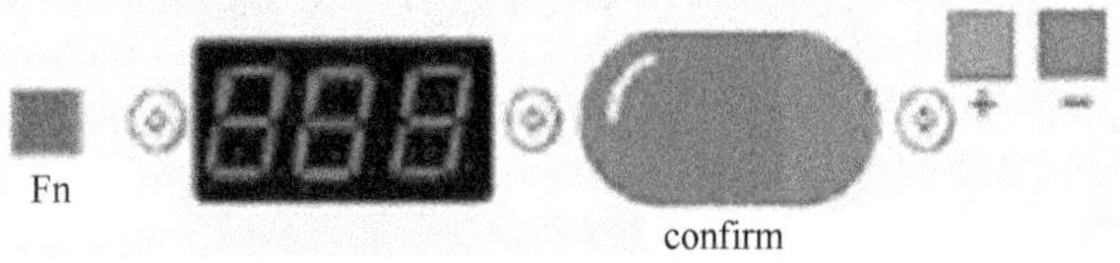

图8-4　电子标签

电子标签上必须备有数字显示符（1~5位）、确认按钮（Fn键）、发光二极管（LED）指示灯，某些类型的电子标签上还备有+/-键，用于变更数字显示的内容。

电子标签视频，请扫二维码观看“8.2 电子标签”。

8.2 电子标签

（2）计算机辅助拣选作业流程。计算机辅助拣选作业流程包括：①资料输入员输入资料给计算机，自上位计算机下载订单资料。②控制器及接线箱将订单数据分别传送至不同货架上的各个电子标签。③电子标签显示出该储位该次拣货的数量。④分拣人员按照电子标签的实时指示（不必携带拣货单），快速而准确地执行拣货指令。⑤完成后，分拣人员按动“Fn键”按钮，发送完成信号给计算机，进入下一张订单。

（3）系统组成举例。某DPS组成如图8-5所示。一部计算机可控制32台连接盒，每台连

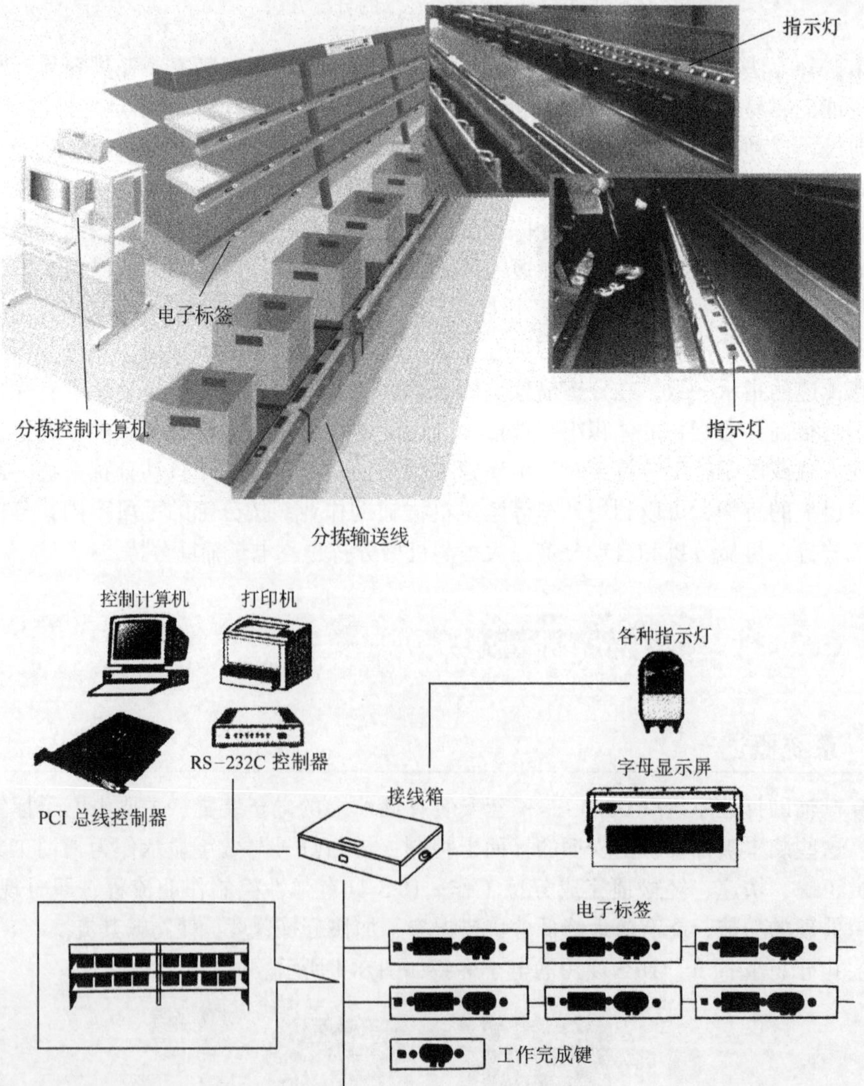

图8-5 某DPS系统组成

接盒可控制128个电子标签，因此每台计算机总共可控制4 096个电子标签。该DPS以Q-WAY作为现场资料收集、传送网络系统，不同于一般的网络系统。Q-WAY具有以下几项优点：

1）散式资料处理。转换器能收集电子标签上传送的信息并做部分前端处理工作，以分散计算机CPU的负荷，增加系统的效率。

2）传输速度快。由于Q-WAY使用RS485与同步数据链路控制（Synchronous Data Link Control，SDLC）为网络通信协议，传输距离远。

① 连接点数多。一部单个计算机可以连接160 000个电子元件，系统弹性大、扩充能力佳。

② 稳定性高。符合工业级规格，可以抗电磁波与其他干扰，系统传输品质稳定。

③ 转换器可以连接条码读取器、光笔、电荷耦合元件（CCD）、激光扫描器与PLC等各种输入、输出设备。

（4）系统形态分类。

1）摘取式。在摘取式系统中，把电子标签安装在货物储位上，原则上一个储位内放置一种货品，即一个电子标签对应一个货品；以一张订单为处理单位，订单中所需商品对应的电子标签会亮起，分拣人员依电子标签上所显示的数量将货品从货架上取出。此种拣货方式大多应用于配送对象多但商品储位固定不经常移动的情况，如图8-6所示。

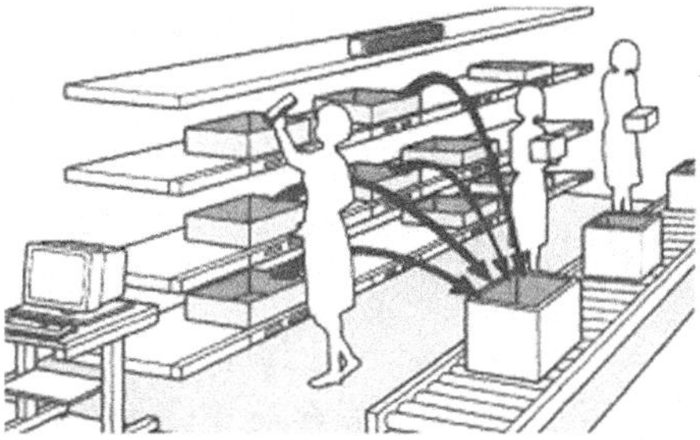

图8-6　摘取式拣货

2）播种式。每一个电子标签所代表的是一个订货厂商或是一个配送对象，即一个电子标签代表一张订货单。分拣人员汇集多家订货单位的多张订货单，按货品进行分类，依照货品为处理单位。分拣人员先取出某一货品的需求总数；需配此项货品的订货单位所对应的电子标签亮起，分拣人员依电子标签上显示的数量进行配货。依次完成其他货品，如图8-7所示。

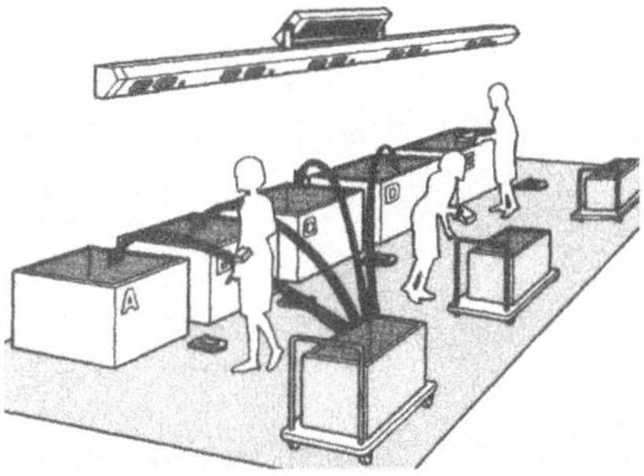

图8-7　播种式拣货

此种方式即为播种式系统。播种式系统通常在对象固定、商品种类多或是商品的相似性大、商品储位经常移动的情况中使用。

无论采用何种系统都可以达到降低拣货错误率、加快拣货速度的目的。使用者根据本身作业的要求选择合适的系统组合形态，或者将两种形态组合在一起搭配使用，以使系统达到最高的效益。

8.2.2 摘取式系统的功能

摘取式计算机辅助拣选系统具有以下九项基本功能：

(1) 拣货资料的接受和传送功能。计算机辅助拣选系统可以载入客户管理信息系统（MIS）、企业资源计划（ERP）或仓库管理系统（WMS）中的订货单并转换成拣货单，并将需拣的内容自动在货架上显示出来。在完成某订单的拣货工作后，计算机辅助拣选系统会将现场的拣货信息送至客户的MIS、ERP或WMS中。

(2) 拣货资料即时监控功能。管理人员可以实时掌握现场的拣货作业状态。

(3) 硬件的自我检测功能。计算机辅助拣选系统可以对硬件设备进行检测，能够自动侦测出有故障的硬件设备，以确保系统的正常运行并方便维修。

(4) 跳跃式拣货功能。进行拣货作业时，系统会自动指示分拣人员的行走路线，跳过无货需拣的区段直接前往有货区段以缩短拣货行走路线，加快订单的流转速度。

(5) 提早离开功能。当订单需拣项已全部拣完，系统会指示分拣人员此单作业完毕，无须再绕行所有的区段，可以提早离开作业现场继而处理下一张订单。这样不但可以缩短行走路径，还可以加快订单处理速度。

(6) 紧急插单功能。在既定的订单作业排序之内，可以根据需要调整订单处理的顺序，把排在后面的订单提前处理，以应付紧急事件。

(7) 缺货通知功能。若在拣货时发现货品数量不足或处于完全缺货状态，为了使拣货工作不受影响，分拣人员可以按下电子标签上的缺货键，直接通知补货人员进行补货作业。

(8) 货号与标签对应维护功能。为了让使用者在货品储位更改或新旧货品替换时易于修改对应的系统档案，电子辅助拣货系统提供一简单的文书编辑软件，使用者可以方便地进行编辑或修改文档。如初次建立系统或大规模移动储位时，提供使用者快速设定功能（INSTALLATIONKIT），可以直接在电子标签上输入设定系统对应的档案。

(9) 查询功能。系统提供各种查询功能，包括查询拣货通道或拣货区段内的作业情况、订单处理情况、缺货情况等，管理人员可以方便、及时地了解现场的作业状况。

8.2.3 播种式系统的功能

播种式计算机辅助拣选系统的软件功能与摘取式的系统相同，同样具备了资料的接收传送、拣货资料的即时监控、硬件自我检测、标签的对应维护、查询作业与报表作业等功能，另外还增加了下列功能：

(1) 批次分割处理功能。系统提供几种方式让使用者选择批次分割的方式与内容，弹性调整配货顺序与流程。

(2) 缺货处理功能。在配货时若发生应配数量与实配数量不相符时，系统提供修改配货数量的规则，使实配货数量与应配数量能相符。

(3) 储位对照表的维护。由于每一批分割的客户可能不相同，为了让使用者了解每次架位对照的内容，使用者可以打印出每一批次的储位对照内容。系统提供文字处理软件提供一个简单的编辑器供修改与查询用。

(4) 回收作业模式。已配出的货品若需回收，可以使用系统的回收模式重新点亮电子标签，依标签指示回收该项货品。

8.3 自动分拣机

自动分拣是从货物进入分拣系统到送到指定的分配位置为止，都是按照人们的指令，靠自动分拣装置来完成的。

自动分拣系统除了用于将邮政局的邮包信件和车站的货物分到指定位置外，已发展到食品工业、纤维造纸、化学工业、机械制造、商店市场、发行出版等各行各业，用来分拣从小到大的各式各样的物品。

自动分拣系统的规模和能力已有很大发展，目前大型分拣系统大多包括几十个到几百个分拣机，分拣能力每小时达万件以上。国外分拣系统规模都很大，主要包括进给台、信号盘、分拣机、信息识别、设备控制和计算机管理等几大部分，还要配备外围的各种运输和装卸机械组成一个庞大而复杂的系统，有的还与立体仓库连接起来，配合无人驾驶小车、拖链小车等其他物流设备组成复杂的系统。自动分拣机如图 8-8 所示。

图 8-8　自动分拣机

8.3.1 自动分拣系统的组成及工作过程

一个分拣系统是由一系列各种类型的输送机、各种附加设施和控制系统等组成的，大致可分为汇流、分拣识别、分拣和分流、分运四个分段。

(1) 汇流。货品进入分拣系统，可用人工搬运方式或机械化、自动化搬运方式，也可以通过多条输送线进入分拣系统。经过汇流逐步将各条输送线上输入的货品合并于一条汇集输送机上；同时，将货品在输送机上的方位进行调整，以适应分拣识别和分拣的要求。汇集输送机具有自动停止和起动的功能。如果前端分拣识别装置偶然发生事故，或货品和货品连接在一起，或输送机上货品已经满载时，汇集输送机就会自动停止，等恢复正常后再自行起动，所以它也起缓冲作用。

为了达到高速分拣，要求分拣的输送机高速运行。例如，一个每分钟可分拣 75 件货品的分拣系统，就要求输送机的速度达到75m/min，而目前的高速分拣机的分拣速度是每分钟200件以上，这就要求输送机有更高的速度。为此，货品在进入分拣识别装置之前，有一个使货品逐渐加速到分拣输送机的速度，以及使前后两货品间保持一定的最小固定距离的要求。

（2）分拣识别。在这分段中，货品接受激光扫描器对其条码标签的扫描，或者通过其他自动识别方式，如光学字符识别（OCR）装置、声音识别输入装置等，将货品分拣信息输入计算机。货品之间保持一个固定值的间距，对分拣速度和精度是至关重要的。即使是高速分拣机，在各种货品之间也必须有一个固定值的间距。

（3）分拣和分流。货品离开分拣识别装置后在分拣输送机上移动时，根据不同货品分拣信号所确定的移动时间，使货品行走到指定的分拣道口，由该处的分拣机构按照上述的移动时间自行起动，将货品排离主输送机进入分流滑道排出。这种分拣机构在国外经过四五十年的应用研制，有多种形式可供选用。

（4）分运。分拣出的货品离开主输送机，再经滑道到达分拣系统的终端。分运所经过的滑道一般是无动力的，借货品的自重从主输送机上滑行下来。各个滑道的终端，由操作人员将货品搬入容器或搬上车辆。

8.3.2 分拣指令输入

在分拣机上输送的货品，无论向哪个道口分拣，均需通过分拣信号的输入发出指令。因此，一般应在分拣货品上贴上发运地点等标签，以此进行分拣。在自动分拣系统中，分拣信号输入方法大致有下列四种：

（1）键盘。由操作人员按键将分拣信号输入。货品的分拣编码，就是货品从主输送机上向那个分拣道口排出的道口编码。键盘有十键式和全键式两种。常用的为十键式，配置有0~9十个数字。每个分拣编码为2~3位数，一般每小时可输入2 400个键。这种用键盘输入的方式费用最低，且简单易行。但是要把配送商店名称、地点都要变换成编码一并输入，就要求操作者能把许多编码记住才能熟练操作。因此，键盘输入的速度往往因人而异，差别较大。

（2）声音识别输入。操作人员通过话筒朗读每件货品的配送商店名称和地点，将声音输入变换为编码，由分拣机的微型计算机控制分拣机构起动。声音识别输入装置的处理能力是每分钟约可输入60个词语。声音输入一般经过2~3天的操作即可熟练，而键盘输入一般需要10~15天才能熟练。声音输入只需操作人员动口，故可兼做其他工作，如手工调整在输送机上货品的方位等。

（3）条码和激光扫描器。把含有分拣货品的条码标签粘贴在每件货品上，通过放置在分拣机上的激光扫描器时被阅读，如图8-9所示。因此，为了正确输入，要求条码标签粘贴在货品包装的一定位置上，同时货品在输送机上粘贴条码标签的一面应面向扫描器。扫描器从货品上面或从侧面扫描，或者同时从上面和侧面扫描。扫描器能对在输送机上每分钟移动40m的货品进行扫描阅读，扫描速度为每秒500~1 500次，但以扫描输入次数最多的信号为准。这种输入方法精度较高，即使发生差错，其原因大多是由条码印刷不良或

图8-9 激光扫描分拣

有污染等引起的。

在分拣机上的激光扫描器对货品上的条码标签扫描时，将货品分拣信号输入的同时，也一并将条码上包括货品名称、生产厂商、批号、配送商店等编码，作为在库货品的信号输入主计算机，为仓库实行计算机业务管理提供数据，这是其他输入方法所不及的。

条码输入方法的优点是处理信号能力强、精度高，并实现输入自动化；缺点是制作和粘贴条码标签要花费用和时间。目前国外已有许多货品在出厂时已贴好条码，这对配送中心而言，可以减少很多工作环节。

（4）OCR 装置。这种装置能直接阅读文字，将信号输入计算机。但是这种输入方法的拒收率较高，影响信号输入的效率。目前这种方式在分拣邮件的邮政编码上应用较多，而在物流中心的分拣系统中应用较少。

8.3.3　自动分拣机的种类及性能

1. 自动分拣机的种类

分拣机按照其分拣装置的结构有各种各样的类型，常见的主要形式有下列几种：

（1）挡板型。它是利用一个挡板（或挡杆）挡住在输送机上向前移动的货品，将货品引导到一侧的滑道排出。挡板的另一种形式是以挡板一端作为支点，可做旋转。挡板动作时，像一堵墙挡住货品向前移动，利用输送机对货品的摩擦推力使货品沿着挡板表面移动，从主输送机上排出至滑道。平时挡板处于主输送机一侧，可让货品继续前移；如挡板做横向移动或旋转时，则货品就排向滑道，如图 8-10 所示。

挡板一般安装在输送机的两侧，即使在操作时也只接触货品而不触及输送机的输送表面，因此它对大多数形式的输送机都能适用，如图 8-11 所示。

图 8-10　挡板型分拣机

图 8-11　挡板

就挡板本身而言，也有不同形式，如直线形、曲线形等。也有在挡板工作面上装有辊筒或光滑的塑料材料，以减少摩擦阻力。

（2）上跃型。上跃型是把货品从主输送机上托起，而将货品引导出主输送机的一种结构形式。从引离主输送机的方向看：一种是引出方向与主输送机成直角；另一种是呈一定夹角（通常是 30°～45°）。一般是前者比后者生产率低，且容易对货品产生较大的冲击力。

（3）滑梭型。这也是一种特殊形式的条板输送机。输送机的表面用金属条板或管子构成，如竹席状，而在每个条板或管子上有一枚用硬质材料制成的滑块，能沿条板横向滑动，而平时滑块停止在输送机的侧边。滑块的下部有销子与条板下导向杆联结，通过计算机控制，滑块能有序地自动向输送机的对面一侧滑动，因而货品就被引出主输送机，如图8-12所示。

图8-12　滑梭型分拣机

这种方式是将货品侧向逐渐推出，并不冲击货品，故货品不易损伤；它对分拣货品的形状和大小适用范围较广，是一种新型的高速分拣机。

（4）倾斜型。倾斜型大致有以下两种形式：

1）条板倾斜式。这是一种特殊型的条板输送机，货品装载在输送机的条板上，当货品行走到需要分拣的位置时，条板的一端自动升起，使条板倾斜将货品移离主输送机。货品占用的条板数随不同货品的长度而定，经占用的条板数如同一个单元，同时倾斜。因此，这种分拣机对货品的长度在一定范围内没有限制。

2）翻盘式。这种分拣机是由一系列的盘子组成，盘子为铰接式结构，可向左或向右倾斜。货品装载在盘子上行走到一定位置时，盘子倾斜，将货品翻倒于旁边的滑道中。为减轻货品倾倒时的冲击力，有的分拣机能控制货品以抛物线状来倾倒出货品。这种分拣机对分拣货品的形状和大小可以不拘，但以不超出盘子为限。对于长形货品可以跨越两只盘子放置，倾倒时两只盘子同时倾斜。

这种分拣机常采用环状连续输送，其占地面积较小。又由于是水平循环，使用时可以分成数段，每段设一个分拣信号输入装置，以便货品输入，而分拣排出的货品在同一滑道排出（指同一配送点），这样就可提高分拣能力。例如，日本川崎重工公司生产的翻盘式分拣机系统设有32个分拣信号输入装置，有排出滑道255条，每小时分拣货品能力为14 400件。住友重机械工业株式会社生产的分拣机系统的分拣能力达每小时30 000件。铃木公司生产的分拣机系统的排出滑道有551条，如图8-13所示。

图8-13　翻盘式分拣机

2. 各类分拣机性能比较

分拣机有许多种形式，为了取得最为有效的应用，一般需要考虑以下因素：货品包装的大小，货品的质量，分拣能力，包装形式，货品在输送机上的方位，货品的易碎性，操作环境，投入分拣货品每小时的批数等。

目前国外自动化高架仓库配送对象和货品数量在不断扩大，而配送货品也日益趋向多品种、多频次、小批量；另外，现在自动化高架仓库都设置单一的分拣系统，也就是说所有需要分拣的货品都要通过这一分拣系统来处理。这就要求分拣机有较高的分拣能力，能适应各种形状、大小和各种包装材料的货品，有较多的分拣滑道和较理想的分拣精度等。为了提高分拣能力，分拣机趋向高速运行发展。所谓“高速”，一般是指每分钟分拣 70 ~ 80 件以上，但目前最快的分拣机每分钟可以分拣 200 件以上的货品。许多分拣机的分拣准确率已达到 99.9%。分拣滑道也递增到 500 条以上。各种分拣机的性能比较如表 8-1 所示。

表 8-1 各种分拣机的性能比较

形式	每分钟的最大分拣能力/件	货品质量/lb①	排出口之间的最小间距	对货品的冲击力	设备投资比较	修理费用比较	货品在输送机上是否要保持朝向
人工	10 ~ 25	1 ~ 75	纸箱长度加 3in	小	最低	最低	是
挡板型	20 ~ 40	1 ~ 50	3 ~ 5ft	中 ~ 大	低	低	否
上跃型	20 ~ 70	1 ~ 150	纸箱长度加 6in	中	低 ~ 中	低 ~ 中	否
上浮胶带和链条	30 ~ 120	1 ~ 250	1ft	中 ~ 大	高	中 ~ 高	否
上浮辊筒	50 ~ 150	10 ~ 500	4 ~ 5ft	小	中 ~ 高	中	是
上浮滚轮	60 ~ 150	3 ~ 300	4 ~ 5ft	小	中	中	是
翻盘式	60 ~ 250	1 ~ 250	1ft	小 ~ 大	高	中 ~ 高	否
条板倾斜式	60 ~ 250	1 ~ 300	1ft	小 ~ 中	高	高	是
滑梭型	50 ~ 200	1 ~ 200	4 ~ 5ft	小	高	中 ~ 高	是

① lb 为非法定计量单位，1lb = 0.454kg。

8.3.4 自动分拣系统的布局

自动分拣系统的布局有两种，如图 8-14 所示，一种是线状结构或称梳状结构，另一种是环状结构。

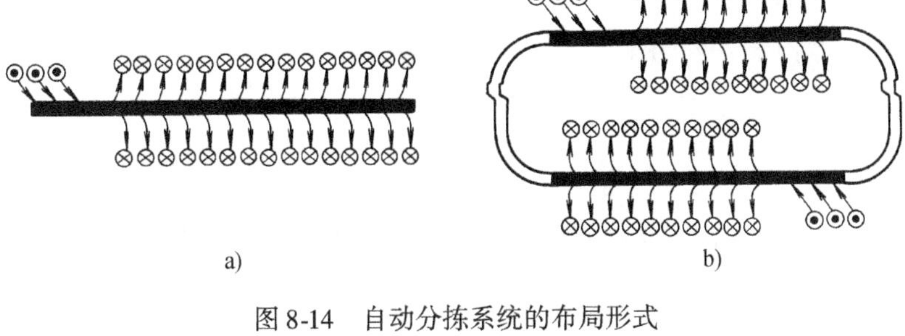

a) b)

图 8-14 自动分拣系统的布局形式

a) 线状结构 b) 环状结构

布局选择取决于安装的场地、所拣货物和同时处理的订单数、拣货终端数以及分类装置的类型。如果是订单大、拣货终端数量少，可采用线状结构；如果订单小且多，可采用环状结构；小件大批量的货物分拣也可采用圆形放射状结构，如图8-15所示。

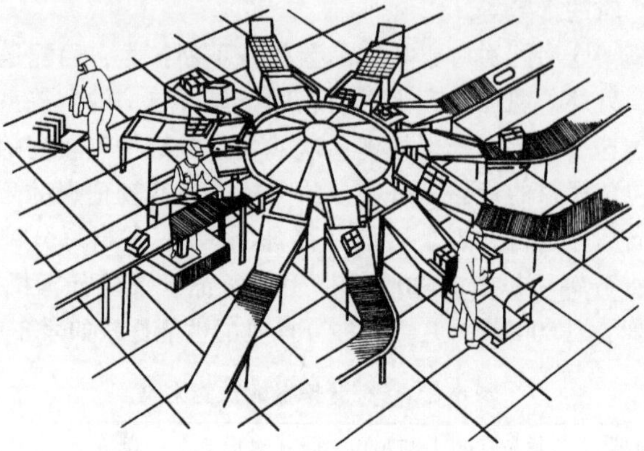

图8-15　一个邮件局的圆形分拣系统

环状结构的分拣系统有一定的储货能力，故环状结构支持批处理方式。在环状结构里，货物只要不被拣取下线，就能不断在环路上一直运行，多次通过同一位置，直到在某个终端被取下。在这种情况下，即使只有一个拣货终端工作，系统也能运行。系统分拣能力的提高，可通过在环状结构上多设置拣货终端达到。复杂的环状分拣系统的功能分区如图8-16所示。

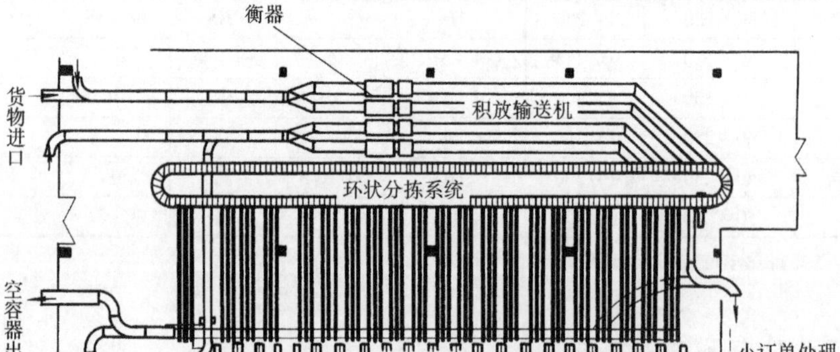

图8-16　复杂的环状分拣系统的功能分区

8.4　分拣系统规划

8.4.1　EIQ分析

影响配送中心系统规划的基础数据和背景资料，主要包括如下几个方面：

E（Entry）：配送的对象或客户。

I（Item）：配送货品的种类。

Q（Quantity）：配送货品的数量或库存量。

R（Route）：配送的通路。

S（Service）：物流服务水平。

T（Time）：物流的交货时间。

C（Cost）：配送货品的价值或建造的预算。

EIQ分析就是利用“E”“I”“Q”这三个物流关键要素，来研究配送中心的需求特性，为配送中心提供规划依据。日本的铃木震先生积极倡导以订单品项数量分析方法来进行配送中心的系统规划，即从客户订单的品项、数量与订购次数等出发，进行出货特性的分析。分析的内容包括：①订单量（EQ）分析：单张订单出货数量的分析。②订货品项数（EN）分析：单张订单出货品项数的分析。③品项数量（IQ）分析：每单一品项出货总数量的分析。④品项受订次数（IK）分析：每单一品项出货次数的分析。

EQ分析主要可了解单张订单订购量的分布情形，可用于决定订单处理的原则、分拣系统的规划，并将影响出货方式及出货区的规划。

EN分析：主要了解订单和订购品项数的分布，对于订单处理的原则及分拣系统的规划有很大的影响，并将影响出货方式及出货区的规划。通常需配合总出货品项数、订单出货品项累计数及总品项数三项指标综合考虑。

IQ分析主要了解各类货品出货量的分布状况，分析货品的重要程度与运量规模。可用于仓储系统的规划选用、储位空间的估算，并将影响拣货方式及拣货区的规划。

IK分析主要分析各类货品出货次数的分布，对于了解货品类别的出货频率有很大的帮助，可配合IQ分析选择相应的仓储与拣货系统。

8.4.2 分拣策略

分拣策略是影响分拣作业效率的重要因素。对不同的订单需求应采取不同的分拣策略。决定分拣策略的四个主要因素为：分区、订单分割、订单分批及货品分类。

1. 分区策略

分区就是将分拣作业场地做区域划分。按分区原则的不同，有以下三种分区方法：货品特性分区、分拣单位分区、分拣方式分区。以上的分拣分区可同时存在于一个配送中心内，或是单独存在。

2. 订单分割策略

当订单上订购的货品项目较多，或是分拣系统要求及时快速处理时，为使其能在短时间内完成分拣处理，可将订单分成若干子订单交由不同分拣区域同时进行分拣作业。将订单按分拣区域进行分解的过程叫订单分割。

订单分割一般是与分拣分区相对应的，对于采用分拣分区的配送中心，其订单处理过程的第一步就是要按区域进行订单的分割，各个分拣区根据分割后的子订单进行分拣作业，各分拣区子订单分拣完成后，再进行订单的汇总。

3. 订单分批策略

订单分批是为了提高分拣作业效率而把多张订单集合成一批，进行批次分拣作业，其目的是缩短分拣时平均行走搬运的距离和时间。订单分批的基本方法有：总和计量分批、时窗分批、固定订单量分批和智能型分批。

4. 货品分类策略

当采用批量分拣作业方式时，分拣完后还必须进行分类，因此需要相配合的货品分类策略。分类方式大概可以分成两类：

(1) 分拣时分类。在分拣的同时将货品按各订单分类，这种分类方式常与固定量分批或智能型分批方式联用，因此需使用计算机辅助台车作为分拣设备，才能加快分拣速度，同时避免错误发生。较适用于少量多样的场合，且由于分拣台车不可能太大，所以每批次的客户订单量不宜过大。

(2) 分拣后集中分类。分批按合计量分拣后再集中分类。一般有两种分类方法：一种方法是以人工作业为主，将货品总量搬运到空地上进行分发，而每批次的订单量及货品数量不宜过大，以免超出人员负荷；另一种方法是利用分类输送机系统进行集中分类，是较自动化的作业方式。当订单分割越细、分批批量品项越多时，常使用后一种方式。

以上四大类分拣策略因素可单独或联合运用。订单简单时，也可以不采用任何策略，直接按单分拣。

8.4.3　分拣设备配置

分拣系统是由仓储设备、搬运设备及信息传送设备所组成的，根据自动化程度的不同，可分为全自动方式、半自动方式及人工方式等几种模式。根据分拣单位的不同，又可以分为整盘分拣（P→P)、整箱分拣（P→C)、拆箱分拣（C→B）或单品分拣（B→B）等几种模式。以下介绍各种模式的设备配置。

1. 全自动方式

此种分拣模式多数是利用计算机与自动化设备配合，完全不需要作业人员而将订购的货品拣出来。目前常见的设备配置有如下几种模式，如表8-2所示。

表8-2　自动化分拣方式的设备配置模式

保管→出货	设备配置模式
1. P→P	托盘式自动化仓储系统+输送机（穿梭车）
2. P→C	自动化仓储系统+拆盘机+拣取机+输送机
3. P→C	自动化仓储系统+穿梭车+机器人
4. C→C	流动式货架+拣货机+输送机
5. C→B	流动式货架+机器人+输送机
6. B→B	自动拣取机+输送机

2. 半自动方式

此种分拣方式大部分是利用自动仓库与人工进行配合，且作业人员不用移动而货品利用设备自动搬运到作业人员面前。目前常见的半自动分拣模式如表8-3所示。

表8-3　半自动分拣模式

保管→出货	设备模式
1. P→C	自动化仓库+输送机
2. C→B	水平旋转自动化仓库+输送机
3. B→B	垂直旋转自动化仓库+手推车

3. 人工方式

此种分拣方式大部分是利用仓储搬运设备与人工进行配合，且作业人员必须走动而货品固定不动，将货品拣出。此方法必须依靠储位指示才能顺利进行。目前常见的人工分拣模式如表 8-4 所示。

表 8-4　人工分拣模式

保管→出货	设 备 模 式	保管→出货	设 备 模 式
1. P→P	托盘式货架 + 叉车	6. C→B	流动式货架 + 笼车
2. P→C	托盘式货架 + 叉车（托盘车）	7. C→B	流动式货架 + 手推车
3. P→C	托盘式货架 + 笼车	8. C→B	流动式货架 + 输送机
4. P→C	托盘式货架 + 手推车	9. C→B	箱式平货架 + 手推车
5. P→C	托盘式货架 + 输送机	10. B→B	箱式平货架 + 手推车

8.4.4　分拣系统规划步骤

在配送中心整体规划过程中，分拣作业系统的规划是其中最重要的部分。因此，分拣作业系统规划是配送中心总体规划过程的重心，并且主导其他规划环节的进行。分拣系统的规划步骤如图 8-17 所示。

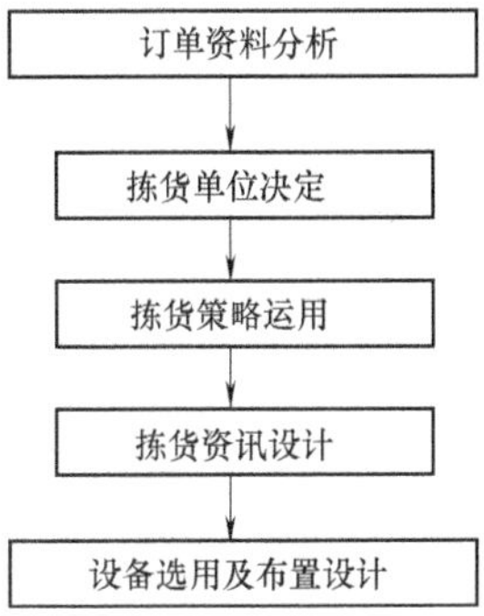

图 8-17　分拣系统的规划步骤

1. 分拣单位

分拣单位基本上可分为托盘、箱、单品三种。一般以托盘为分拣单位的货品体积和质量最大，其次为箱，最小者为单品。其基本分拣模式如表 8-5 所示。

表 8-5　基本分拣模式

分拣模式编号	储 存 单 位	分 拣 单 位	记　　号
1	托盘	托盘	P→P
2	托盘	托盘箱	P→P + C
3	托盘	箱	P→C
4	箱	箱	C→C
5	箱	单品	C→B
6	箱	箱 + 单品	C→C + B
7	单品	单品	B→B

2. 分拣方式的确定

根据 EIQ 的分析结果（见表 8-6），按当日 EN 值及 IK 值的分布判断出货品项数的多寡和货品周转率的高低，确定不同的分拣作业方式。

表 8-6　分拣方式选定对照表

		IK 值		
		高	中	低
EN 值	多	S + B	S	S
	中	B	B	S
	少	B	B	B + S

注：S 表示按单分拣；B 表示批量分拣。

3. 分拣策略的运用

作业系统规划中最重要的环节就是分拣策略的运用。图 8-18 是分拣策略运用的组合，从左至右是分拣系统规划时所考虑的一般次序，可以相互配合的策略方式用箭头连接，所以任何一条由左至右可通的组合链就表示一种可行的分拣策略。

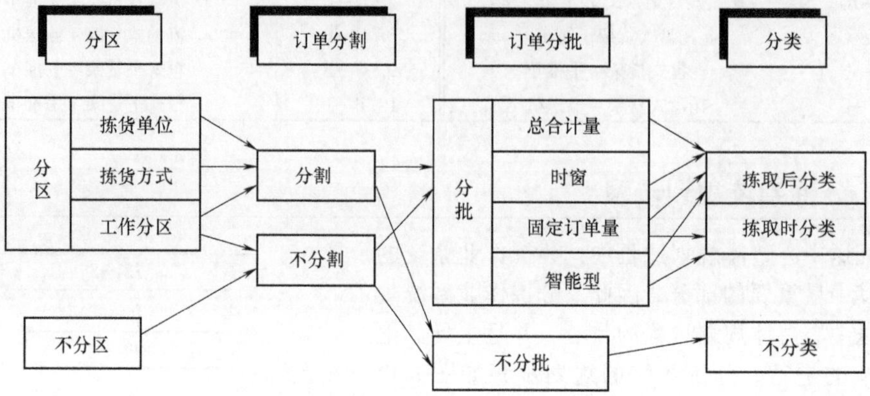

图 8-18　分拣策略运用的组合

思考与练习题

1. 分拣作业由几部分动作组成？高效的分拣作业系统体现在哪几个方面？
2. 分拣信息包括几部分？分拣信息的载体有几种？
3. 分拣作业包括哪几个环节？
4. “人到货”分拣方法与“货到人”分拣方法之间有何区别？两种方法各有何优缺点？
5. 摘取式计算机辅助拣选系统有哪些功能？
6. 播种式计算机辅助拣选系统有哪些功能？
7. 自动分拣系统由几部分组成？工作过程分为哪几个阶段？
8. 有哪几种分拣指令输入方法？
9. 自动分拣系统有几种布局形式？
10. 请说明分拣系统规划的方法和步骤。

第9章 自动导引车

9.1 概述

自动导引车（AGV）是一种以电池为动力，装有非接触式导向装置的无人驾驶自动运输车（见图9-1、图9-2）。其主要功能是，在计算机控制下，通过复杂的路径将物料按一定的停位精度输送到指定的位置上。

图9-1　电磁导引的AGV在车间运行

图9-2　AGV正在与生产线对接装卸货物

9.1.1 AGV的发展现状

20世纪50年代中期，Barret公司设计出无人驾驶货车，也就是AGV的最早雏形。后来，美国物料搬运研究所将其定义为AGV，它是可充电的无人驾驶小车，可根据路径和定位情况编程，而且行走的路线可以改变和扩展。1960年，欧洲就安装了各种型号不同的自动搬运车系统，使用了13 000多台AGV。1959年AGV开始用于仓库自动化和工厂作业中。日本也从这时开始引进AGV技术。日本是使用这种车辆最多的国家，20世纪80年代末，日本拥有各种类型的自动搬运车超过10 000台，其生产厂家达47家，广泛应用于汽车制造、机械、电子、钢铁、化工、医药、印刷、仓储、运输业和商业上。

20世纪60年代，计算机技术开始应用到AGV的管理和控制中，斯坦福大学机械工程系设计并制造了一台机器人拖车，首次采用计算机进行控制，从而使遥控月球车成为现实。

20世纪70年代，AGV作为生产组成部分进入了生产系统，并得到了迅速发展。1973年，瑞典沃尔沃（VOLVO）公司在KALMAR轿车厂的装配线上大量采用了AGV进行计算机控制装配作业，扩大了AGV的使用范围，随机装置增加了许多功能，如附加工作台、移载装置、物流信息接收和转换以及控制部件等，受到了欢迎。

1976年，我国起重机械研究所研制出第一台AGV，1999年3月27日，由昆明船舶设备集团有限公司研制生产的激光导引无人车系统在红河卷烟厂投入试运行，这是在我国投入使用的首套激光导引无人车系统。该无人小车由于体积小、质量轻（仅为进口某型无人小车的1/4）、运转灵活，从而在世界烟草行业首次实现了搬运作业离开走道，进入机群穿梭运行。

新松公司开发生产的AGV如图9-3所示，它已跻身国际先进水平行列。AGV系统的中心控制台应用中文窗口操作软件，用户界面友好，可进行多车系统集中调度、监视、管理。通过无线网络通信，采用激光导航或磁导航技术，保证了AGV快速行走、精确定位，具有工作区域内全方位自由行走、自动安全避让等功能。该公司生产的AGV分装配型和搬运型两大类。装配型AGV主要用于汽车生产线，实现了发动机、后桥、油箱等部件的动态自动化装配，也用于大屏幕彩色电视机和其他产品的自动化装配线，极大地提高了生产效率；搬运型AGV广泛应用于机械、电子、纺织、造纸、卷烟、食品等行业，是建设无人化车间、自动化立体仓库，实现仓储物流自动化管理的最佳选择。

图9-3　新松AGV

9.1.2　AGV在AS/RS中的作用

控制台通过计算机网络接受立体仓库管理系统下达的AGV输送任务，通过无线局域网通信系统实时采集各AGV、拆箱机器人的状态信息。根据需求情况和当前AGV运行情况，将调度命令传递给选定的AGV。AGV完成一次运输任务，在托盘回收站待命，等待下次任务。

各立体仓库出货口和拆箱机器人处均有光导通信装置。对运行中的AGV，控制台将通过无线局域网通信系统与AGV交换信息，实现AGV间的避碰调度、工作状态检测、任务调度。在立体仓库出货口和拆箱机器人处通过光导通信与AGV交换任务和状态，完成移载。

自动导航系统完成AGV的导引。充电系统由充电器和充电控制器组成，完成在线快速自动充电。AGV接受控制台的任务，完成运输。地面移载设备可实现AGV的自动移载、加载、交换空托盘。图9-4为在青岛海尔自动化立体仓库中移载用的激光导引AGV。

图9-4　激光导引AGV

9.1.3　AGV的组成

AGV由以下各部分组成：车体、蓄电池、车上充电装置、驱动装置、转向装置、控制系统、移载装置和安全装置。

（1）车体。由车架和相应的机械电气结构如减速器、电动机、车轮等组成。车架常采用钢结构焊接而成，要求有足够的刚性。

（2）蓄电池与充电装置。常采用24V或48V直流工业蓄电池为动力。

（3）驱动装置。驱动装置是一个伺服驱动的变速控制系统，可驱动AGV运行并具有速度控制和制动能力。它由车轮、减速器、制动器、电动机及速度控制器等部分组成，并由计算机或人工进行控制。驱动装置速度调节可采用脉宽调速或变频调速等方法，直线行走速度可达1m/s，转弯时为0.2~0.5m/s，接近停位点时为0.1m/s。为了安全，它常采用断电制动、通电解脱松开。紧急停车继电器独立于计算机之外，其通断状态由急停按钮和安全装置来确定。

（4）转向装置。AGV常设计成三种运动方式：只能向前；能向前与向后；能纵向、横向、斜向及回转全方位运动。转向装置的结构也有三种：

1）铰轴转向式三轮车型。车体的前部为一个铰轴转向车轮，同时也是驱动轮。转向和驱动分别由两个不同的电动机带动。车体后部为两个自由轮，由前轮控制转向实现单方向向前行驶。其结构简单、成本低，但定位精度较低，如图9-5所示。

2）差速转向式四轮车型。车体的中部有两个驱动轮，由两个电动机分别驱动。车体的前后部还各有一个转向轮（自由轮）。通过控制中部两个轮的速度比可实现车体的转向，并实现前后双向行驶和转向。这种方式结构简单，定位精度较高，如图9-6所示。

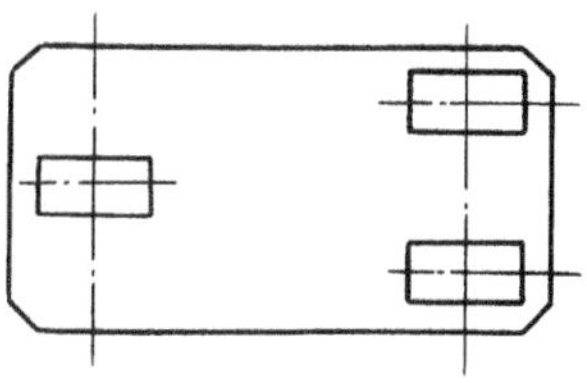

图9-5　铰轴转向式三轮车型

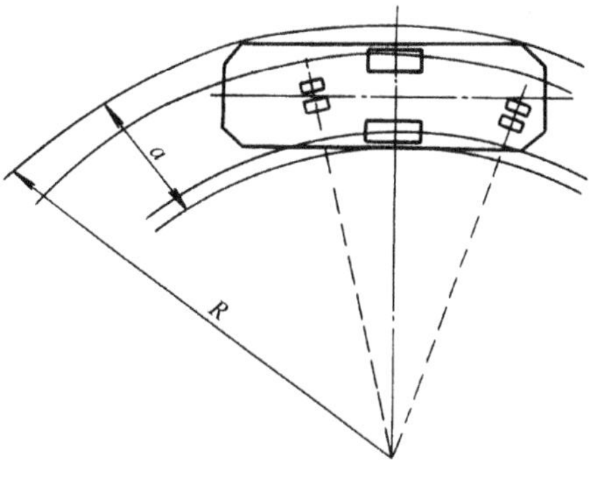

图9-6　差速转向式四轮车型

3）全轮转向式四轮车型。车体的前后部各有两个驱动和转向一体化车轮，每个车轮分别由各自的电动机驱动，可实现沿纵向、横向、斜向和回转方向任意路线行走，控制较复杂，如图9-7所示。

（5）控制系统。AGV控制系统包括车上控制器和地面（车外）控制器，均采用微型计算机，通过通信进行联系。输入AGV的控制指令由地面（车外）控制台发出，存入车上控制器（计算机）；AGV运行时，车上控制器通过通信系统从地面站接受指令并报告自己的状态。车上控制器可完成以下监控：手动控制、安全装置起动、蓄电池状态、转向极限、制动器解脱、行走灯光、驱动和转向电动机控制及充电接触器的监控等。

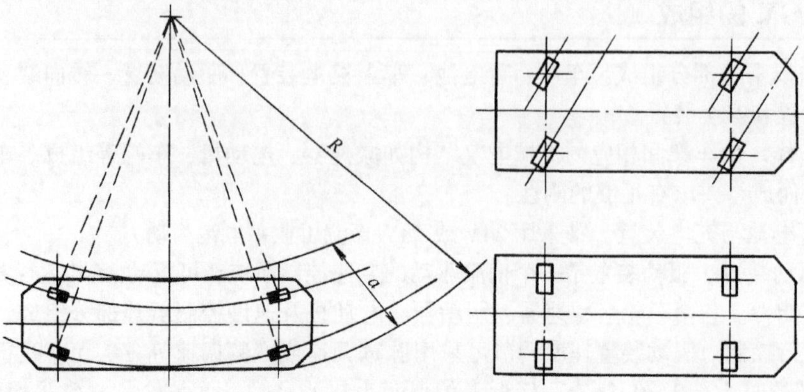

图9-7　全轮转向式四轮车型

控制台与AGV间可采用定点光导通信和无线局域网通信两种通信方式。采用无线通信方式时，控制台和AGV构成无线局域通信网，控制台和AGV在网络协议支持下交换信息。在出货口和拆箱机器人处移载站都设有红外光通信系统，其主要功能是完成移载任务的通信。无线通信要完成AGV的调度和交通管理。当AGV需要和系统中其他装置对接时，还需配有物料自动装卸与定位机构，其定位精度可达到3mm。定位精度也是由主控计算机控制的。

由于需要实现连续生产方式，AGV充电可以采用在线自动快速充电方式。AGV根据电池容量表的数据，在需要充电时报告控制台；控制台根据AGV系统运行情况，及时调度需要充电的AGV执行充电任务。AGV进入充电站自动完成充电，快速充电电池的充电、放电比一般快1/8～1/10。

（6）移载装置。AGV用移载装置来装卸货物，即接受和卸下载荷。常见的AGV装卸方式可分为被动装卸和主动装卸两种。

被动装卸方式的小车自己不具有完整的装卸功能，而是采用助卸方式，即配合装卸站或接收物料方的装卸装置自动装卸。常见的助卸装置有滚柱式台面（图9-8a）和升降式台面（图9-8b）两种。采用滚柱式台面的环境要求是站台必须带有动力传动辊道，AGV停靠在站台边，AGV上的辊道和站台上的辊道对接之后动作协调，实现货物移送。因此，系统要求托盘标准、传递高度一致、辊道传递速度吻合。AGV上的辊道采用单排9辊串联链传动方式，由1台减速电动机带动。当执行装货任务时，AGV停靠在指定站台，确认对接完毕，车上辊道先转动，然后站台辊道转动，货物送至车上辊道。载货托盘卸货过程是：AGV停靠在指定站台，确认对接完毕，站台辊道先转动，车上辊道后转动，载货托盘送至站台辊道，确认卸货任务完成后AGV驶向下一目标。升降式台面的升降台下设有液压升降机构，高度可以自由调节。这类小车成本较低，常用于装卸作业位置少的系统。为了顺利移载，AGV必须精确停车才能与站台自动交换。用于手工拣选货物时，AGV的停车精度要求较低，停位误差不大于10mm即可。如果用于加工中心，则要求AGV

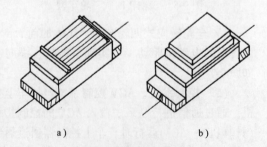

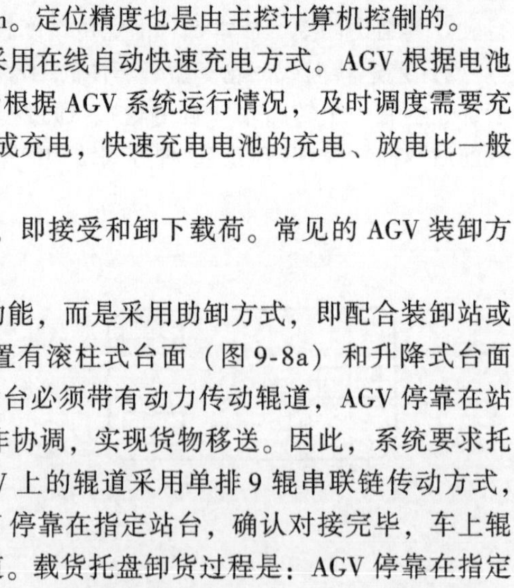

a）　　　b）

图9-8　被动装卸装置

a）滚柱式台面　b）升降式台面

精确停位，停位误差一般应小于 0.2mm。

主动装卸方式是指 AGV 自己具有装卸功能。常见的主动装卸方式有单面推拉式、双面推拉式、叉车式（图 9-9a）和机器人式（图 9-9b）四种。主动装卸方式常用于车少、装卸工位多的系统。其中采用机器人式主动装卸方式的 AGV 相当于一个有脚的机器人，故也叫行走式机器人。行走式机器人灵活性好、适用范围广，被认为是一种很有发展前途的输送、交换复合装置。

（7）安全装置。为确保 AGV 在运行过程中自身安全，特别是现场人员及各类设备的安全，AGV 将采取多级硬件、软件的安全措施。在 AGV 的前面设有非接触式和接触式传感器。AGV 安装醒目的信号灯和声音报警装置，以提醒周围的操作人员。一旦发生故障，AGV 自动进行声光报警，同时通过无线通信系统通知 AGV 监控系统。

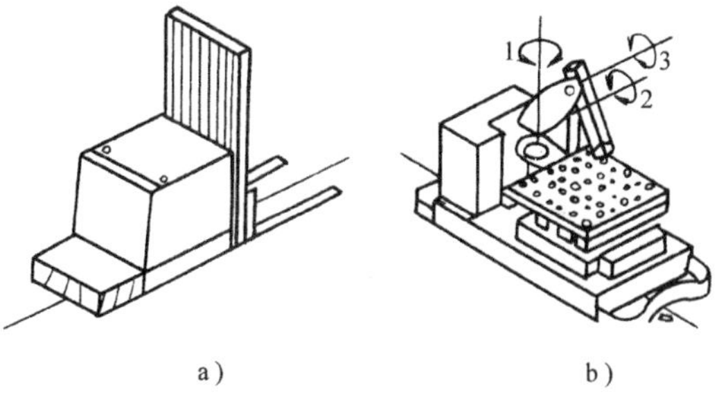

图 9-9　主动装卸装置
a）叉车式　b）机器人式

1）障碍物接触式缓冲器。为确保运行环境中人和物的安全，障碍物接触式缓冲器设置在 AGV 车身运行方向的前后方，缓冲器的材质弹性和柔软性较好，当产生碰撞事故时，不会对与之碰撞的人和物及其自身造成大的伤害，并能及时使自动搬运车停车。故障解除后，能自动恢复其功能。障碍物接触式缓冲器是一种强制停车安全装置，它产生作用的前提是与其他物体相接触，使其发生一定的变形，从而触动有关限位装置，强行使其断电停车。显然，这种机构的作用将受到路面的光滑平整度、整车及载货质量、运行速度、限位装置的灵敏度等因素的影响，其安全保护措施是终端安全保护。

2）障碍物接近传感器。非接触式检测装置是障碍物接触式缓冲器的辅助装置，是先于障碍物接触式缓冲器发生作用的安全装置。为了安全，障碍物接近传感器是一个多级的接近检测装置，在预定距离内检测障碍物。在一定距离范围内，它会使 AGV 降速行驶，在更近的距离范围内，它会使 AGV 停车，而当解除障碍物后，AGV 将自动恢复正常行驶状态。障碍物接近传感器包括激光式、超声波式、红外线式等多种类型，都已有成熟的产品面世。例如日本产的红外线传感器能检测搬运车的前后方向、左右方向的障碍物，也能在二段内设定慢行和停止，也即 2m 内减速、1m 内停车。发射的光频率数有 4 种或 8 种，能防止各 AGV 间的相互干扰。在最大工作速度 70m/min 的情况下，直线段检测设定在 4m 以外，AGV 制动距离不大于 2.5m。如果红外传感器未检测到障碍物，则由保险杠检测，保险杠受到一定的压力后报警并控制 AGV 停止。在 AGV 四角设有急停开关，任何时间按下开关，AGV 立即停止动作。

3）装卸移载货物执行机构的自动安全保护装置。AGV 的主要功能是解决物料的全自动搬运，故除了其全自动运行功能外，还有移载货物的装置。移载装置的安全保护装置包括机械和电气两大类。一般在同一辆车上都配备有机械和电气这两类保护装置，并互相关联，同时产生保护作用。例如位置定位装置、位置限位装置、货物位置检测装置、货物形态检测装置、货物位置对中结构、机构自锁装置等结构。

9.1.4　AGV 的典型产品

表 9-1 给出了国内外部分 AGV 产品的主要技术参数。

表9-1　国内外部分AGV产品的主要技术参数

技术参数＼产品名	日本村田 RAV2—30	日本村田 MT—35	日本 大福	韩国 三星	瑞士 OWL	中国 昆船	中国 新松
额定载重量/kg	300	350	400	600	600	600	0~4 000
自身质量（含电池）/kg	500	350	800	2 500	1 750	600	
外形尺寸/mm（长×宽×高）	1 900×760×1 150	2 000×750×1 000	2 375×900×875	2 710×1 450×950	3 000×1 000×1 950	1 860×1 140×1 900	
导引方式	光学导引	电磁导引	电磁导引	电磁导引	激光导引	激光导引	激光/磁性导引
停位精度/mm	±2	±30	±10	±10	±1.0	±5	±4
转弯半径/mm	1 000	800	1 000	1 540		1 250	
运行速度/（m/min）	60	60	90	60	60	60	100
运行方向	万向	万向	前后	前后	前后	前后	万向
转向方式	差速	差速	前轮	前轮	前轮	前轮	舵轮/差速
移载方式	侧叉式	侧叉式	叉车式	侧叉式	叉车式	推挽式	
驱动功率/kW	0.6×2	0.4×2		3.0	1.2	1.0	
工作周期/h	8	8		8	18	18	
电池/V	48	48	48	48	48	48	48
容量/A·h	160	100	175	450	400	60	
充电方式	交换电池	自动充电	交换电池/自动充电	自动充电	自动充电	自动（5~10min/次）	自动（5~10min/次）
比质量（载重量/自身质量）	0.6	1.0	0.5	0.24	0.34	1.0	

9.2　AGV的导引方式

所谓AGV导引方式，是指决定其运行方向和路径的方式。它不同于前面所说的一般通信。通信是用来接受地面控制台的指令或向地面控制台发出状态报告的，这些信息并不解决AGV的运行路径。常用的导引方式分两大类：车外预定路径导引方式和非预定路径导引方式。车外预定路径导引方式是指在行驶的路径上设置导引用的信息媒介物，AGV通过检测出它的信息而得到导向的导引方式，如电磁导引、光学导引、磁带导引（又称磁性导引）等。

非预定路径（自由路径）导引方式其一是指在AGV上储存着布局上的尺寸坐标，通过识别车体当前方位来自主地决定行驶路径的导引方式，又称车上软件—编程路径方式；其二是指激光导引方式。

近年来有关AGV导引技术的研究十分活跃，除了通常的电磁导引、光学导引方式外，又采用了新的导引方式，使AGV的性能有了长足的进步。具体体现为：①路径的设定更加灵活机动；②路径变更简单易行；③提高对路面或环境变化的适应能力；④精确地实时检测位置和方位值，提高导引性能；⑤赋予感知和回避障碍的性能（智能）；⑥具有人机对话功能；⑦更强的信息通信功能；⑧系统尽量不依赖于中央计算机；⑨多辆AGV协调工作。

为此，需要解决好以下几项关键技术：①高精度且廉价的位置、方向检测手段；②信息通信手段；③图像处理和图像识别技术以及自动转换器的实用化；④系统总体技术（特别是多辆AGV群控技术）。

9.2.1　预定路径导引方式

1. 车外连续标记

（1）电磁导引。这是目前AGV采用最广泛的一种导引方式（见图9-10）。它需要在地面开槽（约51mm宽、15mm深）埋设电缆，接通低压、低频信号，在电线周围产生磁场。车上需安装两个感应线圈，并使其分别位于此导引线的两侧。当AGV导引轮偏离到导引线右方时，则左方感应线圈感应到较高电压，以此信号控制操纵电动机，使AGV的导向轮从偏右位置回到中间位置，从而跟踪预定的电线导引路径。导引线中电流约为200～300mA，频率为2～35kHz。

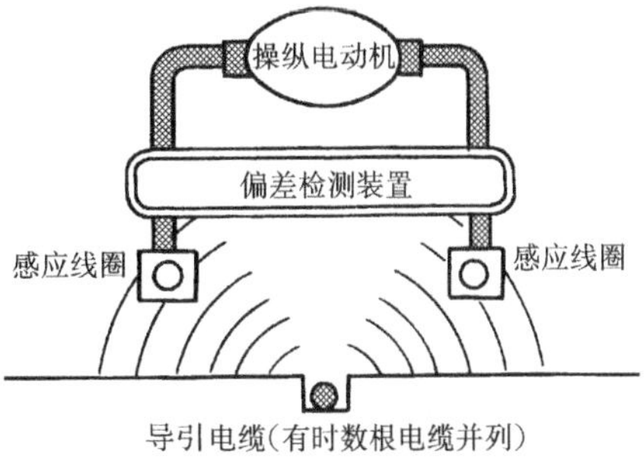

图9-10　电磁导引原理

（2）反光带或磁带导引。

1）反射式导向。这种导引方式是在地面上连续铺设一条用发光材料制作的带子，或者用发光涂料涂抹在规定的运行路线上，在车辆的底部装有检测反射光传感器，通过偏差检测装置控制、驱动操纵电动机来不断调整车辆前进的方向，以保持车辆沿着规定的线路行驶。反射式导向用的反射光带是粘贴在场地表面的，故又称贴附式导向，属受动式。采用这种导引方式的AGV，其路线的布置比较容易，但易受外界光源的干扰。光反射导引原理如图9-11所示。

2）磁性式导向。它是在地面上连续铺设一条金属磁带，而在车辆上装有磁性传感器，检测磁带的磁场，通过磁场偏差检测装置控制、驱动操纵电动机来调整车辆行驶方向。采用这种导引方式的AGV，其地面系统较为简单，施工也较为方便，且可靠性好，因此得到了普及。

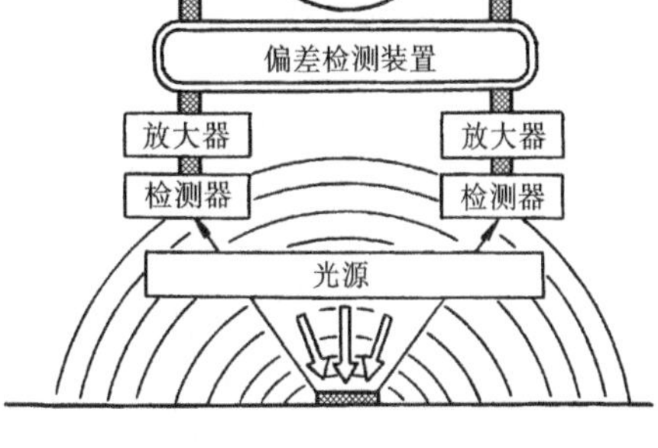

图9-11　光反射导引原理

2. 车外间断标志

标志跟踪方式中有一种称为视觉导引法，即在所经路径上断续地设有若干导引标志或反射板（也可是玻璃球)，AGV 据此自动识别和判断路径（见图 9-12)。但有些标志跟踪方式不把标志贴在行走路径上，而是贴在顺着路径的相应的天花板上。

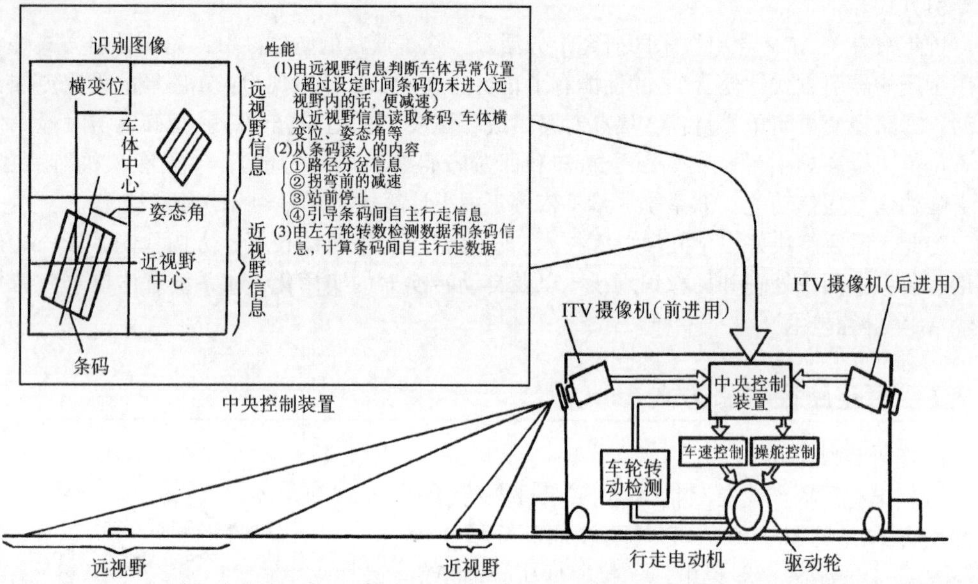

图 9-12　视觉导引方式的原理

导引的标志除条码外，还可用圆形、方形、箭头等图形，总之应当是易于识别和处理的图形。

反光带或磁带导引 AGV 视频，请扫二维码观看“9.2 自动导引车”。

9.2　自动导引车

9.2.2　非预定路径导引方式

1. 激光导引

(1) 光扫描导引。沿着路径从高处用光束进行扫描，计算机根据光信息（扫描角度以及扫描装置标号)，精密检测出 AGV 现在的位置，如图 9-13 所示。

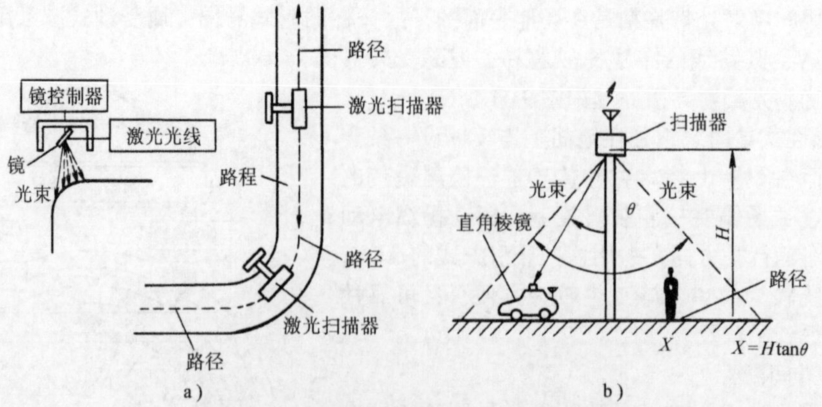

图 9-13　采用光束扫描器的高精度位置检测

a）从高处用光束扫描路径　b）移动物体的 X 坐标可由 H 和 θ 求得

这种导引方法路径变换容易，其光扫描方式也最简单。

（2）信标方式（激光导航）。这种方式是在路径上或沿着路径设置多个标记，标记本身主动发出信号提供有关位置信息。信标方式是从现在位置寻找若干个信标，然后根据其方向和有关信标的位置信息，利用三角测量原理计算出现在的位置。

标记可用再现反射体（直角棱镜等），扫描射线优先采用激光，也可采用红外线。根据求得的两组两个再现反射体之间的开度角计算出现在的位置、方位，这种方法称为激光导航法。标记设置简单、价廉，精度也非常好。

图 9-14 是激光导航方式位置检测的计算原理。图 9-15 是在工厂内 AGV 的管理和控制系统构成。从原理上讲，可以在 AGV 的周边三个地方设置再现反射体，但为了能够对从 AGV 侧面看不到再现反射体的场合（盲点）也能进行检测（消除盲点），最好在周边贴附多个再现反射体。代替检测多个信标方向的方法，是通过从一个地方的信标发出扫描激光光束，用 AGV 上若干个传感器来检测的方法（称为激光信标方法）。采取这种方法，在作为移动物体的 AGV 上设置的 3 个传感器，如果都接收到激光站（即使是一个）的光，就能检测出位置，即便存在很多 AGV。如果某 AGV 上的 3 个传感器能接收到信标发出的光，那这个 AGV 就能进行高精度的位置检测。这种位置检测法是强噪声检测法，可作为用于自立分散型群控 AGV 的高精度位置检测。

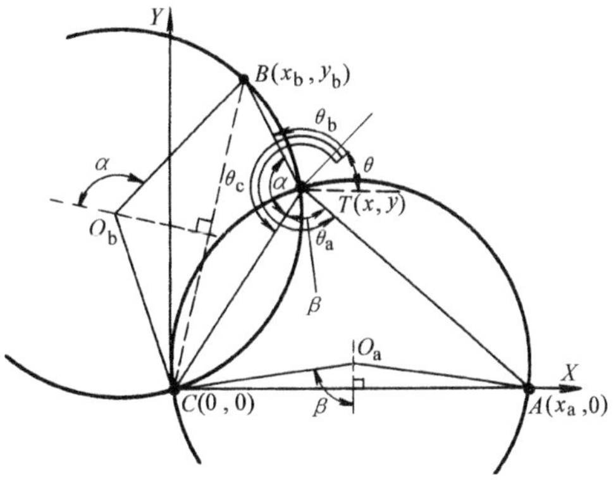

设信标 A、B、C 的坐标分别为 $(x_a, 0)$、(x_b, y_b)、$(0, 0)$，则 AGV 的位置 T 点的坐标和方向 θ 可由两个圆的交点求出

图 9-14　激光导航方式的位置检测计算原理

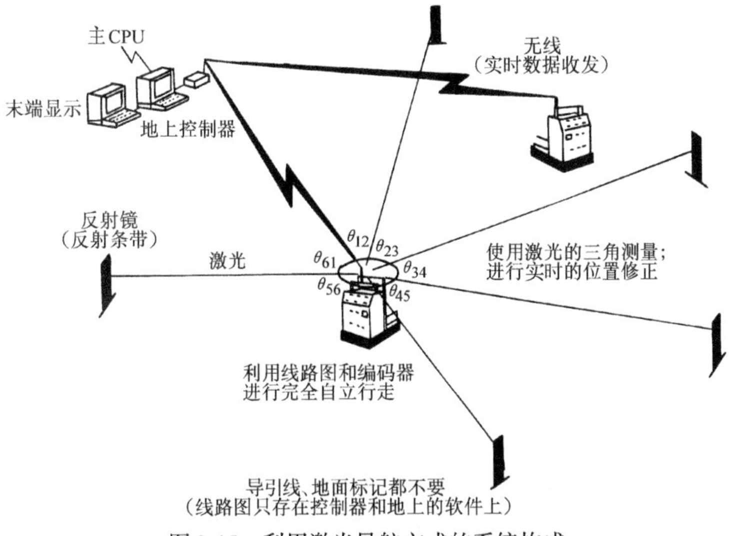

图 9-15　利用激光导航方式的系统构成

图 9-14 中参数的计算式如下：

$$y = Kx \tag{9-1}$$

$$\theta = \pi + \arctan\frac{y}{x} - \theta_c \tag{9-2}$$

其中，

$$K = \frac{x_a - x_b - y_b\cos\alpha}{y_b - x_b\cos\alpha - x_a\cos\beta} \tag{9-3}$$

图 9-15 是多个 AGV 进行自动导引的例子，图中 AGV 的高处装有激光扫描器。实际上，如果利用两轮编码器数据的测距法进行自主位置检测，利用陀螺仪等提高自主位置检测的精度，还可进一步提高激光导航方式的精度。

激光导引 AGV 视频，请扫二维码观看“9.2 AGV 激光导引”。

9.2 AGV 激光导引

2. 数字地图导引

把路径画在数字地图上，作为人与机器的对话式系统，将会使 AGV 非常容易沿路径前进。此外，利用中央计算机的指令把路径的设定作为串行数据给出的方法，对复杂、交叉路径多的路线特别有效。它是适合于控制复杂、多种、多量 AGV 的方法，是使工厂内的物流系统高度自动化所必需的。

9.2.3 智能导引

智能导引方式有示教式（初级智能）和路径规划两种。

示教式：AGV 沿着示教的路径行走一次，即记住行走路径。它实际上还可学会新的行走路径，并通知主控计算机所学到的东西。主控计算机可通知其他的 AGV 关于这条新路径的信息。

关于路径规划的内容详见本章第 3 节。

9.3 路径规划

AGV 智能化的新发展在于自主回避障碍物并到达目的地的路径规划。

首先，影响路径规划的是 AGV 的自由度数和地图的有无。为了便于理解，以 2 自由度 AGV 为例，分别考虑有地图时（环境已知时）和没有地图时（环境未知时）的路径动作规划。这里，假定 AGV 只考虑两个位置自由度（X、Y 轴上的位置），不考虑姿态方面的一个自由度（绕中心的回转）。本章中，用最多 2 自由度的 AGV 时间序列记述路径，用 3 自由度以上的 AGV 时间序列记述动作，分别表示路径动作规划。

一般来讲，由于地图是由 AGV 和障碍物的模型做成的，因此有地图时的路径规划称为基于模型的路径规划（Model-based Path-Planning）。基于模型的路径规划在 AGV 开始动作之前就完成了路径规划，AGV 沿着其路径行动。正因为如此，基于模型的路径规划又称为离线路径规划。

另外，没有地图时的路径规划，AGV 用外部传感器（视觉、超声波传感器、光传感器等）得到一面回避障碍一面到达目的地的路径，由此称为基于传感器的路径规划（Sensor-based Path-planning）。在基于传感器的路径规划中，若是发现未知的障碍物，就进行回避，从满足能够到达目的地条件的地方离开障碍物。由此，基于传感器的路径规划又称为在线路径规划。

对于前者，这里首先说明为了快速选择最佳（最短）路径，应采用怎样的数据结构来表现地图。一般来讲，最佳（最短）路径由于接近障碍物，如果有位置误差，AGV 与障碍物碰撞的可能性很高。下面要说明的是，为防止碰撞，除了最佳性以外更重视安全性的方法，即为了选择离障碍物足够远的安全路径，应采用怎样的数据结构来表现地图。这里由于采用一种 OR 表，所以选出路径的算法可用古典的算法。例如，Best-First（BF）和 A^* 算法。

对于后者，下面就 AGV 用传感器一面检测障碍物、一面进行回避并最终到达目的地的路径规划算法做些说明。如依据这种算法，即使存在位置误差，AGV 也不会迷失确定的路径，而最终到达目的地附近。

9.3.1　路径规划的模型

1. 几何模型

AGV 有 2 个位置自由度（X，Y 轴上的位置）和 1 个姿态自由度（绕中心的旋转）。这里，取可全方位移动的 AGV 为例加以说明。由于 AGV 能全方位移动，所以可忽略 AGV 的方向（姿态的自由度）。这样，就能用以最大回转长度为半径的圆表示 AGV。在此基础上，可以把障碍物的几何尺寸径向扩张一个 AGV 圆的半径，同时把 AGV 缩成一个点（见图 9-16）。由此，在存在扩张了的障碍物的地图（XY 平面）上，可以规划成为几何点的 AGV 的路径。

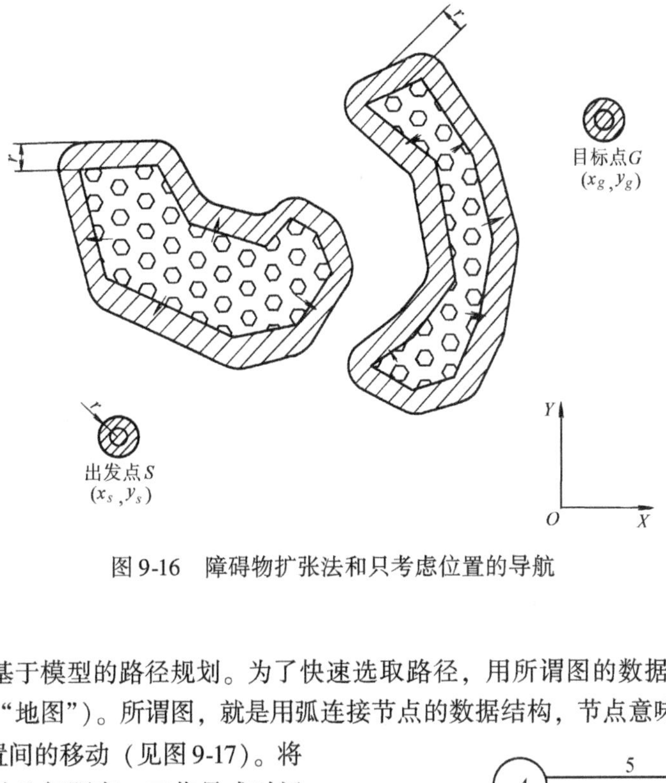

图 9-16　障碍物扩张法和只考虑位置的导航

2. 数学模型

首先，说明基于模型的路径规划。为了快速选取路径，用所谓图的数据结构表示规划的数学模型（俗称“地图”）。所谓图，就是用弧连接节点的数据结构，节点意味着 AGV 的位置，弧意味着两个位置间的移动（见图 9-17）。将两个位置间移动的几何距离、工作量或时间加权折算得出两个位置间移动的模型费用，把模型费用希望值作为费用赋予该两个位置间的弧上。当所有节点间移动的工作量不变时，弧上赋予的费用可以直接用几何距离标记。而且，如果能在两个方向移动则用无向弧，只能单方向移动的用有向弧。例如，在

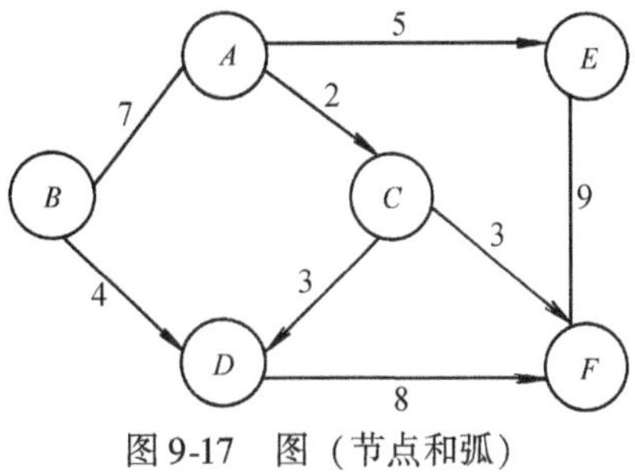

图 9-17　图（节点和弧）

图9-17中，从节点A到节点B两个方向上以费用7移动，但从节点C到节点D只一个方向移动，其费用是3。

9.3.2　基于模型的路径规划

这里介绍两个典型的图。一个是管理从起始节点ns到目标节点ng的最短路径的切线图（Tangential Graph），另一个是连接这些节点的安全路径，即管理尽量离开障碍物路径的Voronoi图（Voronoi Graph）。无论哪一种图，都是由节点和弧构成的，用节点表示起始点、经过点、目标点；用无向弧表示其间的路径，其上附加有作为费用的欧几里得距离。最后，无论哪个图，都是用算法A选出任意路径，用算法A^*选出最佳（满足）路径。

1. 切线图

切线图用障碍物的切线表示弧。由此可选择从起始节点ns到目标节点ng的最佳（最短）路径。即切线图是把障碍物边界切线化得到的。从起始节点ns开始，过两相邻节点向障碍物边界做切线，每两条切线的交点形成辅助节点。由主节点（起始点、经过点、目标点）、辅助节点和节点间连线组成了切线图。

这种路径规划首先把对应起始点S和目标点G的两个节点ns和ng标注在新的切线图上，然后用算法A^*（在本小节的第3部分加以介绍）选出最佳（最短）路径P，最后，使点AGV沿着路径P进行PTP（Point-To-Point，即点到点）控制和CP（Continuous Path，即连续路径）控制，把AGV引导到目的地。如果在这种控制过程中产生位置误差，AGV碰撞障碍物的可能性会较高，因为AGV几乎接近障碍物行走，如图9-18所示。

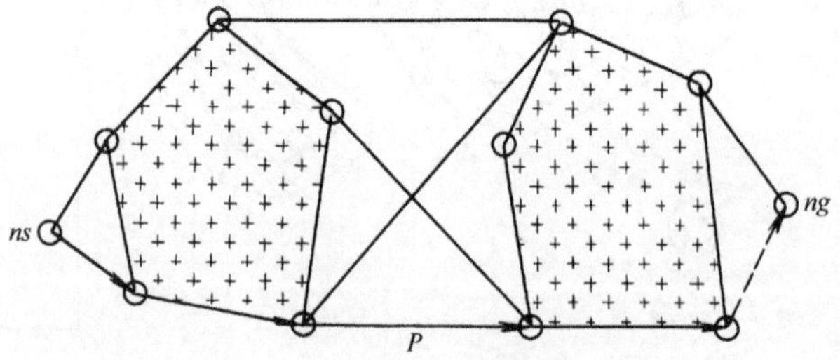

图9-18　切线图

2. Voronoi图

Voronoi图可用弧表示距两个以上障碍物和墙壁表面等距离的点阵，用节点表示它们的交叉位置。这时，弧的费用可用连接节点点阵的欧几里得距离给出。

这种路径规划首先把对应起始点S和目标点G的起始节点ns和目标节点ng标注在图上，然后用搜索算法A^*选出安全路径P，最后，使点AGV沿着路径P进行PTP控制和CP控制，把AGV引导到目的地。由于可选择从起始节点ns到目标节点ng的安全路径，所以，即使产生位置误差，AGV也不会碰撞障碍物，AGV能够在离障碍物足够远的路径上行走，如图9-19所示。

3. 搜索算法A^*（A）

这里要介绍的是，把前面所说的切线图和Voronoi图作为搜索图G，选出从起始节点ns到目标节点ng的最佳（或满足）路径的算法A^*（或A）。

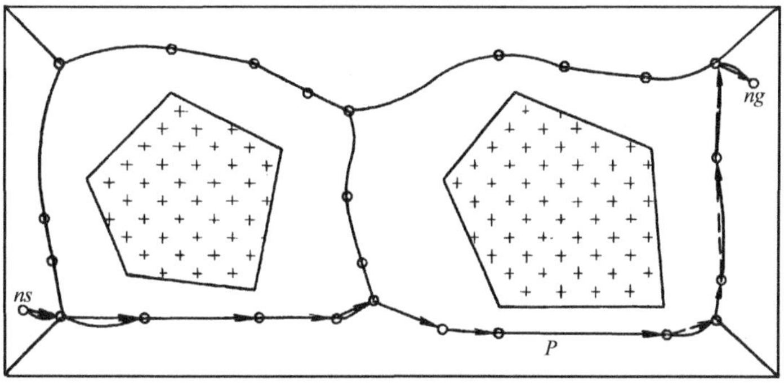

图9-19　Voronoi图

算法A* （或A） 一面计算节点 n 的费用 $f(n)$，一面搜索图 G。费用 $f(n)$ 是从起始节点 ns 经由当前节点 n 到目标节点 ng 的最小费用（最短距离）的估价函数。可用下式计算

$$f(n) = g(n) + h(n) \tag{9-4}$$

式中　$g(n)$ ——起始节点 ns 和当前节点 n 之间的现时点上的最小费用（最短距离）；

$h(n)$ ——当前节点 n 和目标节点 ng 之间的最小费用 $h^*(n)$ 的估计值，称为启发式函值。

OPEN表是管理以后将扩展节点的明细表，所有节点按费用 f 递增顺序排列，CLOSED表是管理已扩展节点的明细表。

通常A* （或A） 等搜索算法，从节点 n 扩展的所有节点 n' 中，把必要的节点同费用 $f(n')$ 都标注在OPEN表上（参看算法的第（5）步），这个操作称为“扩展节点 n”。

下面是算法A*（A） 的程序：

（1） 把起始节点 ns 代入OPEN表。

（2） 如果OPEN表是空表，由于路径不存在，所以算法终止。

（3） 取出当前费用 f 最小的节点 n，并把它移到CLOSED表。

（4） 如果节点 n 是目标节点 ng，则顺次返回到来自的节点上（程序上是追寻指针）。然后，若是到达起始节点 ns，则终止算法，得到一个路径。

（5） 如果不是这样，扩展节点 n，把指针从其子孙节点 n' 返回到节点 n（记住从哪来的）。然后，对所有的子孙节点 n' 做以下工作：

1） 节点 n' 如果不在OPEN表或CLOSED表中，则它就是新的搜索节点。因此，首先计算估计值 h （n）（从节点 n' 到节点 ng 的最短距离的估计值）。其次，计算评价值 $f(n') = g(n') + h(n')$（这里 $g(n') = g(n) + c(n,n')$，$g(ns) = 0$，$c(n,n')$ 是连接节点 n 和 n' 弧的费用）。然后，把节点 n 同 $f(n')$ 都代入OPEN表。

2） 若节点 n' 存在于OPEN表或CLOSED表中，则它就是已被搜索的节点。于是，把指针换到带来最小值 $g(n')$ 的路径上（变更来自的地方）。然后，在这个指针发生替换时，若节点 n' 存在于CLOSED表中，则把它返回到OPEN表后，再计算值 $f(n') = g(n') + h(n')$。

（6） 返回到（2）。

估计值 h 比真值 h^* 小或相等时，上述的算法变为A*，可选出从起始节点 ns 到目标节点 ng 的最佳路径（总计费用最小的路径）。若不是这样，算法则变为A，可选出从起始节点 ns 到目标节点 ng 的满足要求的路径（总计费用不是最小的路径）。因此，AGV的路径规划多用从当前地点（X_p，Y_p）或（θ_{1g}，θ_{2g}）到目的地（X_g，Y_g）或（θ_{1g}，θ_{2g}）的平方范数

$\sqrt{(X_g-X_p)^2+(Y_g-Y_p)^2}$定义估计值。这个估计值 h 常常比 h^* 小，成为算法 A*，用它可选择最佳路径。

图 9-20 的搜索图 G 存在估计值 h（在节点上用括号给出）比真值 h^* 大的节点。

例如，节点 A 和 H 的估计值 h 是 8 和 4，但到达目的地的最小真值是 7 和 2。由于这个费用评价过大，存在于最短路径上的节点 H 等可以忽略，算法错过了费用 8 的最佳路径，最终得到费用 9 的满足要求的路径。

下面用图 9-21 来说明这一过程。

首先，起始节点 S 被代入 OPEN 表（图 9-21a），扩展后移到 CLOSED，节点 A 和 B 被代入 OPEN 表（图 9-21b）。由于节点 A、B 的评价值分别为 10、8，所以扩展节点 B 的节点 D、E、F 评价值分别为 9、8、10，全都代入 OPEN 表，节点 B 被移到 CLOSED 表（图 9-21c）。然后扩展值 f 最小的节点 E，节点 H 同评价值 10 都代入 OPEN 表，节点 E 被移到 CLOSED 表。

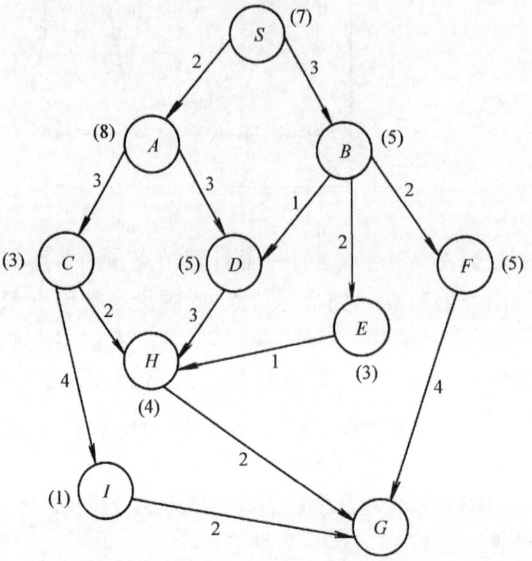

图 9-20　搜索图 G（有的地方估计值比真值大）

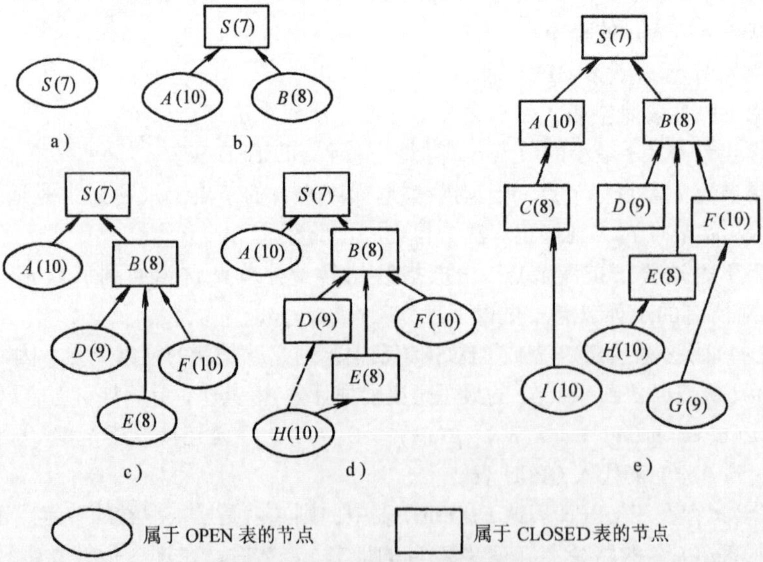

图 9-21　利用算法 A 选择满足路径

其次，值 f 最小的节点 D 扩展后移到 CLOSED 表，节点 H 被再次搜索。这时，如果注意到节点 H 的值 g，由于过去的费用 6（经由节点 E、B 返回到节点 S）比新的费用 7（经由节点 D、B 返回到 S）小，所以不更换指针，如图 9-21d 所示。

由于 OPEN 表上存在评价值 f 为 10 的三个节点 A、H、F，所以用中断连接扩展节点 A、节点 C 同评价值 8 都代入 OPEN 表，节点 A 被移到 CLOSED 表。然后，扩展值 f 最小的节点 C 被移到CLOSED表。而节点I同评价值10都代入OPEN表，再次搜索节点H。这时，如果注意到节点H的值g，由于过去的费用6（经由节点E、B返回到节点S）比新的费用8（经由节点C、A返回到S）小，所以不用更换指针。由于OPEN表上存在评价值f为10的三个节点F、H、I，所以用中断连接扩展节点F、节点G连同评价值9都代入OPEN表，节点F移到CLOSED表，如图9-21e所示。

最后，如果选择节点G作为值f最小的节点，将指针返回到节点F、B、S，最终将得到费用为9的路径。

另一方面，在图9-22的搜索图G上，所有节点的估计值h（在节点上用括号给出）常常比真值h^*小或相等。因此，一定要调整最短路径上的节点，以费用8的最短路径终止。图9-23可说明这一过程。

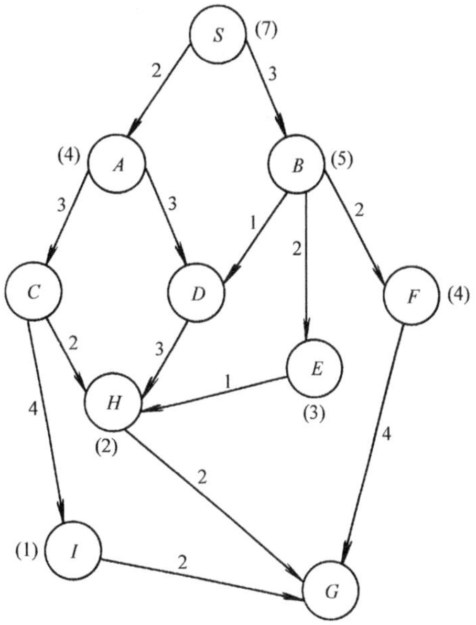

图9-22　搜索图G（估计值h常比真值h^*小）

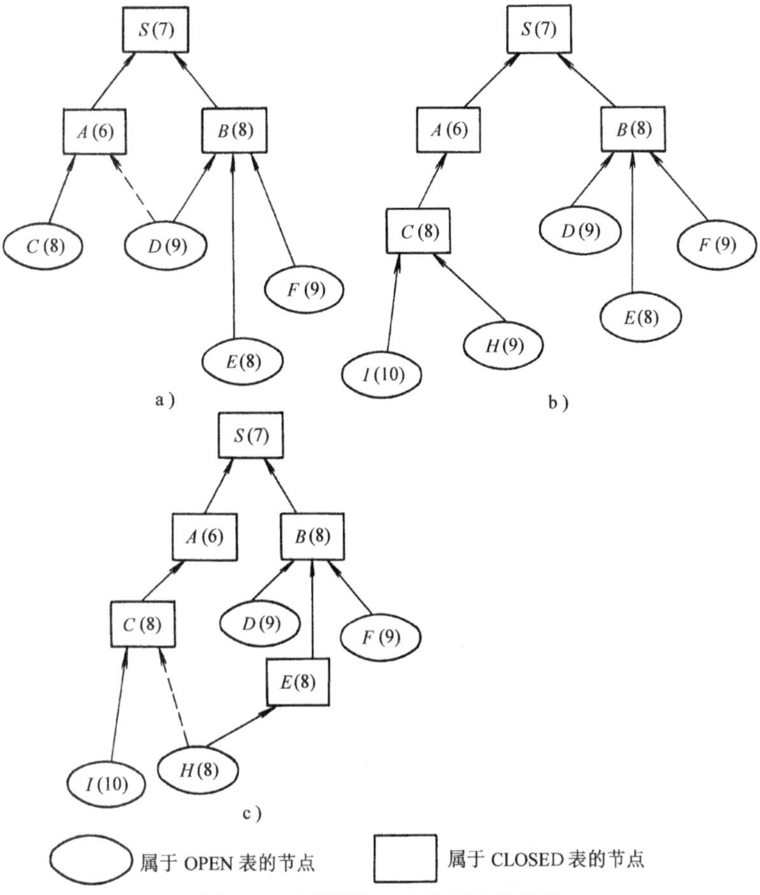

图9-23　利用算法A*选择最佳路径

首先，初始节点 ns 被代入 OPEN 表，扩展后移到 CLOSED 表，将节点 A 和 B 代入 OPEN 表。由于节点 A、B 的评价值 f 分别为 6、8，所以节点 A 扩展后移到 CLOSED 表，节点 B、C、D 连同各自的评价值 8、8、10 都代入 OPEN 表。这里用中断连接扩展节点 B 后代入 CLOSED 表，节点 E、F 同评价值 8、9 都代入 OPEN 表，再次搜索节点 D。

这时，如果注意到节点 D 的值 9，由于新的费用值 4（经由节点 B 返回到节点 S）比过去的费用 5（经由节点 A 返回到节点 S）小，所以要更换指针，重新计算的评价值 f 变为 9，如图 9-23a 所示。这里，仍然用中断连接扩展节点 C 后移到 CLOSED 表，节点 I、H 同新的评价值 10、9 都代入 OPEN 表，如图 9-23b 所示。然后，把扩展值 f 最小的节点 E 代入 CLOSED 表，再次搜索节点 H。

这时，注意到节点 H 的值 9，比起过去的费用 7（经由节点 C、A 返回节点 S）来新的费用 6（经由节点 E、B 返回到节点 S）要小，所以更换指针，重新计算的评价值 f 为 8，如图 9-23c 所示，然后，把扩展值 f 最小的节点 H 代入 CLOSED 表，节点 G 以评价值 8 代入 OPEN 表。

最后，节点 G 如果选择作为值 f 最小的节点，则把指针返回到节点 H、E、B、S，最终得到费用 8 的最短路径。这里，由于节点 H 的估计值 h 与真值 h^* 相比过小，所以这个最佳路径上的节点必须调整。

4. AGV 的路径规划实例

下面，结合例题介绍其中的 Dijkstra 最短路径确定法。图 9-24 中的节点 1 ~ 5 是 AGV 运行路线上的岔口，6 ~ 18 是货物装卸点，6 是系统的入口，9、15、16 是系统的出口，19 是 AGV 停车处。在图 9-24b 中，将 AGV 可能的运行方向用箭头进行了表示。

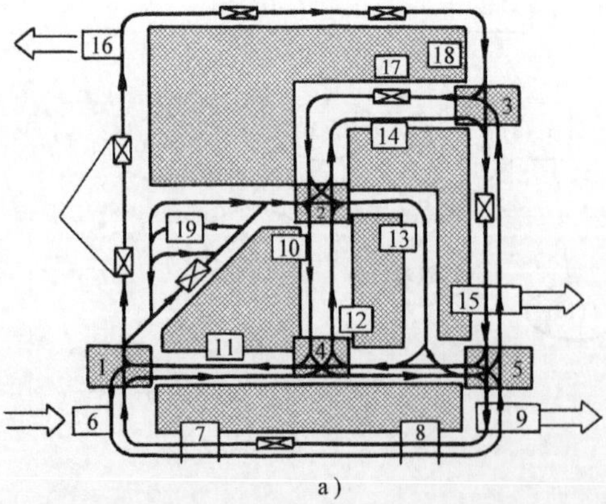

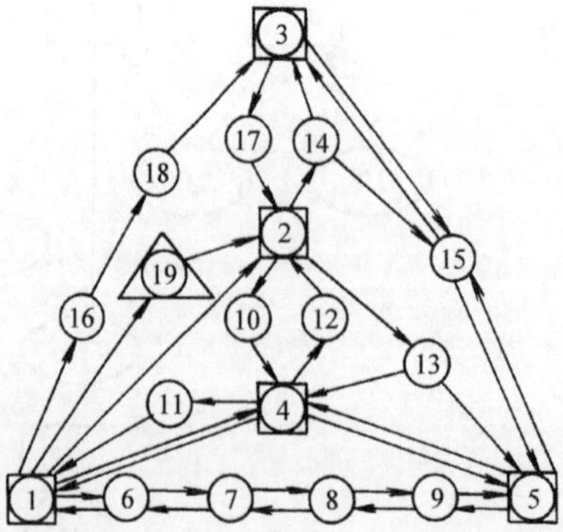

图 9-24　AGV 的运行路线

因为节点 1 ~ 5 是找出 6 ~ 18 货物装卸点间最短距离的关键点，故先只考虑系统中的各岔口即节点 1 ~ 5 间的最短路径。为此，将相应箭头所表示的距离填入下面的距离矩阵。因节点 1、3 之间无直接连接的箭头，但两者之间可通过 16、18 连在一起，所以 $C_{1,3} = C_{1,16} + C_{16,18} + C_{18,3} = 84$。$C_{3,4} = +\infty$ 表示所连两点间无直接联系，两点之间的联系要通过岔口节点。由此得到系统的距离矩阵，如表 9-2 所示。

最短路径法首先要求找到起始点。起始点必须是通过一个单箭头就能和其余节点相连最多的节点。很显然，图 9-24b 中的节点 1 符合这个要求，将此节点作为第一层。在找出由该

点出发的最短距离 $C_{i,k}$ 后，令 $d_{i,k}=C_{i,k}$，再以 k 节点作为第 2 次搜索的起点。根据距离矩阵中与 k 节点对应的行，计算由此点出发到其余节点的最短距离，若 $d_{i,k}+C_{k,j}>C_{i,j}$，再取 j 点作为第 3 次搜索的起点。如此往返进行，直到所有节点均被选上为止。最短路径法的整个搜索过程如表 9-3 所示，最短路径计算结果如图 9-25 所示，细节如表 9-4 所示。

表 9-2 距离矩阵

		目的地				
		1	2	3	4	5
出发点	1	0	36	84	24	60
	2	+∞	0	44	38	34
	3	+∞	40	0	+∞	28
	4	24	38	∞	0	24
	5	60	28	28	24	0

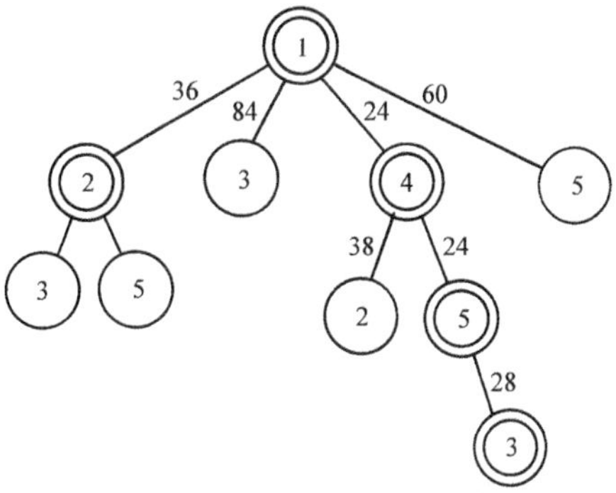

图 9-25 路径优化结果

表 9-3 最短路径法的搜索步骤

步骤	基点	节点顺序	$C_{1,j}$	$d_{1,j}$	下一个基点
1	1	1→2 1→3 1→4 1→5	节点 2，3，4，5 未选 $C_{12}=36$ $C_{13}=84$ $C_{14}=24$ $C_{15}=60$	$d_{14}=C_{14}=24$	4
2	4	1→4→1 1→4→2 1→4→5	节点 2，3，5 未选 1 点已选为基点 $d_{14}+C_{42}=62>C_{12}=36$ $d_{14}+C_{45}=48<C_{15}=60$	$d_{12}=C_{12}=36$	2
3	2	1→2→3 1→2→4 1→2→5	节点 3，5 未选 $d_{12}+C_{23}=80<C_{13}=84$ 4 点已选为基点 $d_{12}+C_{25}=70>C_{15}=48$	$d_{15}=C_{15}=48$	5
4	5	1→4→5→3	节点 3 未选 $d_{15}+C_{53}=76<C_{13}=84$	$d_{13}=C_{13}=76$	3

表 9-4 最短路径一览表

起 点	目的点				
	1	2	3	4	5
1	1	1→2	1→4→5→3	1→4	1→4→5
2	2→4→1	2	2→3	2→4	2→5
3	3→5→4→1	3→2	3	3→5→4	3→5
4	4→1	4→2	4→5→3	4	4→5
5	5→4→1	5→2	5→3	5→4	5

9.3.3 基于传感器的路径规划

下面，作为基于传感器的路径规划的典型例子，简要介绍一下离障碍物一定距离时，单调减少到达目的地的欧几里得距离，从而保证AGV到达目的地的算法Class2。

这种算法首先是AGV向目的地直进，若是AGV受到障碍物阻碍，AGV顺时针或反时针转过障碍物。如果目的地的方向有空位，并且比碰撞地点更接近目的地，AGV就离开障碍物向目的地直进，如图9-26所示。按照这个程序，脱离点L_i和碰撞点H_i单调接近目的地G，AGV可看成点机器人。点机器人可能与障碍物碰撞的领域R_i单调减少（领域$R_1 \to R_2 \to R_3 \to R_4$）。由此，AGV最终到达目的地$G$。

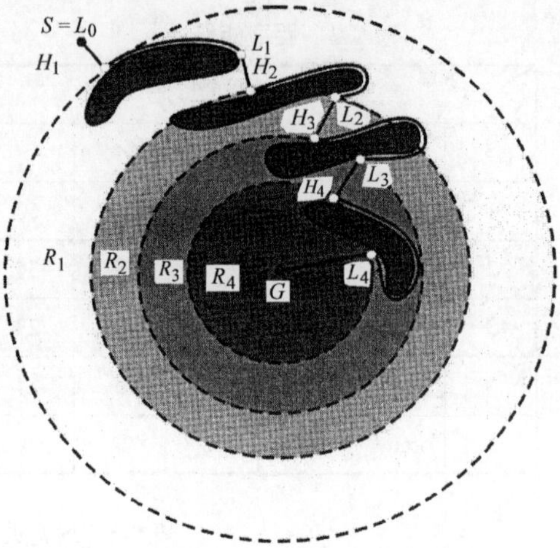

图9-26　脱离点L_i和碰撞点H_i单调接近目的地G点，AGV最终到达目的地的基本传感器路径规划的算法Class2

下面是算法Class2的程序：

（1）初始设定$L_0 = S = R$，$i = 0$。

（2）在下述事件成立之前，点机器人R向目的地直进。

1）如果点机器人到达目的地，由于得到了解，算法终止。

2）如果向量RG被障碍物妨碍，取$i = i + 1$，把当前地点作为碰撞点H_i，执行（3）。

（3）点机器人R顺时针或反时针方向绕过障碍物进行追寻。

1）如果点机器人到达目的地G，由于得到了解，所以算法终止。

2）如果欧几里得距离$|RG|$比$|H_iG|$小，并且向量RG不受障碍物妨碍，把当前地点作为脱离点L_i返回到（2）。

3）若点机器人R返回到碰撞点H_i，由于不存在解，所以算法终止。

思考与练习题

1. 何谓自动导引车？它在AS/RS中有什么作用？
2. AGV由哪几部分组成？
3. 简述AGV转向装置的种类及特点。
4. 简述AGV安全装置的种类及各自作用。
5. 简述AGV车外预定路径导引方式的种类及特点。
6. 简述AGV车外非预定路径导引方式的种类及特点。
7. 路径规划的几何模型是如何生成的？
8. 切线图和Voronoi图的模型和算法有何不同？

第10章 互联网物流设施

10.1 物流互联网技术

互联网的创新成果包括移动互联网、云计算服务、物联网、大数据智能信息化。

现在各种物流运作都使用了互联网技术，大部分单位还设立了企业物流互联网站。随着第三方物流和供应链物流的普及，为全国或全球多个物流企业服务的各种网络平台也不断推出。我们把应用于物流企业或物流运作的各种互联网统称为物流互联网。从技术角度看，物流互联网的基础平台主要指的是企业内部网，以及企业内部网与互联网的连接。

10.1.1 开放系统互连参考模型与网络互联协议

1. 互联网的开放系统互连参考模型

开放系统互连（Open System Interconnection，OSI）参考模型是国际标准化组织（ISO）和国际电报电话咨询委员会（CCITT）联合制定的，为开放式互连信息系统提供了一种功能结构的框架。功能结构从低到高（第一层到第七层）分别是：物理层、数据链路层、网络层、传输层、会话层、表示层和应用层。七层模型中，既有硬件，也有软件，还有协议和规范。OSI七层模型提供了一种框架性的互联网设计规范，适用各种开放系统的网络互联。互联网建立七层模型的主要目的是解决异种网络互联时所遇到的兼容性问题，其最主要的功能就是在不同类型的主机间实现数据传输。它的最大优点是将服务、接口和协议这三个概念明确地区分开来，通过七个层次化的结构模型使不同系统、不同网络之间能实现可靠通信。

2. 网络互联协议

网络互联协议（Internet Protocol，IP）也就是为计算机网络相互连接进行通信而设计的协议。在因特网中，它是使连接到网上的所有计算机网络实现相互通信的一套规则。任何厂家生产的计算机系统，只要遵守IP就可以与因特网互联互通。

（1）IP实现网络互联的原理。网络互联设备，如以太网、分组交换网等，它们相互之间不能互通，不能互通的主要原因是因为它们所传送数据的基本单元（技术上称之为“帧”）的格式不同。IP实际上是一套由软件、程序组成的协议软件，它把各种不同“帧”统一转换成“IP数据包”格式，这种转换是因特网的一个最重要的特点，使所有各种计算机都能在因特网上实现互通。IP数据包以分组交换的形式传送，即把所传送的数据分段打成“包”，再传送出去。每个数据包都有报头和报文这两个部分，报头中有目的地址等必要内容，每个数据包在目的地重新组合还原成原来发送的数据。这就是 IP 的分组打包和集合组装的功能。

（2）IP 地址。IP 中还有一个非常重要的内容，那就是给因特网上的每台计算机和其他设备都规定了一个唯一的地址，叫作“IP 地址”。由于有这种唯一的地址，才保证了用户在联网的计算机上操作时，能够高效而且方便地从千万台计算机中选出自己所需的对象来，也保证了传输的 IP 数据包准确到达目的地。如今的 IP 网络使用 32 位地址，以点分十进制表示，如 192.168.0.1。地址格式为：IP 地址 = 网络地址 + 主机地址或 IP 地址 = 网络地址 + 子网地址 + 主机地址。

10.1.2 互联网的基本构成

互联网是将全球各地的计算机彼此连接起来的计算机大网络，也称因特网（Internet）。因特网的各个节点称为网站，它是采用 Internet 技术和标准建立起来的企业内部网（Intranet）。

1. 客户端/服务器通信

面向用户（即网络客户）的计算机终端称为客户端，而用于网络管理、运行及数据传输存储的计算机称为服务器。在互联网中，实现计算机联网通信的基本形式是客户端/服务器通信，即 C/S 通信。在客户端和服务器之间传输的信息都必须符合超文本传输协议（HTTP）规定的格式。C/S 通信的流程如下：客户端通过客户端上的软件发送符合 HTTP 规定格式的请求给服务器，服务器收到后，检索该请求所需的信息，再将此信息转换成 HTTP 规定格式后，作为响应发送回客户端，展现给客户。每一个网页元素，都需要一个独立的请求和响应。该流程不断反复，实现了客户端和服务器之间的通信。

2. 客户端/服务器结构

C/S 结构是互联网构成的基本元素。C/S 结构网络的特点之一是配有高性能的专用服务器。近来，C/S 已从两层结构进一步发展为三层结构，将应用功能分成表示层、功能层和数据层三部分，这三部分在逻辑上是相互独立的，这就是三层客户端/服务器结构（即 B/W/S 结构），如图 10-1 所示。需要注意的是，OSI 参考模型的层包含了组成网络的硬件、软件、协议、规范等，而客户端/服务器结构的层只涉及硬件，按硬件的功能划分。

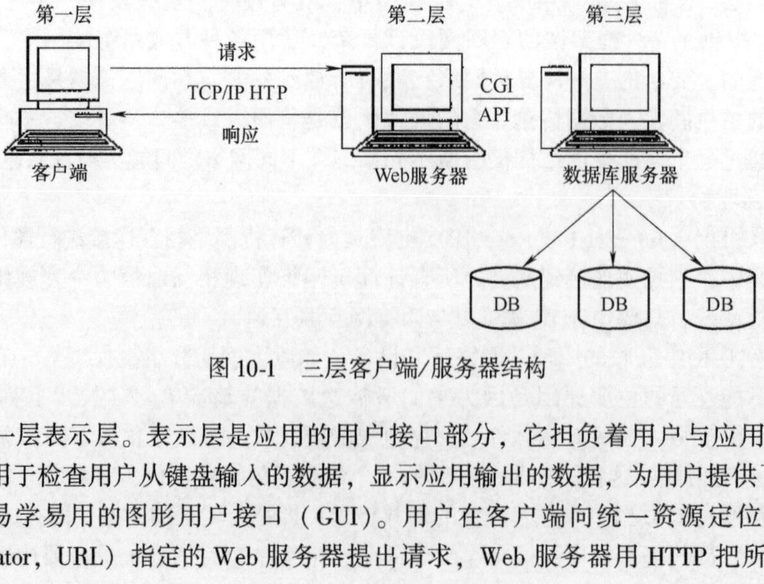

图 10-1　三层客户端/服务器结构

（1）第一层表示层。表示层是应用的用户接口部分，它担负着用户与应用间的对话功能。它主要用于检查用户从键盘输入的数据，显示应用输出的数据，为用户提供了一个直观、操作简单、易学易用的图形用户接口（GUI）。用户在客户端向统一资源定位符（Uniform Resource Locator，URL）指定的 Web 服务器提出请求，Web 服务器用 HTTP 把所需文件资料传给用户。

（2）第二层功能层。功能层由 Web 服务器担当，相当于应用的本体。它是表示层和数据层之间的连接。通过该层服务器上的软件，接受来自客户端的请求，处理来自数据层的数据。即 Web 服务器接受客户端的请求，以通用网关接口（CGI）或动态服务器页面（ASP）与数据库连接，进行申请处理，而后将处理的结果返回 Web 服务器，再由 Web 服务器传至客户端。

（3）第三层数据层。数据层由数据库服务器担当。主要负责管理对数据库中数据的读写，功能强大的数据库管理系统能够迅速地执行大量客户所需数据的更新与检索。

3. 企业内部网的构成

企业内部网（Intranet）是采用 Internet 的技术和产品建立的专用企业网络。人们可以利用现有的内部网络硬件、软件和服务器，采用 Internet 技术和标准（如 TCP/IP、HTTP、SMTP 和 HTML 等）来建立企业内部网。Intranet 在企业内部构成强大的信息网络平台，网上用户共享信息资源，Intranet 也可通过防火墙与 Internet 相连、向业务伙伴提供访问网络的安全途径。

完整的 Intranet 网络系统组成平台应包括网络硬件平台、开发平台、网络安全平台、网络服务平台、数据库平台、环境平台、网络用户平台、网络应用平台、网络管理平台（含通信平台）。各平台之间的关系如图 10-2 所示。网络硬件平台是整个 Intranet 网络系统的核心和中枢，所有平台都要运行在其上。网络硬件平台的设备有网络传输设备、接入设备、网络互联设备、交换设备、布线系统、网络操作系统、服务器和网络测试设备等。网络安全平台对于 Intranet 网络系统非常重要。目前常用的安全措施主要有分组过滤、防火墙、代理技术、加密认证技术、网络监测和病毒检测。数据库平台主要用于对用户数据信息资源的组织管理和维护。数据库平台主要有 Oracle、Informix、DB2、Sybase、SQL Server 等。环境平台的功能主要是提供网络正常运行的温度、湿度环境，保证地线、电源的可靠性。网络用户平台是最终用户的工作平台，包括办公软件、浏览器软件等。网络应用平台主要有 MIS、办公自动化系统、ERP 系统等。

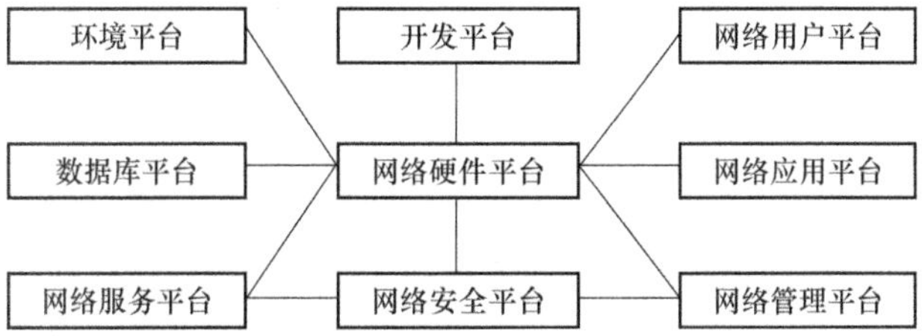

图 10-2　Intranet 网络系统组成平台

企业内部网由 Web 服务器、电子邮件服务器、数据库服务器、电子商务服务器和客户端的计算机等组成。所有这些服务器和计算机都是通过网络设备集线器或交换器连接在一起的。在企业内部网中，每种服务器的数量随企业情况不同而不同。

4. Web 服务器

Web 服务器是企业内部网中承上启下的关键设备。

（1）Web 服务器性能要求。

1）高可用性。高可用性是指随时存在并且可以立即使用的特性，包含从系统故障中迅速恢复的能力和冗余能力。

2）可扩展性。可扩展性是指增加服务器容量（在合理范围内）的能力。不论服务器最初的容量有多大，随着访问互联网的用户越来越多，而且交易量日益增加，必须充分考虑服务器的可扩展性。

3）高综合性能。高综合性能是服务器的综合性指标，包括运行速度、磁盘空间、容错与错误恢复能力、数据完整性、稳定性及对硬件故障做出警告等方面。

4）安全性。服务器的安全也是要素之一，包括保护数据不被未授权的用户访问（如底层用户识别码和用户口令、高层的加密技术等）及防止非法程序和病毒破坏攻击的能力等。

（2）Web服务器的结构。互联网将不同类型的计算机连接在一起，Web服务器为各种客户端和服务器建立了多种连接，能够让这些计算机彼此实现有效的通信。因此，Web服务器硬件结构的选择对企业内部网的稳定性、可靠性、安全性及可用性非常重要。服务器结构是指服务器之间及服务器同其他硬件（如路由器和交换机）之间的连接方式。

1）集中式结构。集中式结构，即采用一台大型高速计算机。集中式结构的网站必须有很好的备份计划，任何服务器故障（无论大小）都会威胁到网站的运行。

2）分布式结构和服务器集群。分布式结构或分散结构，采用多台性能相对低于大型机的服务器组成服务器集群。集群是由一组独立的计算机互相连接在一起构成的并行或分布式系统。这些计算机一起工作以运行一系列共同的应用程序，同时，为用户和应用程序提供单一的系统映射。这种结构将风险分散到多个服务器上，如果一个服务器出现故障，网站其他服务器仍可以继续运行。分布式结构所用的小型服务器要比集中式结构所用的大型服务器的成本低，但分布式结构需要额外的集线器或交换机等设备与服务器相连，也需费用支出。

3）负载均衡。负载均衡（Load Balance）建立在现有网络结构之上，它提供了一种廉价、有效的方法扩展网络设备和服务器的带宽，增加吞吐量，加强网络数据处理能力，如图10-3所示。负载均衡器在负载调度中充分利用Internet访问请求与响应数据量不对称的特点，将负载均匀地分配给各个内部服务器，实现服务器群的流量动态负载均衡，并互为冗余备份。负载均衡有三种部署方式：路由模式、桥接模式、服务直接返回模式。

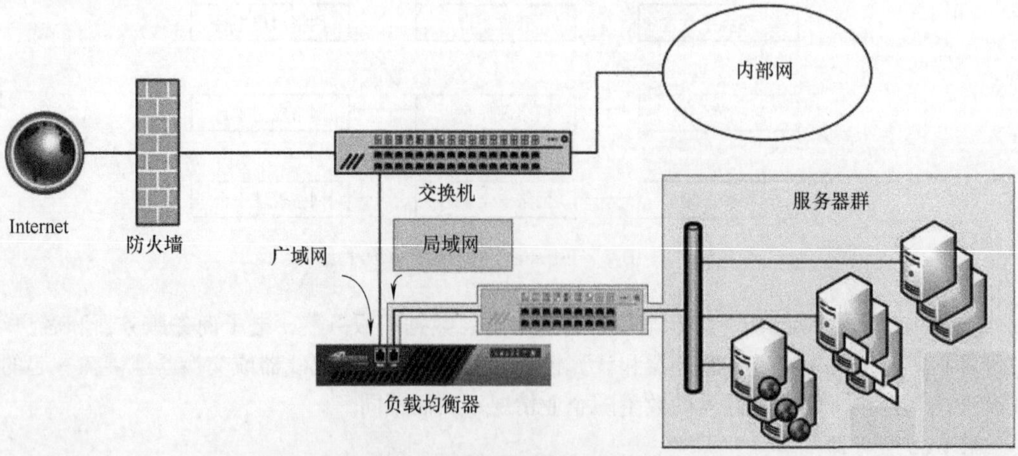

图10-3　服务器群的负载均衡

路由模式的部署，服务器的网关必须设置成负载均衡器的局域网（LAN）口地址，且与广域网（WAN）口分属不同的逻辑网络。因此所有返回的流量也都经过负载均衡。这种方式对网络的改动小，能均衡任何下行流量。路由模式部署灵活，约 60% 的用户采用这种方式部署。

负载均衡有两方面的含义：首先，将大量的并发访问或数据流量分流到多台节点设备上分别处理，可以减少用户等待响应的时间；其次，将一个重负荷的运算分流到多台节点设备上做并行处理，每个节点设备处理结束后，将结果汇总，返回给用户，这样可以使系统处理能力得到大幅度提高。

5. 防火墙

根据美国国家安全局制定的《信息保障技术框架》，防火墙适用于用户网络系统的边界，属于用户网络边界的安全保护设备。防火墙自身应具有非常强的抗攻击免疫力。防火墙从本质上看是一种保护装置，保护网络数据和资源的安全。从整体上看，防火墙要具有如下功能：过滤进出网络的数据包、管理进出网络的访问行为、封堵禁止访问的行为、记录通过防火墙的信息内容和活动、对网络攻击进行检查和告警。防火墙的类型从软、硬件形式上分为软防火墙、硬防火墙和芯片级防火墙，从防范方式上分为包过滤防火墙、代理服务防火墙和复合型防火墙。

1）包过滤防火墙通常安装在路由器上，大部分商用路由器提供该功能，作用在网络层或传输层。它是一种安全机制，控制哪些数据包可以进出网络，哪些数据包被网络拒绝。

2）代理服务防火墙一般安装并运行在双缩主机（被取消路由功能的主机）上。与双缩主机相连的外部网络与内部网络之间在网络层是断开的，使外部网络无法了解内部网络的拓扑。就逻辑拓扑而言，这种防火墙要比包过滤防火墙更安全。

3）复合型防火墙在包过滤技术基础上，通过基于上下文的动态包过滤模块检查，增强了安全性。

10.1.3 互联网的主要硬件

1. 服务器和工作站

网络服务器是网络中的关键设备之一。其性能直接影响整个网络的性能，作用是：运行网络操作系统，存储和管理网络中的共享资源，如数据库、文件、应用程序以及大容量硬盘、打印机和绘图仪等设备；帮助网络管理员监视、控制和调整各工作站的活动；此外，还为各个客户端的应用程序提供服务。服务器按专用技术分为入门级服务器、工作组级服务器、部门级服务器和企业级服务器，按服务器的机箱结构分为台式服务器、机架式服务器、机柜式服务器和刀片式服务器四种，按服务器的处理器架构分为 CISC 架构服务器、RISC 架构服务器、VLIW 架构服务器和 EPIC 架构服务器等。

网络工作站（也称客户端）是指连接到计算机网络上并运行专门程序来实现网络应用的计算机，它是网络中进行数据处理的主要场所。网络工作站通过网络从服务器取出程序和数据后，用自己的 CPU 和内存进行运算处理，处理结果可以再存储到服务器中。网络工作站可有自己单独的操作系统，但与网络相连时，需安装工作站连接软件，形成一个专门的引导程序引导上网访问服务器。

2. 网络接口卡

网络接口卡（Network Interface Card）又称为网络适配器（Network Interface Adapter），简称网卡。网卡用于实现计算机和网络电缆之间的物理连接，为计算机之间相互通信提供一条物理通道，并通过这条通道进行高速数据传输。目前主流的网卡有 10Mbit/s、100 Mbit /s 以太网卡，10/100Mbit /s 自适应网卡，1000Mbit /s 和 10Gbit /s 以太网卡等。除此外，还有无线网卡。无线网卡包括 GPRS 无线网卡、CDMA 无线网卡和 CDPD 无线网卡等。

3. 交换机

交换机的英文名为 Switch，它按照通信两端各自传输信息的需要，用人工或设备自动方式把要传输的信息送到符合要求的路由上。广义的交换机就是一种在通信系统中完成信息交换功能的设备。

交换机的主要功能包括物理编址、错误校验、帧序列及流量控制。一些高档交换机还具备一些新的功能，如对 VLAN（虚拟局域网）的支持、对链路汇聚的支持，甚至有的还具有路由和防火墙的功能。交换机至少工作在 OSI 的第二层，更高级的交换机可以工作在第三层和第四层。

交换机的分类标准如下：

1）根据网络覆盖范围，分为广域网交换机和局域网交换机。广域网交换机主要应用于电信城域网互联、Internet 接入等领域的广域网中，提供通信用的基础平台。局域网交换机就是常见的交换机，应用于局域网络，用于连接终端设备，如服务器、工作站、集线器、路由器、网络打印机等网络设备，提供高速独立的通信通道。

2）根据传输介质和传输速度，划分为以太网交换机、快速以太网交换机、千兆以太网交换机、10 千兆以太网交换机、ATM 交换机、FDDI 交换机和令牌环交换机等。

3）根据交换机应用网络层次，划分为企业级交换机、校园网交换机、部门级交换机、工作组交换机和桌机型交换机等。

4）根据交换机端口结构，划分为固定端口交换机和模块化交换机。

5）根据工作协议层划分为第二层交换机、第三层交换机和第四层交换机。

4. 路由器

所谓路由，是指把数据从一个网络（地址）传送到另一个网络（地址）的行为和动作，而路由器，正是执行这种行为动作的设备，即连接多个网络或网段的网络设备，如图 10-4 所示。路由器工作在 OSI 第三层（网络层）上，具有连接不同类型网络的能力，并能够选择数据传送路径。它能将不同网络或网段之间的数据信息进行“翻译”，以使它们能够相互“读懂”对方的数据，从而构成一个更大的网络。

图 10-4　路由器

路由器主要有以下几种功能：①网络互联——路由器支持各种局域网和广域网接口，主要用于互联局域网和广域网，实现不同网络互相通信；②数据处理——路由器提供包括分组过滤、分组转发、优先级、复用、加密、压缩和防火墙等功能；③网络管理——路由器提供包括配置管理、性能管理、容错管理和流量控制等功能。

路由器必须具有如下的安全特性：

1）可靠性与线路安全。可靠性要求是针对故障恢复和负载能力而提出来的。对于路由器来说，可靠性主要体现在接口故障和网络流量增大两种情况下，为此，备份是路由器不可或缺的手段之一。当主接口出现故障时，备份接口自动投入工作，保证网络的正常运行。当网络流量增大时，备份接口又可承担负载分担的任务。

2）身份认证。路由器中的身份认证主要包括访问路由器时的身份认证、对端路由器的身份认证和路由信息的身份认证。

3）访问控制。对于路由器的访问控制，需要进行口令的分级保护，有基于 IP 地址的访问控制和基于用户的访问控制。

4）信息隐藏。与对端通信时，不一定需要用真实身份进行。通过地址转换，可以做到隐藏网内地址，只以公共地址的方式访问外部网络。除了由内部网络首先发起的连接，网外用户不能通过地址转换直接访问网内资源。

5）可以实现数据加密、攻击探测、攻击防范和安全管理等功能。

路由器的分类标准常见的有：按性能分为高、中、低档路由器；按结构分为模块化路由器和非模块化路由器；按功能分为骨干级路由器、企业级路由器、接入级路由器和太比特路由器；按性能分为线速路由器和非线速路由器；按连接方式分为有线路由器和无线路由器。

5. 中继器

中继器（Repeater）工作于 OSI 的物理层，是局域网上所有节点的中心。它的作用是放大信号，补偿信号衰减，支持远距离通信。

由于传输线路噪声的影响，承载信息的数字信号或模拟信号只能传输有限的距离，中继器的功能是对接收信号进行再生和发送，从而增加信号传输的距离。它是最简单的网络互联设备，连接同一个网络的两个或多个网段。

6. 集线器

集线器（Hub）的主要功能是对接收到的信号进行再生整形放大，以扩大网络的传输距离，同时把所有节点集中在以它为中心的节点上。集线器与网卡、网线等传输介质一样，属于局域网中的基础设备，采用 CSMA/CD（一种检测协议）访问方式。集线器工作在 LAN 环境，应用于 OSI 模型第一层，即物理层，因此又被称为物理层设备。集线器内部采用了电器互联，当维护 LAN 的环境是逻辑总线或环形结构时，完全可以用集线器建立一个物理上的星形或树形网络结构。在这方面，集线器所起的作用相当于多端口的中继器。其实，集线器就是中继器的一种，其区别仅在于集线器能够提供更多的端口服务，所以集线器又叫多口中继器。

普通集线器外部板面结构非常简单。比如 D-Link 最简单的 10BASE-T Ethernet 集线器是个长方体，如图 10-5 所示。其背面有交流电源插座和开关、一个 AUI 接口和一个 BNC 接口，正面的大部分位置分布有一行 17 个 RJ-45 接口。在正面还有与每个 RJ-45 接口对应的 LED 接口指示灯和 LED 状态指示灯。

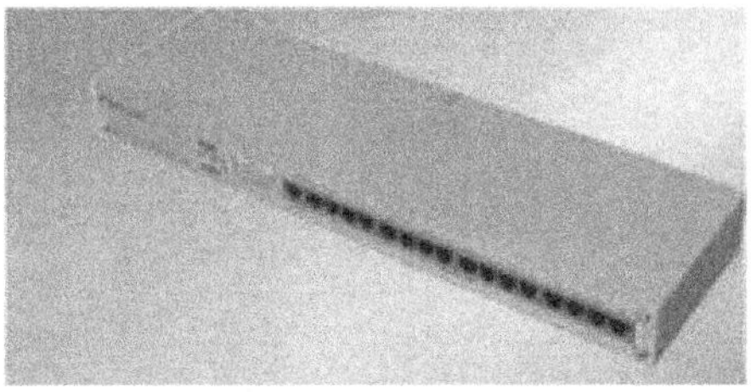

图 10-5　D-Link 集线器

7. 网桥

网桥工作在数据链路层，将两个 LAN 连起来，根据 MAC 地址（物理地址）来转发帧。可以将其看作一个“低层的路由器”（路由器工作在网络层，根据网络地址如 IP 地址进行转发）。它可以有效地连接两个 LAN，使本地通信限制在本段网内，并转发相应的信号至另一网段。网桥通常用于连接数量不多的、同一类型的网段。

8. 无线 AP

无线 AP 是移动计算机用户进入有线网络的接入点，覆盖几十米至上百米距离。AP 就是传统有线网络中的 Hub，也是组建小型无线局域网时最常用的设备。AP 相当于一个连接有线网和无线网的桥梁，其主要作用是将各个无线网络客户端连接到一起，然后将无线网络接入以太网。目前主要技术为802.11系列。无线AP是用于无线网络的无线交换机，也是无线网络的核心。大多数无线AP还带有接入点客户端（AP Client）模式，可以和其他AP进行无线连接，延展网络的覆盖范围。

9. 蓝牙

蓝牙（Bluetooth）是一种短距离无线接入技术，不用电缆实现小型移动设备间的无线互联。它采用世界统一开放性规范，可以在各类移动电话、计算机、笔记本电脑等终端设备之间实现互联互通。

各种网络连接设备的传输介质可分为有向介质（如双绞线、同轴电缆和光纤）和无向介质（无线电波、地面微波和卫星通信等）。

10.1.4 企业内部网（物流局域网）的网络拓扑结构

1. 分布式处理

在分布式处理方案中，各物流分公司及物流总公司组建自己的局域网，各物流分公司的所有业务数据存储和处理过程全部在本地进行，物流总公司只负责数据信息的收集和统计、财务数据调拨等工作，可以看出主要的信息处理过程在物流分公司进行。

同时考虑各物流分公司与物流总公司之间、物流分公司与对应的营销分公司之间、物流总公司与营销总公司之间数据传递和交换的方式、方法，选定经济可行的方案实施。

(1) 网络拓扑结构。分布式处理方案的网络拓扑结构如图10-6所示。

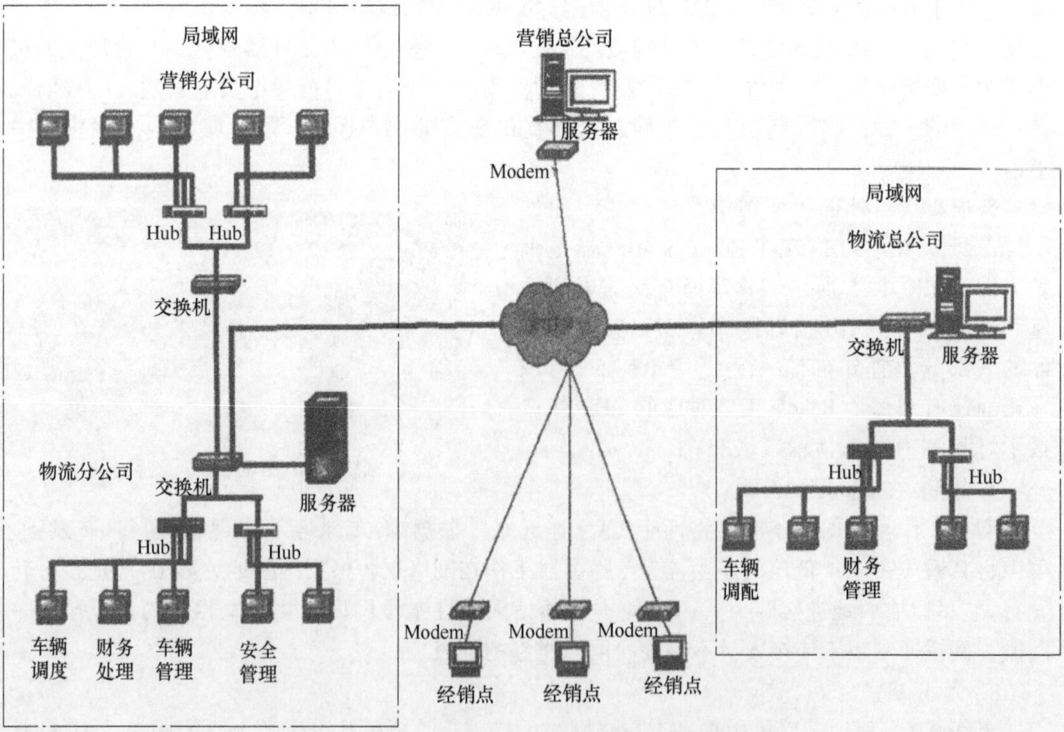

图10-6 分布式处理方案的网络拓扑结构

（2）数据传输方式。物流分公司与对应的营销分公司之间由于在地理位置上非常接近，可以共同组成一个局域网，而物流分公司与物流总公司、物流总公司与营销总公司、经销点与物流分公司之间则可以通过电话拨号、租用专线以及利用因特网的邮件传输数据三种方式进行通信。

2. 完全集中式处理

在完全集中式处理方案中，其数据和处理过程完全集中在物流总公司进行。随着物流公司的业务处理流程从“分级管理”向“完全独立运作”模式转换，信息的存储和处理也会发生相应的变化。物流分公司的业务处理几乎全部转移到物流总公司进行，所有业务数据直接汇集到物流总公司，由物流总公司进行统一处理，然后把任务信息下达给物流分公司，物流分公司的系统只需具备数据录入和查询的功能，而物流总公司则应具备业务处理、财务数据处理、办公自动化等各项功能。这是目前比较流行的浏览器/服务器（B/S）的体系结构，物流分公司只需要安装浏览器软件访问物流总公司的站点。

这种方案对整个公司的网络建设提出了很高的要求，必须保证网络的畅通、高速及安全，否则会直接影响业务活动的正常进行。

（1）网络拓扑结构。完全集中式处理方案的网络拓扑结构如图 10-7 所示。

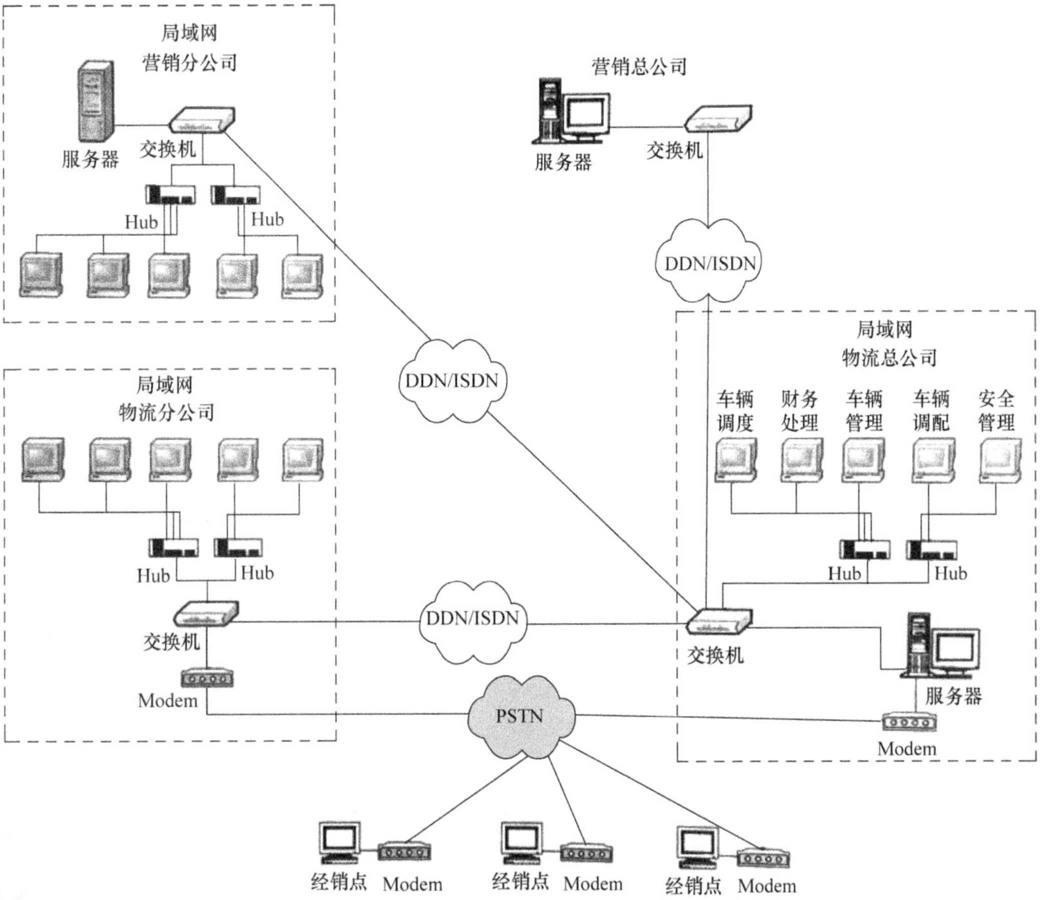

图 10-7　完全集中式处理方案的网络拓扑结构

在完全集中式处理方案中，所有的运输任务数据统一集中到物流总公司的信息系统中，由物流总公司分配后下传给各个分公司，因此对网络的速度和传输质量要求较高，最好采用专线进行网络数据传输。

（2）数据的传输内容。

1）营销分公司、营销总公司与物流总公司之间：发车审批单。

2）物流分公司与物流总公司之间：①上传数据，包括发车情况、车辆运送及送达情况、运费结算数据、安全事故情况；②下达数据，如发车任务书。

3）物流总公司与营销总公司之间：发车情况、资金结算数据。

4）经销点与物流总公司之间：车辆送达信息。

10.1.5　企业内部网与因特网连接（互联网接入）

1. ISP接入服务

局域网必须通过一台功能强大的网络服务器用专线或其他形式24h与Internet相连，这种网络服务器即网站主机。网站主机有自建方式、外包方式、托管方式和虚拟主机方式等。对于主机外包和主机托管方式，都有一个被称为互联网服务提供商（Internet Service Provider，ISP）的企业来提供专业Internet接入服务。各国和各地区都有自己的**ISP**，在我国有CHINANET和CERNET等。**ISP**是用户和Internet之间的桥梁，它位于Internet的边缘，用户通过某种通信线路连接到**ISP**，借助于**ISP**与Internet的连接通道便可以接入Internet。

ISP为用户提供多种互联网接入方式，ISP提供的连接带宽是不同的。带宽越大，数据文件的传输速度就越快，页面在用户计算机屏幕上的显示速度也就越快。互联网及本地**ISP**服务器的拥挤状况将影响实际带宽。如果要求ISP提供服务的人很少，实际带宽将接近服务商的带宽上限。

2. 接入方式

最常见的接入方式有宽带接入、专线接入和移动互联网接入。

（1）宽带接入。超过200Kbit/s的接入称为宽带服务。目前可供选择的宽带接入方式主要有基于数字用户线路（Digital Subscriber Line，DSL）的宽带接入服务、宽带以太网接入服务、宽带无线接入服务等。

1）DSL接入。包括ADSL（Asymmetric DSL，非对称数字用户线路）和VDSL（Very-high-bit-rate DSL，高速数字用户线路），数据的速率为6.5～26Mbit/s，传输距离约为300～1500m。它适用中、小型商业用户和住宅用户的宽带业务，优点是带宽较大、连接简单、投资较小。

2）宽带以太网接入。基于以太网技术的宽带接入网，支持2Mbit/s、10Mbit/s、100Mbit/s、10Gbit/s等不同速率的流量。其优点是高速、稳定。

3）Cable Modem接入。利用Cable Modem（线缆调制解调器）将计算机接入有线电视网络，实现网络操作，包括Internet接入。它提供上行8Mbit/s、下行30Mbit/s的接入速率。目前提供Cable Modem接入的是广电系统。

4）宽带无线接入LMDS。LMDS是Local Multipoint Distribution Service的缩写，中文译为区域多点传输服务采用一种类似蜂窝的服务区结构，将一个需要提供业务的地区划分为若干服务区，每个服务区内设有基站，基站设备经点到多点无线链路与服务区内的用户端通信。每个服务区覆盖范围为几公里至十几公里，并可相互重叠，传输速率可达155Mbit/s以上，支持主要的语音和数据传输标准。

（2）专线接入。专线接入主要用于局域网互联或通过专线与 ISP 连接，访问互联网。互联网专线接入的方式主要有：脉冲编码调制（Pulse Code Modulation，PCM）专线接入、数字数据网（Digital Data Network，DDN）专线接入、光纤接入、同步数字体系（Synchronous Digital Hierarchy，SDH）点对点接入、ADSL 专线接入等。专线接入方式能够最大限度地满足用户联入 Internet 开展各项业务的需要，用户的管理权限不受 ISP 的限制，但由于要购买各种网络设备、承担网络的管理维护费用、支付专线使用费，总的费用较高，一般只为大中型企业所使用。

（3）移动互联网接入。移动互联网接入是指将互联网的技术、平台（含商业模式和应用）与移动通信技术结合并实现移动终端与 Internet 互联互通的运行活动的总称。近年来我国移动互联网发展达到较高水平，手机网民规模已超过 7 亿，占网民总数量的比重达 89%。截至 2015 年 6 月，我国移动通信基站总数达 390.9 万个，其中 3G/4G 基站总数达到 258.5 万个，WLAN 公共运营接入点（AP）总数达 599.5 万个。商业 Wi-Fi 是指由商业 Wi-Fi 运营商为企业客户提供的包括硬件、软件、服务、运营等内容的系统解决方案，以云 + 端的服务形式，为其客户提供免费 Wi-Fi 网络。借助 4G 移动互联网技术，信息传播的理论峰值速率上、下行分别达到了 50Mbit/s、100Mbit/s。

移动互联网接入技术正向 5G 发展。Massive MIMO 是 5G 的核心技术之一，它利用多天线多用户空分技术，可以成倍提升无线频谱效率，最大限度地利用已有站址和频谱资源将网络容量提升数倍。

在未来的大数据时代，数据是最核心的资产，这就使得云计算、大数据、物联网、人工智能、虚拟现实等前沿技术都将与移动互联网产业广泛融合，移动互联网将成为前沿技术的聚合点。充分发掘移动互联网的数据资源，也将极大推动物流业的发展。

10.1.6　物流互联网的特点

物流互联网的内涵主要包括五部分：①各个物流企业的企业内部网（多个 Intranet）；②专业互联网供应商推出的为全国或全球物流企业服务的各种物流大数据（包括交通、航空、铁路、水运等信息）网络平台；③以各种有线或无线方式接入 Internet 共享及传输物流信息的终端（包括个体货源和运力、有卫星定位及无线标签识别功能的物流载体）；④为物流运作提供电子商务的网上金融交易；⑤与物流相关的物联网。总之，物流互联网和通常的企业内部网大不相同，它不只是物流企业内部网，也不仅是多个企业内部网在 Internet 上的互联。物流互联网本身就是一个广域网，它具有 Internet 的各种网络互联功能，还具有电子商务系统的功能。正因如此，物流互联网中的 C/S 结构要比普通企业内部网复杂得多；同时，物流以移动为主要运作方式的特征决定了物流互联网的终端接入方式也以无线接入为主。

1. 物流互联网的多层体系结构

物流互联网的多层体系结构可以划分成客户层、Web 服务层、应用服务层和企业信息系统（数据库）层四个层次，如图 10-8 所示。以下主要介绍应用服务层和企业信息系统（数据库）层。

（1）应用服务层。应用服务层主要用于处理物流互联网的业务逻辑。应用服务层接受 Web 服务层发来的请求，进行适当的业务处理，并访问企业信息系统层的资源。它一方面实现了对企业的相关业务逻辑的封装，另一方面将用户端的交互行为与系统对企业信息系统层

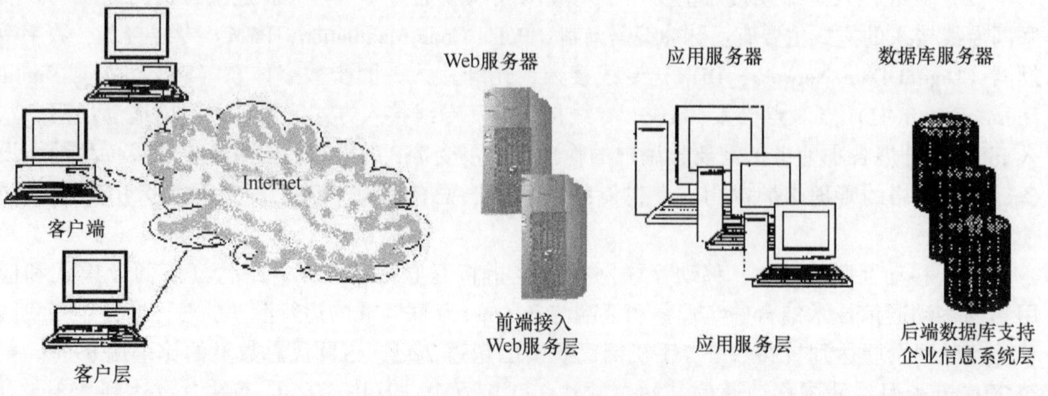

图 10-8　物流互联网的四层体系结构

资源的访问分离开来，提高了系统的可伸缩性。应用服务器是在多层分布体系结构中起着至关重要的作用。应用服务器可分为基于 Web 的应用服务器和基于中间件的应用服务器。

1）基于 Web 的应用服务器。基于 Web 的应用服务器一般提供基于 Web 的 Internet 应用开发环境，是 Web 计算环境下产生的中间件，为创建、部署、运行、集成和管理事务性 Web 应用提供一个跨平台的运行环境——适合于建立基于 Web 的应用系统。在这种体系结构中，Web 应用服务器通常运行在 Web Server 上，负责处理客户请求，与后台数据库的连接一般采用 ODBC. ADO 和 JDBC 技术。

2）基于中间件的应用服务器。基于中间件的应用服务器，实际是一个基于标准 EJB（Enterprise JavaBean）体系的中间件容器，将应用逻辑的各种中间件置于容器中，自动完成对象组件的访问管理、连接管理、事务处理、集群管理和错误管理等。

（2）企业信息系统（数据库）层。企业信息系统是指物流互联网后端所包含的企业信息系统，它通常指的是企业资源计划（ERP）系统、供应链系统和交通信息系统。在这些信息系统中，存放着对企业发展至关重要的信息资源。

2. 物流互联网的移动互联

移动互联网采用国际先进移动信息技术，整合了互联网与移动通信技术，将各类网站及企业的大量信息及各种各样的业务引入其中，为企业搭建了一个适合业务和管理需要的移动信息化应用平台。移动互联网提供全方位、标准化、一站式的企业移动终端的物流运作服务和电子商务解决方案。以往的移动终端主要是指手机和平板电脑，如今移动终端已扩展到物流单元设备、载重汽车、智能搬运设备、卫星定位终端等。随着无线接入技术、智能标签技术、卫星定位技术的发展，会有越来越多的新型移动网络终端诞生。

移动互联涉及的一个重要概念是移动 IP。

移动 IP 是以宽带 IP 为技术核心，可同时提供话音、传真、数据、图像、多媒体等高品质电信服务的新一代开放的网络技术。当移动用户使用基于 TCP/IP 的网络跨网漫游时，不用修改计算机原来的 IP 地址，仍享有原有网络中的一切权限。移动 IP 可以很好地支持物流互联网中移动商务的应用。

此外，利用手机到手机的 P2P（Peer to Peer，即点到点直通）直连组网技术，或者利用蓝牙与附近设备直接进行通信技术，可实现若干相邻的移动网络终端自助组网，而无须接入 Internet 网络。

3. 物流互联网的无线接入

物流以移动为主要运作方式的特征决定了物流互联网的终端接入方式也以无线接入为主。无线接入的关键器件是图 10-9 所示的无线路由器。

无线路由器，顾名思义就是带有无线覆盖功能的路由器，它主要应用于用户上网和无线覆盖。通过路由功能，可以实现物流企业无线网络中的 Internet 连接共享，也能实现 ADSL 和宽带的无线共享接入。值得一提的是，可以通过无线路由器把无线和有线连接的终端都分配到一个物流局域网（或企业网子网），使得子网内的各种设备（例如堆垛起重机、穿梭车、AGV、分拣线等）可以方便地交换数据。目前无线局域网采用的拓扑结构主要有网桥连接型、访问节点连接型、Hub 接入型和无中心型四种。图 10-10 是一座物流自动化立体仓库局域网的组成。

图 10-9　无线路由器

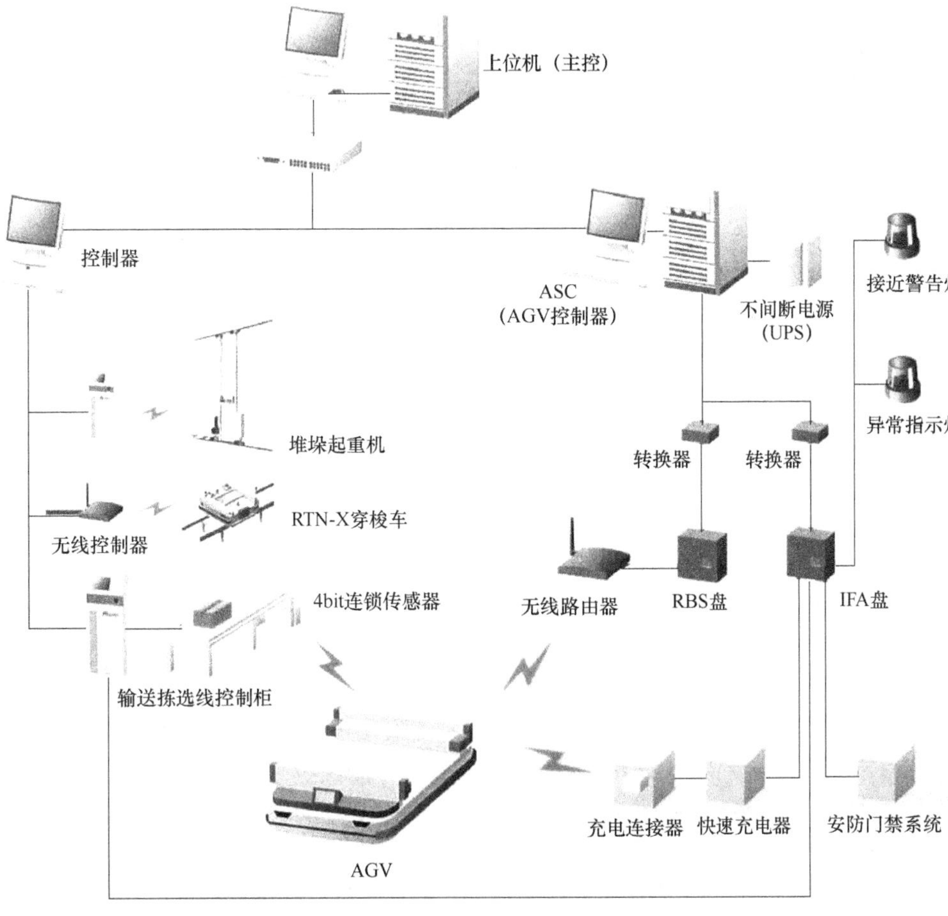

图 10-10　物流自动化立体仓库局域网的组成

无线路由器一般包括了网络地址转换（NAT）协议，支持网络连接共享，这对于物流的供应链运作来说非常有用。无线路由器还有基本的防火墙或者信息包过滤器来防止端口扫描软件和其他针对宽带连接的攻击。另外无线路由器的四个有线端口也很实用，它可以连接几台有线的计算机。

针对仓储管理的需求，移动节点之间无须通信，在物流中心内部，设计的无线 RF 网络拓扑结构为访问节点连接型。RF 移动终端的操作区域遍及仓库的各个角落，要求移动终端在仓库内部的任何地点，都能和服务器主机保持实时的通信。因此，在系统网络架构中，必须保证安装的 AP 能对整个仓库进行无线信号的全覆盖。如果仓库的面积较大，在进行无线网络设计时，可以充分利用无线 RF 技术的网络扩展能力和无缝漫游特性，对仓库的无线信号进行多个 AP 的组合，即通过设置多个 AP，做到信号的全覆盖，而且相邻 AP 之间互相覆盖，提高无线网络的可靠性。同时考虑到大型仓储的办公区可能与储存地不在同一区域，而且不便使用有线网络连接，因此储存与办公区之间可以采用无线网桥连接，使之成为统一的网络体系，便于网络的扩展和拆除。

采用无线接入技术 AGV 分拣配送系统视频，请扫二维码观看“10.1 微型机器人智能配送”。

10.1 微型机器人智能配送

10.1.7 物流互联网的应用

1. “互联网+”与物流系统

“互联网+”是把互联网的创新成果与经济社会各领域深度融合，推动技术进步、效率提升和组织变革，提升实体经济创新力和生产力，形成更广泛的以互联网为基础设施和创新要素的经济社会发展新形态。顺应世界“互联网+”的发展趋势，充分发挥我国互联网的规模优势和应用优势，推动互联网由消费领域向生产领域拓展，加速提升产业发展水平，增强各行业创新能力，构筑经济社会发展新优势和新动能。推动互联网与制造业融合，提升网络化协同制造水平，加速制造业服务化转型。

互联网与电子商务的融合，产生了商务互联网站的多种模式。例如，以阿里巴巴为代表的 B2B 模式，以亚马逊为代表的 B2C 模式，以 eBay 为代表的 C2C 模式。这些商务互联网站，面向全球供应链的上下游企业，通过移动互联网将电子商务的 ERP 与全球的物流仓储系统互联，借助云计算强大的软件支持和大数据智能信息化平台提供的 SaaS 服务，将电子商务的前端和后台、线上和线下、制造业供应链的集成服务整合在一个平台上。以该平台为基础发展起来并服务于该平台的物流仓储业构成了新的物流模式——互联网物流。

2014 年，中国物流总费用与国内生产总值（GDP）的比率仍有 16.7%，大大高于全球平均值。要走出困局，必须借助“互联网+”。传统物流行业将基于互联网平台完成运行模式的重构。互联网条件下，传统货运物流行业的发展集中体现了互联网对物流发展的驱动力。对于传统货运物流行业而言，上次改变货运物流行业运行模式的是高速公路，现在货运物流行业运行模式又被另一条高速公路——信息高速公路所改变。

“互联网+”将为运力资源碎片化的中国货运物流行业打开一条增效降耗的高速通道。基于互联网物流平台的货运交易模式流程如图 10-11 所示。在“互联网+”驱动下，依托物联网和移动互联网应用，可以实现以下转型升级：全面推进物流运输装备现代化、物流基础设施现代化；全面推行国际上先进的运输组织模式，如共同配送、多式联运、甩挂运输、托盘共用等；为运力端和货源端搭建可靠、透明、便利、平等的交易环境，帮助双方提高物流效率，降低交易成本；提供从信用管理、在线交易、透明化运作跟踪、在线结算等交易服务；围绕用户的刚性需求，整合社会优质资源，提供金融、保险、票据、油品等系列相关增值服务。

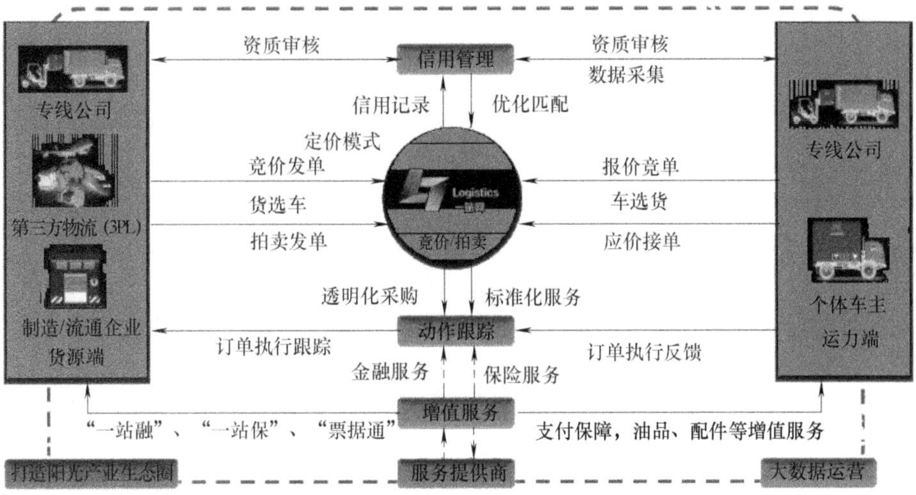

图 10-11　基于互联网物流平台的货运交易模式流程

2. 互联网在自动化物流中心的应用

青岛海尔国际自动化物流中心是目前国内水平最先进的高架立体仓库之一。它由 10 台巷道式堆垛起重机、近 20 000 个货位、10 台激光导引车（LGV）、3 辆高速环形穿梭车、1 台六关节机器人、约 200 台输送设备及计算机管理调度系统和电控系统组成。其网络系统配置如图 10-12 所示。

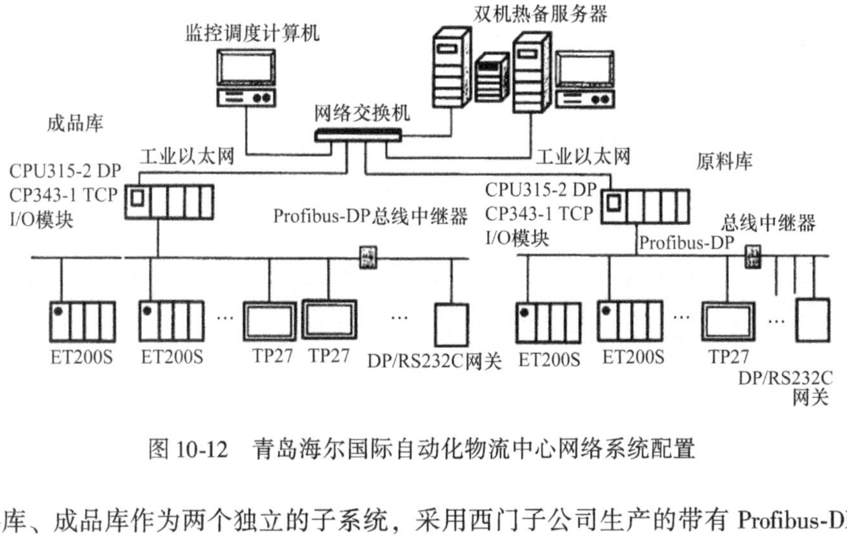

图 10-12　青岛海尔国际自动化物流中心网络系统配置

原料库、成品库作为两个独立的子系统，采用西门子公司生产的带有 Profibus-DP 接口的 s7—300 系列 PLC 产品作为各子系统的过程控制主站，两个子系统通过工业以太网与上位管理、调度、监控系统连接起来。

3. 家乐福（Carrefour）的无线网络系统

家乐福在全球范围内实施无线网络方案，目前国内所有的连锁网点均已安装了 Symbol 扩谱跳频技术的 AP 和移动终端。

（1）系统组成。家乐福各网点的计算机主机系统为 UNIX 系统。移动终端的操作区域遍及商场的各个角落。要求移动终端在上述任何地点，都能和主机保持实时通信。因此，在系统网络架构中，必须保证安装的AP能对整个商场进行无线信号的全覆盖。考虑到商场面积较大，且分为不同楼层，在进行无线网络设计时，充分利用了扩谱跳频技术的网络扩展能力和移动终端优异的无缝漫游特性，对商场的无线信号进行多个AP的组合，即通过设置多个AP，做到信号的全覆盖，同时，相邻AP之间的信号互为冗余备份。

（2）收货区的应用。对于像家乐福这样的大型超市来讲，每天商品的流通量非常庞大。每天需要补进大量的商品，这就使得各网点收货区的工作异常繁忙。收货区的日常工作包括处理订单、送货单，数量核对，质量检查，入库等。

移动终端的使用使收货到入库过程省却了许多手工环节，除了减少出错的可能性外，同时保证了数据的时效性。由于商品数量的清点、抽样质检都在收货区完成，因此当收货过程完成后，操作员只需要将入库单通过移动终端提交给主机，入库数据就可以及时地为管理人员所了解。

（3）库存管理。一个好的MIS应该能做到在保证正常日常供应量的同时，将商品的库存量减少到最低限度（即所谓安全存量），从而降低管理成本。这就需要MIS具有高智慧的经营统计分析和销售预测能力，当然，还必须建立在数据库实时更新的基础上。

库存管理包括常用的入库管理和出库管理，入库的工作已经由收货区完成了大半，在各个部门的仓库，只需要清点一下到货数量（以防在运送中丢失），就可以完成入库过程。对于一个MIS中的安全存量管理来讲，它应该能够做到定期检查仓库中商品的库存量，当发现一种商品的库存量已经少于或接近于其安全存量时，应及时提醒管理员补足库存。当理货员到仓库领取商品时，仓库管理员在移动终端上输入领取的商品数量，主机数据库就会自动更改商品库存。

（4）商场盘点。家乐福每个网点的商品不下万种，像其他超市经营一样，每月必然会有一次库存商品的盘点工作。

盘点时，理货员手持移动终端，直接在货架上扫描商品条码，然后清点库存数量，清点完毕，从移动终端输入盘点数量，提交该数据后，主机数据库便对盘点结果和数据库中的库存数量进行比较，通过移动终端的显示屏幕将盘点结果返回给理货员。

无线网络通信技术省却了盘点过程中许多手工输入的步骤，由于商场中的商品都已经实现了条码化，因此，PDT3140的条码扫描引擎发挥了最大的功效。

10.2　物联网

10.2.1　物联网概述

1. 何为物联网？

1999年美国麻省理工学院建立了“自动识别中心（Auto-ID）”，提出“万物皆可通过网络互联”。这是物联网（IoT）概念的首次提出，它的英文全称是“The Internet of Things”。顾名思义，物联网就是物物相连的互联网。这有两层意思：① 物联网的本质和基础仍然是互联网，是在互联网基础上延伸和扩展的网络；② 其核心在于网络的客户端延伸和扩展到了物品（机具、设备、组件等）。物联网中，物品与物品进行信息交换和通信，实现了物物相息。物联网把智能感知、识别技术与普适计算等通信感知技术，广泛融合于网络之中。物联网被称为继计算机、互联网之后世界信息产业发展的第三次浪潮。

国际电信联盟（ITU）发布的 ITU 互联网报告，对物联网做了如下定义：通过二维码识读设备、射频识别（RFID）装置、红外感应器、全球定位系统（GPS）和激光扫描器等信息传感设备，按约定的协议，把任何物品与互联网相连接，进行信息交换和通信，以实现智能化识别、定位、跟踪、监控和管理的一种网络。

物联网中所有的元素（所有的设备、资源及信息等）都有“物品”的属性。网络的客户端都是“物品”或“物品”的主人。物联网主要解决物品与物品（Thing to Thing，T2T）、物品主人与物品（Human to Thing，H2T）、物品主人与物品主人（Human to Human，H2H）之间的互联。但是与传统互联网不同的是，H2H 是指物品主人之间通过物品而进行的互联，而不是单纯通过计算机进行的互联。此外，在讨论物联网时，还会引入一个 M2M 的概念，可以解释为人到人（Man to Man）、人到机器（Man to Machine）、机器到机器（Machine to Machine）的互联。从词意上看，“物”比“机器”要更广泛些；而从机理上看，“机器”比“物”更贴切些。

需要强调的是，在物联网中，所谓的“物”是广义的概念，可理解为任何机器、器具、设备、组件等；同时物联网中的“物”又是智能的“物”。“物”要满足以下条件才能够被纳入“物联网”的范围：要有数据传输通路，要有存储功能，要有 CPU，要有操作系统，在网络中有遵循物联网的通信协议可被识别的唯一地址编码。

物联网互联的“物”（也可称对象）主要分为两类：①体积小、能量低、存储容量小、运算能力弱的智能小物体的互联，如传感器网络；②没有上述约束的智能终端的互联，如无线销售终端（POS）机、智能家电、智能车辆、智能机器、视频监控等。

2. 物联网与互联网的关系

物联网是现有互联网（可称基本互联网）的延伸，它包括基本互联网及互联网上所有的资源，兼容基本互联网所有的应用，但物联网中所有的元素（所有的设备、资源及信息等）都有“物”的属性。

物联网既可以是我们平常意义上的基本互联网向物的延伸；也可以根据现实需要及产业应用组成局域网、专业网。现实中没有必要也不可能使全部物品联网；也没有必要使专业网、局域网都必须连接到全球互联网共享平台。今后的物联网与基本互联网的应用领域会有很大不同，类似智能物流、智能交通、智能电网等专业网，智能小区等局域网会是物联网最大的应用空间。

物联网的雏形就是物流互联网中的物与物流设备、物的主人与物、物流设备的主人与物流设备之间的网络互联部分。从这个意义上说，物流互联网兼有物联网与基本互联网的双重特长及优点，物联网技术的发展必将扩展到物流互联网中。物流互联网和物联网既都是基本互联网的延伸，又都从属于广义互联网。它们之间的关系如图 10-13 所示。

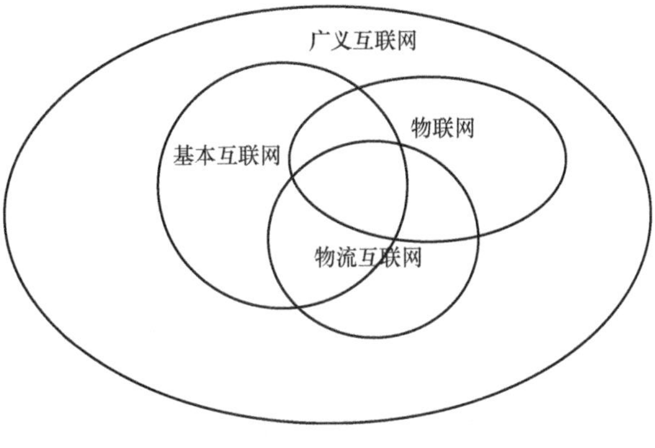

图 10-13　物流互联网、物联网和互联网之间的关系

3. 物联网的关键技术

物联网的运行流程涵盖如下主要工

作：①对物体属性进行标识，属性包括静态和动态的属性，静态属性可以直接存储在标签中，动态属性需要由传感器实时探测；②识别设备完成对物体属性的读取，并将信息转换为适合网络传输的数据格式；③将物体的信息通过网络传输到信息处理中心，由处理中心完成物联的相关计算、控制和通信。对应这三项主要工作，物联网应用中有三项关键技术。

（1）传感器技术。

（2）RFID技术。RFID技术是融合了无线射频技术和嵌入式技术为一体的综合技术，RFID在自动识别、物品物流管理中有着广阔的应用前景。

（3）嵌入式系统技术。嵌入式系统技术是综合了计算机软硬件、传感器技术、集成电路技术、电子应用技术为一体的复杂技术。经过几十年的演变，以嵌入式系统为特征的智能终端产品随处可见：小到人们身边的智能手机，大到航天航空的卫星系统。嵌入式系统正在改变着人们的生活，推动着工业生产以及国防工业的发展。

如果把物联网用人体做一个简单比喻，传感器相当于人的眼睛、鼻子、皮肤等感觉器官，网络就是神经系统用来传递信息，嵌入式系统则是人的大脑，在接收到信息后要进行分类处理。这个例子很形象地描述了传感器、嵌入式系统在物联网中的地位与作用。

4. 物联网的运用与发展前景

物联网是新一代信息网络技术的高度集成和综合运用，是新一轮产业革命的重要方向和推动力量，对于培育新的经济增长点、推动产业结构转型升级、提升社会管理和公共服务的效率和水平具有重要意义。

大量应用物联网的行业包括智能农业、智能电网、智能交通、智能物流、智能医疗、智能家居等。有了物联网，每个行业都可以通过信息化提高核心竞争力。物联网在物流领域内的具体应用可举例如下：一家物流公司应用了物联网系统的货车，当装载超重时，货车会自动告诉你超载了，并且超载多少；如空间还有剩余，货车会告诉你轻重货怎样搭配；当搬运人员卸货时，货物包装会对野蛮卸货提出警告。

物联网把新一代IT充分运用在各行各业之中，具体地说，就是把感应器嵌入和装备到电网、铁路、桥梁、隧道、公路、建筑、供水系统、大坝、油气管道等各种物体中，然后将"物联网"与现有的互联网整合起来，以实现人类社会与物理系统的整合。在这个整合的网络当中，存在能力超级强大的中心计算机群，能够对整合网络内的人员、机器、设备和基础设施实施实时的管理和控制，在此基础上，人类可以以更加精细和动态的方式管理生产和生活，达到"智慧"状态，提高资源利用率和生产力水平，改善人与自然间的关系。

10.2.2　物联网技术原理与架构

1. 物联网信息互通的技术原理

物联网互通的信息主要是物或物主人的静态、动态信息，而对在物联网中的"物"安装传感器、RFID标签和嵌入式智能芯片，RFID标签中存储着符合规范的互用性信息。利用RFID技术，让物能"开口说话"，告知物或物的主人有关的静态、动态信息。再通过光电式传感器、压电式传感器、压阻式传感器、电磁式传感器、热电式传感器、光导纤维传感器等传感装置，借助有线、无线数据通信网络把各种需要的信息自动采集到中央处理系统，实现物的识别，进而通过开放性的计算机网络实现信息交换和共享，实现对物的"互联互通"管理。

物联网中"物"的静态信息互通的技术原理如图10-14所示，"物"自身的电子产品码（EPC）通过RFID将信息告知解读器，而后经过分布式处理Savant服务器将信息通过无线网络或有线网络分别传输给对象命名服务器和物体标记语言服务器，查阅存放该电子产品码对应产品的服务器 IP 地址，并同时获得该电子产品码对应的“物”的详细信息。其原理类似超市收银员扫描商品后获得商品的信息，所不同的是，“物”不再需要人工进行扫描，而是在一定区域内自动完成被动识别；“物”的信息也不再是存储在超市自己的计算机中，而是存储在可能远在千里之外的后台服务器及数据库中。

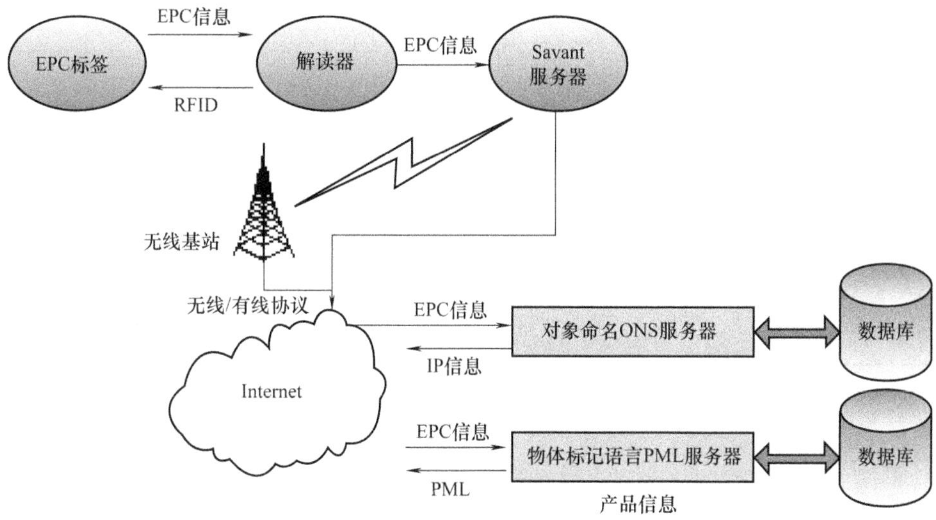

图 10-14　物联网中“物”的静态信息互通的技术原理

物联网中“物”的动态数据传递与信息处理流程原理如图 10-15 所示。在不远的将来，

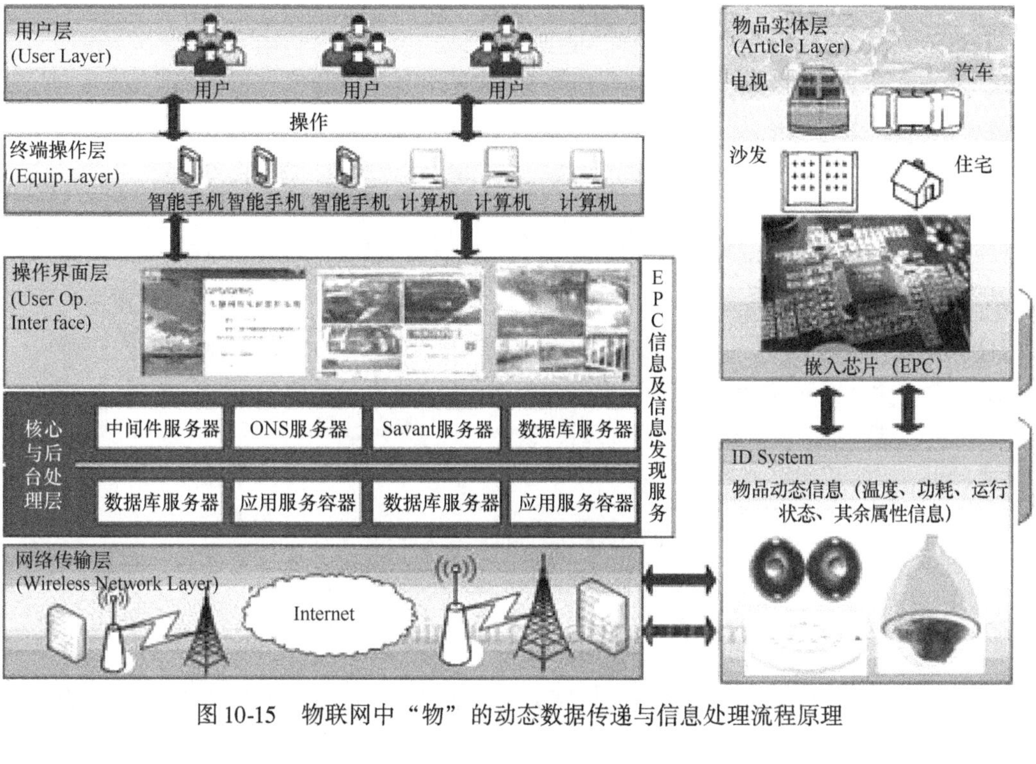

图 10-15　物联网中“物”的动态数据传递与信息处理流程原理

安装了各种智能芯片的“物”，可以与人通过短信方式、TCP/IP 请求或回应方式进行交谈，实现人“物”对话。

2. 物联网的技术架构

物联网的技术架构大致可以分为三个层次：感知层、网络层、应用层，如图 10-16 所示。首先是传感网络（感知层），感知层由各种传感器构成，以二维码、RFID 标签和读写器（射频识别技术）、温湿度传感器、GPS 等感知终端为主，实现“物”的识别；感知层是物联网识别物体、采集信息的来源。其次是传输网络（网络层），网络层通过各种网络（包括现有的互联网、广电网络、通信网络或者未来的下一代网络（NGN 网络））和云计算平台，实现数据的传输与计算，是整个物联网的中枢，负责传递和处理感知层获取的信息。第三是应用层，即输入/输出控制终端，可基于现有的智能手机、智能设备、计算机等终端进行，应用层是物联网和用户的接口，它与行业需求结合，实现物联网的智能应用。在应用层，要求应用系统通过与网络层的统一接口来实现与感知层的通信。其网络层和感知层又可以细分，如图 10-17 所示。

图 10-16 物联网的技术架构

（1）感知层组成。在感知层，物联网终端形态包括普通物联网终端、M2M 终端、终端外设、卡识读物、感知接入网关、感知层子网节点。

普通物联网终端是指嵌入远距离通信模块（包括移动通信模块或有线接入通信模块）的

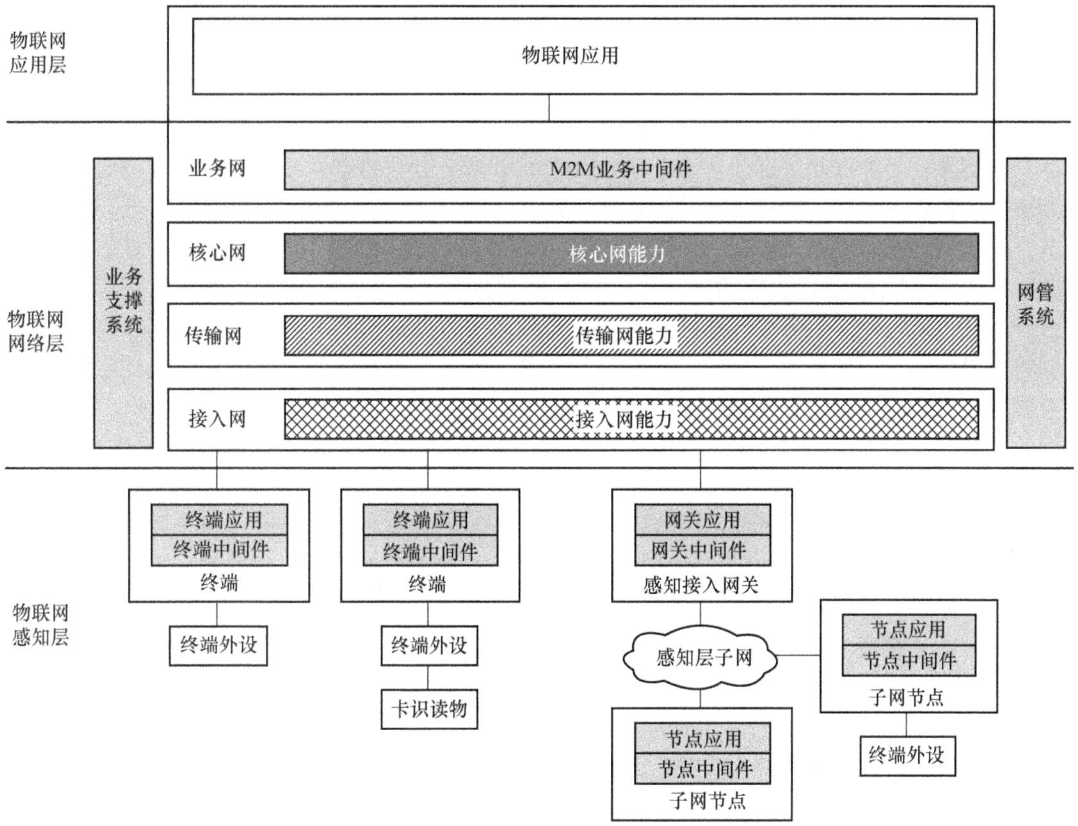

图 10-17　网络层和感知层的组成

通信设备，包含终端中间件和终端应用两部分。终端中间件是终端能力的汇集、封装和开放的部件，终端应用是驻留在终端上的应用。终端外设是指传感器、控制器、GPS、摄像头、条码读写器、RFID 读写器等外部装置。卡识读物是指条码或者 RFID 标签。感知接入网关是指将感知层子网接入运营商网络的网关设备，包括网关中间件和网关应用两部分。感知层子网节点包括无线传感器网络、Wi-Fi 网络、有线局域网等局域网络，形成物联网的 M2M 能力，并与业务网协同形成整体的网络能力。

（2）网络层功能。物联网网络层包含运营商的业务网、网管系统和业务支撑系统。业务网主要是运营商的全部通信能力、业务管理能力、感知层远程维护能力，并向应用系统提供统一的开放接口。网管系统在对现有网络设备进行管理的基础上，还需要对各层增强的 M2M 能力进行管理。业务支撑系统为满足物联网业务受理、计费等需求进行业务支撑。这里需要提到物联网及 M2M 的移动网络中的关键技术，这主要是指远距离蜂窝网络技术，特别是包含 IP 数据的分组模式。4G 技术将会成为物联网及 M2M 的主要远距离无线接入技术。

10.2.3　物联网核心技术

物联网核心技术包括 RFID 技术、无线传感器网络（WSN）技术、红外感应器技术、

GPS技术、Internet与移动网络技术、网络服务技术、行业应用软件技术等。RFID将在第10.4节中专门介绍。以下仅从物联网的传感技术、嵌入式技术、网络及网络平台技术方面来介绍。

1. 传感器

传感器作为现代科技的前沿技术，被认为是现代信息技术的三大支柱之一。传感器是能感受被测量信号并按照一定的规律将其转换成可用输出信号的器件或装置，通常由敏感元件和转换元件组成。传感器是物联网感知层延伸获取数据的一种设备，作为采集信息的终端工具，就如同是物联网的“眼睛”“鼻子”和“耳朵”，是实现自动检测和自动控制的首要环节。MEMS（Micro Electro Mechanical System）即微机电系统，是由微传感器、微执行器、信号处理和控制电路、通信接口和电源等部件组成的一体化的微型器件系统。MEMS传感器能够将信息的获取、处理和执行集成在一起，组成具有多功能的微型系统，从而大幅度地提高系统的自动化、智能化和可靠性水平。

物联网传感器的类型多样，包括：温度传感器，应变传感器，位移传感器，速度传感器、微震动传感器，压力、水声、空气声等传感器。随着电子、MEMS、生物、物理、化学、光学等技术的飞速发展，传感器技术已经进入由传统向新型突破的关键阶段，预计未来传感器技术发展将呈现出微型化、数字化、多功能化、智能化和网络化等趋势。3D传感器和加速计等MEMS器件正在包括手机、游戏机、玩具、GPS、笔记本电脑以及硬盘等在内的新兴应用中迅速扩张。在便携医疗电子领域，各种新型医疗电子传感器不断涌现。汽车中应用的传感器也越来越明显地呈现出电子化、智能化趋势：汽车动力系统中，凸轮轴和曲轴传感器因为与汽车的“心脏”发动机密切相关，成为动力系统的关键；在安全管理系统中，压力传感器实现安全气囊控制；车门模块中，使用了直流电动机位置传感器；变速器使用了2轴或3轴角度/线性传感器等。

2. 嵌入式技术

互联网上大量的设备主要以通用计算机（像大型机、小型机、PC等）的形式出现，物联网的目的则是让所有的物品都具有计算机的智能但并不以通用计算机的形式出现。要把这些“聪明”了的物品与网络连接在一起，这就需要嵌入式技术的支持。嵌入式技术是计算机技术的一种应用，该技术主要是针对具体应用的机器的特点专门设计的可嵌入到机器中的计算机系统——嵌入式系统。嵌入式系统是以应用为中心，以计算机技术为基础的，并且软硬件可量身定做，它适用于对功能、可靠性、成本、体积、功耗有严格要求的专用计算机系统。嵌入式系统通常嵌入在物理设备当中而不被人们所察觉，如手机、空调、微波炉、冰箱中的控制部件都属于嵌入式系统，但平时我们可能根本没有注意到这些计算机系统的存在。

嵌入式技术和通用计算机技术有所不同：通用计算机多用来和人进行交互并根据人发出的指令进行工作；而嵌入式系统大多数情况下可能根据自己“感知”到的机器的信息，自主地进行处理，所以它对时间性、可靠性要求更高。一般来说，嵌入式系统应该具有以下一些特征：专用性、可封装性、实时性、可靠性。专用性是指嵌入式系统用于特定设备完成特定任务，而不像通用计算机系统那样可以完成各种不同任务。可封装性是指嵌入式系统一般隐藏于目标系统内部而不被操作者察觉。实时性是指与外部实际事件的发生频率相比，嵌入式系统能够在可预设的许可时间内对事件或用户的干预做出响应。可靠性是指嵌入式系统隐藏在系统或设备中，一旦开始工作，可能长时间没有操作人员的监测和维护，因此要求它能够可靠运行。像通用计算机系统一样，嵌入式系统也包括硬件和软件两部分。硬件部分包括处理器/微处理器（CPU）、存储器及外设器件和输入/输出端口、图形控制器等。软件部分包括操作系统软件和专门解决某类问题的应用软件，应用程序控制着系统的运作和行为，而操作系统控制着应用程序编写与硬件的交互作用。

3. 无线传感器网络（WSN）

WSN是由许多在空间上分布的智能传感器装置组成的一种计算机网络，这些装置使用传感器监控不同位置的物理状况（如振动、压力、运动等）或环境形态（如温度、噪声、污染物排放等）。传感器网络的每个节点除配备了一个或多个传感器之外，还装备了一个无线电收发器、一个微控制器和一个能源装置（通常为电池），这就构成了一个WSN。WSN是一种自组织网络，通过大量低成本、资源受限的传感节点设备协同工作实现某一特定的传感任务。

WSN是由大量传感节点通过无线通信方式形成的一个多跳的自组织网络系统，它能够实现数据的采集、处理和传输。综合了微电子技术、嵌入式计算技术、现代网络及无线通信技术、分布式信息处理技术等先进技术，WSN能够协同地实时监测、感知和采集网络覆盖区域中各种环境或物的信息，并对其进行处理，处理后的信息通过无线方式发送，并以自组多跳的网络方式传送给使用者。WSN是一种大规模的分布式网络，常部署于无人维护、条件恶劣的环境当中，且大多数情况下传感节点都是一次性使用，从而决定了传感节点是价格低廉、资源受限的无线通信设备，它的特点主要体现在以下几个方面：

（1）能量有限。能量是限制传感节点能力、寿命最主要的约束性条件，现有的传感节点都是通过标准的AAA或AA电池进行供电，并且不能重新充电。

（2）计算能力有限。传感节点CPU一般只具有8bit、4～8MHz的处理能力。

（3）存储能力有限。传感节点一般包括三种形式的存储器，即随机存储器（RAM）、程序存储器和工作存储器。RAM用于存放工作时的临时数据，一般不超过2KB；程序存储器用于存储操作系统、应用程序以及安全函数等；工作存储器用于存放获取的传感信息。这两种存储器存储能力一般也只有几十千字节。

（4）通信范围有限。为了节约信号传输时的能量消耗，传感节点的射频模块的传输能量一般为10～100mW，传输的范围也局限于100m至1km。

（5）防篡改性差。传感节点是一种价格低廉、结构松散、开放的网络设备，攻击者一旦获取传感节点就很容易获得和修改存储在传感节点中的密钥信息以及程序代码等。

（6）预配置的范围有限。传感器网络在部署前，其网络拓扑是无法预知的，部署后整个网络拓扑、传感节点在网络中的角色也是经常变化的，因而传感器网对传感节点进行预配置的范围是有限的，很多网络参数、密钥等都是在传感节点部署后协商形成的。

4. 近距离无线通信技术

物联网最需要解决的是最后100m的互联问题，在最后100m可连接设备的密度远远超过“最后一公里”。特别是在家庭，家庭物联网应用（智能家居）已经成为各国物联网企业全力抢占的制高点。作为目前全球公认的最后100m的主要技术解决方案，ZigBee得到了全球主要国家前所未有的关注。这种技术相比于现有的Wi-Fi、蓝牙、433M/315M等无线技术更加安全、可靠，同时其组网能力强，具备网络自愈能力，并且功耗更低。ZigBee的这些特点与物联网的发展要求非常贴近，目前已经成为全球公认的最后100m互联的最佳技术解决方案。

近距离无线通信技术的含义比较广，只要通信收发双方通过无线电波传输信息，并且传输距离限制在较短的范围，通常是几十米以内，就可以称为近距离无线通信。其中高速近距离无线通信技术主要应用于连接下一代便携式消费电器和通信设备，它支持各种高速率的多媒体应用、高质量声像配送、多兆字节音乐和图像文档传送等。低速部分则用于家庭、工厂及仓库的自动化管理、安全监视、保健监视、环境监视、消防操作监视、货单自动更新、库存实时跟踪等方面的应用。

低成本、低功耗和对等通信，是近距离无线通信技术的三个重要特征和优势。首先，低成本是近距离无线通信的客观要求。低功耗是相对其他无线通信技术而言的一个特点，这与其通信距离短这个特点相关。由于传播距离近，遇到障碍物的概率也小，发射功率普遍都很低，通常在1mW量级。对等通信是近距离无线通信的重要特征，有别于基于网络基础设施的无线通信技术。终端之间对等通信，无须网络设备进行中转，因此近距离无线通信空中接口设计和高层协议都相对比较简单，无线资源的管理通常采用竞争的方式，如载波侦听。在过去的一二十年里，近距离无线通信技术的性能一直在稳步提高。下面介绍几种近距离通信技术。

（1）蓝牙技术。蓝牙技术是一种无线数据与语音通信的开放性全球规范，其实质内容是为固定设备或移动设备之间的通信建立通用的近距离无线接口，将通信技术与计算机技术结合起来，使各种设备在没有电线或电缆相互连接的情况下，能在近距离范围内实现相互通信或运作。其射频频段为全球公众通用的2.4GHz ISM频段，支持1Mbit/s的传输速率和10m的传输距离。但蓝牙技术的不足是成本高、抗干扰能力不强、传输距离短、信息安全差等问题，目前，市场上大部分的蓝牙设备均采用基本距离为10m的传统蓝牙射频，通过蓝牙4.0版本，可以满足室内感测器的应用。

（2）UWB（Ultra Wideband）。UWB是使用电子脉冲作为数据传输载波的通信技术。与常见的使用连续载波通信方式不同，UWB利用纳秒至皮秒级的非正弦波窄脉冲传输数据。通过在较宽的频谱（带宽约1GHz）上传送极低功率的信号，UWB能在10m左右的范围内实现数百Mbit/s至数Gbit/s的数据传输速率。在高速通信的同时，UWB设备的发射功率却很小，仅仅是现有设备的几百分之一。

UWB的特点如下：① 抗干扰性能强。② 传输速率高，高于蓝牙100倍。③ 带宽极宽，可以和目前的窄带通信系统同时工作而互不干扰。④UWB不使用载波，只是在需要时发出瞬间脉冲电波，所以消耗电能少。⑤ 保密性好。UWB保密性表现在两方面：一方面是采用跳时扩频，接收机只有已知发送端扩频码时才能解出发射数据；另一方面是系统的发射功率谱密度极低，用传统的接收机无法接收。⑥成本低，适合于便携型使用。由于UWB技术无须进行射频调制和解调，所以不需要混频器、过滤器、RF/TF转换器及本地振荡器等复杂元件，系统结构简化，成本大大降低。

（3）ZigBee。ZigBee是一种供廉价设备使用的拓展性强、易构建的低成本、低功耗、低速率的无线连接技术。主要适合于自动控制和远程控制领域，可以嵌入在各种设备（含固定、便携或移动设备）中，同时支持地理定位功能。ZigBee物理层和MAC层由IEEE802.15.4标准定义。

ZigBee技术的特点主要有以下几点：①低速率：ZigBee工作在20~250Kbit/s的较低速率，分别提供250Kbit/s（2.4GHz）、40Kbit/s（915MHz）和20Kbit/s（868MHz）的原始数据吞吐率，满足低速率数据传输的应用需求。②响应快：ZigBee的响应速度较快，一般从睡眠状态转入工作状态只需 15ms，节点连接进入网络只需要 30ms。相比较，蓝牙需要 3 ~ 10s，Wi-Fi 需要 3s。③低功耗、低成本：ZigBee 设备可以在标准电池供电的条件下运行数月甚至数年，而不需要任何重换电池或充电操作（低成本、易安装）。④网络容量高：ZigBee 通过使用 IEEE 802.15.4 标准的物理层和 MAC 层，支持几乎任意数目的设备，这对于大规模传感器陈列和控制尤其重要。

几种近距离通信技术的运用特点见表 10-1。

表 10-1　几种近距离通信技术的运用特点

RFID	IEEE 802.15.4 ZigBee	UWB	蓝牙
RFID 利用射频信号，通过空间耦合（交变磁场或电磁场）来实现对目标对象的无接触识别，并获取相关的数据信息。RFID 以无线方式进行双向通信，可实现批量读取和远程读取，具有条码所不具备的防水、防磁、耐高温、使用寿命长，读取距离大、标签上数据可加密、存储数据容量大、存储信息更改自如等优点	IEEE 802.15.4 是一种经济、高效、低数据速率（< 250Kbit/s）、工作在 2.4GHz 和 868M/915MHz 的无线技术，用于个人区域网（PAN）和对等网络	UWB 是一种无载波通信技术，利用纳秒至皮秒级的非正弦波窄脉冲传输数据。通过在较宽的频谱上传送极低功率的信号，UWB 能在 10m 左右的范围内实现数百 Mbit/s 至数 Gbit/s 的数据传输速率	蓝牙是一种支持设备短距离通信（一般 10m 内）的无线电技术，能在包括移动电话、个人数字助手（PDA）、无线耳机、笔记本电脑、相关外设等众多设备之间进行无线信息交换

5. 无线网络

物联网常用的无线网络主要包括 Wi-Fi（无线局域网）、ZigBee（无线局域网）、WiMAX（无线城域网）、WLAN（无线局域网）等无线接入技术。

（1）Wi-Fi 是基于 IEEE 802.11 标准的无线局域网，就是通常所说的无线上网。Wi-Fi 网络工作在 2.4GHz 或 5GHz 的频段，最高带宽为 54Mbit/s，在信号较弱或有干扰的情况下，带宽可调整为 11Mbit/s、5.5Mbit/s、2Mbit/s 和 1Mbit/s。笔记本式计算机技术（迅驰技术）也是基于该标准的，主要适用于家庭和办公室的无线上网，还有机场、咖啡店、旅馆、书店以及校园等。

（2）ZigBee 是一种新兴的短距离、低速率、低功耗无线网络技术，它是一种介于无线标记技术和蓝牙之间的技术。适用于工业控制、环境监测、智能家居控制等领域。ZigBee 与 Wi-Fi 一样，都工作于 2.4GHz 频段，近年来，在无线传感网络方面，ZigBee 逐渐有被降低了功耗的 Wi-Fi 替代的趋势。

（3）WiMAX 即全球微波互联接入，是一项新兴的宽带无线接入技术，能提供面向互联网的高速连接，数据传输距离最远可达 50km。随着技术标准的发展，WiMAX 逐步实现宽带业务的移动化，而 4G 则实现移动业务的宽带化，两种网络的融合程度越来越高。

（4）WLAN 称为无线局域网，若干台无线设备通过某个或数个基站（通常为 AP）达到互联，就可以通过无线连接构成一个内部局域网。

6. 物联网终端无线接入方式比较

无线网络与近距离通信都是物联网中应用的终端无线接入技术。各类终端无线接入技术的速率与功耗关系比较见图 10-18。各类终端无线接入技术的技术特性见表 10-2。

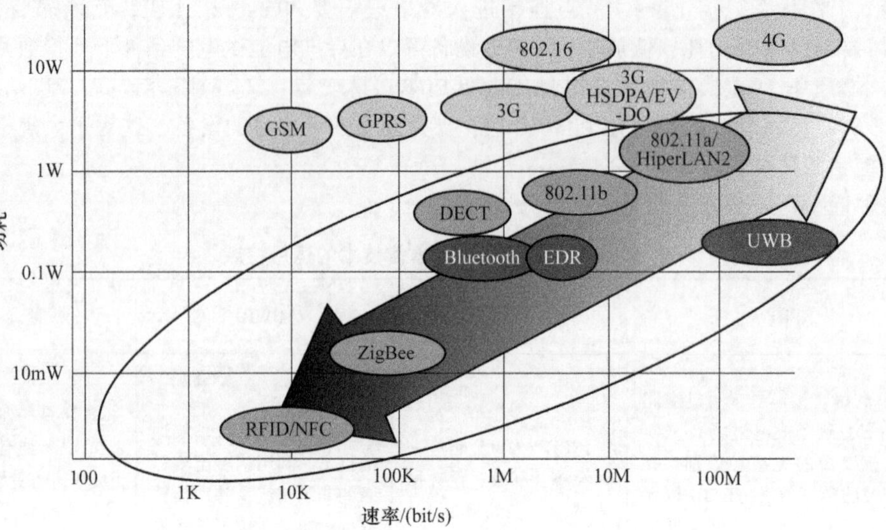

图 10-18　各类终端无线接入技术的速率与功耗关系比较

表 10-2　各类终端无线接入技术的技术特性

标准	数据速率	应用范围	连接时间	网络拓扑	网络节点	峰值电流	电池使用时间	芯片成本	频谱范围
蓝牙	0.1 ~ 3Mbit/s	1 ~ 10/100m	约 3s	点对多点	7 + 1	40mA	5 ~ 10 天	约 2 美元	2.4GHz
ZigBee	20 ~ 250Kbit/s	1 ~ 100m	30ms	Mesh，点对多点	无限制	20mA	1 000 + 天	约 2 美元	868/915MHz 2.4GHz
UWB	50 ~ 480Mbit/s	3 ~ 10m	约 2s	点对多点	127 + 1	0 ~ 750mW	<1 天	约 10 美元	3.1 ~ 10.6GHz
ULP 蓝牙	1Mbit/s	5 ~ 10m	<100ms	点对多点	无限制	10 ~ 20mA	1 年	约 1.5 美元	2.4GHz
被动式 RFID	<10Kbit/s	0.01 ~ 3m	约 0.1s/读取	多点对一点，单向	一次读取一个标签	—	—	约 0.10 美元	860 ~ 960MHz/13.5MHz
主动式 RFID	10Mbit/s	0.01 ~ 100m	<1ms/读取	多点对一点，双向	一次读取 1 000 + 标签	约 1mW	约 100 天	约 15 美元	433MHz
WLAN	11 ~ 54Mbit/s	10 ~ 100m	约 10s	点对多点	任何数目	200mA	0.5 ~ 2 天	约 5 美元	2.4GHz
GPRS/EDGE	240Kbit/s	0.01 ~ 20km	约 15s	点对多点	任何数目	250mA	1 ~ 3 天	约 15 美元	860 ~ 960MHz
WCDMA/HSPDA	0.4 ~ 14Mbit/s	0.01 ~ 20km	约 15s	点对多点	任何数目	400mA	1 ~ 3 天	约 25 美元	1.9/2.1GHz
WiMAX	10 ~ 70Mbit/s	0.1 ~ 50km	约 15s	点对多点	任何数目	100mA	1 ~ 3 天	约 20 美元	2.5/3.5GHz

其中 GPRS 是通用分组无线服务（General Packet Radio Service）技术的简称，它是 GSM 移动电话用户可用的一种移动数据业务。WCDMA 是一种利用码分多址复用方法的宽带扩频 3G 移动通信无线接口，也是 GSM 移动电话用户可用的一种移动数据业务。

物联网终端是人与物通信的直接媒介，物联网业务的最终展现是在终端上。物联网的最终目标是为人服务，需要为人与物之间、人与人之间、物与物之间建立起便捷的连接通道并基于该通道提供服务。终端接入的方式多种多样，且存在一定的行业应用特性。目前互联网上针对不同的使用场景，有不同的终端接入方式。不同终端接入方式的应用如图 10-19 所示。

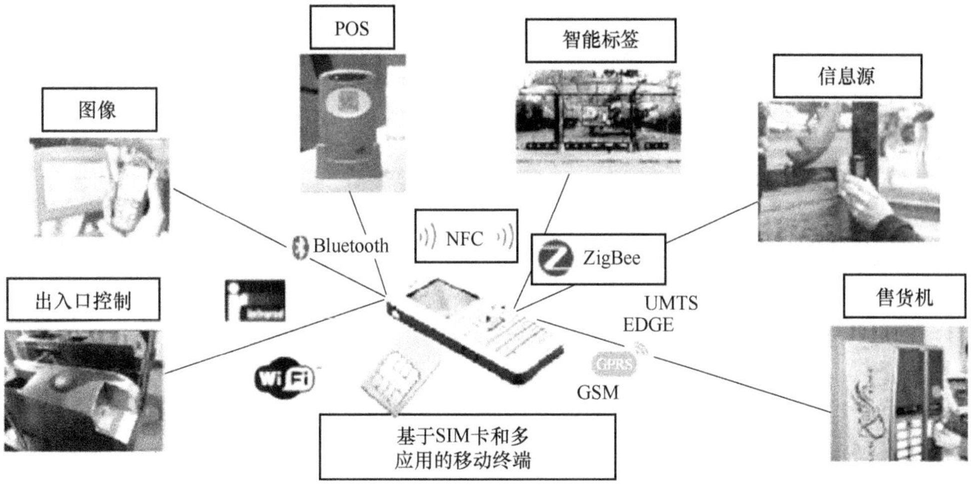

图 10-19 不同终端接入方式的应用

10.2.4 云计算

云计算是随着虚拟化技术、处理器技术、分布式计算技术、宽带互联网技术、面向服务的架构（SOA）技术和自动化管理技术的发展而产生的。其中 SOA 是面向服务架构的组件模型，它将应用程序的不同功能单元（称为服务）通过这些服务之间定义良好的接口和契约联系起来。

云计算（或云）是一个演化中的词汇，它描述了由“资源池”化的计算、网络、信息、存储等组成的服务及应用。云计算的信息和基础设施组件可以迅速策划、置备、部署和退役，并且可以迅速扩充或缩减，以提供实时所需的计算类的配送和消费模式。云强化了网络协作，有扩展性、实时性以及通过优化的、更有效率的计算来降低成本的潜能。

美国国家标准与技术研究院（National Institute of Standards and Technology，NIST）给云计算定义了五个关键特征、三个服务模型和四个部署模型。

1. 云计算的关键特征

云计算与传统计算方法的关系和区别表现在以下五个关键特征上：

（1）按需自服务。用户可以在需要时自动配置计算能力，例如服务器时间和网络存储，而无须与服务供应商的服务人员交互。

（2）宽带接入。服务能力通过网络提供，支持各种标准接入手段，包括各种客户端平台（例如移动电话、笔记本电脑或个人数字助手），也包括其他传统的或基于云的服务。

（3）虚拟化的资源“池”。提供商的计算资源汇集到资源池中，使用多租户模型，按照用户需要，将不同的物理和虚拟资源（包括存储、处理、内存、网络带宽以及虚拟机）动态地分配给多个消费者使用。虽然用户无法控制或根本无法知道所使用资源的确切物理位置（网络地址），但是原则上可以在较高层面上来指定位置（例如国家、省市或者某数据中心）。即使是私有的“云”，往往也趋向用资源虚拟“池”来为不同部门提供服务。

（4）快速弹性架构。服务能力可以快速、弹性地提供，在某些情况下自动地实现快速扩容、快速上线。对于用户来说，可供应的服务能力近乎无限，可以随时按需购买。

（5）可测量的服务。云系统之所以能够自动控制优化服务资源的使用，是因为利用了经过抽象的测量能力（例如存储、处理、带宽或者活动用户账号等）。人们可以监视、控制资源使用并产生报表，报表可以透明地提供给供应商和用户双方。

2. 云服务模型

云服务的交付可以分为三种模式以及不同的衍生组合。这三种基本模式经常被称为“SPI”模型，S、P、I分别代表软件、平台和基础设施。

（1）云软件作为服务（SaaS）。SaaS提供给用户的是运行在云基础设施之上的共享应用。用户使用各种客户端设备通过“瘦”客户界面（例如浏览器）等来访问这些应用（例如基于浏览器的邮件）。用户并不管理或控制底层的云基础设施，例如网络、服务器、操作系统、存储。

（2）云平台作为服务（PaaS）。PaaS提供给用户的是在云基础设施之上专为用户创建部署或采购的应用，这些应用使用供应商支持的编程语言或工具开发，用户并不管理或控制底层的云基础设施，包括网络、服务器、操作系统或存储等，但是可以控制所部署的应用，以及应用主机的某种环境配置。

（3）云基础设施作为服务（IaaS）。IaaS提供给用户的是云的计算处理、存储和网络功能，以及其他基础性的计算资源；用户可以部署或运行自己任意的软件，包括操作系统或应用。用户并不管理或控制底层的云基础设施，但是拥有对操作系统、存储和所部署应用的控制，以及一些网络组件的有限控制（例如主机、防火墙等）。

3. 云部署模型

不管利用了哪种服务模型（SaaS、PaaS或IaaS），都存在四种云服务部署模型，以及用以解决某些特殊需求而在它们之上进行的演化变形。

（1）公共云。由某个组织拥有，其云基础设施对公众或某个很大的群体提供云服务。

（2）私有云。云基础设施特定为某商户运行服务。私有云可以是该商户或某个第三方负责管理，可以是场内服务（On-premises），也可以是场外服务（Off-premises）。

（3）社区云。云基础设施由若干商户（合称为团体）分享，以支持某个特定的社区。社区是指有共同诉求和追求的团体（例如有共同使命、共同安全的要求，有一致的政策或规范等）。可以是该团体或某个第三方负责管理，可以是场内服务，也可以是场外服务。

（4）混合云。云基础设施由两个或多个云组成，每个云独立存在，可以是私有的或社区的或公共的，但是通过标准的或私有的技术绑定在一起，这些技术促成数据和应用的可移植性（例如用于云之间负载分担的云爆（Cloud Bursting）技术）。

4. 云计算的作用

云计算的核心是所有的一切都成为一种服务，每个人都可以在任何地点、任何终端随时接入网络，享受云端服务。在这样的理念下，云计算试图突破各种终端，包括手机、计算机、电视、视听设备等在存储及运算能力上的限制，使显示的内容和应用都能保持一致性和同步性，用户的感知与使用效果也能达到统一。

云计算为物联网信息的处理、分析提供了有力的计算手段。云计算可根据客户的需求灵活配置相关能力，根据客户的需求针对性地提供服务，数据和应用驻留在朵朵云间。云计算的使用几乎使物联网的一切信息处理皆有可能。然而，现有的云计算技术还不能够满足具有实时感应、高度并发、自主协同和涌现效应特征的物联网“后端”的需求。为此，还需要在“云”设施、服务计算模式、网络和 Web2.0 规则等现有工作基础上，针对大量高并发事件驱动的应用自动关联和智能协作问题进行功能扩展，对物联网后端信息处理基础设施的整体架构进行设计优化。

10.2.5　全 IP 方式（IPv6）

由于物联网要求“一物一地址，万物皆互联”，而现有的 IPv4 协议的地址资源已经接近枯竭，因此为解决物联网地址容量受限的问题，应尽快推动 IPv6 协议的普及应用。可将物联网作为发展 IPv6 的切入点，每一个传感器分配一个独立的 IP 地址。

1. IPv6 协议特点

IPv6 作为下一代网络协议，具有丰富的地址资源，支持动态路由机制，可以满足物联网对通信网络在地址、网络自组织以及扩展性方面的要求。IPv6 协议除具有 IP 的通用特点之外，还具有如下特点：

（1）即插即用。IPv6 引入自动配置以及重配置技术，对于 IP 地址等信息实现自动增删更新配置，提高 IPv6 的易管理性。

（2）安全性。IPv6 集成了 IPSec，用于网络层的认证与加密，为用户提供端到端安全。

（3）服务质量。新增流标记域，为源、宿端快速处理实时业务提供可能。

（4）移动性。移动 IPv6 增强了终端的移动特性，为用户提供了永久在线的服务。

上述特性使得 IPv6 除满足泛在网（即广义互联网）巨大地址空间的需求之外，也能更好地满足泛在网各类智能终端（包括“物”终端）的互联需求。

2. 传感节点全 IP 方式寻址

由于 IPv6 协议栈过于庞大、复杂，不能直接应用到传感器设备中，仍然需要对 IPv6 协议栈和路由机制做相应精简，以满足传感器网对网络低功耗、低存储容量和低传送速率的要求。因此，传感器网仍然需要和外网有一个转换，起到 IP 地址压缩和简化翻译的功能。国际互联网工程任务组（IETF）已成立了 6LoWPAN 和 ROLL 两个工作组进行相关技术标准的研究工作。

传感节点全 IP 方式寻址会造成对节点功耗、存储、计算能力的要求提高，需要对协议栈进行必要的简化，改进路由机制以满足低功耗、低存储容量、低运算能力的智能节点的需求，同时满足有损耗网络环境下的特殊组网需求。这就要求研究感知延伸层的 IPv6 应用和低功耗路由相关协议。

（1）6LoWPAN（IPv6 over Low Power WPAN）。6LoWPAN 即 IPv6 over IEEE 802.15.4，为低速无线个域网标准，IPv6 作为网络层互联方案，使 802.15.4 无线传感网的基本链接格式能适应 IPv6 的帧要求。

（2）ROLL（Routing Over Low Power and Lossy Networks）。ROLL 主要研究低功率损耗网络的路由问题。目标是使得公共的、可互操作的第三层路由能够穿越任何数量的基本链路层协议和物理媒体。例如，一个公共路由协议能够工作在各种网络，如802.15.4无线传感网络、蓝牙个域网以及802.11 Wi-Fi网络之间。

IETF目前正在研究物联网感知层的IPv6协议和标准化，其他相关标准化组织为了支持IPv6也在研究如何采用和应用IETF相关标准。目前，支持IPv6相关应用的国际标准化组织有ISO、ZigBee联盟、ISA100委员会等。

10.3 条码物流标签

10.3.1 概述

条码是由一组按一定编码规则排列的条、空符号，用以表示一定的字符、数字及符号组成的信息，如图10-20所示。条码系统是由条码符号设计、制作及扫描阅读组成的自动识别系统。

图10-20 条码示意图

1. 常用的条码分类

(1) 一维条码（Linear Bar code 或 One-dimentional Bar Code）。这是指只在一维方向上表示信息的条码符号。

(2) 二维条码（Two-dimentional Bar Code）。这是指在二维方向上表示信息的条码符号。

(3) 特种条码（Special Bar Code）。这是指由特殊材料制成的条码。

2. 条码的重要参数

(1) 密度（Density）。条码的密度是指单位长度的条码所表示的字符个数。对于一种码制而言，密度主要由模块的尺寸决定，模块尺寸越小，密度越大，所以密度值通常以模块尺寸的值来表示（如5mil）。通常7.5mil以下的条码称为高密度条码，15mil以上的条码称为低密度条码。条码密度越高，要求条码识读设备的性能（如分辨率）也越高。高密度的条码通常用于标识小的物体，如精密电子元件；低密度条码一般应用于远距离阅读的场合，如仓库管理。

(2) 宽窄比。对于只有两种宽度单元的码制，宽单元与窄单元的比值称为宽窄比，一般为2~3左右（常用的有2:1和3:1）。宽窄比较大时，阅读设备更容易分辨宽单元和窄单元，因此比较容易阅读。

(3) 对比度（PCS）。PCS是条码符号的光学指标，PCS值越大，则条码的光学特性越好。PCS的计算公式如下：

$$PCS = \frac{RL - RD}{RL} \times 100\%$$

式中 RL——条的反射率；

RD——空的反射率。

3. 物流条码

与商品条码不同，物流条码是用以标识物流过程中具体实物的一种特殊代码，是生产厂家、配送中心、运输公司、消费者等环节所要共享的数据。国际上常用的一维物流条码有39码、储运单元条码、交叉25码、贸易单元EAN-128码及EAN-13码几种。

与商品条码相比较，物流条码有如下特点：

（1）物流条码是储运单元的唯一标识。商品条码是最终消费品，通常是单个商品的唯一标识，用于零售业现代化的管理；物流条码是储运单元的唯一标识，通常标识多个或多种商品的集合。

（2）服务于供应链全过程。商品条码服务于消费环节：商品条码在零售业的 POS 系统中起到了单个商品的自动识别、自动寻址、自动结账等作用，是零售业现代化、信息化管理的基础；商品一经出售到最终用户手里，商品条码就完成了其存在的价值。物流条码服务于供应链全过程：生产厂家生产出产品，经过包装、运输、仓储、分拣、配送，直到零售商店，中间经过若干环节，物流条码是这些环节中的唯一标识，因此它涉及面更广，是各行业共享的通用数据。

（3）信息多。通常，商品条码是一个无含义的 13 位数字条码；物流条码则是一个可变的，可表示多种含义、多种信息的条码，是无含义的货运包装的唯一标识，可表示货物的体积、质量、生产日期、批号等信息，是根据贸易伙伴在贸易过程中共同的需求经过协商统一制定的。

（4）可变性。商品条码是一个国际化、通用化、标准化商品的唯一标识，是零售业的国际化语言；物流条码则是随着国际贸易的不断发展，贸易伙伴对各种信息需求的不断增加应运而生的，其应用范围在不断扩大，内容也在不断丰富。

（5）维护性。物流条码的相关标准是一个需要经常维护的标准。及时沟通用户需求，传达标准化机构有关条码应用的变更内容，是确保国际贸易中物流信息化管理的重要保障之一。

物流条码的分类通常可以按码制进行分类，也可按表示信息储存维数进行划分。如按信息储存维数划分，可分为一维条码和二维条码。一维条码在垂直方向不表达任何信息，其高度通常是为了便于阅读器对准和适应不同读取速度的需要；二维条码则可在两个相互正交的二维空间内表达信息。

10.3.2　一维条码

一维条码（线形条码）是由一个接一个的“条”和“空”排列组成的，条码信息靠条和空的不同宽度和位置来传递，这种条码技术只能在一个方向上通过“条”与“空”的排列组合来存储信息，所以叫它“一维条码”。信息量的大小是由条码的宽度和印刷的精度来决定的，条码越宽，包容的条和空越多，信息量越大；条码印刷的精度越高，单位长度内可以容纳的条和空越多，传递的信息量也就越大。常用的一维条码的码制包括 EAN 码、39 码、交叉 25 码、UPC 码、93 码及 Codabar 码（库德巴码）等。

1. 一维条码的基础术语

（1）条（Bar）：在条码符号中，反射率较低的元素。

（2）空（Space）：在条码符号中，反射率较高的元素。

（3）静区（空白区）（Clear Area）：条码左右两端外侧与空的反射率相同的限定区域。

（4）条码元素：用以表示条码的条和空，简称元素。

（5）条码字符：用以表示一个数字、字母及特殊符号的一组条码元素。

（6）起始符（Start Character）：位于条码起始位置的若干条与空。

（7）终止符（Stop Character）：位于条码终止位置的若干条与空。

（8）中间分隔符：位于条码中间位置的若干条与空。

(9) 位空：在条码符号中，位于两个相邻的条码字符之间且不代表任何信息的空。

(10) 条高：在条的二维尺寸中较长的那个尺寸。

(11) 条宽：在条的二维尺寸中较短的那个尺寸。

(12) 条码符号长度：在条码符号中，排除两侧静区的那部分长度。

(13) 校验符（Check Character)：表示校验码的条码若干条与空。

2. 一维条码的结构

一个完整的一维条码的组成次序依次为：静区（前）、起始符、数据符（含中间分割符，主要用于EAN码和校验符)、终止符、静区（后)，如图10-21所示。

图10-21　典型一维条码

3. 常用的一维条码

(1) EAN码符号。EAN码的字符编码是长度固定的、连续型数字式码制，其字符集为数字0~9。它采用四种元素宽度，每个条或空是1、2、3或4倍单位元素宽度。EAN标准码有两种，即EAN-13码和EAN-128码。

1) EAN-13码。表示13位数字的EAN码（EAN-13）称为标准版的EAN码，其结构如图10-22所示。其编码规则如表10-3所示。

图10-22　EAN-13码结构

表10-3　EAN-13码的编码规则

数字符	左侧数据符		右侧数据符	数字符	左侧数据符		右侧数据符
	A	B	C		A	B	C
0	0001101	0100111	1110010	6	0101111	000101	1010000
1	0011001	0110011	1100110	7	0111011	0010001	1000100
2	0010011	0011011	1101100	8	0110111	0001001	1001000
3	011101	0100001	1000010	9	0001011	0010111	1110100
4	0100011	0011101	1011100	起始符：101	终止符：101		中间分隔符：01010
5	0110001	0111001	1001110				

注：表中A、B、C中的“0”和“1”分别表示具有一个单位元素宽度的“空”和“条”。

2) EAN-128码。EAN-128码是一种特殊形式的Code 128码，也可表示从ASCII0到ASCII127的128个字符，但起始码是由起始码A、B或C加上FUNC1所构成的双字符的起始码，允许双向的扫描处理，可自行决定是否要加上检验码，条码长度可自由调整，但包括起始码和终止码在内，不超过48位字符，长度不超过165mm。

EAN-128码的结构如图10-23所示，每一个条码由双字符起始码（起始码A、B、C + FUNC1)、资料码、检验码、终止码、安全空间五部分组成。

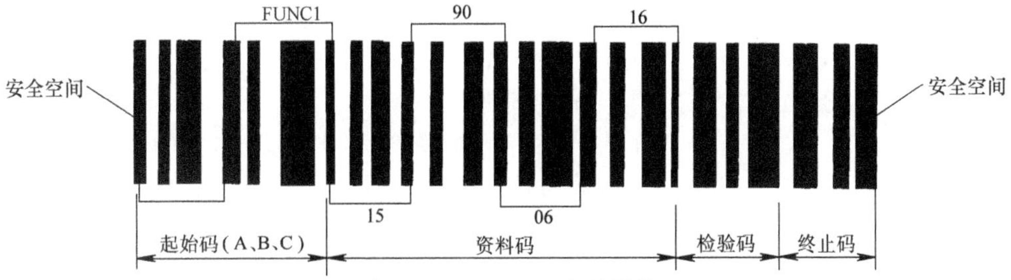

图 10-23　EAN-128 码的结构

EAN-128 码资料码的结构如图 10-24 所示，EAN-128 码资料码的内容如表 10-4 所示。

图 10-24　EAN-128 码资料码的结构

表 10-4　EAN-128 码资料码的内容

代　号	码　别	长　度	说　明
A	应用标识符	—	00 代表其后内容为集装箱序列号，有 18 位数字
B	包装形态	1	1 代表托盘，3 代表无定义的包装指示码
C	前置码与公司码	7	代表 EAN 前置码与公司码
D	自行编定序号	9	由公司指定序号
E	检验码	1	检验码
F	应用标识符	1 ~ 9	420 代表其后内容为到货港邮政编码
G	到货港邮政编码		邮政编码

（2）交叉 25 码。交叉 25 码是所有一维条码中的密度最高的条码，广泛应用于商品批发、仓库、机场、生产/包装识别和工业中，是一种长度可变、条和空都能表示信息的条码。交叉 25 码的每一个条码字符由五个单元组成，其中二个宽单元，三个窄单元。其字符集包括了数字 0 到 9。在一个交叉 25 码符号中，条码字符从左到右，奇数位置字符用条编码，偶数位字符用空编码。编码时，每两个数字为一组，交叉编码。因此组成条码符号的字符个数应为偶数；当字符数为奇数时，应在左侧补 0 变为偶数。

如果用“N”代表窄条或窄空，“W”表示宽条或宽空，可得交叉 25 码的编码表，如表 10-5 所示。

表 10-5　交叉 25 码的编码表

ASCII	编　码	ASCII	编　码
0	NNWWN	5	WNWNN
1	WNNNW	6	NWWNN
2	NWNNW	7	NNNWW
3	WWNNN	8	WNNWN
4	NNWNW	9	NWNWN

以“12345670”为例编制交叉25码，其中最后一个数字“0”为检验码。由编码表可知“1”的编码为WNNNW，“2”的编码为NWNNW，“3”的编码为WWNNN，“4”的编码为NNWNW，“5”的编码为WNWNN，“6”的编码为NWWNN，“7”的编码为NNNWW，“0”的编码为NNWWN。编码时，每两个数字为一组，将资料段分成四段分别编码。

例如，对第一组数“12”，“1”的编码是WNNNW（宽条、窄条、窄条、窄条、宽条），“2”的编码是NWNNW（窄空、宽空、窄空、窄空、宽空）。利用条码条、空交叉的特点，交叉编码得“12”的编码如下：

如果用“1”代表窄条，“11”代表宽条，“0”代表空，“00”代表宽空，则可得“12”的编码11010010101100。同理也可得第“34”的编码11011010010100、“56”的编码11010011001010、“70”的编码10101001100110。加上交叉25码的起始码1010和终止码1101，即得“12345670”的交叉25编码，如图10-25所示。

图10-25　交叉25编码

实际编码时，只需在相应的条码打印软件中送入条码符号，即可得到相应的条码。

检验码的计算：以“12345678901”为例，第一步将偶数位的数值相加乘9：9×(2+4+6+8+0)=180；第二步将奇数位的数值相加，并乘以4：4×(1+3+5+7+9+1)=104；第三步将步骤一和步骤二之和相加：180+104=284；第四步将10减去所得之和的个位数，即得检验码：10－4=6。

（3）39码（GB/T 12908—2002）。39码是一种可供使用者双向扫描的分散式条码，也就是说相邻码元之间，必须包含一个不具任何意义的空白（或细白，其逻辑值为0），且它具有支持文字的能力，故应用较一般一维条码广泛，目前主要应用于工业产品、商业资料及医院用的保健资料。它的最大优点是码数没有强制的限定，可用大写英文字母码，且校验码可忽略不计。

10.3.3　二维条码标签

二维条码是一种比一维条码更高级的条码格式。一维条码只能在一个方向（一般是水平方向）上表达信息，而二维条码在水平和垂直方向都可以存储信息。一维条码只能由数字和字母组成，而二维条码能存储汉字、数字和图片等信息，因此二维条码的应用领域要广得多。一维条码信息密度小，39码信息密度是9.4字符/in，交叉25码的信息密度也才达到17.7字符/in。相比之下二维条码信息密度高，有利于条码技术应用到微小型产品的自动识别上。

1. 二维条码的特点

（1）高密度。二维条码通过利用垂直方向的尺寸来提高条码的信息密度。通常情况下其密度是一维条码的几十到几百倍，这样就可以把产品信息全部存储在一个二维条码中。要查看产品信息，只要用条码识读设备扫描二维条码即可，因此不需要事先建立数据库，真正实现了用条码对“物品”的描述。

（2）具有纠错功能。一维条码没有考虑到条码本身的纠错功能，尽管引入了校验字符的概念，但仅限于防止读错。二维条码引入错误纠正机制。这种纠错机制使得二维条码因穿孔、污损等引起局部损坏时，照样可以得到正确识读。这种纠错机制使得二维条码成为一种安全可靠的信息存储和识别的方法，是一维条码无法相比的。

（3）可以表示多种语言文字。多数一维条码所能表示的字符集不过是 10 个数字、26 个英文字母及一些特殊字符。因此要用一维条码表示其他语言文字（如汉字、日文等）是不可能的。但多数二维条码都具有字节表示模式，即提供了一种表示字节流的机制。

（4）可表示图像数据。既然二维条码可以表示字节数据，而图像多以字节形式存储，因此将图像（如照片、指纹等）用条码表示成为可能。

（5）可引入加密机制。加密机制的引入是二维条码的又一优点。比如我们用二维条码表示照片时，可以先用一定的加密算法将图像信息加密，然后再用二维条码表示。在识别二维条码时，再加以一定的解密算法，就可以恢复所表示的照片。这样便可以防止各种证件、卡片等的伪造。

2. 二维条码的分类

二维条码的研究在技术路线上从两个方面展开，一是在一维条码基础上向二维条码方向扩展；二是利用图像识别原理，采用新的几何形体和结构设计出二维条码制。目前，根据在实现原理、结构形状、检校原理、识读方式等方面是否继承了一维码的特点，二维条码可以分为堆叠式二维条码和矩阵式二维条码。

（1）堆叠式二维条码。堆叠式二维条码形态上是由多行短截的一维条码堆叠而成，其编码原理是建立在一维条码基础之上，按需要堆积成二行或多行。它在编码设计、校验原理、识读方式等方面继承了一维条码的一些特点，识读设备与条码印刷与一维条码技术兼容。但由于行数的增加，需要对行进行判定，其译码算法与软件也不完全相同于一维条码。有代表性的堆叠式二维条码有 Code16K、Code49、PDF417、MicroPDF417 等。多行组成的条码，不需要连接一个数据库，本身可存储大量数据，应用于物料管理、货物运输、医院、驾驶证。当条码受到一定破坏时，错误纠正能使条码被正确解码。堆叠式二维条码是一个多行、连续性、可变长、包含大量数据的符号标识。每个条码有 3 ~ 90 行，每一行有一个起始部分、数据部分、终止部分。它的字符集包括所有 128 个字符，最大数据含量是 1850 个字符。PDF417、Code49、Code16K 堆叠式二维条码如图 10-26 所示。

PDF417　　Code49　　Code16K

图 10-26　堆叠式二维条码

（2）矩阵式二维条码。矩阵式二维条码以矩阵的形式组成。它是在一个矩形空间通过黑、白像素在矩阵中的不同分布进行编码。在矩阵相应元素位置上，用黑点（方点、圆点或其他形状）表示二进制“1”，空（白点）表示二进制的“0”，黑、白点的排列组合确定了矩阵式二维条码所代表的意义。矩阵式二维条码是建立在计算机图像处理技术、组合编码原理等基础上的一种新型图形符号自动识读处理码制。矩阵式二维条码带有更高的信息密度（如 Data Matrix、Maxi Code、Aztec、QR 码），可以作为包装箱的信息表达符号，在电子半导体工业中，将 Data Matrix 用于标识小型的零部件。有代表性的矩阵式二维条码包括 Code one、Aztec Code、Date Matrix、QR 码等。Aztec Code、Date Matrix、QR 码的矩阵式二维条码如图 10-27 所示。矩阵式二维条码只能被二维的 CCD 图像式阅读器识读，并能以全向的方式扫描。

图 10-27　矩阵式二维条码

新的二维条码能够将任何语言（包括汉字）和二进制信息（如签字、照片）编码，并可以由用户选择的不同程度的纠错级别和在符号残损的情况下恢复所有信息的能力。

3. 二维条码在互联网中的应用模式

在移动互联网中，二维条码的应用根据业务形态不同可分为被读类和主读类两大类。

（1）被读类业务：平台将二维条码发到用户手机上，用户持手机到现场，通过二维条码机具扫描手机进行内容识别。应用方将业务信息加密、编制成二维条码图像后，将其发送至用户的移动终端上，用户使用时通过设在服务网点的专用识读设备对移动终端上的二维条码图像进行识读认证，作为交易或身份识别的凭证来支撑各种应用。

（2）主读类业务：用户在手机上安装二维条码客户端，使用手机拍摄并识别媒体、报纸等上面印刷的二维条码图片，获取二维条码所存储的内容并触发相关应用。用户利用手机拍摄包含特定信息的二维条码图像，通过手机客户端软件进行解码后触发手机上网、名片识读、拨打电话等多种关联操作，以此为用户提供各类信息服务。

在互联网物流运作平台中，利用二维条码与O2O（Online To Offline）模式的结合，即利用二维条码的读取可将线上的用户引流给线下的商家。腾讯的马化腾称“二维条码是线上线下的一个关键入口”。无可否认，只要培养了足够多的用户群，再结合良好的运营模式，二维条码将成为物流互联网各终端互联的便利工具。

4. 典型的二维条码

（1）PDF417码。PDF417码是目前应用最广泛的二维条码，PDF是取英文Portable Data File三个单词的首字母的缩写，意为“便携数据文件”。因为组成条码的每一符号字符都是由4个条和4个空构成，如果将组成条码的最窄条或空称为一个模块，则上述的4个条和4个空的总模块数一定为17，所以称417码或PDF417码。

在编码时PDF417码有三种格式：扩展的字母数字压缩格式可容纳1850个字符；二进制/ASCII格式可容纳1108个字节；数字压缩格式可容纳2710个数字。PDF417码的纠错能力依错误纠正码字数的不同分为0～8共9级，级别越高，纠正码字数越多，纠正能力越强，条码也越大。当纠正等级为8时，即使条码污损50%也能被正确读出。

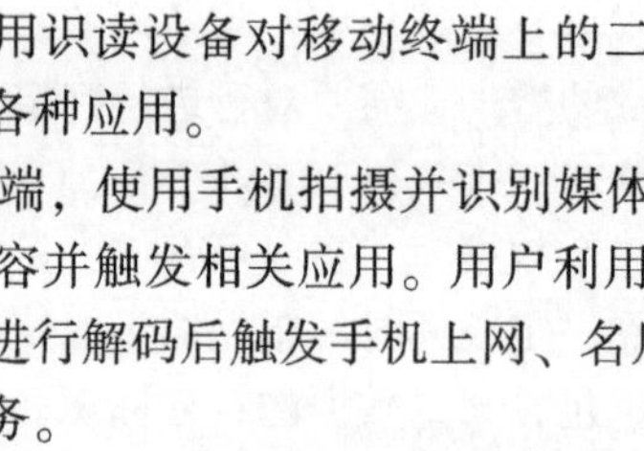

图 10-28　QR码的结构

（2）QR码（GB/T 18284—2000）。QR码的结构如图10-28所示，是由日本电装（Denso）公司于1994

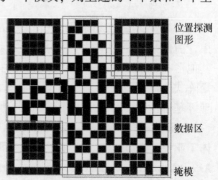

年 9 月研制的一种矩阵式的二维条码，它最多可容纳 2509 个数字或 1520 个字符并提供了三种纠错方式，在标签因破损、污损等引起局部损坏达 30% 时，还能正确得到阅读。QR 码可高效地表示汉字，对于相同内容，其尺寸小于相同密度的 PDF417 码。目前市场上的大部分条码打印机都支持 QR 码，其专有的汉字模式更加适合我国应用。因此，QR 码在我国具有良好的应用前景。

从 QR 码的英文名称 Quick Response Code 可以看出，超高速识读是 QR 码的主要特性。由于 QR 码符号中信息的读取是通过 QR 码符号的位置探测图形，用硬件来实现，因此，信息识读过程所需时间很短。用 CCD 二维条码识读设备，每秒可识读 30 个含有 100 个字符的 QR 码符号；对于含有相同数据信息的 PDF417 码符号，每秒仅能识读 3 个符号；对于 Data Martix 矩阵码，每秒仅能识读 2 ~ 3 个符号。QR 码的超高速识读特性使它能够广泛应用于工业自动化生产线管理等领域。

另外，QR 码具有全方位（360°）识读的特点，这是 QR 码优于 PDF417 码的另一主要特点。由于 PDF417 码是将一维条码符号在行排高度上的截短来实现的，因此，它很难实现全方位识读，其识读方位角仅为 +10°。

QR 码还能够有效地表示中国汉字、日本汉字。由于 QR 码用特定的数据压缩模式表示中国汉字和日本汉字，它仅用 13bit 就可表示一个汉字，而 PDF417 码、Data Martix 等二维条码没有特定的汉字表示模式，因此仅用字节模式来表示汉字，在用字节模式表示汉字时，需用 16 bit（两个字节）表示一个汉字，因此 QR 码比其他二维条码表示汉字的效率提高了 20%。

10.3.4 条码标签识别设备

1. 条码标签识别设备基本原理

条码标签识别设备是用于读取条码所包含信息的设备。其结构通常为以下几部分：光源、接收装置、光电转换部件、译码电路、计算机接口。它们的基本工作原理为：由光源发出的光线经过光学系统照射到条码符号上面，被反射回来的光经过光学系统成像在光电转换器上，使之产生电信号，信号经过电路放大后产生模拟电压，它与照射到条码符号上被反射回来的光成正比，再经过滤波、整形，形成与模拟信号对应的方波信号，经译码器解释为计算机可以直接接受的数字信号。

条形码标签识别设备通常有以下三种：光笔、CCD、激光阅读器。它们都有各自的优缺点。

2. 条码标签识别设备主要技术参数

选择条码标签识别设备前，要了解其几个主要技术参数，然后根据应用的要求，对照这些参数选取适用的设备。

（1）分辨率。对于条码标签识别设备而言，分辨率为正确检测读入的最窄条的宽度，英文是 Minimal Bar Width（缩写为 MBW）。选择设备时，并不是设备的分辨率越高越好，而是应根据具体应用中使用的条码密度来选取具有相应分辨率的阅读设备。使用中，如果所选设备的分辨率过高，则条码上的污点、脱墨等对系统的影响将更为严重。

（2）扫描景深。扫描景深是指在确保可靠阅读的前提下，扫描头允许离开条码表面的最远距离与扫描器可以接近条码表面的最近点距离之差，也就是条码扫描器的有效工作范围。有的条码扫描设备在技术指标中未给出扫描景深指标，而是给出扫描距离，即扫描头允许离开条码表面的最短距离。

(3) 扫描宽度。扫描宽度 (Scan Width) 是指在给定扫描距离上扫描光束可以阅读的条码信息物理长度值。

(4) 扫描速度。扫描速度 (Scan Speed) 是指单位时间内扫描光束在扫描轨迹上的扫描频率。

(5) 一次识别率。一次识别率表示的是首次扫描读入的标签数与扫描标签总数的比值。如果每读入一只条码标签的信息需要扫描两次，则一次识别率为50%。从实际应用考虑，当然希望每次扫描都能通过，但遗憾的是，由于受多种因素的影响，要求一次识别率达到100%是不可能的。

应该说明的是，一次识别率这一指标只适用于手持式光笔扫描识别方式，如果采用激光扫描方式，光束对条码标签的扫描频率高达每秒钟数百次，通过扫描获取的信号是重复的。

(6) 误码率。误码率是反映一个机器可识别标签系统错误识别情况的极其重要的测试指标。误码率等于错误识别次数与识别总次数的比值。对于一个条码系统来说，误码率是比一次识别率低更为严重的问题。

3. 常用条码标签识别设备工作方式及性能分析

常用的各式条码标签识别设备如图10-29所示。

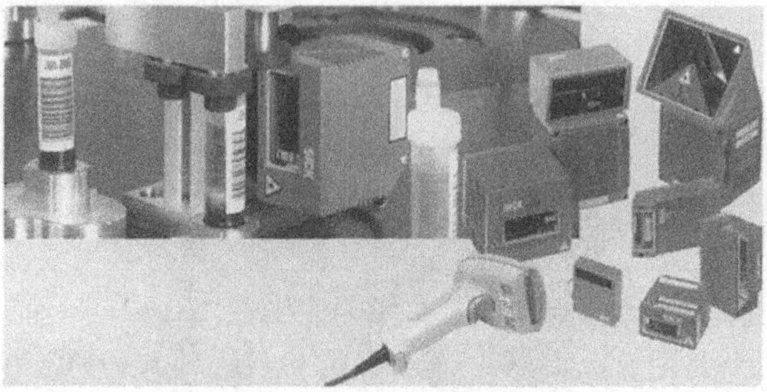

图10-29　各式条码标签识别设备

(1) 光笔条码扫描器（见图10-30）。光笔条码扫描器是一种常用的轻便的条码读入装置。在光笔内部有扫描光束发生器及反射光接收器。目前，市场上出售的这类扫描器有很多种，它们主要在发光的波长、光学系统结构、电子电路结构、分辨率、操作方式等方面存在不同。光笔条码扫描器不论采用何种工作方式，从使用上都存在一个共同点，即阅读条码信息时，要求扫描器与被识读的条码接触或离开一个极短的距离（一般仅0.2~1mm）。

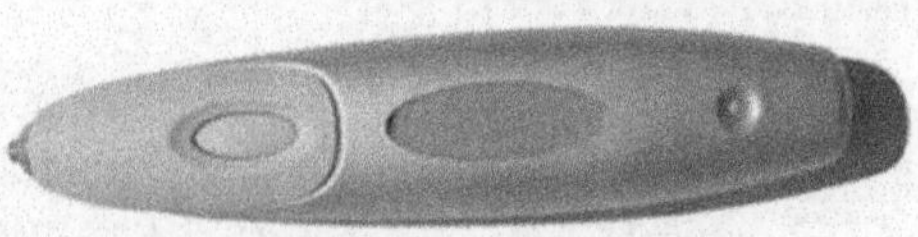

图10-30　光笔条码扫描器

(2) 手持式枪形条码扫描器（见图10-31）。手持式枪形条码扫描器内一般都装有控制扫描光束的自动扫描装置。阅读条码时不需与条码符号接触，因此，对条码标签没有损伤。扫描器与条码标签的距离短的在0~20mm范围内，而长的可达到500mm左右。

图10-31　手持式枪形条码扫描器

手持式枪形条码扫描器具有扫描光点匀速扫描的优点，因此，阅读效果比光笔条码扫描器要好。它扫描速度快，每秒可对同一标签的内容扫描几十次至上百次。

（3）台式条码自动扫描器（见图 10-32）。台式条码自动扫描器适合于不便使用手持式扫描方式阅读条码信息的场合。如果工作环境不允许操作者一只手处理标附有条码信息的物体，而另一只手操纵手持条码扫描器进行操作，就可以选用台式条码自动扫描器扫描。这种扫描器也可以安装在生产流水线传送带旁的某一固定位置，等待附有条码标签的待测物体以平稳、缓慢的速度进入扫描范围，对自动化生产流水线进行控制。

图 10-32　台式条码自动扫描器

（4）激光条码扫描器（见图 10-33）。激光条码扫描器由于其独有的大景深区域、高扫描速度、宽扫描范围等突出优点得到了广泛的使用。另外，激光全角度扫描器由于能够高速扫描识读任意方向通过的条码符号，被大量使用在各种自动化程度高、物流量大的领域。

图 10-33　激光条码扫描器

激光条码扫描器由激光源、光学扫描、光学接收、光电转换、信号放大、整形、量化和译码等部分组成。

在选择激光扫描器时，最重要的是要注意分辨率、扫描模式和扫描速度，其中分辨率与景深密切相关。当景深加大时，分辨率就会大大降低。

使用时应注意使条码的宽度与扫描器的扫描频率和输送机的工作速度匹配，必须符合下式的要求，即

$$L=\frac{10v}{a}$$

式中　L——条码宽度；

v——输送机工作速度（m/s）；

a——扫描器的扫描频率（Hz/s）。

一般的激光扫描器工作时，要求操作人员对准条码，沿条码的长度方向进行扫描。但在物流过程中，条码的粘贴方向不能严格控制。因此，为减轻操作人员录入条码数据时对准条码的劳动，选择时应着重注意扫描器扫描线花斑的分布：在一个方向上有多条平行线，在某一点上有多条扫描线通过，使得在一定的空间范围内各点的解读概率趋于一致，这就是全角度激光扫描，如图 10-34 所示。

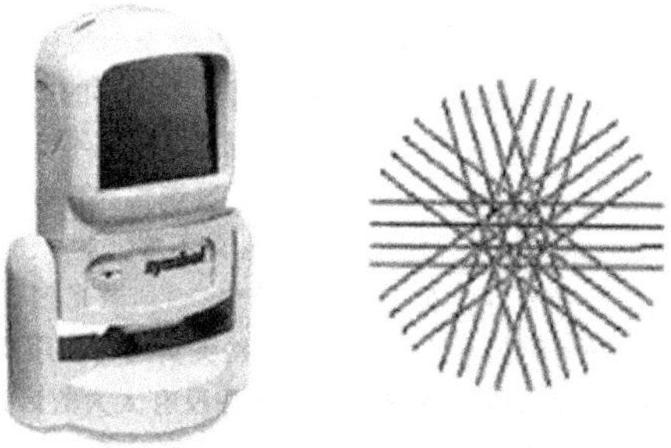

图 10-34　全角度激光扫描

（5）卡式条码阅读器（见图 10-35）。卡式条码阅读器可以用于医院病案管理、身份验证、考勤和生产管理等领域。这种阅读器内部的机械结构能保证标有条码的卡式证件或文件在插入滑槽后自动沿轨道做直线运动，在卡片前进过程中，扫描光点将条码信息读入。卡式条码阅读器一般都具有向计算机传送数据的能力，同时具有声光提示以证明识别

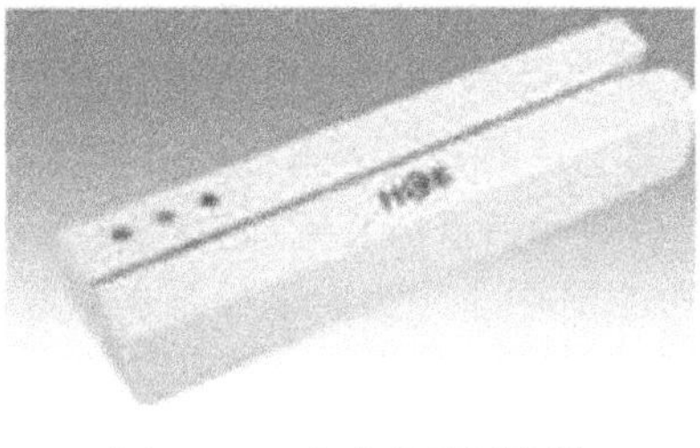

图 10-35　卡式条码阅读器

正确与否。

(6) 便携式条码阅读器（见图 10-36）。便携式条码阅读器一般配接光笔式或轻便的枪型条码扫描器，有的也配接激光扫描器。便携式条码阅读器本身就是一台专用计算机，有的甚至就是一台通用微型计算机。这种阅读器本身具有对条码信号的译码能力。条码译码后，可直接存入机器存储器中。阅读器具有与计算机主机通信的能力。通常，它本身带有显示屏、键盘、条码识别结果声响指示及用户编程功能。使用时，这种阅读器可以与计算机主机分别安装在两个地点，通过线路连成网络；也可以脱机使用，利用电池供电。这种设备特别适用于流动性数据采集环境。收集到的数据可以定时送到主机内存储。有些场合，标有条码信息或代号的载体体积大，比较笨重，不适合搬运到同一数据采集中心处理，这种情况下，使用便携式条码阅读处理器十分方便。

图 10-36　便携式条码阅读器

10.3　用二维码识别的空中智能电动小车

用二维码识别进行运动控制的空中智能电动小车视频，请扫二维码观看“10.3 用二维码识别的空中智能电动小车”。

10.4　标签的射频识别技术

10.4.1　射频识别技术概述

1. 射频的概念

射频识别（Radio Frequency Identification，RFID）技术是 20 世纪 90 年代开始兴起的一种自动识别技术。与其他自动识别系统一样，射频识别系统也是由信息载体和信息获取装置组成的。

射频（Radio Frequency，RF）技术的基本原理是电磁理论，它是利用无线电波对记录媒体进行读写。射频系统的优点是不局限于视线，识别距离比光学系统远，射频识别卡（射频标签）具有读写能力，可携带大量数据、难以伪造和有智能等。射频识别卡和射频读写器如图 10-37 所示。

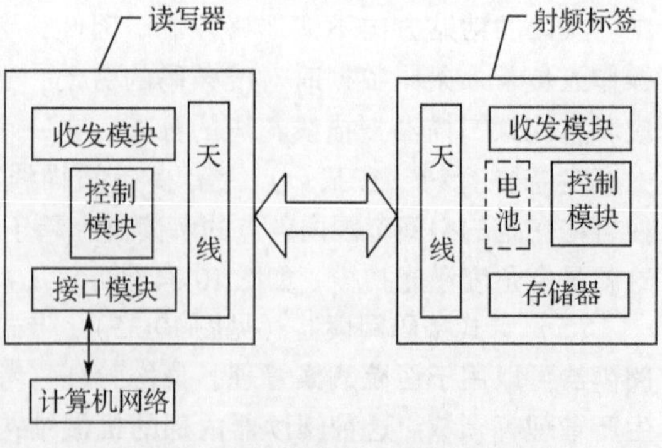

图 10-37　射频识别卡和射频读写器

其中装载识别信息的载体是射频标签（在部分识别系统中也称为应答器、射频卡等），获取信息的装置称为射频读写器（在部分系统中也称为问询器、收发器等）。射频标签与射频读写器之间利用感应、无线电波或微波能量进行非接触双向通信，实现数据交换，从而达到识别的目的。

射频识别系统的工作过程是这样的：读写器在一个区域发射能量形成电磁场，射频标签经过这个区域时检测到读写器的信号后发送储存的数据，读写器接收射频标签发送的信号，解码并校验数据的准确性以达到识别的目的。

射频识别系统的传送距离由许多因素决定，如传送频率、天线设计等，射频识别的距离可达几十厘米至几米；且根据读写的方式，可以输入数千字节的信息，同时，还具有极高的保密性。

射频识别技术是以无线通信技术和存储器技术为核心，伴随着半导体、大规模集成电路技术的发展而逐步形成的，其应用过程涉及无线通信协议、发射功率、占用频率等多种因素，目前尚未形成在开放系统中应用的统一标准，因此射频识别技术主要应用在一些闭环系统中。

2. 射频识别系统的特点

射频标签的几个主要模块集成到一块芯片中与读写器通信，芯片上的内存部分用来储存识别号码或其他数据，内存容量从几个字节到几万个字节。芯片外围仅需连接天线（和电池）。标签封装可以有不同形式，如常见的信用卡的形式及小圆片的形式等。和条码、磁卡、集成电路卡（IC 卡）等同期或早期的识别技术相比，射频标签具有非接触、工作距离长、适于恶劣环境、可识别运动目标等优点。因此，射频识别工作无须人工干预，适于实现自动化且不易损坏，可识别高速运动物体，并可同时识别多个射频卡，操作快捷方便。射频标签不怕油渍、灰尘污染等恶劣的环境。短距离的射频标签可以在这样的环境中替代条码；长距离的产品多用于交通上，距离可达几十米。

3. 射频识别系统的应用类型

根据射频识别系统完成的功能不同，可以粗略地将其分成四种类型：EAS 系统、便携式数据采集系统、物流控制系统和定位系统。

（1）EAS 系统。商品电子防盗（Electronic Article Surveillance，EAS）系统是一种设置在需要控制物品出入门口的 RFID 技术。这种技术主要应用在商店、图书馆、数据中心等场所，当未被授权的人从这些地方非法取走物品时，EAS 系统会发出警告。

在应用 EAS 系统时，首先在物品上粘贴 EAS 标签，当物品被正常购买或者合法移出时，在结算处通过一定的装置使 EAS 标签失活，物品就可以取走。物品经过装有 EAS 系统的门口时，EAS 装置能自动检测标签的活动性，发现活动性标签就会发出警告。EAS 技术的应用可以有效地防止物品被盗，不论是大件的商品，还是很小的物品。

应用 EAS 技术，物品不用再锁在玻璃橱柜里，可以让顾客自由地观看、检查，这在自选日益流行的今天有着非常重要的现实意义。典型的 EAS 系统一般由以下三部分组成：

1）附着在商品上的电子标签、电子传感器。

2）电子标签灭活装置，以便授权商品能正常出入。

3）监视器，以便在出口形成一定区域的监视空间。

EAS 系统的工作原理是：在监视区，发射器以一定的频率向接收器发射信号。发射器与接收器一般安装在零售店、图书馆的出入口，形成一定的监视空间。当具有特殊特征的标签进入该区域时，会对发射器发出的信号产生干扰，这种干扰信号也会被接收器接收，再经过微处理器的分析判断，就会使警报器发出鸣响。根据发射器所发出信号的不同及标签对信号干扰原理的不同，EAS 可以分成许多种类型。关于 EAS 技术最新的研究方向是标签的制作，人们正在讨论 EAS 标签能不能像条码一样，在产品的制作或包装过程中加进产品，成为产品的一部分。

（2）便携式数据采集系统。便携式数据采集系统是使用带有 RFID 读写器的手持式数据采集器采集 RFID 标签上的数据。这种系统具有比较大的灵活性，适用于不宜安装固定式 RFID 系统的应用环境。手持式读写器（数据输入终端）可以在读取数据的同时，通过无线电波数据传输方式实时地向主计算机系统传输数据，也可以暂时将数据存储在读写器中，成批地向主计算机系统传输数据。

(3) 物流控制系统。在物流控制系统中，RFID 读写器分散布置在给定的区域，并且读写器直接与数据管理信息系统相连，信号发射机是移动的，一般安装在移动的物体、人上面。当物体、人经过读写器时，读写器会自动扫描标签上的信息并把数据信息输入数据管理信息系统存储、分析、处理，达到控制物流的目的。

(4) 定位系统。定位系统用于自动化加工系统中的定位，以及对车辆、轮船等进行运行定位支持。读写器放置在移动的车辆、轮船上或者自动化流水线中移动的物料、半成品、成品上，信号发射机嵌入到操作环境的地表下面。信号发射机上存储有位置识别信息，读写器一般通过无线的方式（有的采用有线的方式）连接到主信息管理系统。

我国射频识别技术的应用早已经开始：一些高速公路的收费站口，使用射频识别技术可以不停车收费；我国铁路系统使用射频识别技术记录货车车厢编号；一些物流企业也将射频识别技术用于物流管理中。

10.4.2　射频识别系统的组成

射频识别系统在具体的应用过程中，根据不同的应用目的和应用环境，系统的组成会有所不同。但从射频识别系统的工作原理来看，系统一般都由信号发射机、信号接收机和天线几部分组成，如图 10-38 所示。

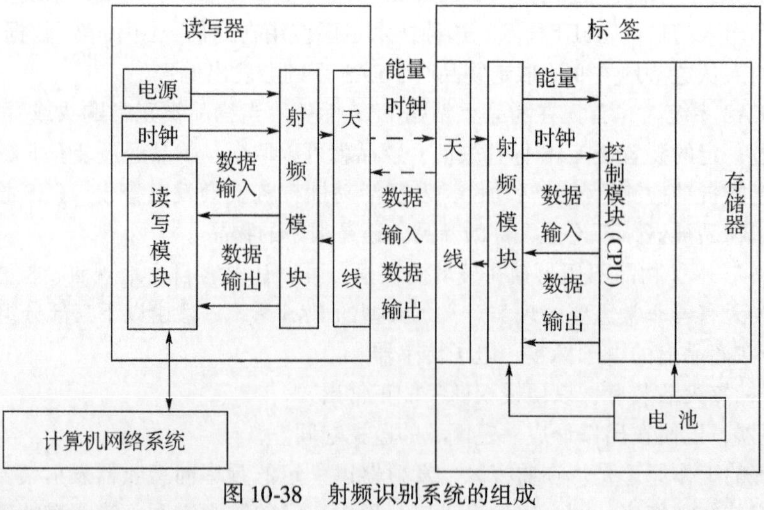

图 10-38　射频识别系统的组成

1. 信号发射机（射频标签）

在射频识别系统中，信号发射机为了不同的应用目的，会以不同的形式存在，典型的形式是标签。标签相当于条码技术中的条码符号，用来存储需要识别传输的信息；另外，与条码不同的是，标签必须能够自动或在外力的作用下，把存储的信息主动发射出去。标签一般是带有线圈、天线、存储器与控制系统的低电集成电路。

按照不同的分类标准，标签有以下不同的分类：

（1）有源射频标签与无源射频标签。在实际应用中，必须给标签供电它才能工作，虽然它的电能消耗是非常低的（一般是百万分之一毫瓦级别）。按照标签获取电能的方式不同，可以把标签分成有源射频标签（主动式标签）与无源射频标签（被动式标签）。

1）有源射频标签内部自带电池进行供电，它的电能充足，工作可靠性高，信号传送的距离远。另外，有源射频标签可以通过设计电池的不同寿命对标签的使用时间或使用次数进行限制。它可以用在需要限制数据传输量或者使用数据有限制的地方。例如，一年内标签只允许读写有限次。有源射频标签的缺点主要是标签的使用寿命受到限制，而且随着标签内电池电力的消耗，数据传输的距离会越来越小，影响系统的正常工作。

2）无源射频标签内部不带电池，要靠外界提供能量才能正常工作。无源射频标签产生电能的典型装置是天线与线圈。当标签进入系统的工作区域，天线接收到特定的电磁波，线圈就会产生感应电流，再经过整流电路给标签供电。

无源射频标签具有永久的使用期，常常用在标签信息需要每天读写或频繁读写多次的地方；而且无源射频标签支持长时间的数据传输和永久性的数据存储。无源射频标签的缺点主要是数据传输的距离要比主动式标签小，因为无源射频标签依靠外部的电磁感应而供电，它的电能就比较弱，数据传输的距离和信号强度就受到限制，需要敏感性比较高的信号接收机（读写器）才能可靠识读。

（2）只读标签与可读可写标签。根据内部使用存储器类型的不同，标签可以分成只读标签与可读可写标签。

1）只读标签内部有只读存储器（Read-Only Memory，ROM）和随机存储器（Random Access Memory，RAM）。ROM 用于存储发射器操作系统说明和安全性要求较高的数据，它与内部的处理器或逻辑处理单元完成内部的操作控制功能，如响应延迟时间控制、数据流控制、电源开关控制等。另外，只读标签的 ROM 中还存储有标签的标识信息。这些信息可以在标签制造过程中由制造商写入 ROM 中，也可以在标签开始使用时由使用者根据特定的应用目的写入特殊的编码信息。这种信息可以只简单地代表二进制中的“0”或者“1”，也可以像二维条码那样，包含复杂的相当丰富的信息。但这种信息只能是一次写入，多次读出。只读标签中的 RAM 用于存储在标签数据识读和传输过程中临时产生的数据。另外，只读标签中除了 ROM 和 RAM 外，一般还有缓冲存储器，用于暂时存储调制后等待天线发送的信息。

2）可读可写标签内部的存储器除了 ROM、RAM 和缓冲存储器之外，还有非活动可编程记忆存储器。这种存储器除了具有存储数据功能外，还具有在适当的条件下允许多次写入数据的功能。非活动可编程记忆存储器有许多种，EEPROM（电可擦除可编程只读存储器）是比较常见的一种，这种存储器在加电的情况下，可以实现对原有数据的擦除或数据的重新写入。

不同种类的电子标签如图 10-39 所示。

图 10-39　不同种类的电子标签

（3）标识标签与便携式数据文件。根据标签中存储器数据存储能力的不同，可以把标签分成仅用于标识目的的标识标签与便携式数据文件两种。

1）标识标签。对于标识标签来说，一个数字或者多个数字、字母、字符串存储在标签中，是为了便于识别或者是进入信息管理系统中数据库的钥匙（Key）。条码技术中标准码制的号码，如EAN/UPC码，或者混合编码，或者标签使用者按照特别的方法编的号码，都可以存储在标识标签中。标识标签中存储的只是标识号码，用于对特定的标识项目，如人、物、地点进行标识，关于被标识项目的详细的特定的信息，只能在与系统相连接的数据库中进行查找。

2）便携式数据文件。顾名思义，便携式数据文件就是说标签中存储的数据非常大，足可以看作一个数据文件。这种标签一般都是用户可编程的，标签中除了存储标识码外，还存储有大量的被标识项目其他的相关信息，如包装说明、工艺过程说明等。在实际应用中，关于被标识项目的所有的信息都是存储在标签中的，读标签就可以得到关于被标识项目的所有信息，而不用再连接到数据库进行信息读取。另外，随着标签存储能力的提高，标签就可以提供组织数据的能力，在读取标签的过程中，可以根据特定的应用目的控制数据的读出，实现在不同的情况下读出的数据部分不同。

2. 信号接收机（读写器）

在射频识别系统中，信号接收机一般叫作阅读器或读写器，如图10-40所示。根据支持的标签类型不同与完成的功能不同，读写器的复杂程度是显著不同的。读写器基本的功能就是提供与标签进行数据传输的途径。另外，读写器还提供相当复杂的信号状态控制、奇偶错误校验与更正功能等。标签中除了存储需要传输的信息外，还必须含有一定的附加信息，如错误校验信息等。识别数据信息和附加信息按照一定的结构编制在一起，并按照特定的顺序向外发送。读写器通过接收到的附加信息来控制数据流的发送。一旦到达读写器的信息被正确接收和译解，读写器通过特定的算法决定是否需要发射机对发送的信号重发一次，或者指导发射机停止发信号，这就是“命令响应协议”。使用这种协议，即便在很短的时间、很小的空间阅读多个标签，也可以有效地防止“欺骗问题”的产生。

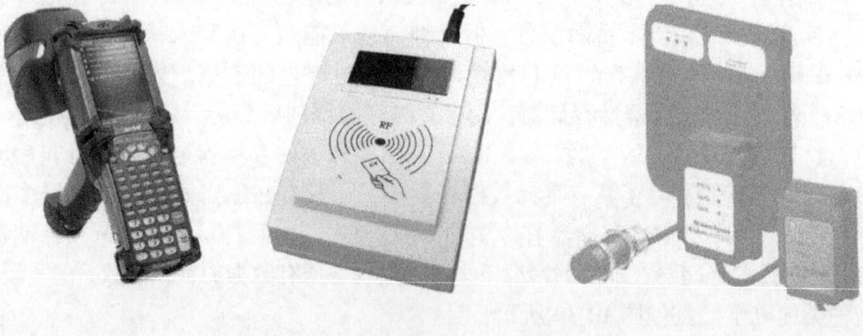

图10-40 手持式和固定式标签读写器

3. 天线

天线是标签与读写器之间传输数据的发射、接收装置，如图10-41所示。在实际应用中，除了系统功率外，天线的形状和相对位置也会影响数据的发射和接收，需要专业人员对系统的天线进行设计、安装。

图10-41 天线

10.4.3　标签和读写器的工作原理

1. 标签和读写器的构成及功能

（1）射频标签的构成及功能。射频标签一般由天线、调制器、编码发生器、控制器、时钟及存储器等组成，如图 10-42 所示。时钟把所有电路功能时序化，以使存储器中的数据在精确的时间内传输至读写器。存储器中的数据是应用系统规定的唯一性编码，在标签安装到识别对象（如集装箱、车辆、动物等）前就已写入。数据读出时，编码发生器提取存储在存储器中的数据并进行编码，传送给调制器，然后通过天线电路将此信息发射/反射至读写器。数据写入时，由控制器控制，将天线接收到的信号解码后写入存储器。

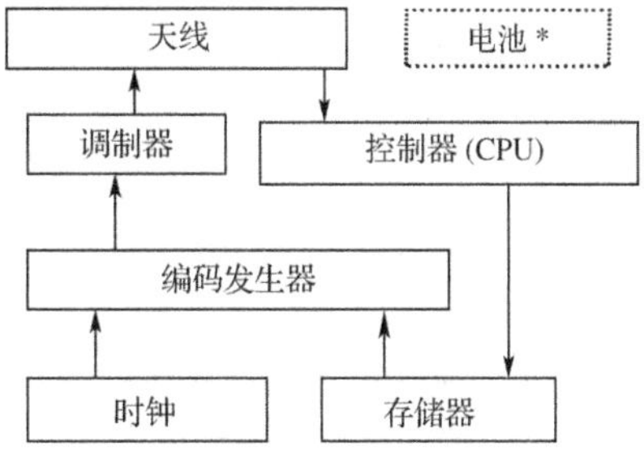

图 10-42　射频标签的构成

通常射频标签应具有如下功能：

1）具有一定容量的存储器，用以存储被识别对象的信息。

2）在一定工作环境及技术条件下标签数据能被读出或写入。

3）维持对识别对象的识别及相关信息的完整性。

4）数据信息编码后，工作时可传输给读写器。

5）可编程；且一旦编程，永久性数据不能再修改。

6）具有确定的使用期限，使用期限内无须维修。

7）对于有源标签，通过读写器能显示出电池的工作状况。

（2）射频读写器的构成及功能。射频读写器一般由天线、射频模块和读写模块组成，如图 10-43 所示。

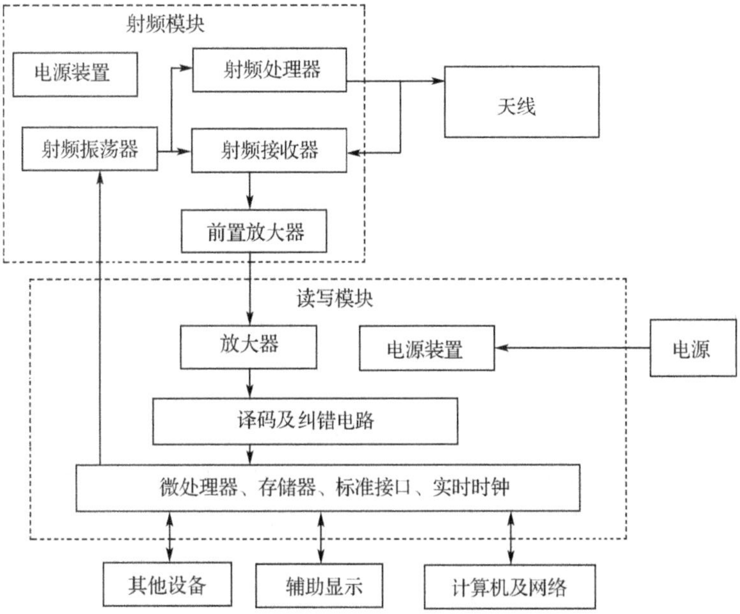

图 10-43　射频读写器的构成

1）天线。天线是发射和接收射频载波信号的设备。在确定的工作频率和带宽条件下，天线发射由射频模块产生的射频载波，并接收从标签发射或反射回来的射频载波。

2）射频模块。射频模块由射频振荡器、射频处理器、射频接收器、前置放大器及电源装置等组成。

射频模块可发射和接收射频载波。射频载波信号由射频振荡器产生并被射频处理器放大。该射频载波通过天线发射。射频模块将天线接收的从标签发射/反射回来的载波解调后传给读写模块。

3）读写模块。读写模块一般由放大器、译码及纠错电路、微处理器、存储器、实时时钟、标准接口及电源装置等组成。它可以接收射频模块传输的信号，译码后获得标签内信息；或将要写入标签的信息译码后传给射频模块，完成写标签操作。此外，它还可以通过标准接口将标签内容和其他信息传给计算机。

2. 工作过程与原理

（1）数据通信原理及影响因素。标签与读写器之间的数据传输是通过空气介质以无线电波的形式进行的。一般地，可以用两个参数衡量数据在空气介质中的传播，即数据传输的速度和数据传输的距离。由于标签的体积、电能有限，从标签中发出的无线信号是非常弱的，信号传输的速度与传输的距离就很有限。

为了实现数据高速、远距离传输，必须把数据信号叠加在一个规则变化的信号比较强的电波上，这个过程叫调制。规则变化的电波叫载波。在RFID系统中，载波电波一般由读写器或编程器发出。有多种方法可以实现数据在载波上的调制，如用数据信息改变载波的波幅叫调幅，改变载波的频率叫调频，改变载波的相位叫调相等。一般来说，使用的载波频率越高，数据传输的速度就越快。例如，2.4GHz频率的载波可以实现2Mbit/s的传输速度。但是，不能无限地提高载波频率以提高信息传输速度，因为无线电波频率的选用是受到政府管制的，各个国家一般都对不同频率的无线电波规定了不同的应用目的，RFID技术无线电波的选择也必须遵守这种规定。目前，国内一般采用通信频率为2.4GHz扩频技术进行通信。这是因为在我国2.4～2.4835GHz的频段是无须向国家无线电管理部门申请使用许可证的公用频段。过去，商业的无线数据传输一般采用窄带传输，即使用比较单一的载波频率传输数据。现在，商业领域广泛使用扩频技术传输无线数据，即使用有一定范围的频率传输数据。这就有了带宽的概念。带宽就是通信中使用的最高的载波频率与最低的载波频率之差。使用宽带频率传输数据最明显的优势是数据传输的速度进一步加快，而且可靠性更高，因为当一个频率的载波线路繁忙或出现故障时，信息可以通过其他频率载波线路传输。

影响数据传输距离远近的首要因素是载波信号与标签中数据信号的强度。载波信号的强度受读写器功率大小控制，标签中数据信号的强度由标签自带电池功率（主动式标签）或标签可以产生的电能（被动式标签）大小决定。一般来说，读写器和标签的功率越大，载波信号和数据信号越强，数据能够传输的距离就越远。无线电波在空气介质中传播，随着传播的距离越来越远，信号的强度会越来越弱。从理论上说，无线电波的衰减程度与传输距离的平方成正比。在系统实际应用中应该注意的是，不能为了达到数据传输的距离而无限制地提高读写器和标签的功率，因为与载波频率的选择一样，无线电波的功率是受到政府管制的。除了系统功率影响数据传输的距离外，空气介质的性质和数据传输路径也显著影响数据传输的距离。空气介质的性质包括空气的密度、湿度等性质。一般来说，采用的载波频率越高，空气性质不同对数据传输距离的影响越明显。空气的湿度越大或者是空气的密度越高，介质对无线电波的吸收越严重，数据传输的距离就越小。

另外，如果数据传输路径中有许多障碍物，也会显著影响数据传输的距离，因为无线电波碰到障碍物时，物体一般都会对无线电波产生吸收和反射。考虑到空气的性质和数据传输中经过障碍物，无线电波衰减的程度有时可以达到与传输距离的四次方成正比。影响数据传输距离的因素还包括发射、接收天线的设计和布置以及噪声干扰等。

（2）工作过程。

1）读写器将设定数据的无线电载波信号经过发射天线向外发射。

2）当射频标签进入发射天线的工作区时，射频标签被激活后即将自身信息代码经天线发射出去。

3）系统的接收天线接收到射频标签发出的载波信号，经天线的调制器传给读写器；读写器对接到的信号进行解调解码，送后台计算机控制器。

4）计算机控制器根据逻辑运算判断该射频标签的合法性，针对不同的设定做出相应的处理和控制，发出指令信号控制执行机构的动作。

5）执行机构按计算机的指令动作。

6）通过计算机通信网络将各个监控点连接起来，构成总控信息平台。根据不同的项目可以设计不同的软件来完成要达到的功能。

10.5　条码及标签识别在物流中的应用实例

10.5.1　条码技术与仓库管理

为了做到有效的客户服务，企业必须有能力快速地响应客户的特殊业务需求。为了减少库存，并提高订单的履约率，采取有选择的发货渠道显得尤为重要。由于地理等因素的影响，从企业的供应商直接发货给客户是常用的一种经营业务方式。此外，还必须重视优化库存，库位可按存储能力、存放容器、货架类型及特殊用途等进行定义。货物处理的类型可以是大批存储、临时存储、退货暂存等。产品的批号控制是一个关键的仓储处理项目。产品要有批号，以便于对质量进行跟踪，对过期的物料进行控制，以保证交付到客户手中的是合乎质量要求的产品。可见，今天的仓库作业和库存控制作业已十分多样化、复杂化，靠人工去记忆和处理已十分困难。如果不能保证正确的进货、验收、质量保证及发货，就会导致浪费时间，产生库存，延迟交货，增加成本，以致失去为客户服务的机会。采用条码技术并与信息处理技术结合，可确保库存量的准确性，保证必要的库存水平及仓库中物料的移动，保证库存量与进货发货协调一致，保证产品的最优流入、保存和流出仓库。

借助条码伴之以数据存储、传输、智能软件、计算机平台以及通信网络等，不论物流流向哪里，都可以自动地记录下物流的流动，条码技术与信息处理技术的结合有助于合理地利用仓库空间，以快速、正确、低成本的方式为客户提供最好的服务。

下面介绍两个条码技术与仓库管理的具体实例。

1. 经济型仓库管理方案

方案可对仓库中的每一种货物、每一个库位做出书面报告，并可定期对库区进行周期性盘存。这种方案对零售业的商品盘库、医院的药品盘库等是很实用的。

在设计具体方案时应根据不同要求选用不同的软件和条码设备等。例如需要了解：客户是否要求条码扫描器与主机连续通信；数据是否批处理即可；一天内采集的数据量有多少，是连续扫描还是定时扫描；数据处理的结果需多久报告一次，每小时、每天，还是每月向数据库送库存数据；仓库中的物理位置是怎样标识的；数据项的条码标签何时何地由谁使用；标签离库后是否还有别的用户需要扫描等。

本方案是这样操作的：仓库员用手持式条码终端对货位进行扫描，扫入货位号后，对其上的货物相应的物品号（如零件号）进行扫描，并键入该物品的数量，然后对第二个货位及其上的货物进行扫描，如此重复上述步骤，直到把仓库中的货物全部点清。最后将条码终端中采集到的数据通过通信接口传给计算机。

系统所有使用的软件分为两部分：一部分驻留在条码终端中，另一部分在计算机（或其他的小型机、主机）上。条码终端中的软件只完成数据采集功能，比较简单，一般用户都能自己编程。而计算机中的软件应包括数据库系统和仓库管理软件。

对完成数据采集功能的条码终端的要求并不高，不需要很复杂的功能（例如 ZZ9801 机）：有一个 4 行 ×16 个字符的显示器来显示所采集到的数据和程序菜单；一个键盘，可输入物品数量；一定容量的数据存储器（256K ~ 512KB 或更大的容量）；条码扫描部分可以用笔式、CCD 式、激光枪式（通常应选用激光枪，因为光笔和 CCD 扫描器均为接触式扫描，不能适应仓库作业）；一个 RS-232 串口作为与计算机的双向通信接口。终端中的程序由计算机下载，而终端采集到的数据上传到计算机中。

当仓库作业增加时，可增加条码终端数，但计算机不一定要增加。当然计算机的配置要合适，达到最低配置要求。

另外，系统中需配置条码打印机，以便打印各种标签，如货位、货架用的标签和物品标识用的标签，并标明批号、数量。当然要先决定如何对这些物品进行标识，是每件物品、每单元、每箱贴标签，还是其他方案。此外，还要对仓库员进行标识，以方便管理。至于条码如何设计、标签格式如何设计等都是在做方案阶段要完成的。

这种系统的优点是成本低，系统灵活。不熟悉条码技术的用户可以以此起步。

2. 立体仓库的管理系统

某立体仓库所利用的建筑面积为 3 200m^2，高 5.5m。有 5 个巷道，其中 4 个双伸位巷道，1 个单伸位巷道；货位尺寸约 1.5m × 1.5m × 1.1m，总共 3 000 个，最高 7 层；货箱尺寸为 1.2m × 0.7m × 0.7m，毛重 215kg；托盘尺寸为 1.25m × 1.47m × 0.8m，每个托盘上放 2 个货箱。仓库的吞吐能力为每小时 120 个货位：入库 80 个货位/h，出库 40 个货位/h。

（1）入库作业。由拖车将货箱从集装箱上卸下后，再用拖车每次 2 箱按指定方位放在入库站台的空托盘上。货物由条码识别系统识别托盘号，由计算机系统控制输送系统将托盘送到指定的巷道的入库货格上，再由巷道车将托盘上的货箱送到指定的货位。

（2）出库作业。根据出库作业单将数据输入到仓库管理系统中，按出库原则（例如先进先出等）下达出库作业指令，巷道车按指令将指定货位上的货物送到出库货格上，再由输送系统将其送到指定的出库站台上。

系统采用固定式条码阅读器自动识别入库/出库输送系统上通过的托盘标号，并实时将信号上传到计算机系统，经确认无误后由系统指挥输送线将托盘上的货箱送入/出相应的巷道和库位。

系统以计算机监控机为中心，通过 RS-232 口直接连接输送线控制系统。通过一个 8 口通信管理器连接出库条码读写器，并直接与 PLC 的串口模块相连；通过一个 16 口通信管理器连接入库及巷道条码读写器，并通过 RS-232 口直接和监控机相连。

采用这种系统可提高货物出库/入库的正确性，确保产品的高质量；同时也可改变原有系统中存在的人工搬运劳动强度大、工作效率低的状况。

条码技术像一条纽带，把产品生命周期中各阶段发生的信息连接在一起，可跟踪产品从生产到销售的全过程，使企业在激烈的市场竞争中处于有利地位。条码化还可以保证数据的准确性，使用条码设备既方便又快捷，自动识别技术的效率是键盘所无法相比的。日本夏普电子公司四年间采用条码化的仓库管理系统，仓库作业数呈两位数字增长，人员数却没有增加，且库存精度达到100%，发货和进货作业的差异率降为零，而且一些劳动量大的工作也压缩了。过去以纸为基础的作业方式，在发货和入库方面，每月约有 200 个错误发生；错误发生后，往往需要几个月来跟踪这些差异，以免扩大其影响。现在每一件货物出入库时，操作员马上把货物上的条码用一支手持 CCD 式激光枪识读，通过数据采集器把数据及时地送入计算机；而有些条码阅读器则直接装在升降机上，避免了错误发生。现代社会中，仓库已是市场与现代企业之间商品流通的重要转移和仓储的必需基础设施。仓库要实现现代化管理，条码技术不可或缺，它是保证仓库作业优化、充分利用仓库空间、快速便捷为客户提供优质服务、创汇增值的优先手段。

10.5.2　在物料搬运系统中应用的条码识别技术

1. 物料搬运系统的特点

（1）货品种类繁多，信息量大。物料搬运系统所涉及的货品是多种多样的；每种货品需要识别的信息也多，除了货品品名、供货厂商等信息外，有时还需要识别生产批号、生产日期、保质期等信息，以确保实现先入先出的配送原则。

（2）包装规格不一。以邮包为例，通常只对邮包的最大尺寸有所限制，邮包规格参差不齐。邮包与固定式扫描器的距离会有较大的差异。

（3）经常不能确定条码标签的方向和位置。以机场的旅客行李为例，行李有长有短，有大有小，有的竖立，有的平躺。行李标签在行李上的位置是不确定的，而行李在运输机上的位置也是不确定的。

（4）货品通过扫描器的速度比较快。随着流通量的不断增大，运输机的速度不断提高，货品通过扫描器时的相对速度比较高，可达 2.5m/s。

2. 物料搬运系统条码扫描技术要点

物料搬运系统的特点决定其应用的条码扫描技术与常用的技术有所不同。为了适应物料搬运系统的特点，条码扫描技术也有鲜明的特点。

（1）一般采用氦氖激光器。条码识别用的激光一般都由氦氖激光器产生。这种激光的波长为633nm，其强度符合劳动安全规范的要求。

（2）一般每秒扫描 500 次以上。一般来说，激光二极管发出的光点经过光学系统呈线形图案横扫条码。如果条码高度是 25mm，运输机的速度是 2.5m/s，则激光束能扫到条码的时间只有 0.01s。如果激光束每秒能扫描 500 次，则在货品运行通过扫描器的过程中，扫描器只能完整地扫描条码 5 次。为了保证识读的准确性，至少要求 3 次。

（3）DRX 技术的使用。由于条码标签可能与激光束成一个角度，一条激光束不能扫描到完整的条码，为此，Accu-Sort 公司开发了数据重组技术，也称 DRX（Data Reconstruction）。由于货物是不断移动的，激光束的每次扫描都会有新增的数据，DRX 技术的核心是把每次扫描所得到的数据与上一次扫描的数据进行比较，找到相同的中间部分，然后添加新的内容。

虽然每次扫描所得到的信息是不完整的，但是通过 DRX，仍然可以得到完整的信息。

在物料搬运系统中有时不仅需要对整个包装箱进行识别，而且还需要识别包装箱内的货品。例如，在鞋类配送作业中，一件包装箱内可以装不同规格尺寸的鞋子。每双鞋子的鞋盒上都有各自的条码标签。当包装箱通过扫描器时，排成矩阵的条码逐个被识读，从而达到检验发运的包装箱是否符合订单的要求。

（4）二维条码的应用。在有些应用场合，要求在识别标签上保存大量的信息，譬如美国联合邮包快递公司（UPS）要在标签上为客户保存如下信息：国家码、邮政编码、服务等级、跟踪号、发运单位识别号、发运日期、邮购订单号、客户识别号、货品识别号、货品数量以及客户所要求的其他信息等。这么多信息用普通条码是无法表示的，只能用 PDF417 码、MAXICODE 码等二维条码。

3. 保证物料搬运系统条码扫描技术取得成功的要素

条码技术是一项能极大改善管理、提高效率的新技术。但如同所有新技术一样，预期的效果不是自然而然就得到的，而必须在一开始就注意一些主要问题。

（1）要明确条码所应包含的信息量。条码技术是信息技术的一部分。货品的信息极多，除了品名、规格、数量、生产厂名等信息外，还可能有生产批号、流水号、生产日期、保质期、发运地点、到达地点、收货单位、承运单位、包装类型、运单号等信息。前一类信息可称为静态信息，后一类信息可称为动态信息。所有的信息都应保存在数据库内。而有一部分信息则应由条码来表示以便随时提取。条码所表示的信息越多，越能随时获得这些信息，但是条码标签的尺寸随之增大，识读所需的处理时间也随之增加。因此，在应用条码技术之前，必须合理地确定条码所应包含的信息量。

（2）要明确货品包装所能允许的条码尺寸，选择合适的码制。条码尺寸是影响识读率的主要因素之一。条码由宽窄不一的条和空组成。条码尺寸中最主要的是窄条的宽度，通常以密耳（mil）值表示。如果包装尺寸较大，可以粘贴比较大的条码标签，则可以采用 40mil 的条码；反之，如果包装尺寸很小，可能只允许采用 10mil 的条码。mil 值越小，要求印刷的分辨率越高，远距离识读就越困难。另一个因素是整个条码的长高比。长高比越大，识读越困难。因此在包装尺寸允许的情况下，应尽量增大条的高度。

码制的选择取决于行业规范。如果没有行业规范，则主要考虑条码的内容。有些码制只能表示数字，有些码制则既能表示数字，又能表示字母，如 39 码。近年来推广应用的 EAN-128 码可以表示全部 ASCII 字符集，功能很强大；而且在表示数字时，一个条码字符可以表示两位数字，从而大大缩小了条码的尺寸，是值得优选的码制。

（3）要明确货品通过扫描器时的位置偏差和相对速度。根据应用条件的不同，货品通过扫描器时的相对位置可以比较确定，也可以有很大的差别。就条码标签而言，可以有三个方向的偏角。

1）平面偏角。这是指条码绕垂直于标签平面的轴线回转的偏角。

2）纵向偏角。这是指条码绕垂直于条的纵向轴线回转的偏角。

3）横向偏角。这是指条码绕平行于条的横向轴线回转的偏角。

当激光束扫描条码时，平面偏角相当于降低了条码的高度；纵向偏角也产生相同的效果，但程度稍轻；横向偏角则相当于减小了窄条的宽度，也会在不同程度上影响扫描效果。相对速度则影响扫描次数。在选用扫描器时，这些参数都是需要予以确定的，因为每种型号的扫描器都有各自的适用范围。选用不当会降低识读率，影响系统的可靠性。

10.5.3　标签识别技术应用实例

1. 铁路矿车（货车）车厢自动抄号、称重管理系统

（1）概述。某矿区铁路矿车上的每个车厢必须经过轨道衡计算机自动称重，登记车厢号，要求称重准确并和车厢号一一对应，不许混淆。在采用车厢自动抄号系统之前，该矿区多年来一直用手工抄号，不但工人操作环境恶劣（不管酷暑、寒冬、雨雪、大风天气都要在铁路边露天抄号，尤其是装红热焦炭的矿车根本无法靠近），而且有的车厢号码也因泥土覆盖或油漆脱落模糊不清，所以抄的号码很难做到准确，并且人工抄的车厢号不能保证和轨道衡计算机自动称重的数量准确地对应，造成管理混乱。为了加强管理，现采用远距离射频识别技术设备实现车厢自动抄号，将自动抄号系统与轨道衡计算机自动称重系统兼容，实现了每个车厢的称重、抄号、记录一次自动完成，使管理上了一个新的台阶。

（2）设备安装。

1）每个轨道衡磅站安装一套 CTST2000 型远距离射频自动识别技术设备。

2）每个车厢安装一个 CT⊖标识卡（射频标签）。

（3）工作流程。

1）一列矿车经过轨道衡磅站，每一节车厢在进入轨道衡称重的同时即进入 CTST2000 型远距离射频自动识别系统的工作区，此时该车厢的 CT 标识卡被激活，发射出自身的信息码。

2）CT 标识卡发射出的信息码被系统接收，经系统的阅读器解调解码后将该车厢号码送给计算机，与轨道衡称的质量一同记入数据库，完成车厢的自动称重与自动抄号全过程，保证两个参数一一对应，如图 10-44 所示。

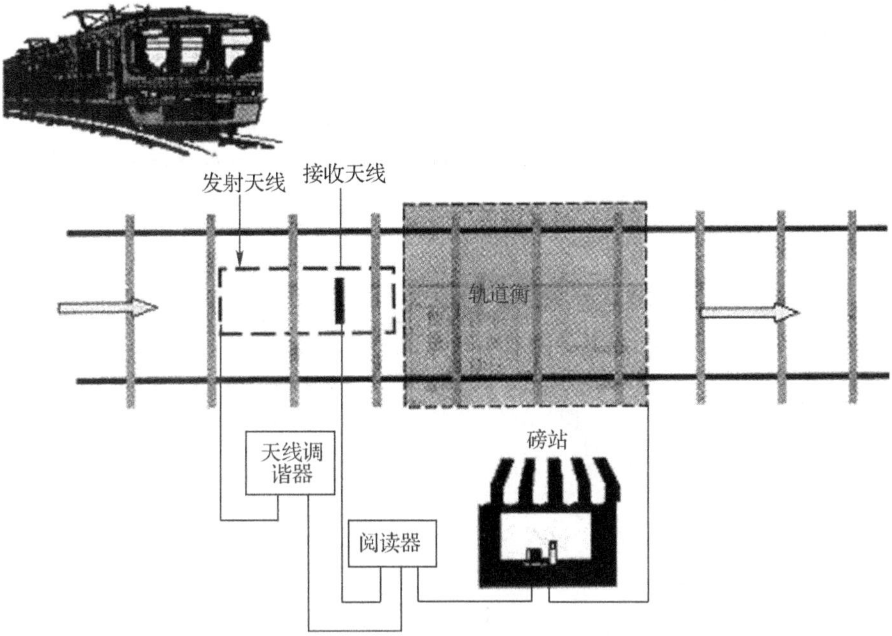

图 10-44　矿车车厢自动抄号、称重管理系统图

⊖ CT 为 Computed Tomography 的简写，译为计算机断层扫描。

2. 不停车收费管理系统

（1）概述。A桥是该城连接长江两岸市区的唯一通道，每日车流量约4万~5万辆，大桥为四车道，并建有六车道收费站。如果用IC卡收费系统，每辆车过关卡需要14s，每日只能通过车辆3万余辆，必然出现交通堵塞现象，尤其在车流高峰时间段，塞车严重。现采用以CTST2000型远距离射频识别技术设备为中心的A桥不停车收费管理系统，开四条不停车收费车道，两条人工收费通道，保证车辆畅通。

（2）A桥不停车收费管理系统的主要功能。

1）不停车收费通道允许装有月租卡车辆以50~60km/h（最高能达到80km/h）的速度通过关卡，根据不同类型车辆的缴费费率完成自动应扣的款项（银行划款或预缴费扣除）。

2）对过期卡、失效卡、无卡的违章冲关车辆，可自动抓拍车辆图像、记录冲关时间及报警。

3）完成各种数据信息的记录统计、查询、打印等。

（3）设备安装。

1）收费站每条不停车收费车道都安装一套远距离射频识别技术设备、车道控制计算机及摄像机、交通红绿灯、电子显示屏、报警器等。

2）安装一个CT目标识别卡（射频标签）。

3）控制中心安装系统服务器一台，管理计算机一台。控制中心系统服务器、管理计算机及四台车道控制计算机通过局域网实现数据共享，预留银行及其他有关系统接口，设备安装如图10-45所示。

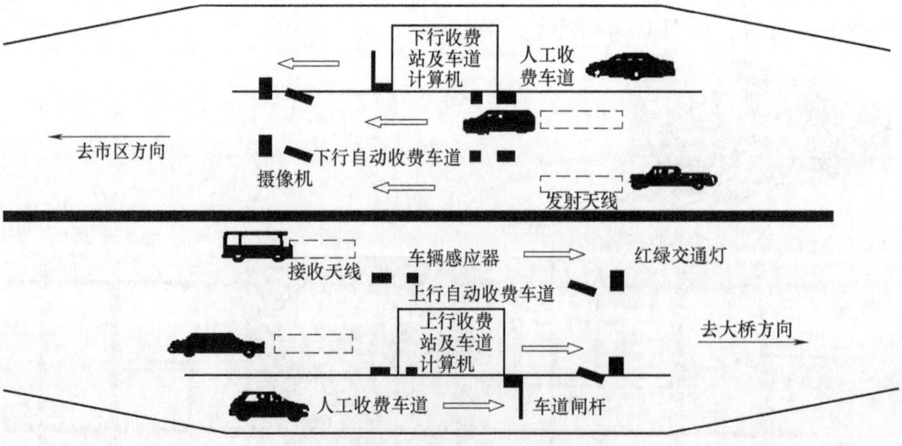

图10-45　设备安装示意图

思考与练习题

1. 何谓网络互联协议（IP）？IP实现网络互联的原理是什么？

2. 因特网（Internet）和企业内部网（Intranet）的关系是什么？简述客户端/服务器结构的分层功能。

3. 企业内部网（Intranet）中Web服务器的结构如何？负载均衡器有什么作用？

4. 互联网的主要硬件有哪些？各有何作用？

5. 企业内部网与因特网如何连接？移动互联网接入有何特点？

6. 说明物流互联网的多层体系结构。物流互联网的无线接入如何实现？

7. 何谓物联网？物联网与传统互联网的不同是什么？物联网和物流互联网的关系如何？

8. 物联网应用的核技术是什么？

9. 物联网的技术架构可以分为哪三个层次？各自的组成与功能如何？

10. 云计算的关键特征和云服务模型是什么？云计算有何作用？何谓传感节点全 IP 方式寻址？

11. 物流自动化系统中常用的条码有哪些？

12. 什么是条码技术？条码技术设备有哪些？

13. 一维条码的主要特点有哪些？一维条码在物流中主要应用在哪些场合？

14. 二维条码的主要特点有哪些？二维条码在物流中主要应用在哪些场合？

15. 什么是标签的射频识别（RFID）技术？RFID 系统主要有哪些特点？

16. 简述标签识别技术在物流中的应用。

第 11 章 全球卫星定位导航系统

11.1 各国的卫星定位导航系统

全球卫星定位导航系统是重要的空间技术基础设施，为世界带来了巨大的社会效益和经济效益，对民生和国防产生了深远的影响。发展卫星定位导航系统已经成为各国争雄的焦点，由于最早应用的全球定位系统是美国研制的 NAVSTAR 系统（归美国国防部管理和操作），所以国际上通常把美国的 NAVSTAR 系统称为 GPS。目前，北斗导航系统是我国具有自主知识产权的卫星定位系统，与美国 GPS、俄罗斯格罗纳斯（GLONASS）、欧盟伽利略系统并称全球四大卫星导航系统，图 11-1 所示。近来，日本和印度等自主研发的卫星导航系统也竞相启动，全球卫星导航产业呈现出从单一 GPS 应用向多系统兼容应用转变，从以导航应用为主向导航与移动通信、互联网等融合应用转变，从以终端应用为主向产品与服务并重转变三大发展趋势。竞争与合作并存的国际格局以及产业融合发展的趋势，必将促进卫星导航技术在更多领域的深度应用，推动卫星导航及相关产业全面发展。在全球市场最大的商业应用领域（物流和个人汽车导航），GPS 一直处于垄断地位，全球汽车导航中使用的基本都是 GPS 设备。

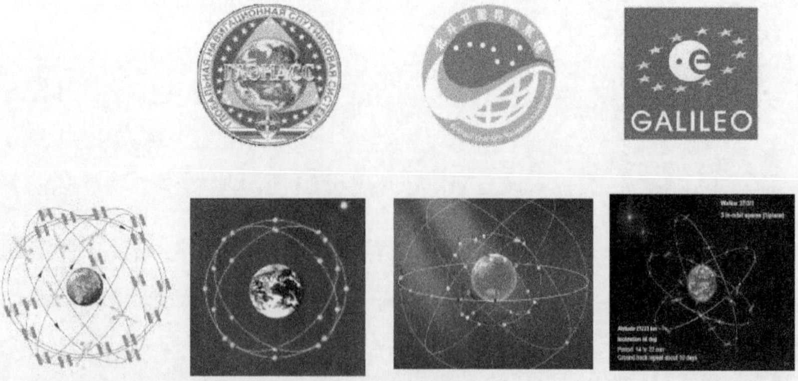

a)　　b)　　c)　　d)

图 11-1　各国全球卫星导航系统

a）美国 GPS　b）俄罗斯 GLONASS　c）中国北斗　d）欧盟伽利略

俄罗斯研发的格罗纳斯卫星导航系统，包含卫星、地面测控站和用户设备三部分，系统由 21 颗工作星和 3 颗备份星组成。格罗纳斯系统于 20 世纪 70 年代开始研制，1982 年发射首颗卫星入轨。在技术上格罗纳斯系统的抗干扰能力比 GPS 要好，但定位精度不及 GPS。

以下分别简要介绍美国 GPS、欧盟伽利略系统和我国北斗系统。

11.1.1　GPS 简介

1. 特点

GPS 是美国从 20 世纪 70 年代开始研制，历时 20 年，耗资 200 亿美元，于 1994 年全面建成，具有在海、陆、空进行全方位实时三维导航与定位能力的新一代卫星导航与定位系统。GPS 是美国第二代卫星导航系统，是在子午仪卫星导航系统的基础上发展起来的。GPS 成功地应用于大地测量、工程测量、航空摄影测量、运载工具导航和管制、地壳运动监测、工程变形监测、资源勘察、地球动力学等多种学科，从而给测绘领域带来了一场深刻的技术革命。

美国 GPS 是一个中距离圆形轨道卫星导航系统，能为地球表面绝大部分地区提供准确的定位、测速和高精度时间标准。系统由美国国防部研制和维护，1994 年全面建成。GPS 系统的一大优点是：在使用过程中，接收机不需要发出任何信号，从而增加了隐蔽性，提高了其军事应用效能。

GPS 导航定位以其高精度、全天候、高效率、多功能、操作简便、应用广泛而著称。其特点具体如下：

（1）定位精度高。应用实践已经证明，GPS 相对定位精度在 50km 以内可达 10^{-6}，100～500km 可达 10^{-7}，1 000km 可达 10^{-9}。在 300～1 500m 工程精密定位中，其平面位置误差小于 1mm。

（2）观测时间短。随着 GPS 的不断完善和软件的不断更新，目前，20km 以内相对静态定位，仅需 15～20min；快速静态相对定位测量时，当每个流动站与基准站相距在 15km 以内时，流动站观测时间只需 1～2min，然后可随时定位，每站观测只需几秒钟。

（3）测站间无须通视。GPS 测量不要求测站之间互相通视，只需测站上空开阔即可，因此可节省大量的造标费用。由于无须点间通视，点位位置根据需要，可稀可密，使选点工作甚为灵活，也可省去经典大地网中的传算点、过渡点的测量工作。

（4）可提供三维坐标。经典大地测量将平面与高程采用不同方法分别施测。GPS 可同时精确测定测站点的三维坐标。目前 GPS 水准可满足四等水准测量的精度。

（5）操作简便。随着 GPS 接收机不断改进，自动化程度越来越高，接收机的体积越来越小，质量越来越轻，极大地减轻测量工作者的工作紧张程度和劳动强度，使野外工作变得轻松愉快。

（6）全天候作业。目前 GPS 观测可在一天 24h 内的任何时间进行，不受阴天黑夜、起雾刮风、下雨下雪等气候的影响。

（7）功能多、应用广。GPS 不仅可用于测量、导航，还可用于测速、测时。测速的精度可达 0.1m/s。

2. GPS 的构成

GPS 由空间部分、地面监控部分和用户接收机三大部分组成。该系统包括：太空中的 24 颗 GPS 卫星，地面上的 1 个主控站、3 个数据注入站和 5 个监测站，以及作为用户端的 GPS 接收机。只需其中 3 颗卫星，就能迅速确定用户端在地球上所处的位置及海拔高度。

(1) 卫星星座。GPS工作卫星及其星座由21颗工作卫星和3颗在轨备用卫星组成，记作(21+3) GPS星座。24颗卫星均匀分布在6个轨道平面内，轨道倾角为55°，各个轨道平面之间相距60°，即轨道的升交点赤经各相差60°。每个轨道平面内各颗卫星之间的升交角距相差90°，任一轨道平面上的卫星比西边相邻轨道平面上的相应卫星超前30°。

在20 000km高空的GPS卫星，当地球对恒星来说自转一周时，它们绕地球运行两周，即绕地球一周的时间为12恒星时。这样，对于地面观测者来说，每天将提前4min见到同一颗GPS卫星。位于地平线以上的卫星颗数随着时间和地点的不同而不同，最少可见到4颗，最多可见到11颗。在用GPS信号导航定位时，为了算出测站的三维坐标，必须观测4颗GPS卫星，称为定位星座。这4颗卫星在观测过程中的几何位置分布对定位精度有一定的影响。对于某地某时，甚至不能测得精确的点位坐标，这种时间段叫作“间隙段”。但这种时间间隙段是很短暂的，并不影响全球绝大多数地方的全天候、高精度、连续实时性。

(2) 监控系统。对于导航定位来说，GPS卫星是一动态已知点。卫星的位置是依据卫星发射的星历——描述卫星运动及其轨道的参数算得的。每颗GPS卫星所播发的星历，是由地面监控系统提供的。卫星上的各种设备是否正常工作，以及卫星是否一直沿着预定轨道运行，都要由地面设备进行监测和控制。地面监控系统另一重要作用是保持各颗卫星处于同一时间标准——GPS时间系统。这就需要地面站监测各颗卫星的时间，求出钟差。然后由地面注入站发给卫星，卫星再由导航电文发给用户设备。GPS工作卫星的地面监控系统包括1个主控站、3个注入站和5个监测站。

(3) 信号接收机。GPS信号接收机的任务是：能够捕获到按一定卫星高度截止角所选择的待测卫星的信号，并跟踪这些卫星的运行；对所接收到的GPS信号进行变换、放大和处理，以便测量出GPS信号从卫星到接收机天线的传播时间，解译出GPS卫星所发送的导航电文，实时地计算出测站的三维位置，甚至三维速度和时间。

静态定位中，GPS接收机在捕获和跟踪GPS卫星的过程中固定不变，接收机高精度地测量GPS信号的传播时间，利用GPS卫星在轨的已知位置，解算出接收机天线所在位置的三维坐标。而动态定位则是用GPS接收机测定一个运动物体的运行轨迹。GPS信号接收机所位于的运动物体叫作载体（如航行中的船舰、空中的飞机、行走的车辆等）。载体上的GPS接收机天线在跟踪GPS卫星的过程中相对地球而运动，接收机用GPS信号实时地测得运动载体的状态参数（瞬间三维位置和三维速度）。

接收机硬件和机内软件以及GPS数据的后处理软件包，构成完整的GPS用户设备。GPS接收机的结构分为天线单元和接收单元两大部分。对于测地型接收机来说，两个单元一般分成两个独立的部件，观测时将天线单元安置在测站上，接收单元置于测站附近的适当地方，用电缆线将两者连接成一个整机。也有的将天线单元和接收单元制作成一个整体，观测时将其安置在测站上。

GPS接收机一般用蓄电池做电源。同时采用机内机外两种直流电源。设置机内电池的目的在于更换外电池时不中断连续观测。在用机外电池的过程中，机内电池自动充电。关机后，机内电池为RAM供电，以防止丢失数据。

近几年，国内引进了许多种类型的GPS测地型接收机。各种类型的GPS测地型接收机用于精密相对定位时，其双频接收机精度可达5mm，单频接收机在一定距离内精度可达10mm。用于差分定位，其精度可达亚米级至厘米级。目前，各种类型的GPS接收机体积越来越小，质量越来越轻，便于野外观测。GPS和GLONASS兼容的全球卫星定位导航系统接收机已经问世。

GPS 卫星发送的导航定位信号，是一种可供无数用户共享的信息资源。对于陆地、海洋和空间的广大用户，只要用户拥有能够接收、跟踪、变换和测量 GPS 信号的接收设备，即 GPS 信号接收机，就可以在任何时候用 GPS 信号进行定位导航测量。下面介绍一下接收机的分类。

1）按接收机的用途分类。

① 导航型接收机。此类型接收机主要用于运动载体的导航，它可以实时给出载体的位置和速度。这类接收机一般采用 C/A 码伪距测量，单点实时定位精度较低，一般为 ±25mm。这类接收机价格便宜，应用广泛。根据应用领域的不同，此类接收机还可以进一步分为：车载型——用于车辆定位导航；航海型——用于船舶定位导航；航空型——用于飞机定位导航（由于飞机运行速度快，因此，在航空上用的接收机要求能适应高速运动）；星载型——用于卫星的定位导航（由于卫星的速度高达 7km/s 以上，因此对接收机的要求更高）。

② 测地型接收机。测地型接收机主要用于精密大地测量和精密工程测量。定位精度高。仪器结构复杂，价格较贵。

③ 授时型接收机。这类接收机主要利用 GPS 卫星提供的高精度时间标准进行授时，常用于天文台及无线电通信中时间同步。

2）按接收机的载波频率分类。

①单频接收机。单频接收机只能接收 L1 载波信号，测定载波相位观测值进行定位。由于不能有效消除电离层延迟影响，单频接收机只适用于短基线（<15km）的精密定位。

②双频接收机。双频接收机可以同时接收 L1 和 L2 载波信号。利用双频对电离层延迟的不一样，可以消除电离层对电磁波信号延迟的影响，因此双频接收机可用于长达几千千米的精密定位。

3）按接收机通道数分类。GPS 接收机能同时接收多颗 GPS 卫星的信号，分离接收到的不同卫星的信号，以实现对卫星信号的跟踪、处理和量测，具有这样功能的器件称为天线信号通道。根据接收机所具有的通道种类可分为：多通道接收机、序贯通道接收机、多路多用通道接收机。

11.1.2 伽利略（Galileo）卫星定位导航系统简介

伽利略卫星定位导航系统（以下简称伽利略系统）是欧洲自主的、独立的全球多模式卫星定位导航系统，提供高精度、高可靠性的定位服务，同时它实现了完全非军方控制、管理。

1. 伽利略系统的组成

伽利略系统由空间段、地面段、用户三部分组成。

（1）空间段由分布在 3 个轨道上的 30 颗中等高度地球轨道（MEO）卫星构成，每个轨道面上有 10 颗卫星，9 颗正常工作，1 颗运行备用；轨道面倾角为 56°。

（2）地面段包括全球地面控制段、全球地面任务段、全球域网、导航管理中心、地面支持设施、地面管理机构。

（3）用户端主要就是用户接收机及其等同产品。伽利略系统考虑将与 GPS、GLONASS 的导航信号一起组成复合型卫星定位导航系统，因此用户接收机将是多用途、兼容性接收机。

2. 伽利略系统的优势

伽利略系统是世界上第一个基于民用的全球卫星定位导航系统，提供高精度、高可靠性的定位服务，实现完全非军方控制、管理，可以进行覆盖全球的导航和定位功能。伽利略系统还能够和美国的GPS、俄罗斯的GLONASS系统实现多系统内的相互合作，任何用户将来都可以用一个多系统接收机采集各个系统的数据或者各系统数据的组合来实现定位导航的要求。

伽利略系统可以发送实时的高精度定位信息，这是现有的卫星定位导航系统所没有的，同时伽利略系统能够保证在许多特殊情况下提供服务，如果失败也能在几秒钟内通知客户。与美国的GPS相比，伽利略系统更先进，也更可靠。美国GPS向别国提供的卫星信号，只能发现地面大约10m长的物体，而伽利略的卫星则能发现1m长的目标。一位军事专家形象地比喻说，GPS只能找到街道，而伽利略系统则可找到家门。

3. 我国参与“伽利略”计划

目前全世界使用的定位导航系统主要是美国的GPS，欧洲人认为这并不安全。为了建立欧洲自己控制的民用全球定位导航系统，欧洲人决定实施“伽利略计划”。2003年9月18日，欧盟和中国草签了中国参与“伽利略计划”的协议；2004年10月9日，双方又签署了此项目的技术合作协议。此项目不但具有极高的经济价值，也深具政治和军事战略意义。

11.1.3 我国的北斗系统简介

我国先后在2000年10月31日、2000年12月21日和2003年5月25日发射了3颗北斗静止轨道试验导航卫星，2007年2月3日成功发射第4颗北斗导航试验卫星，组成了北斗区域导航系统。该系统具备在我国及其周边地区范围内的定位、授时、报文和GPS广域差分功能。在北斗区域导航系统的基础上，我国开始着手建设拥有自主知识产权的全球卫星导航系统——北斗卫星导航系统。

北斗卫星导航系统的空间段由5颗静止轨道卫星和30颗非静止轨道卫星组成，可提供开放服务和授权服务两种服务方式。开放服务是在服务区免费提供定位、测速和授时服务，定位精度为10m，授时精度为50ns，测速精度为0.2m/s。授权服务是向授权用户提供更安全的定位、测速、授时和通信服务以及系统完好性信息。

北斗卫星导航系统可以在服务区域内的任何时间、任何地点为用户确定其所处的经纬度和海拔高度，并提供双向通信服务。该系统可为远洋船只及时提供导航定位信息，引导船只安全地进出港口，并用于船舶机动性能的测定；公路交通和铁路运输可通过移动车辆的实时定位信息的提供，进行铁路和公路运输中的车辆监控，以提高运力，确保安全，实现公路和铁路等陆上交通运输系统的有效管理。

11.1.4 全球卫星定位导航系统的应用前景

当初，设计全球卫星定位导航系统主要是出于导航、收集情报等军事目的。但是，后来的应用开发表明，全球卫星定位导航系统不仅能够达到上述目的，而且用卫星发来的定位导航信号能够进行厘米级甚至毫米级精度的静态相对定位、米级至亚米级精度的动态定位、亚米级至厘米级精度的速度测量。因此，除了导航以外，全球卫星定位导航系统还可应用于船舶、汽车、飞机等运动物体的定位和测速。除了军事用途以外，全球卫星定位导航系统的应用还涉及以下领域：

（1）船舶远洋导航和进港引水。

（2）飞机航路引导和进场降落。

（3）汽车自主导航。
（4）地面车辆跟踪和城市智能交通管理。
（5）紧急救生。
（6）个人旅游及野外探险。
（7）个人通信终端（与手机、PDA、电子地图等集成一体）。

11.2　全球卫星定位导航系统的定位功能

本节以 GPS 为例，介绍全球卫星定位导航系统的定位功能。

11.2.1　GPS 定位的基本原理

GPS 定位的基本原理是根据高速运动的卫星瞬间位置作为已知的起算数据，采用空间距离后方交会的方法，确定待测点的位置。如图 11-2 所示，假设 t 时刻在地面待测点上安置 GPS 接收机，可以测定 GPS 信号到达接收机的时间 Δt，再加上接收机所接收到的卫星星历等其他数据可以确定以下四个方程式：

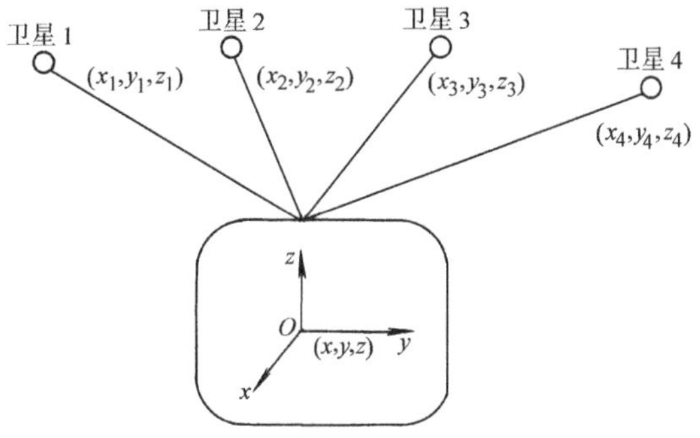

图 11-2　GPS 定位的基本原理

$$[(x_1-x)^2+(y_1-y)^2+(z_1-z)^2]^{1/2}+c(Vt_1-Vt_0)=d_1$$
$$[(x_2-x)^2+(y_2-y)^2+(z_2-z)^2]^{1/2}+c(Vt_2-Vt_0)=d_2$$
$$[(x_3-x)^2+(y_3-y)^2+(z_3-z)^2]^{1/2}+c(Vt_3-Vt_0)=d_3$$
$$[(x_4-x)^2+(y_4-y)^2+(z_4-z)^2]^{1/2}+c(Vt_4-Vt_0)=d_4$$

式中，c 为 GPS 信号的传播速度（即光速）；

$d_i=c\Delta t_i(i=1,2,3,4)$，分别为卫星 1、卫星 2、卫星 3、卫星 4 到接收机之间的距离，$\Delta t_i(i=1,2,3,4)$ 分别为卫星 1、卫星 2、卫星 3、卫星 4 的信号到达接收机所经历的时间；

x、y、z 为待测点坐标的空间直角坐标；

x_i、y_i、$z_i(i=1,2,3,4)$ 分别为卫星 1、卫星 2、卫星 3、卫星 4 在 t 时刻的空间直角坐标，可由卫星导航电文求得；

$Vt_i(i=1、2、3、4)$ 分别为卫星 1、卫星 2、卫星 3、卫星 4 的卫星钟的钟差，由卫星星历提供；

Vt_0 为接收机的钟差。

由以上四个方程即可解算出待测点的坐标 x、y、z 和接收机的钟差 Vt_0。

GPS接收机可接收到能用于授时的准确至纳秒级的时间信息；用于预报未来几个月内卫星所处概略位置的预报星历；用于计算定位时所需卫星坐标的广播星历，精度为几米至几十米（各个卫星不同，随时变化）。GPS接收机对码的测量就可得到卫星到接收机的距离，由于含有接收机卫星钟的误差及大气传播误差，故称为伪距。对A码测得的伪距称为A码伪距，精度为20m左右；对P码测得的伪距称为P码伪距，精度为2m左右。GPS接收机对收到的卫星信号进行解码或采用其他技术，将调制在载波上的信息去掉后，就可以恢复载波。严格来说，载波相位应称为载波拍频相位，它是收到的受多普勒频移影响的卫星信号载波相位与接收机本机振荡产生信号相位之差。

11.2.2　GPS定位的方式

GPS定位是利用一组卫星的伪距、星历、卫星发射时间等观测量来实现的，同时还必须知道用户钟差。因此，要获得地面点的三维坐标，必须对4颗卫星进行测量。

在这一定位过程中，存在着三部分误差：一部分是对每一个用户接收机所公有的，例如，卫星钟误差、星历误差、电离层误差、对流层误差等；第二部分为不能由用户测量或由校正模型来计算的传播延迟误差；第三部分为各用户接收机所固有的误差，例如内部噪声、通道延迟、多径效应等。利用差分技术，第一部分误差完全可以消除，第二部分误差大部分可以消除，这主要取决于基准接收机和用户接收机的距离，第三部分误差则无法消除。

按定位方式，GPS定位分为单点定位和相对定位（差分定位）。单点定位就是根据一台接收机的观测数据来确定接收机位置的方式，它只能采用伪距观测量，可用于车船等的概略导航定位。相对定位（差分定位）是根据两台以上接收机的观测数据来确定观测点之间的相对位置的方法，它既可采用伪距观测量，也可采用相位观测量。大地测量或工程测量均应采用相位观测值进行相对定位。

在GPS观测量中包含了卫星和接收机的钟差、大气传播延迟、多路径效应等误差，在定位计算时还要受到卫星广播星历误差的影响，在进行相对定位时大部分公共误差被抵消或削弱，因此定位精度将大大提高。双频接收机可以根据两个频率的观测量抵消大气中电离层误差的主要部分，在精度要求高、接收机间距离较远时（大气有明显差别），应选用双频接收机。在定位观测时，若接收机相对于地球表面运动，则称为动态定位，如用于车船等概略导航定位的精度为30~100m的伪距单点定位，或用于城市车辆导航定位的米级精度的伪距差分定位，或用于测量放样等的厘米级的相位差分定位（RTK）。实时差分定位需要数据链将两个或多个站的观测数据实时传输到一起计算。在定位观测时，若接收机相对于地球表面静止，则称为静态定位。在进行控制网观测时，一般均采用这种方式由几台接收机同时观测，它能最大限度地发挥GPS的定位精度。专用于这种目的的接收机被称为大地型接收机，是接收机中性能最好的一类。目前，GPS已经能够达到地壳形变观测的精度要求。

11.2.3　差分定位

差分技术很早就被人们所应用。它实际上是在一个测站对两个目标的观测量、两个测站对一个目标的观测量或一个测站对一个目标的两次观测量之间进行求差。其目的在于消除公共项，包括公共误差和公共参数。在以前的无线电定位系统中已被广泛地应用。

GPS是一种高精度卫星定位导航系统。在实验期间，它能给出高精度的定位结果。这时尽管有人提出利用差分技术来进一步提高定位精度，但由于用户要求还不迫切，所以这一技术发展较慢。随着 GPS 技术的发展和完善，应用领域的进一步开拓，人们越来越重视利用差分 GPS 技术来改善定位性能。它使用一台 GPS 基准接收机和一台用户接收机，利用实时或事后处理技术，就可以使用户测量时消去公共的误差源——电离层和对流层效应。特别提出的是，当 GPS 工作卫星升空时，美国政府使用了 SA[⊖] 政策，在这种情况下，利用差分技术消除这一部分误差就显得越来越重要。

根据差分 GPS 基准站发送的信息方式，可将差分 GPS 定位分为三类，即位置差分、伪距差分和相位差分。这三类差分方式的工作原理是相同的，即都是由基准站发送改正数，由用户站接收并对其测量结果进行改正，以获得精确的定位结果。所不同的是，发送改正数的具体内容不一样，其差分定位精度也不同。

1. 位置差分原理

这是一种最简单的差分方法，任何一种 GPS 接收机均可改装和组成这种差分系统。

安装在基准站上的 GPS 接收机观测 4 颗卫星后便可进行三维定位，解算出基准站的坐标。由于存在着轨道误差、时钟误差、大气影响、多径效应以及其他误差，解算出的坐标与基准站的已知坐标是不一样的，存在误差。基准站利用数据链将此改正数发送出去，由用户站接收，并且对其解算的用户站坐标进行改正。

最后得到的改正后的用户坐标已消去了基准站和用户站的共同误差，例如卫星轨道误差、大气影响等，提高了定位精度。以上先决条件是基准站和用户站观测同一组卫星的情况。位置差分法适用于用户与基准站之间的距离在 100km 以内的情况。

2. 伪距差分原理

伪距差分是目前用途最广的一种技术。几乎所有的商用差分 GPS 接收机均采用这种技术。国际海事无线电技术委员会推荐的 RTCM SC-104 也采用了这种技术。

在基准站上的接收机将计算出的卫星距离与含有误差的测量值加以比较。利用一个 $\alpha-\beta$ 滤波器将此差值滤波并求出其偏差。然后将所有卫星的测距误差传输给用户，用户利用此测距误差来改正测量的伪距。最后，用户利用改正后的伪距来解出本身的位置，就可消去公共误差，提高定位精度。

与位置差分相似，伪距差分能将两站公共误差抵消，但随着用户到基准站距离的增加又出现了系统误差，这种误差用任何差分法都是不能消除的。用户和基准站之间的距离对精度有决定性影响。

3. 载波相位差分原理

差分 GPS 的出现能实时给定载体的位置，精度为米级，满足了导航、水下测量等工程的要求。位置差分、伪距差分、伪距差分相位平滑等技术已成功地用于各种作业中。随之而来的是更加精密的测量技术——载波相位差分技术。

载波相位差分技术又称为 RTK（Real Time Kinematic）技术，是建立在实时处理两个测站的载波相位基础上的。它能实时提供观测点的三维坐标，并达到厘米级的高精度。

与伪距差分原理相同，由基准站通过数据链实时将其载波观测量及站坐标信息一同传送给用户站。用户站接收 GPS 卫星的载波相位与来自基准站的载波相位，并对相位差分观测值

⊖ SA 为 Selective Availability 的简写，译为有选择可用性，SA 技术即人为地将误差引入卫星数据中，故障降低 GPS 精度。

进行实时处理，能实时给出厘米级的定位结果。

实现载波相位差分GPS的方法分为两类：修正法和差分法。前者与伪距差分相同，基准站将载波相位修正量发送给用户站，以改正其载波相位，然后求解坐标。后者将基准站采集的载波相位发送给用户台进行求差解算坐标。前者为准RTK技术，后者为真正的RTK技术。

11.3 北斗卫星导航系统

按照建设规划，我国北斗卫星导航系统的建设分为三步走：第一步，“北斗1号”系统，已于2003年建成并投入运营；第二步，“北斗2号”区域系统，于2012年建成，提供覆盖亚太地区的能力；第三步，预计2020年建成覆盖全球高精度的“北斗2号”全球系统。

11.3.1 “北斗1号”系统

“北斗1号”系统由空间卫星、地面中心站（中心控制系统）和北斗用户终端三部分构成（见图11-3）。空间部分由两颗地球同步轨道（GEO）卫星组成。卫星上带有信号转发装置，可完成地面中心站和用户终端之间的双向无线电信号的中继任务。用户终端分为：定位通信终端、集团用户管理站终端、差分终端、校时终端等。

1. “北斗1号”系统工作原理

“北斗1号”是利用地球同步卫星为用户提供快速定位、简短数字报文通信和授时服务的一种全天候、区域性的卫星定位系统。系统的主要功能归纳为：①定位。快速确定用户所在地的地理位置，向用户及主管部门提供导航信息。②通信。用户与用户、用户与中心控制系统间均可实现双向简短数字报文通信。③授时。中心控制系统定时播发授时信息，为定时用户提供时延修正值。

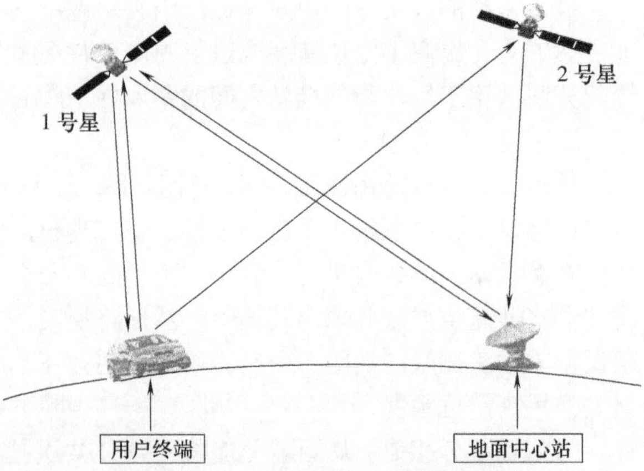

图11-3 “北斗1号”系统组成图

首先由中心控制系统向1号星和2号星同时发送询问信号，经卫星转发器向服务区内的用户广播。用户响应其中一颗卫星的询问信号，并同时向两颗卫星发送响应信号，经卫星转发回中心控制系统。中心控制系统接收并解调用户发来的信号，然后根据用户的申请服务内容进行相应的数据处理。对定位申请，中心控制系统测出两个时间延迟：从中心控制系统发出询问信号，经某一颗卫星转发到达用户，用户发出定位响应信号，经同一颗卫星转发回中心控制系统的延迟；从中心控制系统发出询问信号，经上述同一卫星到达用户，用户发出响应信号，经另一颗卫星转发回中心控制系统的延迟。由于中心控制系统和两颗卫星的位置均是已知的，因此由上面两个延迟量可以算出用户到第一颗卫星的距离，以及用户到两颗卫星的距离之和，从而知道用户处于一个以第一颗卫星为球心的一个球面，和以两颗卫星为焦点的椭球面之间的交线上。另外中心控制系统从存储在计算机内的数字化地形图查寻到用户高程值，又可知道用户处于某一与地球基准椭球面平行的椭球面上，从而中心控制系统可最终计算出用户所在点的三维坐标，这个坐标经加密后由出站信号发送给用户。

"北斗1号"的覆盖范围是北纬5°~55°、东经70°~140°之间的心脏地区，上大下小，最宽处在北纬35°左右。其定位精度为水平精度100m，设立标校站之后为20m（类似差分状态）。工作频率为2 491.75MHz。系统能容纳的用户数为每小时540 000户。

2. "北斗1号"与GPS的比较

（1）覆盖范围。"北斗1号"是覆盖我国本土的区域导航系统。GPS是覆盖全球的全天候导航系统，能够确保地球上任何地点、任何时间同时观测到6~9颗卫星（实际上最多能观测到11颗）。

（2）卫星数量和轨道特性。"北斗1号"是在地球赤道平面上设置2颗地球同步卫星，两颗卫星的赤道角距约60°。GPS是在6个轨道平面上设置24颗卫星，轨道赤道倾角为55°，轨道面赤道角距为60°。

（3）定位原理。"北斗1号"是主动式双向测距二维导航，由地面中心控制系统解算，提供三维定位数据。GPS是被动式伪码单向测距三维导航，由用户设备独立解算自己的三维定位数据。"北斗1号"的这种工作原理带来两个方面的问题：一是用户定位的同时失去了无线电隐蔽性，这在军事上相当不利；另一方面由于设备必须包含发射机，因此在体积、质量、价格和功耗等方面处于不利的地位。

（4）定位精度。"北斗1号"三维定位精度约几十米，授时精度约100ns。GPS三维定位精度P码目前已由16m提高到6m，C/A码目前已由25m提高到12m，授时精度约20ns。

（5）用户容量。"北斗1号"的用户设备容量是有限的。GPS是单向测距系统，用户设备只要接收导航卫星发出的导航电文即可进行测距定位，因此GPS的用户设备容量是无限的。

（6）生存能力。和所有导航定位卫星系统一样，"北斗1号"基于中心控制系统和卫星进行工作，但是"北斗1号"对中心控制系统的依赖性更大，一旦中心控制系统受损，系统就不能继续工作了。

综上所述，"北斗1号"具有卫星数量少、投资少、用户设备简单价廉，能实现一定区域的导航定位、通信等多用途。其缺点是不能覆盖两极地区，赤道附近定位精度差，不能满足高动态和保密的军事用户要求，用户数量受一定限制。

"北斗1号"是我国独立自主建立的卫星导航系统，它的研制成功标志着我国打破了美国、俄罗斯在此领域的垄断地位，解决了我国自主卫星导航系统的有无问题。

11.3.2 "北斗2号"系统

北斗卫星导航系统（简称北斗系统，英文名称为BeiDou Navigation Satellite System，BDS），一般是指中国的第二代卫星导航系统，曾用名COMPASS，也被称为"北斗2号"，是我国正在实施的自主发展、独立运行的，与世界其他卫星导航系统兼容共用的全球卫星导航系统，也是我国最关键的国家基础设施之一。

"北斗2号"卫星导航系统由空间段、地面段和用户段三部分组成：空间段包括5颗静止轨道卫星和30颗非静止轨道卫星，地面段包括主控站、注入站和监测站等若干个地面站，用户段包括北斗用户终端以及与其他卫星导航系统兼容的终端。

北斗卫星导航系统与GPS和GLONASS系统最大的不同，在于它不仅能使用户知道自己的所在位置，还可以告诉别人自己的位置在什么地方，特别适用于需要导航与移动数据通信的场所，如交通运输、调度指挥、搜索营救、地理信息实时查询等。

2012年12月，“北斗2号”卫星导航系统开始向亚太大部分地区正式提供连续无源定位、导航、授时等服务，标志我国卫星导航系统发展“三步走”战略的第二步取得了全面胜利。与此同时，卫星导航应用理论研究和技术研发取得长足进步，导航芯片、天线、终端等关键技术取得重大突破并实现了产品化，这使我国加速发展北斗卫星导航产业具备了良好的基础。

11.4 GPS在物流系统中的应用

11.4.1 GPS车辆监控调度系统

如今GPS已经广泛地应用到了各行各业，其中，在车辆监控调度系统中的应用最为人们所熟知。这里将介绍系统结构组成以及在各行业的典型应用。

GPS车辆监控调度系统主要由三部分组成：车载终端、无线数据链路和监控中心。其系统组成如图11-4所示。

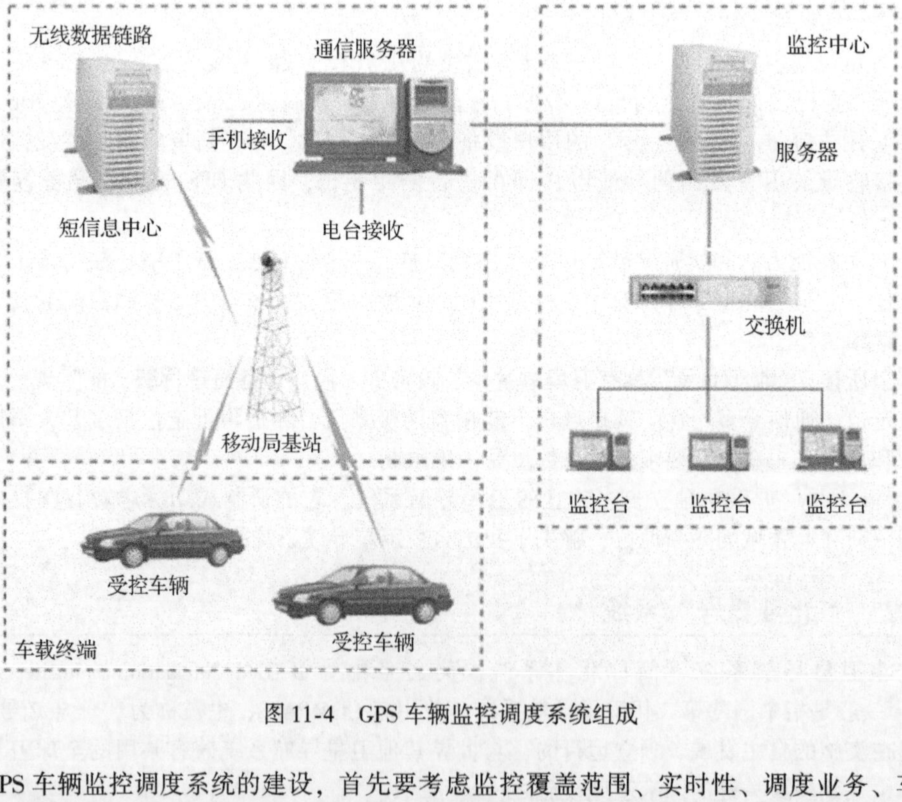

图11-4 GPS车辆监控调度系统组成

GPS车辆监控调度系统的建设，首先要考虑监控覆盖范围、实时性、调度业务、车辆容量、刷新速率等的要求，来选择合适的无线数据链路和电子地图，以及开发相应业务软件满足用户的要求。就目前的GPS车辆监控调度系统而言，无线数据链路应用较多的为GSM通信方式，这主要由其覆盖范围广、无须架设基站、可实现语音/短信通信等功能优点所决定的。当然，GSM也有缺点，随后将比较它和集群通信、常规电台的优缺点。

1. 车载终端

车载终端设备包括：控制单元（CPU）、显示单元（可选）、GPS、GPS天线、GSM手机

（或其他通信模块）、防盗报警器（可选）。常用的车载终端如图 11-5 所示。车载终端的主要功能为：

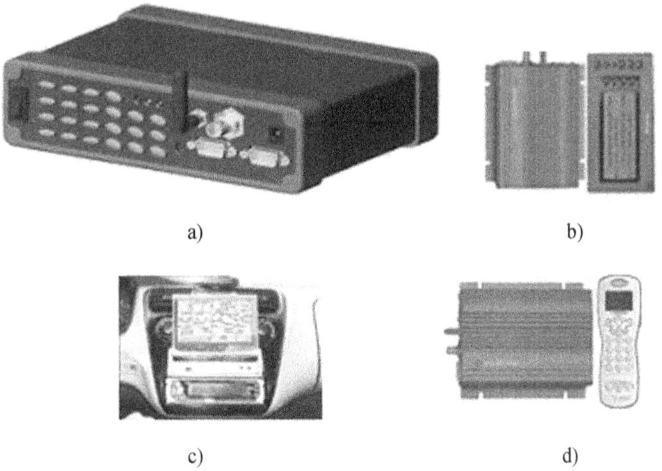

图 11-5　常用的车载终端

a）物流车载终端　b）调度型车载终端　c）自导航车载终端（豪华型）　d）普通型车载终端

（1）防盗报警功能。当有紧急情况发生时，用户可以触发隐蔽的报警按钮，车载单元会自动将 GPS 接收机中的位置数据通过 GSM 手机的短信息功能传送给监控中心。

（2）导航功能。GPS 提供移动目标的准确位置、速度和方向等数据，无差分的定位精度在 10m 左右，差分精度为 3 ~ 5m。系统可以通过调度中心进行导航，也可以在终端上存储电子地图，显示单元上可以实时显示移动目标在电子地图上的位置，根据目的地，选择行驶的最佳路线，并可以做到偏航报警。

（3）通话功能。车载 GSM 手机可进行语音通话，当用户离车时还可将手机取下正常使用。几种通信方式一般都要求数话兼容，可以根据指挥中心的指令来控制，以达到数话转换的功能。例如，如果采用集群通信，在车辆报警后，监控中心将辟出信道来监听车内的情况。

2. 无线数据链路

无线数据传输设备作为基站与各移动目标进行信息交换的枢纽，是整个车辆调度监控中的重要组成部分，其选择方案包括以下几种：

（1）公网设备。如 GSM、CDMA、CDPD（无线数据公网）。

（2）集群通信。如公安用的 350M、800M 集群系统。

（3）常规电台。采用专用信道和无线 Modem。

当然，一些车辆调度监控系统中可以无通信系统，如长途货运公司等不需要实时监控和调度的应用，这主要由系统的应用目的所决定。选择适合的无线数据传输设备关键要从以下几点来统一权衡：

1）收发转换时间。收发转换时间和系统容量有直接关系，是选择数据链时首先考虑的方面。一些高档数传电台的收发转换时间仅 10 ~ 20ms；而常规话音电台的收发转换时间一般较长，需要 100 ~ 200ms。

2）接入方式：①网络方式。调度中心通过专线接入无线通信网，系统容量大，但是运营和建设成本高，在建立大型的监控网络时是唯一选择。②单机方式。调度中心通过无线收发信机接入通信网，系统容量小，但扩容方便，增加无线收发信机就可以增加系统容量，在系统容量不大时应用较多，建设和运营成本都比较低。

3）碰撞处理：①常规电台。终端的信息发送要做到时分复用，充分利用频率资源。②集群通信和公网设备。通信系统针对终端的信息发送请求调配频率资源。对于要求广播式通信的调度系统采用常规或集群电台是比较理想的，可以实时达到一点对多点。对于要求覆盖范围广的，比如防盗和邮政运输、长途客/货运车辆，一般选择公网设备，可以有效地降低建设费用。集群通信频道多，刷新率高，能够实现群呼、组呼和个呼，但建设成本高，在机场、港口码头等已有集群专网的场合应用比较好。

总体来说，这三种通信方式各有优缺点，最重要的是要选择适合应用需求的，最适合的就是最好的。这三种无线链路在各方面的比较如表11-1所示。

表11-1　无线链路比较表

	公网设备	集群通信	常规电台
覆盖范围	最广	取决于基站数量	取决于基站数量
建设成本	无成本	成本高	成本较高
系统容量	大	较大	小
实时性	差	较快	最快
功能性——群呼	不支持	支持	支持

3. 监控中心

监控中心的设备组成包括：数据库、监控终端/GIS终端、业务处理终端、前端接入设备。工作人员可通过监控系统监控所有入网移动目标的运动。其关键是相应业务内容的数据库建设、电子地图以及和业务内容密切相关的应用软件——MIS，以实现以下主要功能：

（1）车辆调度功能。监控中心可在电子地图上选定区域，发出广播指令，凡行驶在该区域内的车辆将自动回传信息给监控中心，工作人员即可通过GSM电话，根据需要调度车辆。

（2）监控报警功能。在车辆遇到抢劫情况下，驾驶员可以悄悄按下隐蔽处的报警按钮，监控中心可以查询出事车辆的位置，并实时监听车内的动静。

（3）信息查询功能。可通过数据库查询任何入网用户的资料，如地理信息数据库：地名、街道、门牌号等；移动目标数据库：车辆型号和档案照片、驾驶员姓名等。

4. 车辆监控调度系统的应用

GPS车辆监控调度系统的应用不仅限于车辆，还包括各种飞机、船等一切需要调度的可运动载体。下面简单介绍几个典型的实际应用。

（1）公交车监控和调度系统。可以针对公交线路安排，并结合各车辆发回的信息（如交通阻塞、机车故障等），将调度命令发送给驾驶员，及时调整车辆运行情况，具有车辆、路线、道路等有关数据的查询功能，利于实现有效管理。与其他车辆监控调度系统相比，其特色是实时电子播报站名或介绍沿途景点，以及电子站牌。电子站牌通过无线数据链路接收即将到站车辆发出的位置和速度信息，显示车辆运行信息，并预测到站时间，为乘客提供方便。它的时间可以是精确到毫秒级的GPS时间。

（2）出租车监控和调度系统。GPS车辆监控调度系统在出租车中的应用因“叫车服务”，其市场前景最被看好，尽管目前还不尽如人意。所谓叫车服务，是指当需要出租车时，用户所需要做的只是拨打调度中心的叫车电话。调度中心将自动寻找最近的空车，在用户的电话还没挂断之前，调度中心就可以告诉用户车牌号为×××的车将在×分钟之内到达。

车辆监控调度系统还可给出租车提供路况信息，进行电子安全保护，防止车辆的丢失，并具有报警防劫功能。被戏称为“三居室”的、把前后座位以及驾驶座和助手座隔开的“三角防护网”，似乎也可以拆除了。

（3）运钞车监控系统。运钞车是按固定线路行进的，所以 GSM 短消息是最适合它的通信链路，定时将本车的位置发送给监控中心。

当运钞车在路上遭遇抢劫时，押运员触发报警装置，监控中心的电子地图上会自动显示报警车辆的位置、车速、行驶路线等信息，同时系统自动将信息传到公安局指挥中心的电子地图上，警方迅速调动警力进行围堵。

（4）长途运输车监控系统。在前面讲无数据传输设备时就提到了长途货运，因为它无须实时监控和调度，只需在每辆长途运输车辆上安装 GPS 和数据存储器，时刻记录位置数据。然后，定期（比如每次长途接送货物之后）将数据下载到控制中心，就可以查看车辆是否按预定轨迹接送货物，中间有无停车，在哪里停的车，停了多少次等，防止中间拉私货或怠工。选择数据存储器时，要考虑到记录数据的时间长短、频率以及数据类型，以此来决定存储空间。

11.4.2　GPS 在物流运输中应用的优势

随着经济的高速发展，物流已经成为当今社会一项十分重要的行业。物流管理体系的完善和进步将直接影响到工业、商贸、建筑业等各个领域的管理效率，同时也有越来越多的用户对物流行业提出了高效、智能化的服务要求。例如网上查看货运车辆、电话查询动态信息等。如今，GPS 作为一种高效、准确的移动目标管理手段，可以帮助物流公司实现实时动态的现代化管理体系，从而改变原来电话呼叫货运驾驶员才可了解车辆行驶情况的被动管理模式。

1. GPS 技术应用流程

货主交付货物后，物流公司将提货单和密码交给货主，同时将货单输入到因特网 GPS 物流平台中；当货物装到运输车辆后，将代表该车辆的 SIM 卡号与货单联系起来。这样，货主和物流公司都可以随时随地通过因特网按货单号和密码查询货物当前的运输地理位置。

2. 物流企业的主要任务

（1）提供物流车辆，并提供每辆车的 SIM 卡。

（2）录入货单，将货单号与承担运输车辆的 SIM 卡号联系起来。

（3）提供货主每张单据的密码。

（4）货物交付后，转移单据保存，撤销密码。

（5）收取货主运输费用。

（6）支付网络服务商服务费用。

（7）向 GSM 网运营商支付短消息费用及 SIM 卡费用。

3. 货主

货主的权责包括交付货物，并支付运输款，利用密码和单据号码，随时上因特网查询货物实际地点，向相关部门支付信息费用。

4. 网络 GPS 功能

（1）实时监控功能。

1）能够在任意时刻发出指令查询运输工具所在的地理位置（经度、纬度、速度等信息），并在电子地图上直观地显示出来。

2）及时反馈运输工具及商品状态信息，可提高反应速度，降低投诉率。

3）车辆出车后就可立即掌握其行踪。若有不正常的偏离、停滞与超速等异常现象发生时，网络GPS工作站显示屏能立即显示并发出警告信号，并可迅速查询纠正，避免危及人、车、货安全的情况发生，减少公司的损失。

4）客户及客户的客户也可登录网络查询货物运送状况，实时了解货物的动态信息，真正做到让客户安心、放心。

5）长途运输由于信息闭塞，渠道狭窄，回程配货成了各运输企业最大的困扰。而网络GPS监控系统正是建立在互联网这一开放式公共平台上的，可以提前在线预告车辆的实时信息及精确的抵达时间，其他用户则根据具体情况合理安排回程配货，为运输车辆排解了后顾之忧。

（2）双向通信功能。

1）网络GPS的用户可使用GSM的话音功能与驾驶员进行通话或使用安装在运输工具上的移动设备的汉字液晶显示终端进行汉字消息收发对话。

2）驾驶员通过按下相应的服务、动作键，该信息反馈到网络GPS，质量监督员可在网络GPS工作站的显示屏上确认其工作的正确性，以便了解并控制整个运输作业的准确性（发车时间、到货时间、卸货时间、返回时间等）。

（3）动态调度功能。

1）调度人员能在任意时刻通过调度中心发出文字调度指令，并得到确认信息。因为网络GPS能够实时监控到车辆的位置及状态，所以能做到真正意义上的就近调度、动态调度、提前调度。

2）可快速解决客户问题，满足客户日益增长的服务需要。公司操作人员在接到客户来电或接到其他查询指示后，能立即通过查询数据库显示客户关心的资料及相关信息，能够做到就近调派运力，提高运能，并能在最短的时间内为客户提供服务。

3）可实时掌握车辆的动态。在临时任务发生时，可依照各车辆位置及运输作业状态，进行临时性工作调派，以达到争取时间、争取客户、节约运输成本的目的。

4）可进行运输工具待命计划管理。操作人员通过在途信息的反馈，在运输工具未返回车队前即制订好待命计划，可提前下达运输任务，减少等待时间，加快运输工具周转速度。

5）运能管理。将运输工具的运能信息、维修记录信息、驾驶员信息、运输工具的在途信息等多种信息提供给调度部门决策。调度部门能更合理、更准确、更科学地进行调度，提高重车率，尽量减少空车时间和空车距离，充分利用运输工具的运能。

（4）数据存储、分析功能。

1）路线规划。可事先规划车辆的运行路线、运行区域，何时应该到达什么地方等，并将该信息记录在数据库中，以备以后查询、分析使用。

2）路线优化。实时了解车辆的状态，掌握在控制点的具体位置与预计到达地点的差距，确认运输任务的完成情况，收集、积累、分析数据，以便进一步优化路线。依据地理信息系统（Geography Information System，GIS）制定更为合理的行车路线及整个运输过程中的燃料、维修、过路（桥）费等费用价格以确定更为精确的成本费用，制定更加合理的运费价格，提高公司的竞争力度。

3）可靠性分析。汇报运输工具的运行状态（汇报运行状况要求：使用费用要低，汇报信息种类丰富，可扩展、可改变。具体运行状况由客户提出），了解运输工具是否需要较大的修理，预先制订好修理计划，计算运输工具平均无差错时间，动态衡量该型号车辆的性能价格比。

4）服务质量跟踪。在中心设立服务器，并将车辆的有关信息（运行状况、在途信息、运能信息、位置信息等用户关心的信息）让有该权限的客户能异地、方便地获取，让客户放心，让客户满意，提高服务的准确率。还可将客户索取的信息中的位置信息用相对应的地图传送过去，并将运输工具的历史轨迹印在上面，使该信息更加形象化。

5）依据资料库储存的信息，可随时调阅每台运输工具以前的工作资料，并可根据各管理部门的不同要求制作各种不同形式的报表，使各管理部门能更快速、更准确地做出判断及提出新的指示。

5. 产品中采用的新技术

（1）存储器采用预存定位信息的方式，可以减少 GSM 网盲区问题，降低短消息费用，对车辆的工作路径进行有效管理。

（2）有效利用话音信道回传大数据量时，可减少传输数据费用；发送报警信号时，可防止由于短消息延迟而造成的阻塞。

11.4.3　基于 GPS/GIS/GSM 的物流配送监控系统

随着我国物流业的发展壮大，物流的配送量日益增多，对配送过程中车辆和货物的监控管理和合理调度就成为物流业货物运输管理系统中的一个重要问题。

GIS 是一个能够获取、存储、管理、查询、模拟和分析地理信息的计算机系统。GSM 是目前国内覆盖面最广、系统可靠性最高的数字移动蜂窝通信系统。GSM 以统一的方式向各地用户提供具有所有电信业务的国内和国际漫游，具有通信范围广、系统运行可靠、经济实用、投资少、易普及、各地监控中心易于联网等特点。

随着 GPS/GIS/GSM 技术的发展、成熟，物流配送可以依托这些技术提供的强大地理信息处理功能以及定位、通信能力对整个配送过程进行空间网络分析与配送跟踪。通过物流配送监控系统，物流公司可实时掌握货物在途信息，根据变化及时调整运输计划，有效地利用公司的车辆资源，最大限度地减小不良影响，降低营运成本。下面将介绍基于 3G 技术的物流配送监控系统的构建及功能。

1. 系统模型

3G 物流配送监控系统一般由多个车载台和 1 个监控中心（可包括几个监控分中心）两大部分组成，其系统工作原理如图 11-6 所示。

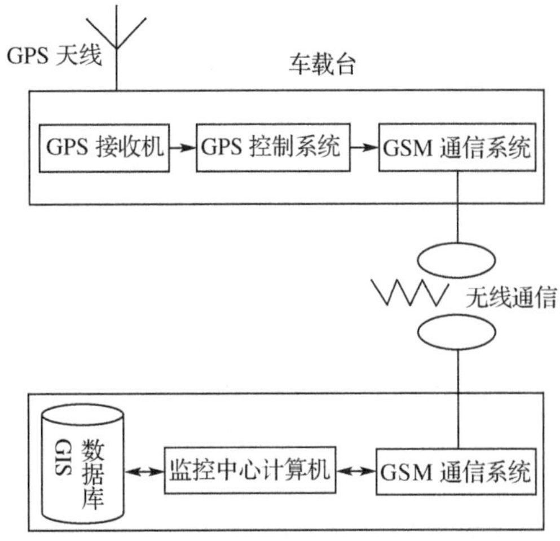

图 11-6　物流配送监控系统工作原理

车载台由 GPS 接收机、GPS 控制系统、GSM 通信系统组成。GPS 接收机的功能是实行自主定位，如果系统有 GPS 控制系统的功能的话，它也进行差分修正；GPS 控制系统的功能是处理 GPS 接收机接收到的地理位置信息，且经过适当的通信接口与GSM系统相连；GSM通信系统负责将控制系统处理后的位置信息发往监控中心，接收由监控中心发出的各种指令和差分修正信息，同时还具有通话功能。

物流配送监控中心是整个系统的核心，由GSM通信系统、监控中心计算机、GIS数据库等部分组成。监控中心的GSM通信系统负责监控中心和所有车载台间的通信，接收各车载台发出的信息，同时将监控中心的信息发送给相应的车载台。监控中心计算机分析处理接收到的信息，并将各种调度、指令信息，差分修正信息通过通信系统发往各车载台，同时将收到的各车载台发来的信息送往GIS。GIS的电子地图将准确地显示所有车辆的实时位置，地图本身可以任意放大、缩小、还原、切换，可开多个窗口以分别跟踪不同的车辆。

2. 系统功能

GPS、GIS、GSM与车辆管理信息系统相结合，可以实现对车辆等物流配送工具的即时监控和调度，从而能缩短物流完成周期，提高配送速度，减少空载率，降低物流营运成本。物流配送监控系统的具体功能如下：

（1）车辆跟踪。利用GPS和电子地图可实时显示出车辆的实际位置，对配送车辆和货物进行有效的跟踪。

（2）路线的规划和导航。路线的规划和导航分为自动和手动两种。自动路线规划是由驾驶员确定起点和终点，由计算机软件按照要求自动设计最佳行驶路线，包括最快的路线、最简单的路线、通过高速公路路段次数最少的路线等；手工路线规划是驾驶员根据自己的目的地设计起点、终点和途经点等，自己建立路线库，路线规划完毕后，系统能够在电子地图上设计路线，同时显示车辆运行途径和方向。

（3）指挥调度。监控中心可监测区域内车辆的运行状况，对被测车辆进行合理调度。指挥中心还可随时与被跟踪的目标通话，实行远程管理。

（4）信息查询。在电子地图上根据需要进行查询，被查询的目标在电子地图上显示其位置，指挥中心可利用监测控制台对区域内任何目标的所在位置进行查询，车辆信息以数字形式在控制中心的电子地图上显示。

（5）紧急救援。通过GPS定位和监控管理系统对遇有险情或发生事故的配送车辆进行紧急援助，监控台的电子地图可显示求助信息和报警目标，规划出最优援助方案，并通过声、光警示，使值班员可以实施紧急处理。

11.4.4　基于Internet的GPS简介

基于Internet的GPS，通常称为网络GPS。网络GPS是卫星定位技术、GSM数字移动通信技术以及国际互联网技术等相互融合产生的科技成果。通过在互联网上构建公共GPS监控平台，可以免除物流运输公司自身设置监控中心所导致的大量费用，包括各种硬件配置、管理软件等。另外，网络GPS既可以利用互联网实现无地域限制的跟踪信息显示，又可以通过设置不同权限做到信息的保密。它的主要特点如下：

（1）功能多、精度高、覆盖面广，在全球任何位置均可进行车辆的位置监控工作，能充分满足网络GPS所有用户的要求。

（2）定位速度快，有力地保障了物流运输企业的快速业务运作要求，降低了车辆空驶率和运作成本。

（3）信息传输采用GSM公用数字移动通信网，具有保密性高、系统容量大、抗干扰能力强、漫游性能好、移动业务数据可靠等优点。

（4）构筑在国际互联网这一最大的网络公共平台上，具有开放度高、资源共享程度高等优点。

网络 GPS 目前在物流领域的应用主要是汽车自动定位、跟踪调度、运输管理等。例如，基于 GPS 的铁路计算机管理信息系统，可以通过 GPS 和计算机网络实时收集全路列车、机车、车辆、集装箱及所运货物的动态信息，可实现列车、货物追踪管理。只要知道货车的车种、车型、车号，就可以立即从在近 10 万 km 的铁路网上流动着的几十万辆货车中找到该货车，还能得知这辆货车现在何处运行或停在何处以及所有的车载货物和发货信息。

网络 GPS 给我们带来的是投资费用的降低与无地域性限制的信息获取，最终的结果则是 GPS 门槛的降低及普及率的提高，从而能使更多的物流企业从中受益。

思考与练习题

1. 各国的卫星定位导航系统的主要特点是什么？
2. 中国北斗卫星导航系统建设三步走的内容是什么？
3. GPS 定位方式有哪几种？每种定位方式的基本原理是什么？
4. 简述基于 GPS/GIS/GSM 的物流配送监控系统的主要构成。
5. 网络 GPS 的主要特点是什么？

第 12 章 设施规划与物流分析的计算机仿真

12.1 工厂物流设施规划及仿真软件 VisFactory

工厂布局设计也需要一种可视化、参数化的设计手段。EAI 公司的 VisFactory 就是这样的一种工具。EAI 的数字化工厂布局设计方案提供了解决整个工厂范围内所有布局设计的问题，如活动区域的分析、空间安排、材料存放系统、拥塞程度分析、设备安装、布局成本考核、设备标识和使用情况等。软件基于 AutoCAD2000 平台开发，能够辅助生产厂中的物料流动过程的设计与分析。运用这种技术允许使用者兼顾许多情况而无须实际去重新布置设备，从而获得物料流动最理想的模型。

12.1.1 工厂物流设施智能建模软件 FactoryCAD

FactoryCAD 用于高效建立智能 2D&3D 工厂模型。使用它可以根据设计者意图，通过拖放、连接等方式方便地建立模型，建立后模型的尺寸是非面向对象的几何模型的 1/10。

1. FactoryCAD 的作用

FactoryCAD 是一种面向工业工程规划工厂的建模软件。FactoryCAD 使用户把时间用在设计工厂上而不是去制图。通过提供真实的场景演示（包括生产设备、零部件和设备操作员等），3D 工厂模型能减少设计和实施过程中问题的出现。

在传统的手工方法中，设施设计者负责开发 FactoryCAD 模型库或获取输入数据，如时间标准、货运表、过程和设备要求等。利用程序 FactoryCAD，能够筹划设施草图，显示已有的或计划中的各不同部门的定位。通过集成了布局信息的货运数据和使用物料流动作为设计产量效率的关键标准，该软件使设施设计者能够比较、估计和分析可互相替换的设计。

FactoryCAD 允许使用者把产量、部件运输、固定和可变的物料处理成本等大量数据合并起来。分析的结果能输出到空间媒介上，使设计者能实时修改系统参数并研究和比较各种不同的画面。系统允许使用者研究不同的画面，很容易改变布局、货运、产量、物料处理系统或其他变量。这些改变的结果可以很快看到并获取报告。模型的系统变量易于修改，使用者可以方便地实现：①重新设计物料流动。②消除或显著减少无价值的附加处理。③减少全部的部件/产品的途经距离。④减少当班存货。⑤评估可替换的物料处理系统。

2. 模型库

FactoryCAD 有建立虚拟工厂所需的模型库。模型库中包含各种类型的设备模型：有大量的机器设备/家具的符号，例如车床、磨床、压力机和办公家具；有许多工业用的工具，如铲车、推车、手推车和升降机；还有人体和操作者符号。FactoryCAD 的设备模型如图 12-1 所示。

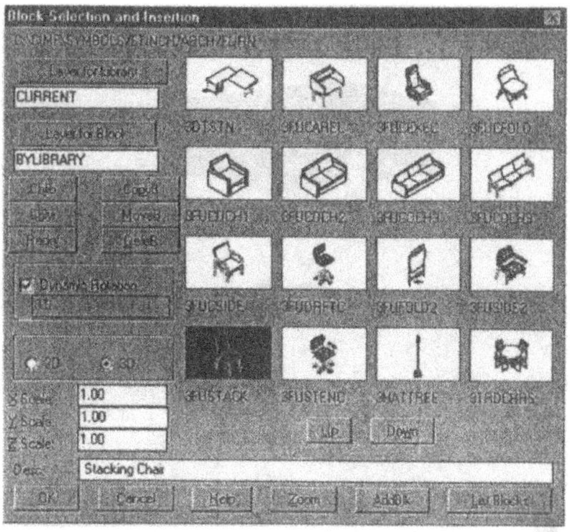

图 12-1　FactoryCAD 的设备模型

如输送机，模型库中有重力型的和动力的滚筒输送机，有双轨和双轨滚筒型、双轨和三轨转换输送机和转换工作台、单轨和双轨平顶输送机；还有高架有轨输送机，其上升高度和轨道尺寸可以定义，有直的、弯的、S 形的和多种形式结合的轨道类型。

3. FactotyCAD 的分析功能

（1）零件架和地面工具包：①零件架上的零件随物流的移动能被自动装配。②通过数据库或电子表格输入周转箱的特征。③生成零件架/周转箱汇总表。

（2）地面使用率报告：①自动生成空间使用情况报告。②自动生成阴影和贴上标签。③生成走廊和设备/工具占用空间报告。④生成共用设备使用报告和工具使用频度报告。

（3）设备投资评估。

（4）仿真数据转换：①能生成 ASCII 形式的文件来描述制造信息和位置信息。②能在工厂模型中插入相应的仿真数据和其他的 3D 视图。

12.1.2　生产物流路径分析软件 FactoryFLOW

FactoryFLOW 的功能是基于路径信息的优化布局设计的，其中包括物流、物体取放设备和物体存储需要。

1. FactoryFLOW 的作用

FactoryFLOW 是在物流方面分析、比较、改进布置方案的模块。它将设备图、生产物流路径及物质管理数据集成，从而生成有关流程、物流拥塞的图表。其中，建立一个新的针对车间及某种工厂生产活动的各种布置方案的评估与改进同样简单，都是仅用鼠标移动一下设备即可。产品制造工程师用它评估、比较各种设计中速度和可靠性的关系，从而减少零件移动距离和存货清单的级数，进而降低生产成本，提高生产率。它提供的数字化报告，甚至可以让初学者很容易地确定哪种布置有利于流通，如何保护敏感的操作及以减少危险。它的可视化输出使非技术人员都可以了解到方案具有的优势。FactoryFLOW 生成的物流路径（见图 12-2），说明了全部移动距离、移动强度和成本。此外，该系统通过对比可替换的物流路径和机器、仓储区域布局能生成数据。通过鼠标移动设备使系统重新通过计算来生成和评估可替换的布局，从而得出最佳的码头、仓储和设备的定位。该软件生成真实的路径图，能显示出物料如何在不同的活动中心之间流动。物流线的粗细显示了使用频率，从而得出成本。危险的路径、瓶颈、物流效率能容易地得出。另外，通过在线可视辅助，该软件能生成形式多样的报告，可以细致地分析单独的和组合的流动所花费的成本。

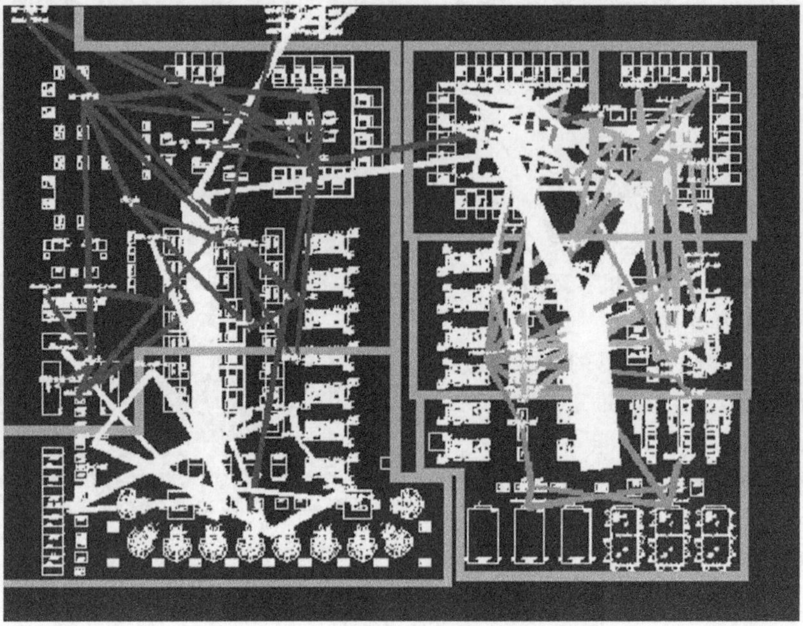

图 12-2　FactoryFLOW 生成的物流路径

2. FactoryFLOW 的功能

（1）从装配树中能访问物体取放设备信息。新的 FactoryFLOW 数据库能更好地管理工程数据，能移植 FactoryFLOW 数据文件（包括产品、零件、物体处理、小组、群和物体取放路径等），生成新的数据库文件，在软件界面上产生一个按钮。

（2）在工厂模型中直接自动地生成物流图表。图 12-3 中的菜单用以引导用户正确地输入信息。一旦用户定义了物料搬运的类型，参数就被确定。上述信息输入后，接下来根据零件

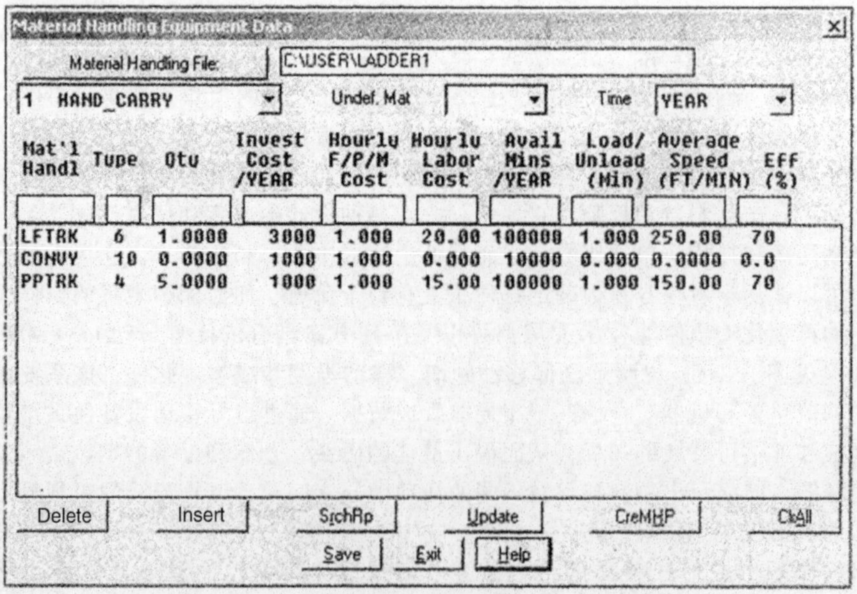

图 12-3　FactoryFLOW 中输入物料搬运信息的菜单

工艺路线信息，就可决定物流路径和定义工作地中心点。物流路径可被定义为实际的、矩形或点到点的。FactoryFLOW 基本上能同时分析数以万计条物流，但在费用估算方面是令人烦恼的。另一重要的方面是物流线的表示问题。现有物流线有粗细和颜色两个参数可加区别。物流线的粗细不是表示成本的多少，就是表示物料移动行程总量。至于物流线颜色，可以讨论得更多一些。本质上，物流线用专门的颜色码可以表示不同的产品、工艺过程或某类作业（作业单位或部门）。

物流路径用不同的颜色标记。物流路径的颜色深度代表路径的数量或取放物体的成本。通过计算距离、成本、移动次数和取放物体的时间，可对布局设计进行比较，确定最优的方案。

（3）指定实际物流路径的参数。用箭头指定末端、中间或物流路径片段能估算工厂中交通流量比较大的地方。颜色代表处理物体交通量的大小。产生拥塞的路径描述了发生在走廊和输送机上的路径数目，如图 12-4、图 12-5 所示。

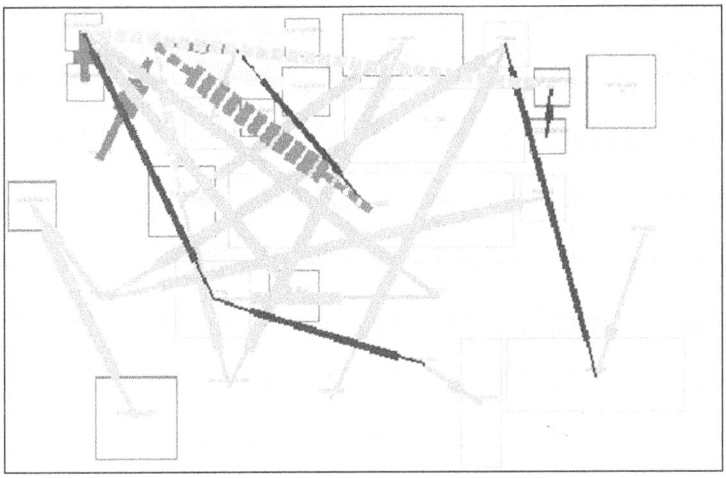

图 12-4　用不同的颜色标记物流路径

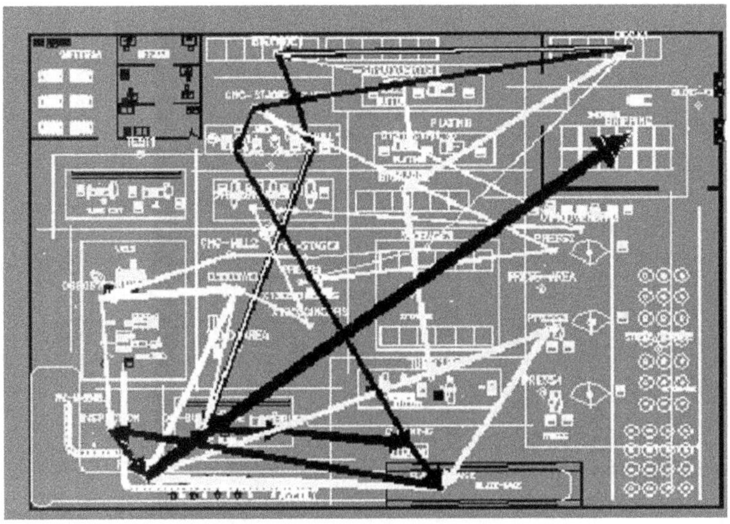

图 12-5　物流路径分析

（4）查询物流路径信息。单击路径即可显示物体处理数据，可集中活动点成一组点。把机器当作一个整体来评估物流，通过比较物流的数据和图表信息，FactoryFLOW 能对多种方案进行快速评估。

（5）工厂布局设计。FactoryFLOW 结合 AutoCAD 布局和路径数据库建立物流图表。点到点流程图的产生是由 FactoryFLOW 根据 AutoCAD 中最初的布局图形成的。新的点到点流程图的形成减少了材料的路径搜索而更注重物流的路径。

图 12-6 详细说明了一个自动化元件厂的计划布局，该厂需要 700 多万美元用于购置新机器，120 多万美元用于厂房扩建。利用 FactoryFLOW，设计者能够设计和评估各种不同的可供选择的方案。两个星期后，能得出更集中的物料流动路线，从而减少空间和加工需求，使成本节约 320 万美元。重新设计的布局和改进后的物流路径如图 12-7 所示。

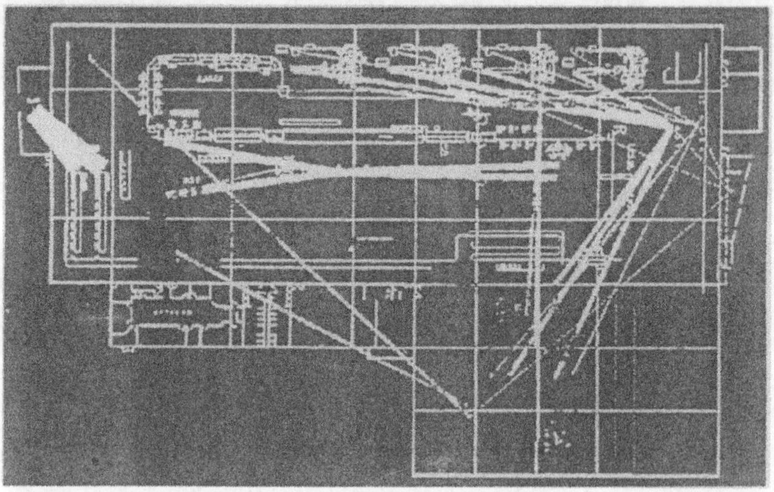

图 12-6　自动化元件厂的计划布局

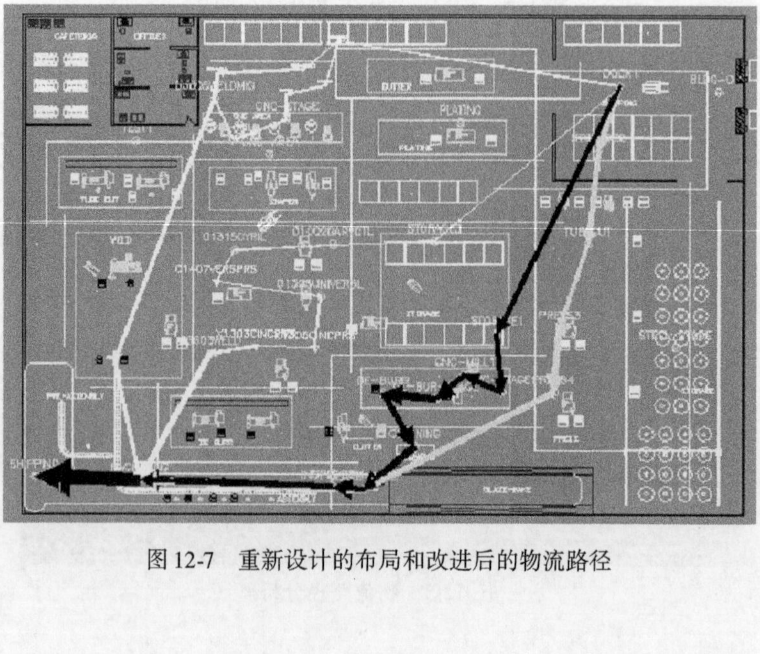

图 12-7　重新设计的布局和改进后的物流路径

（6）FactoryFLOW 的高级功能。除上述基本功能外，FactoryFLOW 还提供若干高级功能，使设施设计人员能方便地工作。例如“聚类”功能，为了用图表明并报告由许多机器设备组成的单元或部门之间的物料流动，可以将许多机器设备快速聚集在一个聚类或单元内。另一个令人感兴趣的 FactoryFLOW 功能是对过道堵塞的分析能力。这一功能使设施设计人员较容易地预测过道的交通，从而做出一个更好的设计，使工厂有一个连贯的物流，并能减少浪费的时间和危险的交叉堵塞。

12.1.3　工厂布局设计分析软件

（1）FactoryPLAN 的功能。FactoryPLAN 是设计和分析布置的另一种模块。与 FactoryFLOW 相反，它是基于两单位的作业应当彼此靠近到满意的程度，由作业单位之间接近等级所决定的。这种关系由物流强度或非物流强度，或两者总和所决定。FactoryPLAN 能自动生成不同粗细和颜色作为代码的关系线，这种代码不是由接近程度，就是由物流数据或两者之和来制定的，一直可以达到 256 种不同的种类。显而易见，FactoryPLAN 也是基于缪瑟的 SLP。然而，FactoryPLAN 中未提供自动寻找最佳布置的功能。像 FactoryFLOW 那样，在 FactoryPLAN 中，可以通过智能化的基于布置的关系线，提供对各种布置评分和比较的能力。利用 FactoryPLAN 编辑器（见图 12-8），输入作业单位关系和物流强度的数据。

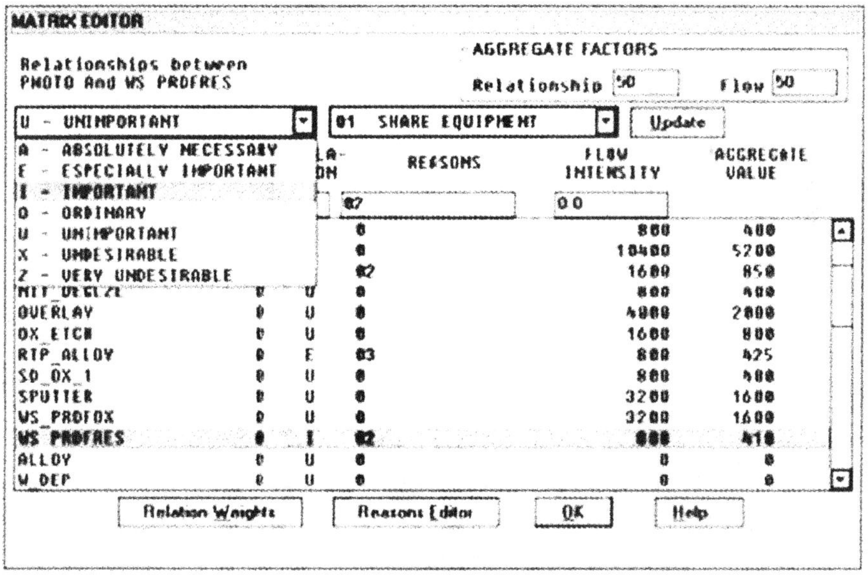

图 12-8　FactoryPLAN 中作业单位关系编辑器

另一种方法是数据直接由 FactoryFLOW 或 Excel 输入。作业单位关系和物流，可以用 FactoryPLAN 的矩阵乘法器和关系权重将其合并考虑（见图 12-9）。根据关系权重、物流强度并将两者合在一起，就能自动生成关系图，如图 12-10 所示。在 AutoCAD 图形中或用户做交互式提示，就能从关系线中自动找出作业地域。

当改变布置时，FactoryPLAN 重新产生关系线。根据关系类型、理由代码和距离分段，关系线标明不同的颜色。最后，FactoryPLAN 用几种成熟的评分技术，帮助用户更好地评价和比较不同的设计方案。

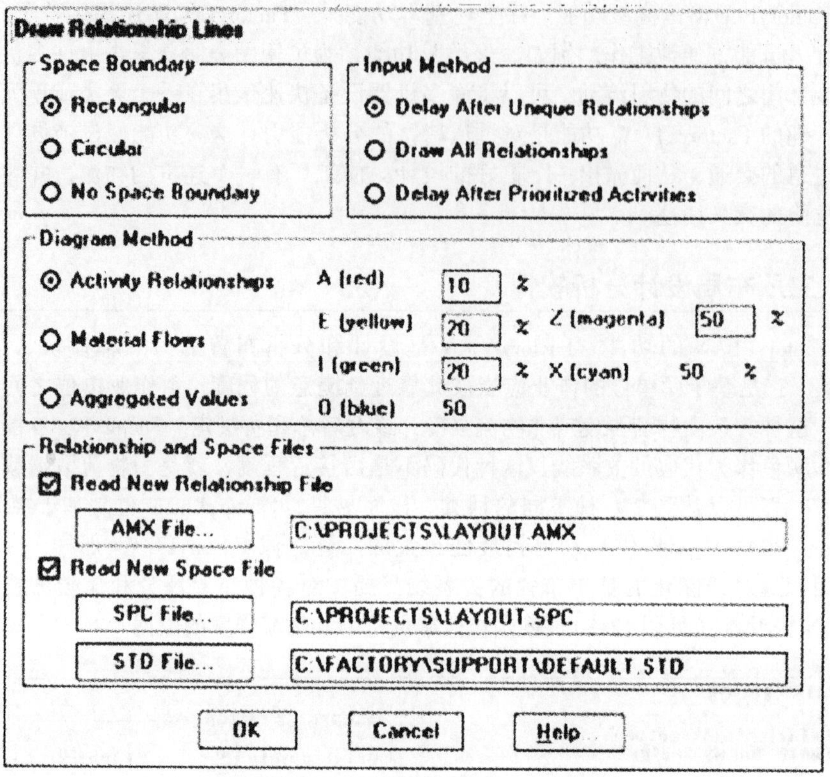

图12-9　FactoryPLAN中的关系线对话框

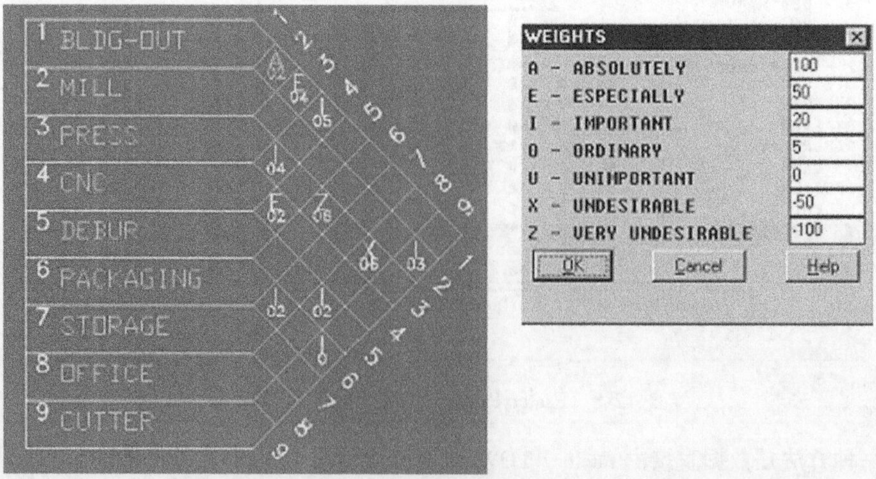

图12-10　从关系线中自动找出作业地域

（2）FactoryOPT的功能。FactoryPLAN中的FactoryOPT能自动根据输入的特征，生成一些布局选项。FactoryOPT可提高设计质量，给出最佳的设计方案，如图12-11所示。

1）FactoryOPT根据物流的工作区域和其他重要信息，使用一定的运算法则能快速地优化设计，得到最佳的布局方案。

定义好系统需要的元素后，在布局窗口双击该元素，弹出详细属性定义对话框，如图 12-14 所示，可以配置其详细的属性。通过定义系统元素的相应属性，包括系统的输入输出规则，将不同的元素连接起来，就完成了仿真模型的建立。

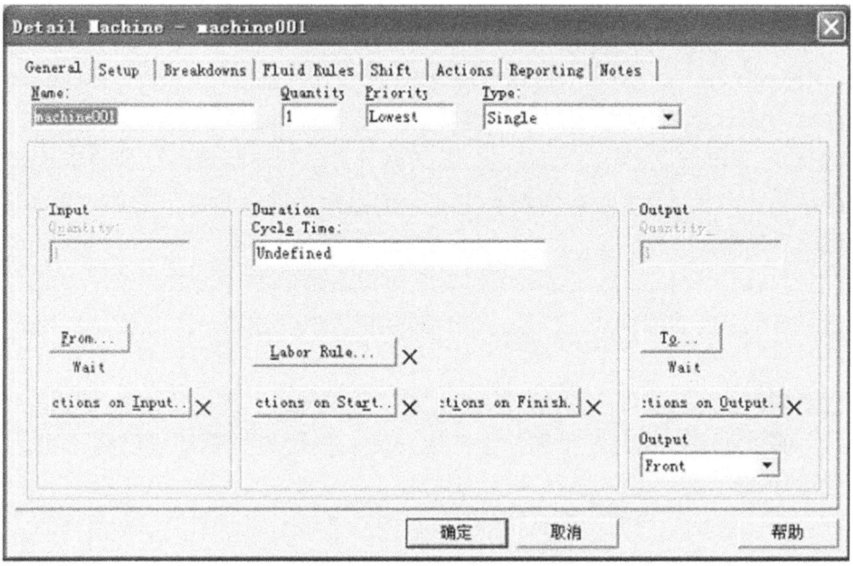

图 12-14　详细属性定义对话框

仿真模型建好后，就可以单击运行按钮（或按〈F_2〉键）运行仿真模型了。通过分析不同方案的运行报告，可发现系统存在的问题，进而得到最佳的方案。

12. 2. 2　WITNESS 提供的元素

现实系统总是由一系列相互关联的部分组成的，比如制造系统中的原材料、机器设备、仓库、运输工具、人员、加工路线或运输路线等。WITNESS 软件使用与现实系统相同的事物组成相应的模型，模型中的每个部件被称为“元素（Element）”。WITNESS 软件提供了 28 种元素。下面对一些常用的元素进行介绍。

（1）零部件（Part）。零部件是一种最基本的离散型元素，它可以代表在其他离散型元素间移动的任何事物，如产品、电话交流中一个的请求、微型电子元件、医院中的病人、机场上的行李，等等。零部件进入模型主要有两种方式。第一种方式是被动式的，只要有需要，零部件可以无限量进入模型。例如，在生产性企业中，一些零部件堆放在仓库中，当生产需要时，可以随时把它取出来供应生产。第二种方式是主动式的，零部件可以按一定的时间间隔（如每隔 10min）进入模型；可以按照一定的随机分布进入模型，如顾客到达商店的时间间隔服从均匀分布；也可以按不规则的时间间隔（如 10min、20min、30min）到达模型中。在主动方式中，可以对零部件达到模型的时刻、时间间隔、最大到达数量等项目进行设置。

（2）机器（Machine）。机器是获取、处理零部件并将其送往目的地的离散型元素。不同的机器代表不同类型的处理过程。WITNESS 提供了七类机器来建立不同类型处理过程的模型：

1）单处理机（Single）。单处理机器一次只能处理一个部件，单输入单输出。

2）批量机器（Batch）。批量机器一次能处理多个部件，n个部件输入n个部件输出。

3）装配机器（Assembly）。装配机器可将输入的多个零部件组装成一个组件输出，n个部件输入1个部件输出。

4）生产型机器（Production）。一个部件输入到生产型机器中能输出许多部件。1个部件输入n个部件输出，如单片钢板的切割。

5）通用型机器（General）。在通用型机器中输入一批部件，输出的是相同数目或不同数目的一批部件。

6）多周期处理机器（Multiple Cycle）。多周期处理机器是一种特殊的通用机器，它模拟机器执行的是经过许多独立的处理周期来完成一次操作。可以为每个周期指定不同的输入、加工时间和输出数量。

7）多工作站机器（Multiplestation）。一台多工作站机器工作起来就像许多台联结在一起的机器。它有多个不同的部件加工位置，每个部件将依次通过每一个工作站，完成一系列的工序。

（3）输送链（Conveyor）。输送链是一种可以实现带传送和滚轴传送的离散型元素。如机场里运送行李的传送带、将货车车体沿生产线移动的传送装置等都可以称为输送链。WITNESS提供了两种输送链：

1）固定式（Fixed）。这是一种保持部件间距不变的输送链。假如该输送链停了，它上面的部件间的距离仍保持不变。

2）队列式（Queuing）。这种输送链允许部件的累积。假如该输送链上的部件被阻塞，部件仍会不断地滑向一起，直到整个输送链被塞满。输送链通常把部件从一个固定点移到另一个固定点。部件从输送链后段进入，并向前移动。可以确定部件在输送链上的特定位置，并将部件装载或卸载到特定的位置；也可以对输送链的长度、最大容量、部件移动单位长度需要的时间进行设定。

（4）缓冲区（Buffer）。缓冲区是存放部件的离散型元素。例如存放即将焊接的电路板。位于加工区的盛放产品部件的漏斗形容器等物体都称为缓冲区。缓冲区是一种被动型元素，既不能像机器元素一样主动获取部件，也不能主动将自身存放的部件运送给其他元素；它的部件存取依靠系统中其他元素主动地推或拉。可利用缓冲区规则，使用另一个元素把部件送进缓冲区或者从缓冲区中取出来。部件在缓冲区内还按一定的顺序整齐排列（如先进先出、后进先出）。可以将缓冲区直接与机器相结合，称之为专用缓冲区。专用缓冲区不是一种独立的元素，可以在设置机器元素的输入和输出规则时，设置它的输入缓冲区或输出缓冲区。

（5）车辆（Vehicle）。车辆是一种离散型元素，可以将一个或多个部件从一个地点运载到另一个地点，如货车、起重机和铲车，车辆沿着轨道（Track）运动。

（6）轨道（Track）。轨道是表示车辆运输部件时所行走的路径，也用来定义车辆装载、卸载或停靠的地点。车辆所走的路径是由一系列轨道组成的。每条轨道都是单向的；假如需要一条双向的轨道，就需要定义两条线路相同但方向相反的轨道。车辆在“尾部”（Rear）进入轨道并向“前部”（Front）运动。一旦到达前部，该车辆可以进行装载、卸载或进行其他的操作。然后它将移动到下一条轨道的尾部并开始向那条轨道的前面运动。

在WITNESS里建立物料搬运系统应按照如下两个步骤进行：

（1）设计轨道布置图和运载路线。这需要创建所需的轨道和车辆，并且详细说明车辆在轨道之间移动所需的细节。在这一步不必考虑部件怎样装上车辆或怎样从上面卸载下来。只有将第一步设计好了，才可以进入下一步的工作。

（2）详细说明所定义的车辆怎样来满足运输的需要。它有两种方式，可能是被动式的，也可能是主动式的。

1）劳动者（Labor）。劳动者是代表资源（如工具或操作工人）的离散型元素，它一般负责对其他元素进行处理、装配、修理或清洁。例如，操作机器的工人、一个通用固定装置都可用劳动者来表示。可以对各种类型的劳动者设置不同的班次。

2）路径（Path）。路径元素用来表征部件和劳动者从一个元素到达另一个元素的移动路线。在模型中用来代表现实系统中行程的长度和实际路线。路径对于提高模型的精确性是特别有用的。例如，在一个制造单元里，操作者要控制数台机器的操作，在各台机器之间的走动时间是完成整个任务总时间的重要组成部分。可以用路径表示移动消耗的时间。

12.2.3　WITNESS 程序设计基础

（1）变量。WITNESS 提供了四种类型的变量，用来进行数据处理。它们是整型、实型、名称型、字符串型。整型变量（Integer）用来存储不包含小数点部分的数字。实型变量（Real）可以存储由数字（0 ~ 9）、小数点和正负号组成的数据。名称型变量（Name）用来存储 WITNESS 仿真系统中元素的名称。字符串型变量（String）用来存储字符串类型的数据。

（2）运算符号。WITNESS 中的运算符号基本上与 Visual Basic 中的相同，需要重点说明的有以下几个：

1）连接两个字符串用“+”，如 VarString = “how” + “are you”，则 VarString 的值为 how are you。

2）乘方用“**”，如 VarInteger = 8 ** 2，则 VarInteger 的值为 64。

3）将整数转换为英文字母用“&”，如 VarString = &1，则 VarString 的值为 A。

4）将数值型数据转换为字符型数据用“@”，如 DESC = “P” + @ VAR1（此时数值型变量 VAR1 = 56），则 DESC = P56。

（3）分支结构。分支结构是在程序执行时，根据不同的条件，选择执行不同的程序语句，用来解决有选择、有转移的诸多问题。

基本语法如下：

```
IF <条件表达式 1>
        <命令行序列 1>
ELSE
        <命令行序列 2>
ENDIF
```

示例如下：

```
IF (water_level >=0) AND (water_level <=5)
      PRINT " The level in the water tank is low"
ELSEIF (water_level >5) AND (water_level <=10)
      PRINT " The level in the water tank is normal"
ELSE
      PRINT " The level in the water tank is high"
ENDIF
```

(4) 循环结构。

1) "For"型循环。

基本语法如下：

```
FOR 〈循环变量〉 = 〈循环变量初值〉 TO 〈循环变量终值〉
    〈命令行序列〉
NEXT
```

示例如下：

```
NUMBER_ FOUND = 0
FOR BUFFER_ INDEX = 1 to NPARTS (STORE (1))
  IF STORE (1) at BUFFER_ INDEX: color = red
      NUMBER_ FOUND = NUMBER_ FOUND + 1
  ENDIF
NEXT
```

2) "While"型循环。

基本语法如下：

```
WHILE <条件表达式>
    <命令行序列>
ENDWHILE
```

示例如下：

```
WHILE NPARTS (STOCK) >90
  PRINT " Warning! The STOCK buffer is nearly full. "
ENDWHILE
```

12.2.4 WITNESS仿真建模过程

下面描述如何通过WITNESS系统提供的Designer Elements模板，快速地建立WITNESS模型。这个过程仅仅展示了采用WITNESS建模的思想，并不代表真正的工业系统。通过本节的学习，要能够掌握Part、Machine、Conveyor、Labor实体元素及Variable逻辑元素的使用；掌握可视化输入、输出关系的建立；掌握Report工具栏的使用和分析，并根据分析，进行系统优化设计。

(1) 模型概述。在模型中，零部件（Widget）要经过称重（Weigh）、冲洗（Wash）、加工（Produce）和检测（Inspect）四个工序的操作。执行完每一步操作后零部件通过充当运输器和缓存器的输送链传送至下一步操作；经过检测以后零部件脱离模型；同时需要一个操作人员控制加工机器的各种加工活动。最后完成的模型如图12-15所示。

(2) 构建第一阶段（Stage1）模型。

1) 定义元素。打开WITNESS安装路径下Demo文件夹中的建模文档startup. mod，建立被称为Widgets的零部件、一台称重机器（Weigh）和一条输送链（C1）。单击Designer Elements对话框的机器（Machine）图标，使其变成可选项，此时鼠标箭头变为十字光标，将光标移向Layout Window窗口，在适当位置单击左键，在Layout Window出现机器（Machine001）图标，同时在元素选择对话框Element Selector中的Simulation下出现Machine001图标；当鼠标在Layout Window中选中Machine001时，可以在屏幕范围内拖动元素到适当的位置，此时Display

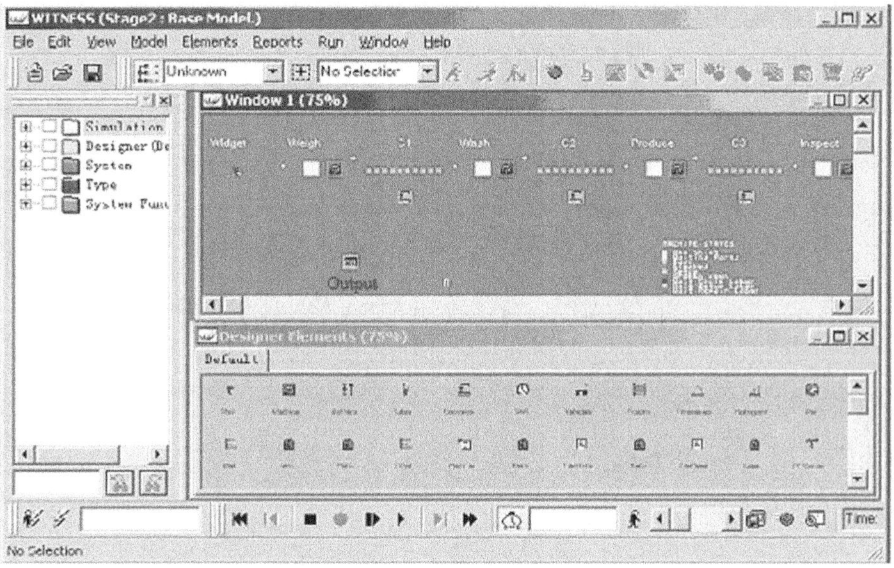

图 12-15　最终模型界面

Edit 工具栏必须打开。现在 Machine001 是所要建立的模型的一部分了。通过单击 Designer Elements 对话框的输送链（Conveyor）图标可在模型中加入输送链。通过单击 Designer Elements 对话框的零件（Part）图标可在模型中加入小零件（Part001）。现在第一阶段所需的三个仿真元素已经加入模型中了，由于 Designer Elements 对话框中的建模元素都设定好了默认的显示属性，在本例中将不加以修改。下一步是对元素进行详细设计。

2）元素详细设计（Detailing an element）。改变元素细节最简单的方法是在屏幕中的元素图标上双击。

① 零部件细节设计。双击 PART001 得到元素细节设计对话框。输入新的元素名 Widget 覆盖掉系统默认的名字。单击 OK 按钮确认。

② 机器细节设计。双击 Machine001 图标，输入以下信息：名字（Name）：Weigh，加工时间（Cycle Time）：5，单击对话框中的 OK 按钮确认。

③ 输送链细节设计。双击 Conveyor001 图标输入：名字（Name）：C1，移动单位距离所需时间（Index Time）：0.5，单击 OK 按钮确认。设计完毕，窗口显示的 Stage1 模型布局如图 12-16 所示。

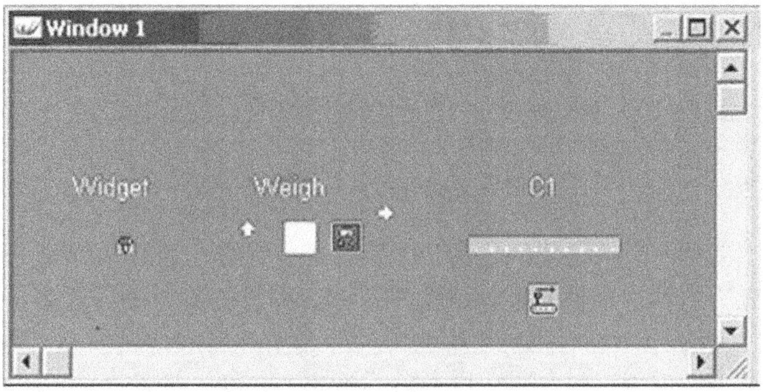

图 12-16　Stage1 模型布局图

3）建立元素之间的逻辑规则。接下来定义各个元素之间连接的逻辑规则。规则输入可以通过工具栏和鼠标，也可以通过元素细节对话框。

① 机器规则设计。单击选中 Weigh 图标，然后单击 Elements 菜单的 Visual Input Rule 图标，出现 Input Rule for Weigh 对话框，如图 12-17 所示。在文本框中输入“PULL Widget out of WORLD”，定义了机器 Weigh 加工完成一个 Widget 之后，从本系统模型的外部 WORLD 处拉进一个 Widget 进行加工。此时也可以用鼠标在 Layout 对话框单击零部件 Widget 图标，并单击 World 按钮，再单击 OK 按钮即可。然后单击 Visual Output Rule 图标；单击 C1 图标，单击 OK 按钮确认。

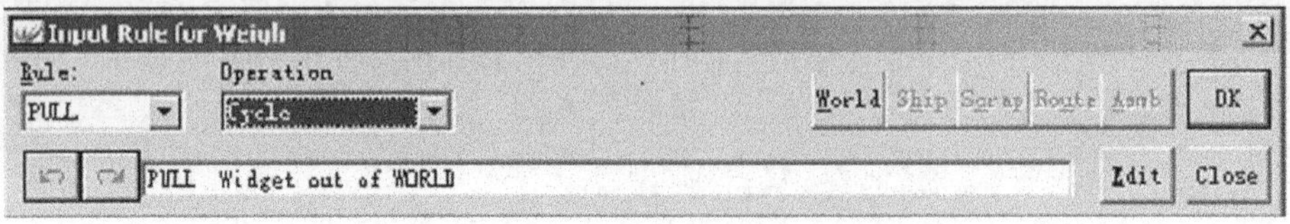

图 12-17　机器规则定义对话框

② 输送链规则设计。单击输送链 C1 的图标，单击 output rule 图标；单击 Output Rule for C1 对话框中的 Ship 按钮，为输送链 C1 创建输出规则 PUSH SHIP，执行此规则，输送链将 Widget 送出系统。单击输送链 C1 的图标，单击Elements中的 visual output rule 图标，单击机器 Weight 的图标，单击 OK 按钮即可。

4）运行模型。首先介绍运行工具栏中的按钮及其作用。运行工具栏如图 12-18 所示。

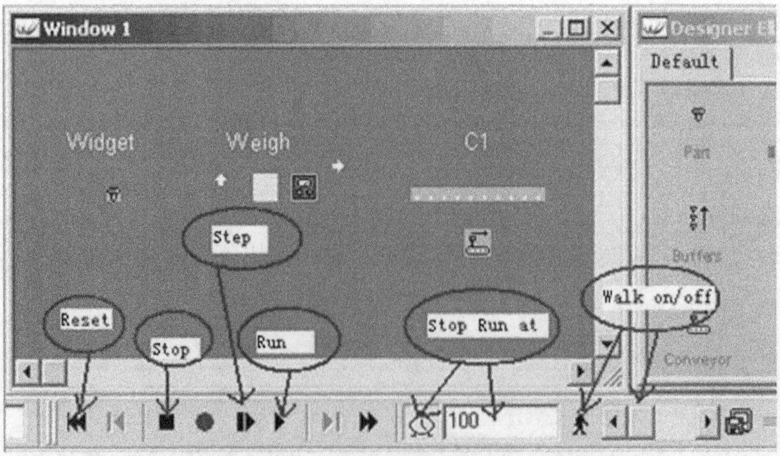

图 12-18　运行工具栏示意图

运行工具栏中的第一个按钮 Reset 用于仿真的复位操作。单击该按钮，系统仿真时钟和逻辑型元素（变量、属性、函数）的值将置零；Step 按钮控制模型以步进的方式运行，同时在 Interact Box 窗口中显示仿真时刻所发生的事件，便于理解和调试模型。Run 按钮控制模型的连续运行，如果没有设定运行时间，模型将一直运行下去，直到单击 Stop 按钮；如果设定了运行时间，则模型连续运行到终止时刻。Stop Run at 包括一个按钮和一个输入文本框，用来设定仿真运行时间，按钮决定仿真是否受到输入文本框中的输入时间点控制。Walk on/off 包括一个按钮和一个滑动条，用来设定仿真连续运行时仿真运行的速度。本例中，在运行工具栏中按下 Stop Run at 按钮，在输入文本框中输入模型运行终止时间 100，然后单击 Run 按钮开始运行模型。

5）结果预测。已知输送链的长度等于在输送链上的 10 个零部件的长度，也就是输送链可以连续排列 10 个零部件，所以每个零件在输送链上经历的时间为 0.5 × 10min = 5min，第一个零件下线的时间为 10min：（5min 称重时间 + 5min 在 C1 上的时间），每 5min 有一个零件到达（节拍时间），因此，可以推算出如果模型运行 100min 会有 19 个 Widget 被加工完成。在模型运行完 100min 后检查 Widget 的记录，会发现与预测结果一致。

6）修正元素显示属性。如果需要改变元素的显示属性，用鼠标右键单击元素图标，在弹出的快捷菜单中选 Display，会弹出元素显示特性工具栏（见图 12-19），可通过对一些具体项目的设置，改变元素的显示特性。

图 12-19　元素显示工具栏

显示属性设计有两种模式，即 Draw 和 Update。第一次设计建模元素的某一显示属性时，选择 Draw 项；对显示属性进行修改时，选择 Update 项。

 Draw 按钮：用于激活显示设计对话框，来进行显示属性的绘制和更改。

 Erase 按钮：用于激活删除显示属性项对话框，来进行属性项的删除。

 Layers 按钮：用于激活层设计对话框，来进行层的可移动性和可视性设计。

 Lock 按钮：用于设定元素显示属性项的锁定状态，该按钮将在两种状态之间进行切换（Lock、Unlock）。

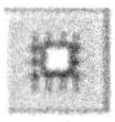 Grid 按钮：用于设定显示对象的位置是否捕捉屏幕上的网格，以便进行精确的定位。

 Help 按钮：激活 WITNESS 帮助文件。

 OK 按钮：当对一个元素的显示属性设置完毕，单击该按钮关闭显示工具栏。

在进行元素显示属性设计的时候，一般步骤如下：从显示设计模式下拉列表框中选择 Draw 或 Update；在属性下拉列表框中选择所要设计的属性项，如机器的 Name、Icon、Part queue 等；单击按钮进入显示项目的详细设定对话框，进行设定即可。

元素图标删除可以使用鼠标来完成。用鼠标左键选中要删除的图标，在图标上单击右键进入快捷菜单，选择 Delete Graphics 选项，图标被删除。如果选 Delete Elements，则会删除该元素。

若要改变元素图标的尺寸大小，用鼠标左键选中图标，按住〈Ctrl〉键或〈Shift〉键，拖动图标周围可改变大小的方框即可。

(3) 构建第二阶段（Stage2）模型（Stage2 模型布局见图 12-20）。现在，已经建立包含一台机器和一条输送链的仿真系统模型，而且运行并测试了模型的运行情况。在 Stage2. mod 中将在此基础上，添加更多的机器和输送链，构建一个比较复杂的仿真系统。本阶段需要添加的机器为清洗（Wash）、加工（Produce）、检测（Inspect），添加的输送链为 C2、C3；同时添加了一个逻辑元素——变量 Output，用于动态显示模型中加工完成的零件数量。在本阶段模型构建过程中，将每个元素的定义、显示、细节设计三个步骤融在一起，不再分开来编写。

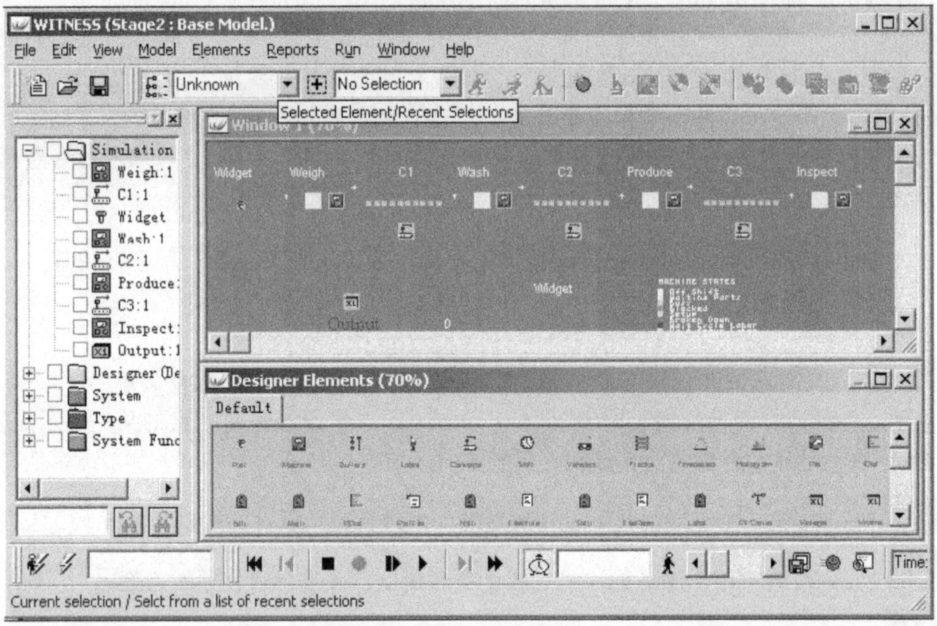

图 12-20　Stage2 模型布局

在原有模型基础上添加机器 Wash、Produce 和 Inspect，其 Cycle Time 分别为 4、3、3；添加输送链 C2、C3 的 Index Time，二者均为 0.5。添加整型变量 Output。Output 的动态显示可以通过设计 Inspect 机器的 Detail 来实现：选中 Inspect 机器，双击其图标，单击 Detail 对话框中的 Actions on Finish 按钮，在规则编辑框中输入语句：Output = Output + 1，单击 OK 确认。这样，每当 Inspect 机器加工完成一个 Widget，将触发完成活动 Actions on Finish 中的代码，变量 Output 的值将累加 1，并在模型布局窗口显示出来。

为了使模型顺利运行，最后一步所做的工作与第一阶段中所做的工作相同，即键入控制零件流的输入和输出规则：通过单击 Visual Output Rule 按钮设置 Wash、Produce 与 Inspect 的输出规则，分别为 push to C2、push to C3、push to Ship；通过单击 Visual Input Rule 按钮设置 Wash、Produce 与 Inspect 的输入规则，分别为 pull from C1、pull from C2、pull from C3。

为了用不同颜色表示机器的不同状态，可以为其设置状态图例。设置步骤为：选择 View→Keys选项，选择 Machine 图标，光标变成十字尖头的形状，将光标移动到屏幕适当位置处，单击鼠标左键创建出所需要的状态图例。

已知输送链的长度等于在输送链上的 10 个零部件的间距，所以每个零部件在输送链上经历的时间为：0.5 × 10min = 5min。第一个零部件下线的时间为 30min，模型每 5min 加工一个

Widget（Weigh 每 5min 循环一次“瓶颈”，决定了整个系统的节拍）。通过预测可知，如果模型运行 100min，则可以加工出 15 个 Widget。单击 Begin 按钮清零，使模型运行 100min，检查 Widget 数目，可以在 Number Shipped 中读出零部件数量为 15，表明模型在 100min 内成功加工了 15 个 Widget，与之相应的变量 Output 显示为 15。统计 Widget 可以看出，平均在制品库存 AveW. I. P 为 5. 21，平均通过时间 AveTime 为 24. 83。

（4）构建第三阶段（Stage3）模型。为了使上述模型更有现实意义，需要对其赋予更多的特性和功能。在本阶段中，将假设 Produce 机器每加工完五个零部件就需要进行一次刀具的调整，调整时需要人员来参与，调整时间为 12min。构建本阶段模型需要在 Stage2 的基础上，向模型中添加 Labor 元素，设置 Produce 机器的调整属性。

1）机器 Setup 选项卡说明。通过双击机器图标，得到机器的详细设计对话框，选择 Setup，如图 12-21 所示，可以细分为调整项目、调整模式、调整间隔、调整时间四块，分别介绍如下：

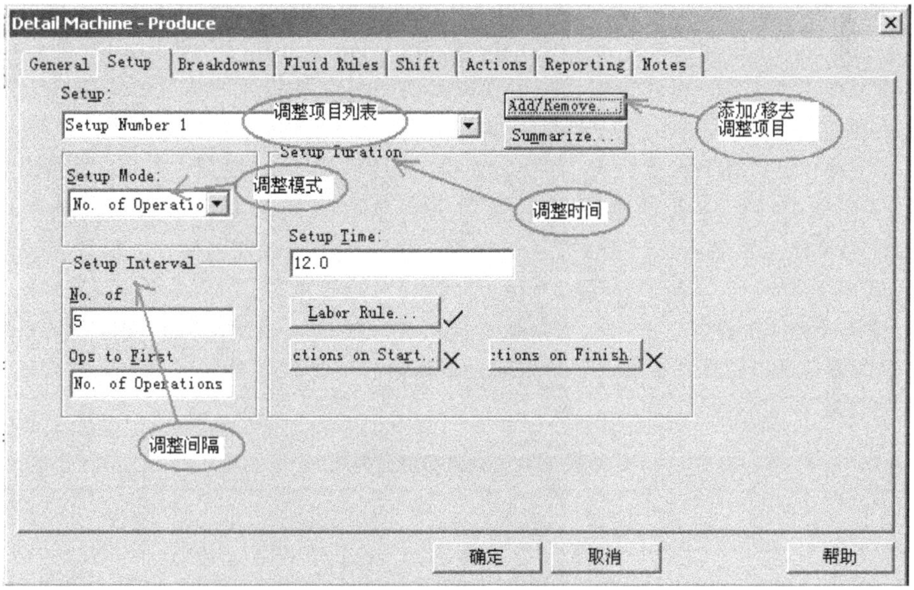

图 12-21　机器 Setup 选项卡

① 调整项目。可以进行调整项目的添加和删除（Add/Remove）、汇总（Summarize）。

② 调整模式。WITNESS 对机器划分了三种调整模式：No. of Operations，在经过了指定次数的操作后，机器要进行一次调整；Part Change，如果机器更换加工零件的种类，则需要进行一定的调整，如不同的零件需要不同的刀具；Value Change，当某一指定的变量值发生变化时，机器需要进行调整。

③ 调整间隔。在设定机器的调整模式为 No. of Operations 之后，决定调整间隔的数据有两项：一项是 Number of Operations，指定两次调整之间的作业次数；另一项是 Ops to First Setup，指定第一次调整发生的操作。设定机器的调整模式为 Value Change 之后，决定调整间隔的数据是 Expression，需要输入一个变量名。

④调整时间。这是指用来指定机器的调整需要花费多长的时间以及需要怎样的劳动者协助。时间值直接输入到 Setup Time 下的文本框。劳动者设定需要通过单击 Labor Rule 按钮，

在弹出的 Labor Rule 对话框中进行编写。

2）构建模型。添加和设计 Labor 型元素。从 Designer Elements 对话框中找到 Labor 元素将其加入模型；将其名字改为 Operator。

① 加工机器调整设置。双击 Produce 图标得到对话框；从对话框中选择Setup选项卡；单击 Add/Remove 按钮进行调整的详细信息设置，本例中添加一个调整描述 Setup Description：Setup Number1；单击 OK 按钮确认，返回 Setup 选项卡；设置 Setup Number1 如下：调整模式 Setup Mode：No. of Operations；调整间隔次数 No. of：5；调整时间 Setup Time：12.0。

② Labor 设定过程。选择 Labor Rule 按钮，在对话框中输入规则。默认值为 NONE，输入 "Operator" 即可，单击 OK 按钮确认。这样每次需要调整时，机器将需要名叫 Operator 的操作者。

③ 经过以上设置，Produce Machine 每 5 个循环操作就需要调整 1 次，也就是说，在 5 个 Widget 加工完成以后，Operator 需要花 12min 来调整机器，以便机器能够正常运行下去。

3）结果预测。将模型再次运行 100min（运行前先要复位），查看所有元素的运行情况统计报表。在布局窗口中框选所有的模型元素，单击 Reporting 工具栏中的 Statistics Report 按钮，将弹出按元素类型分类的统计报表，要想查看其他类别元素的统计情况，使用右边的 "》" 或 "《" 键进行转换。

应该注意的是，由于重新设置了 Produce 机器的调整时间，使得 Produce 机器成为 "瓶颈"，加工完成的 Widget 的数量将会下降到 12。修改机器的调整时间值，结果可能为 13Widgets。Labor 元素 Operator 空闲状态占 76%，共进行了两次辅助操作。统计 Widget 可以看出 AveW. I. P 为 6.12，AveTime 为 29.14。分别比 Stage2 增加了 17.46% 和 17.36%。通过表 12-1 输送链统计报表可以看出，三条输送链可能会出现空载或阻塞。在这样的系统流程下，通过方程是难以计算系统的运行效果的，但是通过仿真就很容易得出复杂系统的运行状态和结果。

表 12-1 输送链统计报表

Name	(%)	Empty	(%)	Move	(%)	Blocked	Now
C1	5	84.5	10.5	2	20	1.13	5.63
C2	15.5	56	28.5	2	17	1.47	8.65
C3	44.5	55.5	0	1	14	0.68	4.82

（5）构建第四阶段（Stage4）模型。在本阶段中，考虑将随机分布函数应用到机器的故障发生时间间隔和劳动者维修机器的故障所需要的维修时间中。假设 Produce 机器在工作一定的时间后，可能会发生意外的停机，通过以往机器两次停机时间间隔的统计发现，其时间间隔服从均值为 60min 的负指数 12 分布。每当机器停机时，都需要人员对它进行维修，维修过程所持续的时间受到故障诊断时间、故障排除的难易程度、维修人员的生理和心理状态的影响，呈现随机波动性，统计数据表明维修时间服从均值为 10min、标准差为 2min 的对数正态分布。构建本阶段模型需要在 Stage3 的基础上，设置 Produce 机器的故障（Breakdown）属性。

1）机器 Breakdowns 选项卡说明。通过双击机器图标，得到机器的详细设计对话框，选择 Breakdowns 选项卡，如图 12-22 所示，可以细分为故障项目、故障模式、故障间隔、维修时间四块，分别介绍如下：

① 故障项目。可以进行故障项目的添加和删除（Add/Remove）、故障项目的选择（下拉

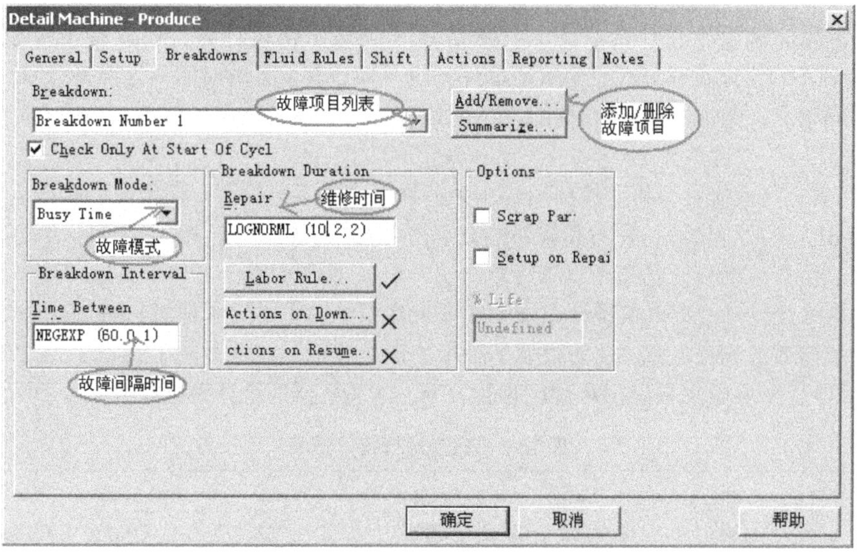

图 12-22　机器 Breakdowns 选项卡

列表框）、一台机器的故障项目汇总（Summarize）另外，关于 Check Only At Start Of Cycle 选项，如果选择了该选项，WITNESS 在机器的每次加工周期开始时进行故障时间检查，假设在仿真钟为 70 时，机器输入了一个新的零部件准备加工，但是发现在 71min 这一时间点上，有一个故障事件，即发现在该加工周期内会有故障事件发生，则强迫故障事件在加工周期开始前发生并进行相应的维修活动，维修结束后，机器才开始对零件进行 3min 加工；如果不选择该选项，故障会发生在加工周期内的任意时间点上，则同样的情况下（即仿真钟为 70 时，机器输入了一个新的零部件准备加工，在 71min 这一时间点上，有一个故障事件），机器将先对零件加工 1min，然后被故障中断，在故障事件结束后，继续对零件加工 2min。

② 故障模式。WITNESS 对机器划分了三种故障模式。第一种是 Available Time，在这种模式下，WITNESS 累计机器在系统中的所有时间，既包括加工时间也包括等待零部件的时间，既包括当班时间也包括下班时间，一旦达到指定的故障时间间隔，则不论是否被使用，机器都将发生故障事件。第二种是 Busy Time，在这种模式下，WITNESS 只累计机器的加工时间，也就是机器的 Busy State 时间。一旦指定的故障时间逝去，将发生故障事件。使用这一模式，机器仅仅会在其加工状态或即将要进行加工时，才会发生故障。第三种是 Operations，在这种模式下，WITNESS 累计机器从刚刚发生的故障事件结束到现在已经完成的加工零件数量，如果数量达到指定的故障间隔数量，则机器将发生故障事件。在这种模式下，故障将发生在加工结束的时间点上。

③ 故障间隔。输入时间值或表达式，来设定机器前后两次故障的时间间隔。模式为 Available Time 或 Busy Time 时，决定故障间隔的数据为 Time between Failures，用来指定两次故障的时间间隔；模式为 Operations 时，决定故障间隔的数据为 Number of Operations，用来指定两次故障的产成品的数量间隔。注：WITNESS 可以接受确定的数值、表达式以及随机分布作为故障的间隔。

④ 维修时间。用来指定机器的故障需要花费多长的时间来进行维修以及需要怎样的劳动者协助。时间值直接输入到 Repair Time 下的文本框。劳动者设定需要通过单击 Labor Rule 按

钮，在弹出的 Labor Rule 对话框中进行编写。

起始故障应该发生在什么时间点？在仿真开始初始化运行时，还没有发生故障事件，WITNESS 既不知道究竟有没有发生故障事件，也不知道其发生的时间，这样 WITNESS 将第一个故障间隔减半，由于仿真初始时钟为0，所以将在故障时间间隔数值的1/2 时点处发生故障事件。

2）仿真运行及统计分析。按照 Stage3 中一样的步骤运行模型：使用鼠标单击运行工具栏上的 Stop Run at 时钟按钮，在与其相邻的文本框内输入 500，单击 Reset 按钮，单击 Run 按钮运行模型。仿真结束后，点选元素然后单击 Report 工具栏中的 Statistics Report 按钮，检查每个元素的报表统计项。可以从统计记录中发现现在系统的主要问题是当 Produce 机器发生故障时，导致了前面的流程阻塞，从而影响了工序的正常运行，以及影响了 Inspect 机器的检测速度，而且 C3 上的容量也只有正常运行时的一半。有关机器的统计数据如表 12-2 所示。

表 12-2 机器运行统计报表

Name	Idle (%)	Busy (%)	Blocked (%)	Setup (%)	Broken Down (%)	No. Of Operations
Weigh	0	87.23	12.77	0	0	87
Wash	3.3	65.23	31.47	0	0	81
Produce	4.5	45	0	33.63	16.87	75
Inspect	56.57	43.43	0	0	0	72

此外，还会看到 Operator 大约有一半的闲置时间，一共完成了 23 次设备调整和维修；只生产了 72 个 Widget；统计 Widget 可以看出 AveW. I. P 为 12.06，Ave Time 为 68.51，分别比 Stage3 增加了 97.06% 和 135.1%。此为第四步建立的模型。

（6）构建第五阶段（Stage5）模型。通过比较分析，可以看出机器 Produce 是生产线的“瓶颈”，严重制约了系统的产出率，大大增加了 Widget 的系统通过时间。为了改进这种状态，考虑添加一台 Produce 机器和一条 C2 输送链，这样生产线上将有两台 Produce 机器和两条 C2 输送链同时工作，应该能够提高系统的产量。在添加元素之前，建议重新布局屏幕中的建模元素，目的是给将要添加的第二台 Produce 和 C2 留出足够的空间，以免显得拥挤。为了节约空间并使之更符合实际情况，可以选择将新元素拖到原来建模元素的下方。

1）添加新元素并进行相应的设计。添加这两种元素，操作非常简单。双击 C2 图标显示 C2 明细对话框，输入数量（Quantity）：2，单击 OK 按钮确认。双击 Produce 图标，显示明细对话框，输入数量（Quantity）：2，单击 OK 按钮确认。

经过以上设定，模型系统中将有两条输送链，即 C2（1）和 C2（2），它们的名称、类型等明细是相同的，只是下标不同，分别为 1 和 2；并将有两台机器，即 Produce（1）和 Produce（2）。系统的输入输出关系设定为 Produce（1），仅仅是向 C2（1）“拉”零件来加工；设定为 Produce（2），仅仅是向 C2（2）“拉”零件来加工。给每台 Produce 机器与相对应的输送链 C2 设定输入输出规则，需要使用到系统变量 N。系统变量 N：保存当前元素下标的整型变量。例如，如果模型系统中有一个数量为 3 的机器 MACH，当 MACH（1）恰好完成了一个加工周期（或即将开始一个加工周期时），则 N 被赋值为 1；如果是 MACH（2），则 N 被赋值为 2；如果是 MACH（3），则 N 被赋值为 3。为了实现 Produce（1）仅仅向 C2（1）“拉”零件来加工，Produce（2）仅仅向 C2（2）“拉”零件来加工，需要进行以下操作：

双击 Produce 机器图标显示 General Detail 对话框；单击对话框中的 From 按钮，弹出机器的输入规则编辑框，如图 12-23 所示；输入规则“PULL from C2(N)at Front”，单击 OK 按钮确认。

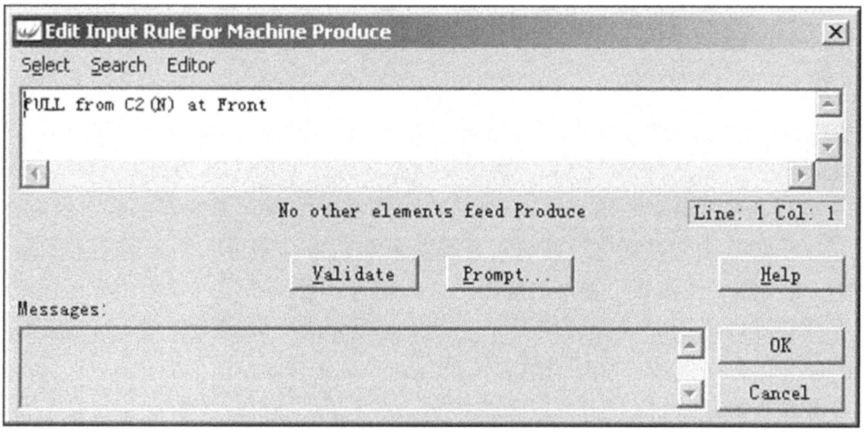

图 12-23　输入规则编辑框

同时，Wash 机器上零部件清洗完毕之后，将输出到 C2 两条链上队列较短的输送链上。设计操作如下：双击 Wash 显示 General 细节对话框；单击 Output 窗口的 To 按钮；删除窗口顶部的默认规则，输入：Least PARTS C1 (1)，C2 (2)；单击 OK 按钮确认以上操作。

2）模型运行与分析。所设置的规则使得 Widget 从最闲置的输送链向整个生产线上展开。下面使模型运行 500 时间单位（运行前要复位），观察改进后的产量，比较为增加产量所需的花费是否值得。从统计报表中可以看出：生产了 94 个 Widget，比 Stage4 增长了 30.5%；Operator 只有 38% 的闲置时间，工作效率提高了 3.5 个百分点；从统计 Widget 可以看出，AveW. I. P 为 7.39，AveTime 为 36.58，分别是 Stage4 的 61.3% 和 53.4%。

如果有相关机器和输送链的成本、产品的利润，就可以比较这一改善是否具有经济性了。

(7) 构建第六阶段（Stage6）模型。通过 Stage5，添加瓶颈设备，可以有效地提高系统的产量，但是 Widget 的在制品库存与平均通过时间仍然比 Stage2 要高很多，这可以在 Stage6 中加以改善。同时，在建模过程中得到准确的调整时间和其他关键信息是很困难的，这样了解所建立的模型对特定输入数据的敏感性将是很有意义的。

下面尝试增加 Produce 机器故障的维修时间（Repair Time），观察模型维修时间值的改变对产量的敏感性。双击 Produce 图标显示明细对话框；选择 Breakdown 选项卡，将 Repair Time 的均值由原来的 10 增加到 20，即 LOGNORMAL (20,2,2)；再在 Batch 模式下运行模型 500 时间单位（运行前复位）；然后检查输出结果统计报表：一共生产了 93 个 Widget；Operator 有 17% 的闲置时间。由结果可知维修时间均值从 10 增加为 20，但只对产量产生很小的影响。

下面考虑继续提高维修时间均值。双击 Produce 图标显示 General 细节对话框；选择 Repair Time 将平均时间由 20 改为 30，即 LOGNORMAL (30,2,2)，在 Batch 模式下运行模型 500 时间单位，检查输出记录：共生产了 83 个Widget；Operator 闲置时间为 8%。

从结果中可以看出，Produce 机器的 Repair Time 在 20min 以内变化时，产量相应变化不敏感；当超过 20min 时，Repair Time 的变化将引起产量的较大变动，所以 Repair Time 范围应该尽量控制在20min以下。

在本节中，模型的构建是通过WITNESS系统提供的Designer Elements模板以及默认的布局窗口来构建的。为了形象地显示实际系统中元素的可视化特征，就需要自定义布局窗口的背景色、建模元素的图标了。

12.2.5　WITNESS规则

一旦在模型中创建了元素，就必须说明零部件、流体、车辆和单件运输小车在它们之间是怎样流动以及劳动者是怎样分配的，这就要用到规则。WITNESS有几类不同的规则：①输入规则（这类规则包括装载和填入规则），输入规则控制输入元素的零部件或者流体的流量。②输出规则（这类规则包括连接、卸载、空闲、单件运输小车进入、车辆进入和缓冲区退场管理）。输出规则控制从元素中输出的零部件、流体、车辆或者单件运输小车的流量。③劳动者规则。劳动者规则可用来详细说明劳动者的类型和机器、输送链、管道、处理器、容器、路线集或者工作站为了完成一项任务而需要的劳动者的数量。

（1）BUFFER RULE。使用BUFFER规则为一个机器设置一个专用的输入（输出）缓冲区。如果一台机器有一个输入缓冲区，它从该输入缓冲区获得所有的零件，不需要设置其他的缓冲区规则。输出缓冲区和输入缓冲区类似。在机器的输入（输出）规则里设置输入（输出）缓冲区，语法为：BUFFER（capacity），这里capacity为整数，是输入（或输出）缓冲区的最大容量，如BUFFER（10）。如果在一台机器的输入规则里输入了BUFFER（10），则WITNESS为该机器加入一个输入缓冲区，该缓冲区的最大容量为10个零件。

（2）LEAST RULE。LEAST规则为输入（输出）零件从（到）具有较少零件的元素。

例如：LEAST PARTS STACK，RACK

这里LEAST为输出规则，STACK与RACK数量均为2，STACK（1）容纳2个零件，STACK（2）容纳7个零件，RACK（1）容纳4个零件，RACK（2）容纳1个零件。LEAST检查STACK和RACK哪个容纳最少的零件，RACK容纳的零件总数是5，STACK容纳的零件总数为9，所以RACK容纳最少的零件。尽管RACK（2）容纳零件数少于RACK（1），LEAST规则为输出零件到RACK（1），因为它具有最低的索引值。

又如：LEAST PARTS STACK（1），STACK（2），RACK（1），RACK（2）

这条语句与上条语句的不同之处在于元素后面加了括号，列出了索引值。LEAST规则寻找STACK（1），STACK（2），RACK（1）和RACK（2）中容纳零件最少者。RACK（2）容纳零件最少，仅1个，故将零件送入RACK（2）。

（3）MATCH RULE。可以使用MATCH规则作为输入规则输入一系列相匹配的零件或劳动力单元给机器，或者作为一个劳动力规则匹配在某个元素的劳动力。下面讲解参数MATCH作为机器输入规则的情形。

例如：MATCH/ANY CLOCK STORE（1）#（2）AND BOX STORE（2）#（1）

对于这个例子，MATCH规则从STORE（1）取得2个CLOCK零件，从STORE（2）取得1个BOX零件，一同送入机器。

又如：MATCH/ATTRIBUTE COLOR CHASSIS_ BUFF#（1）AND DOOR_ BUFF#（4）

MATCH规则根据属性是否相同，从CHASSIS_ BUFF取出一个零件，从DOOR_ BUFF中取出4个颜色相同的零件进行匹配，输入机器。

再如：MATCH/CONDITION SIZE > 10 STOREA#（7）OR STOREB#（7）

MATCH 规则从 STOREA 中或 STOREB 中取出满足条件 SIZE > 10 的零件 7 个，送给机器。

（4）MOST RULE。MOST 规则输入（输出）零件从（到）具有最多零件或最大自由空间的元素。MOST PARTS 规则输入、输出零件到容纳最多零件的元素，但它不输出零件到容量已满的元素。MOST FREE 输入、输出零件到具有最大自由空间的元素。当为输出规则时，只考虑至少有一个自由空间的元素，以防止元素已满，发生阻塞。

例如：MOST PARTS STACK，RACK

假设：MOST 被用作输出规则，STACK 和 RACK 的数量均为 2，STACK（1）容纳 2 个零件，STACK（2）容纳 3 个零件，RACK（1）容纳 4 个零件，RACK（2）容纳 6 个零件。对于该例，MOST 检查 STACK 和 RACK 哪个容纳最多的零件，其中 STACK 容纳 5 个零件，RACK 容纳 10 零件，虽然 RACK（2）的零件多于 RACK（1），但 RACK 是索引值在前，所以 MOST 将零件送入 RACK（1）。

（5）NONE RULE。NONE 规则用在当一个元素在某种环境下不需要劳动者时（如果元素对于某一项任务从来都不需要劳动者，则根本不需要输入劳动者规则），它通常用在 IF 条件下。如：

```
IF JOB_ TYPE = RIBBON
    KNOTTER
ELSE
    NONE
ENDIF
```

对于该例，一台包装机包装两种类型的巧克力盒子，一种是普通的盒子，另一种有带子。机器不需要劳动者包装普通的盒子，但当包装有带子的盒子时需要劳动者 KNOTTER。如果这里用 WAIT 规则代替 NONE，只要一个普通的盒子到达机器，机器就变为永久的堵塞状态。

（6）PERCENT RULE。百分比规则可以以指定的百分比输入或输出零件、小车到不同的元素。

例如：PERCENT/57 MACH1 30，MACH2 30，MACH3 40

PERCENT 规则为从 57 号随机数流里取出一个随机数，如果这个数小于等于 30，PERCENT 从 MACH1 输入零件（假设是一个输入规则）；如果这个数大于 30，小于或等于 60，则从 MACH2 输入零件；如果这个数大于 60，小于或等于 100，则从 MACH3 输入零件。

（7）PULL RULE。PULL 规则是一个输入规则，它从某个元素或某些元素输入零件到某个元素。如果指定不止一个的元素（可以提供零件的元素），系统依次从每个元素取零件，直到成功为止。如果到达列表的末尾仍未取到元素，则等待。

例如：PULL FROM ASSEMBLY WITH ENGINEER#1 USING PATH

PULL 规则要求一个劳动者 ENGINEER 沿着指定的路径从 ASSEMBLY 机器取得一个零件。

（8）PUSH RULE。PUSH 规则为输出规则，用法类似与 PULL 规则，如 PUSH DUD TO SCRAP（将零件 DUD 作废）。

（9）SELECT RULE。选择规则为根据一个整数变量的值输入零件从（或输出零件、车辆到）几个元素。

例如：SELECT on WORKING BAY1，BAY2，BAY3

假设这是一个输入规则，如果表达式 WORKING 计算的结果为 1，则SELECT从 BAY1 取得零件；如果表达式 WORKING 计算的结果为 2，则SELECT从 BAY2 取得零件；如果表达式 WORKING 计算的结果大于或等于 3，则 SELECT 从 BAY3 取得零件；如果计算结果为 0，或负数，则系统等待。

（10）SEQUENCE RULE。SEQUENCE 规则以一定的循环次序输入零件从（或输出零件、车辆到）几个元素。

例如：SEQUENCE/WAIT RBUF#4，TBUF#1，VBUF#1

假设这是一个输入规则，SEQUENCE 规则为从 RBUF 取得 4 个零件，从 TBUF 取 1 个零件，从 VBUF 取 1 个零件。如果 SEQUENCE 规则不能获得零件，它会等待，直到取到零件为止。

（11）WAIT RULE。WAIT 规则命令一个元素等待。在默认情况下，所有元素使用 WAIT 作为输入、输出规则。

例如：

```
IF m = 1
    PUSH ASSEMBLY
ELSE
    WAIT
ENDIF
```

如果 m = 1，将零件输入 ASSEMBLY；如果 m 不等于 1，则等待。

12.2.6　仿真需要的数据资料

仿真是建立在数据基础上的，没有真实可靠的数据，仿真就不会产生正确的结论。表 12-3 列出了对工厂设施规划问题进行仿真研究时可能需要的数据，供读者参考。

表 12-3　仿真需要数据一览表

数据资料	具体内容
工厂概要	工厂面积、人数、年产量/年产值、主要产品、产品特性
平面图	工厂的车间平面图。平面图必须包括设备、机械名称和位置，工具存放地，产品、零部件存放地。有 AutoCAD 图更好
作业流程	工厂所生产产品的工序及流程图，按产品种类整理
作息时间 人员配置	各个作业员的作业内容，以及各个作业工序的作业时间范围和人员配备数
设备器具	设备、机械种类和性能参数。机械性能包括外表尺寸、生产能力、容量、故障发生概率和修理时间等参数
产品特性	产品和零部件的种类，外表尺寸、颜色，生产紧急度或交货期限，次品率或返工率
存货数量	各工序间存货数量
生产数据	一年中最繁忙的 1 个月的实际生产数据
外部因素	临时抽调人员的可能人数和时间、订单取消概率、订单加急概率
作业时间	各个工序的作业时间、作业员的步行速度等

12.2.7　WITNESS 应用案例

图 12-24 是一个用 WITNESS 建立的简单装配模型，一个组装件由三种零件装配而成：Top、Bottom 以及 Screw，通过机器 Assembly_ Machine 进行组装。它们进入系统的概率服从不同的均匀分布。通过运行该模型，可以发现，机器的空闲率是 63.84%，这是因为零件 Screw 到达系统的速率低造成了设备的闲置。

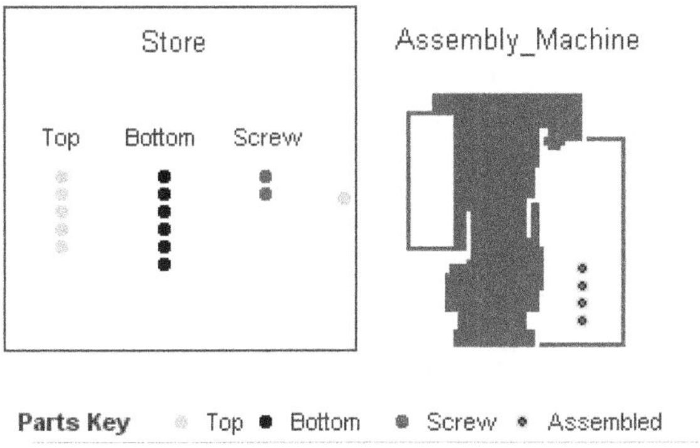

图 12-24　简单装配模型

图 12-25 是一个通过可视化界面、元素的不同颜色以及报表来识别生产系统的瓶颈和帮助生产规划的实例模型。一个阀门制造公司提供100 000美元的资金用于潜在的资金改善，使用 WITNESS 来确定如何规划资金的用途，才能最好地利用资金，使生产能力最大化。图中的箭头指示了物流的方向。模型窗口的一些文本数据会根据选择不同的方案而改变，该模型每 8h 显示一次统计报告。

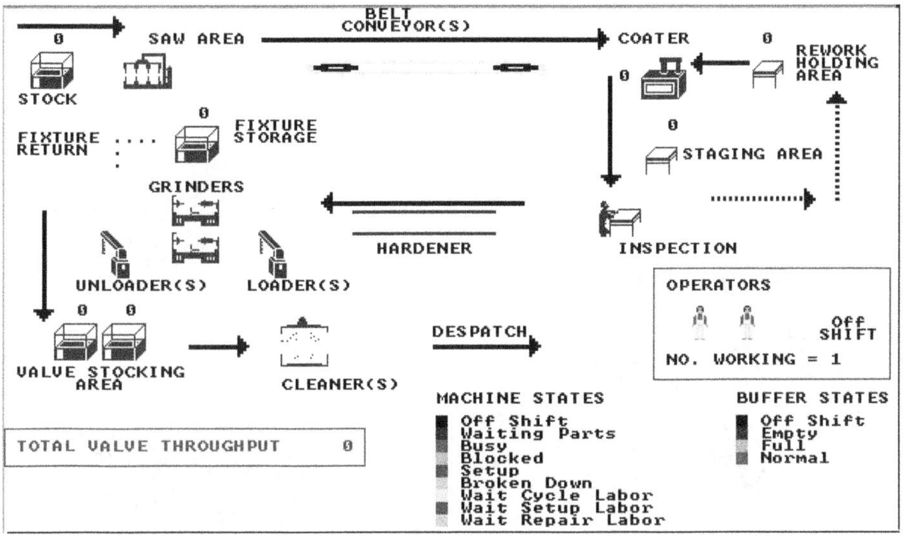

图 12-25　ASME 公司阀门加工模型

图 12-26 是一个对食品进行加工的实例模型。液体装在圆桶内到达系统，通过倾倒机器

(Empty_ Drum) 倒入管道1 (Pipe1) 中，流到加工机器 (Cooker) 后，加热30min，通过装瓶机器 (Fill_ Tin) 装入瓶中，然后，经输送机送出系统。运行这个模型1 000个时间单位，我们会发现倾倒机器有90%的时间是空闲的，因为它不得不花费60个时间单位等待装有液体的圆桶到达，Cooker机器和Fill_ Tin机器几乎总是忙的。所以，就本例而言，提高圆筒到达的速度是没有实际意义的。

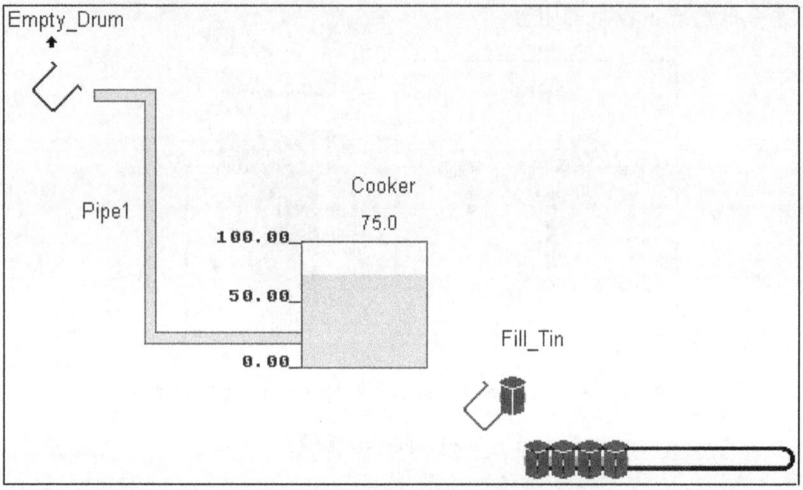

图12-26 食品加工模型

图12-27是一个安装汽车踏板的仿真模型，在这个模型里九个托盘沿着一个循环的输送系统移动，这些托盘将踏板配件运到一个机器人处，由机器人将其安装到汽车上。具体流程为：一个工人将由输送机输送的踏板放到空托盘上，同时从他身后的架子上取一些零部件放在托盘上，托盘移动到下一个工人处，继续往托盘上添加一些零部件。一个工人负责将零部件安装到踏板上，之后，踏板由输送机送到机器人处，机器人从托盘上取下踏板，将其插到汽车上。汽车移动到下一个工作站。空托盘返回输送系统，开始下一个循环。工人吸烟和喝

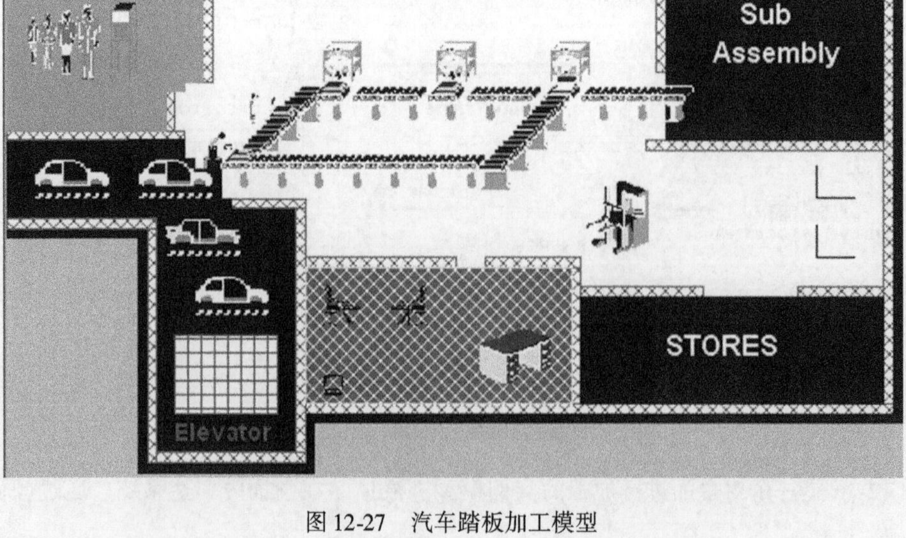

图12-27 汽车踏板加工模型

咖啡会引起工序的暂停。

使用具备特定属性的符号，如零件、机器、库存、传送设备、工人、路径等构造工厂规划的逻辑仿真模型，而不关心其具体的几何表示。仿真模型中也包含连续的事件元素，如管道、流体、储运罐等与离散事件元素一起构成仿真模型。可以直接从 CAD 软件中导入工厂的规划模型，如图 12-28 所示。

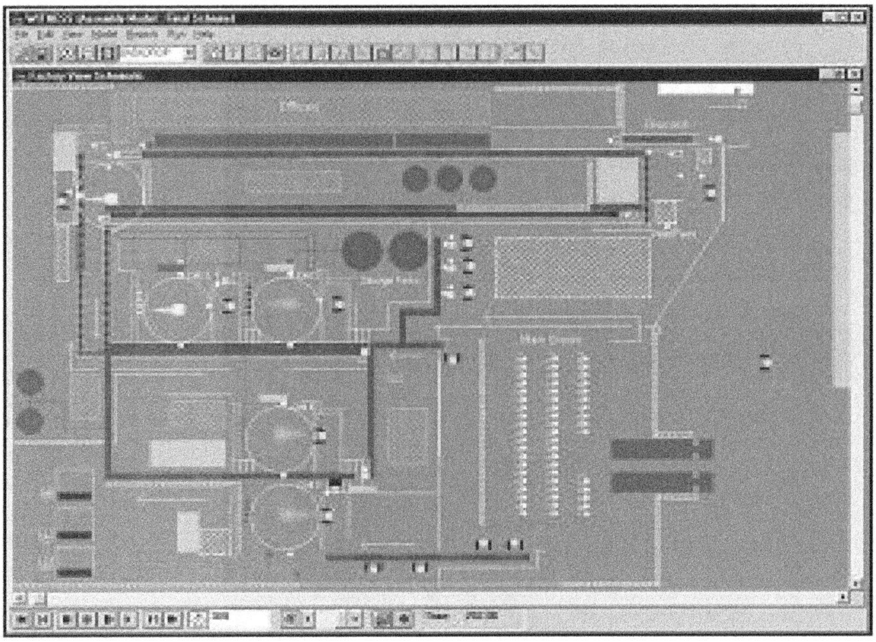

图 12-28　工厂规划模型

思考与练习题

1. 在 WITNESS 系统中，零部件（Part）元素的作用是什么？零部件进入系统有哪两种方式？具体含义是什么？请举例说明零部件（Part）元素代表的实物。

2. 在 WITNESS 系统中，机器（Machine）元素的作用是什么？WITNESS 提供了哪七种类型的机器？请举例说明机器（Machine）元素代表的实物。

3. 在 WITNESS 系统中，输送链（Conveyor）元素的作用是什么？输送链有哪两种类型？含义是什么？请举例说明输送链（Conveyor）元素代表的实物。

4. 在 WITNESS 系统中，缓冲区（Buffer）元素的作用是什么？缓冲区元素有何特点？请举例说明缓冲区（Buffer）元素代表的实物。

5. WITNESS 提供了几种类型的变量？各自的用途是什么？

6. WITNESS 提供了哪三种类型的规则？各自的用途是什么？

7. 在 Part 元素的 General 选项卡里的几个项目，如 Inter Arrial、Lot Size、Maximum、First Arrival 各代表什么含义？WITNESS 的用户界面由哪些部分组成？

8. 简述 Buffer 元素 General 选项卡里的 Quantity 和 Capacity 项的含义。

9. 简述 Machine 元素 General 选项卡里的 Type 和 Cycle Time 项的含义。

10. 简述Conveyor元素General选项卡里的Length in Parts和Index Time项的含义。

11. 简述Machine元素的Setup选项卡里的Setup模式的种类和含义。

12. 简述Machine元素的Breakdowns选项卡里的No of Operations与Repair的含义。

13. 简述在Machine元素的运行统计报表中的Idle（%）与Busy（%）的含义。

14. 一个玩具公司生产三种类型的玩具飞机A、B、C，日产量为A＝1 000个、B＝1 500个、C＝1 800个。公司预测今后6个月订单会增加30%。除玩具飞机A不经过工序40，其他两种都经过5道工序。表12-4是关于工序时间、搬运时间和资源使用的列表。铸造后，玩具飞机以24个为一批移动到每个工序。每道工序前有输入缓冲区，工厂1天工作8h，每周工作5天，工厂每天从零状态开始生产，每天结束时将产品送走。铸造工序发生故障的时间间隔服从30min的负指数分布，修理时间服从平均值为8min、标准差为2min的正态分布，有一个专门的人负责维修。试求需要多少机器和工人才能满足生产的需要。

表12-4 工序时间、搬运时间和资源使用表

工序	工序说明	工序时间	机器	搬运到下道工序的时间	搬运资源
10	Casting（铸造）	3min输出6个零件	Die caster	0.3min	搬运工
20	Cutting（剪切）	三角分布（0.25，0.28，0.35）	Cutter	None	
30	Grinding（磨床）	样本时间/min 0.23，0.22，0.26，0.22，0.25，0.23，0.24，0.22，0.21，0.23，0.20，0.23，0.22，0.25，0.23，0.24，0.23，0.25，0.47，0.23，0.25，0.21，0.24，0.22，0.26，0.23，0.25，0.24，0.21，0.24，0.26	Grinder	0.2min	搬运工
40	Coating（油漆）	12min每批24件	Coater	0.2min	搬运工
50	Inspect和Pack	三角分布 （0.27，0.30，0.40）	Packager	88%合格出系统；不合格作废	

15. 在北华电机厂，机器经常出现故障，故障出现的频率和维修时间是随机分布的。机器每停转1h会损失40元，而维修工工资为12元/h。经理关心的是怎样使故障处理的费用最小。通过初步的研究，得到了以下有关故障发生的间隔时间和它们的维修时间的数据，如表12-5、表12-6所示（此为条件一）。

表12-5 故障发生的相对频数

故障发生的间隔时间/min	4	5	6	7	8	9
相对频数	0.10	0.30	0.25	0.20	0.10	0.05

表12-6 维修时间的相对频数

维修时间/min	4	5	6	7	8	9
相对频数	0.10	0.40	0.20	0.15	0.10	0.05

条件二：

使用下面的随机数作为故障的时间间隔：

RN：85，16，65，76，93，99，65，70，58，44，02，85，01，97，63，52，53，11，62，28，84，82，27，20，39，70，26，21，41，81

使用下面的随机数确定维修时间：

RN：68，26，85，11，16，26，95，67，97，73，75，64，26，45，01，87，20，01，19，36，69，89，81，81，02，05，10，51，24，36

要求一：在上述两种条件下对一名维修工和两名维修工的故障维修过程进行仿真。

要求二：

（1）求在每种条件下维修人员总的空闲时间。

（2）求在每种条件下因等待工人来维修而产生的机器延误总时间。

（3）确定最小成本方案。

第 13 章 物流规划应用实例

13.1 物流中心规划实例（药品配送中心）

总体方案构思以实现配送中心的自动储存、分拣、配送为目标。整体配送中心分为AS/RS 区、托盘货架区、流动货架区、搁板货架区和其他存储区，AS/RS区关键装备采用高速轻型堆垛起重机和快速准确的输送系统。主数据库服务器、WMS、RF 自动识别系统、条码识别系统、设备控制系统通过工业以太网完全拟合，网络涉及底层控制无线局域网，力求提供一个先进、可靠、经济的配送中心物流系统解决方案。

13.1.1 配送中心功能要求以及流程图

1. 配送中心管理作业

（1）进货管理。包括进货通知、进货安排、储位指派、供应商管理。

（2）仓库管理。包括存货管理、储位管理、盘点管理、退货管理。

（3）出货管理。包括订单处理、拣货信息处理、集货分类管理、出货管理。

（4）配送管理。包括送货管理、车辆管理、驾驶员绩效管理、客户管理。

2. 配送中心物流作业

（1）进货入库。包括验收、卸货、入库、退货。

（2）仓库作业。包括盘点、流通加工、退货品处理、报废处理。

（3）分拣出货。包括分拣、分类、集货、补货。

（4）配送作业。包括分类、装车、配送、回车处理。

3. 客户提供的参数

总运转能力：储货量 39 276 盘，库存容量 6 197 盘，处理订单能力1 060单/天。

4. 配送中心作业流程

配送中心作业流程如图 13-1 所示。

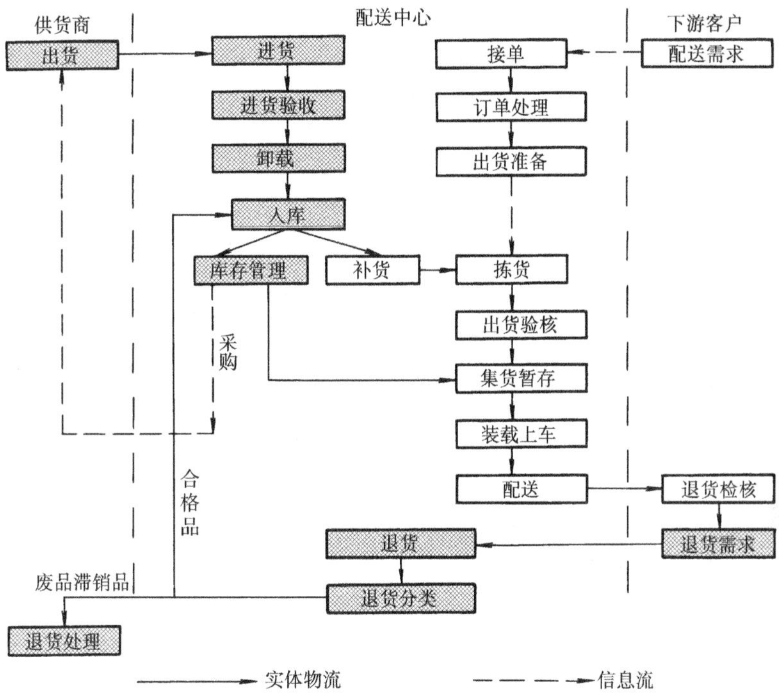

图 13-1　配送中心作业流程

13.1.2　区域划分与能力要求

配送中心储区首先根据物料类别进行分类，每个储区分别储存不同类别的药品。储区分为主储区、中药材储区、危险品储区、毒麻品储区、贵重品储区、冷藏品储区等。另外还需设置不合格品储区、待处理区和退厂品储区，如表 13-1 所示。

表 13-1　配送中心储区划分及其定位

序号	储　　区	储 存 药 品	储 存 条 件	储存品种数	备　　注
1	主储区	通常品，包括片剂、胶囊剂、粉剂等	温度：0～20℃ 湿度：45%～75%	≥5 000	AS/RS 区、托盘货架区、流动货架区、搁板货架区
2	器械库	医疗器械	温度：0～20℃ 湿度：45%～75%	200	
3	中药材储区	中药材	温度：0～20℃ 湿度：45%～75%	200	
4	危险品库	酒精等危险品	温度：0～20℃ 湿度：45%～75%	50	独立建筑
5	冷藏库	冷藏品	温度：2～8℃ 湿度：45%～75%	300	
6	毒麻库	毒麻品	温度：0～20℃ 湿度：45%～75%	200	

（续）

序号	储　区	储存药品	储存条件	储存品种数	备　注
7	贵重品库	贵重药品	温度：0～20℃ 湿度：45%～75%	200	
8	待处理区	退货等待处理的药品和滞销药品	温度：0～20℃ 湿度：45%～75%		
9	不合格品储区	失效、不合格的药品	温度：0～20℃ 湿度：45%～75%		
10	退厂品储区	不合格品	温度：0～20℃ 湿度：45%～75%		

1. 主储区的区域划分与能力要求

主储区分为整货区和零货区，整货区包括AS/RS区和托盘货架区，零货区包括流动货架区和搁板货架区。

各储区的功能定位如表13-2所示。

表13-2　各储区的功能定位

	AS/RS区	托盘货架区	流动货架区	搁板货架区
功能定位	集中储存、补货 整箱出货	托盘货暂存 整箱分拣出货	出货频率高的零货 暂存与分拣出货	出货频率低的零货 储存与分拣出货
储存单位	P①	P	C②	C
分拣出货单位	P、C	C	B③	B

① 托盘。

② 料箱或包装箱。

③ 拆零药品（销售单位：支、盒、包等）。

2. AS/RS区运转能力（见表13-3）

表13-3　AS/RS区运转能力

库容量/盘	出入库能力/(次/天)	备　注
≥5 000	≥1 000	

3. 托盘货架区运转能力（见表13-4）

表13-4　托盘货架区运转能力

库容量/货位	拣 选 点	出货能力/(箱/天)
≥1 500	≥600	≥1 600

4. 流动货架区运转能力（见表13-5）

表13-5　流动货架区运转能力

拣 选 点	储存量/箱	每天进货量/(箱/天)	每天出货量/(个/天)
≥800	≥2 400	≥680	≥55 000

5. 搁板货架区运转能力（见表 13-6）

表 13-6　搁板货架区运转能力

拣　选　点	库容量/货位	储存量/箱	每天进货量/(箱/天)	每天出货量/(个/天)
≥7 000	≥10 000	≥20 000	≥118	≥9 000

配送中心场区物流路线示意图如图 13-2 所示。

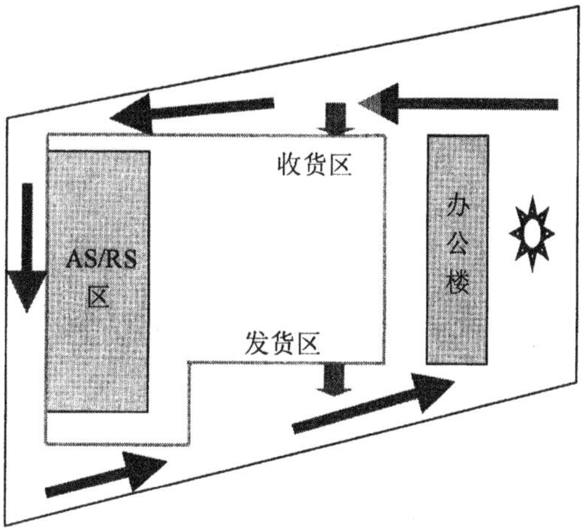

图 13-2　配送中心场区物流路线示意图

13.1.3　布局具体方案设计

进货经过验收、卸载后入库，主要送往 AS/RS 区，同时也可以根据需要送往托盘货架区、流动货架区、搁板货架区。送往 AS/RS 区的货物经过堆垛起重机存储在高层货架中，同时由于 AS/RS 区要求以箱为单位的拣选功能，故在 AS/RS 区出口设立循环输送，以便拣选后送回高层货架。AS/RS 区出来的货物送往托盘货架区，便于以箱为单位的分拣，也可以直接送往配送货车。托盘货架区的货物以箱为单位送往配送车，或对流动货架/搁板货架进行补货。托盘货架、流动货架、搁板货架拣选出来的货物统一在集货区暂存，统一装车进行配送，如图 13-3 所示。

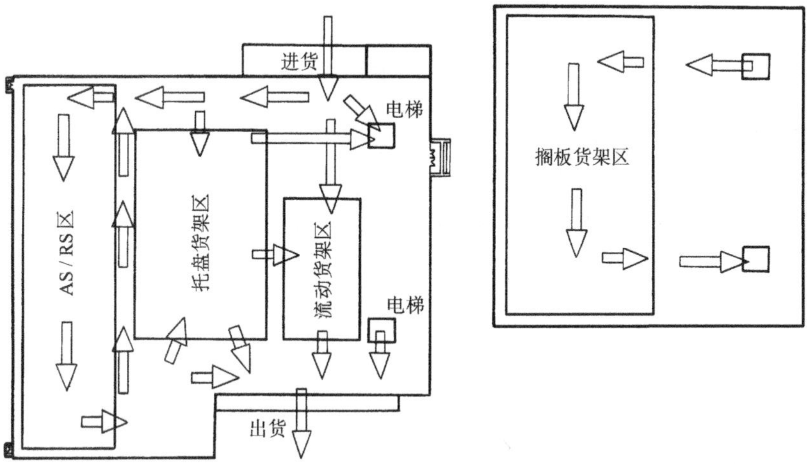

图 13-3　方案布局流程示意图

13.1.4　AS/RS 区设计

1. AS/RS 区作业流程（见图 13-4）

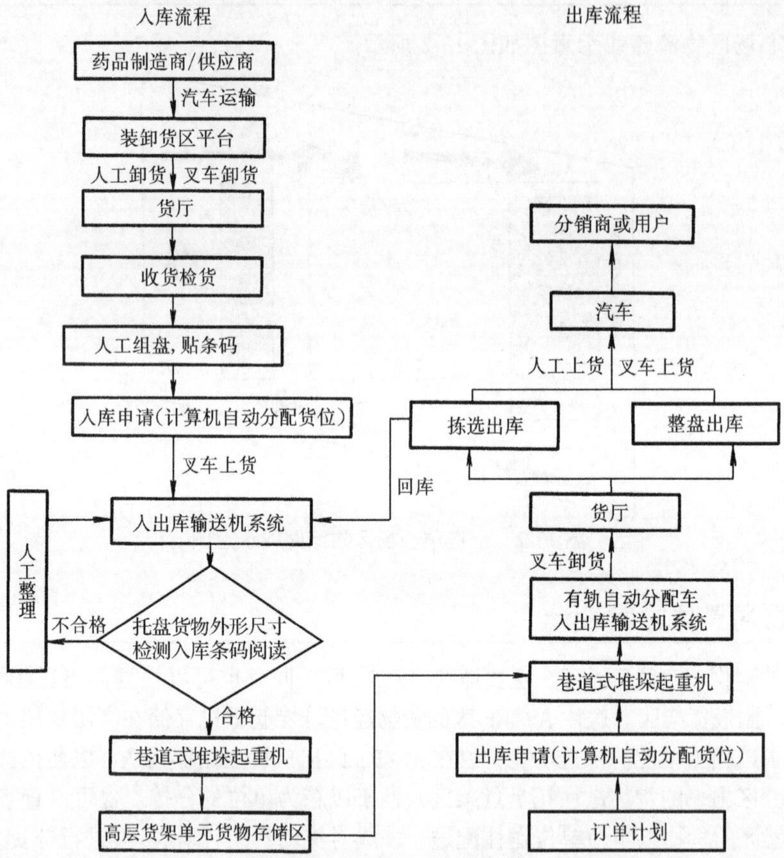

图 13-4　AS/RS 区作业流程

（1）入库作业。

1）将要入库托盘货物（检验合格）码放到托盘上。

2）通过叉车将托盘货物放到相应的入出库输送机上。

3）在输送道上经过货物称重、外形尺寸检测，并进行条码读码。

4）检测合格的托盘货物由输送机系统将其送至堆垛起重机作业起始位置。

5）起动巷道式堆垛起重机将该托盘货物存入指定货位，完成一次入库作业。

6）检测不合格的托盘货物，由入出库输送机将其送至整理段，在整理段经过整理后自动重新入库。

（2）出库作业。

1）将要出库货物的信息通知管理控制计算机。

2）起动巷道式堆垛起重机到指定货位，将要出库货物取出送至入出库输送机上。

3）起动入出库输送机将托盘货物送至相应的出库口。

4）整盘出库由叉车卸货，拣选和抽样作业直接在拣选口由人工取下，完成一次出库或拣选作业。

5）拣选和抽样过的托盘货物由回流输送机送入入库口，并重新扫描登记分配储位。

2. AS/RS 区设计

（1）确定货物单元规格。货物单元规格为 1 000mm×1 200mm×1 300mm（包括托盘），单元货质量为 500kg（含托盘）。

（2）位置尺寸按照招标书要求布置。

（3）查阅相关资料，计算单位货架尺寸，如图 13-5（双储位）所示，图中数字单位为 mm。

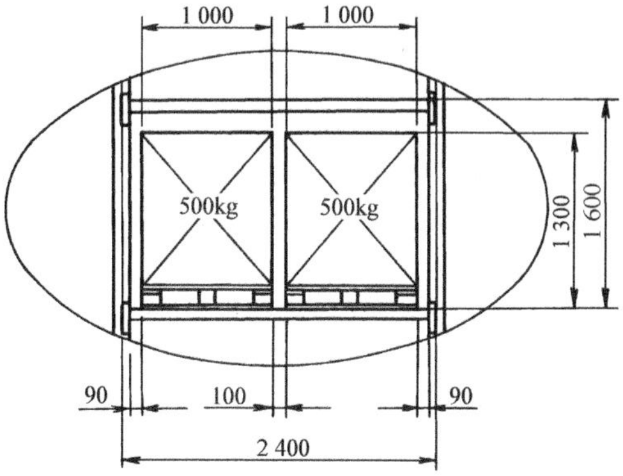

图 13-5　双储位单位货架尺寸

（4）根据 AS/RS 区出入库能力大于 1 000 次/天，折合 125 次/h（工作 8h/天），计算堆垛起重机标准出入库能力（是指堆垛起重机在 60m 长、21m 高立体库 1h 内入库或出库的次数），适当考虑不均衡因素（系数 1.5），通过计算选定 4 台堆垛起重机，可以满足出入库能力要求。

具体计算过程如下：

条件：运行速度 150m/min，起升速度 40m/min，出叉速度 40m/min；水平行程 60m，升降行程约 20m，货叉行程 1.175m。根据《立体仓库组合式钢结构货架　技术条件》（JB/T 11270—2011），在堆垛起重机最大作业行程中取 $P_1(L/5, 2H/3)$ 和 $P_2(2L/3, H/5)$ 两点作业来平均计算。

1）单一入库作业循环时间，如图 13-6 所示。

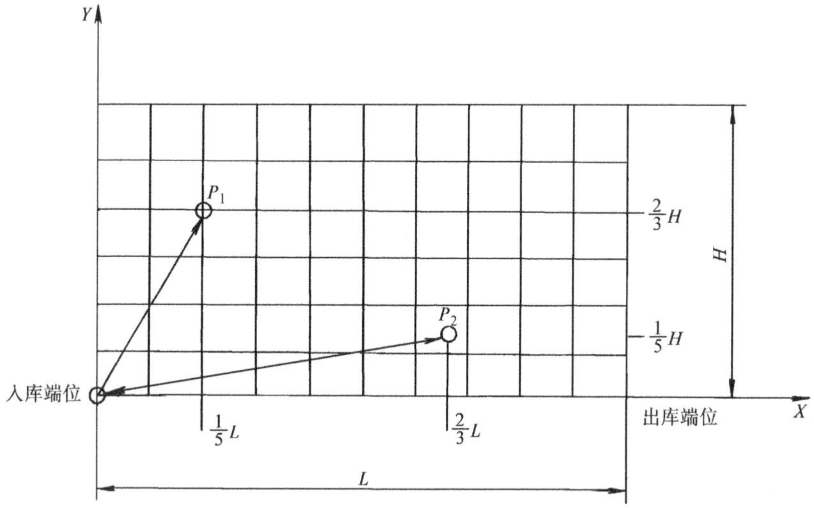

图 13-6　单一入库作业循环时间

经过计算，可得平均单一入库作业循环时间为

$$t_{m1} = 76.5\text{s}$$

2）单一出库作业循环时间，如图 13-7 所示。

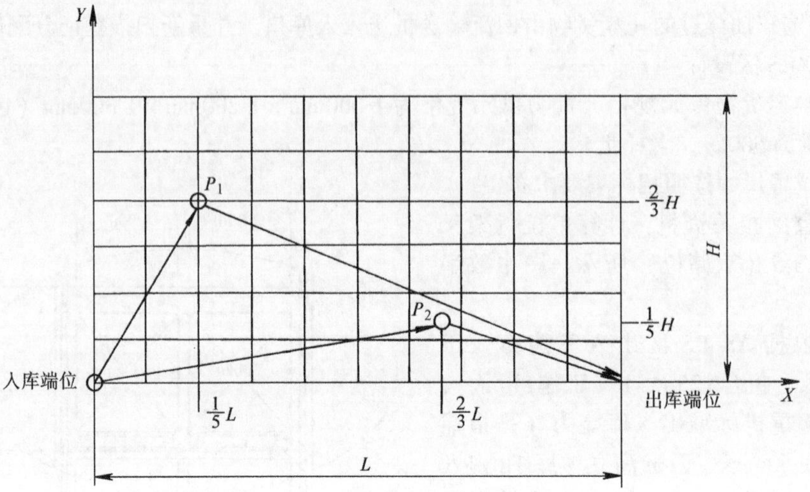

图 13-7　单一出库作业循环时间

经过计算，可得单一出库平均作业循环时间为

$$t_{m2} = 75\text{s}$$

3）入出库复合作业循环时间，如图 13-8 所示。经过计算，入出库复合作业循环时间为

$$t_{m3} = t_{(P_1,P_2)} + t_{o3} = 147\text{s}$$

式中　$t_{(P_1,P_2)}$——由 P_1 到 P_2 的时间；

t_{o3}——入库端到 P_1 的时间加由 P_2 到出库端的时间。

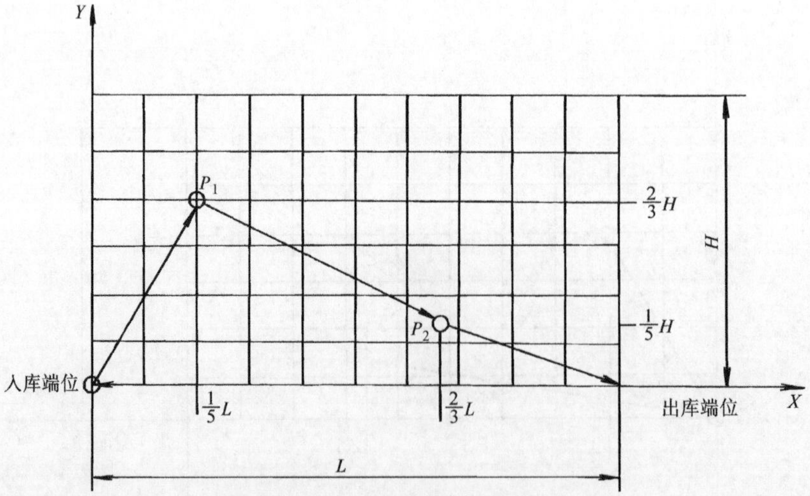

图 13-8　入出库复合作业循环时间

4）单台堆垛起重机入库作业能力为

$$N_{d1} = 3\,600/t_{m1} \approx 47 \text{ 托盘单元/h(平均)}$$

5）单台堆垛起重机出库作业能力为

$$N_{d2} = 3\,600/t_{m2} = 48 \text{ 托盘单元/h(平均)}$$

6）单台堆垛起重机入出库复合作业能力为

$$N_{d3} = 2 \times 3\,600/t_{m3} \approx 49 \text{ 托盘单元 /h(平均)}$$

所以，选择 4 台堆垛起重机可以满足入出库频率需要。

（5）选用横梁双储位结构货架。根据复核计算，AS/RS 区规格如下：8 排 ×50 列 ×13 层，尺寸约 60m×16m×21m。共计 5 200 个托盘储位。

（6）堆垛起重机。选用 21m 高规格，水平运行速度 5～150m/min，起升速度5～40m/min，出叉速度 5～40m/min，变频调速、红外测距堆垛起重机，可联机自动、单机自动和手动控制。

（7）配套输送系统采用链条输送与辊道输送相结合的方式。根据招标书要求：进出库能力大于1 000次/天，考虑极端情况 1 000 次全部入库；考虑 50% 占空比，经计算（工作 8h/天）需要 5m/min 的输送速度；综合考虑可能排队、堵塞情况，选用输送机速度为 0.25m/min，控制方式为 PLC，检测元件、变频器等采用进口产品。可以实现手动、单机联动和联机自动方式。

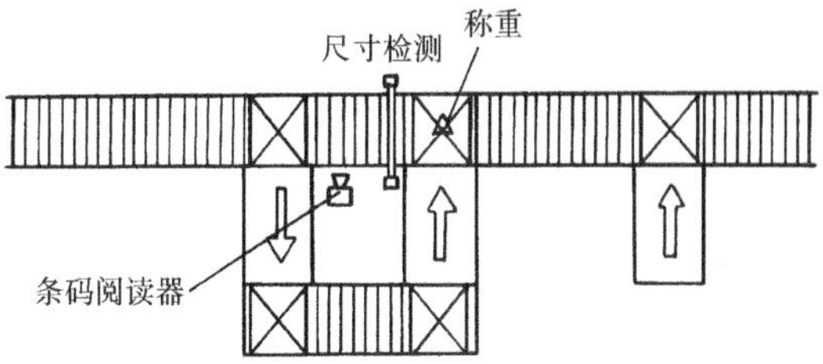

图 13-9　入库输送设备

（8）入库口数量的计算。依据招标书提供的资料出入库能力大于1 000次/天，考虑工人、设备工作速度，应设置 2 个入库口，如图 13-9 所示。同时可以在直通道上加设入库口，为系统增容留有余地，扩展性好。

（9）在入库输送设备上安装有尺寸检测装置、称重装置、条码阅读器。尺寸检测装置检测托盘码垛是否符合要求，称重装置测量托盘总重是否超过 500kg，条码阅读器检查托盘条码能否读取（存在且可读），上述任意一项不满足要求，都返回到旁路整理段，整理完毕后自动重新送到入库辊道上进行检测。

（10）入库端到 AS/RS 区的输送道上，往托盘货架区的方向设有一旁路满足直接向托盘货架区补货需求，该旁路由两台链条机构成，具有暂存功能，向托盘区直接补货时不至于影响主通道的畅通运行。

（11）招标书要求 AS/RS 区有出库以及分拣功能，根据流通量要求计算，在出库回流的输送道上设有一个分拣口（无分拣作业时，可以作为出库口使用），两个出库口（见图 13-10），可以满足 AS/RS 区分拣、出库以及向托盘补货的要求。同时在回流输送道送入 AS/RS 区之前，重新进行条码扫描分配储位。

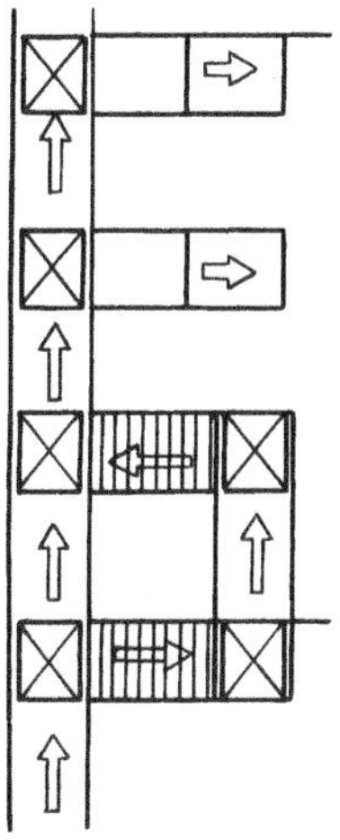

图 13-10　出库输送设备

（12）各出库口配置 LED 显示屏装置，显示出库货物信息及拣选和抽样要求。

（13）在入库口和出库口各配置 RF 终端 1 台，对入库货物名称、数量等进行校核。出库口对出库货物进行确认。

13.1.5　其他储区设计

1. 托盘货架区设计

托盘规格：1 000mm×1 200mm 单面托盘；材质：聚乙烯塑料（无毒）。

确定货物单元规格：1 000mm×1 200mm×1 300mm（包括托盘），单元货质量500kg（含托盘）。

经过计算，选用5层货架结构，高度约为8m。

托盘货架区每天出货能力要求1 600箱/天，平均24箱/托盘。折合托盘上货约67托盘/天（8.5托盘/h，8h工作制），选用一台叉车即可完成上货和补货。

托盘货架区出货量1 600箱/天，要完成约200箱/h的拣选工作量，根据拣选效率考虑，需要2台拣选车。

为了方便对流动货架、搁板货架的补货，以及出库药品的搬运方便，配置2台电动托盘车和2台手动托盘车完成此类工作。

托盘货架区的上货、拣选工作采用RF辅助方式，信息实时快捷。根据配置的上货叉车、拣选车数量配置3台RF终端。

2. 流动货架区设计

储存单元：料箱；规格：600mm×400mm×148mm。

采用RF辅助拣选实现无纸化作业，配RF终端设备6台，可以同时6个人参与拣选。如果拣选任务繁重，可以借用托盘货架区终端或搁板货架区终端实现多人拣选。

采用三层手推车作为拣选车，数量12台，适合多品种拣选。

3. 搁板货架区设计

考虑搁板货架区为出货频率低的零货储存与分拣，故设置在二楼。

储存单位：原包装箱、料箱（供散货用，约500种），规格：400mm×300mm×148mm。

采用RF辅助拣选方式实现拣选作业的无纸化，配置RF终端2台。

采用三层结构手推拣选车，数量6台，能满足拣选频率和高效作业的要求。

4. AS/RS控制系统设计

控制系统选用日本三菱公司的PLC为控制核心，实现对输送设备、堆垛起重机等设备的完全控制。采用三菱公司的基于Windows环境的编程软件，可以采用在线或离线方式进行包括指令编程（IP）、梯形图编程（LP）和状态转移（SFC）等在内的PLC控制程序设计、编制和模拟调试。可以实现系统流程的动态修改和参数调节。

AS/RS计算机控制系统主要用于指挥和控制AS/RS系统的作业，是AS/RS的神经枢纽。具备如下的功能：

（1）监控管理级。

1）受理入出库作业请求。

2）与输送控制系统通信，合理调度货物输送进程，接受输送机货物到位信息。

3）与堆垛起重机控制系统通信，下达入出库货物存取命令，接收堆垛起重机控制系统反馈信息。

4）确定仓库中货物入出库最佳地址。

5）动画显示堆垛起重机及输送机上货物的运行状态和位置。

6）仓库账目动态管理，自动生成（打印）各种统计报表。

7）系统运行日记管理，实时自动记录系统使用情况、系统运行情况等信息。

8）与WMS连接。

（2）控制级。

1）输送控制系统。应采用先进的现场总线控制系统，在控制程序的管理下，高效快捷地完成货物的输送任务。

2）堆垛起重机控制系统。①接收监控管理级货物存取命令。②控制堆垛起重机水平运动、载货台起升及下降、货叉左右伸叉，完成货物存取。③控制堆垛起重机手动、半自动、单机自动和联机全自动方式转换。④向监控管理级汇报堆垛起重机运行状态。⑤处理故障及报警事件（松绳、过载、超限、定位不准、电动机保护等）。

（3）上位计算机监控。控制室上位计算机监控系统硬件采用联想计算机，保证其硬件的高可靠性和满足系统软件平台、应用软件对硬件性能要求；软件采用 Windows 平台，配置世界一流的工控组态软件 FIX（美国 Intellution 公司），可以高效率、方便地制作 AS/RS 及配套输送系统的动态操作画面、流程画面等。

（4）MELSEC-PLC 系统性能概述。

1）模块化结构设计。全部采用可带电拔插的模块化设计，无须停机或重新接线即可更换故障模块。

2）使用于多种应用场合。对环境的适应能力强，丰富的功能可用于几乎各种控制应用场合。

3）高系统可靠性。平均无故障时间（MTBF）大于 20 万 h。

4）高速指令执行速度。指令执行不超过 0.2μs/步。

5）丰富的指令系统。除一般的梯形图指令外，还具有浮点数学运算、三角函数运算和 PID 调节算法等。

6）编程界面友好。基于 Windows 平台的 SW2D5-GPPW-E 软件，界面友好，功能齐全，易于编程和模拟仿真调试。

7）自诊断功能。包括警戒定时器、内存出错检查、CPU 出错、I/O 故障电池等。

8）多级口令保护。PLC 系统可以设置多级密码，保护用户程序和防止非法人员操作。

9）通信接口简单。采用通信接口模块可以方便实现 PLC 与上位操作员工作站计算机的通信连接。

10）网络结构功能完善。网络连接最多可以达 64 个 PLC 控制站，站间距离达 1km，网络总长度可达 30km，通信速率最高达 10Mbit/s。

11）模块种类丰富。

5. RF 系统设计

采用美国 Symbol 公司条码扫描引擎的 RF 无线网络产品（见图 13-11），实现实时动态数据采集、更新。RF 终端采用 SPT1846 掌上电脑，支持 IEEE 802.11b，11Mbit/s 直频。

图 13-11　条码扫描引擎

根据配送中心的大小，结合考虑货架建筑屏蔽的影响，使用 3 个 AP 接入（一楼 2 个，二楼 1 个）。终端数量根据各个货区需要选择，实现无线局域网络与有线网络的无缝连接。

6. 条码打印识别系统设计

采用美国 Zebra 条码打印机（见图 13-12）。Z4M 金属外壳打印机专门为大批量工业打印应用设计。强大的实时连接、卓越的兼容性使其更适应工业现场使用的要求，满足工业高品质打印的要求。

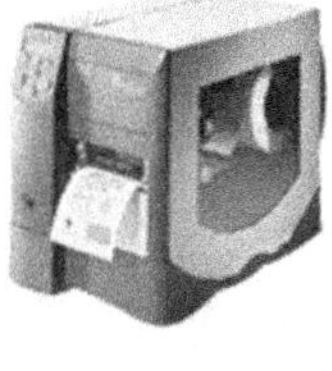

图 13-12　条码打印机

而 MS820 工业条码读写器可适应各种各样的工业环境，可识别密度从3in到30in的各种条码，有先进的解码、光学、处理技术。

在入库输送系统上，有两处条码阅读位置：一个位于入库区送入的托盘；另一处位于AS/RS拣选回流入库端。

条码识别使用位置及方式如下：进出库采用RF终端完成进出货物的确认，输送辊道上通过固定工业条码读写器完成条码的读取；托盘货架区、流动货架区、搁板货架区、其他储区通过RF终端完成条码信息读取和相关信息的实时传送。

13.2　多品种履带式拖拉机总装线的规划与物流分析

以单一产品为对象的大批量履带拖拉机总装线，在工作了40年后，已远远落后于时代，不再符合当前市场的需要，将总装线改造成多品种混流的总装线势在必行。为此，在设施规划上需要考虑以下特点：

(1) 属于老厂改造，需要在现有厂房内进行改造，难度大。规划、扩建、改建和新建并存。

(2) 要求“总体规划、分步实施”，并且边生产边改造。存在生产与改造的矛盾以及施工可行性的难度。

(3) 新总装线工艺技术水平要求高起点。存在分装与总装衔接的难度、传统物流与现代物流相互牵连的难度等。

(4) 存在着经济和非经济因素的影响和限制。

在物流系统设计上需要考虑以下特点：

(1) 物流路线错综复杂。

(2) 物流品种和数量多，物流、物资的总质量大，日物流量达480t以上。

(3) 物流的时间性要求准确。

(4) 物流的空间效应要求要好。

(5) 物料搬运的设备类型多，设备完好率要求高，性能要求可靠，操作要求方便、快捷。

(6) 与物流相配套的仓储设施要体现“就近原则”。

(7) 人流、物流、信息流的相互联系和制约。

为此，在进行总装线的设施规划与物流分析中确定了如下原则：

(1) 要以总体改造目标作为本系统规划设计的目标。运用系统的观点及系统分析的方法求得系统的整体优化。总体方案既要先进可行，又要经济实用，重点是经济实用。

(2) 尽量减少或消除不必要的作业流程，在时间上缩短生产周期，空间上减少占地，物料上减少停留、搬运和库存，以最低的生产成本获取最大的效益。

(3) 要进行人—机—环境的综合设计，特别要重视人的因素。设施规划应体现人流、物流、信息流的合理化，以流动的观点进行总装线的设施规划。

(4) 要因地制宜。既要兼顾生产，又要兼顾技改。

13.2.1　总装线规划

1. 产品组成分析

履带式拖拉机的基本构成如图13-13所示。

2. 总装工艺流程

由于一装厂总装工艺流程经过几十年生产实践的考验，运转正常，已经定型（代表产品 1002 与老产品 802）。因此，本设计仍以装配工艺流程图为基础，开展规划及物流设计等工作。具体总装工艺过程图如图 13-14 所示。

3. 总装线技术改造的主要内容

（1）在分装车间现有后桥装配线东边新建一条多品种、鳞板式变速器总成分装线，改造形式是“建新弃旧”。

（2）在新变速器线东边，新建 1002/1202 后桥总成分装线，改造形式是“建新留旧”。

（3）增加和改造用于台车、变速器、后桥变速器末端传动等总成试验用试验台。

（4）异地改造ⅡK—3 悬链和喷漆烘干室。

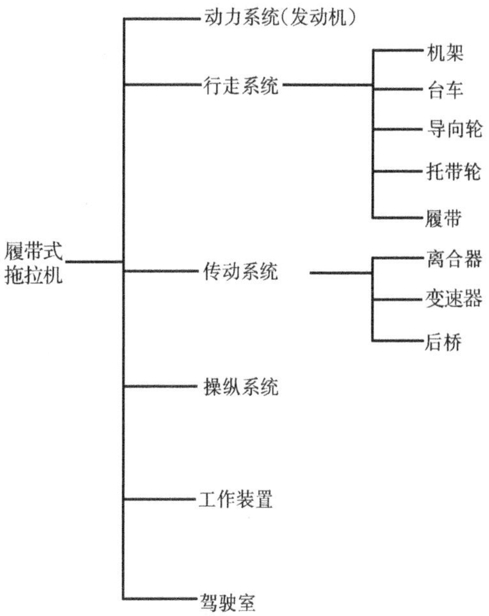

图 13-13　履带式拖拉机的基本构成

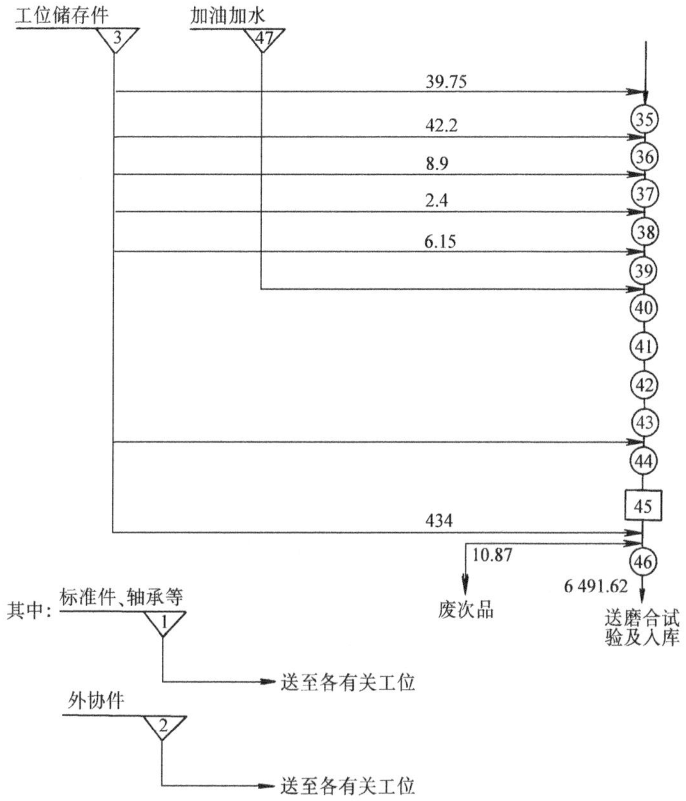

图 13-14　1002 总装工艺过程图（单位：kg）

（5）在总装线边上建高架立体仓库。

（6）对总装线及辅助设施进行改造，以实现多品种、多工位、无级调速、在线检测、现场监控、批量供货、物流合理等功能，总装线采用鳞板、非随动式。

4. 总装生产组织设置与职能分工

在生产组织上设立三个装配车间，分别是分装车间、总装一车间和总装二车间。其各自职能和生产组织形式等情况如表13-7所示。

表13-7　各车间基本情况

序号	车间名称	基本情况			
		职能分工	生产组织形式	面积/m^2	劳动量/(h/台)
1	分装车间	部件装配	大批量生产混流流水作业	4 386	16.3
2	总装一车间	装配及返修		7 532	26.9
3	总装二车间	试验调整及部装		11 983	14.6

5. 分装和总装车间布置

分装和总装车间平面布置如图13-15所示。

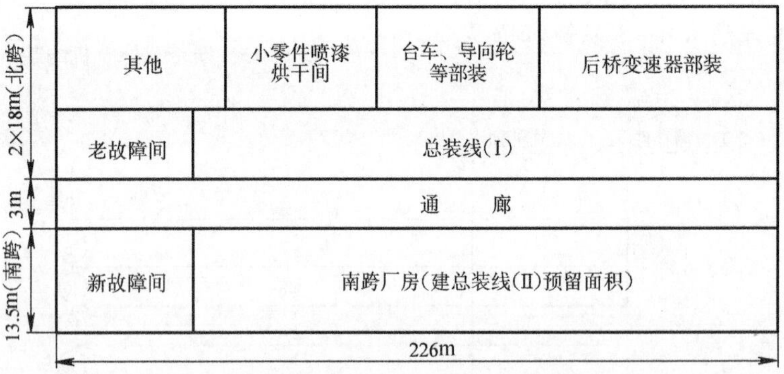

图13-15　分装和总装车间平面布置

13.2.2　物流分析

1. 编制汇总表

为了方便绘制含有物流量的总装工艺过程图，首先需要将与物料移动有关的作业单位、设施进行归纳、整理，编制汇总表，如表13-8所示。

表13-8　作业单位汇总表

序号	作业单位名称（编号）	用　途	备　注
1	立体仓库（L）	标准件、轴承、成品零件存储	
2	外协库	外协件存储	
3	ⅡK-2悬链	车架输送及存储	
4	ⅡK-3悬链	后桥输送及存储	
5	ⅡK-7悬链	导向轮输送及存储	
6	托带轮滑道（H）	托带轮输送及存储	

（续）

序号	作业单位名称（编号）	用　　途	备　　注
7	发动机输送带（F）	发动机输送及存储	
8	台车地下滑道	台车输送及存储	
9	ⅡK-1 悬链	覆盖件、驾驶室（70T）输送及存储	
10	操纵仪表台地面链（K）	操纵仪表台（1002/1202）和驾驶室（70T）输送与存储	
11	驾驶室环链随行葫芦	驾驶室（802/1002）输送与存储	
12	加油加水站	燃油、润滑油、汽油加注、加水	
13	总装	履带式拖拉机装配	
14	检查站	整机检测	
15	成品库	整机下线入库	

2. 绘制含有物流量的总装工艺过程图

依据总装混流生产各单位作业内容及物流量表，绘制混流装配工艺过程图。含有物流量的总装工艺过程图如图 13-16 所示（图中单位为 kg）。

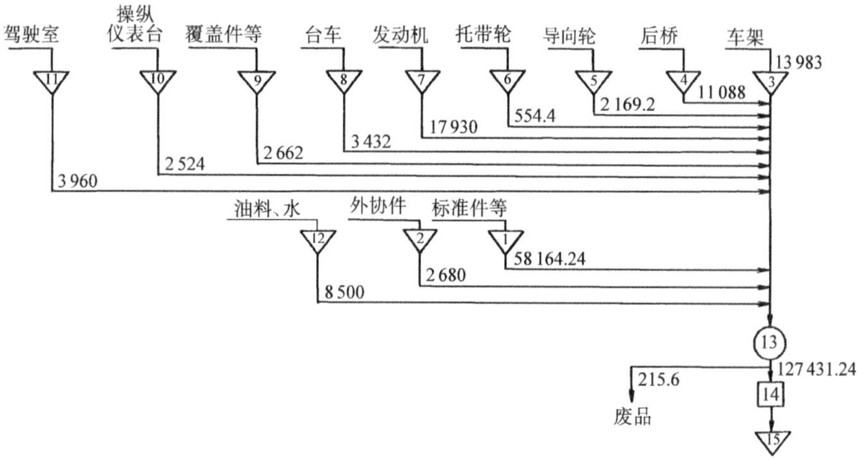

图 13-16　总装工艺过程图

3. 物流强度的计算

（1）已知全年净质量为 134 000t，又由于随车工具和液压悬架在总装二车间最后装配和配置，因此按生产纲领 22 000 台计算并扣除总装二车间物料流量 6 784. 36t，即经由总装线的物流总量为（134 000 − 6 784. 36 + 215. 6）t = 127 431. 24t。根据近几年的统计结果，其中总装线年平均废品质量为 9. 8kg（计算所得）。

（2）各总成的平均质量，即各种机型同一名称总成质量的计算，是依据各自总成质量和相应生产纲领而得。车架总成质量如表 13-9 所示。其他总成依此类推计算而得。

表 13-9　车架总成质量

1202、1002 车架质量/kg	1202、1002 生产纲领/台	802 车架质量/kg	802 生产纲领/台	70T 车架质量/kg	70T 生产纲领/台
724. 2	4 000	638. 5	6 000	604. 6	12 000
2 896 800/kg		3 831 000/kg		7 255 200/kg	
13 983/t					

(3) 零部件的平均质量也依上述方法计算而得。

(4) 外协件参照统计数据，其平均质量约占整机质量的2%（经计算而得）。

(5) 标准件、轴承等参照统计数据，其平均质量约占整机质量的14%（经计算而得）。

(6) 油料、水的加注质量计算。使用质量 - 结构质量 = 油水质量，如1002/1202的使用质量为6 800kg，结构质量为6 430kg，故油水质量为370kg。而802/70T油水质量为390kg，故年平均加注油水质量为（370×4 000 + 390×18 000）kg = 8 500t。计算结果如表13-10所示。

表13-10 物流强度计算结果

序　号	作业单位对	物流强度/t	序　号	作业单位对	物流强度/t
1	1—13	58 164.24	8	8—13	3 432
2	2—13	2 680	9	9—13	2 662
3	3—13	13 983	10	10—13	2 524
4	4—13	11 088	11	11—13	3 960
5	5—13	2 169.2	12	12—13	8 500
6	6—13	554.4	13	13—14	127 431.24
7	7—13	17 930			

4. 绘制物流强度分析表

物流强度的划分如表13-11所示。绘制过程如下：将表13-10中各相互作业的单位对按物流强度大小排序，绘制成表13-12所示的物流强度分析表，进行物流分析，划出物流强度等级。表13-10和表13-12中未出现的作业单位对不存在固定的物流，因此，物流强度定为U级。

表13-11 物流强度的划分

物流强度等级	超　高	特　高	较　大	一　般	可　忽　略
符号	A	E	I	O	U
物流路线比例（%）	10	20	30	40	
承担物流量比例（%）	40	30	20	10	

表13-12 物流强度分析表

序　号	作业单位对	物流强度/t	物流强度等级	序　号	作业单位对	物流强度/t	物流强度等级
1	13—14	125 200	A	8	8—13	2 000	I
2	1—13	59 900	A	9	2—13	1 500	O
3	7—13	20 250	E	10	9—13	1 000	O
4	3—13	13 750	E	11	10—13	500	O
5	4—13	10 500	E	12	5—13	250	O
6	12—13	4 000	I	13	6—13	0	O
7	11—13	3 000	I				

注：表中的“物流强度”是在做物流强度分析时考虑了搬运系数后折算出来的。

5. 绘制SLP物流相关表

物流相互关系表是为了简明表示所有作业单位之间物流的相互关系。在表中不区分物料移动的起始与终止作业单位，在行与列相交方格中填入行作业单位与列作业单位间的物流强度等级。因此，进行布置时，物流相关关系表中物流强度等级高的作业单位之间的距离，应尽量减小即相互接近。SLP 作业单位物流相关表见表 13-13。

表 13-13　SLP 作业单位物流相关表

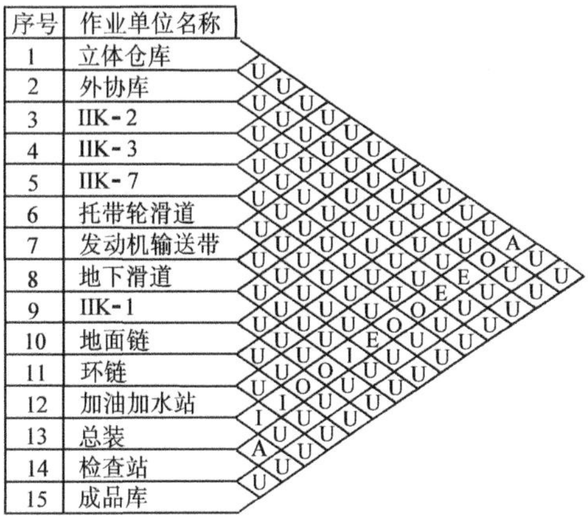
序号 作业单位名称
1 立体仓库
2 外协库
3 IIK-2
4 IIK-3
5 IIK-7
6 托带轮滑道
7 发动机输送带
8 地下滑道
9 IIK-1
10 地面链
11 环链
12 加油加水站
13 总装
14 检查站
15 成品库

从图中可知，物流强度最大的是总装线，包括车架上线到整机下线全部流水作业的各个环节的物流强度。在此过程中，也是搬运装卸量最集中、最大的。因此，在总装线辅助设施（机械化运输与装配手段及所选用设备）设计中应予以重点考虑。其次是立体仓库的存储和到总装线各工位的运输。

6. 进行作业单位相互关系的分析

（1）确定作业单位相互关系的决定因素和划分相互关系等级。在 SLP 中 P、Q、R、S 和 T 是基本要素，其中 P、Q、S 是作业单位相互关系分析的基础。同时，T 对作业单位相互关系分析也有影响。在作业单位相互关系密切程度的典型影响因素中，本设计主要考虑八个因素，如表 13-14 所示。作业单位非物流相互关系等级如表 13-15 所示。

表 13-14　重点因素

编　码	理　由	编　码	理　由
1	工作流程的连续性	5	安全及环保
2	物料搬运	6	共用同一动力源及一套工人
3	服务的频繁和紧急程度	7	工作联系
4	管理方便	8	作业性质与环境

表 13-15　非物流相互关系等级

符　号	含　义	说　明	比例（%）
A	绝对重要		2～5
E	特别重要		3～10
I	重要		5～15
O	一般密切程度		0～25
U	不重要		45～80
X	负的密切程度	不希望接近	酌情而定

（2）绘制作业单位相互关系表和作业单位综合相互关系表。作业单位相互关系分析依下列步骤进行：确定密切程度等级依据——建立非物流的各作业单位相互关系表——确定物流与非物流相互关系的相对重要性——量化物流强度等级和非物流的密切程度等级……计算量

化的作业单位综合相互关系，建立综合相互关系表。

1）确定非物流关系密切程度等级。

2）依据表13-15，绘制作业单位相互关系表（非物流），如表13-16所示。

表13-16　作业单位非物流相互关系表

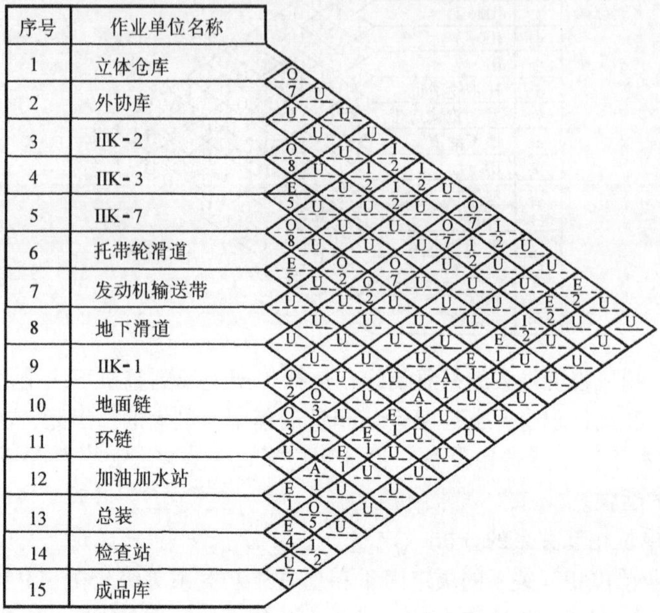

3）确定物流与非物流相互关系的相对重要性。根据实际情况，物流与非物流相互关系的相对重要性比值为$m:n=1:1$。

4）量化物流强度等级和非物流的密切程度等级，取A=4，E=3，I=2，O=1，U=0，X=−1。

5）综合相互关系等级与划分。

① 若物流相互关系等级为MR_{ij}，非物流的相互关系密切程度等级为NR_{ij}，则任意两个作业单位之间的综合相互关系密切程度TR_{ij}为

$$TR_{ij} = mTR_{ij} + nNR_{ij}$$

② 当作业单位的数目为N时，总的作业单位对数为

$$P = \frac{N(N-1)}{2} = \frac{15 \times (15-1)}{2} = 105(\text{已知} N = 15)$$

③ 综合相互关系等级与划分比例。

TR_{ij}是一个量值，只有经过等级划分，才能建立满足物流相关表中符号及数值要求的作业单位综合相互关系表。综合相互关系等级划分为A、E、I、O、U、X，各级别TR_{ij}值依次逐渐递减，且各级别中相关作业单位对的数量符合一定比例，如表13-17所示。

表13-17　综合相互关系等级

关系等级	符号	作业单位对比例（%）	关系等级	符号	作业单位对比例（%）
绝对必要接近	A	1~3	一般	O	5~15
特别重要接近	E	2~5	不重要	U	20~85
重要	I	3~6	不希望接近	X	0~10

④ 将物流与非物流相互关系进行合并时，需要注意 X 组关系等级的处理，任何一级物流等级与 X 级非物流关系合并时，不应超过 O 级。

计算作业单位之间的综合相互关系。本设计中 N 为 15，则 P 为 105 个相互关系，通过计算可得作业单位之间的综合相互关系表（此表太大，略去）。

⑤ 绘制作业单位综合相互关系表，如表 13-18 所示。

表 13-18　作业单位综合相互关系表

序号	作业单位名称	2	3	4	5	6	7	8	9	10	11	12	13	14	15
1	立体仓库	O	U	U	U	I	I	U	O	I	U	U	A	U	U
2	外协库		U	U	U	I	I	U	O	I	U	U	E	U	U
3	IIK-2			O	U	U	U	U	U	U	U	U	E	U	U
4	IIK-3				X	U	U	U	O	U	U	U	E	U	U
5	IIK-7					O	U	O	O	U	U	U	E	U	U
6	托带轮滑道						X	U	U	U	U	U	E	U	U
7	发动机输送带							U	U	U	U	U	A	U	U
8	地下滑道								U	U	U	U	E	U	U
9	IIK-1									O	O	U	E	U	U
10	地面链										O	U	E	U	U
11	环链											U	E	U	U
12	加油加水站												E	O	U
13	总装													A	I
14	检查站														O
15	成品库														

13. 2. 3　总装线及辅助设施平面布置图

本设计属于车间布置，结合现场实际情况及技改要求，按照作业单位相互关系的密切程度做出合理的布局。

首先要绘制作业单位位置相关图，如图 13-17 所示。在此基础上，再将各作业单位占地面积与空间结合到作业单位位置相关图上，就得到作业单位面积相关图。

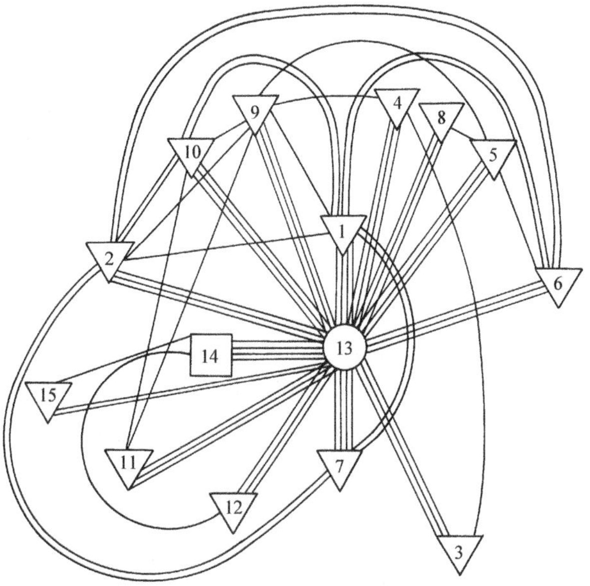

图 13-17　作业单位位置相关图

由于总装车间及其总装线的特殊性，及历史、现实诸多因素的限制，总装线的方案要从装配厂现有条件和资源出发，并要考虑到物料搬运方法、厂房和建筑物的特征、厂区内的通道与交通、场地自然条件与环境保护，特别是对噪声源、烟尘源、污染源都应有相应的技术措施。例如，对试验台的减振措施采用减振型的气动装配工具、排烟罩、污油排放沟及其收集处理等；在车间照明、通风、保温等方面，也采取相应措施。

在色彩调节上，工位器具采用统一的不易引起视觉疲劳的蓝绿色。

本设计要充分注意人机工程和人机系统设计的要求，总装线的装配节奏应符合人的生物节律；总装线的装配高度应符合人的最佳作业范围和生理特点；各种人机界面的设计要规范化，将常用的设备和工位器具的布置就近设置。

13.2.4 评价与改进

本次设计的生产纲领最后确定为混合台数22 000台，其中新产品1002/1202型不低于4 000台。由于新老产品的产品结构、技术含量、质量要求和工艺复杂及装配难易程度都有较大区别，因此，总装线的优化设计与合理布局就完全不同于现状，而必须全新地设计与规划。考虑到国情、厂情，本设计（技改）的方针是既要先进可行，又要经济实用，重点是经济实用。而且，根据客观实际要求，技改要边生产边进行，这也是本设计的限制条件。

本设计的拟选方案为A、B、C三个，即“建新弃旧”方案、“拆旧建新”方案、“保旧建新”方案（具体方案略）。

1. 采用加权因素法评价择优

选定方案应考虑的评价因素有：①物流的顺畅与合理性。②物料装卸搬运效率与方便性。③生产管理的方便性。④投资金额。⑤工作环境与安全、舒适性。⑥资源的有效利用率。⑦对生产与效益（施工）的影响最小。⑧施工难度及工期长短。⑨扩建的可能性。

再评定出每个因素之间的相对重要性即加权值 a_j，如表13-19所示。

表13-19 加权值表

序号	考虑因素	权数	各方面的等级与分数		
			A	B	C
1	F_1	10	E/30	A/40	O/10
2	F_2	9	A/36	E/27	O/9
3	F_3	8	A/32	A/32	I/16
4	F_4	7	I/14	A/28	E/21
5	F_5	6	A/24	E/18	I/12
6	F_6	5	E/15	A/20	I/10
7	F_7	5	E/15	U/0	A/20
8	F_8	4	I/8	E/12	A/16
合计			174	177	114

注：A——4分，E——3分，I——2分，O——1分，U——0分。

从表13-19可以看出，得分高低依次为B、A、C。B方案的分数最高，应为最适宜方案。但是，此次技改是在生产不停或少停的情况下进行的，而B方案的第7因素，即对生产与效益的影响最小因素等级为U，得分为0，说明“拆旧建新”方案虽然效果好，但在边生产边技改的条件下成为不可行。故此，本设计最终选择A方案。

2. 方案的改进和完善

首先，对其规划设计的技术关键做重点分析。本方案的技术关键有三方面：①如何布置才能使新建线在南跨得到合理的布局。②采取什么样的技术措施，保证物流顺畅、快捷和方便。③采取何种新工艺、新技术、新装备，以促进装配工艺水平和保证装配质量的稳定提高，并使一装厂各项管理工作由此上一个新台阶。

（1）经济分析。总装车间承担着公司年产值和利税分别为 1/4 和 1/3 的份额，在老线继续生产创利的情况下建新线，符合效益的观点。新线建成试运转期间，就可以先试生产新产品，因为 1002/1202 小马力拖拉机市场很走俏，供不应求。全部建成（拆除旧线及辅助设施搭接完工后）后如按纲领装4 000台，经济效益相当可观。两年内即可收回全部投资，投资回报率较为理想。

（2）技术分析。本次改造“统筹规划、分步实施”是适宜的，可以最大限度地减少效益损失，减少停产时间。施工条件相对比较宽松，有利于采用交叉作业、并行工程等先进的施工技术。国内外已广泛使用鳞板式装配线，属于成熟技术，可以保证一次设计安装成功，有较好的可预见性。在机械化运输方面，同行业同类型企业的成功经验可供参考和选用，可少走弯路。在仓储方面，采用自动化高架立体仓库，可使仓库使用效能与管理水平得以提高。本方案虽然对物流系统的设计采取了有重点的配置，但还应按照精益生产方式的理念和要求，进一步在施工图设计和施工期间不断加以调整和改进，使物流的交叉和迂回现象减少或消除，逐步向“一个流”方向推进。总装线是物流量非常大的作业场所，要在生产管理如看板管理、ABC 管理、期量管理等方面进一步深化和加强。装配工艺及其节拍平衡，工作地与生产效率平衡，人员的合理、有效使用与组织等方面都需进一步细化和计算。在装配质量及其保证措施上，广泛采用在线检测和试验，使用先进的装配工具、工装，设计适用方便的计算器具，实现产品质量的稳定提高和制造成本的降低。

（3）管理与社会效益分析。本次技改完成后，必将推动整个工厂管理和服务上一个新台阶；工业监控系统的投入使用，将会使管理逐步走向现代化。现场安全文明生产、生产组织和后勤服务保障在有较大改观的情况下，也提出了更高的要求。因此，企业各项管理软、硬件的设计也应一并考虑。装配线“龙头”的作用势必牵动全公司管理水平的提高。

13.3　集箱制造生产（物流）过程系统仿真

本节运用 WITNESS 仿真软件对锅炉公司集箱成组制造单元的生产（物流）过程进行系统仿真，确定集箱成组制造单元较合理的设备数量和设备布置，以收到制造单元生产效率高、在制品库存低以及物流路径优化（成本低）的效果。选定较优的设备布置方案是本仿真的目标。

13.3.1　集箱制造流程分析

根据集箱制造车间现场的调研和集箱成组制造的工艺要求可得集箱的加工流程，如表 13-20 所示。

表 13-20　集箱制造流程分析

序　号	说　明	时间/min	符号				使用设备（机器及搬运工具）
			○	⇨	□	▽	
1	至管棒材质检区			√			行车、平车
2	管材检验	25			√		
3	至管棒材划线区			√			行车

（续）

序　号	说　明	时间/min	符	号			使用设备（机器及搬运工具）
			○	⇨	□	▽	
4	划线	20	√				
5	至管棒材下料区			√			行车
6	下料	30	√				切割机
7	至集箱机加工区			√			行车、平车
8	坡口加工	35	√				刨边机
9	至集箱装焊区			√			行车
10	端盖（或封头）装焊	40	√				焊机
11	至探伤室			√			行车、平车
12	探伤	32			√		
13	至集箱划线区			√			行车、平车
14	划线	45	√				
15	至集箱机加工区			√			行车
16	钻孔	75	√				摇臂钻
17	至集箱装焊区			√			行车
18	装焊接管	80	√				焊机
19	至水压试验区			√			行车
20	水压试验	28			√		
21	至集箱机加工区			√			行车
22	管端加工	90	√				
23	至总装车间			√			行车、平车
24	待装配					√	

13.3.2　布置方案一的 WITNESS 仿真

1. 仿真模型的设计

集箱成组制造单元设备布置方案一的 WITNESS 仿真模型界面图如图 13-18 所示。

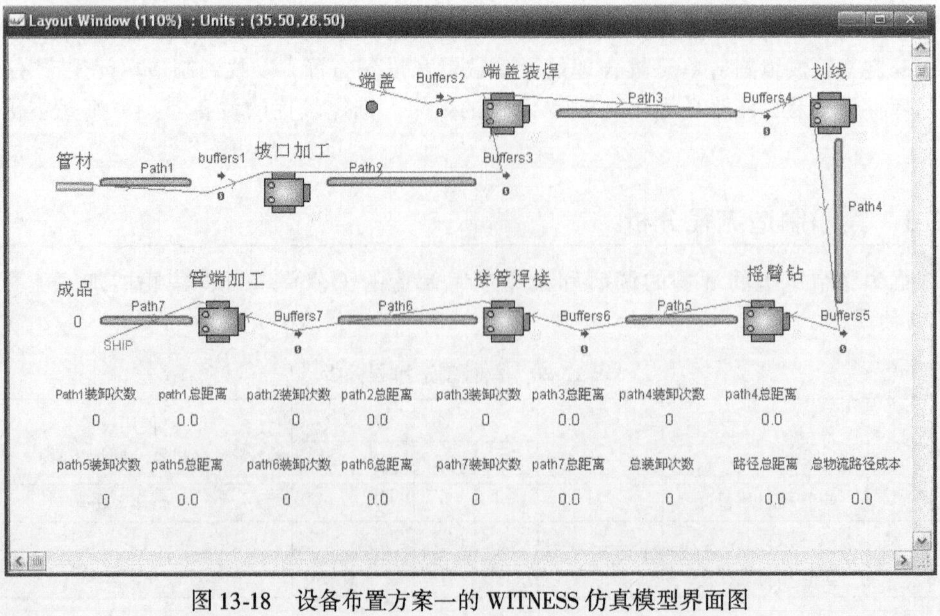

图 13-18　设备布置方案一的 WITNESS 仿真模型界面图

（1）物流路径。物流路径的合理选择对物流成本以及生产线的运行效益有着重要的影响。

路径是 WITNESS 仿真模型的一个重要元素，零部件和劳动者（或其他资源）能沿着它从一个单元到另一个单元。在 WITNESS 模型中，它用来表示真实路径的长度和物理性质。当制造过程中，两个操作之间的时间间隔（取决于物料在两个操作设备之间的搬运时间，也称路径时间）相当重要时，路径元素对仿真模型的准确度是十分关键的。集箱制造模型中的路径时间由两部分组成：一部分是行车或平车的装卸时间；另一部分是行车或平车的运行时间。装卸时间通过统计出装卸次数再乘以一次装卸时间（5min）计算得出，运行时间由路径距离除以运行速度（2s/m）算出，每条路径的距离可由布置方案图上几何路径的特征坐标点计算，计算结果如表 13-21 所示。

表 13-21　方案一的路径时间计算表

<table>
<tr><th>path</th><th colspan="4">路径经过的点</th><th>路径距离/m</th><th>装 卸 次 数</th><th>时间/min</th></tr>
<tr><td rowspan="4">path1</td><td colspan="2">第 1 点坐标</td><td colspan="2">第 2 点坐标</td><td rowspan="4">78. 51</td><td rowspan="4">3</td><td rowspan="4">17. 6</td></tr>
<tr><td>74. 84</td><td>23. 10</td><td>41. 32</td><td>23. 10</td></tr>
<tr><td colspan="2">第 3 点坐标</td><td colspan="2">第 4 点坐标</td></tr>
<tr><td>41. 32</td><td>31. 80</td><td>77. 61</td><td>31. 71</td></tr>
<tr><td rowspan="2">path2</td><td colspan="2">第 1 点坐标</td><td colspan="2">第 2 点坐标</td><td rowspan="2">31. 20</td><td rowspan="2">1</td><td rowspan="2">6. 0</td></tr>
<tr><td>77. 61</td><td>31. 71</td><td>108. 81</td><td>31. 51</td></tr>
<tr><td rowspan="4">path3</td><td colspan="2">第 1 点坐标</td><td colspan="2">第 2 点坐标</td><td rowspan="4">127. 85</td><td rowspan="4">3</td><td rowspan="4">19. 3</td></tr>
<tr><td>108. 81</td><td>31. 51</td><td>176. 80</td><td>46. 30</td></tr>
<tr><td colspan="2">第 3 点坐标</td><td colspan="2">第 4 点坐标</td></tr>
<tr><td>190. 15</td><td>46. 3</td><td>162. 4</td><td>31. 25</td></tr>
<tr><td rowspan="2">path4</td><td colspan="2">第 1 点坐标</td><td colspan="2">第 2 点坐标</td><td rowspan="2">102. 91</td><td rowspan="2">1</td><td rowspan="2">8. 4</td></tr>
<tr><td>162. 4</td><td>31. 25</td><td>59. 49</td><td>31. 72</td></tr>
<tr><td rowspan="2">path5</td><td colspan="2">第 1 点坐标</td><td colspan="2">第 2 点坐标</td><td rowspan="2">69. 09</td><td rowspan="2">1</td><td rowspan="2">7. 3</td></tr>
<tr><td>59. 49</td><td>31. 72</td><td>128. 58</td><td>31. 5</td></tr>
<tr><td rowspan="4">path6</td><td colspan="2">第 1 点坐标</td><td colspan="2">第 2 点坐标</td><td rowspan="4">105. 03</td><td rowspan="4">2</td><td rowspan="4">13. 5</td></tr>
<tr><td>128. 58</td><td>31. 5</td><td>54. 07</td><td>50. 30</td></tr>
<tr><td colspan="2">第 3 点坐标</td><td colspan="2">第 4 点坐标</td></tr>
<tr><td>33. 15</td><td>31. 41</td><td></td><td></td></tr>
<tr><td rowspan="4">path7</td><td colspan="2">第 1 点坐标</td><td colspan="2">第 2 点坐标</td><td rowspan="4">143. 07</td><td rowspan="4">3</td><td rowspan="4">19. 8</td></tr>
<tr><td>33. 15</td><td>31. 41</td><td>41. 32</td><td>31. 80</td></tr>
<tr><td colspan="2">第 3 点坐标</td><td colspan="2">第 4 点坐标</td></tr>
<tr><td>41. 32</td><td>140. 30</td><td>67. 71</td><td>140. 30</td></tr>
</table>

（2）物流量。本模型中的物流量按集箱制造单元半年的生产任务来确定。根据公司的生产纲领可知，2 号厂房的锅炉年产量为 166 台，假定所有的锅炉均有四个集箱（前集箱、后集箱、两个侧集箱），则半年内 2 号厂房生产集箱 332 台（166 × 4 ÷ 2），从而确定了零件管材的数量为 332 个，端盖的数量为 664 个。

（3）加工时间和仿真时间。根据表 13-21 可得集箱各生产工序的加工时间。在本模型中，采用截断正态分布（T normal）函数对机器加工时间进行调整。其中，标准差 sd = 1；最小值

Min = Mean - 5；最大值 Max = Mean + 5。例如，摇臂钻的加工时间 Tnormal 为（75，1，70，80，7）。模型中，零件管材和端盖是采用主动形式到达加工机器的。机器端盖装焊是 Assembly 类型，其他机器均是 Single 类型。

仿真时间是指 WITNESS 仿真模型计算出的完成 332 台集箱加工任务所需的时间，包含了总加工时间和总路径时间。

（4）制造单元的物流路径成本。由于仿真的目的是比较不同设备布置方案的优劣，仿真模型中只涉及不同设备布置对应的物流路径，所以仿真模型中的物流成本只因物流路径不同而不同。仿真中只考虑物流路径成本即可。物流路径成本包含装卸费用和运距费用。为了便于处理，在计算装卸费用和运距费用时都以单位距离运输费用为 1 单位，并假定一次装卸的费用是单位距离运输费用的 50 倍。这样，集箱制造单元的物流路径成本的计算公式为：总物流成本 = 总装卸次数 ×50 + 路径总距离 ×1。

2. 模型运行及结果分析

运行 WITNESS 仿真模型以后得到：仿真时间为 30240.38min，总物流路径成本为 450909 单位（以单位距离运输费用为 1 单位），仿真输出的各种统计报表如表 13-22 ~ 表 13-25 所示。

表 13-22　机器工作状态统计表

Machine Statistics　Report by On Shift Time

Name	% Idle	% Busy	% Filling	% Emptying	% Blocked	% Cycle Wait Labor	% Setup	% Setup Wait Labor	% Broken Down	% Repair Wait Labor	No. Of Operations
pokoujg	61.63	38.37	0.00	0.00	0.00	0.00	0.00	0.00	0.00	0.00	332
duangaizh	56.00	44.00	0.00	0.00	0.00	0.00	0.00	0.00	0.00	0.00	332
huazian	50.56	49.44	0.00	0.00	0.00	0.00	0.00	0.00	0.00	0.00	332
yaobizuan	17.66	82.34	0.00	0.00	0.00	0.00	0.00	0.00	0.00	0.00	332
jiguanhj	12.10	87.90	0.00	0.00	0.00	0.00	0.00	0.00	0.00	0.00	332
guanduanjg	1.21	98.79	0.00	0.00	0.00	0.00	0.00	0.00	0.00	0.00	332

表 13-23　缓存工作状态统计表

Buffer Statistics　Report by On Shift Time

Name	Total In	Total Out	Now In	Max	Min	Ave Size	Ave Time	Ave Delay Count	Ave Delay Time
Buffers3	332	332	0	1	0	0.10	9.06		
Buffers4	332	332	0	36	0	8.78	799.57		
Buffers5	332	332	0	133	0	54.46	4960.87		
Buffers6	332	332	0	21	0	9.21	838.95		
Buffers7	332	332	0	37	0	17.98	1637.80		
Buffers2	664	664	0	6	0	1.58	71.93		
buffers1	332	332	0	1	0	0.00	0.00		

表 13-24　路径工作状态统计表

Path Statistics　Report by On Shift Time

Name	Parts In	Parts Out	% Busy	% Idle
Path1	332	332	19.32	80.68
Path2	332	332	6.59	93.41
Path3	332	332	21.19	78.81
Path4	332	332	9.22	90.78
Path5	332	332	8.01	91.99
Path6	332	332	14.82	85.18
Path7	332	0	21.74	78.26

表 13-25　物流路径成本统计表

Variable Statistics　Report by On Shift Time

Name	Indices	<--------	-------	Value(s)
Vi6		664		
chengpin		332		
Vr1		26 065. 320		
Vi1		996		
Vi2		332		
Vi3		996		
Vr2		10 358. 400		
Vr3		42 446. 200		
Vi7		996		
Vi5		332		
Vi4		332		
Vr4		34 166. 120		
Vr7		47 499. 240		
Vr6		35 035. 960		
Vr5		22 937. 880		
Vi8		4 648		
Vr8		218 509		
cost		450 909		

13. 3. 3　设备布置方案二的建模与仿真

1. 方案二的模型设计

方案二是在方案一的基础上，将机器摇臂钻、接管焊接和管端加工数量分别增加为 2 台，同时将设备的位置重新布置，使物流更顺畅。

集箱制造单元设备布置方案二模型的界面图如图 13-19 所示。

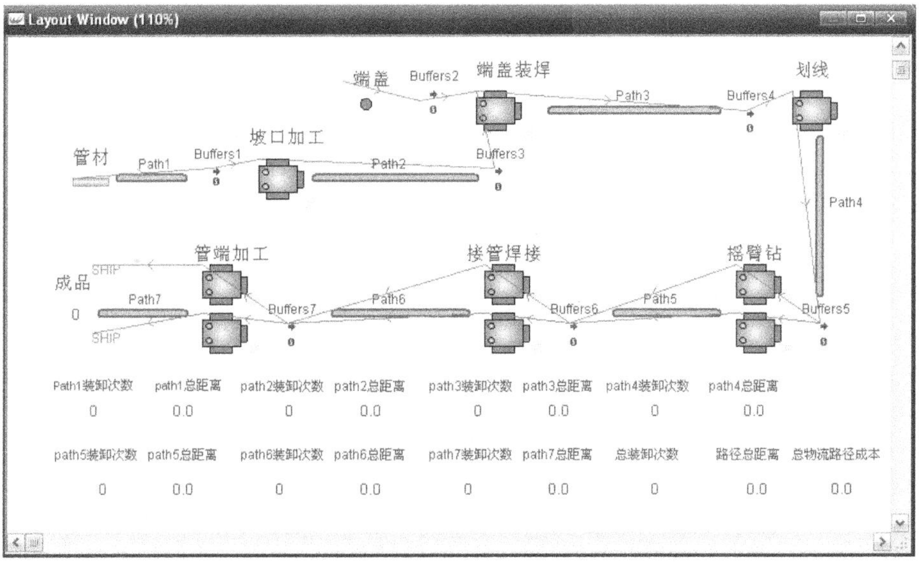

图 13-19　设备布置方案二模型的界面图

本模型中的路径时间同方案一的模型一样，也由两部分组成：一部分是行车或平车的装卸时间；另一部分是行车或平车的运行时间。具体计算结果如表 13-26所示。本模型其他方面的设计也同方案一的模型一样。

表 13-26　方案二的路径时间计算表

<table>
<tr><th>path</th><th colspan="4">路径经过的点</th><th>路径距离/m</th><th>装卸次数</th><th>时间/min</th></tr>
<tr><td rowspan="4">path1</td><td colspan="2">第 1 点坐标</td><td colspan="2">第 2 点坐标</td><td rowspan="4">51. 19</td><td rowspan="4">3</td><td rowspan="4">16. 7</td></tr>
<tr><td>74. 84</td><td>23. 10</td><td>41. 32</td><td>23. 10</td></tr>
<tr><td colspan="2">第 3 点坐标</td><td colspan="2">第 4 点坐标</td></tr>
<tr><td>41. 32</td><td>31. 80</td><td>32. 35</td><td>31. 72</td></tr>
<tr><td rowspan="2">path2</td><td colspan="2">第 1 点坐标</td><td colspan="2">第 2 点坐标</td><td rowspan="2">101. 16</td><td rowspan="2">1</td><td rowspan="2">8. 4</td></tr>
<tr><td>32. 35</td><td>31. 72</td><td>133. 51</td><td>31. 57</td></tr>
<tr><td rowspan="4">path3</td><td colspan="2">第 1 点坐标</td><td colspan="2">第 2 点坐标</td><td rowspan="4">104. 00</td><td rowspan="4">3</td><td rowspan="4">18. 5</td></tr>
<tr><td>133. 51</td><td>31. 57</td><td>176. 80</td><td>46. 30</td></tr>
<tr><td colspan="2">第 3 点坐标</td><td colspan="2">第 4 点坐标</td></tr>
<tr><td>190. 15</td><td>46. 3</td><td>162. 4</td><td>31. 25</td></tr>
<tr><td rowspan="2">path4</td><td colspan="2">第 1 点坐标</td><td colspan="2">第 2 点坐标</td><td rowspan="2">86. 01</td><td rowspan="2">1</td><td rowspan="2">7. 9</td></tr>
<tr><td>162. 4</td><td>31. 25</td><td>76. 39</td><td>31. 35</td></tr>
<tr><td rowspan="2">path5</td><td colspan="2">第 1 点坐标</td><td colspan="2">第 2 点坐标</td><td rowspan="2">32. 43</td><td rowspan="2">1</td><td rowspan="2">6. 1</td></tr>
<tr><td>76. 39</td><td>31. 35</td><td>108. 82</td><td>31. 39</td></tr>
<tr><td rowspan="4">path6</td><td colspan="2">第 1 点坐标</td><td colspan="2">第 2 点坐标</td><td rowspan="4">76. 75</td><td rowspan="4">2</td><td rowspan="4">12. 6</td></tr>
<tr><td>108. 82</td><td>31. 39</td><td>54. 07</td><td>50. 30</td></tr>
<tr><td colspan="2">第 3 点坐标</td><td colspan="2">第 4 点坐标</td></tr>
<tr><td>58. 42</td><td>31. 98</td><td></td><td></td></tr>
<tr><td rowspan="4">path7</td><td colspan="2">第 1 点坐标</td><td colspan="2">第 2 点坐标</td><td rowspan="4">151. 99</td><td rowspan="4">3</td><td rowspan="4">20. 1</td></tr>
<tr><td>58. 42</td><td>31. 98</td><td>41. 32</td><td>31. 80</td></tr>
<tr><td colspan="2">第 3 点坐标</td><td colspan="2">第 4 点坐标</td></tr>
<tr><td>41. 32</td><td>140. 30</td><td>67. 71</td><td>140. 30</td></tr>
</table>

2. 模型运行

模型运行结束以后得到：仿真时间为 15 365. 96min，总物流路径成本为 432 772 单位（以单位距离运输费用为 1 单位），各种统计报表如表 13-27 ~ 表 13-30 所示。

表 13-27　机器工作状态统计表

Machine Statistics　Report by On Shift Time

Name	% Idle	% Busy	% Fillin	% Emptying	% Blocked	% Cycle Wait Labor	% Setup	% Setup Wait Labor	% Broken Down	% Repair Wait Labor	No. Of Operations
pokoujg	24. 48	75. 52	0. 00	0. 00	0. 00	0. 00	0. 00	0. 00	0. 00	0. 00	332
duangaizh	13. 41	86. 59	0. 00	0. 00	0. 00	0. 00	0. 00	0. 00	0. 00	0. 00	332
huazian	2. 70	97. 30	0. 00	0. 00	0. 00	0. 00	0. 00	0. 00	0. 00	0. 00	332
yaobizuan(1)	18. 94	81. 06	0. 00	0. 00	0. 00	0. 00	0. 00	0. 00	0. 00	0. 00	166
yaobizuan(2)	19. 01	80. 99	0. 00	0. 00	0. 00	0. 00	0. 00	0. 00	0. 00	0. 00	166
jiguanhj(1)	13. 50	86. 50	0. 00	0. 00	0. 00	0. 00	0. 00	0. 00	0. 00	0. 00	166
jiguanhj(2)	13. 51	86. 49	0. 00	0. 00	0. 00	0. 00	0. 00	0. 00	0. 00	0. 00	166
guanduanjg(1)	2. 74	97. 26	0. 00	0. 00	0. 00	0. 00	0. 00	0. 00	0. 00	0. 00	166
guanduanjg(2)	2. 85	97. 15	0. 00	0. 00	0. 00	0. 00	0. 00	0. 00	0. 00	0. 00	166

表 13-28　缓存工作状态统计表

Buffer Statistics　Report by On Shift Time

Name	Total In	Total Out	Now In	Max	Min	Ave Size	Ave Time	Ave Delay Count	Ave Delay Time
Buffers3	332	332	0	1	0	0. 20	9. 06		
Buffers4	332	332	0	36	0	17. 28	799. 57		
Buffers5	332	332	0	1	0	0. 00	0. 00		
Buffers6	332	332	0	1	0	0. 00	0. 00		
Buffers7	332	332	0	1	0	0. 13	5. 89		
Buffers2	664	664	0	6	0	3. 17	73. 43		
Buffers1	332	332	0	1	0	0. 00	0. 00		

表 13-29　路径工作状态统计表

Path Statistics　Report by On Shift Time

Name	Parts In	Parts Out	% Busy	% Idle
Path1	332	332	36.08	63.92
Path2	332	332	18.15	81.85
Path3	332	332	39.97	60.03
Path4	332	332	17.07	82.93
Path5	332	332	13.18	86.82
Path6	332	332	27.22	72.78
Path7	332	0	43.43	56.57

表 13-30　物流路径成本统计表

Variable Statistics　Report by On Shift Time

Name	Indices	<--------	-------	Value(s)
Vi6		664		
chengpin		332		
Vr1		16 995.080		
Vi1		996		
Vi2		332		
Vi3		996		
Vr2		33 585.120		
Vr3		34 528.000		
Vi7		996		
Vi5		332		
Vi4		332		
Vr4		28 555.320		
Vr7		50 460.680		
Vr6		25 481.000		
Vr5		10 766.760		
Vi8		4 648		
Vr8		200 372		
cost		432 772		

13.3.4　两方案的比较

1）方案一的模型仿真时间为 30 240.38min，方案二的模型仿真时间为15 365.96min，可见方案二的系统生产效率提高了近一倍。

2）方案一的总物流路径成本为 450 909 单位，方案二的总物流路径成本为 432 772 单位，可见总物流路径成本方案二较方案一有所降低。

3）方案一的设备利用率（% Busy）最低为 38.37%，而方案二的设备利用率（% Busy）最低为 75.52，是方案一的近两倍。

4）方案一的缓存中最大库存数达到 133 台，而方案二的缓存中最大库存数仅为 36 台。

显而易见方案二为较优方案。

13.4　应用成组技术的锅炉公司 2 号厂房系统布置设计

本案例探讨了将 CIMS 的成组技术应用于 SLP，采用计算机辅助制造技术对传统的 SLP 法进行改进的方法。

某锅炉公司计划在已建 1 号厂房的基础上，新建 2 号厂房。2 号厂房主要生产工业锅炉、余热锅炉和压力容器。为了适应变化的市场需求，公司在新建 2 号厂房规划之前必须对未来的产品发展进行规划。另外，产品定位直接影响了 2 号厂房建设投资额的大小，以及车间的设施布局规划。正是在这样的背景下，利用了成组技术、SLP 方法对 2 号厂房进行布局规划与设计。

1. 成组技术简介

锅炉成组技术作为一种专门针对多品种、中小批量生产而提出的组织管理技术，是多品种、中小批量生产企业进行批生产有效的组织管理手段，是现代 CIMS 的基础。成组技术（Group Technology，GT）是一门生产技术科学，它研究如何识别和发掘生产活动中有关事务的相似性，并对其进行充分利用，即把相似的问题归类成组，寻求解决这一组问题的相对一致的最优方案，以取得所期望的经济效益。成组技术的基本原理是将多种零件按其工艺的相似性分类以形成零件族，把同一零件族中每种零件分散的小生产量汇集成较大的零件族成组生产量，从而使小批量生产能获得接近于大批量生产的经济效益。这样，成组技术就巧妙地把品种多转化为“少”，把生产量小转化为“大”，这就为提高多品种、小批量生产的经济效益提供了一种有效的方法。成组技术的基本原理是符合辩证法的，所以它可以作为指导生产的一般性方法。

锅炉是典型的多品种、小批量生产产品，因此，可以应用成组技术的基本原理来解决锅炉在生产制造中存在的问题。

2. 锅炉零部件分类和编码

运用成组技术的前提是将品种众多的零部件按其相似性分类并编码。应用零部件的相似性把零部件归并成组是实施成组技术的关键。企业可以以此把相似工艺的锅炉零部件归并成组，这才能更好地利用成组技术进行工艺的派生和生产制造。锅炉的零部件十分复杂，仅蒸汽锅炉的本体部分而言，就包括锅筒、水冷壁、蛇形管受热面（过热器、再热器和省煤器等）、各种集箱、各种汽水导管、空气预热器、燃烧设备及锅炉构架等。这些零部件由于其工作条件和工作性质的不同，对所用的材料及制造工艺也有不同的要求，尤其是各承压部件（如锅筒、受热面管件、集箱和汽水导管等）所用的材料和其制造质量对锅炉的安全运行具有十分重要的作用。以下就从锅炉主要零部件的结构和制造工艺出发，构造锅炉零部件的分类编码系统。

不同类零部件的制造工艺差别很大，例如，封头要用冲压模具冲压或旋压机成形，而筒体则由卷板机卷圆后焊接而成，封头和筒体的制造工艺差别相当大。总的来说，对锅炉零部件制造工艺有重要影响的环节有：零部件名称类别、零部件压力、流量参数、外部结构形状、材料、毛坯原始形状以及生产批量，每个环节又可以分成几个小环节。各个环节作为表的横向，每个环节的特征项作为表的纵向。由此，编制出锅炉零部件分类编码表，如表 13-31 所示。

编码表的第一、二位是名称类别码。区分不同的零部件类别有助于从大的方面划分零部件组，使相同组有相同的机构功能更能体现相似性的要求，并且便于检索不同的类别。

编码表的第三位是材料码。材料对热处理、无损检测和压力试验等都有一定影响。

编码表第四位的毛坯原始形状显然也是区分不同工艺的一个重要方面，不同形状毛坯的加工方法有较大的差别。

表 13-31　锅炉零部件分类编码表

码位	一	二	三	四	五	六	七	八	九	十	十一	十二	十三	十四
因素	名称类别				外部结构形状						运行参数			
特征项	产品	组件	材料	毛坯原始形状	宽度或直径/mm	长度或高度/mm	壁厚或厚度/mm	壁厚直径比（100S/D）	开孔情况	拼接情况	工作压力/MPa	工作温度/℃	工作介质	生产批量/(台/件)
0	电站锅炉	筒体类	合金钢	板材	≤15	≤50	≤3	/	无孔	无拼接	≤0.1	≤100	水	单件
1	工业锅炉	封头类	碳素钢	型材	15～40	50～100	3～6	≤0.1	单孔	有拼接	0.1～0.8	100～300	水蒸气	≤10
2	生活用锅炉	集箱类	灰铸铁	管材	40～90	100～200	6～12	0.1～0.15	单方向均布的圆周排列的孔		0.8～1.6	300～450	煤类	10～20
3	余热锅炉	蛇形管类	可锻铸铁	棒材	90～160	200～400	12～16	0.15～0.25	单方向均布的直线排列的孔		1.6～3.8	450～510	气类	20～40
4	燃气锅炉	膜式壁类	球墨铸铁	铸件	160～300	400～700	16～22	0.25～0.4	单方向排列的非均布孔		3.8～10	510～600	油类	40～80
5	燃油锅炉	构架类	不锈钢	铸件	300～630	700～1 100	22～40	0.4～0.5	多方向排列的非均布孔		10～25	600～800		80～120
6	燃煤锅炉	炉体类	其他金属	冷拉件	630～1 400	1 100～1 600	40～60	0.5～0.7	无辅助孔		25～50	800～1 000		120～150
7	快、组装锅炉	压力容器类		铆焊件	1 400～2 000	1 600～2 200	60～100	0.7～0.9	有辅助孔		50～75	1 000～1 250		>150
8	散装锅炉	附件类		其他	2 000～4 000	2 200～4 000	100～120	0.9～1.0			75～100	1 250～1 800		
9	其他				>4 000	>4 000	>120	>1			>100	>1 800		

编码表的第五到第十位描述了零部件的外部结构形状和整体轮廓，是从外形上划分零部件相似性的重要因素，一般与生产制造设备紧密相关。例如，对于下屈服强度为240M～260MPa、板厚32mm以下的低碳钢板，下屈服强度为360M～380MPa、板厚28～32mm以下的低碳钢板，进行冷态旋压成形比冲压成形要好。壁厚直径比与热处理有关，例如，碳素钢、16MnR的厚度不小于圆筒内径3%的圆筒钢材就应进行焊后热处理。开孔对工艺的影响表现在：多了管孔加工工艺和管孔与管件的连接工艺。材料的拼接较非拼接而言，多了焊接工艺。

编码表的第十一、十二和十三位与运行参数有关。例如，根据《压力容器》（GB 150.1～GB 150.4—2011）用于壳体的某些钢板，使用温度低于0℃、厚度大于25mm的20R应进行低温冲击试验。关于压力对工艺和加工方法的影响就多些，尤其是对无损探伤工艺的影响。例如，根据《蒸汽锅炉安全技术监察规程》，额定蒸汽压力大于0.4MPa但小于2.5MPa的锅炉，每条焊缝应进行100%射线探伤。

生产批量有时也是区分不同工艺的一个要素。例如，就封头的制造而言，单件小批量生产采用旋压法就比冲压法经济，而大批量生产封头则采用冲压法更为经济。

使用此编码表时，首先应根据企业自身的产品、设备资源和工艺条件选择出最具有代表性的特征码位。这通常要根据相似工艺的典型零部件统计分析得出，并在此基础上适当调整。零部件只要在这些特征码位上的特征项相同，不论其他码位上的特征项是否相同，都认为属于同一零部件族。比如可选择编码表的一、二、三、四、七、九、十位为最具有代表性的特征码位。然后确定每一最具有代表性的码位的各特征项取值的范围，若第七位的特征项取值的范围是{0，1，2}，则其码域即为{0，1，2}。以最具有代表性的特征码位为行，对应的码域为列，即可得到每组零部件（零部件族）的特征码位码域矩阵。计算机根据零部件编码可以判断其所属的特征码位码域矩阵，并从数据库中调用该特征码位码域矩阵所对应的成组工艺进行工艺的派生，进而选择该组零部件（零部件族）对应的成组制造单元进行生产。

3. 2号厂房成组制造单元划分

（1）按成组工艺划分成组制造单元。锅炉制造过程更多表现为焊接工艺、装配工艺。根据不同的制造过程方法，把锅炉零部件分成筒体类、封头类、集箱类、炉体类、构架类、蛇形管类、膜式壁类等。

2号厂房只生产无拼接开单孔、中小直径且工作压力小于10MPa、小批量生产的封头。于是根据锅炉零部件分类编码表可得到如图13-20所示的封头类零部件特征码位码域矩阵。

码位 特征项	一	二	三	四	五	六	七	八	九	十	十一	十二	十三	十四
0			●	●			●			●				
1	●	●	●				●		●			●		
2	●										●	●		●
3	●										●	●		●
4	●										●	●		
5	●											●		
6	●				●			●				●		
7	●				●			●				●		
8	●							●						
9								●						

图13-20　封头类零部件特征码位码域矩阵

该封头类零部件特征码位码域矩阵对应该类的一个成组工艺，2号厂房的封头车间设施布置设计时应以该成组工艺为基准。

2 号厂房可小批量生产有拼接开多孔、直径为 0. 8 ~ 1. 6m、壁厚在 12 ~ 40mm 之间且工作压力小于 10MPa 的筒体类零件，于是根据锅炉零部件分类编码表可得到如图 13-21 所示的筒体类零部件特征码位码域矩阵。

特征项 \ 码位	一	二	三	四	五	六	七	八	九	十	十一	十二	十三	十四
0		●	●	●									●	
1	●		●							●		●	●	
2	●						●				●	●		●
3	●						●		●		●	●		●
4	●						●				●	●		
5	●						●					●		
6	●				●							●		
7	●				●	●		●				●		
8	●					●		●						
9						●		●						

图 13-21　筒体类零部件特征码位码域矩阵

2 号厂房可小批量生产无拼接开多孔、直径在 32 ~ 38mm 之间、壁厚为 3 ~ 4mm 且工作压力小于 10MPa 的集箱类零部件，于是根据锅炉零部件分类编码表可得到如图 13-22 所示的集箱类零部件特征码位码域矩阵。

特征项 \ 码位	一	二	三	四	五	六	七	八	九	十	十一	十二	十三	十四
0			●							●			●	
1	●		●		●		●					●	●	
2	●	●		●							●	●		●
3	●								●		●	●		●
4	●										●	●		
5	●											●		
6	●											●		
7	●											●		
8	●													
9														

图 13-22　集箱类零部件特征码位码域矩阵

用同样的方法可得到炉体类和构架类零部件的特征码位码域矩阵，从而得到炉体类和构架类零部件族的成组工艺。

考虑成组技术应用的需求，按照特征码位码域矩阵所对应的成组工艺，2 号厂房可划分为以下七个成组制造单元：①筒体制造单元；②封头制造单元；③集箱、压力容器制造单元；④炉体制造单元；⑤构架及管道制造单元；⑥下料车间；⑦总装制造单元。

（2）作业单位划分。2 号厂房按成组工艺被划分为七个成组制造单元，每个成组制造单元还可进一步划分为作业单位，如表 13-32 所示。表中各栏目的序号就是对应作业单位的代号。

4. 物流量计算和工艺过程分析

（1）工艺过程图。工艺过程图可以用来详细描述产品生产过程中各工序之间的关系，也可以用来描述全厂各部门之间的工艺流程。2 号厂房各成组制造单元的零部件族生产工艺过程图如图 13-23 所示。

耐火砖 水泥
蛇形管 膜式壁
（烟囱 板材
（烟、风 道）管材
（平台扶 梯）型材
（钢架） 型材
（辅机） 管材
（煤斗） 板材
（炉体）
（炉排）
棒材
2.66
90.57
2.54
6.29
23.65
79.00
5.25
7.45
1.80
2.41
5.98
22.47
75.05
4.99
7.08
1.71
2.05
5.08
19.10
63.79
4.24
6.02
1.45
废料

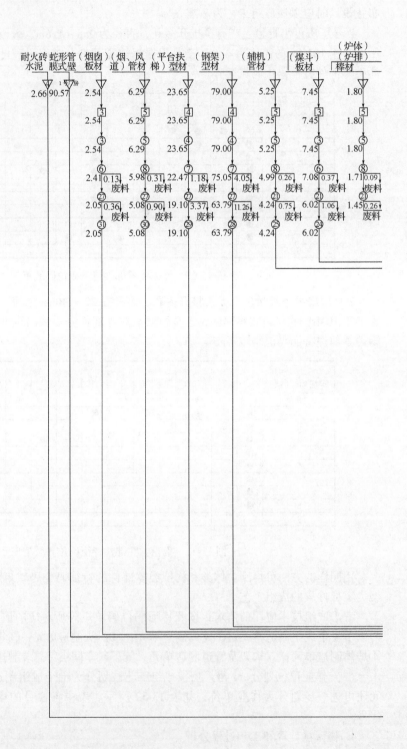

图 13-23　工

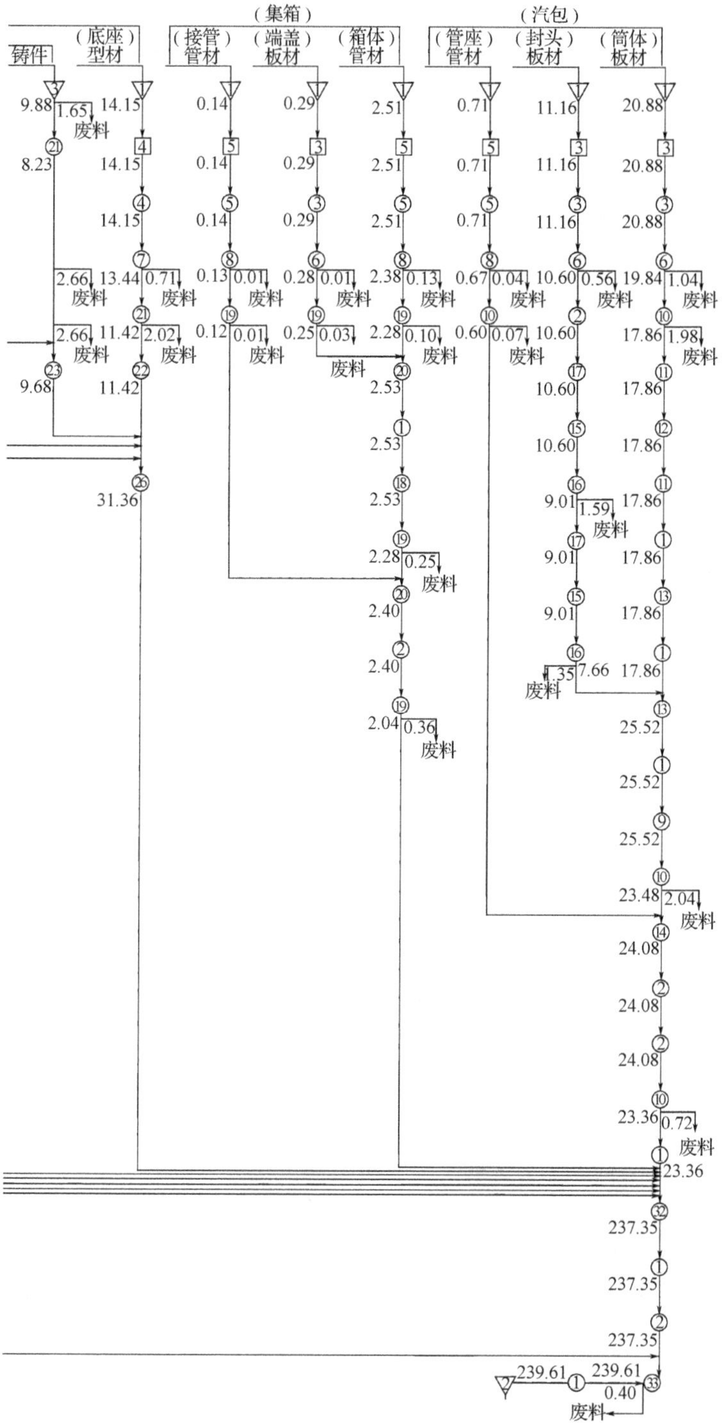

艺过程图

表 13-32 成组制造单元及其作业单位

制造单元	下料车间	筒体制造单元	封头制造单元	集箱、压力容器制造单元	炉体制造单元	构架及管道制造单元	总装制造单元	其他作业单位	辅助设施作业单位
作业单位	3. 板材划线区	9. 筒体划线区	15. 封头划线区	18. 集箱、压力容器划线区	21. 炉体机加工区	27. 构架、管道机加工区	32. 总装装焊区	1. 涂装包装区	43. 办公室一
	4. 型材划线区	10. 筒体加工区	16. 封头加工区	19. 集箱、压力容器机加工区	22. 底座装焊区	28. 钢架制作区	33. 外包筑炉区	2. 热处理区	44. 办公室二
	5. 管、棒材划线区	11. 筒体轧圆、校圆区	17. 封头冲压区	20. 集箱、压力容器装焊区	23. 炉排组装区	29. 平台扶梯制作区		34. 材料货场	45. 卫生间一
	6. 板材下料区	12. 纵缝焊接区			24. 煤斗装焊区	30. 烟、风道制作区		35. 成品货场	46. 卫生间二
	7. 型材下料区	13. 对接、环缝焊接区			25. 辅机装焊区	31. 烟囱制作区		37. 耐火材料房	47. 配电房
	8. 管、棒材下料区	14. 零件焊接区			26. 炉排、底座组装及试车区			38. 探伤室	48. 配气房
	40. 板材质检区				36. 仓库（配套件、铸件）			39. 水压试验区	
	41. 型材质检区								
	42. 管、棒材质检区								
总计	9	6	3	3	7	5	2	7	6

（2）物流强度汇总表。根据工艺过程图（见图 13-23）统计存在物料搬运的各作业单位对之间的物流总量（即正反两方向物流量之和），然后将各作业单位对按物流强度大小排序，再确定物流强度等级，绘制成物流强度汇总表（见表 13-33）。表 13-33 中未出现的作业单位对不存在固定的物流，因此物流强度等级为 U 级。

表 13-33 物流强度汇总表

序 号	作业单位对（物流路线）	物流强度	物流强度等级	序 号	作业单位对（物流路线）	物流强度	物流强度等级
1	1—10	23.36	I	35	16—17	9.01	O
2	1—32	23.36	I	36	18—19	2.53	O
3	1—33	239.61	A	37	18—38	2.53	O
4	1—35	239.61	A	38	19—20	4.93	O
5	2—6	10.60	O	39	19—32	2.04	O
6	2—14	24.08	I	40	19—39	2.40	O
7	2—17	10.60	O	41	20—38	2.53	O
8	2—39	24.08	I	42	20—39	2.40	O
9	3—6	21.44	I	43	21—22	11.42	O
10	3—40	21.44	I	44	21—23	9.68	O
11	4—7	116.80	E	45	21—24	6.02	O
12	4—41	116.80	E	46	21—25	4.24	O
13	5—8	37.58	E	47	21—36	9.88	O
14	5—42	37.58	E	48	22—26	11.42	O
15	6—19	0.28	O	49	23—26	9.68	O
16	6—21	7.08	O	50	24—26	6.02	O
17	6—27	2.41	O	51	25—26	4.24	O
18	7—21	13.44	I	52	26—32	31.36	E
19	7—27	97.52	E	53	27—28	63.79	E
20	8—10	20.51	I	54	27—29	19.10	I
21	8—19	2.51	O	55	27—30	5.08	O
22	8—21	6.70	O	56	27—31	2.05	O
23	8—27	5.98	O	57	28—32	63.79	E
24	9—10	25.52	I	58	29—32	19.10	I
25	9—38	25.52	I	59	30—32	5.08	O
26	10—11	17.86	I	60	31—32	2.05	O
27	10—14	24.08	I	61	32—38	237.35	A
28	10—39	24.08	I	62	33—37	237.35	A
29	11—12	35.72	E	63	33—39	237.35	A
30	11—38	17.86	I	64	34—40	21.44	I
31	13—16	7.66	O	65	34—41	116.80	E
32	13—38	79.10	E	66	34—42	37.58	E
33	15—16	19.61	I	67	38—39	237.35	A
34	15—17	19.61	I				

5. SLP 求解

（1）物流相关表。为了能够简单明了地表示所有作业单位之间的物流相互关系，可以做出作业单位之间的物流相关表。进行工厂布置时，从物流系统优化的角度讲，物流相关表中物流强度等级高的作业单位之间的距离应尽量缩小，即彼此相互接近，而物流强度等级低的作业单位之间的距离可以允许加大。2 号厂房作业单位物流相关表如表 13-34 所示。

表 13-34　作业单位物流相关表

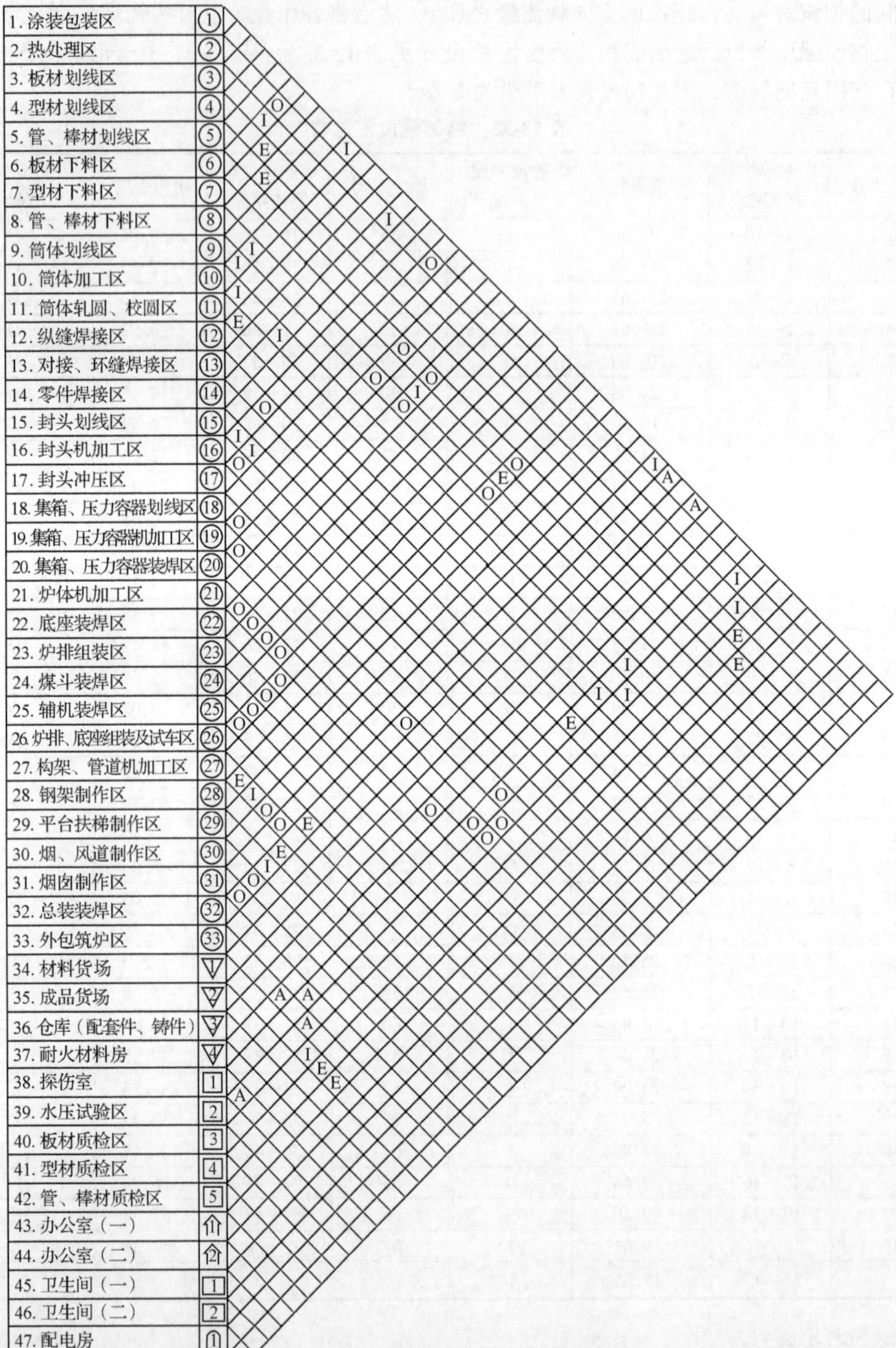
1. 涂装包装区
2. 热处理区
3. 板材划线区
4. 型材划线区
5. 管、棒材划线区
6. 板材下料区
7. 型材下料区
8. 管、棒材下料区
9. 筒体划线区
10. 筒体加工区
11. 筒体轧圆、校圆区
12. 纵缝焊接区
13. 对接、环缝焊接区
14. 零件焊接区
15. 封头划线区
16. 封头机加工区
17. 封头冲压区
18. 集箱、压力容器划线区
19. 集箱、压力容器机加工区
20. 集箱、压力容器装焊区
21. 炉体机加工区
22. 底座装焊区
23. 炉排组装区
24. 煤斗装焊区
25. 辅机装焊区
26. 炉排、底座组装及试车区
27. 构架、管道机加工区
28. 钢架制作区
29. 平台扶梯制作区
30. 烟、风道制作区
31. 烟囱制作区
32. 总装装焊区
33. 外包筑炉区
34. 材料货场
35. 成品货场
36. 仓库（配套件、铸件）
37. 耐火材料房
38. 探伤室
39. 水压试验区
40. 板材质检区
41. 型材质检区
42. 管、棒材质检区
43. 办公室（一）
44. 办公室（二）
45. 卫生间（一）
46. 卫生间（二）
47. 配电房
48. 配气房

备注：其他未注明等级关系的是 U 级关系

（2）作业单位综合相互关系表。

1）作业单位非物流相互关系表。在评价 2 号厂房作业单位非物流相互关系时，主要考虑以下八个方面的因素：①工艺衔接。②工作流程需求。③使用同一场地。④使用同样的公用设施。⑤使用一套人员。⑥联系频繁程度。⑦噪声、振动、易燃等。⑧服务的频度。在此基础上建立如表 13-35 所示的各作业单位非物流相互关系表。

表 13-35　作业单位非物流相关表

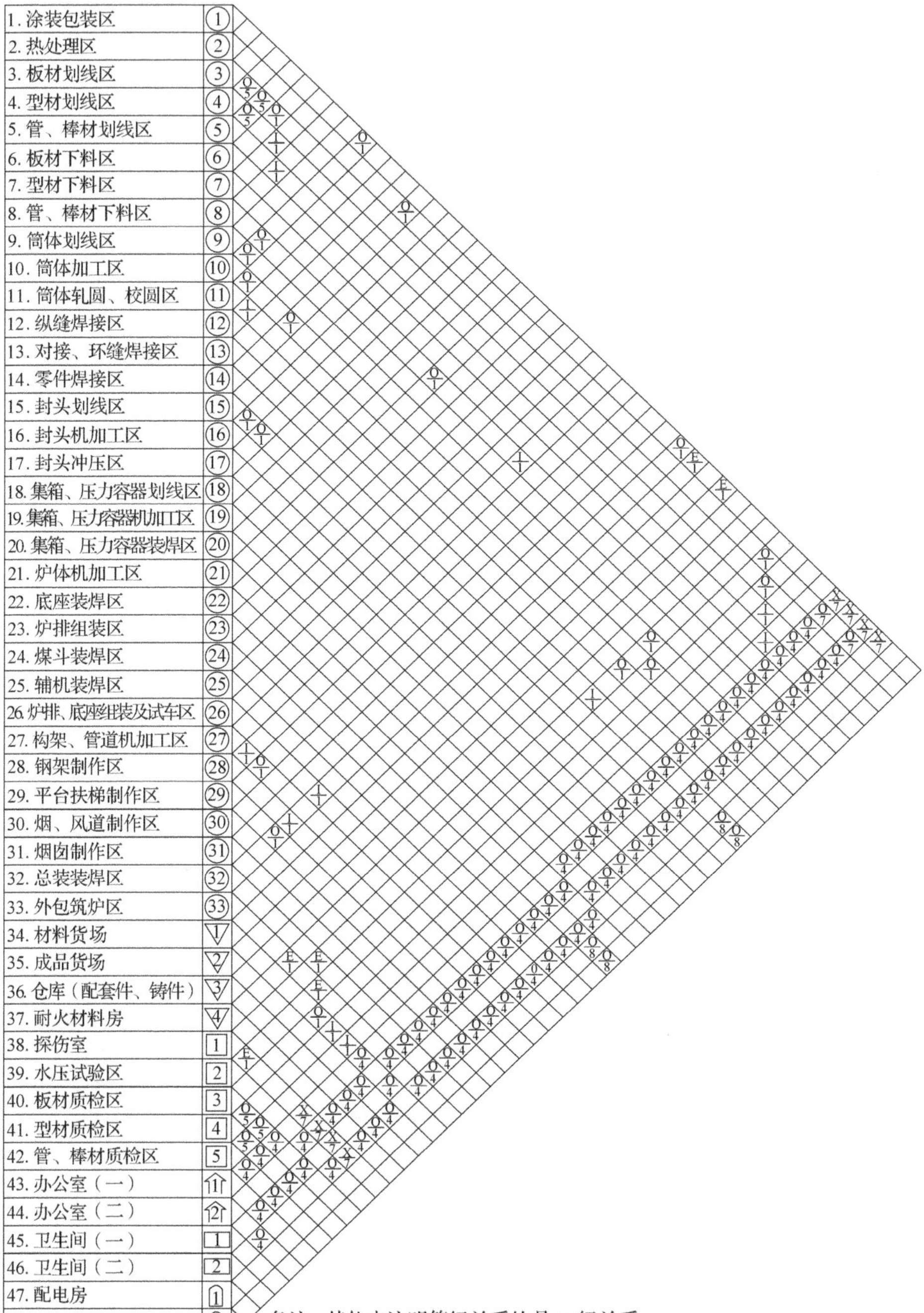

备注：其他未注明等级关系的是 U 级关系

2）作业单位综合相互关系计算。在2号厂房内，各作业单位之间既有物流联系也有非物流联系，两作业单位之间的相互关系应包括物流关系与非物流关系。因此在SLP中，要将作业单位间物流的相互关系与非物流的相互关系进行合并，求出合成的相互关系——作业单位综合相互关系，计算结果如表13-36所示。

表13-36 作业单位综合相互关系计算表

序号	作业单位对	关系密切程度				综合关系	
		物流关系（加权值2）		非物流关系（加权值1）			
		等级	分值	等级	分值	分值	等级
1	1—10	I	2	O	1	5	I
2	1—32	I	2	O	1	5	I
3	1—33	A	4	E	3	11	A
4	1—35	A	4	E	3	11	A
5	1—43	U	0	X	−1	−1	X
6	1—44	U	0	X	−1	−1	X
7	1—45	U	0	X	−1	−1	X
8	1—46	U	0	X	−1	−1	X
9	2—6	O	1	U	0	2	O
10	2—14	I	2	O	1	5	I
11	2—17	O	1	U	0	2	O
12	2—39	I	2	O	1	5	I
13	2—43	U	0	O	1	1	O
14	2—45	U	0	O	1	1	O
15	3—4	U	0	O	1	1	O
16	3—5	U	0	O	1	1	O
17	3—6	I	2	O	1	5	I
18	3—40	I	2	O	1	5	I
19	3—43	U	0	O	1	1	O
20	3—45	U	0	O	1	1	O
21	4—5	U	0	O	1	1	O
22	4—7	E	3	I	2	8	E
23	4—41	E	3	I	2	8	E
24	4—43	U	0	O	1	1	O
25	4—45	U	0	O	1	1	O
26	5—8	E	3	I	2	8	E
27	5—42	E	3	I	2	8	E
28	5—43	U	0	O	1	1	O
29	5—45	U	0	O	1	1	O
30	6—19	O	1	U	0	2	O
31	6—21	O	1	U	0	2	O
32	6—27	O	1	U	0	2	O
33	6—43	U	0	O	1	1	O
34	6—45	U	0	O	1	1	O
35	7—21	I	2	O	1	5	I
36	7—27	E	3	I	2	8	E
37	7—43	U	0	O	1	1	O
38	7—45	U	0	O	1	1	O
39	8—10	I	2	O	1	5	I
40	8—19	O	1	U	0	2	O
41	8—21	O	1	U	0	2	O

（续）

序号	作业单位对	关系密切程度				综合关系	
		物流关系（加权值 2）		非物流关系（加权值 1）			
		等级	分值	等级	分值	分值	等级
42	8—27	O	1	U	0	2	O
43	8—43	U	0	O	1	1	O
44	8—45	U	0	O	1	1	O
45	9—10	I	2	O	1	5	I
46	9—38	I	2	O	1	5	I
47	9—43	U	0	O	1	1	O
48	9—45	U	0	O	1	1	O
49	10—11	I	2	O	1	5	I
50	10—14	I	2	O	1	5	I
51	10—39	I	2	O	1	5	I
52	10—43	U	0	O	1	1	O
53	10—45	U	0	O	1	1	O
54	11—12	E	3	X	-1	5	I
55	11—38	I	2	O	1	5	I
56	11—43	U	0	O	1	1	O
57	11—45	U	0	O	1	1	O
58	12—43	U	0	O	1	1	O
59	12—45	U	0	O	1	1	O
60	13—16	O	1	U	0	2	O
61	13—38	E	3	O	1	7	E
62	13—43	U	0	O	1	1	O
63	13—45	U	0	O	1	1	O
64	13—47	U	0	O	1	1	O
65	13—48	U	0	O	1	1	O
66	14—43	U	0	O	1	1	O
67	14—45	U	0	O	1	1	O
68	15—16	I	2	O	1	5	I
69	15—17	I	2	O	1	5	I
70	15—43	U	0	O	1	1	O
71	15—45	U	0	O	1	1	O
72	16—17	O	1	U	0	2	O
73	16—43	U	0	O	1	1	O
74	16—45	U	0	O	1	1	O
75	17—43	U	0	O	1	1	O
76	17—45	U	0	O	1	1	O
77	18—19	O	1	U	0	2	O
78	18—38	O	1	U	0	2	O
79	18—43	U	0	O	1	1	O
80	18—45	U	0	O	1	1	O
81	19—20	O	1	U	0	2	O
82	19—32	O	1	U	0	2	O
83	19—39	O	1	U	0	2	O

（续）

序 号	作业单位对	关系密切程度				综合关系	
		物流关系（加权值2）		非物流关系（加权值1）			
		等 级	分 值	等 级	分 值	分 值	等 级
84	19—43	U	0	O	1	1	O
85	19—45	U	0	O	1	1	O
86	20—38	O	1	U	0	2	O
87	20—39	O	1	U	0	2	O
88	20—43	U	0	O	1	1	O
89	20—45	U	0	O	1	1	O
90	21—22	O	1	U	0	2	O
91	21—23	O	1	U	0	2	O
92	21—24	O	1	U	0	2	O
93	21—25	O	1	U	0	2	O
94	21—36	O	1	U	0	2	O
95	21—44	U	0	O	1	1	O
96	21—46	U	0	O	1	1	O
97	22—26	O	1	U	0	2	O
98	22—44	U	0	O	1	1	O
99	22—46	U	0	O	1	1	O
100	22—47	U	0	O	1	1	O
101	22—48	U	0	O	1	1	O
102	23—26	O	1	U	0	2	O
103	23—44	U	0	O	1	1	O
104	23—46	U	0	O	1	1	O
105	24—26	O	1	U	0	2	O
106	24—44	U	0	O	1	1	O
107	24—46	U	0	O	1	1	O
108	25—26	O	1	U	0	2	O
109	25—44	U	0	O	1	1	O
110	25—46	U	0	O	1	1	O
111	26—32	E	3	I	2	8	E
112	26—44	U	0	O	1	1	O
113	26—46	U	0	O	1	1	O
114	27—28	E	3	I	2	8	E
115	27—29	I	2	O	1	5	I
116	27—30	O	1	U	0	2	O
117	27—31	O	1	U	0	2	O
118	27—44	U	0	O	1	1	O
119	27—46	U	0	O	1	1	O
120	28—32	E	3	I	2	8	E
121	28—44	U	0	O	1	1	O
122	28—46	U	0	O	1	1	O
123	29—32	I	2	O	1	5	I
124	29—44	U	0	O	1	1	O
125	29—46	U	0	O	1	1	O

（续）

序　号	作业单位对	关系密切程度				综合关系	
		物流关系（加权值2）		非物流关系（加权值1）			
		等　级	分　值	等　级	分　值	分　值	等　级
126	30—32	O	1	U	0	2	O
127	30—44	U	0	O	1	1	O
128	30—46	U	0	O	1	1	O
129	31—32	O	1	U	0	2	O
130	31—44	U	0	O	1	1	O
131	31—46	U	0	O	1	1	O
132	32—38	A	4	E	3	11	A
133	32—44	U	0	O	1	1	O
134	32—46	U	0	O	1	1	O
135	33—37	A	4	E	3	11	A
136	33—39	A	4	E	3	11	A
137	33—44	U	0	O	1	1	O
138	33—46	U	0	O	1	1	O
139	34—40	I	2	O	1	5	I
140	34—41	E	3	I	2	8	E
141	34—42	E	3	I	2	8	E
142	34—43	U	0	O	1	1	O
143	34—45	U	0	O	1	1	O
144	35—44	U	0	O	1	1	O
145	35—46	U	0	O	1	1	O
146	36—44	U	0	O	1	1	O
147	36—46	U	0	O	1	1	O
148	37—44	U	0	O	1	1	O
149	37—46	U	0	O	1	1	O
150	38—39	A	4	E	3	11	A
151	38—43	U	0	X	−1	−1	X
152	38—44	U	0	X	−1	−1	X
153	38—45	U	0	X	−1	−1	X
154	38—46	U	0	X	−1	−1	X
155	39—44	U	0	O	1	1	O
156	39—46	U	0	O	1	1	O
157	40—41	O	1	U	0	2	O
158	40—42	O	1	U	0	2	O
159	40—43	U	0	O	1	1	O
160	40—45	U	0	O	1	1	O
161	41—42	O	1	U	0	2	O
162	41—43	U	0	O	1	1	O
163	41—45	U	0	O	1	1	O
164	42—43	U	0	O	1	1	O
165	42—45	U	0	O	1	1	O
166	43—45	U	0	O	1	1	O
167	44—46	U	0	O	1	1	O

3）综合相互关系表。建立作业单位综合相互关系表，如表13-37所示。然后由各作业单位间综合相互关系出发，实现各作业单位的合理布置。

表 13-37　作业单位综合相互关系表

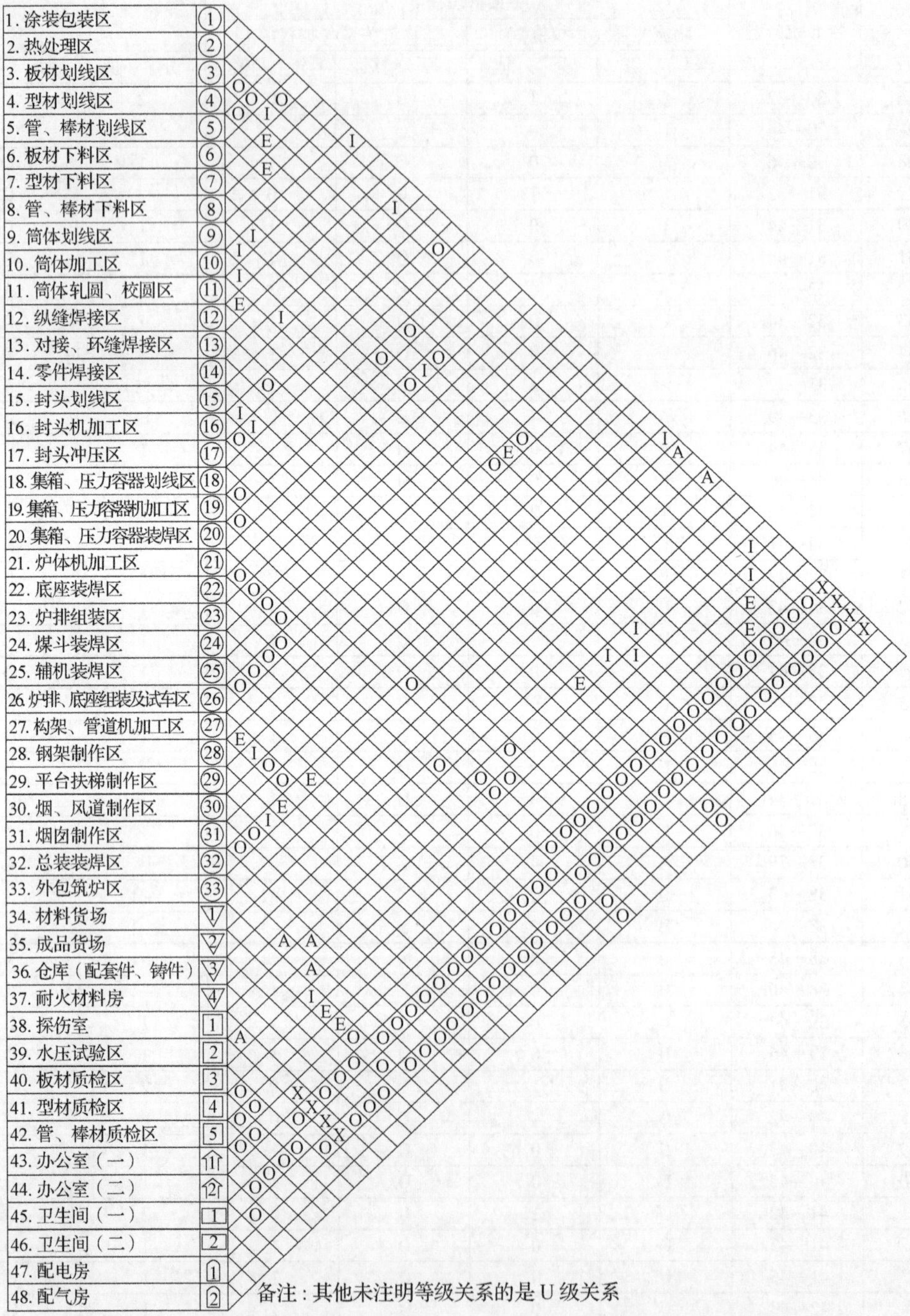

备注：其他未注明等级关系的是U级关系

（3）作业单位位置相关图。在SLP中，工厂总平面布置并不仅依据各作业单位的建筑物面积及其外形几何形状，而是主要从各作业单位间相互关系的密切程度出发，安排各作业单位之间的相对位置。关系密切程度高的作业单位之间距离近，关系密切程度低的作业单位之间距离远，由此形成作业单位位置相关图。

1）综合接近程度排序表。为了方便做图，可以使用综合接近程度排序表（见表13-38）。

表 13-38　综合接近程度排序表

作业单位	1	2	3	4	5	6	7	8	9	10	11	12	13	14	15	16	17	18	19	20	21	22	23	24	25	26	27	28	29	30	31	32	33	34	35	36	37	38	39	40	41	42	43	44	45	46	47	48
1										I/2																						I/2	A/4		A/4								X/-1	X/-1	X/-1	X/-1		
2						O/1								I/2			O/1																						I/2				O/1		O/1			
3				O/1	O/1	I/2																																		I/2			O/1		O/1			
4			O/1		O/1		E/3																																		E/3		O/1		O/1			
5			O/1	O/1				E/3																																		E/3	O/1		O/1			
6		O/1	I/2																O/1		O/1						O/1																O/1		O/1			
7				E/3																	I/2						E/3																O/1		O/1			
8					E/3					I/2									O/1		O/1						O/1																O/1		O/1			
9										I/2																												I/2					O/1		O/1			
10	I/2							I/2	I/2		I/2			I/2																									I/2				O/1		O/1			
11										I/2		I/2																										I/2					O/1		O/1			
12											I/2																											I/2					O/1		O/1			
13																O/1																						E/3					O/1		O/1		O/1	O/1
14		I/2								I/2																																	O/1		O/1			
15																I/2	I/2																										O/1		O/1			
16													O/1		I/2		I/2																										O/1		O/1			
17		O/1													I/2	I/2																											O/1		O/1			
18																			O/1																			O/1					O/1		O/1			
19						O/1		O/1										O/1		O/1												O/1							O/1				O/1		O/1			
20																			O/1																			O/1	O/1				O/1		O/1			
21						O/1	I/2	O/1														O/1	O/1	O/1	O/1											O/1								O/1		O/1		
22																					O/1					O/1																		O/1		O/1	O/1	O/1
23																					O/1					O/1																		O/1		O/1		
24																					O/1																							O/1		O/1		
25																					O/1					O/1																		O/1		O/1		
26																						O/1	O/1		O/1							E/3												O/1		O/1		
27						O/1	E/3	O/1																				E/3	I/2	O/1	O/1													O/1		O/1		
28																											E/3					E/3												O/1		O/1		
29																											I/2					I/2												O/1		O/1		
30																											O/1					O/1												O/1		O/1		
31																											O/1					O/1												O/1		O/1		
32	I/2																		O/1							E/3		E/3	I/2	O/1	O/1							A/4						O/1		O/1		
33	A/4																																				A/4		A/4					O/1		O/1		
34																																								I/2	E/3	E/3	O/1		O/1			
35	A/4																																											O/1		O/1		
36																					O/1																							O/1		O/1		
37																																	A/4											O/1		O/1		
38									I/2		I/2		E/3					O/1		O/1												A/4							A/4				X/-1	X/-1	X/-1	X/-1		
39		I/2								I/2									O/1	O/1													A/4					A/4						O/1		O/1		
40			I/2																															I/2							O/1	O/1	O/1		O/1			
41				E/3																														E/3						O/1		O/1	O/1		O/1			
42					E/3																													E/3						O/1	O/1		O/1		O/1			
43	X/-1	O/1	O/1	O/1	O/1	O/1	O/1	O/1	O/1	O/1	O/1	O/1	O/1	O/1	O/1	O/1	O/1	O/1	O/1	O/1														O/1				X/-1		O/1	O/1	O/1			O/1			
44	X/-1																				O/1	O/1	O/1	O/1	O/1	O/1	O/1	O/1	O/1	O/1	O/1	O/1	O/1		O/1	O/1	O/1	X/-1	O/1							O/1		
45	X/-1	O/1	O/1	O/1	O/1	O/1	O/1	O/1	O/1	O/1	O/1	O/1	O/1	O/1	O/1	O/1	O/1	O/1	O/1	O/1														O/1				X/-1		O/1	O/1	O/1	O/1					
46	X/-1																				O/1	O/1	O/1	O/1	O/1	O/1	O/1	O/1	O/1	O/1	O/1	O/1	O/1		O/1	O/1	O/1	X/-1	O/1					O/1				
47													O/1									O/1																										
48													O/1									O/1																										
综合接近程度	8	8	8	10	10	8	10	10	6	14	8	4	8	6	6	7	7	4	8	5	11	6	4	3	4	8	14	8	6	4	4	19	14	10	6	3	6	13	16	8	10	10	22	16	22	16	2	2
排序	19	20	21	12	13	22	14	15	31	7	23	39	24	32	33	29	30	40	25	38	11	34	41	45	42	26	8	27	35	43	44	3	9	16	36	46	37	10	4	28	17	18	1	5	2	6	47	48

某一作业单位综合接近程度等于该作业单位与其他所有作业单位之间量化后的关系密切程度的总和。

2）作业单位位置相关图。绘制作业单位位置相关图的步骤如下：

第一步，首先处理综合相互关系等级为 A 的作业单位对。

① 从作业单位综合相互关系表中取出 A 级作业单位对，共涉及 1—33、1—35、32—38、33—37、33—39、38—39 七个作业单位，其综合接近程度分值排序见表 13-38。

②综合考虑 2 号厂房概况和上述综合接近程度的排序进行布置，并采用作业单位工艺功能符号画出布置图。A 级作业单位对位置相关图如图 13-24 所示。

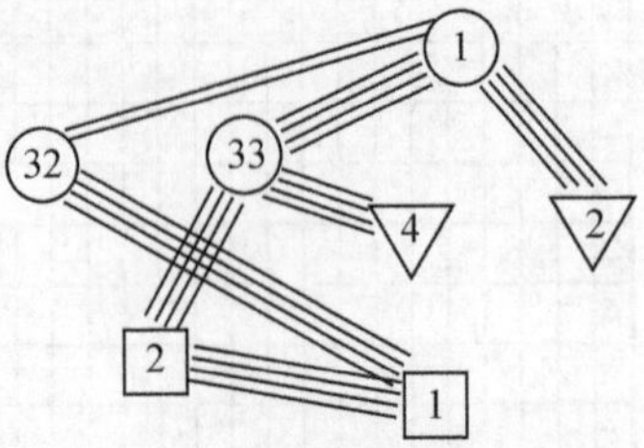

图 13-24　A 级作业单位对位置相关图

第二步，处理综合相互关系密级为 E 的作业单位对。

从作业单位综合相互关系表中取出 E 级作业单位对，有 4—7、4—41、5—8、5—42、7—27、13—38、26—32、27—28、28—32、34—41、34—42，综合考虑 2 号厂房概况和上述作业单位综合接近程度排序布置，E 级作业单位对位置相关图如图 13-25 所示。

第三步，处理综合相互关系密级为 I 的作业单位对。

从综合相互关系表中取出具有 I 级关系的作业单位对有：1—10、1—32、2—14、2—39、3—6、3—40、7—21、8—10、9—10、9—38、10—11、10—14、10—39、11—12、11—38、15—16、15—17、27—29、29—32、34—40。综合考虑 2 号厂房概况和上述作业单位综合接近程度排序布置，I 级作业单位对位置相关图如图 13-26 所示。

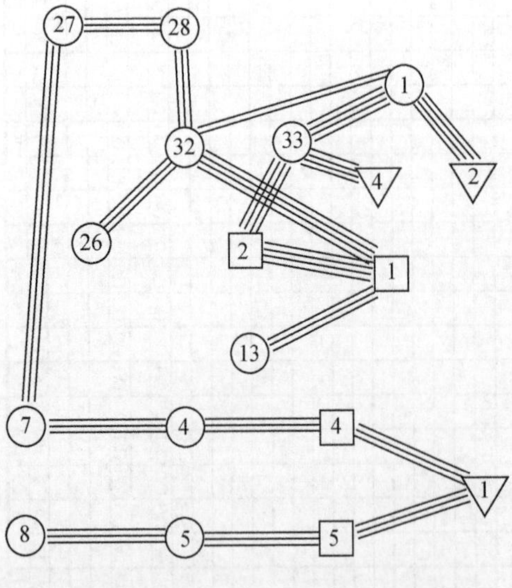

图 13-25　E 级作业单位对位置相关图

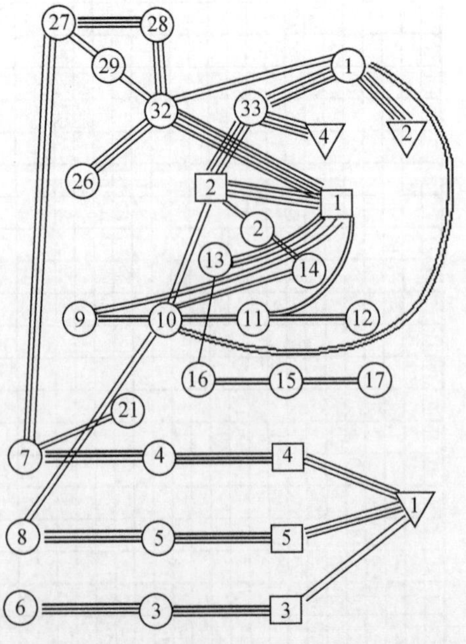

图 13-26　I 级作业单位对位置相关图

第四步，处理剩下的作业单位对。剩下的作业单位对有 O 级关系和 X 级关系，这两种关系在位置相关图中未具体画出，可以在做面积相关图时加以考虑。

（4）作业单位面积相关图。将各作业单位的占地面积和其厂房几何形状结合到作业单位位置相关图上，就得到了作业单位面积相关图。

2 号厂房由六跨构成，并将与其相连的物流区域（材料货场、成品货场、堆场和相关仓库）构成一个整体。六跨主体厂房长 180m，宽 150m（其中，五跨 24m，一跨 30m）。各作业单位的实际占地面积与外形（空间几何形状）由锅炉股份有限公司提供的 2 号厂房工艺平面图（四）测量得到。

综合考虑 2 号厂房的结构、各成组制造单元对空间的需求、各设备的所需占地面积等因素，绘出了2 号厂房设施布局平面图方案一（见文后插图图 13-27）和设施布局平面图方案二（见文后插图图 13-28）。

6. 方案评价

方案评价是系统布置设计程序中的最后环节，也是非常重要的环节，只有做好方案评价，才能确保规划设计的成功。

对于给定的制造企业物流系统，做如下假设（即建模前提）：①物流系统中物料流动过程是均匀的、连续的、确定的；②系统中有 k 种物料（k 是有限正整数），且每一种物料都可以用同一种当量物流量来表示。

系统中 k 种物料的当量物流量分别为 Q_1，Q_2，…，Q_k，则系统总当量物流量 $Q = \sum\limits_{h=1}^{k} Q_h$。

将制造系统的平面区域按物料在加工过程中停滞的工艺功能（如加工、储存、检验等）进行分块并编码（本例中，可按作业单位进行），设编码为 1，2，…，n，n 为一有限正整数，则任一种物料，如第 h 种物料，在系统平面上流动过程可用所经编码地的编码描述为一流程图，记为 G，G 为一有向图。这样系统总位移为 $G = G_1 + G_2 + \cdots + G_k = \sum\limits_{h=1}^{k} G_h$。

由于系统中任一物料都可用当量物流量来表示，所以，经任意两点间的各种物料的物流量可以相加得

$$f_{ij} = \sum_{h=1}^{k} Q_h(i,j)$$

式中 f_{ij}——从 i 到 j 点的总当量物流量；

Q_h（i，j）——从 i 点到 j 点的第 h 种物料的当量物流量。

因为物流系统总流量图 G 对应着一个关联矩阵 $\boldsymbol{F} = (f_{ij})_{n \times n}$，对于一个已分块编码的平面区域，可测得距离矩阵 $\boldsymbol{D} = (d_{ij})_{n \times n}$，其中 d_{ij} 表示从 i 点到 j 点的距离。

（1）单目标系统的平面布置设计方案评价模型。首先建立以制造系统物流最小流动费用为目标的单目标系统平面。

如记 $w_{ij} = f_{ij}d_{ij}$ 为 i 点到 j 点的物流矩，则系统的物流矩矩阵为

$$\boldsymbol{w} = (w_{ij})_{n \times n} = (f_{ij}d_{ij})_{n \times n}$$

所以系统的物流矩和为

$$M = \sum_{i=1}^{n} \sum_{j=1}^{n} w_{ij} = \sum_{i=1}^{n} \sum_{j=1}^{n} f_{ij}d_{ij}$$

若 c_{ij}^0 为从 i 点到 j 点的单位物流流动费用，并可测得的话，则物流系统的总流动费用为

$$c_m = \sum_{i=1}^{n}\sum_{j=1}^{n} c_{ij}^0 w_{ij} = \sum_{i=1}^{n}\sum_{j=1}^{n} c_{ij}^0 f_{ij} d_{ij}$$

若改变平面系统平面布置中各分块的几何位置，则可得到一新距离矩阵 $\boldsymbol{D}' = (d_{ij}')_{n\times n}$。

所以
$$M' = \sum_{i=1}^{n}\sum_{j=1}^{n} w'_{ij} = \sum_{i=1}^{n}\sum_{j=1}^{n} f_{ij} d'_{ij}$$

或
$$c'_m = \sum_{i=1}^{n}\sum_{j=1}^{n} c_{ij}^0 w'_{ij} = \sum_{i=1}^{n}\sum_{j=1}^{n} c_{ij}^0 f_{ij} d'_{ij}$$

如果 $c'_m < c_m$，则新布置方案优于原方案。

在工艺、环境等允许的条件下，将系统平面布置改变1次（1是有限正整数），则可得1个结果

$$M^{(1)}, M^{(2)}, \cdots, M^{(l)}$$
$$C_m^{(1)}, C_m^{(2)}, \cdots, C_m^{(l)}$$

这样，以制造系统物流最小流动费用为目标的单目标系统平面布置设计方案评价的模型为

$$g = \min\{M^{(1)}, M^{(2)}, \cdots, M^{(l)}\}$$

或
$$g_c = \min\{C_m^{(1)}, C_m^{(2)}, \cdots, C_m^{(l)}\}$$

至此，单目标系统平面布置设计方案评价的模型已经求出。它是以系统物流最小流动费用为目标的。

（2）2号厂房布置设计方案的物流路径成本分析。2号厂房由六跨构成，在各跨内采用行车作为物料搬运工具，跨与跨之间采用平车作为搬运工具，故分布在不同跨内的作业单位之间的物料搬运路径均是由几段直线路径构成的。所以本例采用单目标物流系统的平面布置设计评价模型从方案一和方案二中选择出较优的方案。

方案一计算过程见表13-18，方案二计算过程见表13-23。

假设行车装卸一次发生的费用为 C_{zx}，装载单位质量吨的物料移动单位距离发生的费用为 C_d，则根据单目标物流系统的平面布置设计评价模型公式为

$$c_m = \sum_{i=1}^{n}\sum_{j=1}^{n} c_{ij}^0 w_{ij} = \sum_{i=1}^{n}\sum_{j=1}^{n} c_{ij}^0 f_{ij} d_{ij}$$

根据表13-18的计算结果可得到方案一的物流路径成本为：$C_1 = 275\,977.54C_d + 215C_{zx}$。

再根据表13-23的计算结果可得到方案二的物流路径成本为：$C_2 = 286\,183.24C_d + 211C_{zx}$。

由两个方案物流路径成本的计算结果可得：$\Delta C = C_2 - C_1 = 10\,205.70C_d - 4C_{zx}$。显然，$\Delta C > 0$，即方案一的物流路径成本低于方案二的物流路径成本，所以方案一优于方案二。

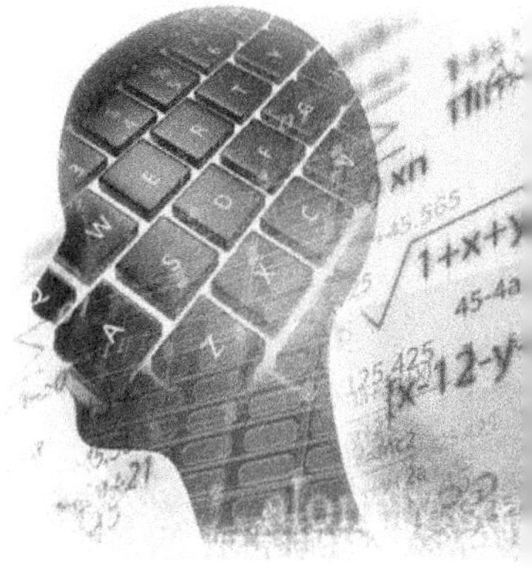

第14章 布局设计的现代算法

缪瑟的SLP条理清晰、考虑完善（包含定性和定量因素），因而被广泛采用；但随着时代的发展，其不足之处也逐渐显现。现在的制造系统日趋复杂，应用SLP，手工完成十分烦琐，既要满足时间快速性又要满足方案最优性是不现实的。其次，SLP技术提供的布置方案太少。在初步方案确定后，设计者要根据约束条件自己调整方案。限于自身知识及能力的局限，设计者最终提供的方案较少，可供选择的余地不大，难以形成优秀的方案。

近年来，随着计算机技术的发展，以计算机布置算法为基础的计算机辅助设施布置规划软件日渐成为工程设计人员的重要工具；其中最具有代表性的就是CORELAP程序。但由于设施规划与设计是一个复杂的多目标的优化问题，所以尽管人们在计算机辅助设施布置算法上做了大量的研究，当前可用的计算机布置算法还不能取代人的经验和判断，因而无法得到布置的定性特征。但不管怎样，计算机布置算法可以显著提高布置规划人员的效率和最终方案的质量，因为它们可以在很短的时间内产生大量不同的布置方案并给每一个方案做出定量评价。

布局设计的现代算法本质上就是计算机布置算法。目前计算机布置算法可分为两类。一类是对布局设计问题简化并建立数学模型，再采用计算机现代算法求解的方法，称为数学建模求解算法。这类方法不能得出布局设计图，需要设计人员根据算出的数据，构思布局设计，然后再用图形绘制工具绘制布局图。另一类是用计算机算法直接对布局图进行优化求解，最后得出优化的布局设计图，此法可称为布置图的设计算法。

14.1 布局设计的数学建模求解算法

在全球制造业竞争日益激烈的今天，一个优良的生产系统对于增强企业竞争力来说是至关重要的，其中车间设备布局是制造系统设计的一个重要内容。设备是企业进行生产的基本单元，合理的设备布局对均衡设备能力、保持物流平衡、降低生产成本起着至关重要的作用。研究表明，大约20%～50%的加工费用用于物料运输，而合理的设备布局至少能节约10%～30%的物料运输费用。

车间设备布局问题是一种组合优化问题，具有非线性等特性。车间设备布局问题可抽象为一维布局和二维布局问题。其中，一维布局可看作为单行设备布局问题，二维布局可归结为多行设备布局问题。许多学者应用遗传算法、模拟退火算法等现代算法来解决车间设备布局问题并取得了一定的成果。

14.1.1　设备布局问题数学模型

在制造环境中，布局设计是指在确定的区域内最适宜地安排物理设备，如车间或机器。通常的设计准则是最小化物料搬运费用。这就需要将布局问题建模，然后采用适当的算法对模型求解，称之为设备建模。从模型的数学特征来看，可分为两种类型：一类是在给定的区域内布置若干台机器，要确定机器的位置坐标，这种问题本质上是选址问题；另一类是预先确定若干个位置，将若干数目的机器分派到这些位置，如何派遣这些机器，才能使目标函数最小，一般称之为组合优化问题。从设备的排列形式来看，有两种形式：一种是单行布置，即设备排成一条直线；另一种为多行布置，设备排成两行或多行。

1. 单行布置的模型

在建立单行布置的模型时，首先要做如下假设：假设机器的形状是矩形，机器排成一列，机器的方位是预先确定的，如图14-1所示。设有 n 台机器排成一列，要确定各机器的位置坐标，使机器间运送物料的成本最低。相关参数表示如下：

n——机器数量；

c_{ij}——在机器 i、j 间移动单位距离的成本；

f_{ij}——在机器 i、j 间的移动次数；

d_{ij}——机器 i、j 间的必要间隔距离；

L_i——机器 i 水平方向长度；

x_i——机器 i 相对于垂直基准线 OO' 的坐标。

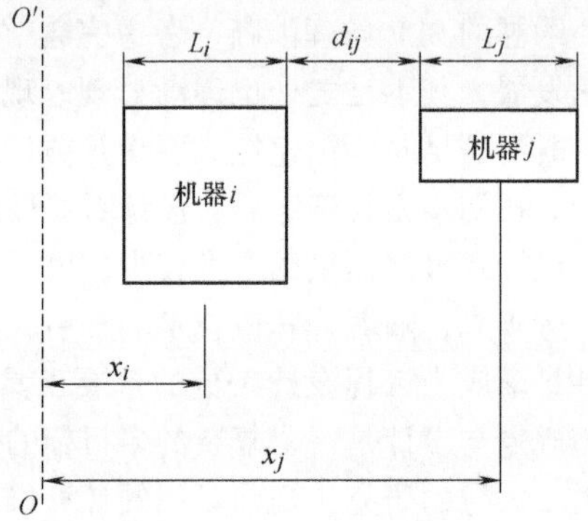

图14-1　单行布置示意图

则目标函数为

$$\min \sum_{i=1}^{n-1} \sum_{j=i+1}^{n} c_{ij} f_{ij} \left| x_i - x_j \right| \tag{14-1}$$

约束条件为

$$\left| x_i - x_j \right| \geqslant \frac{1}{2}(L_i + L_j) + d_{ij} \quad 其中\ i=1,\ 2,\ \cdots,\ n-1;\ j=i+1,\ \cdots,\ n。$$

2. 多行布置的模型

多行布置示意图如图14-2所示，多行布置模型中的参数如下：

n——机器数量；

c_{ij}——在机器 i、j 间移动单位距离的成本；

f_{ij}——在机器 i、j 间的移动次数；

dL_{ij}——机器 i、j 间的水平必要间隔距离；

dW_{ij}——机器 i、j 间的垂直必要间隔距离；

L_i——机器 i 水平方向长度；

W_i——机器 i 垂直方向宽度；

x_i——机器 i 相对于坐标原点 O 的 x 坐标；

y_i——机器 i 相对于坐标原点 O 的 y 坐标。

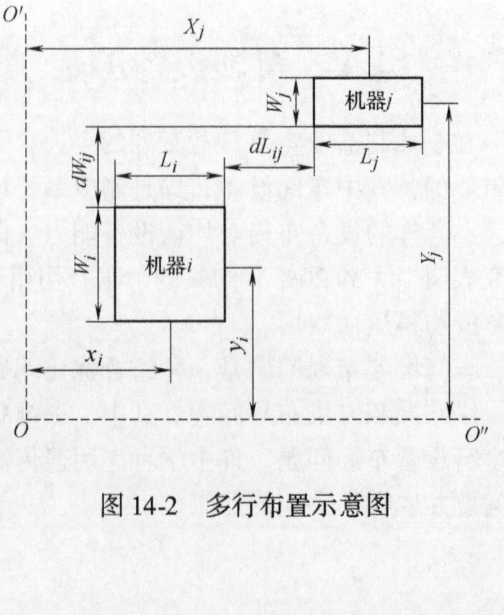

图14-2　多行布置示意图

则目标函数为

$$\min \sum_{i=1}^{n-1} \sum_{j=i+1}^{n} c_{ij} f_{ij} (|x_i - x_j| + |y_i - y_j|) \tag{14-2}$$

约束条件为

$$|x_i - x_j| + M z_{ij} \geqslant \frac{1}{2}(L_i + L_j) + dL_{ij}$$

$$|y_i - y_j| + M(1 - z_{ij}) \geqslant \frac{1}{2}(W_i + W_j) + dW_{ij}$$

其中，$i=1, 2, \cdots, n-1$；$j=i+1=2, 3, \cdots, n$；M 为使不等式成立的足够大的正整数；z_{ij} 由式 $z_{ij}(1-z_{ij})=0$ 定义。

这里引入了 M 和 z_{ij}，当两台机器位于同一行时，在列方向没有限制，此时 z_{ij} 为 0；当两台机器在同一列时，$z_{ij}=1$。

3. 二次分派问题模型

给定 n 个地点，现要把 n 个设备分配到这 n 个地点，这实际上是组合问题，共有 $n!$ 种方案。在这 $n!$ 种方案里找最佳方案使总的物料搬运费用最小。如果 n 等于 4，则共有 24 种方案，显然可以用穷举法来求最优方案。如果 n 等于 10，则有 3 628 800 种方案；如果 n 远大于 10，方案会更多，显然没有办法穷举，往往要通过一些启发式算法寻找次优方案。

二次分派问题模型一般可表述为

$$\min f(x) = \frac{1}{2} \sum_{i=1}^{n} \sum_{k=1}^{n} \sum_{j=1}^{n} \sum_{h=1}^{n} c_{ij} f_{ij} d_{kh} x_{ik} x_{jh} \tag{14-3}$$

式中　n——机器数量；

c_{ij}——在机器 i、j 间移动单位距离的成本；

f_{ij}——在机器 i、j 间的移动次数；

d_{kh}——地点 k、h 间的距离；

x_{ik}——决策变量，取 0 或 1。当设施 i 被派遣到地点 k，$x_{ik}=1$；否则为 0。

约束条件为

$$\sum_{i=1}^{n} x_{ik} = 1 \quad k = 1,2,\cdots,n$$

$$\sum_{k=1}^{n} x_{ik} = 1 \quad i = 1,2,\cdots,n$$

$$\sum_{j=1}^{n} x_{jh} = 1 \quad h = 1,2,\cdots,n$$

$$\sum_{h=1}^{n} x_{jh} = 1 \quad j = 1,2,\cdots,n$$

其中，x_{ik}，x_{jh} 为 0 或 1。

上述设备布局的数学模型反映了建模的基本思想，易于理解，但不一定易于求解。现代算法趋向于将模型和算法结合起来考虑，因此在解决具体问题时，要根据具体问题和拟采用的算法来综合考虑模型的形式。

14.1.2　遗传算法在布局设计中的应用

遗传算法是模仿生物遗传学和自然选择机理，通过人工方式所构造的一类搜索算法。生物种群的生存过程遵循达尔文进化准则，个体根据对环境的适应能力而被大自然所选择或淘汰。

个体对环境的适应能力体现在结构上，为其染色体上的基因所表现出来的特征。不同的基因对应不同的外部特征，如高矮胖瘦。个体通过染色体上基因的交叉、变异来适应大自然环境。生物染色体用数学方式表示就是一串数码，仍叫染色体，有时也称为个体；适应能力用对应着每个染色体的一个数值来衡量；染色体的选择或淘汰则与所研究的问题有关。在单行布置模型中，每台机器的位置坐标都可以看成是一个基因，n 台设备的基因构成具有 n 个基因的染色体。该染色体或者说个体对环境的适应能力就是其对应的物料搬运成本，成本低则适应能力强。

1. 遗传算法的结构

遗传算法开始时先随机地产生一些染色体（欲求解问题的候选解），计算其适应度，根据适应度对诸染色体进行选择、交换、变异等遗传操作，剔除适应度低的染色体，从而得到新的群体。由于新群体的成员是上一代群体的优秀者，继承了上一代的优良性态，因而在总体上优于上一代。就这样反复迭代，向着更优解的方向进化，直至满足某种预定的优化指标。

（1）编码与译码。许多应用问题结构很复杂，但可以化为简单的位串形式编码表示，我们将问题结构变换为位串形式编码表示的过程叫编码，而相反将位串形式编码表示变换为原问题结构的过程叫译码。把位串形式编码表示叫染色体，有时也叫个体。对于单行设备布局问题，可以把设备的坐标 x 转化为二进制数表示，若 x 的变化范围为 $[x_{\min}, x_{\max}]$，用 m 位二进制数表示，该二进制数转化为十进制数为 b，则 $x = x_{\min} + b(x_{\max} - x_{\min})/(2^m - 1)$。染色体的编码有多种形式，根据问题的不同，可以用整数、实数或二进制数等来表示。

（2）适应度函数。为了体现染色体的适应能力，引入了对问题中的每一个染色体都能进行度量的函数，叫适应度函数。通过适应度函数来决定染色体的优、劣程度，它体现了自然进化中的优胜劣汰原则。对优化问题，适应度函数就是目标函数。

（3）遗传操作。简单遗传算法的遗传操作主要有三种：选择（Selection）、交叉（Crossover）、变异（Mutation）。改进的遗传算法大量扩充了遗传操作，以达到更高的效率。

选择操作也叫复制操作，根据个体的适应度函数值所度量的优、劣程度决定它在下一代是被淘汰还是被遗传。一般地说，选择将使适应度较大（优良）的个体有较大的存在机会，而适应度较小（低劣）的个体继续存在的机会也较小。简单遗传算法采用轮盘赌选择机制，令 $\sum f_i$ 表示种群的适应度值之总和，f_i 表示种群中第 i 个染色体的适应度值，它产生后代的能力正好为其适应度值所占份额，即 $f_i / \sum f_i$。

交叉操作的简单方式是将被选择出的两个个体 P_1 和 P_2 作为父母个体，将两者的部分码值进行交换。假设有如下八位长的两个个体：产生一个在 1 到 7 之间的随机数 c，假如现在产生的是 3，将 P_1 和 P_2 的低三位交换：P_1 的高五位与 P_2 的低三位组成数串 10001001，这就是 P_1 和 P_2 的一个后代 Q_1 个体；P_2 的高五位与 P_1 的低三位组成数串 11011110，这就是 P_1 和 P_2 的一个后代 Q_2 个体。其交换过程如图 14-3、图 14-4 所示。

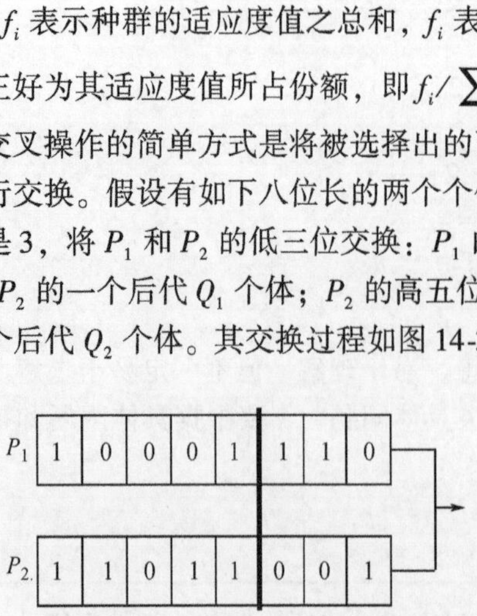

图 14-3　交叉前示意图

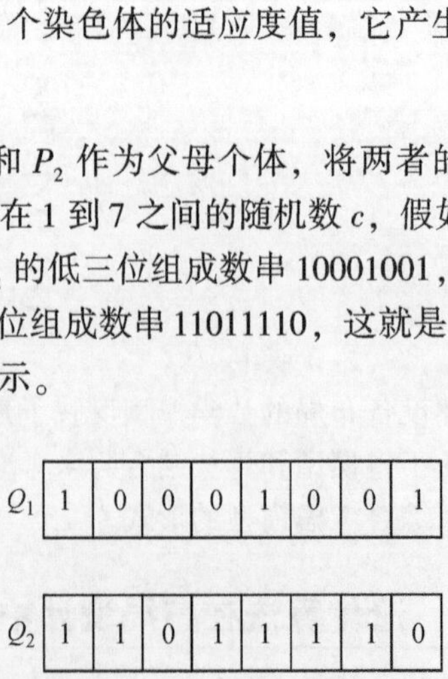

图 14-4　交叉后示意图

变异操作的简单方式是改变数码串的某个位置上的数码。我们先以最简单的二进制编码表示方式来说明。二进制编码表示的每一个位置的数码只有 0 与 1 这两个可能，譬如有如下二进制编码表示：其码长为 8，随机产生一个 1 ~ 8 之间的数 k，假如现在 $k=5$，对从右往左的第 5 位进行变异操作，将原来的 0 变为 1，得到的数码串如图 14-5 所示。

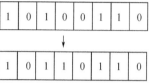

1	0	1	0	0	1	1	0

↓

1	0	1	1	0	1	1	0

图 14-5　变异示意图

（4）控制参数。并不是所有被选择了的染色体都要进行交叉操作和变异操作，而是以一定的概率进行，一般在程序设计中交叉发生的概率要比变异发生的概率大若干个数量级，交叉概率取 0.6 ~ 0.95 之间的值；变异概率取 0.001 ~ 0.01 之间的值。

种群的染色体总数叫种群规模，它对算法的效率有明显的影响，规模太小不便于进化；而规模太大将导致程序运行时间长。对不同的问题可能有各自适合的种群规模，通常种群规模为 30 ~ 100。

另一个控制参数是个体的长度，有定长和变长两种。它对算法的性能也有影响。

2. 遗传算法应用举例

（1）问题的描述。假设有 9 台设备 M_1 ~ M_9。在某个生产阶段设备之间的物流矩阵（实际上就是从—至表）如图 14-6 所示。现需要将这 9 台设备进行布置，使其运输工具的总行程最小。假设由于场地的限制，设备需要分成三行来排列，且各生产设备之间距离相等（为单位 1），给可以放置设备的空间进行编号，设备布局用设备的位置向量 $\boldsymbol{w}=(w_1,w_2,w_3,w_4,w_5,w_6,w_7,w_8,w_9)$，其中 w_1 ~ w_9 分别是设备 M_1 ~ M_9 在布局中的位置。

	M_1	M_2	M_3	M_4	M_5	M_6	M_7	M_8	M_9
M_1	0	0	0	0	0	0	0	0	0
M_2	69	0	0	0	0	0	0	0	0
M_3	78	42	0	0	0	0	0	0	0
M_4	5	58	6	0	0	0	0	0	0
M_5	51	31	30	99	0	0	0	0	0
M_6	76	88	33	98	99	0	0	0	0
M_7	59	97	29	26	2	85	0	0	0
M_8	49	65	21	32	10	5	60	0	0
M_9	9	5	21	33	30	19	16	23	0

图 14-6　设备之间的物流矩阵

因布局的目标是运输工具的总行程最小，所以目标函数是 $f(\boldsymbol{w})=\sum_{i=1}^{n}\sum_{j=1}^{n}q_{ij}d_{ij}$，其中 n 为机器台数，$\boldsymbol{w}$ 为当前布局，q_{ij} 为机器 i 和机器 j 间的物流量，见图 14-6，d_{ij} 为机器 i 和机器 j 间的距离，随机产生初始布局，计算其目标函数值。

（2）遗传算法的设计编码方法。这里使用浮点数编码方法，用设备的位置向量表示染色体，即 $x_i=w_i$。

适应度函数：因为研究设备布局问题的目的之一是使运输工具的总行程最小，即目标函数是求问题的最小解，所以设适应度函数 $F(x)$ 为

$$F(x)=\begin{cases}C_{\max}-f(x) & f(x)<C_{\max}\\ 0 & f(x)\geqslant C_{\max}\end{cases}，其中 C_{\max} 是一个适当大的数。\tag{14-4}$$

初始群体的产生：以随机的方式将这 9 台设备进行排列，共得到 M 种设备布局形式。

选择算子：这里使用比例选择算子，即个体被选中并遗传到下一代群体中的概率与该个体的适应度大小成正比。

交叉算子：将群体中 M 个个体以随机的方式两两配对，组成 $M/2$ 对配对个体组。每对配对个体组随机选择其中之一为 Parent1，则另外一个个体为 Parent2。如果采用常规的单点交叉

算子，必然产生大量的无效解，为提高计算效率，需要设计一种新的交叉算子。这里采用的交叉算子如下，从 Parent1 中随机地将一半数量的基因遗传给 Child1 等位置的基因座上，按照 Parent2 的顺序将 Child1 缺少的另一半基因值依次赋给空基因座，用同样的方法产生 Child2，如图 14-7 所示。

图 14-7　交叉算子示意图

变异算子：随机地选取个体中两个基因座，交换它们的基因，产生新个体。

（3）运算结果。在该算法中，采用保留最佳个体策略，加快了收敛速度，并且取得较优的解。计算出最优布局为（2，4，1，6，3，5，8，7，9）。在此布局下，目标函数值为 2 530，而最劣布局的目标函数值为 3 653。

14.1.3　模拟退火算法在布局设计中的应用

模拟退火算法来源于金属退火原理。将金属加温至充分高温度，再让其徐徐冷却。加温时，金属内部粒子随温度升高变为无序状，内能增大；而徐徐冷却时粒子渐趋有序，在每个温度都达到平衡态，最后在常温时达到基态，内能减为最小。根据 Metropolis 准则，粒子在温度 T 时趋于平衡的概率为 $e^{-\frac{\Delta E}{kT}}$，其中 E 为粒子在温度 T 时的内能，ΔE 为其改变量，k 为 Boltzmann 常数。用固体退火模拟组合优化问题，将内能 E 模拟为目标函数值 f，温度 T 演化成控制参数，即得到解组合优化问题的模拟退火算法：由初始解 x_0 和控制参数初值 T_0 开始，对当前解重复“产生新解→计算目标函数差→接受或舍弃”的迭代，并逐步衰减 T 值，算法终止时的当前解即为所得近似最优解，这是基于蒙特卡罗迭代求解法的一种启发式随机搜索过程。

1. 模拟退火算法流程

（1）随机产生一个初始解 x_0，令 $x_{best}=x_0$，并计算目标函数值 $E(x_0)$。

（2）设置初始温度 $T=T_0$。

（3）当 $T>T_{min}$ 时，对应某个具体的温度 T，重复执行步骤（4）k 次。（这时的 T_{min} 与 k 要根据经验设定）。

（4）对当前最优解 x_{best} 按照某一邻域函数，产生一新的解 x_{new}。计算新的目标函数值 $E(x_{new})$，并计算目标函数值的增量 $\Delta E = E(x_{new}) - E(x_{best})$。如果 $\Delta E<0$，则 $x_{best}=x_{new}$；如果 $\Delta E>0$，则 $p=e^{-\frac{\Delta E}{kT}}$。当 $c=\text{random}[0,1]<p$ 时，$x_{best}=x_{new}$；否则 $x_{best}=x_{best}$。

（5）步骤（4）完成 k 次重复后，令 $T=T_{new}$。若 $T\leqslant T_{min}$，执行步骤（6）；若 $T>T_{min}$，回

到步骤（3）。

（6）输出当前最优解，计算结束。

2. 模拟退火算法的简单应用

考虑遗传算法部分的例题，用模拟退火算法求解，要点如下：

解空间 S 是所有布局方案的集合，S 中的成员记为：$(w_1, w_2, \cdots, w_k, \cdots, w_n)$，其中 w_k 为第 k 台机器所在的地点，初始解可选为（1，2，…，n）。此时的目标函数即为运输工具的总行程为：$f(w) = \sum_{i=1}^{n}\sum_{j=1}^{n} q_{ij}d_{ij}$，新解可以按如下方式产生，随机产生 1 和 n 之间的两个相异的整数 k 和 m。

若 $k<m$，则将 $(w_1, w_2, \cdots, w_k, w_{k+1}, \cdots, w_{m-1}, w_m, \cdots, w_n)$ 变为 $(w_1, w_2, \cdots, w_m, w_{m-1}, \cdots, w_{k+1}, w_k, \cdots, w_n)$；

若 $k>m$，则将 $(w_1, w_2, \cdots, w_m, w_{m+1}, \cdots, w_{k-1}, w_k, \cdots, w_n)$ 变为 $(w_m, w_{m-1}, \cdots, w_1, w_{m+1}, \cdots, w_{k-1}, w_n, w_{n-1}, \cdots, w_k)$。

上述变换方法可简单说成是“逆转中间或者逆转两端”。为便于后续的计算，减少算法耗时，新解的产生通常选择由当前解经过简单变换的方法，如对构成新解的全部或部分元素进行置换等。新解的变换方法决定了当前新解的邻域结构，因而对搜索的效率有一定的影响。

3. 模拟退火算法的参数控制问题

模拟退火算法的应用很广泛，但其参数难以控制，其主要问题有以下三点：

（1）温度 T 的初始值设置问题。温度 T 的初始值设置是影响模拟退火算法全局搜索性能的重要因素之一：初始温度高，则搜索到全局最优解的可能性大，但因此要花费大量的计算时间；反之，则可节约计算时间，但全局搜索性能可能受到影响。实际应用过程中，初始温度一般需要依据实验结果进行若干次调整。

（2）退火速度问题。模拟退火算法的全局搜索性能也与退火速度密切相关。一般来说，同一温度下的“充分”搜索（退火）是相当必要的，但这需要计算时间。实际应用中，要针对具体问题的性质和特征设置合理的退火平衡条件。

（3）冷却进度表 $T(t)$。冷却进度表是指从某一高温状态 T_0 向低温状态冷却时的降温管理表。假设时刻 t 的温度用 $T(t)$ 来表示，则经典模拟退火算法的降温方式为

$$T(t) = \frac{T_0}{\lg(1+t)} \tag{14-5}$$

而快速模拟退火算法的降温方式为

$$T(t) = \frac{T_0}{1+t} \tag{14-6}$$

14.2　布置图的设计算法

本节的重点是介绍可以真正改进已有布置图或从零开始构造新布置图的设计算法。

14.2.1　布置图设计算法的分类与原理

1. 算法的输入数据类型

布置算法可以按照它们所需的输入数据类型分类。有些算法只接受像相关图之类定性的

“物流”数据，而有些接受由从—至表表示的定量物流数据，还有一些算法同时接受相关图和从—至表两种数据（如BLOCPLAN)，但是在评价布置方案时只能选择这两种数据中的一种。现在的算法更趋向于采用从—至表数据，这就需要花更多的时间和精力来准备从—至表，但这些算法完成后能提供零件流动（或物料搬运次数）方面更多的信息。假设物流量数据可以转化为相关性等级，且反之亦然，那么大多数算法都可以接受上述两类数据。当然，如果通过给密切程度等级赋值的方法将相关图转换为从—至表，那么设施规划人员选取的“物流量”数值只是序数的比例。

因为相关图是由用户来做密切程度评级的，所以构建相关图通常需要来自多个人的输入数据。获取这些数据后，分析人员需要鉴别并解决可能不一致的问题。例如，对同一部门单位对，一个人可能评“A”级而另一个人可能评“E”级。

就数据输入来说，随着部门数的增加，作为其函数的部门单位对的数量也显著增加，完成相关图或从—至表所需时间与精力也显著增加。因此实际问题的相关图中部门数量不应超过20个。部门单位对的数量增加同样也为从—至表带来困难。对大中型的问题（20～30个部门及以上)，要完成从—至表的每一个格子不太现实。但在这种情况下，可以通过使用每个产品（或产品族）的生产工艺路线数据，在合理的时间内构造从—至表。例如，如果A类产品加工经过部门1—2—5—7，且移动量为20次/h，那么就可以在从—至表中令$f_{12}=f_{25}=f_{57}=20$。对每个其他产品（产品族）重复上述过程就可以完成从—至表，但它是一个“稀稀落落”的矩阵，存在很多空格。对每一个（族）产品先构造一个独立完整的从—至表，然后各个产品从—至表可以合并成一个综合从—至表。如有必要，在合并时可给每种产品合适的权重。当然，大多数情况下，以上述方式构造从—至表是由计算机来完成的。如果产品物流量的单位随着前后工艺的不同而改变，可在相应路线的数据中乘以合适的因子，以根据流量单位按比例调整物流强度。

布置算法也可以按其目标函数来分类。布置有两种基本目标：一个是使流量与距离乘积的和最小，另一个是使相邻值最大。一般来说，前者是以“量距积的和最小”为目标，类似于经典的二次分配问题（QAP）的目标——在输入数据为从—至表时尤其如此；而后者是“基于相近程度”的目标，更适合于相关图。

2. 以“量距积的和最小”为目标的算法

首先考虑基于距离的目标，设m为部门数，f_{ij}为从部门i到部门j的物流量（以单位时间移动的集装单元数来衡量)；c_{ij}为将一个单元的物料从部门i移动到部门j单位距离的成本。于是目标函数是使单位时间内部门间物料的移动总成本最小化，用数学式表达为

$$\min Z=\sum_{i=1}^{m}\sum_{j=1}^{m}f_{ij}c_{ij}d_{ij} \tag{14-7}$$

式中　d_{ij}——部门i到j的距离。

在很多布置算法中，d_{ij}以部门矩心（Centroid）的最近直线距离来度量，但也可以按特定的通道结构来量取。

值得注意的是，式（14-7）中c_{ij}的值是假设与搬运设备的利用无关的，且与移动的距离线性相关。如c_{ij}的值不满足上述假设，可以设对所有的i和j都有$c_{ij}=1$，那么可以只考虑在设施中总的物流量，即f_{ij}与d_{ij}的乘积。有时，也可以将c_{ij}当作相对“权重”（按集装单元的属性，如尺寸、质量、是否散放等)，并使总的物流量的权重和最小。

3. 基于相近程度目标函数的算法

考虑基于相近程度的目标函数，其中相近程度的分值是按布置中所有相邻两个部门物流量值（或关系值）的总和来计算的。如果部门 i 和 j 相邻（即共边）就令 $x_{ij}=1$，否则 $x_{ij}=0$，目标是求相邻值最大，即

$$\max Z = \sum_{i=1}^{m}\sum_{j=1}^{m} f_{ij}x_{ij} \tag{14-8}$$

式（14-8）所得相邻值有利于比较不同方案的好坏。但经常要评价一个特定布置在某个上下边界的相对效率（相对优劣）时，设施规划人员可采用以下“归一化”的相邻值，即

$$Z = \frac{\sum_{i=1}^{m}\sum_{j=1}^{m} f_{ij}x_{ij}}{\sum_{i=1}^{m}\sum_{j=1}^{m} f_{ij}} \tag{14-9}$$

归一化的相邻值（也称为效率等级）可由总相邻值除以设施内的总物流量得到。相邻值归一化的结果总是在 0 ~ 1 之间。如果归一化的相邻值等于 1，则表明所有的正向流量的部门单位对都是相邻布置的。

有时，布置规划人员可能对部门 i 和 j 之间的 X 等级关系以一个负的 f_{ij} 值代表。这个负值的确定要看从—至表中的“真实”（即正向的）物流量值。如果采用这种“负流量”值，归一化的相邻值计算公式修改如下

$$Z = \frac{\sum_{(i,j)\in F} f_{ij}x_{ij} - \sum_{(i,j)\in \overline{F}} f_{ij}(1-x_{ij})}{\sum_{(i,j)\in F} f_{ij} - \sum_{(i,j)\in \overline{F}} f_{ij}} \tag{14-10}$$

式中　F——部门单位对中的正流量；

$\overline{F}$——部门单位对中的负流量。

14.2.2　CRAFT 算法

CRAFT 是指计算机化的设施关系分配法。它采用从—至表作为流动的输入数据。布置“成本”按式（14-7）所示的基于“量距积的和最小”的目标函数值来衡量。这里的部门并不局限于矩形，布置表现方式为离散式。

1. CRAFT 算法的初始条件

因为 CRAFT 是一种改进型布置算法，所以先要给它一定的基础，如从一个已有设施的实际布置或由另一种算法给出的初始布置开始，先确定初始布置中各部门的矩心，然后计算两两部门矩心之间直角距离，并存储在距离矩阵之中。初始布置的成本由从—至表中的每一项（即 f_{ij}）与单位成本矩阵中的对应位（即 c_{ij} 值）和距离矩阵的对应值（即 d_{ij}）三项相乘的积之和得到，见式（14-7）。

2. CRAFT 算法的迭代过程

CRAFT 算法考虑所有可能的两两或三相部门交换方式，并从中找出最佳的交换方式，即使得布置成本下降最大的方式（对两两交换或三相交换，部门不能分割）。一旦找到最佳交换方式，CRAFT 就按最佳交换来更新布置，并计算新的部门矩心和新的布置成本，至此完成第一次迭代。接下来的迭代又从更新布置的所有可能的两两交换或三相交换开始，直到布置成本不再减少为止。最终所得布置也是两两（或三相）最优布置，因为再没有两两（三相）

交换能进一步减少布置成本了。

在部门 i 和 j 的位置交换时，计算机程序不是实际交换它们的位置再来计算新的矩心和布置成本，而是临时互换当前布置中部门 i 和部门 j 的矩心数据来估算布置成本。在按估算的布置成本找到最佳交换后，CRAFT 程序再交换两者的位置并计算它们新的矩心（以实际的布置成本计算）后才开始下一步迭代。

上述 CRAFT 迭代过程中，要特别关注交换过程。CRAFT 方法在考虑交换两个部门时，不是像前面所述的检查所有可能的交换，而只是考虑相邻的部门和等面积部门的交换。这样做是有依据的，因为部门不能分割，所以除非两个部门相邻或面积相等，否则它们交换位置是不可能的。既然 CRAFT 不能以这种方式“自动”交换两个部门，它就只考虑对相邻或等面积部门的交换。显然，只要两个部门面积相等，不管它们是否相邻，总是可以交换位置的，且不会影响到布置中其他部门的位置。但是，如果两个部门面积不相等，那么相邻只是能够实现二者交换而不影响其他部门的必要条件而非充分条件。就是说，在某些情况下，即使两个不等面积部门相邻，也不可能在不影响其他部门位置的情况下交换这两个部门的位置。

3. 迭代结果依赖路径

在搜索更好结果时，CRAFT 只是从每次迭代中选择最好的交换方式，这是一种最速下降法。在上述的搜索过程中，它既不瞻前也不顾后。因此，CRAFT 搜索时会在第一次碰到二相或三相最佳方案时就予以终结。这样的结果很可能只是局部最优解。而且，对于这种搜索方法，终结点（即最终布置）会受到起始点（即初始布置）的强烈影响。因而，CRAFT 是一种高度依赖路径的启发式算法。要有效使用它，一般要尽可能找出几种不同的初始方案，或在每次迭代时试试不同的二相或三相交换方式。

4. CRAFT 用于非矩形厂房的策略

CRAFT 一般仅限用于矩形厂房，但通过引入“虚”部门它也可以用于非矩形厂房。虚部门与其他部门没有任何物流或相互作用，但要由布置规划人员指定它的面积。

一般来说，虚部门主要用于：①填补建筑物的不规则之处。②代表一设施内的障碍或不能用的区域（如楼梯、电梯、厂房维护区等）。③代表厂房的额外空间。④在最终布置中用于帮助确定通道位置。

需要注意的是，虚部门代表障碍时，位置必须固定。幸好，CRAFT 允许用户固定任何一个部门（包括虚部门）的位置，这样，设施障碍和已有设施内收发货区等部门位置的确定就很方便。

5. CRAFT 布置的修改

CRAFT 的优点之一是能以合理的精确度找到初始布置。这主要是因为 CRAFT 能在非矩形建筑物内的任何地方容纳矩形的部门或障碍。但是除了高度依赖路径外，CRAFT 的缺点是产生的最终布置很少有部门的形状是规则的，也少有直线形的且不中断的通道。如果将某些部门固定在特定位置，或者设置代表主通道的虚部门，可能会得到更合理的部门形状。但不管怎么说，实际上所有计算机化布置算法产生的最终布置，在未经布置规划人员“修改打磨”成实际的布置前是没法提交给决策层的。“修改打磨”算法产生的布置包括对部门形状和/或面积的微调，这样的调整几乎总是必需的，但并不是说计算机布置算法的使用受限，相反，因为计算机算法能在很短的时间内考虑大量的布置方案，从而可使规划设计人员腾出精力来，对计算机给出的几个期望方案做进一步的评价与修改。

14.2.3　CRAFT 算法案例

考虑有七个部门的制造厂，它各个部门的面积和从—至表如表 14-1 所示。假设所有的 c_{ij} 均为 1，厂房及当前的布置（作为 CRAFT 的初始布置）如图 14-8 所示，其中每一方格代表 20ft×20ft。因为可用的总面积 72 000ft^2 超出了总需求（70 000ft^2），所以就设一个虚部门 H，面积为 2 000ft^2（大多数情况下，根据超出的面积大小，对分布不均的空间需求可设置 2～3 个虚部门，设施中多余空间的分配对确定部门的未来扩展很重要）。从实用角度考虑，假设收货区 A 和发货区 G 这两部门的位置固定。

表 14-1　各个部门的面积和从—至表

序号	部门名称	面积/ft^2	方格数	物　流　量							
				A	B	C	D	E	F	G	H
1	A：收货	12 000	30	0	45	15	25	10	5	0	0
2	B：铣削	8 000	20	0	0	0	30	25	15	0	0
3	C：冲压	6 000	15	0	0	0	0	5	10	0	0
4	D：铣螺纹	12 000	30	0	20	0	0	35	0	0	0
5	E：装配	8 000	20	0	0	0	0	0	65	35	0
6	F：盖板	12 000	30	0	5	0	0	25	0	65	0
7	G：发货	12 000	30	0	0	0	0	0	0	0	0
8	H：虚部门	2 000	5	0	0	0	0	0	0	0	0

1. 从—至表

该制造厂各部门的面积和从—至表如表 14-1 所示。

2. 计算它们矩心间的直角距离

CRAFT 首先计算图 14-8 所示各部门的矩心，然后对每一个部门单位对计算它们矩心间的直角距离，并乘上从—至表中相应的数据。例如，部门 A 和 B 矩心间直角距离为 6 格，CRAFT 就以 6 乘以 45，并将结果加到目标函数值中。对所有非零流的部门单位对，重复上述过程，得到初始布置的成本为 2 974 单位（这里 CRAFT 按方格数来计算，如果按英尺计算，实际布置成本为 2 974×20 =59 480 单位）。

3. 迭代与交换

随后，CRAFT 进行第一次迭代，交换部门 E 和 F 的位置，所得布置如图 14-9 所示。部门 E 和 F 面积并不相等，但位置相邻，因此可以想象用一个框架

	1	2	3	4	5	6	7	8	9	10	11	12	13	14	15	16	17	18
1	A	A	A	A	A	A	A	A	A	A	G	G	G	G	G	G	G	G
2	A									A	G							G
3	A	A	A	A	A	A	A	A	A	A	G	G	G					G
4	B	B	B	B	B	C	C	C	C	C	E	E	G	G	G	G	G	G
5	B				B	C				C	E	E	E	E	E	E	E	E
6	B				B	C	C	C	C	C	E	E	E	E	E	E	E	E
7	B	B	B	B	B	D	D	D	D	F	F	F	F	F	F	F	E	E
8	D	D	D	D	D	D			D	F						F	F	F
9	D							D	D	F	F	F	F	F				F
10	D	D	D	D	D	D	D	D	D	H	H	H	H	H	F	F	F	F

图 14-8　初始 CRAFT 布置及各部门的矩心

	1	2	3	4	5	6	7	8	9	10	11	12	13	14	15	16	17	18
1	A	A	A	A	A	A	A	A	A	A	G	G	G	G	G	G	G	G
2	A									A	G							G
3	A	A	A	A	A	A	A	A	A	A	G	G	G					G
4	B	B	B	B	B	C	C	C	C	C	F	F	G	G	G	G	G	G
5	B				B	C				C	F	F	F	F	F	F	F	F
6	B				B	C	C	C	C	C	F	F	F	F	F	F		F
7	B	B	B	B	B	D	D	D	D	E	E	E	E	E	E	F		F
8	D	D	D	D	D	D			D	E					E	F		F
9	D							D	D	E	E	E	E	E	E	F		F
10	D	D	D	D	D	D	D	D	D	H	H	H	H	H	E	F	F	F

图 14-9　交换部门 E 和 F 的位置所得布置

（z =2 953×20 =59 060 单位）

将E和F框起来，不包括其他部门（如果E和F不相邻就找不到这样的框子）。CRAFT就在这个框架里交换E和F的位置。

在上述框架里部门E和F有多种交换方式。比较图14-8和图14-9中E和F的位置，可以看到，CRAFT先从部门F（大的部门）的最左列开始将前20个方格标为E，与此交换，将原来E的标为F。当然也可以从F的最右列或最上行开始交换，但不管是如何交换的，都会造成部门形状不规则。实际上，CRAFT中的部门形状会随迭代次数的增加而越来越不规则，尽管初始布置中所有部门都是矩形的。

布置成本降低值的估算由交换部门E和F的矩心得到，为202单位。在交换部门E和F并计算出新的部门矩心后，CRAFT计算出图14-9所示布置的实际成本为2 953单位。因此实际减少的布置成本为21单位而不是202单位。差别之所以这样大，主要是因为部门F新的矩心与估计的位置差别太大。

下一次迭代时，估算的布置成本降低值是95单位，CRAET交换部门B和C的位置后的结果如图14-10所示。该布置成本为2 833. 50单位，实际降低119. 50单位。这清楚地说明估算的误差在每一个方向都有。按估算成本，CRAFT确定再没有其他的两两交换（等面积或相邻）能进一步降低布置成本。

	1	2	3	4	5	6	7	8	9	10	11	12	13	14	15	16	17	18
1	A	A	A	A	A	A	A	A	A	A	G	G	G	G	G	G	G	G
2	A									A	G							G
3	A	A	A	A	A	A	A	A	A	A	G	G	G					G
4	C	C	C	B	B	B	B	B	B	B	F	F	G	G	G	G	G	G
5	C		C	C	B					B	F	F	F	F	F	F	F	F
6	C			C	B	B	B	B	B	B	F	F	F	F	F	F		F
7	C	C	C	C	B	D	D	D	D	E	E	E	E	E	E	F		F
8	D	D	D	D	D	D			D	E					E	F		F
9	D							D	D	E	E	E	E	E	E	F		F
10	D	D	D	D	D	D	D	D	H	H	H	H	H	E	E	F	F	F

图14-10　交换B、C位置所得布置

4. 布置的修改

前面说过，计算机产生的布置在打磨成实用布置前是不能提供给决策层的。在打磨布置时，分析人员一般不采用网格，而采用连续式表现方式，这样就可以平滑部门边界并在必要时稍微修改部门的面积和占地区域的形状。对图14-10所示的布置打磨后，所得的布置如图14-11所示。除了虚部门H，对其他部门没有大改，但此布置比打磨前更合理、实用。

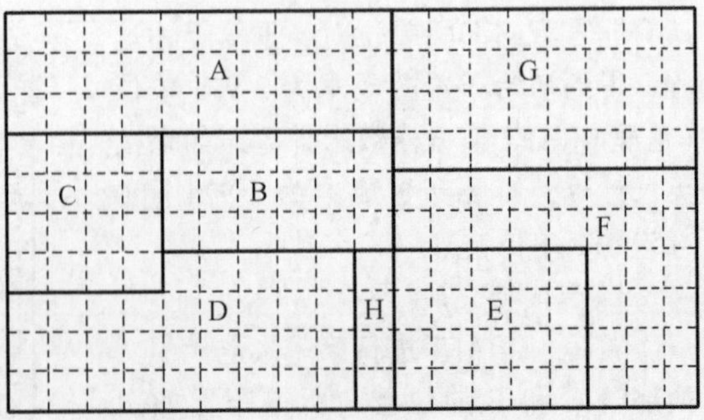

图14-11　修改打磨后所得布置

按上述方式打磨后，一般不会再用计算机布置算法来评价。对实际问题，布置打磨还不止是调整部门形状和面积，因为分析人员还常常要考虑在算法中没有考虑的某些定性因素或约束。

5. 相邻不是交换的充分条件

前面提到对两个面积不等的部门，相邻是不影响其他部门进行位置交换的必要而非充分条件。显然，相邻是必要的，否则就不可能这样交换，但相邻并不是充分条件。例如，考虑如图 14-12 所示的 6 个部门的 7×5 网格布置。应该注意的是，部门 2 和 4 相邻，但面积不等。想象将部门 2 和 4 用一虚框框起来，但还是没办法只交换部门 2 和 4 而不分割部门 2。实际上，将其输入 CRAFT，尽管 f_{14} 设得很大，但 CRAFT 也不交换部门 2 和 4。当然，这个例子是专门构造出来的特例，表明相邻关系并不是交换的充分条件。但大多数情况下，两个相邻的不等面积部门是可以互换位置而不造成分割的。

6	6	6	5	5
6	6	6	5	5
6	6	6	5	4
6	6	6	4	4
2	2	2	2	2
1	1	2	3	3
1	1	2	3	3

图 14-12　部门 2 和 4 不能交换

6. 三相交换

三相交换所需的条件比较复杂。假设部门 M、N 和 K 要进行三相交换，如部门 M 换 N，部门 N 换 K，部门 K 换 M。如果能用一个框架将部门 M、N 和 K 框起来，而不含其他部门，那么，可以进行三相交换而不影响其他部门（除了上述部门 2 和 4 的情况）。注意要找到这样的框架，即三个部门中的每个部门并不一定都要和其他两个部门共边。例如，部门 M 和 N 相邻（但不与 K 相邻），或者部门 K 与 N 相邻（但不与 M 相邻）时都可以找到这样的框架。

如果找不到这样的框架，等面积的部门还可以进行三相交换。假设部门 M 和 N 相邻，但部门 K 与 M、N 均不相邻，则涉及 M、N 和 K 的三相交换还是可能的，前提是 N 和 K 面积相等。当然其他组合（包括三个部门面积相等但均不相邻的情况）也有可能，这种三相交换的计算机程序实现（即确定哪一个部门先动和如何重新分配方格）比较困难，而且可能的三相交换数量随部门数的增加而迅速增加，结果会使程序执行时间更长。因为设施布置算法（单层）一般只考虑两两交换，而且多重布置形成方法已不再要求相邻性和等面积，所以在此不详细介绍 CRAFT 中的三相交换。

14.2.4　MCRAFT 算法案例

MICRO-CRAFT（或简称 MCRAFT）类似于 CRAFT，只是上述约束放松了（即 MCRAFT 可以不管两个部门是否相邻就进行换位）。这种改进是采用一种布置形成技术，它能在两个面积不等、位置不相邻的部门换位时“自动”地调整其他部门。MCRAFT 不是将每个方格都分配给某个部门，而是先将设施分为多个“带”（Bands），然后将每个带的方格再分配给一个或多个部门，布置的带数由用户确定。MCRAFT 的布置形成技术将在下面的例子中详细介绍。

例如，仍沿用 14.2.3 案例的初始布置和数据作为条件，与 CRAFT 用户选择方格尺寸不同的是，MCRAFT 要知道建筑物的长宽和带数，然后计算合适的方格尺寸，得到布置方格的行列数。因此设建筑物长度为 360ft，宽 200ft，带数为 3，就得如图 14-8 所示的初始布置，其中每带为 6 行宽。MCRAFT 从建筑物的左上角开始以蛇形“扫描”各带的方式来形成布置方案。具体做法是按部门号的特定顺序，即布置矢量或填充顺序来填充。如图 14-8 所示的布置方案是由布置矢量 1—7—5—3—2—4—8—6 所得到的，而这一布置矢量是用户提供的初始布置矢量（注意：MCRAFT 以数字而不是字母代表部门号，即 1 代表部门 A、2 代表部门 B 等）。

MCRAFT进行了四次迭代（即四次两两交换）找到二相最优布置。每次迭代的部门交换和对应的布置成本如下：

第一次，部门C和E互换，59 611.11单位。

第二次，部门C和H互换，58 083.34单位。

第三次，部门C和D互换，57 483.34单位。

第四次，部门B和C互换，57 333.34单位。

MCRAFT的最终布置如图14-13所示，其中的布置矢量为1—7—8—5—3—2—4—6。除了部门2之外，图14-13中的其他部门都有合理的形状。与CRAFT不同的是，只要选取的带数合适，扫描法（Sweep Method）所得到的部门形状就趋于合理。当然改变带数和初始的布置矢量就可以产生不同的初始方案和最终布置方案。

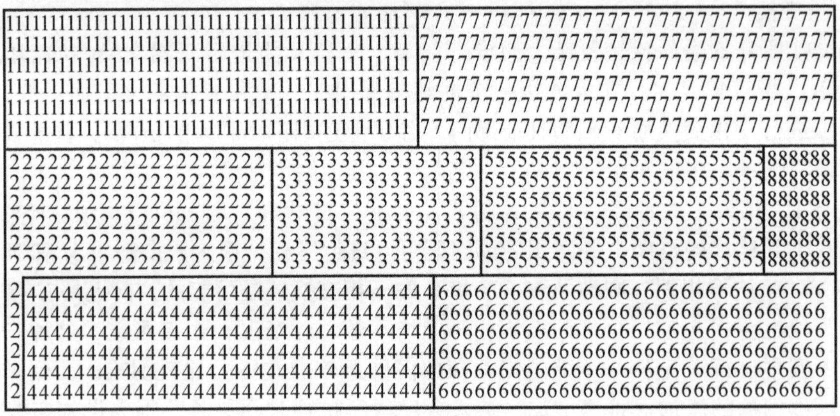

图14-13　MCRAFT的最终布置

除非部门已在各带中排好，否则MCRAFT不能精确地得到初始布置。这样就需要修改初始布置，以使它与MCRAFT兼容。CRAFT计算所得初始方案的成本为2 974×20=59 480单位，而MCRAFT的初始布置成本为60 661.11单位，差别不大，这是因为CRAFT所采用的“实际”布置本身是现实的近似。但是，由于部门数和实际初始布置的不同，对有些问题上述差别可能很大。

MCRAFT扫描法的另一个局限是假设所有带宽相等，结果在处理障碍和固定部门时，MCRAFT就不如CRAFT有效。如果建筑物内有一个障碍，分析人员必须保证它的宽度能超过带宽，否则该障碍就被分割成两片甚至更多，使问题更复杂。此外，尽管在MCRAFT中将某个部门固定是很自然的，但当某些不等面积部门互换时，固定部门也会“移动”。

在上例中，两个固定部门（1和7）保持位置不变，这是因为它们是初始布置矢量1—7—5—3—2—4—8—6的前两个部门。但是，如果我们固定部门2，而算法交换的部门是3和4，那么在新的布置矢量下形成的布置仍有可能使部门2的位置改变。总的来说，当两个不等面积部门交换时，如果它们在布置矢量中位于某个固定部门的两边，则该固定部门的位置也会改变。考虑到障碍也可以当作零流的固定部门，上述局限表明障碍也可能会移动。因此，MCRAFT的主要优点（即能自动按需要交换其他部门）也是它的主要缺点（即固定部门和障碍也被移动了）。

思考与练习题

1. 简述遗传算法是如何求解最优的设备布局方案的。

2. 模拟退火算法的原理是什么？

3. CRAFT 算法与 MCRAFT 算法有哪些异同点？

4. 四个设施将被分配到四个地点，下面的矩阵 $\boldsymbol{C}=(c_{ij})$ 给出分配设施 i 到地点 j 的成本。求使总成本最低的设施布置方案。

$$\boldsymbol{C}=\begin{pmatrix}2 & 10 & 6 & 6\\16 & 14 & 10 & 2\\8 & 12 & 8 & 12\\2 & 10 & 4 & 6\end{pmatrix}$$

5. 有五个待选地点，现要将四个设施分配到其中四个地点，下面的矩阵 $\boldsymbol{C}=(c_{ij})$ 给出了分配设施 i 到地点 j 的成本。求使总成本最低的设施布置方案。

$$\boldsymbol{C}=\begin{pmatrix}2 & 10 & 6 & 6 & 8\\16 & 14 & 10 & 2 & 16\\8 & 12 & 8 & 12 & 12\\2 & 10 & 4 & 6 & 10\end{pmatrix}$$

6. 三个新设施 A、B 与 C 要分配到一个机加工车间，有五个地点可供选择，分别为 V、W、X、Y、Z。下面的矩阵给出了各设施分配到各地点的成本。求使总成本最低的设施布置方案，要求 A、B、C 必须有一个分配到地点 V。

	V	W	X	Y	Z
A	14	6	12	12	11
B	19	7	14	16	10
C	13	10	19	16	9

参考文献

[1] 齐二石，方庆琯．物流工程［M］．北京：机械工业出版社，2006.

[2] 王家善，吴清一，周佳平．设施规划与设计［M］．北京：机械工业出版社，1995.

[3] 程国全，柴继峰，王转，等．物流设施规划与设计［M］．北京：中国物资出版社，2003.

[4] 朱耀祥，朱立强．设施规划与物流［M］．北京：机械工业出版社，2004.

[5] 张晓川．现代仓储物流技术与装备［M］．北京：化学工业出版社，2003.

[6] 谢存禧，邵明．机电一体化生产系统设计［M］．北京：机械工业出版社，1999.

[7] 刘昌棋．物流配送中心设计［M］．北京：机械工业出版社，2001.

[8] 白井良明．机器人工程［M］．王棣棠，译．北京：科学出版社，2001.

[9]《运输机械设计选用手册》编委会．运输机械设计选用手册［M］．北京：化学工业出版社，1999.

[10] 郑力，陈恳，张伯鹏．制造系统［M］．北京：清华大学出版社，2001.

[11] 缪瑟．系统布置设计［M］．柳惠庆，周室屏，译．北京：机械工业出版社，1988.

[12] 丁立言，张铎．仓储自动化［M］．北京：清华大学出版社，2002.

[13] Fred E Meyers. Manufacturing Facilities Design and Material Handling［M］．北京：清华大学出版社，2002.

[14] 鲁晓春．仓储自动化［M］．北京：清华大学出版社，2002.

[15] 詹姆斯·汤普金斯，等．设施规划［M］．伊俊敏，等译．北京：机械工业出版社，2007.

[16] 于承新，赵莉．物流设施与设备［M］．北京：经济科学出版社，2007.

[17] 林自葵．物流信息系统［M］．北京：清华大学出版社，2004.

[18] 何玉洁，数据库原理与应用教程［M］．北京：机械工业出版社，2005.

[19] 李洪心，刘继山．电子商务网站建设［M］．2 版．北京：机械工业出版社，2013.

[20] 方庆琯．物流系统设施与设备［M］．北京：清华大学出版社，2009.

[21] 张新程，付航，李天璞，等．物联网关键技术［M］．北京：人民邮电出版社，2011.

编 后 记

历经七个月的策划撰写、斟词酌句和修图改序，本书第3版修订稿终于交付了。此次修订力图以网络化为主线，使教材适应互联网物流技术发展的新形势。然而，由于物流互联网正在快速成长中，公布的案例有限，加之本人虽主持过几项局域网物流设施的规划，但缺少互联网物流设施规划的实践，所以书稿中关于互联网物流设施应用与规划的内容还不够充实。本来还想把近几年所从事的智能机器系统和大型复杂设备（如盾构机、FAST天文望远镜）内部组件的设施规划、布局设计和流程研究的工作写成案例加入书中，无奈篇幅有限又与网络化关系不大，只好放弃。我投身高校教学40年，一直在追赶时代科技的进步，实践最新技术在现场的应用，总想要把当今最先进的实用技术教给学生，让学生都能担起振兴中华的重任。夕阳渐红，暮年将至，此心此情，于今更烈。所以，此次修订中的欠缺，让我有愧。在此，让我以2007年被评为“安徽省教学名师”时，在所发的“名师寄语”中写的一首诗表白吧：

高校从教已三旬，学海苍茫过半生；
理实工管粉板上，文无墨香亦多情。
堂前课下真于诚，授道解惑勤育精；
烛泪伴灰蜂成蜜，鬓发一白为国赓。

方庆琯

《现代物流设施与规划　第3版》（方庆琯　王　转　主编）

信息反馈表

尊敬的老师：

您好！感谢您多年来对机械工业出版社的支持和厚爱！为了进一步提高我社教材的出版质量，更好地为我国高等教育发展服务，欢迎您对我社的教材多提宝贵意见和建议。另外，如果您在教学中选用了《现代物流设施与规划　第3版》一书，我们将为您免费提供与本书配套PPT。

一、基本信息

姓名：__________　性别：________　职称：________　职务：__________

邮编：__________　地址：____

任教课程：________________　电话：____—________（H）________（O）

电子邮箱：________________________________　手机：________________

二、您对本书的意见和建议

（欢迎您指出本书的疏误之处）

三、您对我们的其他意见和建议

请与我们联系：

100037　机械工业出版社·高等教育分社·管理与经济编辑室　裴编辑　收

Tel：010—8837 9539

E-mail：cmppy@163. com